U0361784

区块链
技术丛书

区块链

原理、设计与应用

第2版

杨保华 陈昌 编著

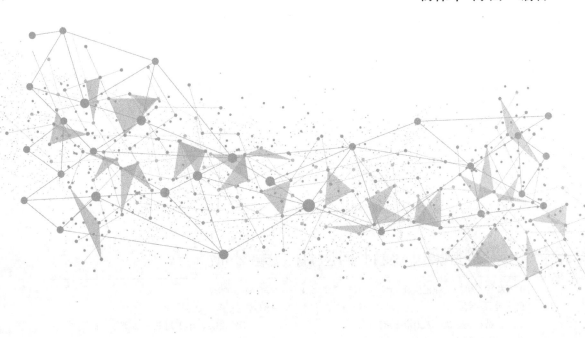

机械工业出版社
China Machine Press

图书在版编目（CIP）数据

区块链原理、设计与应用 / 杨保华，陈昌编著 . —2 版 . —北京：机械工业出版社，2020.7
（2023.1 重印）
（区块链技术丛书）

ISBN 978-7-111-65980-8

I. 区… II. ①杨… ②陈… III. 电子商务 – 支付方式 – 研究 IV. F713.361.3

中国版本图书馆 CIP 数据核字（2020）第 112724 号

区块链原理、设计与应用　第 2 版

出版发行：机械工业出版社（北京市西城区百万庄大街 22 号　邮政编码：100037）
责任编辑：赵亮宇　　　　　　　　　　　　　责任校对：殷　虹
印　　刷：北京虎彩文化传播有限公司　　　　版　　次：2023 年 1 月第 2 版第 3 次印刷
开　　本：186mm×240mm　1/16　　　　　　印　　张：32.75
书　　号：ISBN 978-7-111-65980-8　　　　　定　　价：139.00 元

客服电话：（010）88361066　68326294

版权所有·侵权必究
封底无防伪标均为盗版

前　言

"科技怎样才能更好地为人类服务？"相信无数科技从业者都曾思考过这个问题。

从钻木取火、冶铁农耕，到跨海贸易、探索星空，科技领域的每一项进步都或早或晚地推动着文明之舟不断前行，改变着人们对世界的认知。有趣的是，科技创新在诞生之初，往往不被认可。汽车发明后，英国曾规定其在市内时速不得超过 2 英里[⊖]；电力刚出现时，曾被认为极度危险而毫无用处……但从来没有一项新事物像区块链这样，引发的争议如此激烈而混乱，产生的影响如此全面且深远。

经过数次大起大落的洗礼，人们再次认识到，事物发展的一般规律并不因个人意志而改变——区块链也必然遵循从小到大、从带前提的行业联盟到更开放的商业网络这一路径成长与发展。在此过程中，来自开源界和业界的贡献将起到决定性的作用。

作为先进的企业级开源区块链项目，超级账本 Fabric 发布了 2.0 版本。该版本增强了性能和稳定性，引入了不少新特性，其中有来自企业的生产实践反馈，也有来自学术界和开源界的最新研究成果。毫无疑问，这是对超级账本社区四周年的最佳献礼！

为了更好地介绍区块链领域的最新进展，呈现超级账本最新版本的设计原理和实现细节，本书第 2 版对内容进行了全面更新，并重点增加了对超级账本 Fabric 项目的设计和实现的深度剖析。希望可以帮助读者深入理解企业区块链的设计思路和具体实现方案，掌握应用和管理区块链网络的最佳实践技巧。

本书在结构上分为三篇：理论篇包括第 1 ～ 8 章，讲解区块链相关的理论知识；实践篇包括第 9 ～ 13 章，讲解区块链的应用实践技巧；进阶篇包括第 14 ～ 17 章，剖析超级账本 Fabric 项目最新版本的设计和实现细节。读者可以循序渐进地学习，亦可重点阅读。

在编写本书的过程中，得到了业界同仁的不少建议和反馈。IBM、腾讯、阿里巴巴、百度等团队帮忙提供了其区块链产品相关信息。在此表示万分感谢！

未来已来，信息不息！希望本书能为推动区块链行业的进步和开源文化的普及做出微薄的贡献！

作者

2020 年 5 月于硅谷

⊖　1 英里 ≈ 1.6 千米。——编辑注

第1版序言

金融是人类文明发展过程中经济运行的基础，伴随着经济的发展和商业模式的变迁，金融领域不断涌现出先进的技术手段，这些都大大提升了社会和经济的运转效率。从延续了近千年的纸质记账，到20世纪的电子化交易，再到影响现在及未来的互联网、大数据、人工智能和区块链，金融行业和金融科技领域始终以开放的姿态迎接新技术和新变化，并不断进行自我革新和升华。

区块链技术是金融科技领域当下最受关注的方向之一。区块链作为一个新兴技术，具备去中心化、防篡改、可追溯等众多金融领域十分需要的特点。它可以实现多方场景下开放、扁平化的全新合作信任模型，而这些都为实现更高效的资源配置，更具体地说是金融交易，提供了有效的技术手段。在可见的未来，区块链技术将为人类商业社会的快速发展带来更多发展机遇和成长空间。

区块链技术在金融领域的实际应用之一——新型数字货币，被认为具备了变革整个金融行业的潜力，引发了国内外广泛的研究、讨论和实践。英国央行已在研发基于分布式账本技术的下一代支付系统。中国人民银行也组建了数字货币研究所，深入研究数字货币相关的技术和监管课题。国际货币基金组织也公开认可区块链技术在清算和结算方面的独特优势。

清华五道口金融学院始终密切关注和积极开展金融行业及区块链相关领域的学术与研究，于2012年成立互联网金融实验室，专注于互联网金融和金融科技领域的研究、开发与孵化，并联合国内外众多创新型企业和研究机构一起开展数字资产和区块链相关的课题和项目。

当然，创新技术的发展和落地往往难以一蹴而就。我们应该认识到，区块链技术目前仍处于早期阶段，在支撑大规模商业应用场景方面还面临不少挑战，例如：如何在不影响业务运行的前提下，将区块链系统融合到已有的业务系统；如何让区块链系统的处理性能满足金融交易的苛刻需求；如何设计基于区块链的全新业务运营框架，并对其实现有效的监管。这些都是非常值得进一步探索的课题。

此时，很欣喜能看到有这样一本系统讲解区块链技术及实践的书籍。与其他介绍区块链的图书不同，本书并没有局限在阐述区块链的思想、概念和应用场景等理论知识层面，而是进一步从实现角度剖析了区块链平台的架构、设计，并提供了大量一手的开发实践案例，特别是全球区块链领域首屈一指的开源项目——超级账本。这些都将帮助读者更深刻地理解和掌握区块链技术的核心原理与应用方法。

　　本书作者在技术体系的经验和视野 、创新意识、国际化合作等方面都展现了金融科技专家的综合素养，让我们对中国金融业进入下一个全新的发展阶段的人才储备充满了信心。我们愿意跟作者一起，共同关注、共同努力于中国金融科技的未来。

廖理，教授，博士生导师，清华大学五道口金融学院

2017 年 8 月于清华五道口

第 1 版前言

区块链和机器学习被誉为未来十年内最有可能提高人类社会生产力的两大创新科技。如果说机器学习的兴起依赖于新型芯片技术的发展，那么区块链技术的出现，则源自商业、金融、信息、安全等多个领域众多科技成果和业务创新的共同推动。

比特币网络自横空出世，就以前所未有的新型理念支持新的交易模式；以太坊项目站在前人肩膀上，引入图灵完备的智能合约机制，进一步释放了区块链技术的应用威力；众多商业、科技巨头，集合来自大型企业的应用需求和最先进的技术成果，打造出支持权限管理的联盟式分布式账本平台——超级账本……开源技术从未如今天这样，对各行各业都产生着极为深远的影响。本书在剖析区块链核心技术时，正是以这些开源项目（特别是超级账本 Fabric 项目）为具体实现进行讲解，力图探索其核心思想，展现其设计精华，剖析其应用特性。

我们在写作中秉承了由浅入深、由理论到实践的思想，将全书分为两大部分：理论篇和实践篇。前三章介绍了区块链技术的由来、核心思想及典型的应用场景。第 4 ～ 5 章重点介绍了区块链技术中大量出现的分布式系统技术和密码学安全技术。第 6 ～ 8 章分别介绍了区块链领域的三个典型开源项目：比特币、以太坊和超级账本。第 9 ～ 11 章以超级账本 Fabric 项目为例，具体讲解了安装部署、配置管理，以及使用 Fabric CA 进行证书管理的实践经验。第 12 章重点剖析了超级账本 Fabric 项目的核心架构设计。第 13 章介绍了区块链应用开发的相关技巧和示例。最后，本书还就热门的"区块链即服务"平台进行了介绍，并讲解了应用超级账本 Cello 项目构建区块链服务和管理平台的相关经验及知识。

相信读者在阅读完本书后，在深入理解区块链核心概念和原理的同时，对于区块链和分布式账本领域最新的技术和典型设计实现也能了然于心，从而更加高效地开发基于区块链平台的分布式应用。

在本书长达两年时间的编写过程中，得到了来自家人、同事以及开源社区开发者和技术爱好者的众多支持和鼓励，在此表示感谢！

最后，希望本书能为推动区块链技术的进步和开源文化的普及做出一点微薄的贡献！

作者

2017 年 8 月于北京

附录

理 论 篇

第 1 章

区块链的诞生

大道无形，链生其中。

认识新事物，首先要弄清楚它的来龙去脉。知其出处，方能知其所以然。区块链（Blockchain）结构首次为人关注，源于 2009 年年初上线的比特币（Bitcoin）开源项目。从记账科技数千年的演化角度来看，区块链实际上是记账问题发展到分布式场景下的天然结果。

本章将从记账问题的历史讲起，剖析区块链和分布式账本技术的来龙去脉。通过介绍比特币项目来探讨区块链的诞生过程，并初步剖析区块链技术潜在的商业价值。通过阅读本章内容，你可以了解区块链思想和技术的起源和背景，以及区块链在商业应用中的巨大潜力。

1.1 记账科技的千年演化

如果说金融科技（Financial Technology，Fintech）是保障社会文明的重要支柱，那么记账科技（Ledger Technology）或账本科技则是这一支柱最核心的基石。

大到国际贸易，小到个人消费，都离不开记账这一看似普通却不简单的操作。无论是资金的流转，还是资产的交易，都依赖于银行、交易机构正确地维护其记账系统。毫不夸张地说，人类文明的整个发展历程，都伴随着记账科技的持续演化。

目前，很少见到对记账科技演化规律的研究，这导致了人们对其认知的局限。近年来，以区块链为基础的分布式账本技术飞速崛起并快速得到应用。尽管如此，却很少有人能说清楚区块链与记账问题的关系。区块链到底解决了哪些问题？为何能在金融领域产生如此巨大的影响？

按照科技发展的一般规律，记账科技从古至今的演化过程大致可分为四个阶段：单式账本、复式账本、数字化账本、分布式账本。各个阶段的时期和特点如表 1-1 所示。

表 1-1　记账科技演化过程

阶段	时期	主要特点
阶段一：单式账本	约公元前 3500 年～ 15 世纪	使用原始的单式记账法（Single Entry Bookkeeping）

（续）

阶段	时期	主要特点
阶段二：复式账本	15 世纪～ 20 世纪中期	现代复式记账法（Double Entry Bookkeeping）出现和应用
阶段三：数字化账本	20 世纪中期～ 21 世纪初	物理媒介账本演化到数字化账本
阶段四：分布式账本	2009 年至今	以区块链为代表的分布式账本（Distributed Ledger）相关思想和技术出现

　　科技创新往往不是孤立的。记账科技的发展也与众多科技和商业成果的出现息息相关，特别是商业贸易、计算技术、数据处理等，如图 1-1 所示。

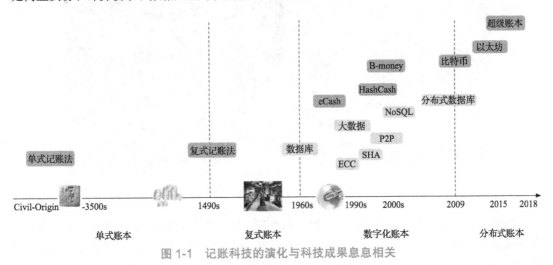

图 1-1　记账科技的演化与科技成果息息相关

　　下面笔者将具体讲述不同阶段中记账科技的发展状况。

1. 单式账本

　　人类文明早期，就已经产生了记账需求和相关活动。已知最早的账本是"库辛（Kushim）泥板"，于 1929 年发掘于幼发拉底河下游右岸的伊拉克境内，如图 1-2 所示。据鉴定，库辛泥板属于公元前 3500 ～公元前 3000 年的乌鲁克城（Uruk，美索不达米亚西南部苏美尔人的古城），其内容被破译为"37 个月收到了 29 086 单位的大麦，并由库辛签核"。

　　库辛泥板同时也是目前已知的最古老的人类文字记录。除了昙花一现的苏美尔文明，在古中国、古埃及、古希腊、古罗马等人类早期文明中，都不乏与记账相关的考古发现。

　　类似于这样的通过单条记录进行账目记录的方法称为"单式记账法"或"简单记账法"，对应的账本叫"单式账本"。

　　此后相当长的一段时间里（甚至到今天），人们都在使用单式记账法进行记账，无论是记录在泥板、绳索上，还是记录在后来的纸质账本中，虽然物理媒介不同，但核心方法都是一致的。

　　简单记账法自然易用，适合小规模的简易账务，但当面对大规模账务，特别是涉及多个实体的复杂记账需求时，就暴露出不少问题。首先是容易出错。以库辛账本为例，如果大麦入库和出库交易记录很多，就很难确认账本记录跟实际情况是否匹配；即使发现不匹配，也很难定位到哪次记录出了问题。其次是容易篡改。账本只有一个，只能保管在记账者个人手里。假设记账者不那么诚实，那么，他可以轻易地通过修改已有的记录来窃取大麦，并且其他人很难发现账本被篡改过。

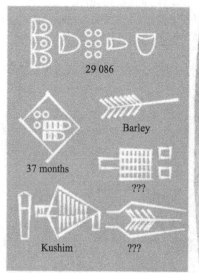

图 1-2　乌鲁克城的库辛泥板

随着商业活动的普及、交易规模的增大和参与方的增多（特别是所有者和经营者的分离），单式记账法已经难以满足人们日益提高的记账需求。代表现代记账思想的"复式记账法"应运而生。

2. 复式账本

14 世纪的意大利，是世界贸易的门户，来自各国的商人、学者、艺术家、工匠等齐聚于此，揭开了文艺复兴大时代的序幕。此后长达三个世纪里，整个欧洲在商业、文化、艺术、科技等方面都涌现出大量创新成果，对全世界产生了深远的影响。其中有三项尤为引人注目：

- 宗教改革。马丁·路德批判了当时基督教的诸多弊端，提出宗教不应有等级制度，即宗教面前人人平等，无须任何代理人或中间介绍人。
- 朴素宇宙观。从地心说到日心说，再到宇宙观形成，人类终于意识到地球并非所处宇宙的"中心"，甚至任何位置都可以被认为是宇宙的"中心"，是否是"中心"也并不特别重要。
- 复式记账法。前所未有的繁荣的商业活动催生了更先进的记账方式。复式记账法将单一中心记录拆分为多个科目，极大地提高了账目的可靠性，一旦发现问题，方便追查根源，对应的账本称为"复式账本"。

这些成果虽然分属文化、天文和金融等不同领域，但在核心思想上却如此一致，不得不令人惊讶。

关于复式记账法的文字记载最早出现于 1494 年，意大利著名数学家卢卡·帕西奥利（Luca

Pacioli）在其著作《算术、几何以及比例概要》（*Summa de arithmetica, geometria, Proportioni et proportionalita*）中介绍了算术的原理和应用、意大利各地的度量衡制度、商业记账方法和几何学基础。当然，复式记账法的出现是数百年商业活动和数学发展的结果。早在 1202 年，比萨（意大利北部城市）的数学家斐波那契在《珠算原理》中介绍了东方数学思想，包括十进制阿拉伯数字、分数等，还指出了如何使用这些数学手段进行记账和计算利息。这些都极大地促进了金融行业的发展。

复式记账法演化到现在包括增减记账法、收付记账法、借贷记账法三种。目前最常用的是借贷记账法，它基于会计恒等式（资产 = 负债 + 权益），确保每笔交易都按照该恒等式进行记录。复式记账法很快就得到了广泛应用，并成为现代会计学的重要基础。卢卡·帕西奥利也因此被誉为"会计学之父"。

复式记账法原理并不复杂。由于交易的本质是将某种价值从来源方转移到目标方，因此可将每笔交易分别在贷方（来源方）和借方（目标方）两个科目进行记录，且借贷双方的总额应该时刻保持相等（即守恒）。

如果库辛当年也懂得复式记账法，当大麦入库时，就会分别在"库存大麦科目"和"应收大麦科目"上都进行记录，并且记录数额应该一致。如果要做审核，可以分别对不同科目进行统计，查看其结果是否相同。可见使用复式记账法能很容易地对交易的来龙去脉进行追踪，而且验证账目记录得是否正确。实际上，比特币的交易模型中也借鉴了复式记账法的思想。

复式记账法虽然解决了单个记账人所持本地账本的可信度问题，但是仍然无法解决多方之间账本的可信互通问题。例如，投资者如何确保所投资企业的账目没有作假？贸易双方产生交易纠纷时该以谁的账本为准？这些问题的解决要等到数百年以后了。

注意　借（Debit）意味着债务，表示从其他方转移到本科目内；贷（Credit）意味着债权，代表从该科目转移出去。

---

3. 数字化账本

如果要评价 20 世纪最伟大的十大发明，数字计算机一定会入围。它在物理世界之外开创了全新的赛博空间，为人类社会的方方面面都带来了巨大变化。早期计算机很重要的用途之一便是进行账目相关的统计处理。1951 年，全世界首台商用计算机 UNIVAC 即为美国人口普查局所用。

使用计算机，不但可以提高大规模记账的效率，还可以避免人工操作的错误。为了更好地管理统计数据，人们发明了专门的数据库技术。从最早的网状数据库（Network Database）和层次数据库（Hierarchical Database），到具有开创意义的关系型数据库（Relational Database），再到互联网出现后大量新需求催生的大数据、NoSQL 等技术，根源上都与记账问题息息相关。

在这一阶段，记账方法本身并没有太多创新，但由于数字媒介的出现，使得账本的规模、处理的速度、账本的复杂度，都有了天翻地覆的提升，而这些为后来包括电子商务、互联网金融在内的多种数字化服务奠定了技术基础。

4. 分布式账本

复式记账法虽然记录了交易的来龙去脉，不易出错，但本质上仍然是中心化模式。中心化模式的记账系统方便使用，但在很多情况下仍然存在不少问题：账本掌握在个体手中，一旦出现数据丢失则无法找回；在同时涉及多个交易方的情况下，需要分别维护各自的账本，如果出现不一致，对账将较为困难。

因此人们很自然地想到借助分布式系统的思想来实现分布式账本：由交易多方共同维护同一个共享的分布式账本；打通交易在不同阶段的来龙去脉；凭借分布式技术，进一步提高记账的规模、效率、可靠性以及合规性。

但在分布式场景下，如何避免某个参与方恶意篡改或破坏记录？该由谁来决定将交易记录写到账本中？这些问题一直没有得到很好的解决。

2009 年 1 月，基于区块链结构的比特币网络悄然问世，它融合了现代密码学和分布式网络技术等重要成果。此后数年里，在纯分布式场景下，比特币网络稳定支持了海量转账交易。这让人们开始认识到，区块链这一看似极为简洁的数据结构，居然恰好满足了分布式记账的基本需求，于是基于区块链结构的分布式记账技术开始大量出现。由于这些技术多以区块链结构作为其核心的账本结构，因此也往往被统称为区块链技术。

2014 年开始，金融、科技领域的专家们开始关注区块链技术，并积极推动分布式账本相关应用落地。在此过程中，对开放、先进分布式账本平台的需求越来越迫切。

2015 年年底，三十家金融和科技领域的领军企业（包括 IBM、Accenture、Intel、J. P. Morgan、DTCC、SWIFT、Cisco 等）联合发起了超级账本（Hyperledger）开源项目，并由中立的 Linux 基金会进行管理。该项目遵循 Apache V2 许可（商业友好），致力于打造一个开源、满足企业场景的分布式记账科技生态。围绕企业分布式账本的核心诉求，超级账本社区已经发展到覆盖 16 大顶级项目，拥有超过 280 名全球企业会员，支撑了众多的应用案例。

目前，基于分布式账本技术的各种创新方案已经在金融、供应链、医疗等领域得到了落地应用。但笔者认为，类比互联网的发展过程，目前分布式账本技术整体还处于发展的初期，还存在不少尚待解决的问题，包括权限管理、隐私保护、性能优化和互操作性等。未来在这些方面的科技突破，将极大地拓展分布式账本技术的应用场景和形态，最终实现传递"价值"的商业协同网络。

注意　1371 年，中国明朝开展了首次面向全国的户籍勘查。勘查采用户帖制度，十年清查一次，每次记录各户现有人数，以及距上次的新增、减少情况。将历届信息进行对照，有效规避了统计错误。

---

5. 记账科技的未来

记账科技历千年而弥新，由简单到复杂，由粗糙到精细，由中心化到分布式，这与业务需求的不断变化密不可分。大规模、高安全、易审计等特性将越来越受到关注。

笔者相信，随着社会文明，特别是商业活动的进一步成熟，分布式记账的需求将更加普遍，分布式记账科技也将更加繁荣。

1.2　分布式记账与区块链

金融行业是对前沿信息科技成果最敏感的行业之一。特别是对记账科技，其每次突破都会引发金融领域的重要革新，进而对社会生活的各个方面产生阶段性的影响。那么，从技术层面看，区块链到底解决了什么记账难题呢？

1. 分布式记账的难题

分布式记账由来已久。为了进行正常的商业活动，参与者需要找到一个多方均能信任的第三方来负责记账，确保交易记录的准确性。然而，随着商业活动的规模越来越大，商业过程愈加动态和复杂，很多场景下难以找到符合要求的第三方记账方（例如，供应链领域动辄涉及来自数十个行业的数百家企业）。这就需要交易各方探讨在分布式场景下进行协同记账的可能性。

实际上，可以很容易地设计出一个简单粗暴的分布式记账结构，如图 1-3 所示，多方均被允许对账本进行任意读写，一旦发生新的交易即追加到账本上。这种情况下，如果所有参与方均诚实可靠，则该方案可以正常工作；但是一旦有某参与方恶意篡改已发生过的记录，则无法确保账本记录的正确性。

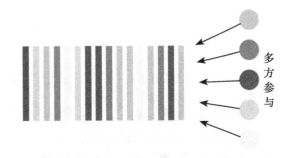

为了防止有参与者对交易记录进行篡改，需要引入一定的验证机制。很自然，可以借鉴信息安全领域的数字摘要（Digital Digest）技术，从而改进方案，如图 1-4 所示。每次当有新的交易记录被追加到账本上时，参与

图 1-3　简单分布式记账结构

各方可以使用 Hash 算法对完整的交易历史计算数字摘要，获取当前交易历史的"指纹"。此后任意时刻，每个参与方都可以对交易历史重新计算数字摘要，一旦发现指纹不匹配，则说明交易记录被篡改过。同时，通过追踪指纹的改变位置，可以定位到被篡改的交易记录。

带有数字摘要验证的分布式记账方案可以解决账本记录被篡改的问题，然而在实际应用时，仍存在较大缺陷。由于每次追加新的交易记录时需要从头对所有的历史数据计算数字摘要，当已存在大量交易历史时，数字摘要计算成本将变得很高。而且，随着新交易的发生，计算耗费将越来越大，系统扩展性很差。

为了解决可扩展性的问题，需要进一步改进方案，如图 1-5 所示。因为每次摘要已经确保了开始位置到摘要位置的完整历史，当新的交易发生后，实际上需要进行额外验证的只是新的交易，即增量部分。因此，计算数字摘要的过程可以改进为对旧的摘要值再加上新的交易内容进行验证，这样就既解决了防篡改问题，又解决了可扩展性问题。

实际上，读者可能已经注意到，图 1-5 所示的方案中的账本结构正是一个区块链结构。可见，从分布式记账的基本问题出发，可以自然推导出区块链结构，这也说明了对于分布式记账问题，区块链结构是一个简洁有效的答案。

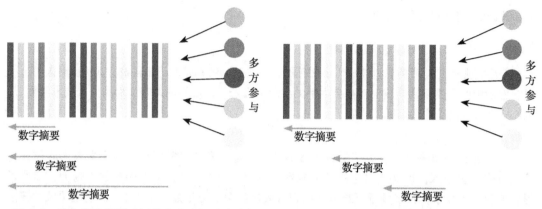

图 1-4 带有数字摘要验证的分布式记账方案　　图 1-5 带有数字摘要验证的可扩展的分布式记账方案

> 注意　当然，区块链结构也并非解决分布式记账问题的唯一答案。实际上，除了简单的线性队列结构，也有人提出采用树结构或图结构。

2. 区块链的三次热潮

区块链结构的首次大规模应用是在比特币项目中。从比特币项目诞生之日起，区块链已在全球掀起了三次热潮，如图 1-6 所示。

第一次热潮出现在 2013 年左右。比特币项目上线后，很长一段时间里并未获得太多关注。直到比特币价格发生增长，各种加密货币项目纷纷出现，隐藏在其后的区块链结构才首次引发大家的兴趣。2014年起，"区块链"这个术语开始频繁出现，但更多地集中在加密货币和相关技术领域。

第二次热潮出现在 2016 年前后。以区块链为基础的分布式账本技术被证实在众多商业领域存在应用价值。2015 年 7 月底，以太坊（Ethereum）开源项目正式上线。该项目面向公有场景对比特币项目的缺陷进行了改善，重点在于对通用智能合约的支持，同时优化了性能和安全性。

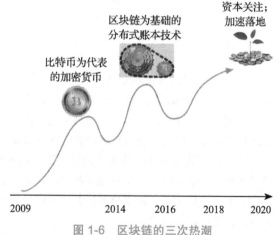

图 1-6　区块链的三次热潮

2015 年 10 月，《经济学人》封面文章"信任机器"中，正式指出区块链在构建分布式账本平台中的重要作用，促使更多实验性应用出现。下半年更是出现了"初始代币发行"（Initial Coin Offering，ICO）等新型融资募集形式。这一时期，区块链技术自身也有了发展和突破。

2015 年年底，Linux 基金会牵头发起了超级账本开源项目，希望联合各行业的力量构造开放的、企业级的分布式账本技术生态。与此前的开源项目相比，超级账本项目主要面向联盟链场景，关注企业在权限管理、隐私保护和安全性能等方面的核心诉求，并积极推动技术成果在各行业的落地实践。首批会员企业包括科技界和金融界的领军企业，如 IBM、Intel、Cisco、Digital Asset 等。超级账本项目自诞生后发展十分迅速，在金融、供应链等领域得到实践应用。尤为值得称道的是，超级账本项目采取了商业友好的 Apache 2.0 开源许可，吸引了众多企业选用。

随着更多商业项目开始落地，2017 年至今，众多互联网领域的资本开始关注区块链领域，人才缺口持续加大，商业和政策环境开始加强，这也是第三次热潮。区块链俨然已经成为继人工智能后的又一资本热点。

分析这三次热潮可以看出，每一次热潮的出现都与金融行业对区块链技术的深化应用密切相关。这也表明金融行业对信息科技始终保持了较高的敏感度。

3. 分布式记账的重要性

分布式记账问题为何重要？可以类比互联网出现后给社会带来的重大影响来分析。

互联网是人类历史上出现过的最大的分布式互联系统，它成为信息社会的基础设施，很好地解决了传递信息的问题。然而，由于早期设计上的缺陷，互联网无法确保所传递信息的可靠性，这大大制约了人们利用互联网进行大规模协作的能力。而以区块链为基础的分布式记账科技则可能解决传递可信信息的问题，这意味着基于分布式记账科技的未来商业网络将成为新一代的文明基础设施——大规模协同网络。

分布式记账科技的核心价值在于为未来多方协同网络提供可信基础。区块链引发的记账科技的演进，将促使商业协作和组织形态发生变革。世界经济论坛执行主席 Klaus Schwab 认为："区块链是（继蒸汽机、电气化、计算机之后的）第四次工业革命的核心成果（Blockchains are at the heart of the Fourth Industrial Revolution）"。

4. 分布式记账的现状与未来

类比互联网，就科技发展的一般规律来看，笔者认为，分布式记账科技现在仍处于发展早期，而商业应用已经在加速落地中，如表 1-2 所示。

表 1-2　类比互联网，分布式记账科技的现状与未来

阶段	互联网	区块链	阶段
1974 ～ 1983	ARPANet 内部试验网络	比特币试验网络	2009 ～ 2013
1984 ～ 1993	TCP/IP 基础协议确立，基础架构完成	基础协议和框架探索，出现超级账本、以太坊等开源项目	2014 ～ 2018
1990s ～ 2000s	HTTP 应用协议出现；互联网正式进入商用领域	商业应用的加速落地，仍未出现"杀手级应用"	2019 ～ 2023
2000s ～？	桌面互联网、移动互联网、物联网	分布式协同商业网络	2024 ～？

互联网在发展过程中，先后经历了试验网络、基础架构和协议、商业应用、大规模普及四个阶段，每个阶段都长达 10 年左右。其中第二个阶段尤为关键，TCP/IP 取代了已有的网络控制协议成为核心协议，奠定了后来全球规模互联网的技术基础。

作为一套前所未有的大规模协同网络，分布式记账网络的发展很可能也要经历这四个阶段的演化。当然，站在前人肩膀上，无论是在演化速度还是决策效率方面，都会有不小的优势。

客观来看，虽然超级账本、以太坊等开源项目在基础协议和框架方面进行了诸多探索，并取得了重要成果，但在多账本互联、与已有系统的互操作性等方面还存在不足，商业应用的广度和深度仍需要实践的考验。

但毫无疑问，分布式记账科技已经成为金融科技领域的重要创新，必将为金融行业创造新的发展机遇。而未来的商业协同网络，也将成为人类文明进步的重要基础。

1.3 集大成者——比特币

要了解区块链的诞生过程，先要弄清楚比特币的来龙去脉。这要从加密货币数十年的历史说起。

1. 加密货币的历史

20 世纪 50 年代计算机（ENIAC，1946 年）出现后，人们就尝试利用信息技术提高支付系统的效率。除了作为电子支付手段的各种银行卡，自 20 世纪 80 年代起，利用密码学手段构建的加密数字货币（Cryptocurrency）开始成为研究的热门。

对加密货币的探索前后经历 30 多年，比较典型的成果包括 e-Cash、HashCash、B-money 和 Bit Gold 等。

1983 年，时任加州大学圣塔芭芭拉分校教授的 David Chaum 最早在论文"Blind Signature for Untraceable Payments"中提出了 e-Cash，并于 1989 年创建了 DigiCash 公司。e-Cash 系统是首个尝试实现不可追踪（untraceable）的匿名数字货币，基于 David Chaum 自己发明的盲签名技术，e-Cash 曾被应用于部分银行的小额支付系统中。e-Cash 虽然不可追踪，但仍依赖中心化机构（银行）的协助，同期也由于信用卡体系的快速崛起，DigiCash 公司最终于 1998 年宣告破产。鉴于 David Chaum 在数字货币研究领域发展早期的贡献，有人认为他是"数字货币之父"。值得一提的是，David Chaum 目前仍活跃在数字货币领域，期待他能做出更重要的贡献。

1997 年，Adam Back 提出了 HashCash，用来解决邮件系统和博客网站中"拒绝服务攻击（Deny of Service，DoS）"问题。HashCash 首次应用工作量证明（Proof of Work，PoW）机制来获取额度，该机制后来被比特币所采用。类似思想最早出现在 1993 年的论文"Pricing via processing or combatting junk mail"中。

1998 年，大学刚毕业的华人 Wei Dai（戴维）提出了 B-money 的设计方案，这是首个不依赖中心化机构的匿名数字货币方案。B-money 引入工作量证明的思想来解决数字货币产生的问题，指出任何人都可以发行一定量的货币，只要他可以给出某个复杂计算问题（未说明是用 Hash 计算）的答案，货币的发行量将跟问题的计算代价成正比，并且任何人（或部分参与者）都可以维护一套账本，构成一套初级的 P2P 网络，使用者在网络内通过对带签名的交易消息的广播来实现转账的确认。B-money 是去中心化数字货币领域里程碑式的成果，为后面比特币的出现奠定了基础。从设计上看，B-money 已经很好地解决了货币发行的问题，但是未能解决"双花"问题，也未能指出如何有效、安全地维护账本。该方案最终未能实现。

同年，Nick Szabo 也提出了名为 Bit Gold 的非中心化数字货币设计。系统中将解决密码学难题（challenge string）作为发行货币的前提，将上一个难题的结果作为下一个难题生成的参数，并且方案需要系统中大多数参与者确认。该方案最终也并未实现。

这些数字货币方案要么依赖于一个中心化的管理机构，要么更多偏重于理论层面的设计而未能实现，直到比特币出现。比特币采用创新的区块链结构来维护账本，使用 1999 年后出现的 P2P 网络技术实现账本同步，并引入经济博弈机制，充分利用现代密码学成果，首次从实践意义上实现了一套非中心化（decentralized）的开源数字货币系统。也正因为比特币的影响力巨大，很多时候谈到数字货币其实是指类似以加密技术为基础的数字货币。

一方面，比特币依托的分布式网络无须任何机构管理，而是基于密码学原理来确保交易的正确进行；另一方面，比特币的价值和发行没有中央机构进行调控，而是通过计算力进行背书，通过经济博弈进行自动调整。这也促使人们开始思考，在数字化的世界中，应该如何发行货币以及如何衡量价值。

比特币也促使众多数字货币出现。截至 2018 年年底，全球已有超过 2000 种数字货币，既包括以官方为发行主体的法定数字货币（Digital Fiat Currency，DFC）或央行数字货币（Central Bank Digital Currency，CBDC），也包括各种民间数字货币。

目前，除了如比特币这样的分布式技术，仍然存在不少中心化代理模式的数字货币机制，包括 PayPal、支付宝甚至 Q 币等。通过跟已有的支付系统合作，也可以高效地进行代理交易。

现在还很难讲哪种模式将会成为日后的主流，未来甚至还可能出现更先进的技术。但毫无疑问，这些成果都为后来的数字货币设计提供了极具价值的参考；而站在前人肩膀上的比特币，必将在人类货币史上留下难以磨灭的印记。

 注意　严格来说，加密货币并非依赖加密机制，而是使用了密码学中的签名机制。

2. 比特币的诞生

2008 年 10 月 31 日（东部时间），星期五下午 2 点 10 分，化名 Satoshi Nakamoto（中本聪）的人在"metzdowd 密码学邮件列表"中提出了比特币的设计白皮书"Bitcoin: A Peer-to-Peer Electronic Cash System"（比特币：一种点对点的电子现金系统），并在 2009 年公开了最初的实现代码。首个比特币是在 UTC 时间 2009 年 1 月 3 日 18:15:05 生成的。但比特币真正流行开来，被人们所关注则至少是两年以后了。

作为开源项目，比特币很快吸引了大量开发者加入，目前的官方网站 bitcoin.org 提供了比特币相关的代码实现和各种工具软件。

除了精妙的设计理念外，关于比特币最为人们津津乐道的一点是，到目前为止，尚无法确认比特币发明者"中本聪"的真实身份。也有人推测，"中本聪"背后可能不止一个人，而是一个团队。这些猜测都为比特币项目带来了不少传奇色彩。

3. 比特币的意义和价值

直到今天，关于比特币的话题仍有不少争议。但大部分人应该都会认可，比特币是数字货币历史上，甚至整个金融历史上一次了不起的社会学实验。

比特币网络上线以来，在无人管理的情况下，已经在全球范围内无间断地运行了 10 年，成功处理了千万笔交易，最大单笔支付金额超过 1.5 亿美元。难得的是，比特币网络从未出现过重大的系统故障。

比特币网络目前由数千个核心节点构成，不需要任何中心化的支持机构参与，纯靠分布式机制支持了稳定上升的交易量。

比特币首次真正从实践意义上实现了安全可靠的非中心化数字货币机制，这也是它受到无数金融科技从业者热捧的根本原因。

作为一种概念货币，人们希望比特币主要解决传统货币系统面临的几个核心问题：

- 被掌控在单一机构手中，容易被攻击。
- 自身的价值无法保证，容易出现波动。
- 无法匿名化交易，隐私程度不够。

要实现一套数字货币机制，最关键的是要建立一套完善的交易记录系统，以及形成一套合理的货币发行机制。

这个交易记录系统要能准确、公正地记录发生过的每一笔交易，并且确保这些信息无法被恶意篡改。对比已有的银行系统，可以看出，现有的银行机制作为金融交易的第三方中介机构，有代价地提供了交易记录服务。如果参与交易的多方都完全相信银行的记录（数据库），就不存在信任问题。可是如果是更大范围（甚至跨多家银行）地进行货币流通呢？哪家银行的系统能提供完全可靠的、不中断的服务呢？唯一可能的方案是使用一套分布式账本。这个账本可以被所有用户自由访问，而且任何个体都无法对所记录的数据进行恶意篡改和控制。为了实现这样一个前所未有的账本系统，比特币网络巧妙地设计了区块链结构，提供了可靠、无法被篡改的数字货币账本功能。

比特币网络中，货币的发行是通过比特币协议来规定的。货币总量受到控制，发行速度随时间自动进行调整。既然总量确定，那么单个比特币的价值会随着越来越多的经济实体认可而水涨船高。发行速度的自动调整则可以避免出现通胀或者通缩的情况。

此外，也要冷静地看到，作为社会学实验，比特币已经获得了某种成功，特别是基于区块链技术，已经出现了许多颇有价值的商业场景和创新技术。但这绝不意味着比特币自身必然能够进入未来的商业体系中，因为比特币自身价值的波动十分剧烈；由于账目公开可查，通过分析仍有较大概率追踪到实际使用者；比特币系统在不少管理环节上仍然依赖中心化的机制。

4. 更有价值的区块链技术

如果说比特币是影响力巨大的社会学实验，那么从比特币核心设计中提炼出来的区块链技术则让大家看到了塑造更高效、更安全的未来商业网络的可能性。

2014 年开始，比特币背后的区块链技术开始逐渐受到大家关注，并进一步引发了分布式记账技术的革新浪潮。区块链思想和结构恰好应对了在分布式场景下记账的技术挑战。

区块链技术早已从比特币项目脱颖而出，在金融、贸易、征信、物联网、共享经济等诸多领域崭露头角。现在，除非特别指出是"比特币区块链"，否则当人们提到"区块链"时，往往已与比特币没有什么必然联系了。

1.4 区块链的商业价值

商业行为的典型过程为：交易多方通过协商确定商业合约，通过执行合约完成交易。区块链擅长的正是在多方之间达成合约，并确保合约的顺利执行。

根据类别和应用场景不同，区块链所体现的特点和价值也不同。从技术角度，一般认为区块链具有如下特点：

- 分布式容错性。分布式账本网络极其鲁棒，能够容忍部分节点的异常状态。
- 不可篡改性。共识提交后的数据会一直存在，不可被销毁或修改。
- 隐私保护性。密码学保证了数据隐私，即便数据泄露，也无法解析。

随之带来的业务特性将可能包括：

- 可信任性。区块链技术可以提供天然可信的分布式账本平台，不需要第三方中介机构参与。
- 降低成本。与传统技术相比，区块链技术可以通过自动化合约执行带来更快的交易，同时降低维护成本。
- 增强安全。区块链技术将有利于安全、可靠的审计管理和账目清算，减少犯罪风险。

区块链并不是凭空诞生的新技术，而是多种技术演化到一定程度后的产物，因此，其商业应用场景也与促使其出现的环境息息相关。对于基于数字方式的交易行为，区块链技术能潜在地降低交易成本，加快交易速度，同时能提高安全性。笔者认为，能否最终提高生产力，将是一项技术能否被实践接受的关键。

Gartner 在 2017 年 的 报 告 "Forecast: Blockchain Business Value, Worldwide, 2017 ～ 2030" 中预测：区块链带来的商业价值在 2025 年将超过 1760 亿美元，2030 年将超过 3.1 万亿美元（the business value-add of blockchain will grow to slightly more than \$176 billion by 2025, and then it will exceed \$3.1 trillion by 2030）。IDC 在 2018 年的报告 "Worldwide Semiannual Blockchain Spending Guide" 中预测：到 2021 年，全球分布式记账科技相关投资将接近百亿美元，五年内的复合增长率高达 81.2%。

目前，区块链技术已经得到了众多金融机构和商业公司的关注，其中包括大量金融界和信息技术界的领军性企业和团体。典型企业和组织如下列（排名不分先后）：

- 维萨国际公司（VISA International）
- 美国纳斯达克证券交易所（Nasdaq Stock Exchange）
- 高盛投资银行（Goldman Sachs）
- 花旗银行（Citi Bank）
- 美国富国银行（Wells Fargo）
- 中国人民银行（The People's Bank Of China，PBOC）
- 瑞士联合银行（Union Bank of Switzerland）
- 德意志银行（Deutsche Bank AG）
- 美国证券集中保管结算公司（Depository Trust Clearing Corporation，DTCC）
- 全球同业银行金融电讯协会（Society for Worldwide Interbank Financial Telecommunication，SWIFT）
- 三菱日联金融集团（Mitsubishi UFJ Financial Group，MUFG）
- 国际商业机器公司（International Business Machines Corporation，IBM）
- 甲骨文公司（Oracle Corporation）

- 微软公司（Microsoft Corporation）
- 英特尔公司（Intel Corporation）
- 亚马逊公司（Amazon Corporation）
- 思科公司（Cisco Corporation）
- 埃森哲公司（Accenture Corporation）
- 脸书公司（Facebook Incorporated）

实际上，区块链可以有效地实现大规模信息和个体的自主化连接。因此，所有与信息、价值（包括货币、证券、专利、版权、数字商品、实际物品等）、信用等相关的交换过程（见图 1-7），都将可能从区块链技术中得到启发或直接受益。但这个过程绝不是一蹴而就的，需要长时间的探索和论证。

图 1-7　区块链影响的交换过程

1.5　本章小结

区块链思想诞生于对更先进的分布式记账技术的追求，它支持了首个自带信任、防篡改的分布式账本系统——比特币网络。这让人们意识到，除了互联网这样的尽力而为（不保证可信）的基础设施外，区块链技术还将可能塑造彼此信任的未来网络基础设施。

从应用角度讲，以比特币为代表的加密货币只是基于区块链技术的一种金融应用。区块链技术还能带来更通用的计算能力和更广泛的商业价值。本书后续章节将具体介绍区块链的核心技术以及代表性的开源项目，包括以太坊和超级账本等。这些开源项目加速释放了区块链技术的威力，为更多更复杂的应用场景提供了技术支持。

第 2 章

核心技术概览

设计之妙夺造化,存乎一心胜天工。

- 跨境贸易中签订的合同,怎样确保对方能严格遵守约定和及时执行?
- 酒店宣称刚打捞上来的三文鱼,怎样追踪捕捞和运输过程中的时间和卫生情况?
- 数字世界里,怎样证明你是谁?怎样证明某个资产属于你?
- 囚徒困境中的两个人,怎样才能达成利益的最大化?
- 宇宙不同文明之间的"黑暗森林"猜疑链,有没有可能被彻底打破?

这些看似很难解决的问题,在区块链的世界里已经有了初步的答案。

本章将带领大家探索区块链的核心技术,包括其定义与原理、关键问题等,还将探讨区块链技术的演化与分类,存在的关键问题和挑战,并对未来发展趋势进行展望。最后,对一些常见的认识误区进行澄清。

2.1 定义与原理

1. 定义

区块链技术自身仍在飞速发展中,相关规范和标准还待进一步成熟。

公认的最早关于区块链的描述性文献是中本聪所撰写的《比特币:一种点对点的电子现金系统》,但该文献的重点在于讨论比特币系统,并没有明确提出区块链的术语。在其中,将区块和链描述为用于记录比特币交易账目历史的数据结构。

另外,Wikipedia 上给出的定义中,将区块链类比为一种分布式数据库技术,通过维护数据块的链式结构,可以维持持续增长的、不可篡改的数据记录。

笔者认为,区块链可以从狭义和广义两个层面来看待:

- 狭义上,区块链是一种以区块为基本单位的链式数据结构,区块中利用数字摘要对之前的交易历史进行校验,适合分布式记账场景下防篡改和可扩展性的需求。

- 广义上，区块链指代基于区块链结构实现的分布式记账技术，包括分布式共识、隐私与安全保护、点对点通信技术、网络协议、智能合约等。

2. 早期应用

早在 1990 年 8 月，Bellcore（1984 年由 AT&T 拆分而来的研究机构）的 Stuart Haber 和 W. Scott Stornetta 在论文 "How to Time-Stamp a Digital Document" 中就提出利用链式结构来解决防篡改问题，其中新生成的时间证明需要包括之前证明的 Hash 值。这可以认为是区块链结构的最早雏形。

2005 年 7 月，在 Git 等开源软件中，也使用了类似于区块链结构的机制来记录提交历史。区块链结构最早的大规模应用出现在 2009 年初上线的比特币项目中。在无集中式管理的情况下，比特币网络持续稳定，支持了海量的交易记录，并且从未出现过严重的漏洞，从而引发了广泛关注。这些都与区块链结构自身强校验的特性密切相关。

3. 基本原理

区块链的基本原理理解起来并不复杂。首先来看三个基本概念。

- 交易（transaction）：一次对账本的操作，导致账本状态的一次改变，如添加一条转账记录。
- 区块（block）：记录一段时间内发生的所有交易和状态结果等，是对当前账本状态的一次共识。
- 链（chain）：由区块按照发生顺序串联而成，是整个账本状态变化的日志记录。

如果把区块链系统作为一个状态机，则每次交易意味着一次状态改变；生成的区块就是参与者对其中交易导致状态改变结果的共识。

区块链的目标是实现一个分布的数据记录账本，这个账本只允许添加，不允许删除。账本底层的基本结构是一个线性的链表。链表由一个个 "区块" 串联组成（如图 2-1 所示），后继区块中记录前导区块的 Hash（散列）值。某个区块（以及块里的交易）是否合法，可通过计算 Hash 值的方式进行快速检验。网络中的节点可以提议添加一个新的区块，但必须经过共识机制来对区块达成确认。

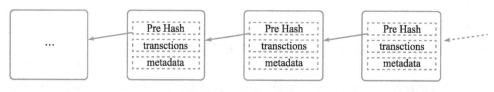

图 2-1   区块链结构

4. 以比特币为例理解区块链工作过程

下面我们以比特币网络为例，来看其中是如何使用区块链技术的。

首先，用户通过比特币客户端发起一项交易，消息广播到比特币网络中等待确认。网络中的节点会将收到的等待确认的交易请求打包在一起，添加上前一个区块头部的 Hash 值等信息，组成一个区块结构。然后，试图找到一个 nonce 串（随机串）放到区块里，使得区块结构的 Hash

结果满足一定条件（比如小于某个值）。这个计算 nonce 串的过程，即俗称的"挖矿"。查找 nonce 串需要花费一定的计算力。

一旦节点找到了满足条件的 nonce 串，这个区块在格式上就"合法"了，成为候选区块。节点将其在网络中广播出去。其他节点收到候选区块后进行验证，发现确实合法，就承认这个区块是一个新的合法区块，并添加到自己维护的本地区块链结构上。当大部分节点都接受了该区块后，意味着区块被网络接受，区块中所包括的交易也就得到确认。

这里比较关键的步骤有两个：一个是完成对一批交易的共识（创建合法区块结构）；另一个是新的区块被添加到链结构上，被网络认可，确保未来无法被篡改。当然，在实现上还会有很多额外的细节。

比特币的这种基于算力（寻找 nonce 串）的共识机制称为工作量证明（Proof of Work，PoW）。这是因为要让 Hash 值结果满足一定条件，并无已知的快速启发式算法，只能对 nonce 值进行逐个尝试的蛮力计算。尝试的次数越多（工作量越大），算出来的概率越大。

通过调节对 hash 值结果的限制条件，比特币网络控制平均约 10 分钟产生一个合法区块。算出区块的节点将得到区块中所有交易的管理费和协议固定发放的奖励费（目前是 12.5 比特币，每四年减半）。

读者可能会关心，比特币网络是任何人都可以加入的，如果网络中存在恶意节点，能否进行恶意操作来对区块链中的记录进行篡改，从而破坏整个比特币网络系统？比如最简单的，故意不承认别人产生的合法候选区块，或者干脆拒绝来自其他节点的交易请求等。

实际上，因为比特币网络中存在大量（据估计有数千个）的维护节点，而且大部分节点都是正常工作的，默认都只承认所看到的最长的链结构。只要网络中不存在超过一半的节点提前勾结在一起采取恶意行动，则最长的链将很大概率上成为最终合法的链。而且随着时间的增加，这个概率会越来越大。例如，生成 6 个区块后，即便有一半的节点联合起来想颠覆已被确认的结果，其概率也仅为 $\left(\frac{1}{2}\right)^6 \approx 1.6\%$，即可能性低于 1/60。生成 10 个区块后，这个概率将降到 1‰ 以下。

当然，如果整个网络中大多数的节点都联合起来作恶，将会导致整个系统无法正常工作。要做到这一点，往往意味着要付出很大的代价，与通过作恶得到的收益相比，得不偿失。

2.2　技术的演化与分类

区块链技术在比特币网络中首次大规模应用，直到今天，越来越多的分布式记账场景中应用了区块链技术。

1. 区块链的演化

比特币区块链面向转账场景，支持简单的脚本计算。我们很自然地想到，如果引入更多复杂的计算逻辑，区块链技术将能支持更多应用场景，这就是智能合约（Smart Contract）。智能合约可以提供除了货币交易功能外更灵活的功能，执行更为复杂的操作。

引入智能合约后的区块链，其功能已经超越了单纯的数据记录，带有一点"智能计算"的意味，更进一步地，还可以为区块链加入权限管理、高级编程语言支持等，实现更强大的、支持更多商用场景的分布式账本系统。

从计算特点上，可以看到现有区块链技术的三种典型演化场景，如表 2-1 所示。

表 2-1 区块链技术的三种典型演化场景

场景	功能	智能合约	一致性	权限	类型	性能	编程语言	代表
数字货币	记账功能	不具备或较弱	PoW	无	公有链	较低	简单脚本	比特币网络
分布式应用引擎	智能合约	图灵完备	PoW、PoS	无	公有链	受限	特定语言	以太坊网络
带权限的分布式账本	商业处理	多种语言，图灵完备	包括 CFT、BFT 在内的多种机制，可插拔	支持	联盟链	可扩展	高级编程语言	超级账本

2. 区块链与分布式记账

现代复式记账方式最早出现在文艺复兴时期的意大利（见图 2-2），直到今天仍是会计学科中的核心方法。复式记账法同时记录每一笔账目的来源和去向，首次将对账验证功能嵌入记账过程，提升了记账过程的可靠性和可追查性。

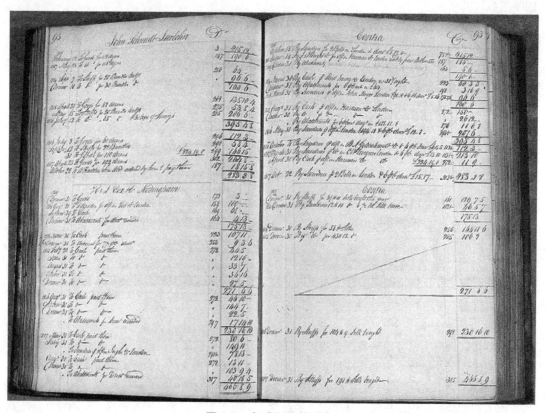

图 2-2 复式记账的账本

区块链实现了对完整交易历史的记录和保护。从这个角度来看，区块链是首个自带对账功能的数字账本结构。

更广泛地，区块链实现了非中心化的记录。参与到系统中的节点并不属于同一组织，彼此可以信任或不信任；链上数据由所有节点共同维护，每个节点都存储一份完整或部分的记录拷贝。

跟传统的记账技术相比，基于区块链的分布式账本包括如下特点：

- 维护一条不断增长的链，只可能添加记录，而且记录一旦确认则不可篡改。
- 非中心化（或者说多中心化）的共识，无须集中控制，实现上尽量呈分布式。
- 通过密码学的机制来确保交易无法被抵赖和破坏，并尽量保护用户信息和记录的隐私性。

3. 技术分类

根据参与者的不同，区块链技术可以分为公有（Public 或 Permissionless）链、私有（Private）链和联盟（Consortium 或 Permissioned）链。

公有链，顾名思义，任何人都可以使用和维护，参与者多为匿名。典型的如比特币区块链和以太坊区块链，信息是完全公开的。

如果进一步引入许可机制，可以实现私有链和联盟链两种类型。

私有链，由集中管理者进行管理限制，只有内部少数人可以使用，信息不公开。一般认为与传统中心化记账系统的差异不明显。

联盟链，介于两者之间，由若干组织一起合作（如供应链机构或银行联盟等）维护一条区块链，必须具有一定权限才可以访问、使用该区块链，相关信息会得到保护，典型的有超级账本项目。在架构上，现有大部分区块链在实现上都至少包括了网络层、共识层、智能合约和应用层等分层结构，联盟链实现往往还会引入额外的权限管理机制。

目前来看，公有链信任度最高，也最容易引发探讨，但短期内更多的应用会首先在联盟链上落地。公有链由于要面向匿名公开的场景，因此面临着更多的安全挑战和风险；同时为了支持互联网大规模交易，需要更高的可扩展性。这些技术问题在短期内很难得到解决。

对于信任度与非中心化程度的关系，针对大部分场景都可以绘制如图 2-3 所示的曲线。一般情况下，非中心化程度越高，信任度会越好。但两者的关系并非线性那么简单。随着节点数增加，前期的信任度往往会增长得较快，到了一定程度后，信任度随节点数增多并不会得到明显改善。这是因为随着成员数的增加，要实现共谋作恶的成本会呈指数级上升。

另外，根据使用目的和场景的不同，区块链又可以分为：以数字货币为目的的货币链，以记录产权为目的的产权链，以众筹为目的的众筹链等，还有不局限特定应用场景的所谓通用链。通用链要兼顾不同场景下的应用特点，在设计上需要考虑得更加全面。

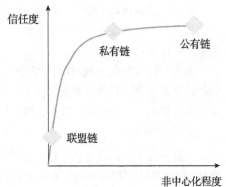

图 2-3　信任度与非中心化程度的关系

2.3　关键问题和挑战

从技术角度讲，区块链所涉及的领域比较繁杂，包括分布式系统、密码学、心理学、经济学、博弈论、控制论、网络协议等，这也意味着我们在工程实践中会面临大量的挑战。

下面列出了目前业界关注较多的一些技术话题。

1. 隐私保护

隐私保护一直是分布式系统领域十分关键的问题。在分布式场景下，因为缺乏独立的管理机制，参与网络的各方无法保证严格遵守协议，甚至会故意试图获取网络中他人的数据，对这些行为都很难进行约束。

要在共享协同信息和隐私保护之间达到合适的平衡是个不小的挑战，目前，公有账本系统屡屡出现安全漏洞，动辄造成数千万美元损失的风险。随着欧盟《通用数据保护条例》（General Data Protection Regulation，GDPR）的落地，隐私保护的合规要求愈加严格。传统的信息安全技术、形式化验证技术在应对新的需求时暴露出实践性不强的缺陷，这些问题都亟待解决。

尤其是医疗健康领域，对数据的隐私性需求最为强烈，要求严格控制数据的来源、所有权和使用范围。传统的基于加密的手段很难满足这些要求，需要结合零知识证明、同态加密、隐私查询等新的密码学手段。而这些新技术在实际应用中还存在不少问题。

2. 分布式共识

共识是分布式系统领域经典的技术难题，学术界和业界都已有大量的研究成果（包括 Paxos、拜占庭系列算法等）。问题的核心在于确保某个变更在分布式网络中得到一致的执行结果，是被参与的多方都承认的，同时这个信息是不可推翻的。

该问题在公开匿名场景下和带权限管理的场景下需求差异较大，从而导致了基于概率的算法和确定性算法两类思想。

最初，比特币区块链考虑的是公开匿名场景下的最坏保证。通过引入 PoW 策略来规避少数人的恶意行为，并通过概率模型保证最终共识到最长链。算法的核心思想是基于经济利益的博弈，让恶意破坏的参与者损失经济利益，从而保证大部分人的合作。同时，必须在多个区块生成之后确认才可达成，这样，从概率上进行了保证。这类算法的主要问题在于效率低下，浪费能源。类似地，还有以权益为抵押的 PoS 和 DPoS 算法等。

后来更多的区块链技术（如超级账本）在带权限许可的场景下，开始考虑支持更多的确定性的共识机制，包括改进的拜占庭算法等，可以解决快速确认的问题。但已有算法在大规模和动态场景下往往表现不佳。

共识问题在很长一段时间内都将是极具学术价值的研究热点，核心的指标将包括支持规模、容错的节点比例、决策收敛速度、出错后的恢复、动态特性等。PoW 等基于概率的系列算法理论上允许少于一半的不合作节点，PBFT 等确定性算法理论上则允许不超过 1/3 的不合作节点。

3. 交易性能

一般情况下，区块链并不适用于高频交易的场景，但由于金融系统的迫切需求，业界目前积极探讨如何提高其交易性能，包括吞吐量（throughput）和确认延迟（latency）两个方面。

目前，公开的比特币公有区块链只能支持平均每秒约 7 笔的吞吐量，其安全的交易确认时间为一小时。以太坊公有区块链的吞吐量略高，达到每秒几十笔，但仍不能满足较大的应用需求。2017 年年底，游戏应用 CryptoKitties 就造成了以太坊网络的严重堵塞。

在这种场景下，为了提高处理性能，一方面可以提升单个节点的性能（如采用高配置的硬件），同时设计优化的策略和并行算法而提高性能；另外一方面可将交易处理卸载（off-load）到链下，只用区块链记录最终交易信息，如比特币社区提出的"闪电网络"等设计。类似地，侧链（side chain）、影子链（shadow chain）等在当前阶段也有一定的借鉴意义。类似设计可将整体性能提升 1 ～ 2 个数量级。

联盟链场景下，参与方在共同的信任前提和利益约束下，可以采取更激进的设计，换取性能的提升。以超级账本 Fabric 项目为例，普通虚拟机配置即可达到每秒数千次的交易吞吐量；在进一步优化或硬件加速的情况下，可以达到每秒数万次的处理性能。

整体来看，目前开源区块链系统已经可以满足大量应用场景的性能需求，但离大规模商用交易系统的吞吐性能（每秒稳定数万笔）还有差距。

> 🔍 **注意**　据公开的数据显示，VISA 系统的处理均值为 2000 tps，峰值为 56 000 tps；某大规模金融支付系统的处理峰值超过了 85 000 tps；某大型证券交易所号称的处理均（峰）值在 80 000 tps 左右。

4. 扩展性

对于常见的分布式系统，可以通过横向增加节点来扩展整个系统的处理能力。对于区块链网络系统来说，跟传统分布式系统不同，这个问题往往不那么简单。实际上，大部分区块链系统的性能很大程度上取决于单个节点的处理能力。对这些系统来说，节点需要具备"高性能、安全、稳定、硬件辅助加解密能力"。

例如，对于比特币和以太坊区块链而言，网络中每个参与维护的核心节点都要保持一份完整的存储，并且进行智能合约的处理。此时，整个网络的总存储和计算能力取决于单个节点的能力。但是当网络中节点数过多时，可能会因为共识延迟而降低整个网络的性能。尤其在公有网络中，由于大量低性能处理节点的存在，问题将更加明显。

要解决这个问题，根本上是放松对每个节点都必须参与完整处理的限制（当然，网络中的节点要能合作完成完整的处理），这个思路已经在超级账本等项目中得到应用；同时尽量减少核心层的处理工作，甚至采用多层处理结构来分散交易。

在联盟链模式下，还可以专门采用高性能的节点作为核心节点，用相对较弱的节点作为代理访问节点。

另外，未来必然会涉及不同账本之间互通的需求（跨链）。目前无论是基于公证人（notary）、侧链 / 中继链锚定机制，还是基于哈希锁定（hash-locking）机制，在实践中仍存在一些不足。公证人机制往往需要依赖第三方的公证人，存在中心化的弱点；侧链 / 中继链锚定机制目前应用在资产类转移场景，依赖不同链之间的合约配合；哈希锁定最早在闪电网络中提出，并应用在 W3C 的 Interledger 协议中，目前只支持支付类交换操作，而且要求双方账本理解彼此的合约。

超级账本的 Quilt 项目和 W3C 的 Interledger Payments 工作组已对上述问题开展研究，但离满足通用的跨链需求还有距离。目前来看，要想解决跨链的扩展性问题，需要有办法打通不同框架，类似于用路由器来沟通不同的子网。

5. 安全防护

区块链目前最热门的应用场景是金融相关的服务，安全自然是最敏感也是最具挑战性的问题。区块链在设计上大量采用了现代成熟的密码学算法和网络通信协议。但这是否就能确保其绝对安全呢？

世界上并没有绝对安全的系统。系统越复杂，攻击面越多，安全风险越高。另外，系统是由人设计和运营的，难免出现漏洞。

作为分布式系统，区块链首先要考虑传统的网络安全（认证、过滤、攻防）、信息安全（密码配置、密钥管理）、管理安全（审计、风险分析控制）等问题。其次，尤其要注意新场景下凸显的安全挑战。

首先是立法。对区块链系统如何进行监管？攻击区块链系统是否属于犯罪？攻击银行系统是要承担后果的。但是目前还没有任何法律保护区块链（特别是公有链）以及基于它的实现。

其次是代码实现的漏洞管理。考虑到使用了几十年的 OpenSSL 在源代码完全开放的情况下还带着那么低级的漏洞（如 Heartbleed），让人不禁对运行中的大量线上系统持谨慎态度。而对于金融系统来说，无论是客户端还是平台侧，即便很小的漏洞都可能造成难以估计的损失。

另外，公有区块链中所有交易记录都是公开可见的，这意味着所有的交易，即便被匿名化和加密处理，仍会在未来某天被破解。安全界一般认为，只要物理上可接触就不算彻底安全。实际上已有文献证明，比特币区块链的交易记录大部分都能追踪到真实用户。

公有链普遍缺乏有效的治理和调整机制，一旦运行中出现问题，就难以及时修正。即使有人提交了修正补丁，只要有部分既得利益者联合起来反对，就无法得到实施。比特币社区已经出现过多次类似的争论。

最后，运行在区块链上的智能合约应用五花八门，可能存在潜在的漏洞，必须有办法进行安全管控，在注册和运行前进行形式化验证和安全探测，以规避恶意代码的破坏。运行智能合约的环境也会成为被攻击的目标。近些年区块链领域的安全事件大多与智能合约漏洞有关。

2014 年 3 月，Mt.gox 交易所宣称其保存的 85 万枚比特币被盗，直接导致破产。

2016 年 6 月 17 日，发生 DAO 系统漏洞被利用事件，直接导致价值 6000 万美元的数字货币被利用者获取。尽管对于这件事情的反思还在进行中，但事实再次证明，目前基于区块链技术进行生产应用时，务必谨慎地进行设计和验证。必要时，甚至要引入"形式化验证"和人工审核机制。

2018 年 3 月，币安交易所被黑客攻击，造成用户持有的比特币被大量卖出。虽然事后进行了追回，但仍在短期内对市场价格造成了巨大冲击。

> 📝 **注意** 著名黑客凯文·米特尼克（Kevin D. Mitnick）所著的《反欺骗的艺术——世界传奇黑客的经历分享》一书中分享了大量的真实社交工程欺骗案例。

---

6. 数据库和存储系统

区块链网络中的大量信息需要写到文件和数据库中进行存储。

观察区块链的应用，有大量的读写操作、Hash 计算和验证操作，这跟传统数据库的行为十分不同。

当年，人们观察到互联网场景中大量非事务性的查询操作，从而设计了非关系型（NoSQL）数据库。那么，针对区块链应用的这些特点，是否可以设计出一些特殊的具有针对性的数据库呢？

LevelDB、RocksDB 等键值数据库具备很高的随机写和顺序读写性能，以及相对较差的随机读性能，被广泛应用到了区块链信息存储中。但目前来看，面向区块链的数据库技术仍然是需要突破的技术难点之一，特别是如何支持语义更丰富的操作。

大胆预测，未来将可能出现更具针对性的"块数据库（BlockDB）"，专门服务于类似区块链这样的新型数据业务。其中，每条记录将包括一个完整的区块信息，并天然地与历史信息进行关联；一旦写入确认则无法修改；所有操作的最小单位将是一个块。为了实现这种结构，需要原生支持高效的签名和加解密处理。

此外，在高吞吐量的场景下，本地账本结构会快速累积大量数据，这些数据如何有效地保存和索引，发生故障后如何快速恢复，新加入的网络节点如何迅速追踪最新数据并开始工作，都是值得探索的开放问题。

7. 互操作和运营治理

大部分企业内和企业间都已经存在了一些信息化产品和工具，例如，处于核心位置的数据库、企业信息管理系统、通信系统等。企业在采用新的产品时，往往会重点考察与已有商业流程和信息系统进行集成时的平滑度。

两种系统如何共存，如何分工？彼此的业务交易如何进行合理传递？出现故障时如何排查和隔离？已有数据如何在不同系统之间进行迁移和灾备？这些都是迫切需要解决的实际问题。解决不好，将是区块链技术落地的不小阻碍。

另外，虽然大部分区块链系统在平台层面都支持了非中心化机制，在运营和治理层面却往往做不到那么非中心化。以比特币网络为例，历史上多次发生过大部分算力集中在少数矿池的情况，同时软件的演化路线集中在少数开发者手中。运营和治理机制是现有区块链系统中普遍缺失的，但在实际应用中又十分重要。

如何进行合理的共识、高效的治理仍属于尚未解决的问题。公有账本试图通过将计算机系统中的令牌与经济利益挂钩，维护系统持续运行；联盟账本通过商业合作和投票等方式，推举联盟治理机构，进行联盟网络的维护管理。这些机制仍需要在实践过程中不断完善和改进。以供应链场景为例，动辄涉及数百家企业，上下游几十个环节，而且动态性较强。这些都需要分布式账本平台能提供很强的治理投票和权限管控机制。

2.4 趋势与展望

关于区块链技术发展趋势的探讨和争论，自其诞生之日起就从未停息。或许，读者可以从计算技术的演变史中得到一些启发。图 2-4 所示为笔者于某次技术交流会中提出的现代计算技术的演变史。

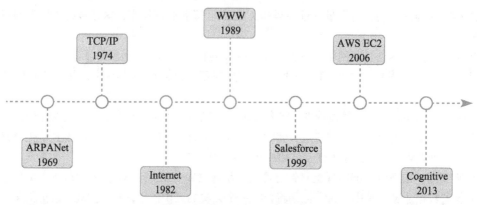

图 2-4　现代计算技术的演变史

以云计算为代表的现代计算技术，其发展历史上有若干重要的时间点和事件。

- 1969 年，ARPANet（Advanced Research Projects Agency Network）：现代互联网的前身，由美国高级研究计划署（Advanced Research Project Agency）提出，使用的协议是 NCP，核心缺陷之一是无法做到和个别计算机网络交流。
- 1973 年，TCP/IP：Vinton Cerf（温顿·瑟夫）与 Bob Karn（鲍勃·卡恩）共同开发出 TCP 模型，弥补了 NCP 的缺陷。
- 1982 年，Internet：TCP/IP 正式成为规范，并被大规模应用，现代互联网诞生。
- 1989 年，WWW：早期互联网的应用主要包括 telnet、ftp、email 等，Tim Berners-Lee（蒂姆·伯纳斯·李）设计的 WWW 协议成为互联网的杀手级应用，引爆了现代互联网，从那时开始，互联网业务快速扩张。
- 1999 年，salesforce：互联网出现后，一度只能进行通信应用，但 salesforce 开始以云的理念提供基于互联网的企业级服务。
- 2006 年，aws ec2：AWS EC2 奠定了云计算的业界标杆，直到今天，竞争者们仍然在试图追赶 AWS 的脚步。
- 2013 年，cognitive：以 IBM Watson 为代表的认知计算开始涉足商业领域，计算开始变得智能，进入"后云计算时代"。

我们能从计算的发展历史中看出哪些端倪呢？

首先，技术领域也存在着周期律。这个周期目前看是 7 年左右。或许正如人有"七年之痒"，技术也存在着 7 年这道坎，到了这道坎，要么自身发生突破迈过去，要么被新的技术所取代。事实上，从比特币网络上线（2009 年 1 月）算起，区块链技术在 7 年后出现了不少突破。

注意　为何恰好是 7 年？ 7 年按照产品周期来看基本是 2 ～ 3 个产品周期，市场或许只能提供不超过三次机会。

其次，创新科技固然先进，但过早播撒种子，缺乏合适环境也难发芽长大。技术创新与科研创新很不同的一点便是，技术创新必须立足于需求，过早过晚都会错失良机；科研创新则要越早越好，比如 20 世纪的现代物理学发展，超前的研究成果奠定了后续一百多年内科技革命的基础。

最后，事物的发展往往是延续的、长期的。新生事物大多数不是凭空而生的，往往是解决了先贤未能解决的问题，或是出现了之前未曾出现过的场景。很多时候，新生事物的出现需要长期的孵化，"坚持还是放弃"的故事会不断重复（见图 2-5）。但只要是朝着提高生产力的正确方向努力，迟早会有出现在舞台上的一天。

目前，区块链在金融相关领域的应用相对成熟，其他方向尚处于初步实践阶段。但毫无疑问的是，区块链技术在其已经落地的行业中，确实带来了生产力提升。2018年3月，国际银行间金融电信协会（The Society for Worldwide Interbank Financial Telecommunication，SWIFT）基于超级账本项目进行了一年多的验证，宣布认可分布式账本技术可满足银行间实时交易，同时遵守监管的报告要求。

图 2-5　坚持还是放弃

此外，相关标准化组织也在积极从标准和规范的角度探讨如何使用分布式账本。

- 国际电信联盟电信标准化组织（International Telecommunication Union Telecommunication Standardization Sector，ITU-T）自 2016 年起发起 3 个工作小组（SG16，17，20）来分别进行分布式账本整体需求、分布式账本安全需求和分布式账本在物联网领域应用等方面的研究。
- 国际标准化组织（International Organization for Standardization，ISO）成立 5 个课题组，探讨制定关于分布式账本架构、应用、安全保护、身份管理和智能合约方面的相关规范。
- 电气电子工程师协会（IEEE）成立 P2418.2 项目，探讨区块链系统数据格式标准。
- 国际互联网工程任务组（Internet Engineering Task Force，IETF）成立了 Decentralized Internet Infrastructure Proposed RG (dinrg)。该研究组将集中研究在非中心化架构服务中的信任管理、身份管理、命名和资源发现等问题。
- 万维网联盟（World Wide Web Consortium，W3C）成立了 3 个相关的研究小组，分别探讨区块链技术和应用、数字资产管理规范以及跨账本互联协议等。

当然，企业界也不甘落后。一些科技企业推出了分布式账本相关的产品或方案，并得到了初步的验证。由于分布式账本技术自身的复杂性且尚不成熟，正确使用还需要较高的门槛。目前，这些企业方案多数依托流行的云计算技术，将节约开发成本、方便用户使用账本服务作为主要目标。

笔者大胆预测，随着区块链和分布式账本相关技术的成熟，更多应用实践将会落地，特别是面向企业应用的场景。而在未来解决了跨链等一系列问题后，将会出现随时接入、成本低廉的联合账本网络，为人们的生活带来更多便利。

2.5 认识上的误区

目前，区块链作为一种相对年轻的技术，自身仍在飞速发展中，在相关概念上仍有一些值得探讨之处。下面总结一些常见的认知误区。

1. 区块链是完全创新的新技术

作为融合多项已有技术而出现的事物，区块链与现有记账科技和信息体系是一脉相承的。区块链在解决多方合作和可信计算问题上向前多走了一步，但这并不意味着它就是万能的（从来不会存在一项万能的科技），更不会快速颠覆已有的众多商业模式。在今后很长一段时间里，对区块链的应用场景仍需不断摸索，区块链在自身发展的同时也会与已有系统共存互通。

2. 区块链必然是非中心化的，非中心化一定优于中心化设计

比较任意两种技术的优劣，必须先确定场景，区块链也是如此。不可能存在某种技术在任意场景下都是最优的。目前区块链的两大形态——公有链和联盟链，之所以在技术选型上存在较大差异，正是因为它们面向的场景不同。中心化设计往往具有设计简单、管理完善、性能高、安全可控等特点，但容错性能比较差；非中心化（多中心化）的设计可以提高容错性能，可以利用多方共识来降低篡改风险，但这也意味着设计较复杂，性能较差。

从实际需求出发，现有大部分区块链技术都介于绝对的中心化和绝对的非中心化之间，以取得不同指标上的平衡。例如，某些公有链为了提高性能，选择部分代表节点来参与共识。

3. 区块链离不开加密数字货币

虽说区块链的早期应用之一是比特币等加密数字货币，但发展到今日，区块链技术早已脱颖而出，两者也各自朝着不同的目标向前发展。比特币侧重从金融角度发掘加密数字货币的实验和实践意义；区块链则从技术层面探讨和研究分布式账本科技的商业价值，并试图拓展到更多分布式互信的场景。

4. 区块链是一种数据库技术

虽然区块链中往往使用了已有的数据库技术，也可以用来存储或管理数据，但它面向的主要问题是多方数据互信协作（Data Collaboration）的问题，这是传统数据技术无法解决的。单纯从数据存储或管理角度，区块链可能不如传统数据库效率高，因此一般不推荐把大量原始数据直接放到区块链系统中。当然，区块链系统可以与现有数据库和大数据系统等进行集成。甲骨文和IBM 的一些团队已经开始尝试将区块链的一些特点引入数据库设计中，以更好地适应非中心化的需求。

另一方面，区块链复杂大规模的场景也对数据库技术提出了新的需求。例如开源社区普遍使用的 LevelDB 在性能方面的表现并不特别优秀；部分业务场景下需要支持 SQL 语义。可以借鉴其他数据库（如 RocksDB 和 BerkeleyDB）的一些优势进行改造。

5. Token 等于加密数字货币

在区块链概念出现之前，Token（令牌或凭证）就大量应用在计算机系统中。作为权限证明，它可以协助计算机系统进行认证等操作。作为分布式系统，区块链中自然也可以在某些场景（如游戏积分）下借用 Token 机制，带来应用生态管理上的便利。而加密数字货币试图借用数字化技

术来实现货币功能，更强调经济价值，与计算机系统中的原生功能无必然联系。总之，两者是不同层面的概念，即使不依赖 Token，仍然可以实现加密数字货币；数字凭证只有具备可靠、大范围接受的购买力，才可能成为货币，否则只能作为收藏品在小圈子内流通。

2.6 本章小结

本章剖析了区块链的相关核心技术，包括其定义、工作原理、技术分类、关键问题和认识上的误区等。通过本章的学习，读者可以对区块链的相关技术体系形成整体上的认识，并对区块链的发展趋势有更清晰的把握。

除了数字货币应用外，业界越来越看重区块链技术在商业应用场景中的潜力。开源社区发起的开放的以太坊和超级账本等项目，为更复杂的分布式账本应用提供了坚实的平台支撑。

我们有理由相信，随着更多商业应用场景的落地，区块链技术将在金融和科技领域发挥越来越重要的作用。

第 3 章
典型应用场景

创新落地，应用为王。

新的技术能否最终落地并普及，受很多因素影响，其中最关键的一点便是合适的应用场景。

比特币网络支撑了全球范围内的支付交易，成功论证了去中心化系统长时间自治运转的可行性。这引发了对区块链应用潜力的遐想：如果基于区块链技术构造自动运行的商业价值网络，其中的交易自动完成且无法伪造；所有签署的合同都能按照约定严格执行，这将大大提高商业系统协作的效率。从这个意义上讲，人们相信，基于区块链技术构建的未来商业网络，将是继互联网之后又一次巨大的产业变革。

目前，除了金融领域外，在权属追溯、资源共享、物流供应链、征信管理和物联网等诸多领域，也涌现出大量的应用案例。本章将剖析这些典型的应用场景，展现区块链技术为不同行业带来的创新潜力。

3.1 应用场景概览

经过十多年的发展，区块链已经从单纯的实验探讨阶段过渡到应用落地阶段。国内外已经涌现出大量相关的企业和团队。部分企业已经结合自身业务进行生产实践，有的企业还处于探索和验证的阶段。

实际上，要找到合适的应用场景，还是要从区块链技术的特性出发进行分析。区块链在不引入第三方中介机构的前提下，可以提供去中心化、不可篡改、安全可靠等特性保证。因此，所有直接或间接依赖于第三方担保机构的活动，都有可能从中获益。区块链自身维护着一个按时间顺序持续增长、不可篡改的账本记录，通过锚定资产，区块链可以成为确权类应用的完美载体，提供包含所属权和时间戳的数字证据。智能合约提高了资产流通性，并保证合约规则的透明和不可篡改。这为社会资源提供了更高效且安全的流动渠道，为创新经济活动提供了土壤。

面向大众消费者的区块链应用要做到公开、透明、可审计，既可以采用公有链，也可以采用生态内多中心节点共同维护的联盟链；面向企业内部或多个企业间的商业区块链场景，则可将区块链的维护节点和可见性限制在联盟内部，并用智能合约解决联盟成员间信息不对等的问题。

笔者认为，未来几年内区块链需要关注的场景包括：

- 金融服务。该领域目前最受关注，区块链带来的直接优势包括降低交易成本、减少跨组织交易风险等。全球很多银行和金融交易机构都在积极投入。该领域的应用尤为要注意安全和风险。例如，DAO（Decentralized Autonomous Organization，史上最大的一次众筹活动，基于区块链技术管理资金的投放）这样的大规模众筹实验失败，提醒应用者在技术、业务和运营层面都要谨慎行事。
- 征信管理、权属管理与溯源。征信和权属的数字化管理是大型社交平台和保险公司都梦寐以求的。目前该领域的主要问题包括缺乏足够的数据和分析能力；缺乏可靠的平台支持以及有效的数据整合管理等。区块链被认为可以促进数据交易和流动，提供安全可靠的支持。但征信行业的法律和资金门槛比较高，需要多方资源共同推动。
- 资源共享。分享经济公司可以通过去中心化应用来降低管理成本，并可以在使用过程中对数据隐私进行更有力的保护，尤其是实现个人对私有数据流通的绝对控制。
- 物流与供应链。区块链技术可以自动化贸易和物流供应链领域中烦琐的手续和流程，降低成本的同时提高运转效率。另外，贸易中销售和法律合同的数字化、货物监控与检测、实时支付等方向，都有可能发生突破。
- 物联网。物联网是很适合区块链技术的一个领域，预计未来几年内会有不少应用出现。但这将依赖物联网改进电池和传感器等传统问题。

当然，对于商业系统而言，技术创新只是一种手段，根本上还是需要满足实际的业务需求。区块链作为一个底层的平台技术，需要结合行业特性和用户需求进行综合考量，设计完整的解决方案。

有理由相信，区块链技术落地的案例会继续增加。一方面，新技术在传统行业中的应用，会带来更多的创新业务和场景；另一方面，应用中遇到的问题会反过来促进技术自身不断突破。

3.2　金融服务

金融活动影响人类社会的方方面面，涉及货币、证券、保险、抵押、捐赠等诸多行业。它们通过金融交易优化了资源的使用，提高了社会资源运转效率。

交易本质上交换的是价值的所属权。为了完成一些贵重资产（例如房产、大宗商品）的交易，往往需要依靠中介和担保机构。这样做不仅过程烦琐，而且成本较高。之所以需要第三方机构介入，是因为交易双方缺乏信息对称性和信任性。一方面，所属权依靠单方提供的证明材料，存在造假风险；另一方面，交换过程手续烦琐，存在篡改和出错的风险。

为了确保金融交易能够可靠地完成，第三方担保机构提供了信任保障服务。这种机制存在成本高、时间周期长、流程复杂、容易出错等缺陷。因此，金融领域长期存在降低交易成本、提高交易效率的迫切需求。

区块链技术可以为金融服务提供有效、可信的信息证明，以及自动化的合约处理机制。因此，在数字货币、银行间交易、支付、风险控制和反欺诈、供应链金融、融资管理等领域，分布式账本技术都大有应用潜力。

3.2.1 数字货币

根据角色的不同，银行一般分为中央银行（央行）和普通银行。

中央银行的两大基本职能是"促进宏观经济稳定"和"维护金融稳定"（参考《金融的本质》，本·伯南克（Ben Bernanke）著），主要手段就是管理各种证券和利率。央行角色的存在，为整个社会的金融体系提供了最终的信用担保。

普通商业银行业则往往基于央行的信用，进一步作为中介和担保方，来协助完成多个商家之间的金融交易。

银行活动主要包括发行货币、完成存贷款等功能。为了保障货币价值稳定，发行机构必须能时时刻刻保证交易的可靠性和确定性。为了做到这一点，传统的金融系统设计了复杂的安全流程，采用了极为复杂的软件和硬件方案，其建设和维护成本都十分昂贵。即便如此，这些系统仍然存在诸多缺陷，每年都会出现安全攻击和金融欺诈事件。此外，还常常需要额外的支付企业介入。这些都增大了实际的交易成本。

以区块链技术为基础的数字货币的出现，对货币的研究和实践都提出了新的启发，被认为有可能促使这一领域发生革命性变化。

除了众所周知的比特币等数字货币实验之外，还有诸多金融机构进行了有意义的尝试，尤其是各国进行的法定数字货币研究，越来越接近实践。

1. 中国人民银行投入区块链研究

2016 年，中国人民银行对外发布消息，称深入研究了数字货币涉及的相关技术，包括区块链技术、移动支付、可信可控云计算、密码算法、安全芯片等，被认为积极关注区块链技术的发展。

实际上，央行对于区块链技术的研究很早便已开展。

2014 年，央行成立发行数字货币的专门研究小组对基于区块链的数字货币进行研究，次年形成研究报告。

2016 年 1 月 20 日，央行专门组织了"数字货币研讨会"，邀请了业内的区块链技术专家就数字货币发行的总体框架、演进以及国家加密货币等话题进行了研讨。会后，发布了对我国银行业数字货币的战略性发展思路，提出要早日发行数字货币，并利用数字货币相关技术打击金融犯罪活动。

2016 年 12 月，央行成立数字货币研究所。初步公开设计为"由央行主导，在保持实物现金发行的同时发行以加密算法为基础的数字货币，M0（流通中的现金）的一部分由数字货币构成。为充分保障数字货币的安全性，发行者可采用安全芯片为载体来保护密钥和算法运算过程的安全"。

2018 年 7 月，央行数字货币研究所在联合国国际电信联盟（ITU）会议上发表了关于法定数字货币双层架构的主题演讲。

2020 年 4 月，央行通过农行账户在多地测试其数字货币钱包应用，支持扫码支付、汇款、收付款和离线支付功能。

从目前看，央行很可能采取联盟形式，由中央银行与国家系统重要性金融机构来共同维护分布式账本系统，直接发行和管理数字货币，作为流通现金的一种形式。一旦实施，将对现有的支付清算体系，特别是商业银行产生重大影响。数字货币由于其电子属性，在发行和防伪方面成本都优于已有的纸质货币。另外，相对信用卡等支付手段，数字现金很难被盗用，大大降低了管理成本。同时也要注意到，由银行发行数字货币在匿名程度、点对点直接支付、利息计算等方面仍有待商榷。

2. 加拿大银行提出新的数字货币

2016 年 6 月，加拿大央行公开正在开发基于区块链技术的数字版加拿大元（名称为 CAD 币），并允许用户使用加元来兑换该数字货币。经过验证的对手方将会处理货币交易；另外，如果需要，银行将保留销毁 CAD 币的权利。

发行 CAD 币是更大的探索型科技项目 Jasper 的一部分。除了加拿大央行外，据悉，蒙特利尔银行、加拿大帝国商业银行、加拿大皇家银行、加拿大丰业银行、多伦多道明银行等多家机构也都参与了该项目。Jasper 项目的目标是，希望评估分布式账本技术对金融基础设施的变革潜力。通过在大额支付系统的概念验证，认为在基于分布式账本的金融基础设施中应重视监管能力；另外，虽然分布式支付系统并不能降低运营风险，但在与更广泛的金融基础设施进行合作互动时，分布式支付系统有助于实现规模效益，实现全行业的效率提升。

3. 英国央行实现 RSCoin

英国央行（英格兰银行）在数字货币方面的进展十分突出，已经实现了基于分布式账本平台的数字货币原型系统——RSCoin。旨在强化本国经济及国际贸易。

RSCoin 的目标是，提供一个由中央银行控制的、可扩展的数字货币，采用了中央银行—商业银行双层链架构、改进版的两阶段提交（Two Phase Commitment），以及多链之间的交叉验证机制。该货币由中央银行发行，交易机构维护底层账本，并定期提交给中央银行。因为该系统主要是央行和下属银行之间使用，通过提前建立一定的信任基础和采用分片机制，可以提供较好的处理性能（单记账机构可以达到 2000 笔每秒）。RSCoin 理论上可以作为面向全社会的支付手段，但技术和监管细节上需要进一步完善。

英国央行对 RSCoin 进行了推广，希望能尽快普及该数字货币，从而节约经济成本、促进经济发展。同时，英国央行认为，数字货币相对传统货币更适合国际贸易等场景，同时理论上具备成为各国货币兑换媒介的潜力。

3.2.2　支付清结算业务

支付和清结算是现代金融行业十分重要的操作。随着信息技术的发展，支付清结算业务系统的效率也在不断提高。但当资金的清算涉及多个交易主体和多个认证环节时，特别是当涉及跨境多方交易等场景时，效率仍然不高。

区块链技术在处理交易时即确保了交易记录的不可篡改性和对交易结果的有效确认，有望节约清结算的人力和时间成本，降低机构间的争议，提高自动化处理效率。

1. 巴克莱银行用区块链进行国际贸易结算

在国际贸易活动中，买卖双方可能互不信任。因此需要银行作为买卖双方的保证人，代为收款交单，并以银行信用代替商业信用。

区块链可以为信用证交易参与方提供共同账本，允许银行和其他参与方拥有经过确认的共同交易记录并据此履约，从而降低风险和成本。

2016 年 9 月，英国巴克莱银行用区块链技术完成了一笔国际贸易的结算，贸易金额 10 万美元，出口商品是爱尔兰农场生产的芝士和黄油，进口商是位于离岸群岛塞舌尔的一家贸易商。结算用时不到 4 小时，而传统采用信用证方式做此类结算需要 7 ～ 10 天。

在这笔贸易背后，区块链提供了记账和交易处理系统，替代了传统信用证结算过程中占用大量人力和时间的审单、制单、电报或邮寄等流程。

2. 中国邮储银行在核心业务系统中使用区块链

2016 年 10 月，中国邮储银行宣布携手 IBM 推出基于区块链技术的资产托管系统，这是中国银行业首次将区块链技术成功应用于核心业务系统。

新的业务系统免去了重复的信用校验过程，将原有业务环节缩短了约 60% ～ 80% 的时间，提高了信用交易的效率。

3. 多家银行合作推出信用证区块链

2017 年 7 月，民生银行、中信银行、中国银行和苏宁银行基于超级账本技术推出了首家基于区块链的信用证业务平台。该业务上线当日交易额即达到了 1 亿人民币，目前，每天交易额在十亿量级。该系统与传统的信用证结算不同，没有使用 SWIFT 代码，而是使用独创的信用证交换系统。

该平台基于区块链技术，不仅大幅降低了成本，还提高了交易效率和安全性。当然，如何与已有的基于 SWIFT 系统的国际业务打通，将是该平台面临的挑战之一。

4.SWIFT 完成跨银行的分布式账本验证

2018 年 3 月，环球同业银行金融电讯协会（SWIFT）完成了涉及 34 家银行的分布式账本验证。验证重点关注基于超级账本项目的分布式账本技术能否满足监管、安全、隐私性等方面的需求。验证表明：分布式账本技术可以满足自动化的资产管理需求，为未来多银行间合作提供重要支撑。

SWIFT 研发中心负责人 Damien Vanderveken 称："验证进行得相当好，证实了分布式账本技术的巨大进展，尤其是超级账本 Fabric 项目 1.0（The PoC went extremely well, proving the fantastic progress that has been made with DLT and the Hyperledger Fabric 1.0 in particular）"。

全球跨境支付市场规模每年超过 100 万亿美元，大多数交易都要经过 SWIFT 网络来实现，该网络拥有超过 10 000 家金融机构。长期以来，SWIFT 网络因为交易效率低下，费用昂贵而备受诟病。

5. 蚂蚁金服推出区块链跨境汇款服务

2018 年 6 月，蚂蚁金服宣布其基于区块链的电子钱包跨境汇款服务在香港上线。该系统实现香港金管局、新加坡金管局、港版支付宝（Alipay HK）、渣打银行、菲律宾钱包 GCash 间的跨机构协同，Alipay HK 用户可基于区块链技术向 GCash 汇款，汇款时间为 3～6 秒。

6.IBM 构建全球支付网络

2018 年 8 月，IBM 推出了基于区块链的全球支付解决方案——WorldWire，该网络使用 Stellar 协议，可以实现在数秒钟之内完成跨境支付的清结算。

IBM 认为该新型支付解决方案可以很好地接入已有的支付系统，并且有能力支持包括法币、数字资产、稳定币等资产的支付，所有交易存储在账本上，可以持久保留。

目前，该支付网络上已经实现了与美元挂钩的稳定币，IBM 正在与多家国际银行（巴西布拉德斯科银行、釜山银行等）合作，计划增加更多类型的稳定币支持。

7. 摩根大通用区块链进行机构间实时支付

2019 年 2 月，摩根大通宣布推出基于区块链的数字货币——JPM Coin，针对大型企业客户的跨境支付、证券交易等场景，实现客户之间的实时结算。每个 JPM Coin 定价 1 美元，机构客户向指定账户存款后可获得等值的 JPM Coin。

通过区块链，机构之间可以以 JPM Coin 为价值载体进行实时交易。持有 JPM Coin 的机构客户可在摩根大通实时赎回美元。这意味着这家美国最大的金融服务机构已经开始主动拥抱区块链科技带来的新变化。

目前，JPM Coin 仅限大型机构客户使用，并将持续与监管部门合作。

8.Visa 发起银行间支付网络

早在 2016 年底，全球知名跨国金融服务公司 Visa 就尝试基于超级账本等区块链技术来构建面向"Bank-to-Bank（B2B）"场景的支付网络。

经过近三年的摸索，Visa 联合多家银行和科技公司，在 2019 年 6 月正式宣布了 Visa B2B Connect 网络。该网络面向跨境支付场景，可以提高金融机构之间的合作效率。目前，B2B Connect 网络已经覆盖了全球 30 多个渠道，有望在一年内扩展到超过 100 个市场。

Visa 认为采用区块链技术可以让银行间直接连接，将跨境支付的流程简化到 1 天，同时降低交易成本。

9.Facebook 推出 Libra 项目

Facebook 早在 2017 年就开展了对数字资产的内部研究，并招收了大量的相关人才。

针对目前金融系统低效、昂贵和无法覆盖许多落后地区的问题，2019 年 6 月，Facebook 联合 Visa、Mastercard、eBay、Paypal、Uber 等 28 家企业，共同发起了 Libra 项目，发行与一篮子银行存款和短期政府债券挂钩的货币。该项目试图实现更大规模的普惠金融和更便捷的金融应用，让金融活动像发送聊天消息一样简单。

该项目的管理基金会位于瑞士，并面向全球招募更多参与机构。凭借 Facebook 自身已经接近 30 亿的在线用户，Libra 项目将给全球金融秩序和金融生态带来深远影响。

10. 其他新型支付业务

基于区块链技术，出现了大量的创新支付企业，这些支付企业展示了利用区块链技术带来的巨大商业优势。

- Abra：区块链数字钱包，以近乎实时的速度进行跨境支付，无须银行账户，实现不同币种的兑换，融资超过千万美元。
- Bitfinex：组建 Tether Limited 公司来发行稳定币 USDT，作为最流行的稳定币，市值超过 10 亿美元。稳定币通过将代币绑定到法定货币以保障价格的稳定性。如果抵押过程公开并支持审计，则可以降低用户因为代币价格波动带来的风险。
- Bitwage：基于比特币区块链的跨境工资支付平台，可以实现每小时的工资支付，方便跨国企业进行外包工资管理。
- BitPOS：澳大利亚创业企业，提供基于比特币的低成本的快捷线上支付，适用于餐饮行业。
- Circle：由区块链充当支付网络，允许用户进行跨币种、跨境的快速汇款。Circle 获得了来自 IDG、百度的超过 6000 万美元的 D 轮投资。2018 年 9 月，Circle 推出了稳定币 USDC，上市 2 个月，USDC 的市值已达到 2 亿美元。
- Ripple：实现跨境的多币种、低成本、实时交易，引入了网关概念（类似于银行），结构偏中心化，可以与银行等金融机构合作完成跨境支付。

3.2.3 证券交易后处理

证券交易包括交易执行环节和交易后处理环节。

交易环节本身相对简单，主要是由交易系统（高性能实时处理系统）完成电子数据库中内容的变更。中心化的验证系统往往极为复杂和昂贵。交易指令执行后的清算（计算交易方的财务义务）和结算（最终资产的转移）环节也十分复杂，需要大量的人力成本和时间成本，并且容易出错。

目前来看，基于区块链的处理系统还难以实现海量交易系统所需要的性能（典型性能为每秒处理数万笔以上成交，日处理能力超过五千万笔委托、三千万笔成交）。但在交易的审核和清算环节，区块链技术存在诸多的优势，可以极大降低处理时间，同时减少人工的参与。

2015 年 10 月，美国纳斯达克（Nasdaq）证券交易所推出区块链平台 Nasdaq Linq，实现主要面向一级市场的股票交易流程。通过该平台进行股票发行的发行者将享有"数字化"的所有权。

2016 年 2 月，咨询公司 Oliver Wyman 在向 SWIFT（环球同业银行金融电讯协会）提供的研究报告"Blockchain in Capital Markets -- The Prize and the Journey"中预计，全球清算行为成本约 50～100 亿美元，结算成本、托管成本和担保物管理成本 400 亿～450 亿美元（390 亿美元为托管链的市场主体成本），而交易后流程数据及分析花费 200 亿～250 亿美元。

2016 年 4 月，欧洲央行在报告"Distributed ledger technologies in securities post-trading"中指出，区块链作为分布式账本技术，可以很好地节约对账成本，同时简化交易过程。相对原先的交易过程，可以近乎实时地变更证券的所有权。

其他证券相关案例还包括：

- BitShare 推出基于区块链的证券发行平台，号称每秒可处理 10 万笔交易。
- DAH 为金融市场交易提供基于区块链的交易系统。获得澳洲证交所项目。
- Symbiont 帮助金融企业创建存储于区块链的智能债券，当条件符合时，清算立即执行。

- Overstock.com 推出基于区块链的私有和公开股权交易 "T0" 平台，提出 "交易即结算" （The trade is the settlement）的理念，主要目标是建立证券交易实时清算结算的全新系统。
- 高盛为一种名为 SETLcoin 的数字货币申请专利，用于为股票和债券等资产交易提供 "近乎立即执行和结算" 的服务。

3.2.4　供应链金融

供应链金融是一种重要的融资模式。传统上一般由银行基于真实贸易，以核心企业信用为担保来连接上下游企业。供应链金融可为供应链上的企业提供自偿性融资，有助于缓解小微企业融资难的问题，增强供应链活力。

该领域长期以来一直存在众多问题：

- 弱势成员企业供货应收账款周期长，面临较大的资金压力，且融资难。银行从风控角度考虑，愿意为核心企业上游直接供应商提供保理服务，为直接下游经销商提供融资，但不愿意给其他企业（通常往往规模较小，缺乏足够抵押）授信。而核心企业和直接上下游企业往往不愿意承担风险，导致整个链条缺乏活力。
- 供应链上下游企业关系密切，风险往往息息相关。来自上下游的不确定性增大了整个供应链企业（特别是核心企业）的整体风险。
- 由于供应链往往涉及数十家甚至数百家企业，供货生命周期很长，涉及生产制造、运输、担保等多种环节，信息隐瞒或票据篡改造假的情况很难避免。银行要获取多家企业真实贸易信息的难度很大，造成实际融资成本高居不下。
- 作为主要融资工具的票据（包括商业汇票、银行汇票）使用场景局限，票据实际可兑换情况和价值依赖背书企业的信誉和实力，实际操作难度大。

供应链金融的业务特点，使得其十分契合区块链的技术特点。区块链上数据都带有签名和时间戳，提供高度可靠的历史记录，可以有效降低银行对信息可靠性的疑虑，实现核心企业信用在链上的分割与流转。最终提高整个供应链的金融效率。

目前，供应链金融区块链平台主要以联盟链的形式打造，具有如下业务优势：

- 对企业实时、多系统数据（生产、贸易、物流、仓储等）的联动和互验，打破信息不对称，防止信息篡改和造假，提升银行对贸易真实性的验证能力。
- 以真实贸易背景为前提，进行供应链企业间债权债务关系的链上登记和数字化确权。
- 登记在区块链上的债权凭证可灵活拆分、流转，实现核心企业信用沿贸易链条多级传递。
- 智能合约自动执行，降低履约风险和操作风险，提高资金流通效率。

为使供应链金融迅速且有序发展，我国也推出一系列指导意见。如 2017 年七部门联合印发的《小微企业应收账款融资专项行动工作方案（2017—2019 年）》中提到："推动供应链核心企业支持小微企业应收账款融资，引导金融机构和其他融资服务机构扩大应收账款融资业务规模"。此外，2017 年国务院办公厅颁布的《关于积极推进供应链创新与应用的指导意见》也指出："积极稳妥发展供应链金融"。这些在政策层面上的指导建议，提高了国内供应链金融的发展速度。

2017 年 3 月，深圳区块链金融服务有限公司基于区块链技术与全国范围内多家银行建立联盟，共同推出 "票链" 产品，通过创新模式为持有银行承兑汇票的中小微企业提供高效便捷的票据融资服务。"票链"产品发布后，在江西地区率先进行试点运营，上线首月交易规模已近亿元人民币。其中绝大部分交易标的为数十万元的小额银行承兑汇票，切实解决了中小微企业客户长期面对的融资难、融资贵难题。

2017年4月，易见科技供应链金融平台上线运营，2018年9月发布2.0版本。自上线以来，已帮助近200家企业及金融机构完成了超过40亿元的供应链金融业务，线上融资合同近500份，涉及医药、化工、制造、大宗、物流、航空和地产等多个行业。易见区块平台基于超级账本技术，产品体系包括供应链贸易系统、供应链融资平台和供应链资产证券化平台。

2017年12月，联动优势上线了基于区块链的跨境保理融资授信管理平台，利用其自研Uchains区块链不可篡改、时间证明以及可溯源优势，为跨境贸易的中小供应商企提供基于订单的融资授信服务，同时提高境内保理公司的审核效率和风控能力，降低资金风险，提升服务能力。自上线以来，注册供应商超过3万家，近千家供应商从平台获得融资服务，月均销售额增长116%，订单量增长了2倍，极大地加快了供应商的资金周转效率，提高了资金效率和业务运营效率。保理公司的业务量有了较大增长，审核效率获得极大提升；同时便利了境外电商的评估效率，方便其快速扩展供应渠道。

2018年4月13日，平安集团金融壹账通在深圳推出国内首个连接金融机构和中小企业的"壹企银中小企业智能金融服务平台"，将助力银行等金融机构解决中小企业融资难题。壹企银广泛应用金融科技最新技术，全程实现银行等金融机构信贷业务流程智能化，点对点实时打通中小企业信息"死结"，从而实现中小企业融资快捷、高效和低成本、低风险。

另外，类似于"一带一路"这样创新的投资建设模式，会碰到来自地域、货币、物流等各方面的挑战。现在已经有一些部门对区块链技术进行探索应用。区块链技术可以让原先无法交易的双方（例如，不存在多方都认可的国际货币储备的情况下）顺利完成交易，并且降低贸易风险、减少流程管控的成本。

3.2.5 税收服务

传统的税收服务体系在税务信用等级、税收遵从、税源监控等领域存在数据孤岛、信息壁垒等难题，这也导致税务管理中存在大量增值税发票虚开虚抵、农产品优惠政策骗税、出口骗税、稽查取证等争议。

基于区块链的分布式账本可记录跨地域、跨企业的电子票信息，打破数据壁垒。例如，通过融入密码学算法及数据可信上链服务，在保护纳税人数据的同时，实现以税票为中心的发生过程监控。将纳税规则写入智能合约，系统根据往来业务和数据，实现交易与开票数据的自动匹配、核对、缴纳，避免虚开错开，实现税源的全面监控。而区块链透明、弱中心化的特点可为建立税务、工商、海关、银行等部门横向信息的全面掌握分析机制奠定基础，提升征税效率与准确性。

2018年8月10日，由深圳市税务局主导、腾讯提供底层技术支持，深圳国贸旋转餐厅开出了国内首张区块链电子发票。通过在微信中整合支付、开票、报销等功能，该成果致力于实现"交易即开票，开票即报销"。以区块链作为底层支撑技术，接入税务局、微信支付、财务软件商、商家等相关方，可确保发票唯一，并且领票、开票、流转、入账、报销等流程信息完整可追溯，解决传统系统"一票多报、虚报虚抵"等难题，降低经营成本和税收风险。

3.2.6　众筹管理

区块链自身带来的多方信任合作机制，有望提高众筹的效率和安全性。在该领域的尝试目前主要是"首次代币发行"（Initial Coin Offering，ICO）形式。

ICO 设计思想十分简单。项目发起方通过售卖项目早期的数字资产（代币）向外界融资，投资者可以直接以比特币等形式参与。当项目上线后，如果能得以健康成长，项目代币价格上涨，投资者可以获得回报，并且可以选择在任何时候卖出这些代币并退出。从 Howey 测试角度看，ICO 属于权益类证券活动。

最早的 ICO 出现在 2013 年 6 月，万事达币（MSC）在 Bitcointalk 论坛上众筹 5000 个比特币。很可惜该项目后来并没有成功，但开启了 ICO 的浪潮。

2014 年，比较出名的如比特股 Bitshares 和以太坊 Ethereum 先后发起 ICO，并且随着平台自身的发展，投资者获取了大量的回报。这些早期项目支持了区块链领域的初创企业，同时探索了新的众筹模式。

2016 年 4 月 30 日上线的 DAO（Decentralized Autonomous Organization）项目，试图打造基于以太坊的众筹平台，更是一度创下历史最高的融资记录，数额超过 1.6 亿美元。该项目暴露出这种创新形式的组织者们在应对安全风险时缺乏足够的应对经验。6 月 12 日，有技术人员报告合约执行过程中存在软件漏洞，但很遗憾并未得到组织的重视和及时修复。4 天后，黑客利用漏洞转移了 360 万枚以太币，当时价值超过 5000 万美元。虽然最后采用了一些技术手段来挽回经济损失，但该事件毫无疑问给以太坊平台带来了负面影响，也给 ICO 这种新模式的流程管理敲响了警钟。

2017 年开始，传统风投基金也开始尝试用 ICO 来募集资金。Blockchain Capital 在 2017 年发行的一支基金，创新地采用了传统加 ICO 的混合方式进行募资，其中传统部分规模 4000 万美元，ICO 部分规模 1000 万美元。4 月 10 日，ICO 部分 1000 万美元的募集目标在启动后 6 小时内全部完成。整个 2017 年全球有超过 1000 个 ICO 项目，总募资额超过 40 亿美元。

Telegram 在 2018 年初通过两轮 ICO 共募集资金 17 亿美元，在第二轮时明确限制最低投资门槛为 100 万美元。

由于市场过于火爆，投资者投机心理加重，同时出现了大量欺诈性的项目。这些项目的白皮书粗制滥造，有的项目甚至连白皮书都没有，被戏称为"空气项目"。2017 年下半年开始，大量不成熟项目因为无法完成预设目标而破灭，这被认为是第一次 ICO 泡沫的结束，同时市场在泡沫后变得更加成熟和理性。

同期，各国开始加强监管，要么将其纳入已有监管体系，要么暂时禁止 ICO 活动。2017 年 8 月 28 日，美国证监会发布关于谨防 ICO 骗局的警告，之后将 ICO 纳入证券监管；此外，澳大利亚、加拿大、印度、菲律宾以及欧洲主要国家也将 ICO 纳入监管。同年 9 月 4 日，中国人民银行等 7 部门发文，称 ICO 为"未经批准非法公开融资的行为"，"各类代币发行融资活动应立即停止"。这些措施提高了项目发行的门槛，客观上促进了整个生态系统的进化。全球范围内 ICO 项目发行的频率明显下降，但优质项目比例明显提高。

客观来看，作为一种创新的模式，ICO 众筹方式相对 IPO 更加灵活，适合早期中小资金额的创业项目。但目前 ICO 项目仍属于法律监管的灰色地带，往往存在如下问题：

- 缺少法律支持和监管机制。作为一种新型融资行为，由于缺乏相关法规，监管流程很难执行，出现问题后投资者无法得到合理赔偿。
- 项目的评估难度很大。ICO 项目往往涉及科技和创新含量较高的产品，无论是审查机构还是普通投资者都很难进行准确评估。

我国《证券法》第二章第 10 条明确规定："公开发行证券，必须符合法律、行政法规规定的条件，并依法报经国务院证券监督管理机构或者国务院授权的部门核准；未经依法核准，任何单位和个人不得公开发行证券。"这可以保障投资者的长期权益，有利于建设健康的交易环境。因此，为了解决 ICO 的现有缺陷，应当参考 IPO 等证券管理办法制定监管框架。具体可从三个方面进行完善：

- 从项目方角度，需要通过行业共识建立规范的准入机制。如要求必要信息的公开和接受第三方的监督审查，同时设定融资额度限制。通过这些机制可以避免欺诈，保护市场投资者。
- 从投资者角度，在一定时间内应当提高入场门槛。如募集资金超过一定额度的项目只能接受来自专业投资机构的投资。同时加强投资者教育和风险告知。
- 最后，法律界需要和科技界开展合作，尽早主动出台相关监管法规，将这一新型募资方式纳入正式监管之下，并建立完整的市场机制。

3.3　征信管理

征信管理是一个巨大的潜在市场，根据美国富国银行报告和平安证券报告估计，该市场超过千亿规模，是目前数据分析最有潜力的应用场景之一。

互联网普及之前，征信相关的大量数据集中在少数机构手中。由于这些数据涉及个体行为，并且具备极高的商业价值，往往会被严密保护起来，形成较高的行业门槛。

现在大量的互联网企业（包括各类社交网站）尝试从各种维度获取海量的用户信息，但从征信角度看，这些数据仍然存在若干问题，主要包括：

- 数据量不足。单个互联网平台所获取数据有限，数据量越大则能获得的价值越高，过少的数据量无法产生有效价值。
- 相关度较差。在个人隐私越来越受重视的今天，用户都不希望暴露过多数据给第三方，因此企业获取的数据中有效成分往往很少。
- 时效性不足。企业从明面上获取到的用户数据往往是过时的，甚至是虚假的，从而对相关分析的可信度造成严重干扰。

区块链天然存在着无法篡改、不可抵赖的特性；同时，区块链平台将可能提供前所未有规模的相关性极高的数据。这些数据可以在时空中准确定位，并严格关联到用户。因此，基于区块链提供数据进行征信管理，将大大提高信用评估的准确率，同时降低评估成本。

另外，与传统依靠人工的审核过程不同，区块链中交易处理完全遵循约定自动化执行。基于区块链的信用机制将天然具备稳定性和中立性。

目前，包括 IDG、腾讯、安永、普华永道等公司都已投资或进入基于区块链的征信管理领域，特别是与保险和互助经济相关的应用场景。

诞生于 2016 年下半年的保险行业区块链倡议组织（Blockchain Insurance Industry Initiative，B3i），面向保险行业，探索基于分布式账本的新型技术。该联盟认为分布式账本带来的可信能力，将有望给保险行业带来新的变革。

目前，B3i 已经覆盖超过 40 家会员企业，包括美国国际集团、友邦保险、安联保险、瑞士再保险等保险行业巨头。

3.4　权属管理与溯源

区块链技术可以用于产权、版权等所有权的管理和追踪。其中包括汽车、房屋、艺术品等各种贵重物品的交易，也包括数字出版物，以及可以标记的数字资源。

目前权属管理领域存在的几个难题如下：

- 物品所有权的确认和管理。
- 交易的安全性和可靠性保障。
- 必要的隐私保护机制。

以房屋交易为例。买卖双方往往需要依托中介机构来确保交易的进行，并通过纸质材料证明房屋所有权。但实际上，很多时候中介机构也无法确保交易的正常进行。

而利用区块链技术，物品的所有权是写在数字链上的，谁都无法修改。并且一旦出现合同中约定的情况，区块链技术将确保合同能得到准确执行。这能有效减少传统情况下纠纷仲裁环节的人工干预和执行成本。

例如，公正通（Factom）尝试使用区块链技术来革新商业社会和政府部门的数据管理和数据记录方式，包括审计系统、医疗信息记录、供应链管理、投票系统、财产契据、法律应用、金融系统等。它将待确权数据的指纹存放到基于区块链的分布式账本中，可以提供资产所有权的追踪服务。

3.4.1　存证

电子数据作为一种新的证据种类，在今天处理网络金融、网络诈骗、网络谣言等刑事犯罪和其他民事侵权案件与纠纷中发挥了重要作用。中国裁判文书网对近三年 5000 份知识产权民事判决书进行统计，约 89% 的案件中使用了电子证据。电子数据要成为电子数据证据，需要解决易篡改、易丢失、难取证等问题，这与区块链的技术特性天然契合。

2018 年 9 月 7 日，我国最高法院发布《最高人民法院关于互联网法院审理案件若干问题的规定》，指出"当事人提交的电子数据，通过电子签名、可信时间戳、Hash 值校验、区块链等证据收集、固定和防篡改的技术手段或者通过电子取证存证平台认证，能够证明其真实性的，互联网法院应当确认"，以司法解释形式确认了区块链存证手段的法律地位。

北京互联网法院"天平链"电子证据平台于 2018 年 9 月 9 日上线，至 2019 年 9 月采集证据数约 500 万条，存证数据量过千万。该平台基于区块链技术，通过 18 个分布式节点对接版权、著作权、供应链金融、电子合同、第三方数据服务平台、互联网平台、银行、保险、互联网金融等 9 类 25 个应用数据源。广州互联网法院打造的"网通法链"在 2019 年 3 月 30 日上线运营，目前，存证电子数据超过 550 万条。

　　针对互联网上原创内容平台大量产生的小微版权，纸贵科技于 2016 年推出基于区块链的版权确权存证和侵权取证产品——"纸贵版权"，如图 3-1 所示，引入公证处、版权局、知名高校作为版权存证联盟链的存证和监管节点，所有上链的版权存证信息都会经过多个节点的验证和监管，保证任何时刻均可出具具备国家承认的公证证明，具有最高司法效力。在遭遇侵权行为时，区块链版权登记证书可作为证据证明版权归属，得到法院的采信。目前"纸贵版权"已经保护了超过 100 万条原创内容，涉及视频、音频、图片和文字等多种类型的作品，有效帮助创作者保护原创内容，降低版权保护的成本。

图 3-1　纸贵科技基于区块链的版权认证产品

　　在人力资源和教育领域，MIT 研究员朱莉安娜·纳扎雷（Juliana Nazaré）和学术创新部主管菲利普·施密特（Philipp Schmidt）发表了文章"MIT Media Lab Uses the Bitcoin Blockchain for Digital Certificates"，介绍基于区块链的学历认证系统。基于该系统，用人单位可以确认求职者的学历信息是否真实可靠。2018 年 2 月，麻省理工学院向应届毕业生颁发了首批基于区块链的数字学位证书。

　　此外，还包括一些其他相关的应用项目。

- Chronicled：基于区块链的球鞋鉴定方案，为正品球鞋添加电子标签，记录在区块链上。
- Mediachain：通过 metadata 协议，将内容创造者与作品唯一对应。
- Mycelia：区块链产权保护项目，为音乐人实现音乐的自由交易。

- Tierion: 将用户数据锚定在比特币或以太坊区块链上，并生成"区块链收据"。

3.4.2　溯源

区块链账本共享、信息可追踪溯源且不可篡改的特性同样可用于打击造假和防范欺诈。区块链溯源可以应用在农产品、食品、药品、工业用品、进出口产品等领域，也适用于需要强监管的场景，如善款追踪等。

针对源头数据真实性问题，可通过注册了可信身份的物联网设备监控生产、加工、运输等流程，实时上传相关溯源数据和环境数据，实现商品状态的实时监控与存证。此外，针对不同物理形态的商品，可在商品自身或包装上绑定难以篡改的唯一标识，或测量商品的数字指纹信息。

Everledger 自 2016 年开始研究基于区块链技术的贵重资产检测系统，将钻石或者艺术品等的数字指纹信息（包括钻石超过 40 个数据点的颜色、清晰度、切割和重量等信息）记录在区块链上。并于 2017 年宣布与 IBM 合作，实现生产商、加工商、运送方、零售商等多方之间的可信高效协作。

2018 年，纸贵科技与甘肃天水市林业局合作建设基于区块链的果品溯源平台，打造高附加值的区块链苹果品牌——"天水链苹"。让生产者、供销商及消费者可以看到每一个苹果的生产销售过程。通过在苹果上因日晒形成的独一无二的二维码标识，实现了苹果与数字身份的一一对应。用户通过手机扫码，可以查看苹果的区块链证书，从而获取苹果的生产和物流相关信息，如图 3-2 所示。

图 3-2　"天水链苹"果品溯源

类似地，针对食品造假这一难题，IBM、沃尔玛、清华大学于 2016 年底共同宣布将在食品安全领域展开合作，将用区块链技术搭建透明可追溯的跨境食品供应链。这一全新的供应链将改善食品的溯源和物流环节，打造更为安全的全球食品市场。

2020 年 2 月，中国雄安集团数字城市公司与趣链科技合作推出基于区块链的慈善捐赠溯源平台——"善踪"。该平台具有可信监管、公开透明、流程优化、开放共建等特点。需求方可以在平台发布实时需求；捐赠方能根据需求精准捐赠，并将消息上链，实时关注捐赠动态；广大群众可以通过平台监督捐赠去向，完成监管。

3.4.3 数据管理

随着企业资产、政务数据的数字化管理普及，政企大数据已成为重要的资产。在对数据进行管理的过程中，如何保证数据的真实性、有效性，在保护数据隐私的同时如何提供安全高效的数据共享机制，提升数据的整体利用率，成为亟待解决的重要问题。在具体的数据管理过程中，普遍存在以下问题：

- 数据真实性难以保障，数据篡改难以防范。
- 数据权属难以确定，跨主体协作权限管理困难。
- 数据安全性弱，隐私难以保护。

通过引入区块链、数字身份和相关密码学技术，可有效提升数据系统的安全性，在保护数据隐私的前提下实现可信数据共享，同时做到数据流转可追溯、可监管。

在区块链自身防篡改、可追溯的基础上，可通过智能合约对数据使用者的权限进行统一管理，实现安全可信的数据共享与业务协作。针对数据隐私需求，可通过多方安全计算、同态加密和零知识证明等技术，在不暴露完整数据信息的前提下，完成数据的汇总建模，并根据业务需求，计算数据结果，为多方数据协作共享提供安全的计算工具。

2018 年起，北京市协调政府各相关部门，逐条梳理建立"职责目录"，对应形成全市"数据目录"一本大台账，利用区块链的分布式存储、不可篡改、合约机制等特点，建立起北京市"目录区块链"。截至 2019 年 11 月，北京市 50 多个委办局（市公安局、市税务局、市医保局等）数据目录上链，包含 44 000 多条数据项、8000 多职责目录、1900 多信息系统，2.7T 规模数据共享，将各部门目录"上链"锁定，实现了数据变化的实时探知、数据访问的全程留痕、数据共享的有序关联，有效解决数据共享难题。

2018 年 2 月，苏宁金融宣布上线区块链黑名单共享平台系统，采用超级账本 Fabric 联盟链技术，将金融机构的黑名单数据加密存储在区块链上。金融机构可通过独立部署节点接入联盟链，开展区块链黑名单数据添加、查询、删除、投诉等操作。平台同时通过密码学等技术，保障黑名单数据的安全、保密和隐私。

2019 年 5 月，远光软件与国网上海市电力公司打造基于区块链技术的分布式光伏结算系统。针对电网部门数据不流通、财务流程烦琐、效率低等问题，通过在光伏结算的申请、计量、采集和电费计算环节引入区块链，一方面将电价标准、业主信息、电量数据等信息上链，在多主体间进行数据共享，消除数据交叉核对；另一方面将财务计费、计税等规则形成的智能合约上链，实现计费、计税自动完成，以此降低人为失误，提高工作效率。上线以来，上海电力光伏补贴结算业务大幅降低了各环节数据在传递过程中产生的风险，同时工作效率也得到了显著提升。

3.5 资源共享

共享模式鼓励人们通过互联网的方式共享闲置资源。当前，以 Uber、Airbnb 为代表的共享经济模式正在多个垂直领域冲击传统行业。资源共享目前面临的问题主要包括：

- 共享过程成本过高。
- 用户行为评价难。
- 共享服务管理难。

区块链技术为解决上述问题提供了更多可能。相比于依赖中间方的资源共享模式，基于区块链的模式有潜力更直接地连接资源的供给方和需求方，其透明、不可篡改的特性有助于减少摩擦。

有人认为区块链技术会成为新一代共享经济的基石。笔者认为，区块链在资源共享领域是否存在价值，还要看能否比传统的专业供应者或中间方形式实现更高的效率和更低的成本，同时不能影响用户体验。

1. 短租共享

大量提供短租服务的公司已经开始尝试用区块链来解决共享中的难题。

高盛在报告"Blockchain: Putting Theory into Practice"中宣称：Airbnb 等 P2P 住宿平台已经开始通过利用私人住所打造公开市场来变革住宿行业，但是这种服务的接受程度可能会因人们对人身安全以及财产损失的担忧而受到限制。而如果引入安全且无法篡改的数字化资质和信用管理系统，我们认为区块链就能有助于提升 P2P 住宿的接受度。

该报告还指出，可能采用区块链技术的企业包括 Airbnb、HomeAway 以及 OneFineStay 等，市场规模为 30 ～ 90 亿美元。

2. 社区能源共享

在纽约布鲁克林的一个街区，已有项目尝试将家庭太阳能发的电通过社区的电力网络直接进行买卖。具体的交易不再经过电网公司，而是通过区块链执行。

与之类似，ConsenSys 和微电网开发商 LO3 提出共建光伏发电交易网络，实现点对点的能源交易。这些方案的主要难题包括：

- 太阳能电池管理。
- 社区电网构建。
- 电力储备系统搭建。
- 低成本交易系统支持。

现在已经有大量创业团队在解决这些问题，特别是硬件部分已经有了不少解决方案。而通过区块链技术打造的平台可以解决最后一个问题，即低成本地实现社区内的可靠交易系统。

3. 电商平台

传统情况下，电商平台起到了中介的作用。一旦买卖双方发生纠纷，电商平台会作为第三方机构进行仲裁。这种模式存在着周期长、缺乏公证、成本高等缺点。

OpenBazaar 试图在无中介的情形下，实现安全电商交易。具体地，OpenBazaar 提供的分布式电商平台，通过多方签名机制和信誉评分机制，让众多参与者合作进行评估，实现零成本解决纠纷问题。

4. 大数据共享

大数据时代，价值来自对数据的挖掘，数据维度越多，体积越大，潜在价值也就越高。

一直以来，比较让人头疼的问题是如何评估数据的价值，如何利用数据进行交换和交易，以及如何避免宝贵的数据在未经许可的情况下泄露出去。

区块链技术为解决这些问题提供了可能。

利用共同记录的共享账本，数据在多方之间的流动将得到实时的追踪和管理。通过对敏感信息的脱敏处理和访问权限的设定，区块链可以对大数据的共享授权进行精细化管控，规范和促进大数据的交易与流通。

5. 减小共享风险

传统的资源共享平台在遇到经济纠纷时会充当调解和仲裁者的角色。对于区块链共享平台，目前还存在线下复杂交易难以数字化等问题。除了引入信誉评分、多方评估等机制，也有方案提出引入保险机制来对冲风险。

2016 年 7 月，德勤、Stratumn 和 LemonWay 共同推出一个为共享经济场景设计的"微保险"概念平台——LenderBot。针对共享经济活动中临时交换资产可能产生的风险，LenderBot 允许用户在区块链上注册定制的微保险，并为共享的资产（如相机、手机、电脑）投保。区块链在其中扮演了可信第三方和条款执行者的角色。

3.6 物流与供应链

物流与供应链行业被认为是区块链一个很有前景的应用方向。Gartner 一项调查显示，接近 60% 的物流相关企业计划考虑使用分布式账本技术。

该行业往往涉及诸多实体，包括物流、资金流、信息流等，这些实体之间存在大量复杂的协作和沟通。传统模式下，不同实体各自保存各自的供应链信息，严重缺乏透明度，造成了较高的时间成本和金钱成本，而且一旦出现问题（冒领、货物假冒等），难以追查和处理。

通过区块链，各方可以获得一个透明可靠的统一信息平台，可以实时查看状态，降低物流成本，追溯物品的生产和运送全过程，从而提高供应链管理的效率。当发生纠纷时，举证和追查也变得更加清晰和容易。例如，运送方通过扫描二维码来证明货物到达指定区域，并自动收取提前约定的费用；冷链运输过程中通过温度传感器实时检测货物的温度信息并记录在链等。

下面，介绍几个物流与供应链行业的应用案例。

1. 马士基跨境供应链解决方案

2017 年 3 月，马士基和 IBM 宣布，计划与由货运公司、货运代理商、海运承运商、港口和海关当局构成的物流网络合作，构建一个新型全球贸易数字化解决方案——TradeLens。该方案利用区块链技术在各方之间实现信息透明性，降低贸易成本和复杂性，旨在帮助企业减少欺诈和错误，缩短产品在运输和海运过程中所花的时间，改善库存管理，最终减少浪费并降低成本。

马士基早在 2014 年就发现，仅仅是将冷冻货物从东非运到欧洲，就需要经过近 30 个人员和组织进行超过 200 次的沟通和交流。大量的文书工作可以替换为无法篡改的数字记录，类似问题都有望借助区块链得到解决。

基于区块链的供应链方案，预计每年可为全球航运业节省数十亿美元。

2. 国际物流区块链联盟

2017 年 8 月，国际物流区块链联盟（Blockchain In Transport Alliance，BiTA）正式成立。该联盟目标为利用分布式账本技术来提高物流和货运效率，并探索新的行业标准。

目前，联盟已经覆盖 20 多个国家，500 多家会员企业，包括联合包裹（UPS）、联邦快递（FedEx）、施耐德卡车运输公司（Schneider Trucking）、SAP 等。

3. 全球航运商业网络联盟

2018 年 11 月 6 日，9 家领先的海运承运商和码头运营商合作成立全球航运商业网络（Global Shipping Business Network，GSBN），以构建基于区块链技术的开放的货运数字化基础架构。该联盟首批成员包括海运承运人达飞轮船（CMA CGM）、中远海运（COSCO SHIPPING Lines）、长荣海运（Evergreen Marine）、东方海外（OOCL）以及阳明海运（Yang Ming），码头运营商迪拜环球港务集团（DP World）、和记港口集团（Hutchison Ports）、PSA 国际港务集团（PSA International Pte Ltd）和上海国际港务集团（Shanghai International Port），以及软件解决方案供应商货讯通（CargoSmart）。

联盟采用了甲骨文公司提供的区块链平台和技术方案，针对传统货运难追踪、易出错、信息孤岛等问题，将整个货运生命周期进行数字化和自动化，在提高运输效率的同时降低了管理成本。该联盟吸引了众多海运物流企业的兴趣。

3.7　物联网

曾有人认为，物联网是大数据时代的基础。笔者认为，区块链技术是物联网时代的基础。

1. 典型应用场景分析

一种可能的应用场景为：物联网络中为每一个设备分配地址，给该地址关联一个账户，用户通过向账户中支付费用可以租借设备，执行相关动作，进而租借物联网的应用。

典型的应用包括对大量分散监测点的数据获取、温度检测服务、服务器租赁、网络摄像头数据调用等。

另外，随着物联网设备的增多、边沿计算需求的增强，大量设备之间形成分布式自组织的管理模式，并且对容错性要求很高。区块链自身分布式和抗攻击的特点可以很好地融合到这一场景中。

2.IBM

IBM 在物联网领域已经持续几十年进行研发，目前正在探索使用区块链技术来降低物联网应用的成本。

2015 年初，IBM 与三星宣布合作研发 "去中心化的 P2P 自动遥测系统（Autonomous Decentralized Peer-to-Peer Telemetry）"，将区块链作为物联网设备的共享账本，打造去中心化的物联网。

2017 年，IBM 和哥伦比亚物流解决方案供应商 AOS 合作，共同为物流行业开发新的区块链和物联网解决方案。方案通过物联网传感器采集货车可用空间、负载、天气温度等信息，并将货物、货主、司机、物流行为等信息上链，实现对货物状态和相关方行为的完整追溯。

3.Filament

美国的 Filament 公司以区块链为基础提出了一套去中心化的物联网软件堆栈。通过创建一个智能设备目录，Filament 的物联网设备可以进行安全沟通，执行智能合约以及发送小额交易。

基于上述技术，Filament 能够通过远程无线网络将极大范围内的工业基础设备沟通起来，其应用包括追踪自动售货机的存货和机器状态、检测铁轨的损耗、基于安全帽或救生衣的应急情况监测等。

4.NeuroMesh

2017 年 2 月，源自 MIT 的 NeuroMesh 物联网安全平台获得了 MIT 100K Accelerate 竞赛的亚军。该平台致力于成为"物联网疫苗"，能够检测和消除物联网中的有害程序，并将攻击源打入黑名单。

所有运行 NeuroMesh 软件的物联网设备都可以通过访问区块链账本来识别其他节点和辨认潜在威胁。如果一个设备借助深度学习功能检测出可能的威胁，可通过发起投票的形式告知全网，由网络进一步对该威胁进行检测并做出处理。

5.公共网络服务

现有的互联网能正常运行，离不开很多近乎免费的网络服务，例如域名服务（DNS）。任何人都可以免费查询到域名，没有 DNS，现在的各种网站将无法访问。因此，对于网络系统来说，类似的基础服务必须安全可靠，并且成本低。

区块链技术恰好具备这些特点，基于区块链打造的分布式 DNS 系统，将减少错误的记录和查询，并且可以更加稳定可靠地提供服务。

3.8 其他场景

区块链还有一些很有趣的应用场景，包括但不限于云存储、医疗、社交、游戏等多个方面。

1. 云存储

Storj 项目提供了基于区块链的安全的分布式云存储服务。服务保证只有用户自己能看到自己的数据，并号称提供高速的下载速度和 99.99 999% 的高可用性。用户还可以"出租"自己的额外硬盘空间来获得报酬。

协议设计上，Storj 网络中的节点可以传递数据、验证远端数据的完整性和可用性、复原数据，以及商议合约和向其他节点付费。数据的安全性由数据分片（data sharding）和端到端加密提供，数据的完整性由可复原性证明（proof of retrievability）提供。

2. 医疗

医院与医药公司、不同医院之间，甚至医院里不同部门之间的数据流动性往往很差。考虑到医疗健康数据的敏感性，笔者认为，如果能够在满足数据访问权、使用权等规定的基础上促进医疗数据的提取和流动，健康大数据行业将迎来春天。

目前，全球范围内的个人数据市场估值为每年约 2000 亿美元。

GemHealth 项目由区块链公司 Gem 于 2016 年 4 月提出，其目标除了用区块链存储医疗记录或数据，还包括借助区块链增强医疗健康数据在不同机构不同部门间的安全可转移性、促进全球病人身份识别、医疗设备数据安全收集与验证等。项目已与医疗领域多家公司签订了合作协议。

Hu.Manity 是一家创业公司，提供健康数据的匿名出售服务。用户可以选择售卖个人健康数据，但这些数据会消除掉个人的隐私信息。

麻省理工学院媒体实验室也在建立一个医疗数据的共享系统，允许病人自行选择分享哪些数据给医疗机构。

3. 通信和社交

BitMessage 是一套去中心化通信系统，在点对点通信的基础上保护用户的匿名性和信息的隐私。BitMessage 协议在设计上充分参考了比特币，二者拥有相似的地址编码机制和消息传递机制。BitMessage 也用工作量证明（Proof-of-Work）机制防止通信网络受到大量垃圾信息的冲击。

类似的，Twister 是一套去中心化的"微博"系统，Dot-Bit 是一套去中心化的 DNS 系统。

4. 投票

Follow My Vote 项目致力于提供一个安全、透明的在线投票系统。通过使用该系统进行选举投票，投票者可以随时检查自己选票的存在和正确性，看到实时计票结果，并在改变主意时修改选票。

该项目使用区块链进行计票，并开源其软件代码供社区用户审核。项目也为投票人身份认证、防止重复投票、投票隐私等难点问题提供了解决方案。

5. 在线音乐

Ujo 音乐平台使用智能合约来创建一个透明的、去中心化的版权和版权所有者数据库，进行音乐版权税费的自动支付。

6. 预测

Augur 是一个运行在以太坊上的预测市场平台。使用 Augur，来自全球不同地方的任何人都可发起自己的预测话题市场，或随意加入其他市场，来预测一些事件的发展结果。预测结果和奖金结算由智能合约严格控制，使得在平台上博弈的用户不必为安全性而担忧。

7. 媒体和广告

区块链可在媒体行业中提高流量计数的透明度，并审计广告交易。2018 年，汽车制造商丰田与区块链广告分析公司 Lucidity 合作，减少在购买数字广告时的欺诈行为。

8. 电子游戏

2017 年 3 月，来自马来西亚的电子游戏工作室 Xhai Studios 宣布将区块链技术引入其电子游戏平台。工作室旗下的一些游戏将支持与 NEM 区块链的代币 XEM 整合。通过这一平台，游戏开发者可以在游戏架构中直接调用支付功能，消除对第三方支付的依赖；玩家则可以自由地将 XEM 和游戏内货币、点数等进行双向兑换。

3.9 本章小结

本章介绍了基于区块链的典型应用案例和场景，展现了分布式账本技术在去中介场景下的巨大潜力。

当然，任何事物的发展都不是一帆风顺的。目前来看，制约区块链进一步落地的因素有很多。比如线下如何确保链上合同的执行？特别在金融、法律等领域，实际执行的时候往往还需要线下机制来配合；另外就是基于区块链系统的价值交易，必须要实现物品价值的数字化，非数字化的物品很难直接放到数字世界中进行管理。

笔者相信，创新科技能否站住脚，根本上还是看它能否提高生产力，而已有案例已经证实了这点。随着生态的进一步成熟，区块链技术必将在更多领域获得用武之地。

第 4 章
分布式系统核心技术

万法皆空，因果不空。

随着摩尔定律遇到瓶颈，分布式架构逐渐流行起来。从单点演变到分布式结构，重要问题之一就是数据一致性。很显然，如果分布式集群中多个节点处理结果无法保证一致，那么在其上的业务系统将无法正常工作。

区块链系统是一个典型的分布式系统，必然也会碰到这些经典问题。本章将介绍分布式系统领域的核心技术，包括一致性、共识，介绍这些概念的定义、基本原理和常见算法，最后还介绍了评估分布式系统可靠性的指标。

4.1 一致性问题

一致性问题是分布式领域最基础、最重要的问题，也是半个世纪以来的研究热点。

随着业务场景越来越复杂，计算规模越来越庞大，单点系统往往难以满足高可扩展（scalability）和高容错（fault-tolerance）两方面的需求。此时就需要多台服务器组成集群，构建更加强大和稳定的"虚拟超级服务器"。

任务量越大，处理集群的规模越大，设计和管理的挑战也就越高。谷歌公司的全球搜索集群系统，包括数十万台服务器，每天响应百亿次的互联网搜索请求。

集群系统要实现一致性不是一件容易的事。不同节点可能处于不同的状态，不同时刻收到不同的请求，而且随时可能有节点出现故障。要保持对外响应的一致性，好比训练一群鸭子齐步走，难度可想而知。

1. 定义与重要性

定义 一致性（consistency），早期也叫 agreement，在分布式系统领域是指对于多个服务节点，给定一系列操作，在约定协议的保障下，使得它们对处理结果达成"某种程度"的协同。

理想情况（不考虑节点故障）下，如果各个服务节点严格遵循相同的处理协议（即构成相同的状态机逻辑），则在给定相同的初始状态和输入序列时，可以确保处理过程中的每个步骤的执行结果都相同。因此，传统分布式系统中讨论一致性，往往是指在外部任意发起请求（如向多个节点发送不同请求）的情况下，确保系统内大部分节点实际处理请求序列的一致，即对请求进行全局排序。

那么，为什么说一致性问题十分重要呢？

举个现实生活中的例子，多个售票处同时出售某线路上的火车票，该线路上存在多个经停站，怎么才能保证在任意区间都不会出现超售（同一个座位卖给两个人）的情况？

这个问题看起来似乎没那么难，现实生活中经常使用分段分站售票的机制。然而，要支持海量的用户进行并行购票，并非易事（如 12306 网站高峰期日均访问量超过 500 亿次）。特别是计算机系统往往需要满足远超物理世界的高性能和高可扩展性需求，挑战会变得更大。这也是每年到了促销季，各大电商平台都要提前完善系统的原因。

> 🐾 注意　一致性关注的是系统呈现的状态，并不关注结果是否正确。例如，所有节点都对某请求达成否定状态也是一种一致性。

---

2. 问题挑战

计算机固然很快，但在很多地方都比人类世界脆弱得多。典型地，在分布式系统中，存在不少挑战：

- 节点完成请求的时间无法保障，处理的结果可能是错误的，甚至节点自身随时可能发生故障。
- 为了实现可扩展性，集群往往要采用异步设计，依靠网络消息交互，这意味着不可预测的通信延迟、丢失或错误。

仍以火车票售卖问题为例，愿意动脑筋的读者可能已经想到了一些不错的解决思路，例如：

- 要出售任意一张票前，先打电话给其他售票处，确认下当前这张票不冲突，即退化为同步调用来避免冲突。
- 多个售票处提前约好隔离的售票时间。比如第一家可以在上午 8 点到 9 点期间卖票，接下来一个小时是另外一家……即通过令牌机制来避免冲突。
- 成立一个第三方的存票机构，票集中存放，每次卖票前找存票机构查询。此时问题退化为中心化中介机制。

这些思路假设售票处都能保证正常工作，并且消息传递不会出现错误。

当然，还可以设计出更多更完善的方案，但它们背后的核心思想，都是将可能引发不一致的并行操作进行串行化。这实际上也是现代分布式系统处理一致性问题的基础思路。另外，由于普通计算机硬件和软件的可靠性不足，在工程实现上还要对核心部件稳定性进行加强。

反过来，如果节点都很鲁棒，性能足够强，同时网络带宽足够大、延迟足够低，这样的集群系统往往更容易实现一致性。

然而，真实情况可能比人们预期的糟糕。2015 年，论文"Taming Uncertainty in Distributed Systems with Help from the Network"中指出，即便部署了专业设备和冗余网络的中等规模的数据中心，每月发生的网络故障高达 12 次。

3. 一致性的要求

从规范来看，分布式系统达成一致的过程应该满足以下几点：

- 可终止性（termination），一致的结果在有限时间内能完成。
- 约同性（agreement），不同节点最终完成决策的结果是相同的。
- 合法性（validity），决策的结果必须是某个节点提出的提案。

可终止性很容易理解。有限时间内完成，意味着可以保障提供服务（liveness）。这是计算机系统可以被正常使用的前提。需要注意，在现实生活中这点并不是总能得到保障。例如取款机有时候会出现"服务中断"；拨打电话有时候是"无法连接"的。

约同性看似容易，实际上暗含了一些潜在信息。决策的结果相同，意味着算法要么不给出结果，否则任何给出的结果必定是达成了共识的，即安全性（safety）。挑战在于，算法必须要考虑的是可能会处理的任意情形。凡事一旦推广到任意情形，往往就不像看起来那么简单。例如，现在就剩一张某区间（如北京→南京）的车票了，两个售票处分别刚通过某种方式确认过这张票的存在。这时，两家售票处几乎同时分别来了一个乘客要买这张票，从各自"观察"看来，自己一方的乘客都是先到的……在这种情况下，怎么能达成对结果的共识呢？看起来很容易，卖给物理时间上率先提交请求的乘客即可。然而，对于两个来自不同位置的请求来说，要判断在时间上的"先后"关系并不是那么容易。两个车站的时钟时刻可能是不一致的；时钟计时可能是不精确的……根据相对论的观点，不同空间位置的时间是不一致的。因此追求绝对时间戳的方案是不可行的，能做的是要对事件的发生进行排序。

事件发生的相对先后顺序（逻辑时钟）十分重要，确定了顺序，就没有了分歧。这也是解决分布式系统领域很多问题的核心秘诀：把不同时空发生的多个事件进行全局唯一排序，而且这个顺序是大家都认可的。

如果存在可靠的物理时钟，实现排序往往更为简单。高精度的石英钟的漂移率为 10^{-7}，最准确的原子震荡时钟的漂移率为 10^{-13}。谷歌曾在其分布式数据库 Spanner 中采用基于原子时钟和 GPS 的"TrueTime"方案，能够将不同数据中心的时间偏差控制在 10ms 置信区间。在不考虑成本的前提下，这种方案简单、有效。然而，计算机系统的时钟误差要大得多，这就造成分布式系统达成一致顺序十分具有挑战。

🎥 **注意** Leslie Lamport 在 1978 年发表的论文"Time, Clocks and the Ordering of Events in a Distributed System"中，将分布式系统中的顺序与相对论进行对比，提出了偏序关系的观点。而根据相对论，并不存在绝对的时间。因此，先后顺序可能更有意义。

最后的合法性看似绕口，但其实比较容易理解，即达成的结果必须是节点执行操作的结果。仍以卖票为例，如果两个售票处分别决策某张票出售给张三和李四，那么最终达成一致的结果要么是张三，要么是李四，而不能是其他人。

4. 带约束的一致性

从前面的分析可以看到，要实现绝对理想的严格一致性（strict consistency）代价很大。除非系统不发生任何故障，而且所有节点之间的通信无须任何时间，此时整个系统其实就等价于一台机器了。实际上，越强的一致性要求往往意味着带来越弱的处理性能，以及越差的可扩展性。根据实际需求的不用，人们可能选择不同强度的一致性，包括强一致性（strong consistency）和弱一致性（weak consistency）。

通常，强一致性主要包括下面两类：

- 顺序一致性（sequential consistency）。又叫因果一致性，最早由 Leslie Lamport 在 1979 年经典论文 "How to Make a Multiprocessor Computer That Correctly Executes Multiprocess Programs" 中提出，是一种比较强的约束。所有进程看到的全局执行顺序（total order）一致（否则数据副本就不一致了）；并且每个进程看自身操作的顺序（local order）跟实际发生顺序一致。例如，某进程先执行 A，后执行 B，则实际得到的全局结果（其他进程也看到这个结果）中就应该为 A 在 B 前面，而不能反过来。如果另外一个进程先后执行了 C、D 操作，则全局顺序可以共识为 A、B、C、D 或 A、C、B、D 或 C、A、B、D 或 C、D、A、B 的一种（即 A、B 和 C、D 的组合），决不能出现 B、A 或 D、C。顺序一致性实际上限制了各进程内指令的偏序关系，但不在进程间按照物理时间进行全局排序，属于实践中可行的最强保证。以算盘为例，每个进程的事件是某根横轴上的算珠，它们可以前后拨动（改变不同进程之间先后顺序），但同一个横轴上的算珠的相对先后顺序无法改变。

- 线性一致性（linearizability consistency）。由 Maurice P. Herlihy 与 Jeannette M. Wing 在 1990 年经典论文 "Linearizability: A Correctness Condition for Concurrent Objects" 中共同提出，是一种更强的保证。在顺序一致性前提下加强了进程间的操作排序，形成理想化的全局顺序。线性一致性要求系统看起来似乎只有一个数据副本，客户端操作都是原子的，并且顺序执行；所有进程的操作似乎是实时同步的，并且跟实际发生顺序一致。例如某个客户端写入成功，则其他客户端将立刻看到最新的值。线性一致性下，所有进程的所有事件似乎都处于同一个横轴，存在唯一的先后顺序。线性一致性很难实现，目前基本上要么依赖于全局的时钟或锁，要么通过一些复杂同步算法来实现，性能往往不高。

强一致的系统往往比较难实现，而且很多场景下对一致性的需求并没有那么强。因此，可以适当放宽对一致性的要求，降低系统实现的难度。例如，在一定约束下实现所谓最终一致性（eventual consistency），即总会存在一个时刻（而不是立刻），让系统达到一致的状态。例如电商购物时将某物品放入购物车，但是可能在最终付款时才提示物品已经售罄了。实际上，大部分的 Web 系统为了保持服务的稳定，实现的都是最终一致性。

相对于强一致性，最终一致性这样在某些方面弱化的一致性都笼统称为弱一致性。

4.2 共识算法

共识（consensus）这个术语很多时候会与一致性放在一起讨论。严谨地讲，两者的含义并不完全相同。

一致性的含义比共识宽泛，在不同场景（基于事务的数据库、分布式系统等）下意义不同。具体到分布式系统场景下，一致性指的是多个副本对外呈现的状态。如前面提到的顺序一致性、线性一致性，描述了多节点对数据状态的共同维护能力。而共识，则特指在分布式系统中多个节点之间对某个事情（例如多个事务请求，先执行谁？）达成一致看法的过程。因此，达成某种共识并不意味着就保障了一致性。

实践中，要保障系统满足不同程度的一致性，往往需要通过共识算法来达成。

共识算法解决的是，分布式系统中大部分节点对于某个提案（proposal）达成一致意见的过程。提案的含义在分布式系统中十分宽泛，如多个事件发生的顺序、某个键对应的值、谁是主节点等等。可以认为任何可以达成一致的信息都是一个提案。

对于分布式系统来讲，各个节点通常都是相同的确定性状态机模型（又称为状态机复制问题，state-machine replication），从相同初始状态开始接收相同顺序的指令，则可以保证相同的结果状态。因此，系统中多个节点最关键的是对多个事件的顺序进行共识，即排序。

1. 问题与挑战

无论是在现实生活中，还是在计算机世界里，达成共识都要解决两个基本问题：

- 如何提出一个待共识的提案？如通过令牌传递、随机选取、权重比较、求解难题等。
- 如何让多个节点对该提案达成共识（同意或拒绝），如通过投票、规则验证等。

理论上，如果分布式系统中各节点都能以十分"理想"的性能（瞬间响应、超高吞吐）稳定运行，节点之间通信瞬时送达（如量子纠缠），则实现共识过程并不十分困难，简单地通过广播进行瞬时投票和应答即可。

可惜的是，现实中这样的"理想"系统并不存在。不同节点之间通信存在延迟（光速物理限制、通信处理延迟），并且任意环节都可能存在故障（系统规模越大，发生故障可能性越高）。如通信网络会发生中断、节点会发生故障、甚至存在被入侵的节点故意伪造消息，破坏正常的共识过程。

通常，把出现故障（crash 或 fail-stop，即不响应）但不会伪造信息的情况称为"非拜占庭错误（non-byzantine fault）"或"故障错误（crash fault）"；伪造信息恶意响应的情况称为"拜占庭错误（byzantine fault）"，对应节点为拜占庭节点。显然，后者场景中因为存在"捣乱者"更难达成共识。

此外，任何处理都需要成本，共识也是如此。当存在一定信任前提（如接入节点都经过验证、节点性能稳定、安全保障很高）时，达成共识相对容易，共识性能也较高；反之，在不可信的场景下达成共识很难，需要付出较大成本（如时间、经济、安全等），而且性能往往较差（如工作量证明算法）。

🔵 注意　非拜占庭场景的典型例子是通过报数来统计人数，即便偶有冲突（如两人同时报一个数）也能很快解决；拜占庭场景的一个常见例子是"杀人游戏"，当参与者众多时很难快速达成共识。

---

2. 常见算法

根据解决的场景是否允许拜占庭错误情况，共识算法可以分为 Crash Fault Tolerance（CFT）和 Byzantine Fault Tolerance（BFT）两类。

对于非拜占庭错误的情况，已经存在不少经典的算法，包括 Paxos（1990 年）、Raft（2014 年）及其变种等。这类容错算法往往性能比较好，处理较快，容忍不超过一半的故障节点。

对于拜占庭错误的情况，包括以 PBFT（Practical Byzantine Fault Tolerance，1999 年）为代表的确定性系列算法、以 PoW（1997 年）为代表的概率算法等。确定性算法一旦达成共识就不可逆转，即共识是最终结果；而概率类算法的共识结果则是临时的，随着时间推移或某种强化，共识结果被推翻的概率越来越小，最终成为事实上结果。拜占庭类容错算法往往性能较差，容忍不超过 1/3 的故障节点。

此外，XFT（Cross Fault Tolerance，2015 年）等最近提出的改进算法可以提供类似于 CFT 的处理响应速度，并能在大多数节点正常工作时提供 BFT 保障。

Algorand 算法（2017 年）基于 PBFT 进行改进，通过引入可验证随机函数解决了提案选择的问题，理论上可以在容忍拜占庭错误的前提下实现更好的性能（1000 tps 以上）。

> **注意** 实践中，对客户端来说，要拿到共识结果需要自行验证，典型地，可访问足够多的服务节点来比对结果，确保获取结果的准确性。

3. 理论界限

科学家都喜欢探寻问题最坏情况的理论界限。那么，共识问题的最坏界限在哪里呢？很不幸，在推广到任意情况时，分布式系统的共识问题无通用解。

这似乎很容易理解，在多个节点之间的通信网络自身不可靠情况下，很显然，无法确保实现共识（例如，所有涉及共识的消息都丢失）。那么，对于一个设计得当、可以大概率保证消息正确送达的网络，是不是一定能获得共识呢？

理论证明告诉我们，即便在网络通信可靠情况下，一个可扩展的分布式系统的共识问题通用解法的下限是——没有下限（无解）。

这个结论称为"FLP 不可能原理"。该原理极其重要，可以作为分布式领域里的"测不准原理"。

> **注意** 不光分布式系统领域，实际上很多领域都存在类似"测不准原理"的约束，这或许说明世界本源就存在限制。

4.3　FLP 不可能原理

1. 定义

FLP 不可能原理：在网络可靠但允许节点失效（即便只有一个）的最小化异步模型系统中，不存在一个可以解决一致性问题的确定性共识算法（No completely asynchronous consensus protocol can tolerate even a single unannounced process death）。

提出并证明该定理的论文 "Impossibility of Distributed Consensus with One Faulty Process" 是由 Fischer、Lynch 和 Patterson 三位科学家撰写并于 1985 年发表，该论文后来获得了 Dijkstra（就是发明最短路径算法的那位计算机科学家）奖。

FLP 不可能原理告诉我们，**不要浪费时间去试图为异步分布式系统设计面向任意场景的共识算法**。

2. 如何理解

要正确理解 FLP 不可能原理，首先要弄清楚 "异步" 的含义。

在分布式系统中，同步和异步这两个术语存在特殊的含义。

- 同步，是指系统中的各个节点的时钟误差存在上限；并且消息传递必须在一定时间内完成，否则认为失败；同时各个节点处理消息的时间是一定的。因此同步系统中可以很容易地判断消息是否丢失。
- 异步，是指系统中各个节点可能存在较大的时钟差异；同时消息传输时间是任意长的；各节点对消息进行处理的时间也可能是任意长的。这就造成无法判断某个消息迟迟没有被响应是哪里出了问题。（节点故障还是传输故障？）遗憾的是，现实生活中的系统往往都是异步系统。

FLP 不可能原理在论文中以图论的形式进行了严格证明。要理解其基本原理并不复杂，一个不严谨的例子如下。

三个人在不同房间进行投票（投票结果是 0 或者 1），彼此可以通过电话进行沟通，但经常有人会时不时睡着。比如某个时候，A 投票 0，B 投票 1，C 收到了两人的投票，然后 C 睡着了。此时，A 和 B 将永远无法在有限时间内获知最终的结果，究竟是 C 没有应答还是应答的时间过长。如果可以重新投票，则类似情形可以在每次取得结果前发生，这将导致共识过程永远无法完成。

FLP 不可能原理实际上说明，对于允许节点失效的情况，纯粹异步系统无法确保共识在有限时间内完成。即便对于非拜占庭错误的情况，包括 Paxos、Raft 等算法也都存在无法达成共识的极端场景，只是在工程实践中这种情况出现的概率很小。

那么，这是否意味着研究共识算法压根没有意义？

不必如此悲观。学术研究往往考虑的是数学和物理意义上理想化的情形，很多时候现实世界要稳定得多。（感谢这个世界如此鲁棒！）例如，上面例子中描述的最坏情形，每次都发生的概率其实并没有那么大。工程实践中，若某次共识失败，再尝试几次，很可能就成功了。

科学告诉你，什么是不可能的；工程则告诉你，付出一些代价，可以把它变得可行。

这就是科学和工程不同的魅力。FLP 不可能原理告诉大家，不必浪费时间去追求完美的共识方案，而要根据实际情况设计可行的工程方案。

那么，退一步讲，在付出一些代价的情况下，共识能做到多好？

回答这一问题的是另一个很出名的原理——CAP 原理。

4.4　CAP 原理

CAP 原理最早出现在 2000 年，由加州大学伯克利分校的 Eric Brewer 教授在 ACM 组织的 Principles of Distributed Computing（PODC）研讨会上提出猜想。两年后，麻省理工学院的 Nancy Lynch 等学者进行了理论证明。

该原理被认为是分布式系统领域的重要原理之一，深刻影响了分布式计算与系统设计的发展。

4.4.1　定义

CAP 原理：分布式系统无法同时确保一致性（Consistency）、可用性（Availability）和分区容忍性（Partition），设计中往往需要弱化对某个特性的需求。

一致性、可用性和分区容忍性的具体含义如下。

- 一致性：任何事务应该都是原子的，所有副本上的状态都是事务成功提交后的结果，并保持强一致。
- 可用性：系统（非失败节点）能在有限时间内完成对操作请求的应答。
- 分区容忍性：系统中的网络可能发生分区故障（成为多个子网，甚至出现节点上线和下线），即节点之间的通信无法保障；而网络故障不应该影响到系统正常服务。

CAP 原理认为，分布式系统最多只能保证以上 3 项特性中的两项特性。

比较直观地理解，当网络可能出现分区时，系统是无法同时保证一致性和可用性的。要么节点收到请求后，因为没有得到其他节点的确认而不应答（牺牲可用性）；要么节点只能应答非一致的结果（牺牲一致性）。

由于大部分时候网络被认为是可靠的，因此系统可以提供一致可靠的服务；当网络不可靠时，系统要么牺牲掉一致性（多数场景下），要么牺牲掉可用性。

🔵注意　网络分区是可能存在的，出现分区情况后很可能会导致"脑裂"现象。

4.4.2　应用场景

既然 CAP 三种特性不可同时得到保障，则设计系统时必然要弱化对某个特性的支持。

1. 弱化一致性

对结果一致性不敏感的应用，可以允许在新版本上线后过一段时间才最终更新成功，期间不保证一致性。

例如，网站静态页面内容，实时性较弱的查询类数据库，简单分布式同步协议（如 Gossip），以及 CouchDB、Cassandra 数据库等，都为此设计。

2. 弱化可用性

对结果一致性很敏感的应用，例如银行取款机，当系统故障时候会拒绝服务。MongoDB、Redis、MapReduce 等为此设计。

Paxos、Raft 等共识算法，主要处理这种情况。在 Paxos 类算法中，可能存在着无法提供可用结果的情形，同时允许少数节点离线。

3. 弱化分区容忍性

现实中，出现网络分区的概率较小，但很难完全避免。

两阶段的提交算法，某些关系型数据库，以及 ZooKeeper 主要考虑了这种设计。

实践中，网络可以通过双通道等机制增强可靠性，实现高稳定的网络通信。

4.5　ACID 原则与多阶段提交

1. ACID 原则

ACID，即 Atomicity（原子性）、Consistency（一致性）、Isolation（隔离性）、Durability（持久性）四种特性的缩写。

ACID 也是一种比较著名的描述一致性的原则，通常出现在分布式数据库等基于事务过程的系统中。具体来说，ACID 原则描述了分布式数据库需要满足的一致性需求，同时允许付出可用性的代价。四种特性定义如下。

- Atomicity：每次事务是原子的，事务包含的所有操作要么全部成功执行，要么全部不执行。一旦有操作失败，则需要回退状态到执行事务之前。
- Consistency：数据库的状态在事务执行前后是一致的和完整的，无中间状态，即只能处于成功事务提交后的状态。
- Isolation：各种事务可以并发执行，但彼此之间互相不影响。按照标准 SQL 规范，隔离等级从弱到强可以分为未授权读取、授权读取、可重复读取和串行化四种。
- Durability：状态的改变是持久的，不会失效。一旦某个事务提交，则它造成的状态变更就是永久性的。

与 ACID 相对的一个原则是 eBay 技术专家 Dan Pritchett 提出的 BASE（Basic Availability，Soft-state，Eventual consistency）原则。BASE 原则面向大型高可用分布式系统，主张牺牲对强一致性的追求，而实现最终一致性，以此换取一定的可用性。

> **注意** ACID 和 BASE 在英文中分别是"酸"和"碱"，看似对立，实则是对 CAP 三特性的不同取舍。

---

2. 两阶段提交

对分布式事务一致性的研究成果包括著名的两阶段提交算法（Two-Phase Commit，2PC）和三阶段提交算法（Three-Phase Commit，3PC）。

两阶段提交算法最早由 Jim Gray 于 1979 年在论文" Notes on Database Operating Systems"中提出。其基本思想十分简单，既然在分布式场景下，直接提交事务可能出现各种故障和冲突，那么可将其分解为预提交和正式提交两个阶段，规避冲突的风险。

- 预提交：协调者（coordinator）发起提交某个事务的申请，各参与执行者（participant）需要尝试进行提交并反馈是否能完成。
- 正式提交：协调者如果得到所有执行者的成功答复，则发出正式提交请求。如果成功完成，则算法执行成功。

在此过程中任何步骤出现问题（例如预提交阶段有执行者回复预计无法完成提交），则需要回退。

两阶段提交算法因为其简单容易实现的优点，在关系型数据库等系统中被广泛应用。当然，其缺点也很明显：整个过程因需要同步阻塞而导致性能一般较差；存在单点问题，较坏情况下可能一直无法完成提交；可能产生数据不一致的情况（例如协调者和执行者在第二个阶段出现故障）。

3. 三阶段提交

三阶段提交针对两阶段提交算法第一阶段中可能阻塞部分执行者的情况进行了优化。具体来说，将预提交阶段进一步拆成两个步骤：尝试预提交和预提交。

三阶段提交完整过程如下：

- 尝试预提交。协调者询问执行者是否能提交某个事务。执行者需要返回答复，但无须执行提交。这就避免出现部分执行者被无效阻塞的情况。
- 预提交。协调者检查收集到的答复，如果全部为真，则发起提交事务请求。各参与执行者需要尝试进行提交并反馈是否能完成。
- 正式提交。协调者如果得到所有执行者的成功答复，则发出正式提交请求。如果成功完成，则算法执行成功。

其实，无论两阶段还是三阶段提交，都只是一定程度上缓解了提交冲突的问题，并无法一定保证系统的一致性。首个有效的算法是后来提出的 Paxos 算法。

4.6 Paxos 算法与 Raft 算法

Paxos 问题是指，在分布式系统中存在故障（crash fault）但不存在恶意（corrupt）节点的场景（即可能消息丢失或重复，但无错误消息）下，如何达成共识。这也是分布式共识领域最为常见的问题。因为最早由 Leslie Lamport 用 Paxos 岛的故事对该算法进行描述，因而得名。解决 Paxos 问题的算法主要有 Paxos 系列算法和 Raft 算法。

4.6.1 Paxos 算法

1988 年，Brian M. Oki 和 Barbara H. Liskov 在论文 "Viewstamped Replication: A New Primary Copy Method to Support Highly-Available Distributed Systems" 中首次提出了解决 Paxos 问题的算法。

1990 年，Leslie Lamport 在论文 "The Part-time Parliament" 中提出了 Paxos 共识算法，从工程角度实现了一种最大化保障分布式系统一致性（存在极小的概率无法实现一致）的机制。Paxos 共识算法本质上与前者相同，被广泛应用在 Chubby、ZooKeeper 这样的分布式系统中。Leslie Lamport 作为分布式系统领域的早期研究者，因为其杰出贡献获得了 2013 年度图灵奖。

Leslie Lamport 在论文中为了描述问题虚构了一个故事：在古代爱琴海的 Paxos 岛，议会用表决的方式来达成共识。议员们通过信使传递消息来对议案进行表决，但议员可能离开，信使可能走丢，甚至重复传递消息。

Paxos 是首个得到证明并被广泛应用的共识算法，其原理类似于"两阶段提交"算法，但进行了泛化和扩展，并通过消息传递来逐步消除系统中的不确定状态。

　　作为后来很多共识算法（如 Raft、ZAB 等）的基础，Paxos 算法基本思想并不复杂，但最初论文中的描述比较难懂，甚至发表也几经波折。2001 年，Leslie Lamport 还专门发表论文"Paxos Made Simple"进行重新解释。

　注意　Leslie Lamport 对密码学也有研究，1979 年提出的多 Hash 签名机制，具备抗量子计算攻击特性。

1. 基本原理
算法中存在三种逻辑角色的节点，在实现中同一节点可以担任多个角色。

- 提案者（proposer）：提出一个提案，等待大家批准（chosen）为决议（value）。系统中提案都拥有一个自增的唯一提案号。往往由客户端担任该角色。
- 接受者（acceptor）：负责对提案进行投票，接受（accept）提案。往往由服务端担任该角色。
- 学习者（learner）：获取批准结果，并帮忙传播，不参与投票过程。可为客户端或服务端。

算法需要满足安全性（safety）和存活性（liveness）两方面的约束要求。实际上这两个基础属性也是大部分分布式算法都该考虑的。

- safety：保证决议（value）结果是对的，无歧义的，不会出现错误情况。
  - 只有是被提案者提出的提案才可能被最终批准；
  - 在一次执行中，只批准（chosen）一个最终决议。被多数接受（accept）的结果成为决议。
- liveness：保证决议过程能在有限时间内完成。
  - 决议总会产生，并且学习者能获得被批准的决议。

基本思路类似于两阶段提交：多个提案者先要争取到提案的权利（得到大多数接受者的支持）；成功的提案者发送提案给所有人进行确认，得到大部分人确认的提案成为批准的决议。

　　Paxos 并不保证系统总处在一致的状态。但由于每次达成共识至少有超过一半的节点参与，这样最终整个系统都会获知共识结果。一个潜在的问题是，提案者在提案过程中出现故障，这可以通过超时机制来缓解。在极为凑巧的情况下，每次新一轮提案的提案者都恰好故障，又或者两个提案者恰好依次提出更新的提案，则导致活锁，系统会永远无法达成共识（实际发生概率很小）。

　　Paxos 可以保证在超过一半的节点正常工作时，系统总能以较大概率达成共识。读者可以试着自己设计一套非拜占庭容错下基于消息传递的异步共识方案，会发现在满足各种约束情况下，算法过程总会十分类似于 Paxos 的过程。因此，Google Chubby 的作者 Mike Burrows 说："这个世界上只有一种一致性算法，那就是 Paxos。"

　　下面，由简单情况逐步推广到一般情况来探讨算法过程。

2. 单个提案者 + 多接受者
如果系统中限定只允许某个特定节点是提案者，那么共识结果很容易达成（只有一个方案，要么达成，要么失败）。提案者只要收到了来自多数接受者的投票，即可认为通过，因为系统中不存在其他的提案。

但此时一旦提案者故障，则整个系统无法工作。

3. 多个提案者 + 单个接受者

限定某个特定节点作为接受者。这种情况下，共识也很容易达成，接受者收到多个提案，选第一个提案作为决议，发送给其他提案者即可。

缺陷是容易发生单点故障，包括接受者故障或首个提案者节点故障。

以上两种情形其实类似于主从模式，虽然不那么可靠，但因为原理简单而被广泛采用。

当提案者和接受者都推广到多个，会出现一些挑战。

4. 多个提案者 + 多个接受者

既然限定单提案者或单接受者都会出现故障，那么就得允许出现多个提案者和多个接受者。问题一下子变得复杂了。

一种情况是同一时间片段（如一个提案周期）内只有一个提案者，这时可以退化到单提案者的情形。需要设计一种机制来保障提案者的正确产生，例如按照时间、序列，或者大家猜拳（出一个参数来比较）之类。考虑到分布式系统要处理的工作量很大，这个过程要尽量高效，满足这一条件的机制非常难设计。

另一种情况是允许同一时间片段内可以出现多个提案者。那同一个节点可能收到多份提案，怎么对它们进行区分呢？这时候采用只接受第一个提案而拒绝后续提案的方法也不适用。很自然的，提案需要带上不同的序号。节点需要根据提案序号来判断接受哪个。比如接受其中序号较大（往往意味着是接受新提出的，因为旧提案者故障概率更大）的提案。

如何为提案分配序号呢？一种可能方案是将每个节点的提案数字区间彼此隔离，互相不冲突。为了满足递增的需求可以配合用时间戳作为前缀字段。

同时允许多个提案，意味着很可能单个提案人无法集齐足够多的投票；另一方面，提案者即便收到了多数接受者的投票，也不敢说就一定通过，因为在此过程中投票者无法获知其他投票人的结果，也无法确认提案人是否收到了自己的投票。因此，需要实现两个阶段的提交过程。

5. 两阶段的提交

提案者发出提案申请之后，会收到来自接受者的反馈。一种结果是提案被大多数接受者接受了，一种结果是没被接受。没被接受的话，可以过一会再重试。即便收到来自大多数接受者的答复，也不能认为就最终确认了。因为这些接受者自己并不知道自己刚答复的提案可以构成大多数的一致意见。

很自然，需要引入新的一个阶段，即提案者在第一阶段拿到所有的反馈后，再次判断这个提案是否得到大多数的支持，如果支持则需要对其进行最终确认。

Paxos 里对这两个阶段分别命名为"准备"（prepare）和"提交"（commit）。准备阶段通过锁来解决对哪个提案内容进行确认的问题；提交阶段解决大多数确认最终值的问题。

准备阶段

● 提案者向多个接受者发送计划提交的提案编号 n，试探是否可以锁定多数接受者的支持。

- 接受者 i 检查回复过的提案的最大编号 M_i。如果 $n > M_i$，则向提案者返回接受（accept）的最大编号的提案 P_i（如果还未接受过任何提案，则为空），并不再接受小于 n 的提案，更新 $M_i = n$。

提交阶段

- 提案者如果收到大多数的回复（表示大部分人收到了 n），则准备发出带有 n 的接受消息。如果回复中带有提案 P_i，则替换选编号最大的 P_i 的值为提案值；否则指定一个新提案值。如果没收到大多数回复，则再次发出请求。
- 接受者 i 收到接受消息（带有序号 n）后，如果发现 $n \geq P_i$ 的序号，则接受提案，并更新 P_i 序号为 n。

一旦多数接受者接受了共同的提案值，则形成决议，成为最终确认。之后可以开始新一轮的提交确认。

4.6.2　Raft 算法

Paxos 算法虽然给出了共识设计，但并没有讨论太多实现细节，也并不重视工程上的优化，因此后来在学术界和工程界出现了一些改进方案，包括 Fast Paxos、Multi-Paxos、Zookeeper Atomic Broadcast（ZAB）和 Raft 等。这些算法重点在于改进执行效率和可实现性。

其中，Raft 算法由斯坦福大学的 Diego Ongaro 和 John Ousterhout 于 2014 年在论文"In Search of an Understandable Consensus Algorithm"中提出，该算法基于 Multi-Paxos 算法进行重新简化设计和实现，提高了工程实践性。Raft 算法的主要设计思想与 ZAB 类似，通过先选出领导节点来简化流程和提高效率。实现上解耦了领导者选举、日志复制和安全方面的需求，并通过约束减少了不确定性的状态空间。

Raft 算法包括三种角色：领导者（leader）、候选者（candidate）和跟随者（follower）。每个任期内选举一个全局的领导者，领导者角色十分关键，决定日志（log）的提交。每个日志都会路由到领导者，并且只能由领导者向跟随者单向复制。

典型的过程包括两个主要阶段：

- 领导者选举。开始所有节点都是跟随者，在随机超时发生后若未收到来自领导者或候选者消息，则转变角色为候选者（中间状态），提出选举请求。最近选举阶段（term）中得票超过一半者被选为领导者；如果未选出领导者，随机超时后进入新的阶段重试。领导者负责从客户端接收请求，并分发到其他节点。
- 同步日志。领导者会决定系统中最新的日志记录，并强制所有的跟随者刷新到这个记录，数据的同步是单向的，确保所有节点看到的视图一致。

此外，领导者会定期向所有跟随者发送心跳消息，如果跟随者发现心跳消息超时未收到，则可以认为领导者已经下线，尝试发起新的选举过程。

4.7　拜占庭问题与算法

拜占庭问题（Byzantine Problem）又叫拜占庭将军问题（Byzantine Generals Problem），讨论的是在少数节点有可能作恶（消息可能被伪造）的场景下，如何达成共识问题。拜占庭容错

（Byzantine Fault Tolerant，BFT）讨论的是容忍拜占庭错误的共识算法。

1. 两将军问题

拜占庭问题之前，早在 1975 年，学术界就已经开始两将军问题的讨论了（"Some constraints and tradeofis in the design of network communications"）：两个将军要通过信使来达成进攻还是撤退的约定，但信使可能迷路或被敌军阻拦（消息丢失或伪造），如何达成一致？这是典型的异步双方共识模型，根据 FLP 不可能原理，这个问题不存在通用解。

2. 拜占庭问题

拜占庭问题最早由 Leslie Lamport 等学者于 1982 年在论文"The Byzantine Generals Problem"中正式提出，是用来解释异步系统中共识问题的一个虚构模型。拜占庭是古代东罗马帝国的首都，地域宽广，假设其守卫边境的多个将军（系统中的多个节点）需要通过信使来传递消息，达成某些一致决定。但由于将军中可能存在叛徒（系统中节点出错），这些叛徒将向不同的将军发送不同的消息，试图干扰共识的达成。

拜占庭问题即讨论在此情况下，如何让忠诚的将军们能达成行动的一致。

一般分布式场景下，拜占庭需求并不多见，但在特定场景下会有较大意义。例如容易匿名参与的系统（如比特币），或是出现欺诈可能造成巨大损失的情况（金融系统）。

3. 问题的解决

论文"The Byzantine Generals Problem"中指出，对于拜占庭问题来说，假如节点总数为 N，故障节点数为 F，则当 $N \geq 3F + 1$ 时，问题才能有解，由 BFT 算法进行保证。

例如，$N = 3$，$F = 1$ 时。

若提案人不是叛变者，提案人发送一个提案，收到的叛变者可以宣称收到的是相反的命令。对于第三个人（忠诚者）会收到两个相反的消息，无法判断谁是叛变者，则系统无法达到一致。

若提案人是叛变者，分别给另外两人发送两个相反的提案，另外两人收到两个相反的消息，无法判断究竟谁是叛变者，则系统无法达到一致。

更一般的场景是，当提案人不是叛变者，提案人提出提案信息 1，则从合作者角度看，系统中会有 $N - F$ 份确定的信息 1，和 F 份不确定的信息（可能为 0 或 1，假设叛变者会尽量干扰一致的达成），$N - F > F$，即 $N > 2F$ 的情况下才能达成一致。

当提案人是叛变者，会尽量发送相反的提案给 $N - F$ 个合作者，从收到 1 的合作者角度看，系统中会存在 $(N - F)/2$ 个信息 1，以及 $(N - F)/2$ 个信息 0；从收到 0 的合作者角度看，系统中会存在 $(N - F)/2$ 个信息 0，以及 $(N - F)/2$ 个信息 1。

另外存在 $F - 1$ 个不确定的信息。合作者要想达成一致，必须进一步对所获得的消息进行判定，询问其他人某个被怀疑对象的消息值，并取多数作为被怀疑者的信息值。这个过程可以进一步递归下去。

1980 年，Leslie Lamport 等人在论文"Reaching agreement in the presence of faults"中证明，当叛变者不超过 1/3 时，存在有效的拜占庭容错算法（最坏需要 $F + 1$ 轮交互）。反之，如果叛变者过多，超过 1/3，则无法保证一定能达成一致结果。

那么，当存在多于 1/3 的叛变者时，有没有可能存在解决方案呢？

设想有 F 个叛变者和 L 个忠诚者。叛变者故意使坏，可以给出错误的结果，也可以不响应。某个时候 F 个叛变者都不响应，则 L 个忠诚者取多数既能得到正确结果。当 F 个叛变者都给出一个恶意的提案，并且 L 个忠诚者中有 F 个离线时，剩下的 L − F 个忠诚者此时无法分辨是否混入了叛变者，仍然要确保取多数能得到正确结果，因此，$L − F > F$，即 $L > 2F$ 或 $N − F > 2F$，所以系统整体规模 N 要大于 3F。

能确保达成共识的拜占庭系统节点数至少为 4，此时最多允许出现 1 个坏的节点。

4. 拜占庭容错算法

拜占庭容错算法（Byzantine Fault Tolerant）是面向拜占庭问题的容错算法，解决的是在网络通信可靠、但节点可能故障和作恶情况下，如何达成共识。

拜占庭容错算法最早的讨论可以追溯到 Leslie Lamport 等人于 1982 年发表的论文 "The Byzantine Generals Problem"，之后出现了大量的改进方案，代表性成果包括 "Optimal Asynchronous Byzantine Agreement"（1992 年）、"Fully Polynomial Byzantine Agreement for n>3t Processors in t+1 Rounds"（1998 年）等。长期以来，拜占庭问题的解决方案都存在运行过慢或复杂度过高的问题，直到 "实用拜占庭容错算法"（Practical Byzantine Fault Tolerance，PBFT）算法的提出。

1999 年，PBFT 算法由 Miguel Castro 和 Barbara Liskov 于论文 "Practical Byzantine Fault Tolerance" 中提出。该算法对前人工作（特别是 Paxos 相关算法，因此也被称为 Byzantine Paxos）进行了优化，首次将拜占庭容错算法复杂度从指数级降低到了多项式（平方）级，目前已得到广泛应用。其可以在恶意节点不超过总数 1/3 的情况下同时保证 Safety（安全性）和 Liveness（存活性）。

PBFT 算法采用密码学相关技术（RSA 签名算法、消息验证编码和摘要），确保消息在传递过程中无法被篡改和破坏。

算法整体的基本过程如下：

1）通过轮换或随机算法选出某个节点为主节点，此后只要主节点不切换，则称为一个视图（View）。

2）在某个视图中，客户端将请求 <REQUEST,operation,timestamp,client> 发送给主节点（如果客户端发给从节点，从节点可以转发给主节点），主节点负责广播请求到所有其他副本节点并完成共识。

3）所有节点完成处理请求，将处理结果 <REPLY,view,timestamp,client,id_node,response> 返回给客户端。客户端检查是否收到了至少 $f + 1$ 个来自不同节点的相同结果，作为最终结果。

主节点的广播过程包括三个阶段：预准备（Pre-Prepare）、准备（Prepare）和提交（Commit）。预准备和准备阶段确保在同一个视图内请求发送的顺序正确；准备和提交阶段则确保在不同视图之间的确认请求是保序的。

- 预准备阶段。主节点为从客户端收到的请求分配提案编号，然后发出预准备消息 <<PRE-PREPARE,view,n,digest>,message> 给各副本节点，主节点需要对预准备消息进行签名。其中 n 是主节点为这个请求分配的序号，message 是客户端的请求消息，digest 是消息的摘要。这一步的目的是为客户端请求分配序号，因此可以不包括原始的请求消息，可以通过其他方式将请求同步到副本节点。

- 准备阶段。副本节点收到预准备消息后，检查消息（包括核对签名、视图、编号）。如消息合法，则向其他节点发送准备消息 <PREPARE,view,n,digest,id>，带上自己的 id 信息，并添加签名。收到准备消息的节点同样对消息进行合法性检查。节点集齐至少 $2f+1$ 个验证过的消息则认为验证通过，把这个准备消息写入本地提交消息日志中。这一步确认大多数节点已经对序号达成共识。

- 提交阶段。广播 commit 消息 <COMMIT,v,n,d,id> 并添加自己签名，告诉其他节点某个编号为 n 的提案在视图 v 里已经处于提交状态。如果集齐至少 $2f+1$ 个验证过的 commit 消息，则说明提案被整个系统接受。

具体实现上还包括视图切换、checkpoint 等机制，读者可自行参考论文内容，在此不再赘述。

拜占庭容错类的算法因为要考虑最恶意的存在"捣乱"者的情况，在大规模场景下，共识性能往往会受到影响。

5. 新的解决思路

拜占庭问题之所以难解，在于任何时候系统中都可能存在多个提案（因为提案成本很低），并且在大规模场景下，要完成最终确认的过程容易受干扰，难以达成共识。

2014 年，斯坦福大学的 Christopher Copeland 和 Hongxia Zhong 在论文"Tangaroa: a byzantine fault tolerant raft"中提出，在 Raft 算法基础上借鉴 PBFT 算法的一些特性（包括签名、恶意领导探测、选举校验等）来实现拜占庭容错性，兼顾可实现性和鲁棒性。该论文也启发了 Kadena 等项目的出现，实现更好性能的拜占庭算法。

2017 年，MIT 计算机科学与人工智能实验室（CSAIL）的 Yossi Gilad 和 Silvio Micali 等人在论文"Algorand: Scaling Byzantine Agreements for Cryptocurrencies"中，针对 PBFT 算法在很多节点情况下性能不佳的问题，提出先选出少量记账节点，然后再利用可验证随机函数（Verifiable Random Function，VRF）来随机选取领导节点，避免全网直接做共识，将拜占庭算法扩展到了支持较大规模的应用场景，同时保持较好的性能（1000 tps 以上）。

此外，康奈尔大学的 Rafael Pass 和 Elaine Shi 在论文"The Sleepy Model of Consensus"中，探讨了在动态场景（大量节点离线情况）下如何保障共识的安全性，提出的 Sleepy Consensus 算法可以在活跃诚实节点达到一半以上时确保完成拜占庭共识。

2018 年，清华大学的 Chenxing Li 等在论文"Scaling Nakamoto Consensus to Thousands of Transactions per Second"中提出了 Conflux 共识协议。该协议在 GHOST 算法基础上改善了安全性，在面向公有区块链场景中，理论上能达到 6000+ tps。

2019 年，康奈尔大学和 VMWare 研究院的 Maofan Yin 等在论文"HotStuff: BFT Consensus with Linearity and Responsiveness"中对 PBFT 算法进行了改进：利用主节点来简化通信量，同时将视图切换与共识操作进行统一。值得一提的是，Facebook Libra 项目中使用了该成果。

比特币网络在设计时使用了 PoW（Proof of Work）的概率型算法思路，从如下两个角度解决大规模场景下的拜占庭容错问题。

首先，限制一段时间内整个网络中出现提案的个数（通过工作量证明来增加提案成本）；其次，丢掉最终确认的约数，约定好始终沿着已知最长的链进行拓展。共识的最终确认是概率意义上的存在。这样，即便有人试图恶意破坏，也会付出相应的经济代价（超过整体系统一半的工作量）。后来的各种 PoX 系列算法，也都是沿着这个思路进行改进，采用经济博弈来制约攻击者。

另外，由于要处理的场景比较苛刻，BFT 类算法的吞吐量往往不高。除了可以放宽约束外（例如通常情况下信任主节点，出现问题再回滚），还可以引入多个互不影响的主节点进行并行处理。

4.8　可靠性指标

可靠性，或者说可用性，是描述系统可以提供服务能力的重要指标。高可靠的分布式系统往往需要各种复杂的机制来进行保障。

通常情况下，服务的可用性可以用服务承诺（Service Level Agreement，SLA）、服务指标（Service Level Indicator，SLI）、服务目标（Service Level Objective，SLO）等方面进行衡量。

1. "几个 9" 指标

完美的可靠性是不存在的。很多领域里谈到服务的高可靠性，通常都会用 "几个 9" 指标进行衡量。

"几个 9" 指标，其实是在概率意义上粗略地反映系统能提供服务的可靠性，最初是电信领域提出的概念。表 4-1 给出不同指标下，每年允许服务出现不可用时间的参考值。

表 4-1　"几个 9" 指标

指标	概率可靠性	每年允许不可用时间	典型场景
一个 9	90%	1.2 个月	简单测试
二个 9	99%	3.6 天	普通单点
三个 9	99.9%	8.6 小时	普通集群
四个 9	99.99%	51.6 分钟	高可用
五个 9	99.999%	5 分钟	电信级
六个 9	99.999 9%	31 秒	极高要求
七个 9	99.999 99%	3 秒	N/A

一般来说，单点的服务器系统至少应能满足 "两个 9"；普通企业信息系统应能满足 "三个 9"；少数领先企业（如亚马逊、甲骨文）产品能实现 "四个 9" 甚至更多。大型金融和电信系统指标是 "五个 9"，意味着每年最多允许出现 5 分钟左右的服务故障。"五个 9" 以上的系统十分罕见，要实现往往意味着极高的成本。

2. 两个核心时间

一般地，描述系统出现故障的可能性和故障出现后的恢复能力，有两个基础的指标：MTBF 和 MTTR。

- MTBF（Mean Time Between Failure，平均故障间隔时间），即系统可以无故障运行的预期时间。

- MTTR（Mean Time To Repair，平均修复时间），即发生故障后系统可以恢复到正常运行的预期时间。

MTBF 衡量了系统发生故障的频率，如果一个系统的 MTBF 很短，则往往意味着该系统可用性低；而 MTTR 则反映了系统遇到故障后服务的恢复能力，如果系统的 MTTR 过长，则说明系统一旦发生故障，需要较长时间才能恢复服务。

一个高可用的系统应该是具有尽量长的 MTBF 和尽量短的 MTTR。

3. 提高可靠性

那么，该如何提升可靠性呢？有两个基本思路：一是让系统中的单个组件都变得更可靠；二是干脆消灭单点。

IT 从业人员大都有类似的经验，普通笔记本电脑基本上过一阵就要重启下；而运行 Linux/Unix 系统的专用服务器，则可能连续运行几个月甚至几年都不出问题。另外，普通的家用路由器与生产级别路由器相比，更容易出现运行故障。这些都是单个组件可靠性不同导致的例子，可以通过简单升级单点的软硬件来改善可靠性。

然而，依靠单点实现的可靠性毕竟是有限的。要想进一步提升可靠性，那就只好消灭单点，通过主从、多活等模式让多个节点集体完成原先单点的工作。这可以从概率意义上改善服务对外整体的可靠性，这也是分布式系统的一个重要用途。

4.9 本章小结

分布式系统是计算机学科中十分重要的一个领域。随着集群规模的不断增长，所处理的数据量越来越大，对于性能、可靠性的要求越来越高，分布式系统相关技术已经变得越来越重要，起到的作用也越来越关键。

在分布式系统中如何保证共识是个经典问题，无论在学术上还是在工程上都存在很高的研究价值。令人遗憾的是，理想的（各项指标均最优）解决方案并不存在，在现实各种约束条件下，往往需要通过牺牲某些需求设计出满足特定场景的协议。通过本章的学习，读者可以体会到在工程应用中的类似设计技巧。

实际上，工程领域中不少问题都不存在一劳永逸的通用解法；而实用的解决思路都是合理地在实际需求和条件限制之间进行灵活的取舍（trade-off）。

第 5 章

密码学与安全技术

工程领域从来没有黑科技；密码学不仅是工程。

密码学作为核心的安全技术，在信息科技领域的重要性无须多言。离开现代密码学和信息安全技术，人类社会将无法全面步入信息时代。区块链和分布式账本中大量使用了密码学和安全技术的最新成果，特别是身份认证和隐私保护相关技术。

从数学定理到工程实践，密码学和信息安全所涉及的知识体系十分繁杂。本章将介绍与区块链密切相关的安全知识，包括 Hash 算法与摘要、加密算法、数字签名和证书、PKI 体系、默克尔树、布隆过滤器、同态加密等。通过本章，读者可以了解常见安全技术体系，以及如何实现信息安全的核心要素：机密性、完整性、可认证性和不可抵赖性，为后续理解区块链的设计奠定基础。

5.1　密码学简史

从历史角度看，密码学的发展可以大致分为古典密码学和近现代密码学两个阶段。两者以现代信息技术的诞生为分界点，现在所讨论的密码学多是指后者，建立在信息论和数学成果基础之上。

古典密码学源自数千年前。最早在公元前 1900 年左右的古埃及，就出现过使用特殊字符和简单替换式密码来保护信息。美索不达米亚平原上曾出土一个公元前 1500 年左右的泥板，其上记录了加密描述的陶器上釉工艺配方。古希腊时期（公元前 800—公元前 146 年）还发明了通过物理手段来隐藏信息的"隐写术"，例如使用牛奶书写、用蜡覆盖文字等。后来在古罗马时期还出现了基于替换加密的恺撒密码，据称因恺撒曾用此方法与其部下通信而得以命名。

这些手段多数是采用简单的机械工具来保护秘密，在今天看来毫无疑问是十分简陋的技术，很容易破解。严格来看，可能都很难称为密码科学。

近现代密码学的研究源自第一、二次世界大战中对军事通信进行保护和破解的需求。

1901 年 12 月，意大利工程师 Guglielmo Marconi（奎里亚摩·马可尼）成功完成了跨越大西洋的无线电通信实验，在全球范围内引发轰动，推动了无线电通信时代的到来。无线电极大地提高了远程通信能力，但存在着天然缺陷——很难限制接收方，这意味着要想保护所传递信息的安全，必须采用可靠的加密技术。

对无线电信息进行加密以及破解的过程，直接促进了近现代密码学和计算机技术的出现。反过来，这些科技进步也推动了时代的发展。一战时期德国外交部长 Arthur Zimmermann（阿瑟·齐默尔曼）拉拢墨西哥构成抗美军事同盟的电报（1917 年 1 月 16 日）被英国情报机构——40 号办公室破译，直接导致了美国的参战；二战时期德国使用的恩尼格玛（Enigma）密码机（当时最先进的加密设备）被盟军成功破译（1939 ～ 1941 年），导致大西洋战役德国失败。据称，二战时期仅英国从事密码学研究的人员就达到 7000 人，而他们的成果使二战结束的时间至少提前了 1 ～ 2 年。

1945 年 9 月 1 日，Claude Elwood Shannon（克劳德·艾尔伍德·香农）完成了划时代的内部报告 " A Mathematical Theory of Cryptography"（密码术的一个数学理论），1949 年 10 月，该报告以 " Communication Theory of Secrecy Systems"（保密系统的通信理论）为题在 *Bell System Technical Journal*（贝尔系统技术期刊）上正式发表。这篇论文首次将密码学和信息论联系到一起，为对称密码技术提供了数学基础。这也标志着近现代密码学的正式建立。

1976 年 11 月，Whitfield Diffie 和 Martin E.Hellman 在 IEEE Transactions on Information Theory 上发表了论文 " New Directions in Cryptography"（密码学的新方向），探讨了无须传输密钥的保密通信和签名认证体系问题，正式开创了现代公钥密码学体系的研究。

现代密码学的发展与电气技术特别是计算机信息理论和技术关系密切，已经发展为包括随机数、Hash 函数、加解密、身份认证等多个课题的庞大领域，相关成果为现代信息系统特别是互联网奠定了坚实的安全基础。

🔖 注意　Enigma 密码机的加密消息在当时需要数年时间才能破解，而今天使用人工智能技术进行破译只需要约 10 分钟。

5.2 Hash 算法与数字摘要

1. 定义

Hash 算法又常被称为指纹（fingerprint）或摘要（digest）算法，是非常基础且重要的一类算法。可以将任意长度的二进制明文串映射为较短的（通常是固定长度的）二进制串（Hash 值），并且不同的明文很难映射为相同的 Hash 值。

例如，计算 "hello blockchain world, this is yeasy@github" 的 SHA-256 Hash 值如下：

```
$ echo "hello blockchain world, this is yeasy@github"|shasum -a 256
db8305d71a9f2f90a3e118a9b49a4c381d2b80cf7bcef81930f30ab1832a3c90
```

对于某个文件，无须查看其内容，只要其 SHA-256 Hash 计算后结果同样为 db8305d71a9f2f90a3e118a9b49a4c381d2b80cf7bcef81930f30ab1832a3c90，则说明文件内容（极大的概率）就是 "hello blockchain world, this is yeasy@github"。

除了由于快速对比内容外，Hash 算法也经常应用到基于内容的编址或命名算法中。

一个优秀的 Hash 算法，将能满足以下需求：

- 正向快速。给定原文和 Hash 算法，在有限时间和有限资源内能计算得到 Hash 值。
- 逆向困难。给定（若干）Hash 值，在有限时间内无法（基本不可能）逆推出原文。
- 输入敏感。原始输入信息发生任何改变，新产生的 Hash 值都应该发生很大变化。
- 碰撞避免。很难找到两段内容不同的明文，使得它们的 Hash 值一致（即发生碰撞）。

碰撞避免有时候又被称为抗碰撞性，可分为弱抗碰撞性和强抗碰撞性。给定原文前提下，无法找到与之碰撞的其他原文，则算法具有弱抗碰撞性；更一般地，如果无法找到任意两个可碰撞的原文，则称算法具有强抗碰撞性。

很多场景下，往往要求算法对于任意长的输入内容，输出为定长的 Hash 结果。

2. 常见算法

目前常见的 Hash 算法包括国际上的 Message Digest（MD）系列算法、Secure Hash Algorithm（SHA）系列算法，以及国内的 SM3 算法。

MD 算法主要包括 MD4 和 MD5 两个算法。MD4（RFC 1320）是 MIT 的 Ronald L. Rivest 在 1990 年设计的，其输出为 128 位。MD4 已证明不够安全。MD5（RFC 1321）是 Rivest 于 1991 年对 MD4 的改进版本。它对输入仍以 512 位进行分组，其输出是 128 位。MD5 比 MD4 更加安全，但过程更加复杂，计算速度要慢一点。MD5 已于 2004 年被成功碰撞，其安全性已不足应用于商业场景。

SHA 算法由美国国家标准与技术院（National Institute of Standards and Technology，NIST）征集制定。首个实现 SHA-0 算法于 1993 年问世，1998 年即遭破解。随后的修订版本 SHA-1 算法在 1995 年面世，它的输出为长度 160 位的 Hash 值，安全性更好。SHA-1 设计采用了与 MD4 算法类似的原理。SHA-1 已于 2005 年被成功碰撞，意味着其无法满足商用需求。

为了提高安全性，NIST 后来制定出更安全的 SHA-224、SHA-256、SHA-384 和 SHA-512 算法（统称为 SHA-2 算法）。新一代的 SHA-3 相关算法正在研究中。

此外，中国密码管理局于 2010 年 12 月 17 日发布了 GM/T 0004-2012《SM3 密码杂凑算法》，建立了国内商用密码体系中的公开 Hash 算法标准，已经广泛应用在数字签名和认证等场景中。

 注意 MD5 和 SHA-1 算法的破解工作都是由清华大学教授、中国科学院王小云院士主导完成。

3. 性能

大多数 Hash 算法都是计算敏感型算法，在强大的计算芯片上完成得更快。因此要提升 Hash 计算的性能可以考虑硬件加速。例如采用普通 FPGA 来计算 SHA-256 值，可以轻易达到数 Gbit/s 的吞吐量，使用专用芯片吞吐量甚至会更高。

也有一些 Hash 算法不是计算敏感型的。例如 scrypt 算法，计算过程需要大量的内存资源，因此很难通过选用高性能芯片来加速 Hash 计算。这样的算法可以有效防范采用专用芯片进行算力攻击。

4. 数字摘要

数字摘要是 Hash 算法的重要用途之一。顾名思义，数字摘要是对原始的数字内容进行 Hash

运算，以获取唯一的摘要值。

利用 Hash 函数抗碰撞性特点，数字摘要可以检测内容是否被篡改。

细心的读者可能会注意到，有些网站在提供文件下载时，会同时提供相应的数字摘要值。用户下载原始文件后可以在本地自行计算摘要值，并与所提供摘要值进行比对，以确保文件内容没有被篡改。

5.Hash 攻击与防护

Hash 算法并不是一种加密算法，不能用于对信息的保护。但 Hash 算法可用于对登录口令的保存。例如，网站登录时需要验证用户名和密码，如果网站后台直接保存用户的口令原文，一旦发生数据库泄露后果不堪设想（事实上，网站数据库泄露事件在国内外都不少见）。

利用 Hash 的防碰撞特性，后台数据库可以仅保存用户口令的 Hash 值，这样每次通过 Hash 值比对，即可判断输入口令是否正确。即便数据库泄露了，攻击者也无法轻易从 Hash 值还原出口令。

然而，有时用户设置口令的安全强度不够，采用了一些常见的字符串，如 password、123456 等。有人专门搜集了这些常见口令，计算对应的 Hash 值，制作成字典，这样通过 Hash 值可以快速反查到原始口令。这一类型以空间换时间的攻击方法包括字典攻击和彩虹表攻击（只保存一条 Hash 链的首尾值，相对字典攻击可以节省存储空间）等。

为了防范这一类攻击，可以采用加盐（Salt）的方法。保存的不是原文的直接 Hash 值，而是原文再加上一段随机字符串（即"盐"）之后的 Hash 值。Hash 结果和"盐"分别存放在不同的地方，这样只要不是两者同时泄露，攻击者就很难进行破解。

5.3 加解密算法

加解密算法是现代密码学核心技术，从设计理念和应用场景上可以分为两大基本类型：对称加密和非对称加密，如表 5-1 所示。

表 5-1 加解密算法

算法类型	特点	优势	缺陷	代表算法
对称加密	加解密的密钥相同	计算效率高，加密强度高	需提前共享密钥，易泄露	DES、3DES、AES、IDEA
非对称加密	加解密的密钥不相同	无须提前共享密钥	计算效率低，存在中间人攻击可能	RSA、ElGamal、椭圆曲线算法

1.加解密系统基本组成

现代加解密系统的典型组件包括算法和密钥，密钥包括加密密钥和解密密钥。

其中，加解密算法自身是固定不变的，并且一般是公开可见的；密钥则是最关键的信息，需要安全地保存起来，甚至通过特殊硬件进行保护。一般来说，密钥需要在加密前按照特定算法随机生成，长度越长，则加密强度越大。

加解密的典型过程如图 5-1 所示。加密过程中，通过加密算法和加密密钥对明文进行加密，获得密文；解密过程中，通过解密算法和解密密钥对密文进行解密，获得明文。

根据加解密过程中所使用的密钥是否相同，算法可以分为对称加密（symmetric cryptography，又称共有密钥加密（common-key cryptography））和非对称加密（asymmetric cryptography），又称公钥加密（public-key cryptography））。两种模式适用于不同的需求，形成互补。某些场景下两种算法可以组合使用，形成混合加密机制。

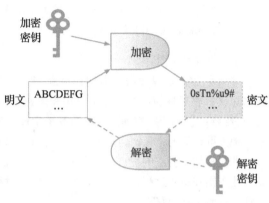

图 5-1　加解密的基本过程

2. 对称加密算法

顾名思义，对称加密算法的加密和解密过程的密钥是相同的。该类算法优点是加解密效率（速度快，空间占用小）和加密强度都很高。缺点是参与方需要提前持有密钥，一旦有人泄露则系统安全性被破坏；另外，如何在不安全通道中提前分发密钥也是个问题，需要借助额外的 Diffie-Hellman 协商协议或非对称加密算法来实现。

对称密码从实现原理上可以分为两种：分组加密和序列加密。前者将明文切分为定长数据块作为基本加密单位，应用最为广泛。后者则每次只对一个字节或字符进行加密处理，且密码不断变化，只用在一些特定领域（如数字媒介的加密）。

分组加密的代表算法包括 DES、3DES、AES、IDEA 等。

- DES（Data Encryption Standard）：经典的分组加密算法，最早是美国联邦信息处理标准（FIPS）在 1977 年采用（FIPS-46-3），将 64 位明文加密为 64 位的密文，其密钥长度为 64 位（包括 8 位校验码），现在已经很容易被暴力破解。
- 3DES：三重 DES 操作，即加密 → 解密 → 加密，处理过程和加密强度优于 DES，但现在也被认为不够安全。
- AES（Advanced Encryption Standard）：由美国国家标准研究所（NIST）采用，取代 DES 成为对称加密实现的标准，1997—2000 年 NIST 从 15 个候选算法中评选出 Rijndael 算法（由比利时密码学家 Joan Daemon 和 Vincent Rijmen 发明）作为 AES，标准为 FIPS-197。AES 也是分组算法，分组长度为 128、192、256 位三种。AES 的优势在于处理速度快，整个过程可以数学化描述，目前尚无有效的破解手段。
- IDEA（International Data Encryption Algorithm）：1991 年由密码学家 James Massey 与来学嘉共同提出，设计类似于 3DES，密钥长度增加到 128 位，具有更好的加密强度。

序列加密又称流加密。1949 年，Claude Elwood Shannon（信息论创始人）首次证明，要实现绝对安全的完善保密性（perfect secrecy），可以通过"一次性密码本"的对称加密处理。即通信双方每次使用与明文等长的随机密钥串对明文进行加密处理。序列密码采用了类似的思想，每次通过伪随机数生成器来生成伪随机密钥串。代表算法包括 RC4 等。

综上所述，对称加密算法适用于大量数据的加解密过程，不能用于签名场景，并且需要提前安全地分发密钥。

> 📌注意　分组加密每次只能处理固定长度的明文，因此对于过长的内容需要采用一定模式进行分割，《实用密码学》一书中推荐使用密文分组链（Cipher Block Chain，CBC）、计数器（Counter，CTR）等模式。

3. 非对称加密算法

非对称加密是现代密码学的伟大发明，它有效解决了对称加密需要安全分发密钥的问题。顾名思义，非对称加密中，加密密钥和解密密钥是不同的，分别称为公钥（public key）和私钥（private key）。私钥一般通过随机数算法生成，公钥可以根据私钥生成。其中，公钥一般是公开的，他人可获取；私钥则是个人持有并且要严密保护的，不能被他人获取。

非对称加密算法的优点是，公私钥分开，无须安全通道来分发密钥；缺点是处理速度（特别是生成密钥和解密过程）往往比较慢，一般比对称加解密算法慢 2 ～ 3 个数量级；同时加密强度也往往不如对称加密算法。

非对称加密算法的安全性往往基于数学问题，包括大数质因子分解、离散对数、椭圆曲线等经典数学难题。代表算法包括 RSA、ElGamal、椭圆曲线、SM2 等系列算法。

- RSA：经典的公钥算法，1978 年由 Ron Rivest、Adi Shamir、Leonard Adleman 共同提出，三人于 2002 年因此获得图灵奖。算法利用了对大数进行质因子分解困难的特性，但目前还没有数学证明两者难度等价，或许存在未知算法可以绕过大数分解而进行解密。
- ElGamal：由 Taher ElGamal 设计，利用了模运算下求离散对数困难的特性，比 RSA 产生密钥更快。该算法被应用在 PGP 等安全工具中。
- 椭圆曲线算法（Elliptic Curve Cryptography，ECC）：应用最广也是强度最高的系列算法，基于对椭圆曲线上特定点进行特殊乘法逆运算（求离散对数）难以计算的特性。最早在 1985 年由 Neal Koblitz 和 Victor Miller 分别独立提出。ECC 系列算法具有多种国际标准（包括 ANSI X9.63、NIST FIPS 186-2、IEEE 1363-2000、ISO/IEC 14888-3 等），一般认为其具备较高的安全性，但加解密过程比较费时。其中，密码学家 Daniel J.Bernstein 于 2006 年提出的 Curve25519/Ed25519/X25519 等算法（分别解决加密、签名和密钥交换），由于设计完全公开、性能突出等特点，近些年引起了广泛关注和应用。
- SM2（ShangMi 2）：中国国家商用密码系列算法标准，由中国密码管理局于 2010 年 12 月 17 日发布，同样基于椭圆曲线算法，一般认为其安全强度优于 RSA 系列算法。

非对称加密算法适用于签名场景或密钥协商过程，但不适于大量数据的加解密。除了 SM2 之外，大部分算法的签名速度要比验签速度慢（1 ～ 2 个数量级）。

RSA 类算法被认为已经很难抵御现代计算设备的破解，一般推荐商用场景下密钥至少为 2048 位。如果采用安全强度更高的椭圆曲线算法，256 位密钥即可满足绝大部分安全需求。

4. 选择明文攻击

细心的读者可能会想到，非对称加密中公钥是公开的，因此任何人都可以利用它加密给定明文，获取对应的密文，这就带来选择明文攻击的风险。

为了规避这种风险，现代的非对称加密算法（如 RSA、ECC）都引入了一定的保护机制：对同样的明文使用同样密钥进行多次加密，得到的结果完全不同，这就避免了选择明文攻击的破坏。

　　避免选择明文攻击在实现上可以有多种思路。一种是对明文先进行变形，添加随机的字符串或标记，再对添加后结果进行处理。另外一种是先用随机生成的临时密钥对明文进行对称加密，然后再将对称密钥进行加密，即利用多层加密机制。

5. 混合加密机制

　　混合加密机制同时结合了对称加密和非对称加密的优点。该机制的主要过程为：先用非对称加密（计算复杂度较高）协商出一个临时的对称加密密钥（或称会话密钥），然后双方再通过对称加密算法（计算复杂度较低）对所传递的大量数据进行快速加密处理。

　　典型的应用案例是网站中越来越普遍使用的通信协议——安全超文本传输协议（Hyper Text Transfer Protocol Secure，HTTPS）。与以明文方式传输数据的 HTTP 协议不同，HTTPS 在传统的 HTTP 层和 TCP 层之间引入 Transport Layer Security/Secure Socket Layer（TLS/SSL）加密层来实现安全传输。

　　SSL 协议是 HTTPS 初期采用的标准协议，最早由 Netscape 于 1994 年设计实现，其两个主要版本（包括 v2.0 和 v3.0）曾得到大量应用。SSL 存在安全缺陷，易受攻击（如 POODLE 和 DROWN 攻击），无法满足现代安全需求，已于 2011 和 2015 年被 IETF 宣布废弃。基于 SSL 协议（v3.1），IETF 提出了改善的安全标准协议 TLS，成为目前广泛采用的方案。2008 年 8 月，TLS 1.2 版本（RFC 5246）发布，修正了之前版本的不少漏洞，极大增强了安全性；2018 年 8 月，TLS 1.3 版本（RFC 8446）发布，在提高了握手性能的同时增强了安全性。商用场景推荐使用这两个版本。除了 Web 服务外，TLS 协议也被广泛应用到 FTP、Email、实时消息、音视频通话等场景中。

　　采用 HTTPS 建立安全连接（TLS 握手协商过程，如图 5-2 所示）的基本步骤如下：

　　1）客户端浏览器发送握手信息到服务器，包括随机数 R1、支持的加密算法套件（cipher suite）类型、协议版本、压缩算法等。注意该过程传输为明文。

　　2）服务端返回信息，包括随机数 R2、选定加密算法套件、协议版本，以及服务器证书。注意该过程为明文。

　　3）浏览器检查带有该网站公钥的证书。该证书需要由第三方 CA 来签发，浏览器和操作系统会预置权威 CA 的根证书。如果证书被篡改作假（中间人攻击），很容易通过 CA 的证书验证出来。

　　4）如果证书没问题，则客户端用服务端证书中公钥加密随机数 R3（又叫 Pre-MasterSecret），发送给服务器。此时，只有客户端和服务器都拥有 R1、R2 和 R3 信息，基于随机数 R1、R2 和 R3，双方通过伪随机数函数来生成共同的对称会话密钥 MasterSecret。

　　5）后续客户端和服务端的通信都通过协商后的对称加密（如 AES）进行保护。

　　可以看出，该过程是在防止中间人窃听和篡改的前提下完成会话密钥的交换。为了保障前向安全性（perfect forward secrecy），TLS 对每个会话连接都可以生成不同的密钥，避免某个会话密钥泄露后对其他会话连接产生安全威胁。需要注意，选用合适的加密算法套件对于 TLS 的安全性十分重要。要合理选择安全强度高的算法组合，如 ECDHE-RSA 和 ECDHE-ECDSA 等，而不要使用安全性较差的 DES/3DES 等。

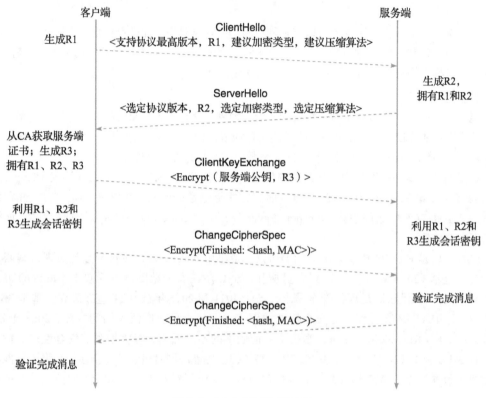

图 5-2　TLS 握手协商过程

示例中对称密钥的协商过程采用了 RSA 非对称加密算法，实践中也可以通过 Diffie-Hellman（DH）协议来完成。

加密算法套件包括一组算法，例如交换、认证、加密、校验等。

- 密钥交换算法：负责协商对称密钥，常见类型包括 RSA、DH、ECDH、ECDHE 等。
- 证书签名算法：负责验证身份，常见类型包括 RSA、DSA、ECDSA 等。
- 加密数据算法：对建立连接的通信内容进行对称加密，常见类型包括 AES 等。
- 消息认证信息码（MAC）算法：创建报文摘要，验证消息的完整性，常见类型包括 SHA 等。

一个典型的 TLS 密码算法套件可能为 TLS_ECDHE_ECDSA_WITH_AES_256_CBC_SHA384，意味着：

- 协商过程算法是 ECDHE（Elliptic Curve Diffie-Hellman Ephemeral），基于椭圆曲线的短期 EH 交换，每次交换都使用新的密钥，保障前向安全性。
- 证书签名算法是 ECDSA（Elliptic Curve Digital Signature Algorithm），基于椭圆曲线的签名。
- 加密数据算法是 AES，密钥的长度和初始向量的长度都是 256，模式是 CBC。
- 消息认证信息码算法是 SHA，结果是 384 位。

目前，推荐选用如下的加密算法套件：

- TLS_ECDHE_ECDSA_WITH_AES_256_GCM_SHA384
- TLS_ECDHE_RSA_WITH_AES_256_GCM_SHA384
- TLS_RSA_WITH_AES_256_GCM_SHA384
- TLS_ECDH_ECDSA_WITH_AES_256_GCM_SHA384
- TLS_ECDH_RSA_WITH_AES_256_GCM_SHA384
- TLS_DHE_RSA_WITH_AES_256_GCM_SHA384

> 注意　TLS 1.0 版本已发现存在安全漏洞，NIST、HIPAA 于 2014 年公开建议停用该版本的 TLS 协议。

6. 离散对数与 Diffie-Hellman 密钥交换协议

Diffie-Hellman（DH）密钥交换协议是一个应用十分广泛的协议，最早由惠特菲尔德·迪菲（Bailey Whitfield Diffie）和马丁·赫尔曼（Martin Edward Hellman）于 1976 年提出。该协议可以实现在不安全信道中协商对称密钥。

DH 协议的设计基于著名的离散对数问题（Discrete Logarithm Problem，DLP）。离散对数问题是指对于一个很大的素数 p，已知 g 为 p 的模循环群的原根，给定任意 x，求解 $X = g^x \bmod p$ 是可以很快获取的。但在已知 p，g 和 X 的前提下，逆向求解 x 很难（目前没有找到多项式时间实现的算法）。该问题同时也是 ECC 类加密算法的基础。

以 Alice 和 Bob 两人协商为例，DH 协议的基本交换过程如下：

1）Alice 和 Bob 两个人协商密钥，先公开商定 p，g；

2）Alice 自行选取私密的整数 x，计算 $X = g^x \bmod p$，发送 X 给 Bob；

3）Bob 自行选取私密的整数 y，计算 $Y = g^y \bmod p$，发送 Y 给 A；

4）Alice 根据 x 和 Y，求解共同密钥 $Z\_A = Y^x \bmod p$；

5）Bob 根据 X 和 y，求解共同密钥 $Z\_B = X^y \bmod p$。

实际上，Alice 和 Bob 计算出来的结果将完全相同，因为在 $\bmod p$ 的前提下，$Y^x = (g^y)^x = g^{(xy)} = (g^x)^y = X^y$。而信道监听者在已知 p，g，X，Y 的前提下，无法求得 Z。

7. 安全性

虽然很多加密算法的安全性建立在数学难题基础之上，但并非所有算法的安全性都可以从数学上得到证明。公认高安全性的加密算法和实现往往是经过长时间充分实践论证后，才被大家所认可，但不代表其绝对不存在漏洞。使用方式和参数不当，也会造成安全强度下降。

另一方面，自行设计和发明的未经过大规模验证的加密算法是一种不太明智的行为。即便不公开算法加密过程，也很容易被分析和攻击，无法在安全性上得到足够保障。

实际上，现代密码学算法的安全性是通过数学难题来提供的，并非通过对算法自身的实现过程进行保密。

5.4　消息认证码与数字签名

消息认证码和数字签名技术可以对消息的摘要进行加密，防止消息被篡改并认证身份。

5.4.1 消息认证码

消息认证码（Hash-based Message Authentication Code，HMAC），利用对称加密，对消息完整性（Integrity）进行保护。基本过程为，利用提前共享的对称密钥和 Hash 算法对某个消息进行处理，得到 HMAC 值。该 HMAC 值持有方可以向对方证明自己拥有某个对称密钥，并且确保所传输消息内容未被篡改。

典型的 HMAC 生成算法包括 K，H，M 三个参数。K 为提前共享的对称密钥，H 为提前商定的 Hash 算法（如 SHA-256），M 为要传输的消息内容。三个参数无论缺失了哪一个，都无法得到正确的 HMAC 值。

消息认证码可以用于简单证明身份的场景。如 Alice、Bob 提前共享了 K 和 H。Alice 需要知晓对方是否为 Bob，可发送一段消息 M 给 Bob。Bob 收到 M 后计算其 HMAC 值并返回给 Alice，Alice 检验收到 HMAC 值的正确性，就可以验证对方是否真是 Bob。

> 注意 例子中并没有考虑中间人攻击的情况，并假定信道是安全的。

消息认证码的主要问题是，需要提前共享密钥，并且在密钥可能被多方同时拥有（甚至泄露）的场景下，无法追踪消息的真实来源。如果采用非对称加密算法，则能有效地解决这个问题，即数字签名。

5.4.2 数字签名

类似于在纸质合同上进行签名以确认合同内容和证明身份，数字签名既可以证实某数字内容的完整性，又可以确认其来源（即不可抵赖，Non-Repudiation）。

一个典型的场景是，Alice 通过信道发给 Bob 一个文件（一份信息），Bob 如何获知所收到的文件即为 Alice 发出的原始版本？ Alice 可以先对文件内容进行摘要，然后用自己的私钥对摘要进行加密（签名），之后同时将文件和签名都发给 Bob。Bob 收到文件和签名后，用 Alice 的公钥来解密签名，得到数字摘要，与对文件进行摘要后的结果进行比对。如果一致，说明该文件确实是 Alice 发过来的（因为别人无法拥有 Alice 的私钥），并且文件内容没有被修改过（摘要结果一致）。

理论上所有的非对称加密算法都可以用来实现数字签名，实践中常用算法包括 1991 年 8 月 NIST 提出的 DSA（Digital Signature Algorithm，基于 ElGamal 算法）和安全强度更高的 ECDSA（Elliptic Curve Digital Signature Algorithm，基于椭圆曲线算法）等。

除普通的数字签名应用场景外，针对一些特定的安全需求，产生了一些特殊数字签名技术，包括盲签名、多重签名、群签名、环签名等。

1. 盲签名

盲签名（blind signature），1982 年由 David Chaum 在论文 " Blind Signatures for Untraceable Payment" 中提出。签名者需要在无法看到原始内容的前提下对信息进行签名。

盲签名可以实现对所签名内容的保护，防止签名者看到原始内容；另一方面，盲签名还可以实现防止追踪（unlinkability），签名者无法将签名内容和签名结果进行对应。典型的实现包括 RSA 盲签名算法等。

2. 多重签名

多重签名（multiple signature），即 n 个签名者中，收集到至少 m 个（$n \geqslant m \geqslant 1$）签名，即认为合法。其中，$n$ 是提供的公钥个数，m 是需要匹配公钥的最少的签名个数。

多重签名可以有效地应用在多人投票共同决策的场景中。例如双方进行协商，第三方作为审核方，三方中任何两方达成一致即可完成协商。

比特币交易中就支持多重签名，可以实现多个人共同管理某个账户的比特币交易。

3. 群签名

群签名（group signature），即某个群组内一个成员可以代表群组进行匿名签名。可以验证签名来自该群组，却无法准确追踪到签名的是哪个成员。

群签名需要一个群管理员来添加新的群成员，因此存在群管理员可能追踪到签名成员身份的风险。群签名最早在 1991 年由 David Chaum 和 Eugene van Heyst 提出。

4. 环签名

环签名（ring signature），由 Rivest，Shamir 和 Tauman 三位密码学家在 2001 年首次提出。环签名属于一种简化的群签名。

签名者首先选定一个临时的签名者集合，集合中包括签名者自身。然后签名者利用自己的私钥和签名集合中其他人的公钥就可以独立地产生签名，而无须他人的帮助。签名者集合中的其他成员可能并不知道自己包含在最终的签名中。环签名在保护匿名性方面也具有很多用途。

5.4.3　安全性

数字签名算法自身的安全性由数学问题进行保护。但在实践中，各个环节的安全性都十分重要，一定要严格遵循标准流程。例如，目前常见的数字签名算法需要选取合适的随机数作为配置参数，配置参数使用不当或泄露都会造成安全漏洞和风险。

2010 年 8 月，某公司因为其产品在采用十分安全的 ECDSA 进行签名时，不慎使用了重复的随机参数，导致私钥被最终破解，造成了重大经济损失。

5.5　数字证书

对于非对称加密算法和数字签名来说，很重要的步骤就是公钥的分发。理论上任何人都可以获取到公开的公钥。然而这个公钥文件有没有可能是伪造的呢？传输过程中有没有可能被篡改呢？一旦公钥自身出了问题，整个建立在其上的安全性将不复成立。

数字证书机制正是为了解决这个问题应运而生，它就像日常生活中的证书一样，可以确保所记录信息的合法性。比如证明某个公钥被某个实体（个人或组织）所拥有，并且确保任何篡改都能被检测出来，从而实现对用户公钥的安全分发。

根据所保护公钥的用途，数字证书可以分为加密数字证书（encryption certificate）和签名验证数字证书（signature certificate）。前者往往用来保护用于加密用途的公钥；后者则保护用于签名用途的公钥。两种类型的公钥也可以同时放在同一证书中。

一般情况下，证书需要由证书认证机构（Certification Authority，CA）进行签发和背书。权威的商业证书认证机构包括 DigiCert、GlobalSign、VeriSign 等。用户也可以自行搭建本地 CA

系统，在私有网络中进行使用。

1.X.509 证书规范

一般情况下，一个数字证书内容可能包括证书域（证书的版本、序列号、签名算法类型、签发者信息、有效期、被签发主体、签发的公开密钥）、CA 对证书的签名算法和签名值等。

目前使用最广泛的标准为 ITU 和 ISO 联合制定的 X.509 的 v3 版本规范（RFC 5280），其中定义了如下证书信息域。

- 版本号（version number）：规范的版本号，目前为版本 3，值为 0x2。
- 序列号（serial number）：由 CA 维护，为它所颁发的每个证书分配唯一的序列号，用来追踪和撤销证书。只要拥有签发者信息和序列号，就可以唯一标识一个证书。序列号最大不能超过 20 个字节。
- 签名算法（signature algorithm）：数字签名所采用的算法，如 sha256WithRSAEncryption 或 ecdsa-with-SHA256。
- 颁发者（issuer）：证书颁发单位的信息，如 "C=CN, ST=Beijing, L=Beijing, O=org.example. com, CN=ca.org.example.com"。
- 有效期（validity）：证书的有效期限，包括起止时间（如 Not Before 2018-08-08-00-00UTC，Not After 2028-08-08-00-00UTC）。
- 被签发主体（subject）：证书拥有者的标识信息（Distinguished Name），如 "C=CN, ST=Beijing, L=Beijing, CN=personA.org.example.com"。
- 主体的公钥信息（subject public key info）：所保护的公钥相关的信息，包括公钥算法和主体公钥。
  - 公钥算法（public key algorithm），即公钥采用的算法；
  - 主体公钥（subject public key），即公钥的内容。
- 颁发者唯一号（issuer unique identifier，可选）：代表颁发者的唯一信息，仅 2、3 版本支持，可选。
- 主体唯一号（subject unique identifier，可选）：代表拥有证书实体的唯一信息，仅 2、3 版本支持，可选。
- 扩展（extension）：可选的一些扩展。
  - Subject Key Identifier：实体的密钥标识符，区分实体的多对密钥。
  - Basic Constraints：一般指明该证书是否属于某个 CA。
  - Authority Key Identifier：证书颁发者的公钥标识符。
  - Authority Information Access：颁发相关的服务地址，如颁发者证书获取地址和吊销证书列表信息查询地址。
  - CRL Distribution Points：证书注销列表的发布地址。
  - Key Usage：表明证书的用途或功能信息，如 Digital Signature、Key CertSign。
  - Subject Alternative Name：证书身份实体的别名，如该证书可以同样代表 .org.example. com、org.example.com、.example.com、example.com 身份等。

此外，证书的颁发者还需要利用自己的私钥对证书内容进行签名，以防止他人篡改证书内容。

2. 证书格式

X.509 规范中一般推荐使用 PEM（Privacy Enhanced Mail）格式来存储与证书相关的文件。证书文件的文件名后缀一般为 .crt 或 .cer，对应私钥文件的文件名后缀一般为 .key，证书请求文件的文件名后缀为 .csr。有时候也统一用 .pem 作为文件名后缀。

PEM 格式采用文本方式进行存储，一般包括首尾标记和内容块，内容块采用 Base64 编码。例如，一个示例证书文件的 PEM 格式如下所示：

```
-----BEGIN CERTIFICATE-----
MIICMzCCAdmgAwIBAgIQIhMiRzqkCljq3ZXnsl6EijAKBggqhkjOPQQDAjBmMQsw
CQYDVQQGEwJVUzETMBEGA1UECBMKQ2FsaWZvcm5pYTEWMBQGA1UEBxMNU2FuIEZy
YW5jaXNjbzEUMBIGA1UEChMLZXhhbXBsZS5jb20xFDASBgNVBAMTC2V4YW1wbGUu
Y29tMB4XDTE3MDQyNTAzMzAzN1oXDTI3MDQyMzAzMzAzN1owZjELMAkGA1UEBhMC
VVMxEzARBgNVBAgTCkNhbGlmb3JuaWExFjAUBgNVBAcTDVNhbiBGcmFuY2lzY28x
FDASBgNVBAoTC2V4YW1wbGUuY29tMRQwEgYDVQQDEwtleGFtcGxlLmNvbTBZMBMG
ByqGSM49AgEGCCqGSM49AwEHA0IABCkIHZ3mJCEPbIbUdh/Kz3zWW1C9wxnZOwfy
yrhr6aHwWREW3ZpMWKUcbsYup5kbouBc2dvMFUgoPBoaFYJ9D0SjaTBnMA4GA1Ud
DwEB/wQEAwIBpjAZBgNVHSUEEjAQBgRVHSUABggrBgEFBQcDATAPBgNVHRMBAf8E
BTADAQH/MCkGA1UdDgQiBCBIA/DmemwTGibbGe8uWjt5hnlE63SUsXuNKO9iGEhV
qDAKBggqhkjOPQQDAgNIADBFAiEAyoMO2BAQ3c9gBJOk1oSyXP70XRk4dTwXMF7q
R72ijLECIFKLANpgWFoMoo3W91uzJeUmnbJJt8Jlr00ByjurfAvv
-----END CERTIFICATE-----
```

可以通过 OpenSSL 工具来查看其内容：

```
# openssl x509 -in example.com-cert.pem -noout -text
Certificate:
    Data:
        Version: 3 (0x2)
        Serial Number:
            22:13:22:47:3a:a4:0a:58:ea:dd:95:e7:b2:5e:84:8a
    Signature Algorithm: ecdsa-with-SHA256
        Issuer: C=US, ST=California, L=San Francisco, O=example.com, CN=example.com
        Validity
            Not Before: Apr 25 03:30:37 2017 GMT
            Not After : Apr 23 03:30:37 2027 GMT
        Subject: C=US, ST=California, L=San Francisco, O=example.com, CN=example.com
        Subject Public Key Info:
            Public Key Algorithm: id-ecPublicKey
                Public-Key: (256 bit)
                pub:
                    04:29:08:1d:9d:e6:24:21:0f:6c:86:d4:76:1f:ca:
                    cf:7c:d6:5b:50:bd:c3:19:d9:3b:07:f2:ca:b8:6b:
                    e9:a1:f0:59:11:16:dd:9a:4c:58:a5:1c:6e:c6:2e:
                    a7:99:1b:a2:e0:5c:d9:db:cc:15:48:28:3c:1a:1a:
                    15:82:7d:0f:44
                ASN1 OID: prime256v1
        X509v3 extensions:
            X509v3 Key Usage: critical
                Digital Signature, Key Encipherment, Certificate Sign, CRL Sign
            X509v3 Extended Key Usage:
                Any Extended Key Usage, TLS Web Server Authentication
            X509v3 Basic Constraints: critical
                CA:TRUE
            X509v3 Subject Key Identifier:
48:03:F0:E6:7A:6C:13:1A:26:DB:19:EF:2E:5A:3B:79:86:79:44:EB:74:94:B1:7B:8D:28:
EF:62:18:48:55:A8
    Signature Algorithm: ecdsa-with-SHA256
        30:45:02:21:00:ca:83:0e:d8:10:10:dd:cf:60:04:93:a4:d6:
```

```
84:b2:5c:fe:f4:5d:19:38:75:3c:17:30:5e:ea:47:bd:a2:8c:
b1:02:20:52:8b:00:da:60:58:5a:0c:a2:8d:d6:f7:5b:b3:25:
e5:26:9d:b2:49:b7:c2:65:af:4d:01:ca:3b:ab:7c:0b:ef
```

此外，还有 DER（Distinguished Encoding Rule）格式，采用二进制对证书进行保存，可以与 PEM 格式互相转换。

3. 证书信任链

证书中记录了大量信息，其中最重要的包括签发的公开密钥和 CA 数字签名两个信息。因此，只要使用 CA 的公钥再次对这个证书进行签名比对，就能证明所记录的公钥是否合法。

读者可能会想，如何验证对实体证书进行签名的 CA 公钥自身是否合法呢？毕竟在获取 CA 公钥的过程中，它也可能被篡改。

实际上，CA 的公钥是否合法，一方面，可以通过更上层的 CA 颁发的证书来进行认证；另一方面，某些根 CA（Root CA）可以通过预先分发证书来实现信任基础。例如，主流操作系统和浏览器里面，往往会提前预置一些权威 CA 的证书（通过自身的私钥签名，系统承认这些是合法的证书）。之后所有基于这些 CA 认证过的中间层 CA（Intermediate CA）和后继 CA 都会被验证合法。这样就从预先信任的根证书，经过中间层证书，到最底下的实体证书，构成一条完整的证书信任链。

某些时候，用户在使用浏览器访问某些网站时，可能会被提示是否信任对方的证书。这说明该网站证书无法被当前系统中的证书信任链进行验证，需要进行额外检查。另外，当信任链上任一证书不可靠时，依赖它的所有后继证书都将失去保障。

可见，证书作为公钥信任的基础，对其生命周期进行安全管理十分关键。5.6 节将介绍的 PKI 体系提供了一套完整的证书管理框架，包括生成、颁发、撤销过程等。

5.6 PKI 体系

按照 X.509 规范，公钥可以通过证书机制进行保护，但证书的生成、分发、撤销等步骤并未涉及。

实际上，要实现安全地管理和分发证书，需要遵循 PKI（Public Key Infrastructure）体系。该体系解决了证书生命周期相关的认证和管理问题。

需要注意，PKI 是建立在公私钥基础上、实现安全可靠传递消息和身份确认的一个通用框架，并不代表某个特定的密码学技术和流程。实现了 PKI 规范的平台可以安全可靠地管理网络中用户的密钥和证书。目前该框架包括多个具体实现和规范，知名的有 RSA 公司的 PKCS（Public Key Cryptography Standards）标准和 OpenSSL 等开源工具。

1.PKI 基本组件

一般情况下，PKI 至少包括如下三个核心组件。

- CA（Certification Authority）：负责证书的签发和吊销（revoke），接收来自 RA 的请求，是 PKI 最核心的部分。
- RA（Registration Authority）：对用户身份进行验证，校验数据合法性，负责登记，审核过了就发给 CA。
- 证书数据库：存放证书，多采用 X.500 系列标准格式，可以配合 LDAP（Lightweight Directory Access Protocol，轻量级目录访问协议）目录服务管理用户信息。

其中，CA 是最核心的组件，主要完成对证书信息的维护。

常见的操作流程为，用户通过 RA 登记申请证书，提供身份和认证信息等；CA 审核后完成证书的制造，签发给用户。用户如果需要吊销证书则需要再次向 CA 发出申请。

2. 证书的签发

CA 对用户签发证书实际上是，使用 CA 的私钥对某个用户的公钥进行签名。这样任何人都可以用 CA 的公钥对该证书进行合法性验证。验证成功则认可该证书中所提供的用户公钥内容，实现用户公钥的安全分发。

用户证书的签发可以有两种方式：可以由用户自己生成公钥和私钥，然后 CA 来对公钥内容进行签名（只有用户持有私钥）；也可以由 CA 直接来生成证书（内含公钥）和对应的私钥发给用户（用户和 CA 均持有私钥）。

前者情况下，用户一般会首先自行生成一个私钥和证书申请文件（certificate signing request，即 csr 文件），该文件中包括了用户对应的公钥和一些基本信息，如通用名（common name，即 cn）、组织信息、地理位置等。CA 只需要对证书请求文件进行签名，生成证书文件，颁发给用户即可。整个过程中，用户可以保持私钥信息的私密性，不会被其他方获知（包括 CA 方）。

生成证书申请文件的过程并不复杂，用户可以很容易地使用开源软件 OpenSSL 来生成 csr 文件和对应的私钥文件。例如，安装 OpenSSL 后可以执行如下命令来生成私钥和对应的证书请求文件：

```
$ openssl req -new -keyout private.key -out for_request.csr
Generating a 1024 bit RSA private key
............................++++++
...........................................++++++
writing new private key to 'private.key'
Enter PEM pass phrase:
Verifying - Enter PEM pass phrase:
-----
You are about to be asked to enter information that will be incorporated
into your certificate request.
What you are about to enter is what is called a Distinguished Name or a DN.
There are quite a few fields but you can leave some blank
For some fields there will be a default value,
If you enter '.', the field will be left blank.
-----
Country Name (2 letter code) [AU]:CN
State or Province Name (full name) [Some-State]:Beijing
Locality Name (eg, city) []:Beijing
Organization Name (eg, company) [Internet Widgits Pty Ltd]:Blockchain
Organizational Unit Name (eg, section) []:Dev
Common Name (e.g. server FQDN or YOUR name) []:example.com
Email Address []:

Please enter the following 'extra' attributes
to be sent with your certificate request
A challenge password []:
An optional company name []:
```

生成过程中需要输入地理位置、组织、通用名等信息。生成的私钥和 csr 文件默认以 PEM 格式存储，内容为 Base64 编码。例如，生成的 csr 文件内容可能为：

```
$ cat for_request.csr
```

```
-----BEGIN CERTIFICATE REQUEST-----
MIIBrzCCARgCAQAwbzELMAkGA1UEBhMCQ04xEDAOBgNVBAgTB0JlaWppbmcxEDAO
BgNVBAcTB0JlaWppbmcxEzARBgNVBAoTCkJsb2NrY2hhaW4xDDAKBgNVBAsTA0Rl
djEZMBcGA1UEAxMQeWVhc3kuZ2l0aHViLmNvbTCBnzANBgkqhkiG9w0BAQEFAAOB
jQAwgYkCgYEA8fzV17MJpFOuKRH+BWqJY0RPTQK4LB7fEgQFTIotO264ZlVJVbk8
Yf142F7dh/8SgHqmGjPGZgDb3hhIJLoxSOI0vJweU9v6HiOVrFWE7BZEvhvEtP5k
1XXEzOewLvhLMNQpG0kBwdIh2EcwmlZKcTSITJmdulEvoZXr/DHXnyUCAwEAAaAA
MA0GCSqGSIb3DQEBBQUAA4GBAOtQDyJmfP64anQtRuEZPZji/7G2+y3LbqWLQIcj
IpZbexWJvORlyg+iEbIGno3Jcia7lKLih261r04W/7DHn19J6Kb/CeXrjDHhKGLO
I7s4LuE+2YFSemzBVr4t/g24w9ZB4vKjN9X9i5hc6c6uQ45rNlQ8UK5nAByQ/TWD
OxyG
-----END CERTIFICATE REQUEST-----
```

OpenSSL 工具提供了查看 PEM 格式文件明文的功能，例如使用如下命令可以查看生成的 csr 文件的明文：

```
$ openssl req -in for_request.csr -noout -text
Certificate Request:
    Data:
        Version: 0 (0x0)
        Subject: C=CN, ST=Beijing, L=Beijing, O=Blockchain, OU=Dev, CN=yeasy.github.com
        Subject Public Key Info:
            Public Key Algorithm: rsaEncryption
            RSA Public Key: (1024 bit)
                Modulus (1024 bit):
                    00:f1:fc:d5:97:b3:09:a4:53:ae:29:11:fe:05:6a:
                    89:63:44:4f:4d:02:b8:2c:1e:df:12:04:05:4c:8a:
                    2d:3b:6e:b8:66:55:49:55:b9:3c:61:f9:78:d8:5e:
                    dd:87:ff:12:80:7a:a6:1a:33:c6:66:00:db:de:18:
                    48:24:ba:31:48:e2:34:bc:9c:1e:53:db:fa:1e:23:
                    95:ac:55:84:ec:16:44:be:1b:c4:b4:fe:64:95:75:
                    c4:cc:e7:b0:2e:f8:4b:30:d4:29:1b:49:01:c1:d2:
                    21:d8:47:30:9a:56:4a:71:34:88:4c:99:9d:ba:51:
                    2f:a1:95:eb:fc:31:d7:9f:25
                Exponent: 65537 (0x10001)
        Attributes:
            a0:00
    Signature Algorithm: sha1WithRSAEncryption
        eb:50:0f:22:66:7c:fe:b8:6a:74:2d:46:e1:19:3d:98:e2:ff:
        b1:b6:fb:2d:cb:6e:a5:8b:40:87:23:22:96:5b:7b:15:89:bc:
        e4:65:ca:0f:a2:11:b2:06:9e:8d:c9:72:26:bb:94:a2:e2:87:
        6e:a5:af:4e:16:ff:b0:c7:9f:5f:49:e8:a6:ff:09:e5:eb:8c:
        31:e1:28:62:ce:23:bb:38:2e:e1:3e:d9:81:52:7a:6c:c1:56:
        be:2d:fe:0d:b8:c3:d6:41:e2:f2:a3:37:d5:fd:8b:98:5c:e9:
        ce:ae:43:8e:6b:36:54:3c:50:ae:67:00:1c:90:fd:35:83:3b:
        1c:86
```

需要注意，在用户自行生成私钥情况下，私钥文件一旦丢失，CA 方由于不持有私钥信息，无法进行恢复，意味着通过该证书中公钥加密的内容将无法被解密。

3. 证书的吊销

证书超出有效期后会作废，用户也可以主动向 CA 申请吊销某证书文件。由于 CA 无法强制收回已经颁发的数字证书，因此为了实现证书的吊销，往往还需要维护一个吊销证书列表（Certificate Revocation List，CRL），用于记录已经吊销的证书序号。

因此，通常情况下，当对某个证书进行验证时，需要首先检查该证书是否已经记录在吊销证书列表中。如果存在，则该证书无法通过验证。如果不在，则继续进行后续的证书验证过程。

为了方便同步吊销列表信息，IETF 提出了在线证书状态协议（Online Certificate Status

Protocol，OCSP），支持该协议的服务可以实时在线查询吊销的证书列表信息。

5.7　默克尔树结构

默克尔树（Merkle tree）又称哈希树，是一种典型的二叉树结构，由一个根节点、一组中间节点和一组叶节点组成。默克尔树最早由 Merkle Ralf 在 1980 年提出，曾广泛用于文件系统和 P2P 系统中。其主要特点如下：

- 最下面的叶节点包含存储数据或其 Hash 值。
- 非叶子节点（包括中间节点和根节点）都是它的两个孩子节点内容的 Hash 值。

进一步，默克尔树可以推广到多叉树的情形，此时非叶子节点的内容为它所有的孩子节点的内容的 Hash 值。

默克尔树逐层记录 Hash 值的特点，让它具有了一些独特的性质。例如，底层数据的任何变动，都会传递到其父节点，一层层沿着路径一直到树根。这意味树根的值实际上代表了对底层所有数据的"数字摘要"。

目前，默克尔树的典型应用场景包括如下 4 种。

1. 证明某个集合中存在或不存在某个元素

通过构建集合的默克尔树，并提供该元素各级兄弟节点中的哈希值，可以不暴露集合完整内容而证明某元素存在。

另外，对于能够进行排序的集合，可以将不存在元素的位置用空值代替，以此构建稀疏默克尔树（sparse Merkle tree）。该结构可以证明某个集合中不包括指定元素。

2. 快速比较大量数据

对每组数据排序后构建默克尔树结构。当两个默克尔树根相同时，则意味着所代表的两组数据必然相同。否则，必然不同。

由于 Hash 计算的过程可以十分快速，预处理可以在短时间内完成。利用默克尔树结构能带来巨大的比较性能优势。

3. 快速定位修改

以图 5-3 为例，基于数据 D_0，D_1，D_2，D_3 构造默克尔树，如果 D_1 中数据被修改，会影响到 N_1、N_4 和 Root。

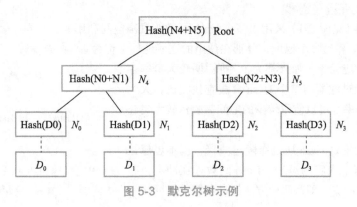

图 5-3　默克尔树示例

因此，一旦发现某个节点（如 Root）的数值发生变化，沿着 Root➜ N_4 ➜ N_1，最多通过 $O(\lg N)$ 时间即可快速定位到实际发生改变的数据块 D_1。

4. 零知识证明

仍以图 5-3 为例，如何向他人证明拥有某个数据 D_0 而不暴露其他信息。挑战者提供随机数据 D_1、D_2 和 D_3，或由证明人生成（需要加入特定信息避免被人复用证明过程）。

证明人构造如图 5-3 所示的默克尔树，公布 N_1、N_5、Root。验证者自行计算 Root 值，验证是否与提供值一致，即可很容易检测 D_0 的存在。整个过程中验证者无法获知与 D_0 相关的额外信息。

5.8 布隆过滤器

布隆过滤器（Bloom Filter）是于 1970 年由 Burton Howard Bloom 在论文 "Space/Time Trade-offs in Hash Coding with Allowable Errors" 中提出的。布隆过滤器是一种基于 Hash 的高效查找结构，能够快速（常数时间内）回答"某个元素是否在一个集合内"的问题。

该结构因为具有高效性而广泛应用到网络和安全领域，例如信息检索（BigTable 和 HBase）、垃圾邮件规则、注册管理等。

1. 基于 Hash 的快速查找

在介绍布隆过滤器之前，先来看看基于 Hash 的快速查找算法。在前面的讲解中，我们提到，Hash 可以将任意内容映射到一个固定长度的字符串，而且不同内容映射到相同串的概率很低。因此，这就构成了一个很好的"内容 ➜ 索引"的生成关系。

试想，如果给定一个内容和存储数组，通过构造 Hash 函数，让映射后的 Hash 值不超过数组的大小，则可以实现快速的基于内容的查找。例如，内容"hello world"的 Hash 值如果是"100"，则存放到数组的第 100 个单元上。如果需要快速查找任意内容，如"hello world"字符串是否在存储系统中，只需在常数时间内计算其 Hash 值，并用 Hash 值查看系统中对应的元素即可。该系统完美地实现了常数时间内的查找。

然而，令人遗憾的是，当映射后的值限制在一定范围（如总数组的大小）内时，你会发现 Hash 冲突的概率会变高，而且范围越小，冲突概率越大。很多时候，存储系统的大小又不能无限扩展，这就造成算法效率的下降。为了提高空间利用率，人们基于 Hash 算法的思想设计出了布隆过滤器结构。

2. 更高效的布隆过滤器

布隆过滤器（见图 5-4）采用了多个 Hash 函数来提高空间利用率。对同一个给定输入来说，多个 Hash 函数计算出多个地址，分别在位串的这些地址上记为 1。在查找时，进行同样的计算过程，并查看对应元素，如果都为 1，则说明较大概率存在该输入。布隆过滤器与单个 Hash 算法查找相比，大大提高了空间利用率，可以使用较少的空间来表示较大集合的存在关系。

实际上，无论是 Hash 还是布隆过滤器，基本思想是一致的，都是基于内容的编址。Hash 函数存在冲突，布隆过滤器也存在冲突，即这两种方法都存在着误报（False

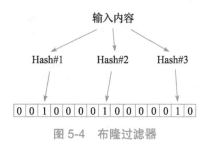

图 5-4 布隆过滤器

Positive）的情况，但绝对不会漏报（false negative）。布隆过滤器在应用中误报率往往很低。例如，在使用 7 个不同 Hash 函数的情况下，记录 100 万个数据，采用 2 MB 大小的位串，整体的误报率低于 1%。而传统的 Hash 查找算法的误报率接近 10%。

5.9　同态加密

1. 定义

同态加密（homomorphic encryption）是一种特殊的加密方法，允许对密文进行处理得到仍然是加密的结果。即对密文直接进行处理，与对明文进行处理后再对处理结果加密，二者得到的结果相同。从抽象代数的角度讲，保持了同态性。

同态加密可以保证处理者无法访问到数据自身的信息。如果定义一个运算符 $\triangle{}$，对加密算法 E 和解密算法 D，满足：

$$E(X\triangle{}Y) = E(X)\triangle{} E(Y)$$

则意味着对于该运算满足同态性。

同态性来自代数领域，一般包括四种类型：加法同态、乘法同态、减法同态和除法同态。同时满足加法同态和乘法同态，则意味着是代数同态，即全同态（full homomorphic）。同时满足四种同态性，则被称为算数同态。

对于计算机操作来讲，实现了全同态意味着对于所有处理都可以实现同态性。只能实现部分特定操作的同态性，被称为特定同态（somewhat homomorphic）。

2. 问题与挑战

同态加密的问题最早于 1978 年由 Ron Rivest、Leonard Adleman 和 Michael L. Dertouzos 提出（同年 Ron Rivest、Adi Shamir 和 Leonard Adleman 还共同发明了 RSA 算法）。但第一个"全同态"的算法直到 2009 年才被克雷格·金特里（Craig Gentry）在论文"Fully Homomorphic Encryption Using Ideal Lattices"中提出并进行数学证明。

仅满足加法同态的算法包括 Paillier 和 Benaloh 算法；仅满足乘法同态的算法包括 RSA 和 ElGamal 算法。

同态加密在云计算和大数据时代意义十分重大。目前，虽然云计算带来了低成本、高性能和便捷性等优势，但从安全角度讲，用户还不敢将敏感信息直接放到第三方云上进行处理。如果有了比较实用的同态加密技术，大家就可以放心地使用各种云服务了，同时各种数据分析过程也不会泄露用户隐私。加密后的数据在第三方服务处理后得到加密后的结果，这个结果只有用户自身可以进行解密，整个过程第三方平台无法获知任何有效的数据信息。

另一方面，对于区块链技术，同态加密也是很好的互补。使用同态加密技术，运行在区块链上的智能合约可以处理密文，而无法获知真实数据，极大地提高了隐私安全性。

目前全同态的加密方案主要包括如下三种类型：

- 基于理想格（ideal lattice）的方案。Gentry 和 Halevi 在 2011 年提出的基于理想格的方案可以实现 72 bit 的安全强度，对应的公钥大小约为 2.3 GB，同时刷新密文的处理时间为几十分钟。

- 基于整数上近似 GCD 问题的方案。Dijk 等人在 2010 年提出的方案（及后续方案），采用了更简化的概念模型，可以公钥大小降低至几十 MB 量级。
- 基于带扰动学习（Learning With Errors，LWE）问题的方案。Brakerski 和 Vaikuntanathan 等人在 2011 年前后提出了相关方案；Lopez-Alt A 等人在 2012 年设计出多密钥全同态加密方案，几乎可以满足实时多方安全计算的需求。

目前，已知的同态加密技术往往需要较高的计算时间或存储成本，相比传统加密算法的性能和强度还有差距，但该领域关注度一直很高，笔者相信，在不远的将来会出现接近实用的方案。

3. 函数加密

与同态加密相关的一个问题是函数加密。顾名思义，同态加密保护的是数据本身，而函数加密保护的是处理函数本身，即在让第三方看不到处理过程的前提下，对数据进行处理。

该问题已被证明不存在对多个通用函数的任意多密钥的方案，目前仅能做到对某个特定函数的一个密钥的方案。

5.10 其他技术

密码学领域涉及的技术还有许多，这里总结一些还在发展和探讨的话题。

1. 零知识证明

零知识证明（zero knowledge proof）是这样的一个过程，证明者在不向验证者提供任何额外信息的前提下，使验证者相信某个论断（statement）是正确的。证明过程包括交互式（interactive）和非交互式（non-interactive）两种。

零知识证明的研究始于 Shafi Goldwasser、Silvio Micali 和 Charles Rackoff 在 1985 年提交的开创性论文 "The Knowledge Complexity of Interactive Proof-Systems"，三位作者也因此在 1993 年获得首届哥德尔奖。

论文中提出了零知识证明要满足三个条件。

- 完整性（completeness）：真实的证明可以让验证者成功验证。
- 可靠性（soundness）：虚假的证明无法通过验证，但理论上可以存在小概率例外。
- 零知识（zero-knowledge）：如果得到证明，无法（或很难）从证明过程中获知除了所证明命题之外的任何信息，分为完美零知识和概率零知识两种。

交互式零知识证明相对容易构造，需要通过证明人和验证人之间一系列交互完成。一般为验证人提出一系列问题，证明人如果都能回答正确，则有较大概率确实知道论断。

例如，证明人 Alice 向验证人 Bob 证明两张看起来一样的图片有差异，并且自己能识别这个差异。Bob 将两张图片在 Alice 无法看到的情况下更换或保持顺序，再次让 Alice 识别是否调整顺序。如果 Alice 每次都能正确识别顺序是否变化，则 Bob 会以较大概率认可 Alice 的证明。此过程中，Bob 除了知道 Alice 确实能识别差异这个论断外，自己无法获知或推理出任何额外信息（包括该差异本身），也无法用 Alice 的证明（例如证明过程的录像）去向别人证明。注意这个过程中 Alice 如果提前猜测出 Bob 的更换顺序，则存在作假的可能性。

非交互式零知识证明（NIZK）则复杂得多。实际上，通用的非交互式完美或概率零知识证明（proof）系统并不存在，但可以设计出计算安全的非交互式零知识论证（argument）系统，具有广泛的应用价值。

1991 年，Manuel Blum、Alfredo De Santis、Silvio Micali 和 Giuseppe Persiano 在论文"Non-interactive Zero-Knowledge"中，提出了首个面向"二次非连续问题"的非交互的完美零知识证明（NIPZK）系统。

2012 年，Nir Bitansky、Ran Caneetti 等在论文"From extractable collision resistance to succinct non-interactive arguments of knowledge, and back again"中，提出了实用的非交互零知识论证方案 zk-SNARKs，后来在 Z-cash 等项目中得到广泛应用。目前，进行非交互式零知识论证的主要思路为利用所证明论断创造一个难题（一般为 NP 完全问题，如 SAT，某些情况下需要提前或第三方提供随机数作为参数）。如果证明人确实知道论断，即可在一定时间内解决该难题，否则很难解答难题。验证人可以通过验证答案来验证证明人是否知晓论断。

零知识证明在普及前，还需要接受实践检验，另外需要考虑减少甚至无须预备阶段计算、提高可扩展性，同时考虑抵御量子计算攻击。

2. 可验证随机函数

可验证随机函数（Verifiable Random Function，VRF）最早由 Silvio Micali（麻省理工学院）、Michael Rabiny（哈佛大学）、Salil Vadha（麻省理工学院）于 1999 年在论文"Verifiable Random Functions"中提出。

它讨论的是一类特殊的伪随机函数，其结果可以在某些场景下进行验证。一般可以通过签名和 Hash 操作来构建。

例如，Alice 拥有公钥 Pk 和对应私钥 Sk。Alice 宣称某可验证随机函数 F 和一个输入 x，并计算 $y = F(Sk, x)$。Bob 可以使用 Alice 公钥 Pk，对同样的 x 和 F 进行验证，证明其结果确实为 y。注意该过程中，因为 F 的随机性，任何人都无法预测 y 的值。

可见，VRF 提供了一种让大家都认可并且可以验证的随机序列，可以用于分布式系统中的投票场景。

3. 安全多方计算

安全多方计算（Secure Multi-Party Computation，SMPC 或 SMC）由 Andrew Chi-Chih Yao（姚期智）于 1986 年在论文"How to generate and exchange secrets"中提出。其假设的场景为多个参与方都拥有部分数据，在不泄露自己数据的前提下，利用多方的数据进行计算。这一问题在多方彼此互不信任而又需要进行某些合作时（如保护隐私的前提下进行数据协同），十分有用，有时候也称为隐私保护计算（Privacy-preserving Computation）。

根据参与方的个数，SMC 可以分为双方计算或多方计算；根据实现方法，又可以分为基于噪音（如 differential privacy，差分隐私）、基于秘密共享（secret sharing）、基于混淆电路（garbled circuit）和基于同态加密（homomorphic encryption）。

一般来说，基于噪音的方案容易实现，但使用场景局限；基于密码学技术的方案更通用，但往往需要较大计算成本。

4. 不经意传输

不经意传输（Oblivious Transfer，OT）协议由 S. Even、O. Goldreich、A. Lempel 等人于

1983 年在论文"A Randomized Protocol for Signing Contracts"中提出。后来应用在安全多方计算等场景中。

该协议所解决的问题是发送方将信息发送给接收方，但要保护双方的隐私：发送方无法获知接收方最终接收了哪些信息；接收方除了获知自己所需的信息外，无法获得额外的信息。

例如，银行向征信公司查询某个客户的征信情况以决定是否放出贷款，银行不希望征信公司知道该客户来到该银行申请贷款（属于客户隐私），同时，征信公司不希望银行拿到其他客户的征信数据。

一种简单的实现是发送方发送 N 个公钥给接收方，接收方随机选择一个公钥加密一个对称密钥，并将结果返回发送方。发送方分别用 N 个私钥进行解密，其中 1 个结果为对称密钥，N − 1 个为随机串，但发送方无法区别。发送方用 N 个解密结果分别加密 1 条消息（共计 N 条），并返回给接收方。接收方只能解密其中 1 条消息。如果双方提前约定好 N 对结果进行盲化的随机串，接收方还可以挑选只接收某个特定信息。

另外一种简单实现是接收方提供 N 个随机串作为公钥，并证明自己只知道其中 K 个串对应的私钥。发送方采用这些随机串加密 N 个信息，然后发给接收方。这样，接收方只能解开其中的 K 条信息。

5. 差分隐私

差分隐私（differential privacy）是一种相对实用的隐私保护机制。

最初问题是研究如何分享一个数据集而保护数据集中个体的隐私，于 2006 年由 Cynthia Dwork、Frank McSherry、Kobbi Nissim 和 Adam Smith 在论文"Calibrating Noise to Sensitivity in Private Data Analysis"中提出。由于在隐私保护问题上的应用前景，近些年成为研究热点。

差分隐私的主要思想是在数据集中巧妙地添加一些噪音扰动，使得对修改后数据集进行计算不太影响统计结果，但无法将其中任意个体追溯回原始个体信息。例如，将数据集中任意一条记录删掉，查询结果不受影响。

目前可行的方案主要包括添加拉普拉斯噪音（适合于数值型）和指数噪音（适合于非数值型）等。

6. 量子密码学

量子密码学（quantum cryptography）随着量子计算和量子通信的研究而受到越来越多的关注，人们认为其会对已有的密码学安全机制产生较大的影响。

量子计算的概念最早是物理学家费曼于 1981 年提出，基本原理是，因为量子比特可以同时处于多个相干叠加态，所以理论上可以同时用少量量子比特来表达大量的信息，并同时进行处理，大大提高计算速度。量子计算目前在某些特定领域已经展现出超越经典计算的潜力。如基于量子计算的 Shor 算法（1994 年提出），理论上可以实现远超经典计算速度的大数因子分解。2016 年 3 月，人类第一次以可扩展的方式，用 Shor 算法完成对数字 15 的质因数分解。

这意味着目前广泛应用的非对称加密算法，包括基于大整数分解的 RSA、基于椭圆曲线随机数的 ECC 等算法都将很容易被破解。当然，现代密码学体系并不会因为量子计算的出现而崩溃。一方面，量子计算设备离实际可用的通用计算机还有较大距离，密码学家可以探索更安全的密码算法。另一方面，很多安全机制尚未发现能被量子算法攻破，包括基于 Hash 的数字签名、格（lattice）密码、基于编码的密码等。

量子通信可以提供对密钥进行安全协商的机制，有望实现无条件安全的"一次性密码"。量子通信基于量子纠缠效应，两个发生纠缠的量子可以进行远距离的实时状态同步。一旦信道被窃听，则通信双方会获知该情况，丢弃此次传输的泄露信息。该性质十分适合进行大量的密钥分发，如 1984 年提出的 BB84 协议，结合量子通道和公开信道，可以实现安全的密钥分发。

> **注意**　一次性密码，最早由香农提出，实现理论上绝对安全的对称加密。其特点为密钥真随机且只使用一次；密钥长度与明文一致，加密过程为两者进行二进制异或操作。

7. 社交工程学

密码学与安全问题，一直是学术界和工业界都十分关心的重要话题，相关的技术也一直在不断发展和完善。然而，即便存在理论上完美的技术，也不存在完美的系统。无数例子证实，看起来设计得十分完善的系统最后被攻破，并非因为设计上出现了深层次的漏洞，问题往往出在事后看来十分浅显的一些方面。

例如，系统管理员将登录密码贴到电脑前；财务人员在电话里泄露用户的个人敏感信息；公司职员随意运行来自不明邮件的附件；不明人员借推销或调查问卷的名义进入办公场所窃取信息……

著名计算机黑客和安全顾问 Kevin David Mitnick 曾在 15 岁时成功入侵北美空中防务指挥系统，他在著作 *The Art of Deception* 中揭示了大量通过社交工程学的手段轻易获取各种安全信息的案例。

5.11　本章小结

本章总结了密码学与安全领域中的一些核心问题和经典算法。通过阅读本章内容，相信读者已经对现代密码学的发展状况和关键技术有了初步了解。掌握这些知识，对于理解区块链系统如何实现隐私保护和安全防护都很有益处。

现代密码学安全技术在设计上大量应用了十分专业的现代数学知识，如果读者希望能够深入学习其原理，则需要进一步学习并掌握近现代的数学科学，特别是数论、抽象代数等相关内容。

从应用的角度来看，完善的安全系统除了核心算法外，还需要包括协议、机制、系统、人员等多个方面。任何一个环节出现漏洞都将带来巨大的安全风险。因此，实践中要实现真正高安全可靠的系统是十分困难的。

区块链中大量利用了现代密码学的已有成果；反过来，区块链在诸多场景中的应用也提出了很多新的需求，促进了安全学科的进一步发展。

第 6 章

比特币——初露锋芒的区块链

看得远，只因站在巨人肩头。

作为区块链最早的实践，比特币项目值得区块链技术爱好者们仔细学习和研究。比特币网络是首个区块链平台，比特币则是首个经过长时间实践检验的加密数字货币，在科技史和金融史上都具有重要意义。

比特币项目在诞生和发展过程中，借鉴了加密货币、密码学、博弈论、分布式系统、控制论等多个领域的技术成果，博采众家之长，可谓集大成者。

后续的区块链技术应用场景已经超越了加密货币的范畴，但探索比特币项目的发展历程和设计思路，有助于理解区块链的来龙去脉。

本章将介绍比特币项目的来源、核心设计、相关工具以及热门问题。

6.1　比特币项目简介

比特币（BitCoin，BTC）是首个基于区块链技术实现的加密货币，比特币网络则是首个经过大规模、长时间检验的公有区块链系统。

自 2009 年 1 月 3 日正式上线以来，比特币价格经历了数次震荡，目前每枚比特币市场价格超过 8000 美元。

比特币网络在功能上具有如下特点：

- 非中心化（de-centralized）。交易请求需要大多数参与者达成共识后才能接受，没有任何独立个体可以对网络造成破坏。
- 保护隐私性（privacy protected）。网络中的账户地址是化名的（pseudonymous），交易记录公开可查，但很难从交易信息直接关联到具体个体。
- 通胀预防（anti-inflation）。比特币的发行通过挖矿实现，发行量每四年减半，总量上限为 2100 万枚，不会出现因滥发导致的通胀。

　　图 6-1 来自 blockchain.info 网站，可以看到比特币自诞生以来的汇率（以美元为单位）变化历史。

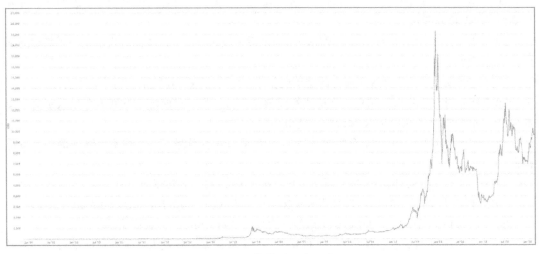

图 6-1　比特币汇率历史

1. 比特币大事记

2008—2013 年

　　2008 年 11 月 1 日 19:16:33，中本聪在 metzdowd 的加密技术邮件列表发布比特币白皮书（见图 6-2）《比特币：一种点对点的电子现金系统》（*Bitcoin: A Peer-to-Peer Electronic Cash System*）。

　　2009 年 1 月 3 日 18:15:05，中本聪在位于芬兰赫尔辛基（Helsinki）的一个小型服务器上挖出了首批 50 个比特币，并在首个区块中记录了当天泰晤士报的头版标题：" The Times 03/Jan/2009 Chancellor on brink of second bailout for banks（财政大臣考虑再次紧急援助银行危机）。"首个区块也被称为创世区块或初始区块（genesis block），可以通过 https://blockchain.info/block-index/ 14849 查看其详细内容。

　　2009 年 1 月 12 日，中本聪将 10 枚比特币转账给开发者 Hal Finney，这也是首笔比特币转账（位于区块 170）。

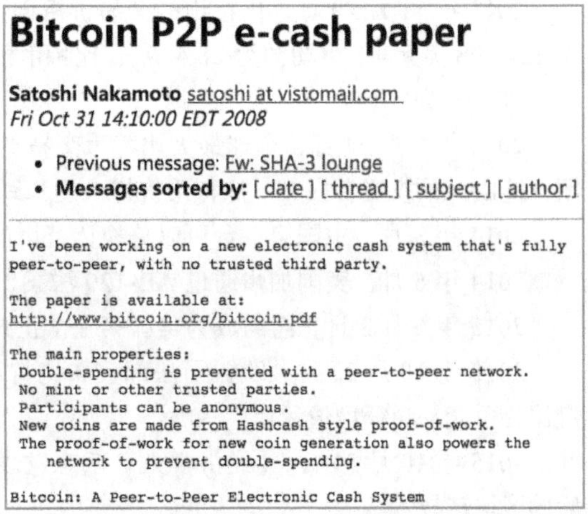

Bitcoin P2P e-cash paper

Satoshi Nakamoto satoshi at vistomail.com
Fri Oct 31 14:10:00 EDT 2008

- Previous message: Fw: SHA-3 lounge
- **Messages sorted by:** [date] [thread] [subject] [author]

I've been working on a new electronic cash system that's fully
peer-to-peer, with no trusted third party.

The paper is available at:
http://www.bitcoin.org/bitcoin.pdf

The main properties:
 Double-spending is prevented with a peer-to-peer network.
 No mint or other trusted parties.
 Participants can be anonymous.
 New coins are made from Hashcash style proof-of-work.
 The proof-of-work for new coin generation also powers the
    network to prevent double-spending.

Bitcoin: A Peer-to-Peer Electronic Cash System

图 6-2　比特币白皮书邮件

　　2010 年 5 月 21 日，第一次比特币交易：佛罗里达程序员 Laszlo Hanyecz 用 1 万 BTC 购买了价值 25 美元的比萨优惠券。这是比特币的首个兑换汇率：1:0.002 5 美元。这些比特币在今日价值超过 8000 万美元。

2010 年 7 月 17 日，第一个比特币交易平台 Mt.Gox 成立。

2011 年 4 月，首个有官方正式记载的版本 0.3.21 发布，支持普通用户参与 P2P 网络，并开始支持最小单位"聪"。

2011 年 4 月 26 日，比特币宏大网络缺失的最后一块砖被砌好。中本聪发出了一封简短的邮件，之后不再现身。

2011 年年初，开始出现基于显卡的挖矿设备。2011 年年底，比特币价格约为 2 美元。

2012 年 6 月，Coinbase 成立，支持比特币相关交易。公司目前已经发展为全球数字资产交易平台，同时支持比特币、以太币等数字货币。

2011 年 6 月 19 日，由于安全事故，Mt.Gox 数据库发生泄漏，其宣称所保管的部分比特币被盗走。

2012 年 9 月 27 日，比特币基金创立，此时比特币价格为 12.46 美元。

2012 年 11 月 28 日，比特币产量第一次减半，单个区块产生的比特币从 50 个减半到 25 个。

2013 年 3 月，三分之一的专业矿工已经开始采用专用 ASIC 矿机进行挖矿。

2013 年 3 月 11 日，比特币发布 0.8.0 版本，极大地完善了节点内部管理和网络通信，使得比特币有能力支持后来大规模的 P2P 网络。该版本包含一个严重的 bug，虽然后来被紧急修复，仍造成比特币价格大幅下跌。

2013 年 4 月 10 日，BTC 创下历史新高，266 美元。

2013 年 6 月 27 日，德国会议作出决定：持有比特币一年以上将予以免税，被业内认为此举变相认可了比特币的法律地位，此时比特币价格为 102.24 美元。

2013 年 10 月 29 日，世界第一台可以兑换比特币的 ATM 在加拿大上线。

2013 年 11 月 29 日，比特币的交易价格创下 1242 美元的历史新高，而同时黄金价格为一盎司 1241.98 美元（1 盎司约为 28.4 克），比特币价格首度超过黄金。

2014—2019 年

2014 年 2 月 24 日，全球最大比特币交易平台 Mt.Gox 因 85 万个比特币被盗而宣告破产并关闭，造成大量投资者损失，比特币价格一度暴跌。

2014 年 3 月，中国第一台可以兑换比特币的 ATM 在香港地区上线。

2014 年 6 月，美国加州通过 AB-129 法案，允许比特币等数字货币在加州进行流通。

2015 年 6 月 3 日，纽约成为美国第一个正式进行数字货币监管的州。

2015 年 10 月 22 日，欧盟司法部宣布比特币和其他加密货币为货币而非商品，欧盟法院裁定比特币交易免征增值税。

2015 年 10 月 31 日，《经济学人》杂志发表封面文章《信任机器》，开始关注比特币网络背后的区块链技术。

2016 年 1 月，中国人民银行在京召开了数字货币研讨会，会后发布公告宣称或推出数字货币。

2016 年 7 月 9 日，比特币产量第二次减半，每个区块产出比特币从 25 枚减少为 12.5 枚。

2016 年 8 月 2 日，知名比特币交易所 Bitfinex 遭遇安全攻击，按照当时市值计算，损失超过 6000 万美元。

2017 年 1 月 24 日，中国部分交易所（Okcoin、火币、BTCC）开始收取比特币交易手续费（为成交金额的 0.2%）。

2017 年 3 月，美国证券交易监督委员会（U.S. Securities and Exchange Commission，SEC）连续否决了比特币 ETF 申请。

2017 年 4 月 1 日，日本通过法案，正式将数字货币交易所纳入监管体系，承认比特币是合法的预付款工具。

2017 年 7 月，比特币网络全网算力首次突破 6 exahash/s（即每秒 10 的 18 次方哈希），创下历史新高。

2017 年 9 月 4 日，北京市互联网金融风险专项整治工作领导小组办公室下发通知，停止各类 ICO 和代币发行活动。之后，国内各大交易所和矿池陆续终止境内业务。

2017 年 10 月 13 日，比特币的价格首次突破 5000 美元。

2017 年 12 月 11 日，全球首个比特币期货合约在芝加哥期权交易所（Chicago Board Options Exchange，CBOE）上市。

2017 年 12 月 17 日，比特币期货在芝加哥商品交易所（Chicago Mercantile Exchange，CME）上市，当天单个比特币价格一度冲破 20 000 美元（总市值超过 2000 亿美元），创下历史新高。

2018 年 3 月 6 日，韩国政府发布禁令，禁止公职人员持有和交易加密货币。彼时比特币价格已经长期在 5000 美元左右波动。

2018 年 3 月 7 日，美国证券交易监督委员会发布了《关于可能违法的数字资产交易平台的声明》，规定数字货币交易所必须通过注册。

2018 年 6 月 21 日，受美联储降息和 Facebook 发币消息的影响，比特币价格重新攀升超过 10 000 美元，并一度接近 13 000 美元。

2019 年 6 月，由于交易量不足以及来自芝加哥商品交易所的竞争，芝加哥期权交易所决定暂停比特币期货合约交易。

2018 年 12 月，受到行业周期和社区内部冲突的影响，比特币价格一路下跌，迫近 3000 美元关口。

2019 年 6 月 18 日，Facebook 发布了加密货币项目 Libra 的白皮书，宣布要打造简单的、无国界的为数十亿普通人服务的金融基础设施。

2019 年 9 月 23 日，比特币期货交易平台 Bakkt 上线，支持以比特币实物进行结算。

2019 年 10 月 26 日，受到一系列利好消息影响，比特币价格暴涨，单日从 7600 美元涨到 10 800 美元，但随后逐步跌破 7000 美元。

目前，比特币区块链已经生成了超过 60 万个区块，完整存储需要约 250 GB 的空间，每天平均完成 20 万笔交易。

2. 其他数字货币

比特币的"成功"刺激了相关的生态和社区发展，大量类似数字货币（超过 1000 种）纷纷出现，比较著名的包括以太币和瑞波（Ripple）币等。

这些数字货币大部分复用已有的区块链（例如比特币网络）系统，少数建立在自己独立的区块链网络上。全球活跃的数字货币用户据称在 290 万～ 580 万之间（参考剑桥大学 Judge 商学院

2017 年 4 月发表的报告《全球加密货币基准研究》(*Global Cryptocurrency Benchmarking Study*))。

> 📷 **注意** 通过 www.blockchain.com 网站可以实时查询比特币网络的信息，包括区块、交易、价格等在内的详细数据。

6.2 工作原理

比特币网络是一个典型的分布式点对点网络，网络中的节点（"矿工"）通过"挖矿"来完成对交易的记账过程，维护网络的正常运行。

比特币利用区块链结构维护一个不断追加的公共账本，准确记录网络中所有的交易历史，而并非仅仅记录各个账户的余额。

6.2.1 基本交易过程

比特币中没有账户的概念。因此，每次发生交易，用户需要将完整交易记录记录到账本中，等网络大多数节点确认后，即可认为交易完成。

通常情况下，每个交易都包括若干输入和输出，获得挖矿奖励的交易（coinbase）则只有输出。未经使用（引用）的交易输出（Unspent Transaction Output，UTXO）可以被新的交易引用而作为其合法输入。被使用过的交易输出（Spent Transaction Output，STXO）则无法再次被使用。

因此，比特币网络中任何一笔合法交易，必须要引用若干已存在交易的 UTXO（必须是属于付款方才能合法引用）作为输入，并生成新的 UTXO（收款方可在未来使用）。

那么，在交易过程中，付款方如何证明自己所引用的 UTXO 合法呢？比特币中通过输出签名脚本，限制将来只有收款方能使用该 UTXO。对每笔交易，付款方需要进行签名认证；对每一笔交易，总输入一般要大于总输出。其差额部分作为交易费用（transaction fee），为生成包含该交易的区块的矿工获得。目前规定每笔交易费用不能小于 0.0001 BTC。交易费用越高，矿工越愿意在区块中包含该交易，该交易也就越早被确认。交易费用也提高了网络攻击成本。

交易金额的最小单位是"聪"，即一亿分之一（10^{-8}）比特币，网络总"聪"数为 2.1E15。

表 6-1 展示了一些简单的示例交易。更一般情况下，交易的输入、输出可以为多方。

表 6-1　简单交易示例

交易	目的	输入	输出	签名	差额
T0	A 转给 B	他人向 A 交易的输出	B 账户可以使用该交易	A 签名确认	输入减输出，为交易服务费
T1	B 转给 C	T0 的输出	C 账户可以使用该交易	B 签名确认	输入减输出，为交易服务费
Tn…	X 转给 Y	他人向 X 交易的输出	Y 账户可以使用该交易	X 签名确认	输入减输出，为交易服务费

需要注意，刚记录到网络中的交易（深度为 0）存在被推翻的可能性，一般要再生成几个新的区块后（深度大于 0）才认为该交易被确认。

比特币采用了 UTXO 模型，相比仅记录余额（交易执行结果）的账户模型，UTXO 模型更容易实现并行处理和防止重放攻击，并可追踪完整交易路径；但由于需要存储和检索所有交易记录，节点压力较大。

比特币最小单位是怎么确定的？对于目前流行的 64 位处理器来说，高精度浮点计数的限制导致单个数值不能超过 2^{53}，约等于 9E15。

下面分别介绍比特币网络中的重要概念和主要设计思路。

6.2.2　重要概念

1. 账户 / 地址

比特币采用了非对称的加密算法 ECDSA secp256k1，用户自己保留私钥，对发出的交易进行签名确认，并公开公钥。

比特币中账户地址就是公钥经过一系列 Hash（HASH160，或先进行 SHA256，然后进行 RIPEMD160）及编码运算后生成的 160 位（20 字节）字符串。

一般地，也常常对账户地址串进行 Base58Check 编码，并添加前导字节（表明支持哪种脚本）和 4 字节校验字节，以提高可读性和准确性。

 账户并非直接是公钥内容，而是进行 Hash 计算后的值，以避免公钥过早公开。

2. 交易

交易是比特币的核心概念，一条交易可能包括如下信息：

- 付款人地址，合法的地址，公钥经过 SHA256 和 RIPEMD160 两次 Hash，得到 160 位 Hash 串。
- 付款人对交易的签字确认，确保交易内容不被篡改。
- 付款人资金的来源交易 ID，从哪个交易的输出作为本次交易的输入。
- 交易的金额，多少钱，与输入的差额为交易的服务费。
- 收款人地址，合法的地址。
- 时间戳，交易何时能生效。

网络节点收到交易信息后，将进行如下检查：

- 交易是否已经被处理过（防止重放攻击）。
- 交易是否合法。包括地址是否合法，发起者是否是输入地址的拥有者，引用是否是 UTXO 等。
- 交易的输入之和是否大于输出之和。

检查都通过后，将交易标记为合法但未确认交易，并在网络内进行广播。用户可以从 blockchain.info 网站查看实时交易信息。一个示例交易的内容如图 6-3 所示。

3. 交易脚本

脚本（script）主要检验交易是否合法，是保障交易完成的核心机制。脚本会在所依附的交易发生时被触发，执行用户提前编写的指令。通过脚本机制，比特币允许一定的扩展性。比特币脚本语言是一种非图灵完备的语言，类似于 Forth 语言。

一般每个交易都会包括两个脚本：负责输入的认领脚本（scriptSig）和负责输出的锁定脚本（scriptPubKey）。

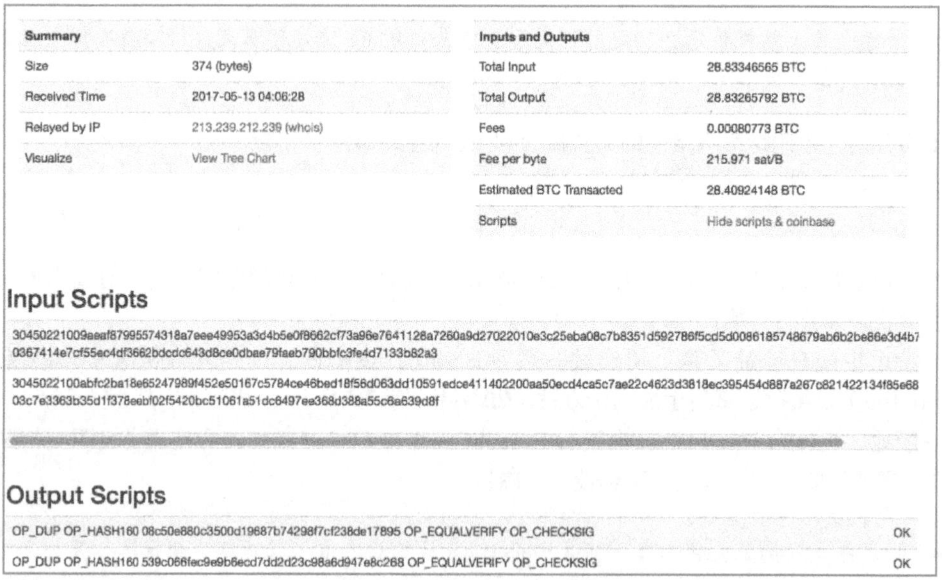

图 6-3　比特币交易的例子

　　输出锁定脚本一般由付款方对交易设置锁定，用来限制能动用这笔交易的输出（例如，要花费该交易的输出）的对象（收款方）。例如，必须是某个公钥的拥有者才能引用这笔交易的输出。

　　输入认领脚本则用来证明自己可以满足交易输出脚本的锁定条件，即对某个交易的输出（比特币）的合法拥有权。

　　常见输出脚本包括：

- P2PKH（Pay-To-Public-Key-Hash），允许用户将比特币发送到一个或多个典型的比特币地址上（证明拥有该公钥），前导字节一般为 0x00。
- P2SH（Pay-To-Script-Hash），支付者创建一个输出脚本，里边包含另一个脚本（认领脚本）的 Hash，一般用于需要多人签名的场景，前导字节一般为 0x05。

以 P2PKH 为例，输出脚本的格式为

```
scriptPubKey: OP_DUP OP_HASH160 <pubKeyHash> OP_EQUALVERIFY OP_CHECKSIG
```

其中，OP_DUP 为复制栈顶元素；OP_HASH160 为计算 Hash 值；OP_EQUALVERIFY 判断栈顶两元素是否相等；OP_CHECKSIG 判断签名是否合法。这条指令实际上保证了只有 pubKey 的拥有者才能合法引用这个输出。

　　另外一个交易如果要花费这个输出，在引用这个输出的时候，需要提供的认领脚本格式如下：

```
scriptSig: <sig> <pubKey>
```

即拿 pubKey 对应的私钥对交易（全部交易的输出、输入和脚本）Hash 值进行签名，pubKey 的 Hash 值需要等于 pubKeyHash。

　　进行交易验证时，会按照先 scriptSig 后 scriptPubKey 的顺序依次进行入栈处理，即完整指令为：

```
<sig> <pubKey> OP_DUP OP_HASH160 <pubKeyHash> OP_EQUALVERIFY OP_CHECKSIG
```

读者可以按照栈模型来理解整个脚本的验证过程。

脚本机制带来了编程灵活性，但也引入了安全风险。为了减少风险，比特币脚本保持指令集简洁，基于栈的处理方式非图灵完备，此外还添加了额外的一些限制（如大小限制等）。

4. 区块

比特币的一个区块不能超过 1 MB，主要包括如下内容。

- 区块大小：4 字节。
- 区块头：80 字节。
- 交易个数计数器：1 ～ 9 字节。
- 所有交易的具体内容：可变长，匹配默克尔树叶子节点顺序。

其中，区块头信息十分重要，包括如下内容。

- 版本号：4 字节。
- 上一个区块头的 Hash 值：链接到上一个合法的块上，对其区块头进行两次 SHA256 操作，32 字节。
- 本区块所包含的所有交易的默克尔树根的 Hash 值，两次 SHA256 操作，32 字节。
- 时间戳：4 字节。
- 难度指标：4 字节。
- Nonce：4 字节，PoW 问题的答案。

可见，要对区块链的完整性进行检查，只需要检验各个区块的头部信息即可，无须获取具体的交易内容，这也是简单交易验证（Simple Payment Verification，SPV）的基本原理。另外，通过头部的链接，在提供时序关系的同时加大了对区块中数据进行篡改的难度。

一个示例区块如图 6-4 所示。

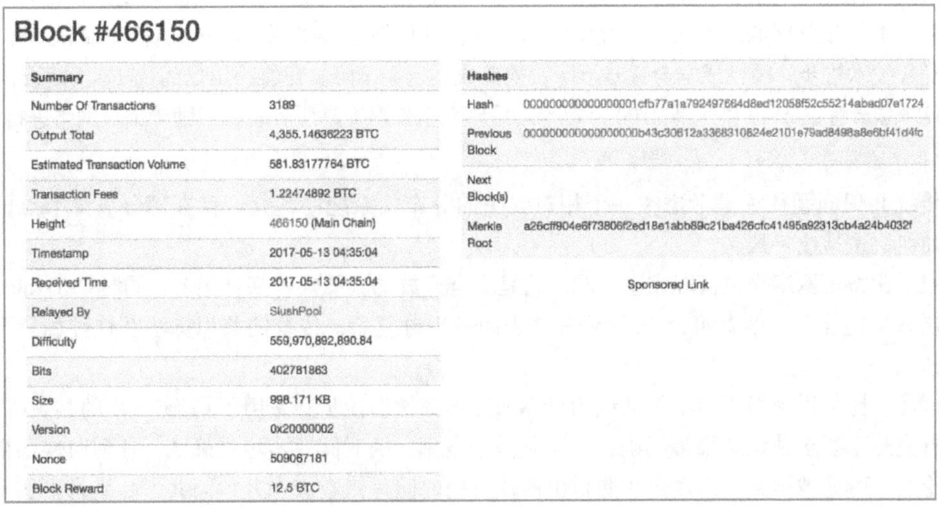

图 6-4　比特币区块的例子

比特币社区围绕区块大小也有诸多讨论，加大区块可以包含更多交易，但增大了节点处理压力。

6.2.3 创新设计

比特币在设计上提出了很多创新点，主要体现在避免作恶、负反馈调节和基于概率的共识机制三个方面。

1. 避免作恶

在一个无前提的开放系统中，无法保证参与者都是合作的。比特币引入了经济博弈机制来奖励合作者，惩罚非合作者。

比特币网络中的矿工都要参与挖矿，付出算力成本。越想拿到新区块的决定权，则投入的算力越多。一旦竞争失败，这些算力都会成为沉没成本。当网络中存在足够多的参与者时，个体获取新区块要付出的算力成本是巨大的，作恶的代价可能超过可能带来的好处。

博弈论早已被应用到众多领域。经典的例子是两个人来分蛋糕，人总是不靠谱的，该怎么制定规则才公平？

最简单的方案是任意一个人负责分割蛋糕，但是另外一个人先挑选。

🔘 注意　分蛋糕问题如果推广到 N 个人呢？

---

2. 负反馈调节

比特币网络巧妙地利用了基于负反馈的控制论原理。

理想情况下，比特币网络中矿工越多，系统就越稳定，比特币价值就越高，但个体挖到区块的概率会降低，付出成本和承担风险会升高。

反之，网络中矿工减少，系统就更容易被攻击，比特币价值会降低，但个体挖到矿的概率会提高，付出成本和承担风险会降低。

因此，比特币的价格长期来看应当稳定在一个合适的值附近，其价格乘以挖到矿的概率，恰好达到矿工的收益预期。当然，从经济学的角度，其价格还会受到需求和流通情况的影响。

随着技术进步，硬件成本会逐步下降，挖矿成本也会下降。比特币给出的挖矿奖励每隔 4 年减半，最终总量将在 2140 年达到 2100 万枚，之后将完全依靠交易服务费来激励矿工对网络进行维护。

3. 共识机制

传统共识问题往往是考虑在一个相对封闭的分布式系统中，允许存在部分故障节点的前提下，如何快速达成一致。

对于比特币网络来说情况完全不同。它是完全开放的，加入者都是化名，同时基于 Internet 的网络质量只能保证"尽力而为"，导致其共识问题十分复杂，传统的共识算法在这种场景下难以使用。

因此，比特币网络不得不对共识的目标和过程都做出让步，采用了基于 PoW 的共识机制。

首先是不要求共识结果最终确认，而是基于概率、随时间逐步增强确认。任何时候共识结果在理论上都可能被推翻，但攻击者要付出的代价随时间呈指数级上升，而共识的结果事实上被推翻的可能性随之呈指数级下降。

此外，考虑到 Internet 的全球尺度，达成共识的时间相对比较长。按照区块而非单个交易来进行阶段性的确认（对历史进行快照），可提高网络整体的可用性。

最后，动态限制网络中共识的噪音。通过进行大量的 Hash 计算和少数的合法结果（且难度可以动态调整）来限制合法提案的个数，进一步提高网络中共识的稳定性。

> 注意　全球范围内互联网的平均往返延迟（RTT）约为 100 ～ 300 毫秒。

6.3　挖矿过程

比特币中最独特的一个概念就是"挖矿"。挖矿是指网络中的维护节点，通过协助生成和确认新区块来获取一定量新发行比特币的过程。

当用户向比特币网络中发布交易后，需要有人对交易进行检查和确认，打包到新的区块中。在一个互不信任的分布式系统中，该由谁来完成这件事情呢？比特币网络采用了"挖矿"的方式来分布式解决这个问题。

目前，每 10 分钟左右生成一个不超过 1 MB 大小的区块（记录了这 10 分钟内发生的验证过的交易内容），串联到最长链尾部。区块的成功提交者可以得到系统 12.5 个比特币的奖励（该奖励作为区块内的首个交易，一定区块数后才能使用），以及用户交易费用。

每个区块的奖励最初是 50 个比特币，每隔 21 万个区块（约 4 年时间）自动减半，最终比特币总量稳定在 2100 万个。

1. 工作过程

挖矿的具体过程为：参与者利用上个区块的 Hash 值 + 要打包的新的交易 + 自己猜测的一个随机数 X，一起生成一个候选区块，候选区块的 Hash 值必须小于网络中给定的一个数。这是一道面向全体矿工的求解 X 的"计算题"，谁能解答出来谁就能生成一个合法的候选区块。

由于 Hash 计算的不可逆性，为了挖矿成功，节点往往需要付出大量计算力。算力一般以每秒进行多少次 Hash 计算为单位，记为 h/s。目前，比特币网络算力峰值已经达到了每秒数百亿亿次。

同时，网络每隔两周（即经过 2016 个区块）会根据上一周期的挖矿时间来调整挖矿难度（通过调整限制数的大小），确保生成区块的时间稳定在 10 分钟左右。为了避免震荡，每次调整的最大幅度为 4 倍。历史上出块时间曾小于 10 秒，也曾超过 1 个小时。

汇丰银行分析师 Anton Tonev 和 Davy Jose 在 2016 年一份客户报告中表示，比特币区块链（通过挖矿）提供了一个局部的、迄今为止最优的解决方案：如何在分散的系统中验证信任。这就意味着，区块链本质上解决了传统依赖于第三方的问题，因为这个协议不只满足了中心化机构追踪交易的需求，还可使陌生人之间产生信任。区块链技术和安全的过程使得陌生人之间在没有被信任的第三方时产生信任。

2. 如何看待挖矿

2010 年以前，挖矿一度是一个高回报的行业，甚至可以使用个人电脑进行挖矿。

但是随着硬件的进步，目前个人挖矿成功的概率已经接近于零。当前参与挖矿的计算力极其庞大（已经超过顶级超算中心），一般的算力已经不可能挖到比特币。

从普通的 CPU（2009 年），到 GPU（2010 年）和 FPGA（2011 年年末），再到 ASIC 矿机（2013 年年初，单片算力已达每秒数百亿次 Hash 计算），直到现在众多矿机联合组成矿池（如 F2Pool、BitFury 等），短短数年间，比特币矿机走完了集成电路过去几十年的进化历程，甚至还颇有创新之处。可见，高回报可以刺激科技飞速发展。

目前，计算力主要集中在少数矿池手中，全网算力已超过每秒 10^{20} 次哈希计算。如果简单认为一次 Hash 计算等同于一次浮点运算，那么比特币全网算力将约等于 500 台 Summit 超级计算机（目前最快的超级计算机，由 IBM 和 Nvidia 于 2018 年研制）。

读者可能会想到，如果有人掌握了大多数算力，可以最快算出新区块，并且拒不承认他人的交易内容，是不是就能破坏掉比特币网络？确实如此，个体掌握算力达到 1/3，网络就存在被破坏的风险；达到 1/2 的算力，就事实上掌控整个网络了，即 51% 攻击。但是要实现这么大的算力，往往需要付出巨大的经济成本。

那么有没有办法防护呢？很可惜，除了避免算力集中到同一个组织手里，没有太好的办法，这是 PoW 机制所决定的。

6.4　共识机制

比特币网络是完全公开的，任何人都可以匿名接入，因此共识协议的稳定性和防攻击性十分关键。

比特币区块链采用了 Proof of Work（PoW）机制来实现共识，该机制最早于 1998 年在 B-money 设计中提出。

目前，Proof of X 系列中比较出名的一致性协议包括 PoW、PoS 和 DPoS 等，都是通过经济惩罚来限制恶意参与。

1. 工作量证明

工作量证明是通过计算来猜测一个数值（nonce），使得有交易数据后的 Hash 值不超过规定的上限。

由于 Hash 难题具有不可逆的特点，在目前计算模型下只有进行暴力计算，这就保证在一段时间内，系统中只能出现少数合法提案。反过来，如果谁能够提出合法提案，也就证明了提案者在概率上已经付出一定的工作量。当然，谁的算力越多，谁最先解决问题的概率就越大。

之后，这些少量的合法提案会在网络中进行传播，各个节点可以分别进行验证。

参与 PoW 计算比赛的人，将付出不小的经济成本（硬件、电力、维护等）。如果某轮比赛没有成功，这些成本都将沉没掉。因此，如果有人尝试恶意破坏，需要付出大量的经济成本。

所有节点都会基于其认为的最长链（主链）进行难题的计算。因此，系统中可能出现链的分叉（fork），但最终会有一条链成为主链。

图 6-5 为超市付款的例子，可以说明为何这种机制会确保系

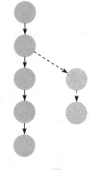

图 6-5　PoW 保证一致性

统中主链的唯一性。

假定超市只有一个出口，付款时需要排成一队，可能有人不守规矩排其他队。超市管理员会定期检查，并让非最长队伍的人去最长队伍重新排队。只要足够理智，大家就会自觉选择看到的最长队伍进行排队。这是因为，越长的链越有可能胜出，大家也越倾向于参与它。

主链机制具备很好的抗攻击性，但是浪费掉了非主链上的计算资源。以太坊项目中将算出候选区块的算力按照比例折合进下一轮比赛。也有改进工作是考虑以主链为基础，引入树形结构以提高整体的交易性能，如 GHOST 协议（见 "Secure high-rate transaction processing in bitcoin"）和 Conflux 算法（见 "Scaling Nakamoto Consensus to Thousands of Transactions per Second"）。

> **注意**　从某种意义上看，候选区块都是幸运儿，但不是所有幸运儿都能参与到主链的时代浪潮。

2. 权益证明

权益证明（Proof of Stake，PoS）最早在 2013 年被提出，在 Peercoin 系统中被实现，主要解决 PoW 中大量算力（特别是最终未能算出区块的算力）被浪费的问题。PoS 类似于股东机制，拥有股份越多的人越容易获取记账权（同时越倾向于维护网络的正常工作）。

典型的过程是通过保证金（代币、资产、名声等具备价值属性的物品即可）来对赌一个合法的块成为新的区块，收益为抵押资本的利息和交易服务费。提供证明的保证金（例如通过转账货币记录）越多，获得记账权的概率就越大。合法记账者可以获得收益。

PoS 试图解决 PoW 中大量算力被浪费的问题，受到了广泛关注。恶意参与者同样存在保证金被罚没，从而损失经济利益的风险。

对于 PoS 来说，需要掌握超过全网 1/3 的资源，才有可能左右最终的结果。这也很容易理解，三个人投票，前两人分别支持一方，这时候，第三方的投票将决定最终结果。

PoS 也有一些改进的算法，包括授权股权证明机制（DPoS），即股东们投票选出一个董事会，董事会成员才有权进行代理记账。这些算法在实践中得到了不错的验证。

2017 年 8 月，来自爱丁堡大学和康涅狄格大学的 Aggelos Kiayias 等学者在论文 "Ouroboros: A Provably Secure Proof-of-Stake Blockchain Protocol" 中提出了 Ouroboros 区块链共识协议，该协议可以达到诚实行为的近似纳什均衡，被认为是首个可证实安全的 PoS 协议。

3. 其他机制

相比 PoW，权益证明（例如持有货币的币龄）可以节约大量的能耗，但可能带来囤积货币的问题。除此之外，还有活跃度证明（Proof of Activity，PoA）、消耗证明（Proof of Burn，PoB）、能力证明（Proof of Capacity，PoC）、消逝时间证明（Proof of Elapsed Time，PoET）、股权速率证明（Proof of Stake Velocity，PoSV）等，采用不同的衡量指标，各有优劣。

当然，无论哪种机制都无法解决所有问题。

笔者认为一种可能的优化思路是引入随机代理人制度，通过算法在某段时间内确保只有部分节点可以提出共识提案，并且要发放一部分"奖励"给所有在线参与贡献的节点。

6.5 闪电网络

比特币的交易网络最为人诟病的一点便是交易性能：全网每秒约 7 笔的交易速度，远低于传统的金融交易系统，同时，6 个块的可信确认需要约 1 小时的等待时间。

为了提升性能，社区提出了闪电网络等创新设计。

闪电网络的主要思路十分简单——将大量交易放到比特币区块链之外进行，只把关键环节放到链上进行确认。该设计最早于 2015 年 2 月在论文 "The Bitcoin Lightning Network: Scalable Off-Chain Instant Payments" 中提出。

闪电网络主要通过引入智能合约的思想来完善链下的交易渠道。核心的概念主要有两个：RSMC（Recoverable Sequence Maturity Contract）和 HTLC（Hashed Timelock Contract）。前者解决了链下交易的确认问题，后者解决了支付通道的问题。

1. RSMC

RSMC（Recoverable Sequence Maturity Contract，可撤销的顺序成熟度合同）这个词很绕，其实主要原理很简单，类似于资金池机制。

假定交易双方之间存在一个"微支付通道"（资金池）。交易双方先预存一部分资金到"微支付通道"里，初始情况下双方的分配方案等于预存的金额。每次发生交易，需要对交易后产生的资金分配结果共同进行确认，同时签字把旧版本的分配方案作废掉。任何一方需要提现时，可以将他手里双方签署过的交易结果写到区块链网络中，从而被确认。从这个过程中可以看到，只有在提现时才需要通过区块链。

任何一个版本的方案都需要经过双方的签名认证才合法。任何一方在任何时候都可以提出提现，提现时需要提供一个双方都签名过的资金分配方案（意味着肯定是某次交易后的结果，被双方确认过，但未必是最新的结果）。在一定时间内，如果另外一方拿出证明表明这个方案其实之前被作废了（非最新的交易结果），则资金罚没给质疑方；否则按照提出方的结果进行分配。罚没机制可以确保没人会故意拿一个旧的交易结果来提现。

另外，即使双方都确认了某次提现，首先提出提现一方的资金到账时间要晚于对方，这就鼓励大家尽量都在链外完成交易。通过 RSMC，可以使大量中间交易发生在链外。

2. HTLC

微支付通道是通过 Hashed Timelock Contract（HTLC）来实现的，中文意思是"哈希的带时钟的合约"，这其实就是限时转账。理解起来也很简单，通过智能合约，双方约定转账方先冻结一笔钱，并提供一个 Hash 值，如果在一定时间内有人能提出一个字符串，使得它进行 Hash 计算后的值与已知值匹配（实际上意味着转账方授权了接收方来提现），则这笔钱转给接收方。

大致是这样的例子：约定在一定时间内，有人知道了某个暗语（可以生成匹配的 Hash 值），就可以拿到这个指定的资金。

推广一步，甲想转账给丙，丙先发给甲一个 Hash 值。甲可以先跟乙签订一个合同，"如果你在一定时间内能告诉我一个暗语，我就给你多少钱。"乙于是跑去跟丙签订一个合同，"如果你告诉我那个暗语，我就给你多少钱。"丙于是告诉乙暗语，拿到乙的钱，乙又从甲拿到钱。最终达到的结果是甲转账给丙。这样甲和丙之间似乎构成了一条完整的虚拟的"支付通道"。

HTLC 机制可以扩展到多个人的场景。

3. 闪电网络

RSMC 保障了两个人之间的直接交易可以在链下完成，HTLC 保障了任意两个人之间的转账都可以通过一条"支付"通道来完成。闪电网络整合这两种机制，就可以实现任意两个人之间的交易都在链下完成。

在整个交易中，智能合约扮演了中介这个重要角色，而区块链网络则确保最终的交易结果被确认。

6.6 侧链

侧链协议允许资产在比特币区块链和其他区块链之间互转。这一项目也来自比特币社区，最早于 2013 年 12 月提出，2014 年 4 月立项，由 Blockstream 公司（由比特币核心开发者 Adam Back、Matt Corallo 等共同发起成立）主导研发。侧链协议于 2014 年 10 月在白皮书 *Enabling Blockchain Innovations with Pegged Sidechains* 中公开。

侧链诞生前，众多"山寨币"的出现正在碎片化整个数字货币市场，再加上以太坊等项目的竞争，一些比特币开发者希望能借助侧链的形式扩展比特币的底层协议。

简单来讲，以比特币区块链作为主链，其他区块链作为侧链，二者通过双向挂钩（two-way peg），可将比特币从主链转移到侧链进行流通，如图 6-6 所示。

侧链可以是一个独立的区块链，有自己按需定制的账本、共识机制、交易类型、脚本和合约的支持等。侧链不能发行比特币，但可以通过支持与比特币区块链挂钩来引入和流通一定数量的比特币。当比特币在侧链流通时，主链上对应的比特币会被锁定，直到比特币从侧链回到主链。可以看到，侧链机制可将一些定制化或高频的交易放到比特

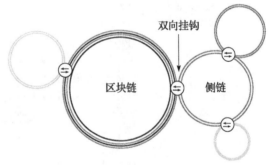

图 6-6 比特币侧链

币主链之外进行，实现了比特币区块链的扩展。侧链的核心原理在于能够冻结一条链上的资产，然后在另一条链上产生，可以通过多种方式来实现。这里讲解 Blockstream 提出的基于简单支付验证（Simplified Payment Verification，SPV）证明的方法。

1. SPV 证明

如前所述，在比特币系统中验证交易时，涉及交易合法性检查、双重花费检查、脚本检查等。由于验证过程需要完整的 UTXO 记录，通常要由运行着完整功能节点的矿工来完成。

但在很多时候，用户只关心与自己相关的那些交易，比如当用户收到号称其他人发来的比特币时，只希望能够知道交易是否合法、是否已在区块链中存在了足够的时间（即获得足够的确认），而不需要自己成为完整节点做出完整验证。

中本聪设计的简单支付验证 SPV 可以实现这一点。SPV 能够以较小的代价判断某个支付交易是否已经被验证过（存在于区块链中），以及得到了多少算力保护（定位包含该交易的区块在区

块链中的位置)。SPV 客户端只需要下载所有区块的区块头(block header),并进行简单的定位和计算工作就可以给出验证结论。

侧链协议中,用 SPV 来证明一个交易确实已经在区块链中发生过,称为 SPV 证明(SPV Proof)。一个 SPV 证明包括两部分内容:一组区块头的列表,表示工作量证明;一个特定输出(output)确实存在于某个区块中的密码学证明。

2. 双向挂钩

侧链协议的设计难点在于如何让资产在主链和侧链之间安全流转。简而言之,接受资产的链必须确保发送资产的链上的币被可靠锁定。

具体来讲,协议采用双向挂钩机制实现比特币向侧链转移和返回,如图 6-7 所示。主链和侧链需要对对方的特定交易做 SPV 验证。完整过程如下:

1)当用户要向侧链转移比特币时,首先在主链创建交易,待转移的比特币被发往一个特殊的输出。这些比特币在主链上被锁定。

2)等待一段确认期,使得上述交易获得足够的工作量确认。

3)用户在侧链创建交易提取比特币,需要在这笔交易的输入中指明上述主链被锁定的输出,并提供足够的 SPV 证明。

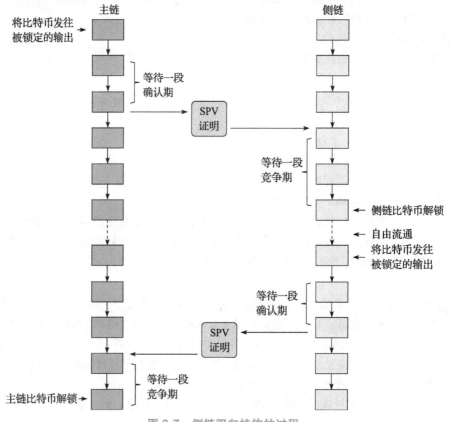

图 6-7 侧链双向挂钩的过程

4）等待一段竞争期，防止双重支付攻击。

5）比特币在侧链上自由流通。

6）当用户想让比特币返回主链时，采取类似的反向操作。首先在侧链创建交易，待返回的比特币被发往一个特殊的输出。先等待一段确认期后，在主链用足够的对侧链输出的 SPV 证明来解锁最早被锁定的输出。竞争期过后，主链比特币恢复流通。

3. 最新进展

侧链技术最早由 Blockstream 公司进行探索，于 2015 年 10 月联合合作伙伴发布了基于侧链的商业化应用 Liquid。

基于一年多的探索，Blockstream 于 2017 年 1 月发表文章 "Strong Federations: An Interoperable Blockchain Solution to Centralized Third Party Risks"，对侧链早期白皮书进行了补充和改良。其中着重描述了联合挂钩（federated peg）的相关概念和应用。

此外，还有一些公司也在探索如何有效应用侧链技术，包括 ConsenSys、Rootstock、Lisk 等。

6.7 热门问题

1. 设计权衡

比特币的设计目标是实现一套安全、开放、分布式的数字货币系统。围绕这一目标，在比特币协议设计中的很多地方都体现了权衡（trade-off）的思想。

- 区块容量：更大的区块容量可以带来更高的交易吞吐率，但会增加挖矿成本，带来中心化的风险，同时增大存储的代价。兼顾多方面的考虑，当前的区块容量上限设定为 1MB。
- 出块间隔时间：更短的出块间隔可以缩短交易确认的时间，但也可能导致分叉增多，降低网络可用性，目前出块间隔时间定为 10 分钟左右。
- 脚本支持程度：脚本指令集可以带来更多灵活性，但也会引入更多安全风险，因此进行有限支持。

2. 分叉

比特币协议不会一成不变。当需要修复漏洞、扩展功能或调整结构时，比特币需要在全网的配合下进行升级。升级通常涉及更改交易的数据结构或区块的数据结构。

由于分布在全球的节点不可能同时升级来遵循新的协议，因此比特币区块链在升级时可能发生分叉。对于一次升级，如果把网络中升级了的节点称为新节点，未升级的节点称为旧节点，根据新旧节点相互兼容性上的区别，可分为软分叉（soft fork）和硬分叉（hard fork）。

- 软分叉：旧节点仍然能够验证接受新节点产生的交易和区块。旧节点可能不理解新节点产生的一部分数据，但不会拒绝。网络向后、向前兼容。这类升级可以平稳进行。
- 硬分叉：旧节点不接受新节点产生的交易和区块。网络只向后兼容，不向前兼容。这类升级往往引起一段时间内新旧节点认可区块不同，发生分叉，直到全部旧节点升级完成。

通过硬分叉升级区块链协议的难度远大于软分叉，但软分叉能做的改善相对有限。

3. 交易延展性

交易延展性（transaction malleablility）是比特币的一个设计缺陷。简单来讲，是指交易发起者对交易签名（sign）之后，交易 ID 仍然可能被改变。

下面是一个比特币交易的例子。

```
{
    "txid": "f200c37aa171e9687452a2c78f2537f134c307087001745edacb58304053db20",
    "version": 1,
    "locktime": 0,
    "vin": [
        {
            "txid": "21f10dbfb0ff49e2853629517fa176dc00d943f203aae3511288a7dd89280ac2",
            "vout": 0,
            "scriptSig": {
                "asm":
"304402204f7fb0b1e0d154db27dbdeeeb8db7b7d3b887a33e712870503438d8be2d66
a0102204782a2714215dc0d581e1d435b41bc6eced2c213c9ba0f993e7fcf468bb5d311[ALL] 025840d
511c4bc6690916270a54a6e9290fab687f512c18eb2df0428fa69a26299",
                "hex":
"47304402204f7fb0b1e0d154db27dbdeeeb8db7b7d3b887a33e712870503438d8be2d
66a0102204782a2714215dc0d581e1d435b41bc6eced2c213c9ba0f993e7fcf468bb5d311012102584
0d511c4bc6690916270a54a6e9290fab687f512c18eb2df0428fa69a26299"
            },
            "sequence": 4294967295
        }
    ],
    "vout": [
        {
            "value": 0.00167995,
            "n": 0,
            "scriptPubKey": {
            "asm": "OP_DUP OP_HASH160 7c4338dea7964947b3f0954f61ef40502fe8f791 OP_
EQUALVERIFY OP_CHECKSIG",
                "hex": "76a9147c4338dea7964947b3f0954f61ef40502fe8f79188ac",
                "reqSigs": 1,
                "type": "pubkeyhash",
                "addresses": [
                    "1CL3KTtkN8KgHAeWMMWfG9CPL3o5FSMU4P"
                ]
            }
        }
    ]
}
```

发起者对交易的签名（scriptSig）位于交易的输入（vin）当中，属于交易内容的一部分。交易 ID（txid）是整个交易内容的 Hash 值。这就产生了一个问题：攻击者（尤其是签名方）可以通过改变 scriptSig 来改变 txid，而交易仍旧保持合法。例如，反转 ECDSA 签名过程中的 S 值，签名仍然合法，交易仍然能够被传播出去。

这种延展性攻击能改变交易 ID，但交易的输入和输出不会被改变，所以攻击者不会直接盗取比特币。这也是这一问题在比特币网络中存在如此之久，而仍未被根治的原因。

然而，延展性攻击仍然会带来一些问题。比如，在原始交易未被确认之前广播了 ID 改变的交易，可能会误导相关方对交易状态的判断，甚至发动拒绝服务攻击；多重签名场景下，一个签名者有能力改变交易 ID，这会给其他签名者的资产带来潜在风险。同时，延展性问题也会阻碍闪电网络等比特币扩展方案的实施。

4. 扩容之争

比特币当前将区块容量限制在 1MB 以下。如图 6-8 所示，随着用户和交易量的增加，这一限制已逐渐不能满足比特币的交易需求，使得交易日益拥堵、交易手续费不断上涨。

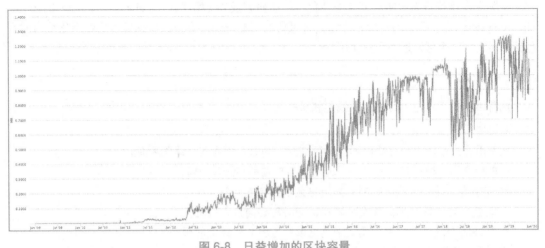

图 6-8 日益增加的区块容量

关于比特币扩容的持续争论从 2015 年便已开始，期间有一系列方案被摆上台面，包括各种链上扩容提议、用侧链或闪电网络扩展比特币等。考虑到比特币复杂的社区环境，其扩容方案早已不是一方能说了算，而任何一个方案想要达成广泛共识都比较困难，不同的方案之间也很难调和。

当前，扩容之争主要集中在两派：代表核心开发者的 Bitcoin Core 团队主推的隔离见证方案；Bitcoin Unlimited 团队推出的方案。

5. 隔离见证方案

隔离见证（Segregated Witness，SegWit）是指将交易中的签名部分从交易的输入中隔离出来，放到交易末尾的被称为见证（Witness）的字段当中。

对交易 ID 的计算将不再包含这一签名部分，所以这也是延展性问题的一种解法，为引入闪电网络等第二层协议增强了安全性。

同时，隔离见证会将区块容量上限理论上提高到 4 MB。对隔离见证的描述可详见五个比特币改进协议（Bitcoin Improvement Proposal）：BIP 141 ～ BIP 145。

6. Bitcoin Unlimited 方案

Bitcoin Unlimited（BU）方案是指扩展比特币客户端，使矿工可以自由配置他们想要生成和验证的区块的容量。

根据方案的设想，区块容量的上限会根据众多节点和矿工的配置进行自然收敛。BUIP（Bitcoin Unlimited Improvement Proposal）001 中表述了这一对比特币客户端的拓展提议，该方案已获得一些大型矿池的支持和部署。

7. 比特币的监管和追踪

比特币的匿名特性使得对其交易进行监管并不容易。

不少非法分子利用这一点，通过比特币转移资金。例如 WannaCry 网络病毒向受害者勒索比特币，短短三天时间里传播并影响到全球 150 多个国家。尽管这些不恰当的行为与比特币自身并无直接关系，但都或多或少给比特币社区带来了负面影响。

实际上，比特币无法实现完全匿名化。一些研究成果（如"An analysis of anonymity in the bitcoin system"）表明，通过分析大量公开可得的交易记录，有很大概率可以追踪到比特币的实际转移路线，甚至可以追踪到真实用户。

6.8 相关工具

比特币相关工具包括客户端、钱包和矿机等。

1. 客户端

比特币客户端用于和比特币网络进行交互，同时可以参与网络的维护。

客户端分为三种：完整客户端、轻量级客户端和在线客户端。

- 完整客户端：存储所有的交易历史记录，功能完备。
- 轻量级客户端：不保存交易副本，交易需要向别人查询。
- 在线客户端：通过网页模式来浏览第三方服务器提供的服务。

比特币客户端可以从 https://bitcoin.org/en/download 下载。

基于比特币客户端，可以很容易地实现用户钱包功能。

2. 钱包

比特币钱包可以存储和保护用户的私钥，并提供查询比特币余额、收发比特币等功能。根据私钥存储方式不同，钱包主要分为以下几种：

- 离线钱包。离线存储私钥，也称为"冷钱包"，安全性相对最强，但无法直接发送交易，便利性差。
- 本地钱包。用本地设备存储私钥，可直接向比特币网络发送交易，易用性强，但本地设备存在被攻击风险。
- 在线钱包。用钱包服务器存储经用户口令加密过的私钥，易用性强，但钱包服务器同样可能被攻击。
- 多重签名钱包。由多方共同管理一个钱包地址，比如 2 of 3 模式下，只要集合了三位管理者中的两位的私钥便可以发送交易。

比特币钱包可以从 https://bitcoin.org/en/choose-your-wallet 获取。

3. 矿机

比特币矿机是专门为"挖矿"设计的硬件设备，目前主要包括基于 GPU 和 ASIC 芯片的专用矿机。这些矿机往往采用特殊的设计来加速挖矿过程中的计算处理。

矿机最重要的属性是可提供的算力（通常以每秒可进行 Hash 计算的次数来表示）和所需要的功耗。当算力足够大，可以在概率意义上挖到足够多的新的区块，可弥补电力费用时，该矿机是盈利的；当单位电力产生的算力不足以支付电力费用时，该矿机无法盈利，意味着只能被淘汰。

目前，比特币网络中的全网算力仍然处在快速增长中，矿工需要综合考虑算力变化、比特币价格、功耗带来的电费等许多问题，算好"经济账"。

6.9　本章小结

本章介绍了比特币项目的相关知识，包括起源、核心原理和设计、重要机制，以及最新的闪电网络、侧链和扩容讨论的进展。

比特币自身作为数字货币领域的重大突破，对分布式记账领域有着深远的影响。尤其是其底层的区块链技术，已经受到金融和信息行业的重视，在许多场景下都得到应用。

通过本章的剖析，可以看出，比特币网络恰当地选用了密码学、博弈论、记账技术、分布式系统和网络、控制论等领域的已有成果。比特币项目正是站在前人的肩膀上，并产生了广泛且深远的影响。

第7章

以太坊——挣脱加密货币的枷锁

青出于蓝，和而不同。

在区块链领域，以太坊开源项目同样十分出名。作为典型的公有区块链，以太坊改善了比特币的不足之处。以太坊不局限于加密货币，而是拓展到更通用的智能合约（smart contract），让区块链技术可以支持复杂、灵活的业务需求。

从此，区块链的应用场景从数字货币延伸到图灵完备的通用计算领域。用户不再受限于比特币脚本的简单逻辑，进而可以设计出任意复杂的合约逻辑。这就为构建多样化的上层分布式应用提供了基础。

本章将参照比特币项目来介绍以太坊项目的核心概念和改进设计，以及如何使用客户端和智能合约等实践内容。

7.1 以太坊项目简介

以太坊（Ethereum）项目的最初目标，是打造一个运行智能合约的开放平台（platform for smart contract）。该平台支持图灵完备的分布式应用，按照智能合约所约定的逻辑自动执行，理想情况下将不存在攻击、欺诈等问题。以太坊平台目前支持 Go、C++、Python 等多种语言实现的客户端。在很多设计特性上与比特币网络十分类似。

基于以太坊项目，以太坊团队目前运营了一条公开的区块链系统——以太坊网络。智能合约开发者使用官方提供的工具和 Solidity 等专用语言，可以很容易地开发出运行在以太坊网络上的"去中心化"应用（Decentralized Application，DApp）。这些应用运行在以太坊的虚拟机（Ethereum Virtual Machine，EVM）上。用户通过以太币（Ether）来购买燃料（Gas），维持所部署应用的运行。

以太坊项目的官网网站为 ethereum.org，代码托管在 github.com/ethereum。

1. 以太坊项目简史

相对比特币网络自 2009 年上线的历史，以太坊项目要年轻得多。

2013 年底，比特币开发团队中有一些开发者开始探讨将比特币网络中的核心技术，主要是区块链技术，拓展到更多应用场景的可能性。以太坊的早期发明者 Vitalik Buterin 提出应该能运行任意形式（图灵完备）的应用程序，而不仅仅是执行比特币中受限制的简单脚本。该设计思想并未得到比特币社区的支持，后来作为以太坊白皮书发布。

2014 年 2 月，更多开发者（包括 Gavin Wood、Jeffrey Wilcke 等）加入以太坊项目，并计划在社区开始以众筹形式募集资金，以开发一个运行智能合约的信任平台。

2014 年 7 月，以太币预售，经过 42 天，总共筹集到价值超过 1800 万美元的比特币。随后在瑞士成立以太坊基金会，负责对募集到的资金进行管理和运营；并组建研发团队以开源社区形式进行平台开发。

2015 年 7 月底，以太坊第一阶段 Frontier 正式发布，标志着以太坊区块链网络的正式上线。这一阶段采用类似于比特币网络的 PoW 共识机制，参与节点以矿工挖矿形式维护网络；支持上传智能合约。Frontier 版本实现了计划的基本功能，在运行中测试出了一些安全上的漏洞。这一阶段的使用者以开发者居多。

2016 年 3 月，第二阶段 Homestead 开始运行（区块数 1 150 000），主要改善了安全性，同时开始提供图形界面的客户端，提升了易用性，更多用户加入进来。

2016 年 6 月，DAO 基于以太坊平台进行众筹，受到漏洞攻击，造成价值超过 5000 万美元的以太币被冻结。社区最后通过硬分叉（Hard Fork）进行解决。

2017 年 3 月，以太坊联合 30 家企业（包括微软、JPMorgan Chase 等）成立了企业以太坊联盟（Enterprise Ethereum Alliance，EEA），希望面向企业应用场景进行探索。目前，企业以太坊联盟的会员企业数量已经超过 150 家。

2017 年 10 月，以太坊网络执行了第三阶段 Metropolis 的"拜占庭"硬分叉（区块数 4 370 000）。

2017 年 11 月，再次暴露多签名钱包漏洞，造成价值 2.8 亿美元的以太币被冻结。

2019 年 2 月，以太坊网络执行了第三阶段 Metropolis 的"君士坦丁堡"硬分叉（区块数 7 280 000）。

2019 年 12 月，以太坊网络执行了第三阶段 Metropolis 的"伊斯坦布尔"硬分叉（区块数 9 079 000）。

目前，以太坊网络支持了接近比特币网络的交易量，成为广受关注的公有链项目。

当前，以太坊正处于第四阶段 Serenity 路线图中，后续主要特性包括：支持 PoS 股权证明的共识机制，以降低原先 PoW 机制造成的能耗浪费；引入分片机制；引入 eWASM 虚拟机等。

包括 DAO 在内，以太坊网络已经经历了数次大的硬分叉，每次硬分叉后的版本与之前版本并不兼容。

2. 主要特点

以太坊区块链底层也是一个类似于比特币的 P2P 网络，智能合约运行在以太坊虚拟机上。网络自身是公开可接入的，任何人都可以接入并参与维护网络，提供运行以太坊虚拟机的计算资源。

与比特币项目相比，以太坊区块链的技术特点主要包括：

- 支持图灵完备的智能合约，设计了专门的编程语言 Solidity、Vyper，以及支持智能合约的虚拟机 EVM。
- 选用了内存需求较高的 Hash 函数，避免出现强算力矿机和矿池攻击。
- 叔块（uncle block）激励机制，降低矿池的优势，并减少区块产生间隔时间（从 10 分钟降低到 15 秒左右）。
- 采用账户系统和世界状态，而不是 UTXO，容易支持更复杂的逻辑。
- 通过 Gas 限制代码执行指令数，避免循环执行攻击。
- 支持 PoW 共识算法，并计划支持效率更高的 PoS 算法。

此外，开发团队还计划通过分片（sharding）方式来解决网络可扩展性问题。

以太坊网络的这些特点解决了比特币网络被人诟病的一些问题，让其具备了更大的应用潜力。

7.2 核心概念

在比特币核心思想的基础上，以太坊项目引入了许多创新的技术概念，包括智能合约、基于账户的交易、以太币和燃料等。

1. 智能合约

智能合约（smart contract）是以太坊中最重要的概念，即以计算机程序的方式来缔结和运行各种合约。最早在 1994 年，Nick Szabo 等学者就提出过类似概念，但因一直缺乏可靠执行智能合约的环境而无法实现。区块链技术恰好解决了这一问题。

以太坊支持通过图灵完备的高级语言（如 Solidity、Viper）来开发智能合约。智能合约作为运行在以太坊虚拟机（EVM）中的应用，可以接受外部的交易请求和事件，进而触发提前编写好的合约代码。合约可以生成新的交易和事件，进一步调用其他智能合约。

智能合约中包括若干条指令，EVM 会逐条读取指令并解释执行（只要有足够多燃料）。执行结果可能对账本状态进行修改。这些修改经过以太坊网络的共识确认后无法被伪造和篡改。

调用其他智能合约包括 call、callcode、delegatecall、staticcall 等方式。如果要修改被调用者状态，可以采用 call 方式；反之推荐使用 delegatecall 方式。

2. 账户

比特币在设计中并未使用账户（account），而是采用了 UTXO 模型记录交易历史，并通过交易历史来推算用户余额信息。以太坊采用了不同的做法，直接用账户来记录系统当前状态。账户内存储余额信息、智能合约代码和内部数据等。以太坊支持在不同的账户之间转移数据，可以实现更为复杂的逻辑。

具体来看，以太坊账户分为两种类型：合约账户（contracts account）和外部账户（Externally Owned Accounts，EOA）。

- 合约账户：存储智能合约代码（EVM 字节码格式），只能被外部账户调用激活。
- 外部账户：以太币拥有者账户，对应到拥有者公钥。可以创建交易发给其他合约账户或外部账户。

账户状态包括 nonce（外部账户中代表完成的交易个数，合约账户中代表合约序号）、balance

（余额）、storageRoot（所存储数据的默克尔树根）、codeHash（外部账户中为对空串的 Hash 值；合约账户中为合约的 Hash 值）等字段。

当合约账户被调用时，存储其中的智能合约会在节点的虚拟机中执行，并消耗一定的燃料。燃料通过外部账户中的以太币进行购买。

3. 交易

交易（transaction），在以太坊中是指从一个账户发送到其他账户的消息数据。消息数据可以是以太币或者合约执行参数。交易根据用途可以分为转账、创建合约和调用合约三种类型。

以太坊将交易作为执行操作的最小单位。每个交易包括若干字段。

- Recipient：目标账户地址。
- Amount：可以指定转移的以太币数量。
- AccountNonce：记录已发送过的交易序号，用于防止交易被重放。
- Price：执行交易需要消耗的 Gas 价格。
- GasLimit：交易执行允许消耗的最大 Gas 值。
- Signature：签名相关数据。

类似于比特币网络，在发送交易时，用户需要缴纳一定的交易费用（燃料），通过以太币方式进行支付。目前，以太坊网络可以支持超过比特币网络的交易速率（可以达到每秒几十笔）。

可通过 Etherscan 等网站查看以太坊网络中的所有交易信息，例如，https://etherscan.io/tx/0xa30b6616c4affba54b216c1ae45ec2216e7015e27d9c0e5d0e9edbe435e5e223 展示了一个简单的交易，消耗了 56 156 单位燃料。

4. 区块

类似于比特币，区块是记录一组共识后交易的打包单位。矿工从网络中接收交易，并从交易列表中选取若干交易进行打包。

区块结构主要包括：

- 区块头，即区块的主要信息，包括父 Hash、叔 Hash、打包矿工地址、状态默克尔树根、交易默克尔树根、交易接收者默克尔树根、加速交易查询的 Bloom 索引、区块难度、区块高度、区块 Gas 上限、区块使用的 Gas、打包时间、附加信息、Mix 摘要、Nonce 值等。
- 叔区块头列表，包含了该区块的叔区块的指针信息。
- 交易列表，区块所包含的交易列表。

5. 以太币

以太币是以太坊网络中的货币。

以太币主要用于购买燃料，支付给矿工运行智能合约，以维护以太坊网络。以太币最小单位是 Wei（据说为了致敬密码学先驱 Wei Dai），一个以太币等于 10^{18} 个 Wei。

以太币同样可以通过挖矿来生成，成功生成新区块的矿工可以获得奖励，包含 3 个以太币以及在区块内交易的燃料费用。用户也可以通过交易市场来直接购买以太币。

目前每年大约可以通过挖矿生成超过 1000 万个以太币，单个以太币的市场价格目前超过

200 美元。

6. 燃料

燃料（Gas）控制某次交易执行指令的条数。每执行一条合约指令会消耗固定的燃料。当某个交易还未执行结束而燃料消耗完时，合约执行终止并回滚状态。

每笔交易如果不带额外载荷（payload），则收取 21 000 单位费用；如果带有额外载荷，还要根据载荷长度和内容收取额外费用（零值字节收取 4 单位，非零字节收取 68 单位）。详细的计算公式可以参考 "Ethereum: a secure decentralised generalised transaction ledger"。

Gas 可以与以太币进行兑换。需要注意的是，以太币的价格是波动的，但运行某段智能合约的燃料费用可以是固定的，通过设定 Gas 价格等进行调节。

7.3 主要设计

以太坊项目的基本设计与比特币网络类似。为了支持智能合约，以太坊在不少地方进行了改进，包括交易模型、共识、对攻击的防护和可扩展性等。

1. 智能合约

（1）运行环境

以太坊采用以太坊虚拟机作为智能合约运行环境。以太坊虚拟机是一个基于栈的轻量级虚拟机环境，负责解释和执行其中的智能合约字节码。智能合约代码被限制在虚拟机内，无法访问到宿主机资源，包括本地网络、文件系统或其他进程。

对同一个智能合约来说，往往需要在多个以太坊虚拟机中同时运行多份，以确保整个区块链数据的一致性和高度容错性。这同时也限制了整个网络的处理能力。

（2）开发语言

以太坊为编写智能合约设计了图灵完备的高级编程语言，降低了智能合约开发的难度。目前 Solidity 和 Vyper 是最常用的以太坊合约编写语言。

智能合约编写完毕后，客户端将其编译为以太坊虚拟机专用的二进制字节码格式（EVM bytecode），上传到区块链当中，之后可在节点的以太坊虚拟机中加载执行。

2. 交易模型

出于智能合约的设计便利考虑，以太坊采用了账户的模型，网络状态可以实时保存到账户里，而无须像比特币的 UXTO 模型那样需要回溯历史。UXTO 模型和账户模型的对比如表 7-1 所示。

表 7-1　UXTO 模型和账户模型对比

特性	UXTO 模型	账户模型
状态查询和变更	需要回溯历史	直接访问
存储空间	较大	较小
易用性	较难处理	易于理解和编程
安全性	较好	需要处理好重放攻击等情况
可追溯性	支持回溯历史	不支持追溯历史

3. 共识

以太坊目前采用了 PoW 共识的变种算法 Ethash 协议作为共识机制。

为了防止 ASIC 矿机矿池的算力攻击，与原始 PoW 的计算密集型运算不同，Ethash 在执行时需要消耗大量内存。这意味着很难制造出专门针对 Ethash 的计算芯片，反而是带有大量内存的通用机器可能更加有效。

Ethash 算法的主要过程为：根据区块头和猜测的 Nonce 值，计算散列值 Mix(0)，根据散列值从一个很大的伪随机数据集中取出指定的一段数据（128 字节），该数据再与散列值进行计算，获取新的散列值 Mix(1)……如此反复 64 次，将最后计算结果 Mix(64) 摘要为 32 字节后与给定的阈值进行比较，如果在阈值范围内则认为挖矿成功，否则需要再次重试新的 Nonce 值，

Ethash 相对原始的 PoW 进行了改进，但仍需要进行大量无效运算。

社区已经有计划在未来采用更高效的 Proof-of-Stake（PoS）作为共识机制。相对 PoW 机制来讲，PoS 机制无须大量 Hash 计算，但其共识过程的复杂度要更高，此机制还有待进一步的检验。

4. 攻击防护

以太坊网络中的交易更加多样化，也就更容易受到攻击。以太坊网络在攻击防护方面的核心设计思想，仍然是通过经济激励机制防止少数人作恶，包括：

- 所有交易都要提供交易费用，避免 DDoS 攻击。
- 程序运行指令数通过 Gas 来限制，所消耗费用超过设定上限时就会被取消，避免出现恶意合约。

攻击者试图消耗网络中计算资源时，需要付出经济代价（支付大量的以太币）；同时难以通过构造恶意的循环或不稳定合约代码来对网络造成破坏。

5. 可扩展性

可扩展性是目前以太坊网络能力的最大制约。以太坊项目希望未来通过分片（sharding）机制来提高整个网络的扩展性。每个分片是由一组维护执行同样智能合约的节点组成的子网络。

支持分片功能之前，以太坊网络中的每个节点都需要处理所有的智能合约，这就造成网络的最大处理能力会受限于单个节点的处理能力。分片后，同一子网内的合约处理是同步的，彼此达成共识；不同分片之间是异步的，可以提高网络整体的可扩展性。

7.4 相关工具

1. 客户端和开发库

以太坊客户端可通过连接节点访问以太坊网络，进行账户管理、交易、挖矿、智能合约等各方面操作。

以太坊社区现在提供了多种语言实现的客户端和开发库，支持标准的 JSON-RPC 协议。用户可根据自己熟悉的开发语言进行选择。

- go-ethereum：Go 语言实现。
- Parity：Rust 语言实现，号称最快的客户端。
- cpp-ethereum：C++ 语言实现。

- ethereumjs-lib：JavaScript 语言实现。
- Ethereum(J)：Java 语言实现。
- ethereumH：Haskell 语言实现。
- pyethapp：Python 语言实现。
- ruby-ethereum：Ruby 语言实现。

上述实现中，go-ethereum 的独立客户端 Geth 是最常用的以太坊客户端之一。用户可通过安装 Geth 来接入以太坊网络并成为一个完整节点。Geth 也可作为一个 HTTP-RPC 服务器，对外暴露 JSON-RPC 接口，供用户与以太坊网络交互。

Geth 的使用需要基本的命令行基础，其功能相对完整，源码托管于 github.com/ethereum/go-ethereum。

2. 以太坊钱包

对于只需进行账户管理、以太坊转账、DApp 使用等基本操作的用户，则可选择直观易用的钱包客户端。

Mist 是官方提供的一套包含图形界面的钱包客户端，如图 7-1 所示，除了用于交易，也支持直接编写和部署智能合约。

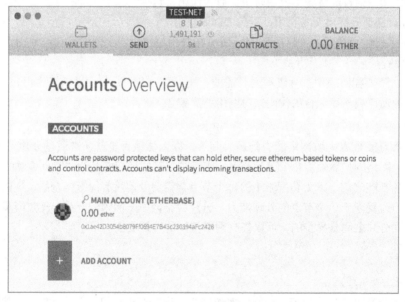

图 7-1　Mist 浏览器

所编写的代码编译发布后，可以部署到区块链上。使用者可通过发送调用相应合约方法的交易，来执行智能合约。

对于开发者，以太坊社区涌现出许多服务于编写智能合约和 DApp 的 IDE，例如：

- Truffle，一个功能丰富的以太坊应用开发环境。
- Embark，一个 DApp 开发框架，支持集成以太坊、IPFS 等。

- Remix，一个用于编写 Solidity 的 IDE，内置调试器和测试环境。

3. 网站资源

可以通过一些网站查看以太坊网络的数据以及运行在以太坊上的 DApp 等信息。

- ethstats.net：实时查看网络的信息，如区块、价格、交易数等。
- ethernodes.org：显示整个网络的历史统计信息，如客户端的分布情况等。
- dapps.ethercasts.com：查看运行在以太坊上的 DApp 的信息，包括简介、所处阶段和状态等。

7.5　安装客户端

本节将介绍如何安装 Geth，一个 Go 语言实现的以太坊客户端。这里以 Ubuntu 18.04 操作系统为例，分别介绍从 PPA 仓库和从源码编译方式进行安装。

1. 从 PPA 直接安装

首先安装必要的工具包：

```
$ apt-get install software-properties-common
```

之后用以下命令添加以太坊的源：

```
$ add-apt-repository -y ppa:ethereum/ethereum
$ apt-get update
```

最后安装 go-ethereum：

```
$ apt-get install ethereum
```

安装成功后，则可以开始使用命令行客户端 Geth。可用 geth --help 查看各命令和选项，例如，用以下命令可查看 Geth 版本为 1.9.8-stable：

```
$ geth version
Geth
Version: 1.9.8-stable
Git Commit: d62e9b285777c036c108b89fac0c78f7855ba314
Git Commit Date: 20191126
Architecture: amd64
Protocol Versions: [64 63]
Go Version: go1.13.4
Operating System: darwin
GOPATH=/Users/User/Go
GOROOT=/Users/travis/.gimme/versions/go1.13.4.darwin.amd64
```

2. 从源码编译

也可以选择从源码进行编译安装。

首先，安装 Go 语言环境。

Go 语言环境可以自行访问 golang.org 网站下载二进制压缩包。注意不推荐通过包管理器安装版本，往往比较旧。

然后，下载和编译 Geth。

用以下命令安装 C 的编译器：

```
$ apt-get install -y build-essential
```

下载选定的 go-ethereum 源码版本，如最新的社区版本：

```
$ git clone https://github.com/ethereum/go-ethereum
```

编译安装 Geth：

```
$ cd go-ethereum
$ make geth
```

安装成功后，可用 build/bin/geth --help 查看各命令和选项。

7.6　使用智能合约

以太坊社区有不少提供智能合约编写、编译、发布、调用等功能的工具，用户和开发者可以根据需求或开发环境自行选择。

本节将向开发者介绍如何使用 Geth 客户端搭建测试用区块链，以及如何在链上创建、编译、部署和调用智能合约。

7.6.1　搭建测试用区块链

由于在以太坊公链上测试智能合约需要消耗以太币，所以对于开发者场景，可以选择本地自行搭建一条测试链。测试完成后再切换智能合约接口部署到公链上。注意测试链不同于以太坊公链，需要指定一些非默认的手动配置。

1. 配置初始状态

首先配置私有区块链网络的初始状态。新建文件 genesis.json，内容如下：

```
{
  "config": {
      "chainId": 22,
      "homesteadBlock": 0,
      "eip155Block": 0,
      "eip158Block": 0
  },
  "alloc"      : {},
  "coinbase"   : "0x0000000000000000000000000000000000000000",
  "difficulty" : "0x400",
  "extraData"  : "",
  "gasLimit"   : "0x2fefd8",
  "nonce"      : "0x0000000000000038",
  "mixhash"    : "0x0000000000000000000000000000000000000000000000000000000000000000",
  "parentHash" : "0x0000000000000000000000000000000000000000000000000000000000000000",
  "timestamp"  : "0x00"
}
```

其中，chainId 指定了独立的区块链网络 ID，不同 ID 网络的节点无法互相连接。配置文件还对当前挖矿难度 difficulty、区块 Gas 消耗限制 gasLimit 等参数进行了设置。

2. 启动区块链

用以下命令初始化区块链，生成创世区块和初始状态：

```
$ geth --datadir /path/to/datadir init /path/to/genesis.json
```

其中，--datadir 指定区块链数据的存储位置，可自行选择一个目录地址。

接下来用以下命令启动节点，并进入 Geth 命令行界面：

```
$ geth --identity "TestNode" --rpc --rpcport "8545" --datadir /path/to/datadir
--port "30303" --nodiscover console
```

各选项的含义如下。

- --identity：指定节点 ID。
- --rpc：开启 HTTP-RPC 服务。
- --rpcport：指定 HTTP-RPC 服务监听端口号（默认为 8545）。
- --datadir：指定区块链数据的存储位置。
- --port：指定和其他节点连接所用的端口号（默认为 30303）。
- --nodiscover：关闭节点发现机制，防止加入有同样初始配置的陌生节点。

3. 创建账号

用上述 geth console 命令进入的命令行界面采用 JavaScript 语法。可以用以下命令新建一个账号：

```
> personal.newAccount()

Passphrase:
Repeat passphrase:
"0x1b6eaa5c016af9a3d7549c8679966311183f129e"
```

输入两遍密码后，会显示生成的账号，如 "0x1b6eaa5c016af9a3d7549c8679966311183f129e"。可以用以下命令查看该账号余额：

```
> myAddress = "0x1b6eaa5c016af9a3d7549c8679966311183f129e"
> eth.getBalance(myAddress)
0
```

看到该账号当前余额为 0。可用 miner.start() 命令进行挖矿，由于初始难度设置得较小，所以很容易地就挖出一些余额。使用 miner.stop() 命令可以停止挖矿。

7.6.2　创建和编译智能合约

本节以 Solidity 编写的智能合约为例。为了将合约代码编译为 EVM 二进制，需要安装 Solidity 编译器 solc：

```
$ apt-get install solc
```

新建一个 Solidity 智能合约文件，命名为 testContract.sol，内容如下：

```
pragma solidity ^0.4.0;
contract testContract {
  function multiply(uint a) returns(uint d) {
    d = a * 7;
  }
}
```

该合约包含一个方法 multiply，作用是将输入的整数乘以 7 后输出。

用 solc 获得合约编译后的 EVM 二进制码：

```
$ solc --bin testContract.sol

======= testContract.sol:testContract =======
```

```
Binary:
6060604052341561000c57fe5b5b60a58061001b6000396000f3006060606040526000357c010000
000000000000
00000000000000000000000000000000000000000900463fffffffff168063c6888fa114603a575b
fe5b3415604157
fe5b60556004808035906020019091905050606b565b60405180828152602001915050604051805
60910390f35b600
06007820290505b9190505600a165627a7a72305820748467daab52f2f1a63180df2c4926f3431
a2aa82dcdfbcb
de5e7d036742a94b0029
```

再用 solc 获得合约的 JSON ABI（Application Binary Interface），其中指定了合约接口，包括可调用的合约方法、变量、事件等：

```
$ solc --abi testContract.sol

======= testContract.sol:testContract =======
Contract JSON ABI
[{"constant":false,"inputs":[{"name":"a","type":"uint256"}],"name":"multiply",
"outputs":[{"name":"d","type":"uint256"}],"payable":false,"type":"function"}]
```

下面回到 Geth 的 JavaScript 环境命令行界面，用变量记录上述两个值。注意在 code 前加上 0x 前缀：

```
> code =
"0x6060604052341561000c57fe5b5b60a58061001b6000396000f30060606060405260035
7c0100000000000000
00000000000000000000000000000000000000000900463fffffffff168063c6888fa114603a575b3
415604157fe5b60556004808035906020019091905050606b565b6040518082815260200191505
060405180910390f35b
60006007820290505b9190505600a165627a7a72305820748467daab52f2f1a63180df2c4926f3
431a2aa82dcdf
bcbde5e7d036742a94b0029"
> abi =
[{"constant":false,"inputs":[{"name":"a","type":"uint256"}],"name":"multiply","o
utputs":[{"name":"d","type":"uint256"}],"payable":false,"type":"function"}]
```

7.6.3 部署智能合约

在 Geth 的 JavaScript 环境命令行界面，首先用以下命令解锁自己的账户，否则无法发送交易：

```
> personal.unlockAccount(myAddress)

Unlock account 0x1b6eaa5c016af9a3d7549c8679966311183f129e
Passphrase:
true
```

接下来发送部署合约的交易：

```
> myContract = eth.contract(abi)
> contract = myContract.new({from:myAddress,data:code,gas:1000000})
```

如果此时没有在挖矿，用 txpool.status 命令可看到本地交易池中有一个待确认的交易。可用以下命令查看当前待确认的交易：

```
> eth.getBlock("pending",true).transactions

[{
    blockHash: "0xbf0619ca48d9e3cc27cd0ab0b433a49a2b1bed90ab57c0357071b033aca1f2cf",
    blockNumber: 17,
```

```
    from: "0x1b6eaa5c016af9a3d7549c8679966311183f129e",
    gas: 90000,
    gasPrice: 20000000000,
    hash: "0xa019c2e5367b3ad2bbfa427b046ab65c81ce2590672a512cc973b84610eee53e",
    input:
      "0x6060604052341561000c57fe5b5b60a58061001b6000396000f30060606040526000357
c0100000000000000000000000000000000000000000000000000000000900463ffffffff168063c68
88fa114603a575bfe5b3415604157fe5b6055600480803590602001909190505050606b565b60405180
28152602001915050604051809103906f35b60006007820290505b9190505600a165627a7a723058207
48467daab52f2f1a63180df2c4926f3431a2aa82dcdfbcbde5e7d036742a94b0029",
    nonce: 1,
    r: "0xbcb2ba94f45dfb900a0533be3c2c603c2b358774e5fe89f3344031b202995a41",
    s: "0x5f55fb1f76aa11953e12746bc2d19fbea6aeb1b9f9f1c53a2eefab7058515d99",
    to: null,
    transactionIndex: 0,
    v: "0x4f",
    value: 0
}]
```

可以用 miner.start() 命令挖矿，一段时间后，交易会被确认，即随新区块进入区块链。

7.6.4　调用智能合约

用以下命令可以发送交易：

```
> contract.multiply.sendTransaction(10, {from:myAddress})
```

其中，sendTransaction 方法的前几个参数与合约中 multiply 方法的输入参数对应。这种方式，交易会通过挖矿记录到区块链中，如果涉及状态改变也会获得全网共识。

如果只是想本地运行该方法查看返回结果，可采用如下方式：

```
> contract.multiply.call(10)
70
```

7.7　智能合约案例

本节将介绍一个用 Solidity 语言编写的智能合约案例。代码来源于 Solidity 官方文档中的示例。该智能合约实现了一个自动化的、透明的投票应用。投票发起人可以发起投票，将投票权赋予投票人；投票人可以自己投票，或将自己的票委托给其他投票人；任何人都可以公开查询投票的结果。

7.7.1　智能合约代码

实现上述功能的合约代码如下所示：

```
pragma solidity ^0.4.11;

contract Ballot {
    struct Voter {
        uint weight;
        bool voted;
        address delegate;
        uint vote;
    }

    struct Proposal {
        bytes32 name;
        uint voteCount;
```

```
        }

        address public chairperson;
        mapping(address => Voter) public voters;
        Proposal[] public proposals;

        // Create a new ballot to choose one of `proposalNames`
        function Ballot(bytes32[] proposalNames) {
            chairperson = msg.sender;
            voters[chairperson].weight = 1;

            for (uint i = 0; i < proposalNames.length; i++) {
                proposals.push(Proposal({
                    name: proposalNames[i],
                    voteCount: 0
                }));
            }
        }

        // Give `voter` the right to vote on this ballot.
        // May only be called by `chairperson`.
        function giveRightToVote(address voter) {
            require((msg.sender == chairperson) && !voters[voter].voted);
            voters[voter].weight = 1;
        }

        // Delegate your vote to the voter `to`.
        function delegate(address to) {
            Voter sender = voters[msg.sender];
            require(!sender.voted);
            require(to != msg.sender);

            while (voters[to].delegate != address(0)) {
                to = voters[to].delegate;

                // We found a loop in the delegation, not allowed.
                require(to != msg.sender);
            }

            sender.voted = true;
            sender.delegate = to;
            Voter delegate = voters[to];
            if (delegate.voted) {
                proposals[delegate.vote].voteCount += sender.weight;
            } else {
                delegate.weight += sender.weight;
            }
        }

        // Give your vote (including votes delegated to you)
        // to proposal `proposals[proposal].name`.
        function vote(uint proposal) {
            Voter sender = voters[msg.sender];
            require(!sender.voted);
            sender.voted = true;
            sender.vote = proposal;

            proposals[proposal].voteCount += sender.weight;
        }

        // @dev Computes the winning proposal taking all
```

```
// previous votes into account.
function winningProposal() constant
        returns (uint winningProposal)
{
    uint winningVoteCount = 0;
    for (uint p = 0; p < proposals.length; p++) {
        if (proposals[p].voteCount > winningVoteCount) {
            winningVoteCount = proposals[p].voteCount;
            winningProposal = p;
        }
    }
}

// Calls winningProposal() function to get the index
// of the winner contained in the proposals array and then
// returns the name of the winner
function winnerName() constant
        returns (bytes32 winnerName)
{
    winnerName = proposals[winningProposal()].name;
}
}
```

7.7.2　代码解析

1. 指定版本

在第一行，pragma 关键字指定了和该合约兼容的编译器版本：

```
pragma solidity ^0.4.11;
```

该合约指定，不兼容比 0.4.11 更旧的编译器版本，且 ^ 符号表示不兼容从 0.5.0 起的新编译器版本。即兼容版本范围是 0.4.11 <= version < 0.5.0。该语法与 npm 的版本描述语法一致。

2. 结构体类型

Solidity 中的合约（contract）类似于面向对象编程语言中的类。每个合约可以包含状态变量、函数、事件、结构体类型和枚举类型等。一个合约也可以继承另一个合约。

在本例命名为 Ballot 的合约中，声明了 2 个结构体类型：Voter 和 Proposal。

- struct Voter：投票人，其属性包括 uint weight（该投票人的权重）、bool voted（是否已投票）、address delegate（如果该投票人将投票委托给他人，则记录受委托人的账户地址）和 uint vote（投票做出的选择，即相应提案的索引号）。
- struct Proposal：提案，其属性包括 bytes32 name（名称）和 uint voteCount（已获得的票数）。

需要注意，address 类型记录了一个以太坊账户的地址。address 可看作一个数值类型，但也包括一些与以太币相关的方法，如查询余额 <address>.balance、向该地址转账 <address>.transfer(uint256 amount) 等。

3. 状态变量

合约中的状态变量会长期保存在区块链中。通过调用合约中的函数，这些状态变量可以被读取和改写。

本例中定义了 3 个状态变量：chairperson、voters、proposals。

- address public chairperson：投票发起人，类型为 address。
- mapping(address => Voter) public voters：所有投票人，类型为 address 到 Voter 的映射。
- Proposal[] public proposals：所有提案，类型为动态大小的 Proposal 数组。

3 个状态变量都使用了 public 关键字，使得变量可以被外部访问（即通过消息调用）。事实上，编译器会自动为 public 的变量创建同名的 getter 函数，供外部直接读取。

状态变量还可设置为 internal 或 private。internal 的状态变量只能被该合约和继承该合约的子合约访问，private 的状态变量只能被该合约访问。状态变量默认为 internal。

将上述关键状态信息设置为 public 能够增加投票的公平性和透明性。

4. 函数

合约中的函数用于处理业务逻辑。函数的可见性默认为 public，即可以从内部或外部调用，是合约的对外接口。函数可见性也可设置为 external、internal 和 private。

本例实现了 6 个 public 函数，可看作 6 个对外接口，功能分别如下。

（1）创建投票

函数 function Ballot(bytes32[] proposalNames) 用于创建一个新的投票。

所有提案的名称通过参数 bytes32[] proposalNames 传入，逐个记录到状态变量 proposals 中。同时用 msg.sender 获取当前调用消息的发送者的地址，记录为投票发起人 chairperson，该发起人投票权重设为 1。

（2）赋予投票权

函数 function giveRightToVote(address voter) 给投票人赋予投票权。

该函数给 address voter 赋予投票权，即将 voter 的投票权重设为 1，存入 voters 状态变量。

这个函数只有投票发起人 chairperson 可以调用。这里用到了 require((msg.sender == chairperson) && !voters[voter].voted) 函数。如果 require 中表达式结果为 false，这次调用会中止，且回滚所有状态，并将以太币余额改变到调用前，但已消耗的 Gas 不会返还。

（3）委托投票权

函数 function delegate(address to) 把投票委托给其他投票人。其中，用 voters[msg.sender] 获取委托人，即此次调用的发起人。用 require 确保发起人没有投过票，且不是委托给自己。由于被委托人也可能已将投票委托出去，所以接下来，用 while 循环查找最终的投票代表。找到后，如果投票代表已投票，则将委托人的权重加到所投的提案上；如果投票代表还未投票，则将委托人的权重加到代表的权重上。

该函数使用了 while 循环，这里合约编写者需要十分谨慎，防止调用者消耗过多 Gas，尤其不能出现死循环。

（4）进行投票

函数 function vote(uint proposal) 实现投票过程。其中，用 voters[msg.sender] 获取投票人，即此次调用的发起人。接下来检查是否为重复投票，如果不是，进行投票后相关状态变量的更新。

（5）查询获胜提案

函数 function winningProposal() constant returns (uint winningProposal) 将返回获胜提案的索引

号。这里，returns (uint winningProposal) 指定了函数的返回值类型，constant 表示该函数不会改变合约状态变量的值。函数通过遍历所有提案进行计票，得到获胜提案。

（6）查询获胜者名称

函数 function winnerName() constant returns (bytes32 winnerName) 返回获胜者的名称。这里采用内部调用 winningProposal() 函数的方式获得获胜提案。如果需要采用外部调用，则需要写为 this.winningProposal()。

7.8　本章小结

以太坊项目将区块链技术在加密数字货币的基础上进行了延伸，提出了打造更通用的智能合约引擎的宏大构想，并基于开源技术成功构建了以太坊项目为核心的开源生态系统。本章介绍了以太坊的相关知识，包括核心概念、设计、工具，以及客户端的安装、智能合约的使用和编写等。

读者通过本章学习可以掌握以太坊基于比特币的改进设计，并体会到智能合约的巨大优势。区块链技术为智能合约的执行提供了基础；通过智能合约，区块链技术反过来可以支持更多应用场景。

第 8 章
超级账本——面向企业的分布式账本

欲戴王冠，必承其重。

超级账本（Hyperledger）项目是全球最大的企业级开源分布式账本实现。在 Linux 基金会的支持下，超级账本项目吸引了包括 IBM、Intel、Cisco、DAH、摩根大通、R3、甲骨文、微软、百度、腾讯、阿里巴巴等在内的众多科技和金融巨头的参与贡献。自成立以来，超级账本得到了广泛关注和快速发展，目前包括十多个顶级项目，拥有近三百家企业会员。

本章将介绍超级账本项目的发展历史和社区组织，以及旗下的多个顶级开源项目，还将讲解开源社区常用的开发工具。最后介绍如何参与超级账本项目，贡献代码。

8.1 超级账本项目简介

2015 年 12 月，开源世界的旗舰组织——Linux 基金会牵头，联合 30 家初始企业成员（包括 IBM、Accenture、Intel、J.P.Morgan、R3、DAH、DTCC、FUJITSU、HITACHI、SWIFT、Cisco 等），共同宣布超级账本联合项目成立。超级账本项目致力为透明、公开、去中心化的企业级分布式账本提供开源参考实现，并推动区块链和分布式账本相关协议、规范和标准的发展。项目官方网站为 hyperledger.org。

成立之初，项目就收到了众多开源技术贡献。IBM 贡献了 4 万多行已有的 Open Blockchain 代码，Digital Asset 贡献了企业和开发者相关资源，R3 贡献了金融交易架构，Intel 也贡献了其分布式账本代码。

作为一个联合项目（collaborative project），超级账本由多个面向场景的项目构成。目前包括 Fabric、Sawtooth、Iroha、Blockchain Explorer、Cello、Indy、Composer、Burrow、Quilt、Caliper、Ursa、Grid、Transact、Aries、Besu、Avalon 等顶级项目，所有项目都遵守 Apache v2 许可，并共同遵守如下基本原则。

- 重视模块化设计：包括交易、合同、一致性、身份、存储等技术场景。

- 重视代码可读性：保障新功能和模块都可以很容易地添加和扩展。
- 可持续的演化路线：随着需求的深入和应用场景的增多，不断增加和演化新的项目。

超级账本项目的企业会员和项目发展都十分迅速，如图 8-1 所示。

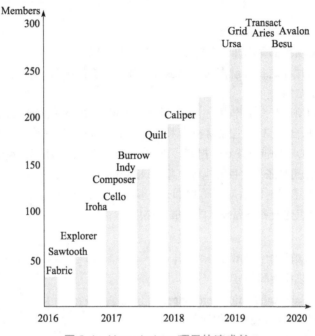

图 8-1　Hyperledger 项目快速成长

社区目前拥有近 300 家全球知名企业和机构（大部分均为各自行业的领导者）会员，其中包括 60 多家来自中国本土的企业，早期包括艾亿数融科技公司（2016.05.19）、Onchain（2016.06.22）、比邻共赢（Belink）信息技术有限公司（2016.06.22）、BitSE（2016.06.22）等，另外还包括华为（2016.10.24）、百度（2017.10.17）、腾讯（2018.01.25）等行业领军企业。此外，还有大量机构和高校成为超级账本联合会员，如英格兰银行、MIT 连接科学研究院、UCLA 区块链实验室、伊利诺伊区块链联盟、北京大学、浙江大学等。

如果说以比特币为代表的加密货币提供了区块链应用的原型，以太坊为代表的智能合约平台延伸了区块链的适用场景，那么面向企业场景的超级账本项目则开拓了区块链技术的全新阶段。超级账本首次将区块链技术引入商业联盟场景，通过权限控制和安全保障，为基于区块链技术的未来全球商业网络打下了坚实的基础。

超级账本项目的出现，证实区块链技术已经不局限于单一应用场景，也不限于开放匿名的公有链模式，而是有更多的可能性。区块链技术已经被主流企业市场正式认可。同时，超级账本项目提出和实现了许多创新设计和理念，包括权限、审计、多通道、细粒度隐私保护、背书 – 共识 – 提交模型，以及可拔插、可扩展的实现框架，这些都对区块链技术和产业的发展产生了深远的影响。

> **注意** Apache v2 许可协议是商业友好的知名开源协议，鼓励代码共享，尊重原作者的著作权，允许对代码进行修改和再发布（作为开源或商业软件）。因其便于商业公司使用而得到业界的拥护。

8.2 社区组织结构

每个成功的开源项目都离不开一个健康、繁荣的社区生态。

超级账本社区自成立之日起就借鉴了众多开源社区组织的经验，形成了以技术开发为主体、积极结合应用的体系结构。

超级账本社区的项目开发工作由技术委员会（Technical Steering Committee，TSC）指导，首任主席 Chris Ferris 来自 IBM，是 IBM 开源技术部门的 CTO；管理委员会主席则由来自 Digital Asset Holdings 的 CEO Blythe Masters 担任。另外，自 2016 年 5 月起，Apache 基金会创始人 Brian Behlendorf 担任超级账本项目的执行总监（executive director）。

社区十分重视大中华地区的应用落地和开发情况，2016 年 12 月，中国技术工作组正式成立，负责推动社区组织建设和开源技术的发展和应用。

1. 基本结构

Hyperledger 社区组织结构如图 8-2 所示。

社区目前由三个机构共同领导：

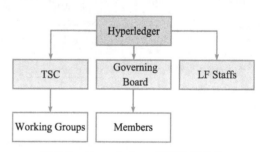

图 8-2　Hyperledger 社区组织结构

- 技术委员会（Technical Steering Committee，TSC），负责领导社区技术，指导各个开源项目的发展方向，下设多个技术工作组（如 Architecture、Identity、Learning Materials Development、Performance and Scale、Smart Contract）和兴趣小组（如 Healthcare、Public Sector、Social Impact、Telecom、Trade Finance）。每年由社区开发者进行选举。
- 管理董事会（Governing Board，GB），负责整体社区的组织决策，从超级账本会员中推选出代表成员。
- Linux 基金会（Linux Foundation，LF），负责基金管理和大型活动组织，协助社区在 Linux 基金会的支持下健康发展。

2. 大中华区技术工作组

随着开源精神和开源文化在中国的普及，越来越多的企业和组织开始意识到生态系统的重要性，也愿意为开源事业做出一份贡献。

Linux 基金会和超级账本社区十分重视开源项目在大中华区的应用和发展，并希望能为开发者们贡献开源社区提供便利。在此背景下，超级账本首任执行董事 Brian Behlendorf 于 2016 年 12 月 1 日提议成立大中华区技术工作组（TWG-China），并得到了 TSC 的一致支持和通过。笔者也有幸参与了工作组的创建，并担任首届联席主席。

技术工作组的主要职责包括：

- 带领和引导大中华区的技术开发相关活动，包括贡献代码、文档、项目提案等。
- 推动技术相关的交流，促进会员企业之间的合作和实践案例的落地。
- 通过邮件列表、RocketChat、论坛等方式促进社区开发者们的技术交流。
- 协助举办社区活动，包括 Meetup、黑客松、Hackfest、技术分享、培训等。

目前，工作组由来自各个成员企业的数十名技术专家组成，并得到了来自社区的众多志愿者的支持。工作组每两周举行在线例会，每月定期在各大城市举办技术交流沙龙，各项会议和活动内容都是开放的，可以在 Wiki 首页（https://wiki.hyperledger.org/display/TWGC）上找到相关参与方式。

8.3　顶级项目介绍

Hyperledger 所有项目代码托管在 GitHub 上。目前，主要包括如下顶级项目（按时间顺序）。

- Fabric：包括 Fabric、Fabric CA、Fabric SDK（包括 Node.js、Java、Python 和 Go 语言）等，目标是企业级区块链的基础核心平台，支持权限管理和数据安全，最早由 IBM 和 DAH 于 2015 年底发起。
- Sawtooth：包括 arcade、core、dev-tools、validator、mktplace 等。该项目支持全新的基于硬件芯片的共识机制 Proof of Elapsed Time（PoET），由 Intel 于 2016 年 4 月贡献到社区。
- Blockchain Explorer：提供 Web 操作界面，通过界面快速查询绑定区块链的状态（区块个数、交易历史）信息等，由 DTCC、IBM、Intel 等开发支持，2016 年 8 月贡献到社区。
- Iroha：账本平台项目，基于 C++ 实现，带有不少面向 Web 和 Mobile 的特性，主要由 Soramitsu 于 2016 年 10 月发起和贡献。
- Cello：提供区块链平台的部署和运行时管理功能。使用 Cello，管理员可以轻松部署和管理多条区块链；应用开发者无须关心如何搭建和维护区块链，由 IBM 团队于 2017 年 1 月贡献到社区。
- Indy：提供基于分布式账本技术的数字身份管理机制，由 Sovrin 基金会发起，2017 年 3 月底正式贡献到社区。
- Composer：提供面向链码开发的高级语言支持，自动生成链码代码等，由 IBM 团队发起并维护，2017 年 3 月底贡献到社区。目前已经成熟，处于 Deprecate 阶段，仅考虑修正可能的严重缺陷。
- Burrow：提供以太坊虚拟机的支持，实现支持高效交易的带权限的区块链平台，由 Monax 公司发起支持，2017 年 4 月贡献到社区。
- Quilt：支持 W3C 的跨账本协议 Interledger 的 Java 实现。2017 年 10 月正式贡献到社区。
- Caliper：提供对区块链平台性能的测试工具，由华为公司发起支持，2018 年 3 月正式贡献到社区。

- Ursa：提供一套密码学相关组件，初始贡献者包括来自 Fujitsu、Sovrin、Intel、DFINITY、State Street、IBM、Bitwise IO 等企业的开发者，2018 年 11 月正式贡献到社区。
- Grid：提供帮助快速构建供应链应用的框架，由 Cargill、Intel 和 Bitwise IO 公司发起支持，2018 年 12 月正式贡献到社区。
- Transact：提供运行交易的引擎和框架，由 Bitwise IO、Cargill、Intel、IBM、HACERA 等公司发起支持，2019 年 5 月正式贡献到社区。
- Aries：为客户端提供共享的密码学钱包，由 Sovrin、C3I 和 Evernym 等公司发起支持，2019 年 5 月正式贡献到社区。
- Besu：支持企业级的以太坊客户端，由 Consensys、Hacera、JPM 和 Redhat 等公司发起支持，2019 年 8 月正式贡献到社区。
- Avalon：提供链下计算支持，增强安全性和可扩展性，由 Intel、IEX、IBM 和 Consensys 等公司发起支持，2019 年 9 月正式贡献到社区。

这些顶级项目分别从平台、工具和类库三个层次相互协作，构成了完善的生态系统，如图 8-3 所示。

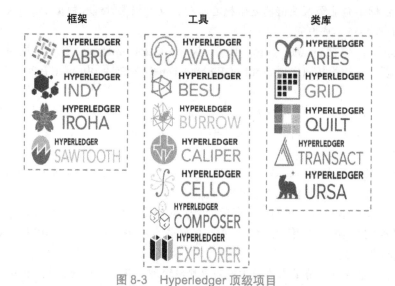

图 8-3　Hyperledger 顶级项目

所有项目一般都需要经历提案（Proposal）、孵化（Incubation）、活跃（Active）、退出（Deprecated）、终结（End of Life）5 个生命周期。

对于希望加入 Hyperledger 社区中的项目，应首先由发起人编写提案，描述项目的目的、范围、参与者和开发计划等重要信息，并由全球技术委员会进行评审投票，评审通过则可以进入社区进行孵化。项目成熟后可以申请进入活跃状态，发布正式的版本。项目不再活跃后可以进入维护阶段，最终结束生命周期。

1. Fabric 项目

作为最早加入超级账本项目中的顶级项目，Fabric 由 IBM、DAH 等企业于 2015 年底联合贡献到社区。项目在 GitHub 上，地址为 https://github.com/hyperledger/fabric。

该项目的定位是面向企业的分布式账本平台，其创新地引入了权限管理支持，设计上支持可插拔、可扩展，是首个面向联盟链场景的开源项目。

Fabric 项目基于 Go 语言实现，贡献者超过 400 人，总提交次数已经超过 15 000 次，核心代码数超过 15 万行。

Fabric 项目目前处于 Active 状态，已发布 2.0.0 版本，同时包括 Fabric CA、Fabric SDK 等多个相关的子项目。

项目的邮件列表地址为 fabric@lists.hyperledger.org。

2. Sawtooth 项目

Sawtooth 项目由 Intel 等企业于 2016 年 4 月提交到社区，包括 sawtooth-core、sawtooth-supply-chain、sawtooth-marketplace、sawtooth-seth、sawtooth-next-directory、sawtooth-explorer 等数十个子项目。核心代码在 GitHub 上，地址为 https://github.com/hyperledger/sawtooth-core。

该项目的定位是分布式账本平台，基于 Python 语言实现。目前处于 Active 阶段，核心项目的贡献者超过 70 人，提交已经超过 8000 次。

Sawtooth 项目利用 Intel 芯片的专属功能，实现了低功耗的 Proof of Elapsed Time（PoET）共识机制，并支持交易族（Transaction Family），方便用户使用它快速开发应用。

项目的邮件列表地址为 sawtooth@lists.hyperledger.org。

3. BlockchainExplorer 项目

Explorer 项目由 Intel、DTCC、IBM 等企业于 2016 年 8 月提交到社区。核心代码在 GitHub 上，地址为 https://github.com/hyperledger/blockchain-explorer，目前贡献者超过 40 人，提交超过 350 次。

该项目的定位是区块链平台的浏览器，基于 Node.js 语言实现，提供 Web 操作界面。用户可以通过它快速查看底层区块链平台的运行信息，如区块个数、交易情况、网络状况等。

项目的邮件列表地址为 explorer@lists.hyperledger.org。

4. Iroha 项目

Iroha 项目由 Soramitsu 等企业于 2016 年 10 月提交到社区，包括 iroha、iroha-android、iroha-ios、iroha-python、iroha-javascript 等子项目。核心代码在 GitHub 上，地址为 https://github.com/hyperledger/iroha。

该项目的定位是分布式账本平台框架，基于 C++ 语言实现。目前处于 Active 阶段，贡献者超过 50 人，提交已经超过 7000 次。

Iroha 项目在设计上类似 Fabric，同时提供了基于 C++ 的区块链开发环境，并考虑了移动端和 Web 端的一些需求。

项目的邮件列表地址为 iroha@lists.hyperledger.org。

5. Cello 项目

Cello 项目由笔者领导的技术团队于 2017 年 1 月贡献到社区。GitHub 上仓库地址为 https://

github.com/hyperledger/cello（核心代码）和 https://github.com/hyperledger/cello-analytics（侧重数据分析）。

该项目的定位为区块链网络的操作系统，实现区块链网络自动化部署，以及对区块链网络的运行时管理。使用 Cello，可以让区块链应用人员专注于应用开发，而无须关心底层平台的管理和维护。已有一些企业基于 Cello 项目代码构建了区块链即服务（Blockchain-as-a-Service）平台。

Cello 的主要开发语言为 Python 和 JavaScript 等，底层支持包括裸机、虚拟机、容器云（包括 Swarm、Kubernetes）等多种基础架构。目前贡献者超过 40 人，提交超过 1000 次。

项目的邮件列表地址为 cello@lists.hyperledger.org。

6. Indy 项目

Indy 项目由 Sovrin 基金会牵头进行开发，致力于打造一个基于区块链和分布式账本技术的数字身份管理平台。该平台支持去中心化，支持跨区块链和跨应用的操作，实现全球化的身份管理。Indy 项目于 2017 年 3 月底正式加入超级账本项目。目前包括 indy-node、indy-sdk、indy-plenum、indy-hipe、indy-crypto、indy-agent 等子项目。

该项目主要由 Python 语言开发，包括服务节点、客户端和通用库等。目前处于 Active 阶段，贡献者超过 60 人，已有超过 5000 次提交。

项目的邮件列表地址为 indy@lists.hyperledger.org。

7. Composer 项目

Composer 项目由 IBM 团队于 2017 年 3 月底贡献到社区，试图提供一个 Hyperledger Fabric 的开发辅助框架。通过 Composer，开发人员可以使用 Javascript 语言定义应用逻辑，再加上资源、参与者、交易等模型和访问规则，生成 Hyperledger Fabric 支持的链码。

该项目主要由 Node.js 语言开发，贡献者超过 80 人，已有超过 5000 次提交。该项目已经成熟，处于 Deprecate 阶段，仅考虑修正可能的严重缺陷。

项目的邮件列表地址为 composer@lists.hyperledger.org。

8. Burrow 项目

Burrow 项目由 Monax、Intel 等企业于 2017 年 4 月提交到社区。核心代码在 GitHub 上，地址为 https://github.com/hyperledger/burrow。

该项目的前身为 eris-db，基于 Go 语言实现的以太坊虚拟机，目前贡献者超过 20 人，提交已经超过 2000 次。

Burrow 项目提供了支持以太坊虚拟机的智能合约区块链平台，并支持 Proof-of-Stake 共识机制（Tendermint）和权限管理，可以提供快速的区块链交易。

另外，用户可以通过 fabric-chaincode-evm 项目来利用 Burrow 项目，在 Fabric 中运行以太坊合约。

项目的邮件列表地址为 burrow@lists.hyperledger.org。

9. Quilt 项目

Quilt 项目由 NTT、Ripple 等企业于 2017 年 10 月提交到社区。核心代码在 GitHub 上，地址为 https://github.com/hyperledger/quilt。

Quilt 项目前身为 W3C 支持的 Interledger 协议的 Java 实现，主要试图为转账服务提供跨多个区块链平台。目前贡献者超过 10 人，提交已经超过 100 次。

项目的邮件列表地址为 quilt@lists.hyperledger.org。

10. Caliper 项目

Caliper 项目由华为于 2018 年 3 月提交到社区。核心代码在 GitHub 上，地址为 https://github.com/hyperledger/caliper。

Caliper 项目希望能为评测区块链的性能（包括吞吐、延迟、资源使用率等）提供统一的工具套装，主要基于 Node.js 语言实现，支持对 Fabric、Sawtooth、Burrow 等项目进行性能测试。目前贡献者超过 20 人，提交超过 400 次。

项目的邮件列表地址为 caliper@lists.hyperledger.org。

11. Ursa 项目

Ursa 项目前身为加密实现库项目，由 Fujitsu、Sovrin、Intel、DFINITY、State Street、IBM、Bitwise IO 等企业的开发者于 2018 年 11 月正式贡献到社区。核心代码在 GitHub 上，地址为 https://github.com/hyperledger/ursa。

Ursa 项目希望提供一套方便、安全的密码学软件库（包括加解密、零知识证明等），为实现区块链平台实现提供便利。主要基于 Rust 语言实现，目前包括两个子组件（基础密码实现库 Base Crypto 和零知识证明库 Z-Mix）。参与贡献者超过 10 人，提交超过 400 次。

项目的邮件列表地址为 ursa@lists.hyperledger.org。

12. Grid 项目

Grid 项目由 Cargill、Intel 和 Bitwise IO 等公司于 2018 年 12 月提交到社区。核心代码在 GitHub 上，地址为 https://github.com/hyperledger/grid。

Grid 项目为开发基于区块链的供应链场景应用提供框架支持和参考实现，包括智能合约、数据模型、领域模型、样例应用等。主要基于 Python 语言实现，并使用 Sabre（基于 WebAssembly/WASM 的智能合约引擎）来运行智能合约。目前贡献者超过 40 人，提交超过 5000 次。

项目的邮件列表地址为 grid@lists.hyperledger.org。

13. Transact 项目

Transact 项目由 Bitwise IO、Cargill、Intel、IBM、HACERA 等公司于 2019 年 5 月提交到社区。核心代码在 GitHub 上，地址为 https://github.com/hyperledger/transact。

Transact 项目为区块链提供交易执行的平台和代码库，其他的框架性项目可以基于 Transact 来管理交易的执行过程和状态。Transact 项目试图打造一个通用的智能合约引擎来支持 EVM、WebAssembly 等合约的运行。目前包括 transact、transact-rfcs、transact-contrib 等子项目。

项目的邮件列表地址为 transact@lists.hyperledger.org。

14. Aries 项目

Aries 项目由 Sovrin、C3I、和 Evernym 等公司于 2019 年 5 月提交到社区。核心代码在 GitHub

上，地址为 https://github.com/hyperledger/aries。

Aries 项目希望能为客户端提供共享的密码学钱包和相关的代码库（包括零知识证明），以及对于链下交互的消息支持，以简化区块链客户端的开发。

项目的邮件列表地址为 aries@lists.hyperledger.org。

15. Besu 项目

项目由 Consensys、Hacera、JPM 和 Redhat 等公司于 2019 年 8 月正式贡献到社区。核心代码在 GitHub 上，地址为 https://github.com/hyperledger/besu。

Besu 主要实现一个企业级标准的以太坊客户端，由 Java 语言编写。

项目的邮件列表地址为 besu@lists.hyperledger.org。

16. Avalon 项目

Avalon 项目由 Intel、IEX、IBM 和 Consensys 等公司于 2019 年 9 月正式贡献到社区。主要提供链下的安全计算支持，例如帮助 Fabric 链码执行一些复杂的或安全性需求较高的计算。Avalon 在设计上重点考虑了安全性和可扩展性。项目核心代码在 https://github.com/hyperledger/avalon。

项目的邮件列表地址为 avalon@lists.hyperledger.org。

8.4 开发协作工具

工欲善其事，必先利其器。开源社区提供了大量易用的开发协作工具。掌握好这些工具，对于高效的开发来说十分重要。

1. Linux Foundation ID

超级账本项目得到 Linux 基金会的支持，采用 Linux Foundation ID（LF ID）作为社区唯一的 ID。

个人申请 ID 是完全免费的。可以到 https://identity.linuxfoundation.org/ 进行注册。用户使用该 ID 即可访问包括 Jira、RocketChat 等社区的开发工具。

2. Jira——任务和进度管理

Jira 是 Atlassian 公司开发的用于任务管理和事项跟踪的追踪平台，提供 Web 操作界面，使用十分方便。社区采用 jira.hyperledger.org 作为所有项目开发计划和任务追踪的入口，使用 LF ID 即可登录。

登录之后，可以通过最上面的 Project 菜单查看某个项目的相关事项，还可以通过 Create 按钮快速创建事项（常见的包括 task、bug、improvement 等）。用户打开事项后，可以通过 assign 按钮将事项分配给自己并领取。

一般情况下，事项分为 TODO（待处理）、In Process（处理中）、In Review（补丁已提交、待审查）、Done（事项已完成）等多个状态，由事项所有者进行维护。

3. GitHub——代码仓库和 Review 管理

GitHub 是全球最大的开源代码管理仓库，微软公司于 2018 年 7 月以 75 亿美元价格收入账下。超级账本社区目前所有项目都通过 GitHub 进行管理。早期 Fabric、Cello、Explorer 等项目采用了自建的 Gerrit 服务作为官方的代码仓库，2019 年下半年也都陆续迁移到了 GitHub 服务器上。

用户使用自己的账号登录之后，可以查看所有项目信息，也可以查看自己提交的补丁等信息。每个补丁的页面上会自动追踪修改历史，审阅人可以通过页面进行审阅操作，赞同提交则可以批准，发现问题则可以进行批注。

4. RocketChat——在线沟通

除了邮件列表外，社区也为开发者们提供了在线沟通的渠道。RocketChat 是一款功能十分强大的在线沟通软件，支持多媒体消息、附件、提醒、搜索等功能，虽然是开源软件，但在体验上可以与商业软件 Slack 媲美。支持网页、桌面端、移动端等多种客户端。

社区采用 chat.hyperledger.org 作为服务器。用户直接使用自己的 LF ID 登录该网站，即可访问。之后可以自行添加感兴趣项目的频道。

用户也可以下载 RocketChat 客户端，添加 chat.hyperledger.org 作为服务器，即可访问社区内的频道，与广大开发者进行在线交流。

通常，每个项目都有一个同名的频道作为主频道，例如 #Fabric，#Cello 等。同时，各个工作组也往往有自己的频道，例如大中华区技术工作组的频道为 #twg-china。

5. 邮件列表——常见渠道

各个项目和工作组都建立了专门的邮件列表，作为常见的交流渠道。当发现问题不知道往哪里报告时，可以先发到邮件列表进行询问，一般都能获得及时的回答。例如，大中华区技术工作组的频道为 twg-china@lists.hyperledger.org。

用户可以在 https://lists.hyperledger.org/g/main/subgroups 看到社区已有的邮件列表并选择加入。

6. 提问的智慧

为什么我在社区提出的问题过了很长时间仍无人回应？

开源社区是松散自组织形式，大部分开发者都是利用业余时间进行开发和参与社区工作。因此，在社区提出问题时就必须注意问题的质量和提问的方式。碰到上述情况，首先要先从自身找原因。

如果能做到下面几点，你提出的问题将得到更多的关注。

- 正确的渠道。这点十分重要。不同项目和领域有各自的渠道，一定要在相关的渠道进行提问，而不要问与列表主题不相关的话题，例如，每个项目相关问题应该发送到对应的邮件列表。
- 问题的新颖性。在提问之前，应该通过搜索引擎、技术文档、邮件列表等常见方式进行查询，确保提出的问题是新颖的、有价值的，而不是已经被回答过多遍的常识性问题。
- 适当的上下文。不少提问者的问题中只包括一条很简单的错误信息，这样会让社区的开发者有心帮忙也无力回答。良好的上下文包括完整的环境信息、所使用的软件版本、所进行操作的详细步骤、问题相关的日志、自己对问题的思考等。这些都可以帮助他人快速重现问题并帮忙回答。

- 注意礼仪。虽然技术社区里大家沟通方式会更为直接一些，但懂得礼仪毫无疑问是会受到欢迎的。要牢记，别人的帮助并不是义务的，要对任何来自他人的帮助心存感恩。

8.5 贡献代码

超级账本的各个子项目，都提供了十分丰富的开发和提交代码的指南和文档，一般可以在代码的 docs 目录下找到。所有项目都使用 GitHub 来管理代码和进行集成测试。

这里以 Fabric 项目为例讲解代码贡献流程。

1. 安装环境

推荐在 Linux（如 Ubuntu 18.04+）或 macOS 环境中开发 Hyperledger 项目代码。

不同项目会依赖不同的环境，可以从项目文档中找到。以 Fabric 项目为例，开发者需要安装如下依赖。

- Git：用来从代码仓库获取代码并进行版本管理。
- Hub：GitHub 官方开发的基于 Git 命令的工具，可以替代 Git 命令，更方便操作 GitHub 仓库。
- Go 1.12+：访问 golang.org 进行安装，之后需要配置 $GOPATH 环境变量，注意不同项目可能需要不同的语言环境。
- Docker 1.18+：用来支持容器环境，macOS 下推荐使用 Docker for Mac。

如果是首次使用 Git，可能还会提示配置默认的用户名和 Email 地址等信息。通过如下命令进行简单配置即可：

```
$ git config user.name "Your name"
$ git config user.email "Your-addr@some-email-server"
```

安装 hub 工具，方便与 GitHub 的仓库进行交互。

Linux 下可以直接从 https://github.com/github/hub/releases 下载工具使用。

macOS 下可以通过 homebrew 工具来安装：

```
$ brew install hub
```

2. 获取代码

如果没有 Linux Foundation（LF）ID，可通过 https://identity.linuxfoundation.org 免费注册。

注册并登录 GitHub 个人账号，添加个人 ssh 公钥，否则每次访问仓库可能需要手动输入用户名和密码。

开启双重验证（Two-factor authentication，2FA）后，在 https://github.com/hyperledger 页面申请加入社区组织内。

如果是首次下载项目，则需要从官方仓库获取源码，然后 fork 到自己的仓库中：

```
$ hub clone https://github.com/hyperledger/<PROJECT>.git
$ cd <PROJECT>
$ hub fork --remote-name=origin
$ git branch master --set-upstream-to origin/master
```

此时，项目下会包括两个仓库：

- origin 仓库，会指向用户仓库。master 分支会追踪本仓库。
- upstream 仓库，会指向官方仓库，供后续同步更新使用。

3. 编译和测试

大部分编译和安装过程都可以利用 Makefile 来执行，具体以项目代码为准。

以 Fabric 项目为例，包括如下常见操作。

（1）生成命令文档

执行如下命令：

```
$ make help-docs
```

（2）编译二进制文件

执行如下命令：

```
$ make native
```

会自动生成 orderer、peer、configtxgen、configtxlator、cryptogen、doscover、idemixgen 等可执行文件。

用户也可以使用对应的可执行文件名称来单独编译。例如，执行如下命令会自动编译生成 Docker 镜像，并生成本地 peer 可执行文件：

```
$ make peer
```

 注意　有时会因网络不稳定而报错，可以进行 make clean 后再次执行。

（3）生成 Docker 镜像

执行如下命令：

```
$ make docker
```

（4）执行所有的检查和测试

执行如下命令：

```
$ make checks
```

（5）执行单元测试

执行如下命令：

```
$ make unit-test
```

如果要运行某个特定单元测试，可以通过类似如下格式：

```
$ go test -v -run=TestGetFoo
```

4. 提交代码

使用 LF ID 登录 jira.hyperledger.org 或 GitHub Issue，查看有没有未分配（unassigned）的任务，如果对某个任务感兴趣，可以添加自己为任务的 assignee。任何人都可以自行创建新的任务。如果是较大的特性，还需要先撰写 rfc 来描述设计，可以参考 https://github.com/hyperledger/fabric-rfcs。

初始创建的任务处于 TODO 状态；开始工作后可以标记为 In Progress 状态；提交对应补丁后需要更新为 In Review 状态；任务完成后更新为 Done 状态。

如果希望完成某个任务（如 FAB-XXX），则在 Clone 下来的代码上创建新的分支 FAB-XXX：

```
$ git checkout -b FAB-XXX
```

实现任务代码，完成后，执行语法格式检查和测试等，确保所有检查和测试都通过。

提交代码到本地仓库：

```
$ git commit -a -s
```

会自动打开一个编辑器窗口，需要填写 commit 信息，格式一般要求如下：

```
[FAB-XXX] Quick brief on the change

This pathset fixes a duplication msg bug in gossip protocol.

A more detailed description can be here, with several paragraphs and
sentences, including issue to fix, why to fix, what is done in the
patchset and potential remaining issues...
```

提交消息中要写清楚所解决的问题、为何进行修改、主要改动内容、遗留问题等，并且首行宽不超过 50 个字符，详情段落行宽不要超过 72 个字符。

将代码所在的分支推送到 GitHub 上自己的仓库中，例如：

```
$ git push --set-upstream origin FAB-XXX
```

创建合并请求（Pull Request），例如：

```
$ hub pull-request [-b upstream:master] [-r <REVIEWERS> ]
```

5. 评审代码

提交成功后，可以打开项目在 GitHub 上的页面，查看自己最新提交的合并请求。新提交的请求会自动触发 CI 的测试任务，测试都通过后可邀请项目的维护者（maintainer）进行评审。为了引起关注，可将链接添加到对应的 Jira 任务，并在 RocketChat 上对应项目的频道内贴出。

如果评审通过，则会被合并到主分支；否则还需要针对审阅意见进一步的修正。修正过程与提交代码过程类似，唯一不同是，提交时需要添加 -a --amend 参数，表示这个提交是对旧提交的一次修订：

```
$ git commit -a --amend
```

一般情况下，为了方便评审，尽量保证每个 patchset 完成的改动不要太多（最好不要超过 5 个文件，200 行），并且实现功能要明确，集中在对应 Jira 任务定义的范围内。

补丁被接收后可以删除对应的分支，代码如下：

```
$ git fetch upstream master && git rebase FETCH_HEAD && git push -f origin
$ git push -d origin issue-xxx
$ git branch -d issue-xxx
```

6. 完整流程

综上所述，完整的流程如图 8-4 所示，开发者用 git 进行代码的版本管理，用 gerrit 进行代码的评审合作。

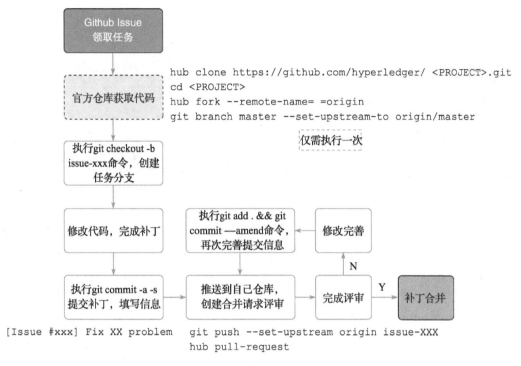

图 8-4　代码提交流程

如果需要修复某个提交补丁的问题，则通过 git commit -a --amend 进行修复，并作为补丁的新版本再次提交审阅。每次通过 git review 提交时，应当通过 git log 查看，确保本地只有一条提交记录。

8.6　本章小结

超级账本项目是 Linux 基金会重点支持的面向企业的分布式账本实现，同时也是开源界和工业界颇有历史意义的合作成果，为分布式账本提供了在代码实现、协议和规范标准上的技术参考。超级账本社区成立以来，吸引了国内外各行业的大量关注，并获得了快速发展。社区的开源项目、工作组和会员企业，共同构造了健康的生态。同时，超级账本项目中提出的许多创新技术和设计，也得到了来自业界的应用认可。

超级账本社区十分重视应用落地。目前基于超级账本相关技术，已经出现了大量的企业应用案例，这为使用区块链技术提供了重要参考。

实　践　篇

第 9 章
Fabric 安装与部署

纸上得来终觉浅，绝知此事要躬行。

超级账本 Fabric 作为被广泛应用的区块链平台，吸取了科技界和金融界的最新成果，提供了面向企业场景的开源分布式账本实现。

本章将带领读者动手实践，讲解如何从源码编译并安装 Fabric，如何使用本地二进制文件或容器镜像快速启动一个典型的 Fabric 网络。

9.1 简介

Fabric 是超级账本社区的首个项目，也是最流行的分布式账本实现，由 IBM、DAH 等会员企业于 2016 年年初贡献到社区。

作为面向企业场景的联盟链，Fabric 中有许多经典的设计和先进的理念，包括多通道、身份证书机制、隐私保护、运维管理接口等。另外，其可扩展的架构可以满足不同场景下的性能需求，如虚拟机部署场景下可以达到 3500 tps 的吞吐量和小于 1 秒的延迟（参考 " Hyperledger Fabric: a Distributed Operating System for Permissioned Blockchains"），在有更多物理资源的情况下可以达到更大的吞吐量 10 000 tps 以上。

1. 主要版本历史

Fabric 首个主版本 1.0.0 于 2017 年 7 月发布，该版本根据之前测试版的应用反馈，在架构上进行了重新设计，在可扩展性和可插拔性方面都进行了不少改进。后续版本基本上按照每季度一个小版本的节奏发布。重点对性能和安全性、隐私性进行了完善和提升。目前最新主要版本 2.0.0 于 2020 年 1 月底发布。同时，v1.4 是第一个长期支持（Long-Term Support，LTS）版本。

Fabric 的主要版本历史如表 9-1 所示，也可在 https://github.com/hyperledger/fabric/releases 找到。

表 9-1　Fabric 的主要版本

版本	发布时间	新特性	增强和改善
1.0.0	2017-07-11	重新设计架构，支持多通道、Kafka 共识机制、系统链码、分角色节点	大幅度提升了性能和可扩展性
1.1.0	2018-03-15	Node.js 链码，链码加密库，链码中基于证书属性的访问控制，节点之间的双向 TLS，Fabric CA 中对 CRL 的支持。部分实验特性，如 sideDB、idemix、细粒度的权限控制。	大幅优化了性能，某些场景下可提升一个数量级；提供基于通道的事件通知模型
1.2.0	2018-07-04	正式支持私密数据库（private data base），提供可插拔的 ESCC 和 VSCC，细粒度访问控制，服务自动发现	提高了稳定性和易用性
1.3.0	2018-10-11	正式支持 Java 链码，提供细粒度的基于状态的背书策略，支持 idemix 增强隐私保护	部分重构链码生命周期管理，通过分页机制优化链码中对大量数据的查询
1.4.0	2019-01-09	提供运维相关的 RESTful API（统计、健康检查、日志级别），使用新的日志控制环境变量	增强私密数据：新 Peer 自动获取缺失私密数据，客户端层面对私密数据的权限控制，开始支持新的 RAFT 排序机制
2.0.0	2020-01-29	新的面向通道的链码生命周期管理，独立 shim 库等	增强私密数据支持（仅成员写操作、内嵌隐式集合），增强排序服务；改进性能
2.1.0	2020-04-15	提供对服务的访问速率限制	增强私密数据支持（Peer 可指定隐式集合属性；发现服务支持集合层面的背书策略；升级到 Go1.4

2. 网络基本结构

Fabric 网络中存在四种不同角色的服务节点，彼此协作完成整个区块链系统的记账功能。

- 背书节点（Endorser Peer）：一些特殊的 Peer 节点，对交易提案（Transaction Proposal）进行检查，执行智能合约，计算交易执行结果（读写集合）并对其进行背书。
- 记账节点（Committer Peer）：负责维护账本的 Peer 节点，检查排序后交易结果的合法性，并更新到本地账本。目前所有 Peer 默认都是记账节点。
- 排序节点（Orderer）：负责接收交易，并对网络中所有交易进行排序，整理为区块结构。记账节点会从排序节点拉取新区块并提交到本地账本。
- 证书节点（CA）：提供标准的 PKI 服务，负责对网络中所有的证书进行管理，包括签发和撤销。不参与网络中的交易过程。

节点角色划分是 Fabric 设计的一个特色。根据性能和安全需求，不同的节点可以由不同组织分别管理，共同构建联盟链。

此外，网络支持多个账本绑定对应通道（Channel）。每个通道内的成员可以共享账本，不同通道的账本彼此隔离。客户端可以向通道发送交易，经过共识后被通道内的 Peer 节点接收并更新到本地账本。

本章后续将详细介绍安装、部署 Fabric 网络并进行启动的操作过程，建议读者跟随步骤进行实践学习。

9.2　本地编译组件

Fabric 采用 Go 语言实现，推荐使用 Golang 1.12+ 版本进行编译。下面将讲解如何编译生成

fabric-peer、fabric-orderer 和 fabric-ca 等组件的二进制文件，以及如何安装配置和开发辅助工具。如果用户在多服务器环境下进行部署，需要将文件复制到对应的服务器上。

9.2.1 环境配置

1. 操作系统

常见的 Linux 操作系统发行版（包括 Ubuntu、Redhat、CentOS 等）和 MacOS 等都可以支持 Fabric。内核推荐 3.10+ 版本，需要支持 64 位环境。下面将默认以 Ubuntu 18.04 操作系统为例进行讲解。

> 注意 运行 Fabric 节点需要的资源并不苛刻，作为实验，Fabric 节点甚至可以在树莓派（Raspberry Pi）上正常运行，但生产环境中需要足够的 CPU 和内存资源。

---

2. 安装 Go 语言环境

可以访问 golang.org 网站下载压缩包进行安装。

如下载最新的 Go 1.13.4 稳定版本，可以采用如下命令：

```
$ curl -O https://dl.google.com/go/go1.13.4.linux-amd64.tar.gz
```

下载完成后，解压目录，并移动到合适的位置（如 /usr/local）：

```
$ tar -xvf go1.13.4.linux-amd64.tar.gz
$ sudo mv go /usr/local
```

配置 GOPATH 环境变量（如果启用 Go Modules 则无须配置），同时可以加入 .bash_profile 文件中以长期生效：

```
export GOPATH=YOUR_LOCAL_GO_PATH/Go
export PATH=$PATH:/usr/local/go/bin:$GOPATH/bin
```

此时，可以通过 go version 命令验证安装是否成功：

```
$ go version

go version go1.13.4 linux/amd64
```

3. 安装依赖包

编译 Fabric 代码依赖一些开发库，可以通过如下命令安装：

```
$ sudo apt-get update \
     && apt-get install -y libsnappy-dev zlib1g-dev libbz2-dev libyaml-dev
libltdl-dev libtool
```

4. 安装 Docker 环境

Fabric 目前采用 Docker 容器作为链码执行环境，因此即使在本地运行，链码服务器上也需要安装 Docker 环境，推荐使用 1.18 或者更新的版本。

Linux 操作系统下可以通过如下命令安装 Docker 最新版本：

```
$ curl -fsSL https://get.docker.com/ | sh
```

macOS 可以访问 https://docs.docker.com/docker-for-mac/install 下载 Docker for Mac 安装包自行安装。

9.2.2　获取代码

目前，Fabric 官方仓库托管在 GitHub 仓库 github.com/hyperledger/fabric。

如果未启用 Go Modules，需要将 Fabric 项目放到 $GOPATH 路径下。命令如下所示，可创建 $GOPATH/src/github.com/hyperledger 目录结构并切换到该路径：

```
$ mkdir -p $GOPATH/src/github.com/hyperledger
$ cd $GOPATH/src/github.com/hyperledger
```

获取 Peer 和 Orderer 组件编译所需要的代码，两者目前在同一个 Fabric 仓库中：

```
$ git clone https://github.com/hyperledger/fabric.git
```

为节约下载时间，读者可以通过 --single-branch -b master --depth 1 命令选项来指定只获取 master 分支最新代码：

```
$ git clone --single-branch -b master --depth 1 https://github.com/hyperledger/fabric.git
```

Fabric CA 组件在独立的 fabric-ca 仓库中，可以通过如下命令获取：

```
$ git clone https://github.com/hyperledger/fabric-ca.git
```

读者也可以直接访问 https://github.com/hyperledger/fabric/releases 和 https://github.com/hyperledger/fabric-ca/releases 来下载特定的 fabric 和 fabric-ca 发行版。

最后，检查确认 fabric 和 fabric-ca 两个仓库下载成功：

```
$ ls $GOPATH/src/github.com/hyperledger
fabric fabric-ca
```

9.2.3　编译安装 Peer 组件

配置版本号和编译参数，代码如下：

```
$ PROJECT_VERSION=2.0.0
$ LD_FLAGS="-X github.com/hyperledger/fabric/common/metadata.Version=
${PROJECT_VERSION} \
            -X github.com/hyperledger/fabric/common/metadata.BaseDockerLabel=
org.hyperledger.fabric \
            -X github.com/hyperledger/fabric/common/metadata.DockerNamespace=
hyperledger \
            -X github.com/hyperledger/fabric/common/metadata.BaseDockerNamesp
ace=hyperledger"
```

通过如下命令编译并安装 Fabric 的 Peer 组件到 $GOPATH/bin 下：

```
$ CGO_CFLAGS=" " go install -tags "" -ldflags "$LD_FLAGS" \
    github.com/hyperledger/fabric/cmd/peer
```

当然，用户也可直接使用源码中的 Makefile 进行编译，相关命令如下：

```
$ make peer
```

这种情况下编译生成的 Peer 组件会默认放在 build/bin 路径下。

9.2.4　编译安装 Orderer 组件

通过如下命令编译并安装 Fabric 的 Orderer 组件到 $GOPATH/bin 下：

```
$ CGO_CFLAGS=" " go install -tags "" -ldflags "$LD_FLAGS" \
    github.com/hyperledger/fabric/cmd/orderer
```

同样，也可使用 Makefile 编译安装 Orderer 组件到 build/bin 路径下：

```
$ make orderer
```

9.2.5　编译安装 Fabric CA 组件

采用如下命令编译并安装 fabric-ca 相关组件到 $GOPATH/bin 下：

```
$ go install -ldflags "-X github.com/hyperledger/fabric-ca/lib/metadata.
Version=$PROJECT_VERSION -linkmode external -extldflags '-static -lpthread'" \
    github.com/hyperledger/fabric-ca/cmd/...
```

9.2.6　编译安装配置辅助工具

Fabric 中还提供了一系列配置辅助工具，包括 cryptogen（本地生成组织结构和身份文件）、configtxgen（生成配置区块和配置交易）、configtxlator（解析转换配置信息）、discover（拓扑探测）、idemixgen（Idemix 证书生成）等，可以通过如下命令进行快速编译和安装：

```
# 编译安装 cryptogen, 等价于执行 make cryptogen
$ CGO_CFLAGS=" " \
    go install -tags "" -ldflags "$LD_FLAGS" \
    github.com/hyperledger/fabric/cmd/cryptogen

# 编译安装 configtxgen, 等价于执行 make configtxgen
$ CGO_CFLAGS=" " \
    go install -tags "" -ldflags "$LD_FLAGS" \
    github.com/hyperledger/fabric/cmd/configtxgen

# 编译安装 configtxlator, 等价于执行 make configtxlator
$ CGO_CFLAGS=" " \
    go install -tags "" -ldflags "$LD_FLAGS" \
    github.com/hyperledger/fabric/cmd/configtxlator

# 编译安装 discover, 等价于执行 make discover
$ CGO_CFLAGS=" " \
    go install -tags "" -ldflags "$LD_FLAGS" \
    github.com/hyperledger/fabric/cmd/discover

# 编译安装 idemixgen, 等价于执行 make idemixgen
$ CGO_CFLAGS=" " \
    go install -tags "" -ldflags "$LD_FLAGS" \
    github.com/hyperledger/fabric/cmd/idemixgen
```

另外，Fabric 项目还提供了常见的编译命令，可以参考 Makefile 文件。例如，编译所有的二进制文件可以使用如下命令：

```
$ make native
```

9.2.7　安装 Protobuf 支持和 Go 语言相关工具

Fabric 代码由 Go 语言构建，开发者可以选择安装如下的 Go 语言相关工具，方便开发和调试：

```
$ go get github.com/golang/protobuf/protoc-gen-go \
    && go get github.com/maxbrunsfeld/counterfeiter \
    && go get github.com/axw/gocov/... \
    && go get github.com/AlekSi/gocov-xml \
    && go get golang.org/x/tools/cmd/goimports \
    && go get golang.org/x/lint/golint \
```

```
&& go get github.com/estesp/manifest-tool \
&& go get github.com/client9/misspell/cmd/misspell \
&& go get github.com/estesp/manifest-tool \
&& go get github.com/onsi/ginkgo/ginkgo
```

9.2.8　示例配置

sampleconfig 目录下包括了一些示例配置文件，可以作为参考。

- configtx.yaml：示例配置区块生成文件。
- orderer.yaml：示例排序节点配置文件。
- core.yaml：示例 Peer 节点配置文件。
- msp/config.yaml：示例组织身份配置文件。
- msp/：存放示例证书和私钥文件。

可以将它们复制到默认的配置目录（/etc/hyperledger/fabric）下进行使用。

9.3　容器方式获取

除了手动进行本地编译外，还可以采用容器（Docker）镜像的方式快速获取和运行 Fabric 网络，节约本地编译等待的时间。

9.3.1　安装 Docker 服务

推荐使用 Docker 1.18 或者更新的版本。

Linux 操作系统下，可以通过如下命令快速安装：

```
$ curl -fsSL https://get.docker.com/ | sh
```

Ubuntu 18.04 中默认采用了 systemd 管理启动服务，配置文件在 /lib/systemd/system/docker.service 下。

修改服务配置后，需要通过如下命令重启 Docker 服务：

```
$ sudo systemctl daemon-reload
$ sudo systemctl restart docker.service
```

对于使用 upstart 管理启动服务的操作系统（如旧版本的 Ubuntu、Debian），则可以采用如下命令重启 Docker 服务：

```
$ sudo service docker restart
```

MacOS 下，可以通过访问 https://docs.docker.com/docker-for-mac/install 下载 Docker for Mac 安装包进行安装，在此不再赘述。

9.3.2　安装 docker-compose

docker-compose 是 Docker 官方推出的服务模板引擎，可以快速管理由多个 Docker 容器组成的服务。

首先，安装 python-pip 软件包：

```
$ sudo aptitude install python-pip
```

安装 docker-compose（推荐为 1.10.0 及以上版本）：

```
$ sudo pip install docker-compose>=1.10.0
```

9.3.3 获取 Docker 镜像

Docker 镜像可以自行从源码编译，也可以从 DockerHub 仓库下载。

目前，Fabric 项目相关的 Docker 镜像有十几个，这些镜像都在 hyperledger 仓库中，它们之间的相互依赖关系如图 9-1 所示。

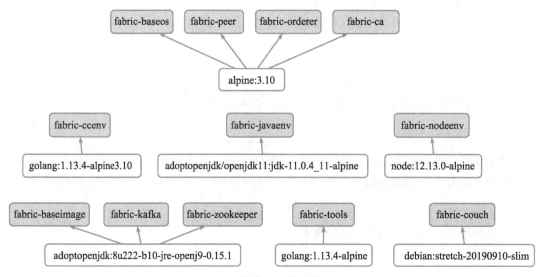

图 9-1　镜像之间的依赖关系

根据不同用途，Docker 镜像可以大致分为三类：核心镜像、辅助镜像和第三方镜像。

1. 核心镜像

提供 Fabric 网络运行的核心功能，目前包括 fabric-peer、fabric-orderer、fabric-ca、fabric-baseos、fabric-ccenv、fabric-javaenv、fabric-nodeenv 共 7 种镜像，如表 9-2 所示。

表 9-2　核心镜像

镜像名称	父镜像	功能描述
fabric-peer	alpine:3.10	Peer 节点镜像，安装了 Peer 相关文件。生成过程使用 golang:1.13.4-alpine3.10 镜像
fabric-orderer	alpine:3.10	排序节点镜像，安装了 Orderer 相关文件。生成过程使用 golang:1.13.4-alpine3.10 镜像
fabric-ca	alpine:3.10	fabric-ca 镜像，安装了 fabric-ca 相关文件。生成过程使用 golang:1.13.4-alpine 镜像
fabric-baseos	alpine:3.10	基础镜像，用来生成其他镜像（包括 Peer、Orderer、fabric-ca），并作为 Go 链码的默认运行时镜像
fabric-ccenv	golang:1.13.4-alpine3.10	支持 Go 语言的链码基础镜像，其中安装了 g++、gcc、git、musl-dev 等，并创建 chaincode 存放目录。在链码实例化过程中作为默认编译环境将链码编译为二进制文件

（续）

镜像名称	父镜像	功能描述
fabric-javaenv	adoptopenjdk/openjdk11:jdk-11.0.4_11-alpine	支持 Java 语言的链码基础镜像，其中安装了 Gradle、Maven、Java 链码 shim 层等，作为 Java 链码的默认运行时镜像
fabric-nodeenv	node:12.13.0-alpine	支持 Node.js 语言的链码基础镜像，其中安装了 make、python、g++。在链码实例化过程中作为默认编译环境生成 Node.js 链码镜像，同时作为 Node.js 链码运行环境

2. 辅助镜像

提供支持功能，目前包括 fabric-baseimage、fabric-tools 镜像，如表 9-3 所示。

表 9-3　辅助镜像

镜像名称	父镜像	功能描述
fabric-baseimage	adoptopenjdk:8u222-b10-jdk-openj9-0.15.1	基础镜像，安装了 wget、Golang、Node.JS、Python、Protocol buffer 支持等，用来生成其他镜像。运行时可以用来生成 Node.js 链码镜像
fabric-tools	golang:1.13.4-alpine	安装了 bash、jq、peer、cryptogen、configtxgen 等常见命令，可以作为测试客户端使用

3. 第三方镜像

主要是由一些第三方开源软件提供支持功能，目前包括 fabric-couchdb、fabric-kafka、fabric-zookeeper 3 种镜像，如表 9-4 所示。

表 9-4　第三方镜像

镜像名称	父镜像	功能描述
fabric-couchdb	debian:stretch-20190910-slim	couchdb 镜像，可以启动 couchDB 服务，供 Peer 使用
fabric-kafka	adoptopenjdk:8u222-b10-jre-openj9-0.15.1	kafka 镜像，可以启动 Kafka 服务，供 Orderer 在 kafka 模式下使用。2.x 版本中已经不再支持
fabric-zookeeper	adoptopenjdk:8u222-b10-jre-openj9-0.15.1	zookeeper 镜像，可以启动 Zookeeper 服务，供 Orderer 在 kafka 模式下使用。2.x 版本中已经不再支持

4. 从源码生成镜像

可以通过如下命令在本地快速生成 fabric-baseos、fabric-peer、fabric-orderer、fabric-ccenv、fabric-tools 等多个 Docker 镜像：

```
$ make docker
```

注意，从源码直接生成的镜像，除了版本标签外，还会带有所编译版本快照信息的标签，例如 amd64-2.0.0-snapshot123456。

5. 从 Dockerhub 获取镜像

除了从源码编译外，还可以直接从 Dockerhub 拉取相关的镜像，命令格式为：

```
docker pull <IMAGE_NAME:TAG>。
```

例如，可以使用如下命令，从社区仓库直接获取 fabric-peer、fabric-orderer、fabric-ca、

fabric-tools 等镜像的 2.0.0 版本：

```
$ ARCH=amd64
$ BASEIMAGE_RELEASE=0.4.18
$ PROJECT_VERSION=2.0.0
$ TWO_DIGIT_VERSION=2.0

# 拉取镜像
$ docker pull hyperledger/fabric-peer:$PROJECT_VERSION \
  && docker pull hyperledger/fabric-orderer:$PROJECT_VERSION \
  && docker pull hyperledger/fabric-ca:$PROJECT_VERSION \
  && docker pull hyperledger/fabric-tools:$PROJECT_VERSION \
  && docker pull hyperledger/fabric-ccenv:$TWO_DIGIT_VERSION \
  && docker pull hyperledger/fabric-baseimage:$BASEIMAGE_RELEASE \
  && docker pull hyperledger/fabric-baseos:$TWO_DIGIT_VERSION
```

此外，还可以从第三方仓库获取镜像，拉取后可以添加默认的镜像标签别名。

例如，笔者仓库中构建了基于 Go 基础镜像的相关 fabric 镜像，可以通过如下命令获取：

```
# 拉取镜像
$ docker pull yeasy/hyperledger-fabric-base:$PROJECT_VERSION \
  && docker pull yeasy/hyperledger-fabric-peer:$PROJECT_VERSION \
  && docker pull yeasy/hyperledger-fabric-orderer:$PROJECT_VERSION \
  && docker pull yeasy/hyperledger-fabric-ca:$PROJECT_VERSION
```

> 注意　BASEIMAGE_RELEASE 是基础镜像 fabric-baseimage 的版本号；PROJECT_VERSION
> 是具体版本号。这些版本号需要跟所使用的 Fabric 配置中保持一致。

9.3.4 镜像 Dockerfile

读者也可自行通过编写 Dockerfile 来生成相关镜像。

Dockerfile 中指令与本地编译过程十分类似，这里给出笔者编写的 fabric-base 镜像、fabric-orderer 镜像、fabric-peer 镜像和 fabric-ca 等关键镜像的 Dockerfile，供读者参考使用。

1.fabric-base 镜像

笔者提供的 fabric-base 镜像基于 golang:1.13 镜像生成，可以作为 Go 链码容器的基础镜像。该镜像中包含了 Fabric 相关的代码，并安装了一些有用的工具，包括 gotools、configtxgen、configtxlator、cryptogen、discover、token、idemixgen 等。

该 Dockerfile 内容如下，也可从 https://github.com/yeasy/docker-hyperledger-fabric-base 下载获取：

```
# https://github.com/yeasy/docker-hyperledger-fabric-base
#
# Dockerfile for Hyperledger fabric base image.
# If you only need quickly deploy a fabric network, please see
# * yeasy/hyperledger-fabric-peer
# * yeasy/hyperledger-fabric-orderer
# * yeasy/hyperledger-fabric-ca
#
# Workdir is set to $GOPATH/src/github.com/hyperledger/fabric
# Data is stored under /var/hyperledger/production

FROM golang:1.13
```

```
LABEL maintainer "Baohua Yang <yeasy.github.com>"

ENV DEBIAN_FRONTEND noninteractive

# Only useful for this Dockerfile
ENV FABRIC_ROOT=$GOPATH/src/github.com/hyperledger/fabric

# Version for the base images (baseimage, etc.)
ENV BASEIMAGE_RELEASE=0.4.18
# BASE_VERSION is used in metadata.Version as major version
ENV BASE_VERSION=2.0.0
# PROJECT_VERSION is required in core.yaml for fabric-baseos and fabric-ccenv
ENV PROJECT_VERSION=2.0.0
ENV TWO_DIGIT_VERSION=2.0
# generic environment (core.yaml) for builder and runtime: builder: $(DOCKER_
NS)/fabric-ccenv:$(TWO_DIGIT_VERSION)
ENV DOCKER_NS=hyperledger
# for Go cc runtime: $(BASE_DOCKER_NS)/fabric-baseos:$(ARCH)-$(BASEIMAGE_
RELEASE)
ENV BASE_DOCKER_NS=hyperledger
ENV LD_FLAGS="-X github.com/hyperledger/fabric/common/metadata.Version=${PROJECT_
VERSION} \
              -X github.com/hyperledger/fabric/common/metadata.BaseDockerLabel=
org.hyperledger.fabric \
              -X github.com/hyperledger/fabric/common/metadata.DockerNamespace=
hyperledger \
              -X github.com/hyperledger/fabric/common/metadata.BaseDockerNames
pace=hyperledger"

# -X github.com/hyperledger/fabric/common/metadata.Experimental=true \
# -linkmode external -extldflags '-static -lpthread'"

# Peer config path
ENV FABRIC_CFG_PATH=/etc/hyperledger/fabric
RUN mkdir -p /var/hyperledger/production \
        $GOPATH/src/github.com/hyperledger \
        $FABRIC_CFG_PATH \
        /chaincode/input \
        /chaincode/output

# Install development dependencies
RUN apt-get update \
        && apt-get install -y apt-utils python-dev \
        && apt-get install -y libsnappy-dev zlib1g-dev libbz2-dev libyaml-dev
libltdl-dev libtool \
        && apt-get install -y python-pip \
        && apt-get install -y vim tree jq unzip \
        && rm -rf /var/cache/apt

# Install gotools
RUN go get github.com/golang/protobuf/protoc-gen-go \
        && go get github.com/maxbrunsfeld/counterfeiter \
        && go get github.com/axw/gocov/... \
        && go get github.com/AlekSi/gocov-xml \
        && go get golang.org/x/tools/cmd/goimports \
        && go get golang.org/x/lint/golint \
        && go get github.com/estesp/manifest-tool \
        && go get github.com/client9/misspell/cmd/misspell \
        && go get github.com/estesp/manifest-tool \
        && go get github.com/onsi/ginkgo/ginkgo

# Clone the Hyperledger Fabric code and cp sample config files
```

```
    RUN cd $GOPATH/src/github.com/hyperledger \
            && git clone --single-branch -b master --depth 1 https://github.com/
hyperledger/fabric.git \
            && echo "*                    hard    nofile            65536" >> /etc/security/
limits.conf \
            && echo "*                    soft    nofile            8192" >> /etc/security/
limits.conf \
            && cp -r $FABRIC_ROOT/sampleconfig/* $FABRIC_CFG_PATH/

    # Install configtxgen, cryptogen, configtxlator and discover
    RUN cd $FABRIC_ROOT/ \
            && CGO_CFLAGS=" " go install -tags "" github.com/hyperledger/fabric/
cmd/configtxgen \
            && CGO_CFLAGS=" " go install -tags "" github.com/hyperledger/fabric/
cmd/cryptogen \
            && CGO_CFLAGS=" " go install -tags "" github.com/hyperledger/fabric/
cmd/configtxlator \
            && CGO_CFLAGS=" " go install -tags "" -ldflags "-X github.com/hyperledger/
fabric/cmd/discover/metadata.Version=2.0.0" github.com/hyperledger/fabric/cmd/discover \
    #&& CGO_CFLAGS=" " go install -tags "" -ldflags "-X github.com/hyperledger/
fabric/cmd/token/metadata.Version=2.0.0" github.com/hyperledger/fabric/cmd/token \
            && CGO_CFLAGS=" " go install -tags "" github.com/hyperledger/fabric/cmd/
idemixgen

    # Add external fabric chaincode dependencies
    RUN go get github.com/hyperledger/fabric-chaincode-go/shim \
            && go get github.com/hyperledger/fabric-protos-go/peer

    # The data and config dir, can map external one with -v
    VOLUME /var/hyperledger

    # Temporarily fix the `go list` complain problem, which is required in chaincode
packaging, see core/chaincode/platforms/golang/platform.go#GetDepoymentPayload
    ENV GOROOT=/usr/local/go

    WORKDIR $FABRIC_ROOT

    # This is only a workaround for current hard-coded problem when using as
fabric-baseimage.
    RUN ln -s $GOPATH /opt/gopath

    LABEL org.hyperledger.fabric.version=${PROJECT_VERSION} \
        org.hyperledger.fabric.base.version=${BASEIMAGE_RELEASE}
```

该镜像也可以替代 hyperledger/fabric-baseimage:latest 镜像。

2.fabric-orderer 镜像

fabric-orderer 镜像基于 fabric-base 生成，编译安装了 Orderer 组件。参考 Dockerfile 内容如
下，可从 https://github.com/yeasy/docker-hyperledger-fabric-orderer 下载获取：

```
# https://github.com/yeasy/docker-hyperledger-fabric-orderer
#
# Dockerfile for Hyperledger fabric-orderer image.

FROM yeasy/hyperledger-fabric-base:latest
LABEL maintainer "Baohua Yang <yeasy.github.com>"

EXPOSE 7050

ENV ORDERER_GENERAL_LOCALMSPDIR $FABRIC_CFG_PATH/msp
```

```
ENV ORDERER_GENERAL_LISTENADDRESS 0.0.0.0
# ENV CONFIGTX_ORDERER_ORDERERTYPE=etcdraft

RUN mkdir -p $FABRIC_CFG_PATH $ORDERER_GENERAL_LOCALMSPDIR

# Install fabric orderer
RUN CGO_CFLAGS=" " go install -tags "" -ldflags "$LD_FLAGS" github.com/hyperledger/
fabric/cmd/orderer \
        && go clean

# orderer bootup requires the bootstrap block file, see orderer.yaml
CMD ["orderer", "start"]
```

3. fabric-peer 镜像

fabric-peer 镜像基于 fabric-base 生成，编译安装了 peer 命令。

Dockerfile 内容如下，可从 https://github.com/yeasy/docker-hyperledger-fabric-peer 下载获取：

```
# https://github.com/yeasy/docker-hyperledger-fabric-peer
#
# Dockerfile for Hyperledger peer image. This actually follow yeasy/hyperledger-
fabric
# image and add default start cmd.
# Data is stored under /var/hyperledger/production

FROM yeasy/hyperledger-fabric-base:latest
LABEL maintainer "Baohua Yang <yeasy.github.io>"

# Peer
EXPOSE 7051

# ENV CORE_PEER_MSPCONFIGPATH $FABRIC_CFG_PATH/msp

# Install fabric peer
RUN CGO_CFLAGS=" " go install -tags "" -ldflags "$LD_FLAGS" github.com/
hyperledger/fabric/cmd/peer \
        && go clean

# First need to manually create a chain with `peer channel create -c test_
chain`, then join with `peer channel join -b test_chain.block`.
CMD ["peer","node","start"]
```

4. fabric-ca 镜像

fabric-ca 镜像基于 golang:1.13 镜像生成，提供对证书的签发功能。

Dockerfile 内容如下，可从 https://github.com/yeasy/docker-hyperledger-fabric-ca 下载获取：

```
# https://github.com/yeasy/docker-hyperledger-fabric-ca
#
# Dockerfile for Hyperledger fabric-ca image.
# If you need a peer node to run, please see the yeasy/hyperledger-peer image.
# Workdir is set to $GOPATH/src/github.com/hyperledger/fabric-ca
# More usage infomation, please see https://github.com/yeasy/docker-hyperledger-
fabric-ca.

FROM golang:1.13
LABEL maintainer "Baohua Yang <yeasy.github.com>"

ENV PROJECT_VERSION 2.0.0

# ca-server and ca-client will check the following env in order, to get the
```

```
home cfg path
    ENV FABRIC_CA_HOME /etc/hyperledger/fabric-ca-server
    ENV FABRIC_CA_SERVER_HOME /etc/hyperledger/fabric-ca-server
    ENV FABRIC_CA_CLIENT_HOME $HOME/.fabric-ca-client
    ENV CA_CFG_PATH /etc/hyperledger/fabric-ca

    # This is to simplify this Dockerfile
    ENV FABRIC_CA_ROOT $GOPATH/src/github.com/hyperledger/fabric-ca

    # Usually the binary will be installed into $GOPATH/bin, but we add local
build path, too
    ENV PATH=$FABRIC_CA_ROOT/bin:$PATH

    #ARG FABRIC_CA_DYNAMIC_LINK=false

    # fabric-ca-server will open service to '0.0.0.0:7054/api/v1/'
    EXPOSE 7054

    RUN mkdir -p $GOPATH/src/github.com/hyperledger \
            $FABRIC_CA_SERVER_HOME \
            $FABRIC_CA_CLIENT_HOME \
            $CA_CFG_PATH \
            /var/hyperledger/fabric-ca-server

    # Need libtool to provide the header file ltdl.h
    RUN apt-get update \
            && apt-get install -y libtool unzip \
            && rm -rf /var/cache/apt

    # Install yq to update config for fabric-ca
    RUN wget -O /go/bin/yq https://github.com/mikefarah/yq/releases/download/2.4.1/
yq_linux_amd64 \
            && chmod a+x /go/bin/yq

    # clone and build ca
    RUN cd $GOPATH/src/github.com/hyperledger \
              && git clone --single-branch -b master --depth 1 https://github.com/
hyperledger/fabric-ca \
        # This will install fabric-ca-server and fabric-ca-client into $GOPATH/bin/
              && go install -ldflags "-X github.com/hyperledger/fabric-ca/lib/metadata.
Version=$PROJECT_VERSION -linkmode external -extldflags '-static -lpthread'" github.
com/hyperledger/fabric-ca/cmd/... \
        # Copy example ca and key files
        #&& cp $FABRIC_CA_ROOT/images/fabric-ca/payload/*.pem $FABRIC_CA_HOME/ \
              && go clean

    VOLUME $FABRIC_CA_SERVER_HOME
    VOLUME $FABRIC_CA_CLIENT_HOME

    WORKDIR $FABRIC_CA_ROOT

    # if no config exists under $FABRIC_CA_HOME, will init fabric-ca-server-
config.yaml and fabric-ca-server.db
    CMD ["bash", "-c", "fabric-ca-server start -b admin:adminpw"]
```

9.4　用本地方式启动 Fabric 网络

启动一个 Fabric 网络主要包括如下步骤:

1)规划初始网络拓扑。根据联盟的需求规划拓扑信息,包括联盟成员、排序服务集群、应用通道的初始成员等；

2）准备启动配置文件。包括网络中组织结构和对应的身份证书（可使用 cryptogen 工具或 fabric-ca 完成）、系统通道的初始配置区块文件、新建应用通道的配置更新交易文件，以及可能需要的配置更新交易文件（可使用 configtxgen 工具完成）。

3）启动排序节点。使用系统通道的初始区块文件启动排序服务，排序服务启动后自动按照指定配置创建系统通道。

4）启动 Peer 节点。不同的组织按照预置角色分别启动 Peer 节点。

5）创建通道。客户端使用新建应用通道的配置更新交易文件，向系统通道发送交易，创建新的应用通道。

6）加入通道。Peer 节点利用初始区块加入所创建的应用通道。

主要步骤如图 9-2 所示，下面进行具体讲解。

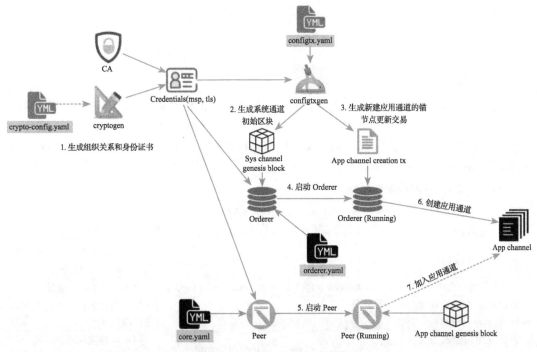

图 9-2　Fabric 网络启动步骤

9.4.1　规划初始网络拓扑

示例网络拓扑如图 9-3 所示，包括 3 个排序节点和 4 个 Peer 节点，以及 1 个客户端操作节点（负责生成相关启动文件，在网络启动后作为客户端执行命令）。

其中，排序服务采用 Raft 模式，所有节点都加入新建的 businesschannel 中。4 个 Peer 节点分属两个组织：Org1 和 Org2，也都是应用通道成员。每个组织中的 peer0 节点作为锚节点负责与其他组织节点分享信息。

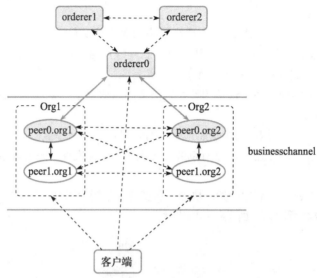

图 9-3 Fabric 网络拓扑结构

9.4.2 准备启动配置文件

Fabric 网络在启动之前，需要提前生成一些用于启动的配置文件，主要包括 MSP 相关身份文件（msp/*）、TLS 相关身份文件（tlsca/*）、系统通道初始区块（orderer.genesis.block）、新建应用通道交易文件（businesschannel.tx）、锚节点配置更新交易文件（ Org1MSPanchors.tx 和 Org2MSPanchors.tx）等。

各启动配置文件的功能如表 9-5 所示。

表 9-5　准备启动配置文件

启动配置	使用者	依赖文件	主要功能
MSP 相关身份文件 msp/*	Peer、Orderer、客户端	crypto-config.yaml	包括证书文件、签名私钥等，代表实体身份相关信息
TLS 相关身份文件 tls/*	Peer、Orderer、客户端	crypto-config.yaml	启用 TLS 时用于验证
系统通道初始区块文件 orderer.genesis.block	Orderer	configtx.yaml	用于创建系统通道，配置网络中的策略
新建应用通道交易文件 businesschannel.tx	客户端	configtx.yaml	用于新建应用通道，其中指定通道成员、访问策略等
锚节点配置更新交易文件 Org1MSPanchors.tx 和 Org2MSPanchors.tx	客户端	configtx.yaml	用于更新通道中各组织的锚节点信息（2.x 版本中弃用）

下面描述配置文件的生成过程。

1. 生成组织关系和身份证书

Fabric 网络作为联盟链，需要多个成员组织共同维护。成员之间通过身份进行识别，网络通过身份来限制资源访问权限，因此各成员组织都需要提前准备对应的身份文件，并部署到其所拥有的节点和客户端上。

　　用户可通过标准 PKI 服务（如使用 Fabric CA 实现）或 OpenSSL 工具，手动生成各个实体的证书和私钥。Fabric 项目还提供了 cryptogen 工具（基于 Go 语言 crypto 标准库）在本地生成，需要提前准备 crypto-config.yaml 配置文件。

　　crypto-config.yaml 配置文件的结构十分简单，支持定义两种类型（OrdererOrgs 和 PeerOrgs）的若干组织。每个组织中又可以定义多个节点（Spec）和用户（User）。

　　本示例的 crypto-config.yaml 配置文件中，定义了一个 OrdererOrgs 类型的组织 example.com，包括 3 个节点；两个 PeerOrgs 类型的组织 org1.example.com 和 org2.example.com，分别包括 2 个节点和 1 个普通用户身份，文件内容如下：

```
OrdererOrgs:
  - Name: Orderer
    Domain: example.com
    CA:
        Country: US
        Province: California
        Locality: San Francisco
    Specs:
      - Hostname: orderer0
      - Hostname: orderer1
      - Hostname: orderer2
PeerOrgs:
  - Name: Org1
    Domain: org1.example.com
    EnableNodeOUs: true
    CA:
        Country: US
        Province: California
        Locality: San Francisco
    Template:
      Count: 2
    Users:
      Count: 1
  - Name: Org2
    Domain: org2.example.com
    EnableNodeOUs: true
    CA:
        Country: US
        Province: California
        Locality: San Francisco
    Template:
      Count: 2
    Users:
      Count: 1
```

　　使用该配置文件，通过如下命令可生成指定组织结构的身份文件，并存放到 crypto-config 目录下：

```
$ cryptogen generate \
    --config=./crypto-config.yaml \
    --output ./crypto-config
```

　　用户修改配置后，还可以通过 extend 子命令来更新 crypto-config 目录：

```
$ cryptogen extend \
```

```
    --config=./crypto-config.yaml \
    --input ./crypto-config
```

查看刚生成的 crypto-config 目录，结构如下所示：

```
$ tree -L 4 crypto-config
crypto-config
|-- ordererOrganizations
|   `-- example.com
|       |-- ca
|       |   |-- 293def0fc6d07aab625308a3499cd97f8ffccbf9e9769bf4107d6781f5e8072b_sk
|       |   `-- ca.example.com-cert.pem
|       |-- msp
|       |   |-- admincerts/
|       |   |-- cacerts/
|       |   `-- tlscacerts/
|       |-- orderers
|       |   `-- orderer0.example.com/
|       |   `-- orderer1.example.com/
|       |   `-- orderer2.example.com/
|       |-- tlsca
|       |   |-- 2be5353baec06ca695f7c3b04ca0932912601a4411939bfcfd44af18274d5a65_sk
|       |   `-- tlsca.example.com-cert.pem
|       `-- users
|           `-- Admin@example.com/
`-- peerOrganizations
    |-- org1.example.com
    |   |-- ca
    |   |   |-- 501c5f828f58dfa3f7ee844ea4cdd26318256c9b66369727afe8437c08370aee_sk
    |   |   `-- ca.org1.example.com-cert.pem
    |   |-- msp
    |   |   |-- admincerts/
    |   |   |-- cacerts/
    |   |   `-- tlscacerts/
    |   |-- peers
    |   |   |-- peer0.org1.example.com/
    |   |   `-- peer1.org1.example.com/
    |   |-- tlsca
    |   |   |-- 592a08f84c99d6f083b3c5b9898b2ca4eb5fbb9d1e255f67df1fa14c123e4368_sk
    |   |   `-- tlsca.org1.example.com-cert.pem
    |   `-- users
    |       |-- Admin@org1.example.com/
    |       `-- User1@org1.example.com/
    `-- org2.example.com
        |-- ca
        |   |-- 86d97f9eb601868611eab5dc7df88b1f6e91e129160651e683162b958a728162_sk
        |   `-- ca.org2.example.com-cert.pem
        |-- msp
        |   |-- admincerts/
        |   |-- cacerts/
        |   `-- tlscacerts/
        |-- peers
        |   |-- peer0.org2.example.com/
        |   `-- peer1.org2.example.com/
        |-- tlsca
        |   |-- 4b87c416978970948dffadd0639a64a2b03bc89f910cb6d087583f210fb2929d_sk
        |   `-- tlsca.org2.example.com-cert.pem
        `-- users
            |-- Admin@org2.example.com/
            `-- User1@org2.example.com/
```

按照 crypto-config.yaml 中的定义，crypto-config 目录下包括多级目录结构。其中 orderer-

Organizations 下包括构成 Orderer 组织（包括 3 个排序节点）的身份信息；peerOrganizations 下为所有 Peer 节点组织（包括 2 个组织，4 个节点）的相关身份信息。各个实体都含有 msp 和 tls 目录，分别包括对应的认证身份文件和 TLS 身份文件（公钥证书、私钥等）。

对于排序节点来说，需要将 ordererOrganizations/example.com/orderers/ordererX.example.com 目录下的内容（包括 msp 和 tls 两个子目录）复制到对应排序节点的配置路径（默认为 /etc/hyperledger/fabric）下。

对于 Peer 节点来说，则需要复制 peerOrganizations 下对应的身份证书文件。以 org1 的 peer0 为例，将 peerOrganizations/org1.example.com/peers/peer0.org1.example.com 目录下的内容（包括 msp 和 tls）复制到 Peer0 节点的配置路径（默认为 /etc/hyperledger/fabric）下。

对于客户端节点来说，需要复制对应身份的用户目录，例如 Org1 的管理员身份为 peerOrganizations/org1.example.com/users/Admin@org1.example.com/。

2. 生成系统通道初始区块

系统通道是网络启动后的首个通道，负责管理网络整体配置。排序节点在启动后，可以使用初始区块来创建一个新的网络。

初始区块中包括了排序服务的相关配置信息（如排序节点信息、块大小、最大通道数、默认策略等）和示例联盟配置。可以使用 configtxgen 工具生成。生成过程依赖 configtx.yaml 文件。

configtx.yaml 配置文件定义了整个网络中的相关配置和拓扑结构信息，用户可参考 sampleconfig/configtx.yaml 示例文件进行编写。这里采用如下内容，各个字段的含义可参考第 12 章：

```
Profiles:
    TwoOrgsOrdererGenesis:
        <<: *ChannelDefaults
        Capabilities:
            <<: *ChannelCapabilities
        Orderer:
            <<: *OrdererDefaults
            Organizations:
                - *OrdererOrg
            Capabilities:
                <<: *OrdererCapabilities
        Consortiums:
            SampleConsortium:
                Organizations:
                    - *Org1
                    - *Org2
    TwoOrgsChannel:
        Consortium: SampleConsortium
        <<: *ChannelDefaults
        Capabilities:
            <<: *ChannelCapabilities
        Application:
            <<: *ApplicationDefaults
            Organizations:
                - *Org1
                - *Org2
            Capabilities:
```

```
                    <<: *ApplicationCapabilities
Organizations:
    - &OrdererOrg
        Name: OrdererOrg
        SkipAsForeign: false
        ID: OrdererMSP
        MSPDir: msp
        Policies:
            Readers:
                Type: Signature
                Rule: "OR('OrdererMSP.member')"
            Writers:
                Type: Signature
                Rule: "OR('OrdererMSP.member')"
            Admins:
                Type: Signature
                Rule: "OR('OrdererMSP.admin')"
        OrdererEndpoints:
            - "orderer0.example.com:7050"
            - "orderer1.example.com:7050"
            - "orderer2.example.com:7050"

    - &Org1
        Name: Org1MSP
        SkipAsForeign: false
        ID: Org1MSP
        MSPDir: msp
        Policies:
            Readers:
                Type: Signature
                Rule: "OR('Org1MSP.admin', 'Org1MSP.peer', 'Org1MSP.client')"
            Writers:
                Type: Signature
                Rule: "OR('Org1MSP.admin', 'Org1MSP.client')"
            Admins:
                Type: Signature
                Rule: "OR('Org1MSP.admin')"
            Endorsement:
                Type: Signature
                Rule: "OR('Org1MSP.member')"
        AnchorPeers:
            - Host: peer0.org1.example.com
              Port: 7051
    - &Org2
        ......
Capabilities:
    Channel: &ChannelCapabilities
        V2_0: true
    Orderer: &OrdererCapabilities
        V2_0: true
    Application: &ApplicationCapabilities
        V2_0: true
Application: &ApplicationDefaults
    ACLs: &ACLsDefault
        _lifecycle/CheckCommitReadiness: /Channel/Application/Writers
        _lifecycle/CommitChaincodeDefinition: /Channel/Application/Writers
        _lifecycle/QueryChaincodeDefinition: /Channel/Application/Readers
        _lifecycle/QueryChaincodeDefinitions: /Channel/Application/Readers
        lscc/ChaincodeExists: /Channel/Application/Readers
        lscc/GetDeploymentSpec: /Channel/Application/Readers
        lscc/GetChaincodeData: /Channel/Application/Readers
        lscc/GetInstantiatedChaincodes: /Channel/Application/Readers
```

```
            qscc/GetChainInfo: /Channel/Application/Readers
            qscc/GetBlockByNumber: /Channel/Application/Readers
            qscc/GetBlockByHash: /Channel/Application/Readers
            qscc/GetTransactionByID: /Channel/Application/Readers
            qscc/GetBlockByTxID: /Channel/Application/Readers
            cscc/GetConfigBlock: /Channel/Application/Readers
            peer/Propose: /Channel/Application/Writers
            peer/ChaincodeToChaincode: /Channel/Application/Readers
            event/Block: /Channel/Application/Readers
            event/FilteredBlock: /Channel/Application/Readers
    Organizations:
    Policies:
        LifecycleEndorsement:
            Type: ImplicitMeta
            Rule: "MAJORITY Endorsement"
        Endorsement:
            Type: ImplicitMeta
            Rule: "MAJORITY Endorsement"
        Readers:
            Type: ImplicitMeta
            Rule: "ANY Readers"
        Writers:
            Type: ImplicitMeta
            Rule: "ANY Writers"
        Admins:
            Type: ImplicitMeta
            Rule: "MAJORITY Admins"
    Capabilities:
        <<: *ApplicationCapabilities
Orderer: &OrdererDefaults
    OrdererType: etcdraft
    Addresses:
        - orderer0.example.com:7050
        - orderer1.example.com:7050
        - orderer2.example.com:7050
    BatchTimeout: 2s
    BatchSize:
        MaxMessageCount: 500
        AbsoluteMaxBytes: 10 MB
        PreferredMaxBytes: 2 MB
    MaxChannels: 0
    EtcdRaft:
        Consenters:
            - Host: orderer0.example.com
              Port: 7050
              ClientTLSCert: crypto-config/ordererOrganizations/example.com/
orderers/orderer0.example.com/tls/server.crt
              ServerTLSCert: crypto-config/ordererOrganizations/example.com/
orderers/orderer0.example.com/tls/server.crt
            - Host: orderer1.example.com
              Port: 7050
              ClientTLSCert: crypto-config/ordererOrganizations/example.com/
orderers/orderer1.example.com/tls/server.crt
              ServerTLSCert: crypto-config/ordererOrganizations/example.com/
orderers/orderer1.example.com/tls/server.crt
            - Host: orderer2.example.com
              Port: 7050
              ClientTLSCert: crypto-config/ordererOrganizations/example.com/
orderers/orderer2.example.com/tls/server.crt
              ServerTLSCert: crypto-config/ordererOrganizations/example.com/
orderers/orderer2.example.com/tls/server.crt
        Options:
```

```
                TickInterval: 500ms
                ElectionTick: 10
                HeartbeatTick: 1
                MaxInflightBlocks: 5
                SnapshotIntervalSize: 16 MB
        Organizations:
        Policies:
            Readers:
                Type: ImplicitMeta
                Rule: "ANY Readers"
            Writers:
                Type: ImplicitMeta
                Rule: "ANY Writers"
            Admins:
                Type: ImplicitMeta
                Rule: "MAJORITY Admins"
            BlockValidation:
                Type: ImplicitMeta
                Rule: "ANY Writers"
        Capabilities:
            <<: *OrdererCapabilities
Channel: &ChannelDefaults
        Policies:
            Readers:
                Type: ImplicitMeta
                Rule: "ANY Readers"
            Writers:
                Type: ImplicitMeta
                Rule: "ANY Writers"
            Admins:
                Type: ImplicitMeta
                Rule: "MAJORITY Admins"
        Capabilities:
            <<: *ChannelCapabilities
```

该配置文件中定义了两个模板：TwoOrgsOrdererGenesis 和 TwoOrgsChannel。其中，前者定义了系统通道配置，可以用来创建系统通道的初始区块文件；后者定义了应用通道配置，可以用来新建应用通道。排序服务的共识类型指定为 Raft 模式。

通过如下命令指定使用 TwoOrgsOrdererGenesis 模板，来生成系统通道初始区块文件：

```
$ export SYS_CHANNEL=testchainid
$ export ORDERER_GENESIS_PROFILE=TwoOrgsOrdererGenesis
$ export ORDERER_GENESIS=orderer.genesis.block
$ configtxgen \
    -configPath ./ \
    -channelID ${SYS_CHANNEL} \
    -profile ${ORDERER_GENESIS_PROFILE} \
    -outputBlock ${ORDERER_GENESIS}
```

将所生成的初始区块文件复制到排序节点 ORDERER_GENERAL_BOOTSTRAPFILE 路径（默认为 /etc/hyperledger/fabric）下，供启动排序节点使用。

3. 生成新建应用通道交易

新建应用通道需要先生成配置交易文件，其中包括属于该通道的组织结构信息，这些信息会写入该应用通道的初始区块中。

同样需要 configtx.yaml 配置文件和 configtxgen 工具，注意这里使用 TwoOrgsChannel

模板。

采用如下命令来生成新建通道交易文件，通道中包括两个初始成员：Org1 和 Org2：

```
$ export APP_CHANNEL=businesschannel
$ export APP_CHANNEL_PROFILE=TwoOrgsChannel
$ configtxgen \
    -configPath ./ \
    -channelID ${APP_CHANNEL} \
    -profile ${APP_CHANNEL_PROFILE} \
    -outputCreateChannelTx ${APP_CHANNEL}.tx
```

生成的新建通道交易文件在后续步骤中将被客户端所使用，需要复制到客户端节点上。

> 注
> 意　状态数据库如果选择 CouchDB 类型，应用通道名称只能包括小写的 ASCII 字符、点或中划线，并且首字符必须为字母，总长度不超过 249 个字符。该限制详情可参考 FAB-2487。

---

4. 生成锚节点配置更新文件

锚节点用来辅助发现通道内多个组织之间的节点，修改锚节点需要发送更新通道配置交易。

同样需要 configtx.yaml 配置文件，为每个组织都生成配置交易文件，注意需要指定对应的组织身份。outputAnchorPeersUpdate 子命令在 2.x 版本中计划弃用，届时用户需要使用通道配置更新命令完成：

```
$ export UPDATE_ANCHOR_ORG1_TX=Org1MSPanchors.tx
$ export UPDATE_ANCHOR_ORG2_TX=Org2MSPanchors.tx
$ configtxgen \
    -configPath ./ \
    -channelID ${APP_CHANNEL} \
    -profile ${APP_CHANNEL_PROFILE} \
    -asOrg Org1MSP \
    -outputAnchorPeersUpdate ${UPDATE_ANCHOR_ORG1_TX}
$ configtxgen \
    -configPath ./ \
    -channelID ${APP_CHANNEL} \
    -profile ${APP_CHANNEL_PROFILE} \
    -asOrg Org2MSP \
    -outputAnchorPeersUpdate ${UPDATE_ANCHOR_ORG1_TX}
```

生成的锚节点配置更新文件在后续步骤中将被客户端所使用，因此需要复制到客户端节点上。

所有配置文件都准备完毕后，即可启动网络。首先要启动排序节点，然后启动 Peer 节点。

9.4.3　启动排序节点

首先，检查配置路径（默认为 /etc/hyperledger/fabric）下所需文件是否就绪：

- 配置文件 orderer.yaml（可参考 sampleconfig/orderer.yaml），包括排序节点配置信息。
- msp 文件目录、tls 文件目录，用来存放身份证书文件和私钥文件。
- 系统通道初始区块文件，用来启动系统通道。

排序节点配置可通过配置文件或环境变量方式指定，部分常见配置如表 9-6 所示。

表 9-6　排序节点配置

配置（以环境变量为例）	功能	说明
FABRIC_LOGGING_SPEC="info:orderer.common.blockcutter,orderer.operations=warning:orderer.common.cluster=debug"	输出日志的级别	建议至少为 INFO。可按模块指定，用冒号分隔
ORDERER_GENERAL_LISTENADDRESS=0.0.0.0	服务监听的地址	建议指定网络地址
ORDERER_GENERAL_LISTENPORT=7050	服务监听的端口	默认为 7050
ORDERER_GENERAL_BOOTSTRAPMETHOD=file	初始区块的提供方式	推荐采用文件方式提供
ORDERER_GENERAL_BOOTSTRAPFILE=/etc/hyperledger/fabric/orderer.genesis.block	启动区块文件路径	提前使用 configtxgen 生成
ORDERER_GENERAL_LOCALMSPID=OrdererMSP	MSP 的 ID	建议根据实际情况更新
ORDERER_GENERAL_LOCALMSPDIR=/etc/hyperledger/fabric/msp	MSP 文件路径	cryptogen 提前生成，需要与实际路径一致
ORDERER_GENERAL_LEDGERTYPE=file	账本类型	建议使用 file 支持持久化
ORDERER_GENERAL_TLS_ENABLED=true	是否启用 TLS	建议开启，提高安全性
ORDERER_GENERAL_TLS_PRIVATEKEY=/etc/hyperledger/fabric/tls/server.key	TLS 开启时指定签名私钥位置	cryptogen 提前生成，需要与实际路径一致
ORDERER_GENERAL_TLS_CERTIFICATE=/etc/hyperledger/fabric/tls/server.crt	TLS 开启时指定身份证书位置	cryptogen 提前生成，需要与实际路径一致
ORDERER_GENERAL_TLS_ROOTCAS=[/etc/hyperledger/fabric/tls/ca.crt]	TLS 开启时指定信任的根 CA 证书位置	cryptogen 提前生成，需要与实际路径一致
ORDERER_GENERAL_CLUSTER_CLIENTPRIVATEKEY=/var/hyperledger/orderer/tls/server.key	与其他排序节点进行双向 TLS 认证时的客户端私钥	仅在 Raft 模式下使用
ORDERER_GENERAL_CLUSTER_CLIENTCERTIFICATE=/var/hyperledger/orderer/tls/server.crt	与其他排序节点进行双向 TLS 认证时的客户端证书	仅在 Raft 模式下使用
ORDERER_GENERAL_CLUSTER_ROOTCAS=[/var/hyperledger/orderer/tls/ca.crt]	与其他排序节点进行双向 TLS 认证时的信任的服务端的根证书	仅在 Raft 模式下使用
ORDERER_OPERATIONS_LISTENADDRESS=0.0.0.0:8443	运营管理 REST 服务的监听地址	推荐开启，方便监控
ORDERER_METRICS_PROVIDER=prometheus	开启统计功能后，指定的采集器机制	statsd、prometheus 或 disabled

　　之后，用户可以采用如下命令来启动排序节点。启动成功后可以看到本地输出开始提供服务的消息，此时 Orderer 采用指定的初始区块文件成功创建了系统通道，代码如下：

```
$ orderer start
[orderer/common/server] prettyPrintStruct -> INFO 002 Orderer config values:
    General.LedgerType = "file"
    General.ListenAddress = "0.0.0.0"
    General.ListenPort = 7050
    General.TLS.Enabled = true
...
```

```
[orderer/common/server] Start -> INFO 007 Beginning to serve requests
...
```

9.4.4　启动 Peer 节点

首先，检查配置路径（默认为 /etc/hyperledger/fabric）下所需文件是否就绪：

- 配置文件 core.yaml（可以参考 sampleconfig/core.yaml），指定 Peer 节点配置。
- msp 文件目录、tls 文件目录，用于存放身份证书文件和私钥文件。

Peer 节点配置可通过配置文件或环境变量方式进行指定，常见设置如表 9-7 所示。

表 9-7　Peer 节点配置

配置（以环境变量为例）	功能	说明
FABRIC_LOGGING_SPEC="info:msp,gossip= warning:chaincode=debug"	输出日志的级别	建议至少为 INFO。可按模块指定，用冒号分隔
CORE_PEER_ID=peer0.org1.example.com	Peer 的 ID	不同节点分别指定唯一的 ID
CORE_PEER_LISTENADDRESS=0.0.0.0:7051	本地监听服务地址	可指定只从某网络地址监听
CORE_PEER_GOSSIP_EXTERNALEND-POINT=peer0.org1.example.com:7051	对组织外节点发布的地址	不同节点分别指定，不指定则组织外节点无法连接到该节点
CORE_PEER_GOSSIP_USELEADERELE-CTION=true	是否自动选举代表节点	建议开启
CORE_PEER_GOSSIP_ORGLEADER= false	是否作为组织代表节点从排序服务拉取区块	建议关闭，进行自动选举
CORE_PEER_LOCALMSPID=Org1MSP	所属组织 MSP 的 ID	不同节点分别指定，根据实际情况更新
CORE_PEER_MSPCONFIGPATH=msp	msp 文件所在的相对路径	cryptogen 提前生成，需要与实际路径一致
CORE_VM_ENDPOINT=unix:///var/run/docker.sock	Docker 服务地址	根据实际情况配置
CORE_VM_DOCKER_HOSTCONFIG_NETWORKMODE=host	链码容器使用的网络方式	如果进行配置，需要与 Peer 在同一个网络上，以进行通信
CORE_PEER_TLS_ENABLED=true	是否启用服务端的 TLS	建议开启，提高安全性
CORE_PEER_TLS_CERT_FILE=/etc/hyper-ledger/fabric/tls/server.crt	TLS 开启时指定服务端身份证书位置	cryptogen 提前生成，需要与实际路径一致
CORE_PEER_TLS_KEY_FILE=/etc/hyper-ledger/fabric/tls/server.key	TLS 开启时指定服务端签名私钥位置	cryptogen 提前生成，需要与实际路径一致
CORE_PEER_TLS_ROOTCERT_FILE=/etc/hyperledger/fabric/tls/ca.crt	TLS 开启时指定信任的服务端根 CA 证书位置	cryptogen 提前生成，需要与实际路径一致
CORE_OPERATIONS_LISTENADDRESS=0.0.0.0:9443	运营管理 REST 服务的监听地址	推荐开启，方便监控
CORE_METRICS_PROVIDER=prometheus	开启统计功能后，指定的采集器机制	statsd、prometheus 或 disabled

配置完成后，用户可以采用如下命令在多个服务器上分别启动 Peer 服务：

```
$ peer node start
```

```
UTC [ledgermgmt] initialize -> INFO 002 Starting peer:
   Version: 2.0.0
   Commit SHA: development build
   Go version: go1.13.4
   OS/Arch: linux/amd64
   Chaincode:
      Base Docker Namespace: hyperledger
      Base Docker Label: org.hyperledger.fabric
      Docker Namespace: hyperledger"
...
UTC [nodeCmd] serve -> INFO 01e Started peer with ID=[name:"peer0.org1.
example.com" ], network ID=[dev], address=[peer0.org1.example.com:7051]
...
```

启动成功后可以看到本地输出的日志消息。

此时，Peer 节点已经启动起来，会尝试通过 gossip 发现邻居节点。

9.4.5　创建通道

网络启动后只有排序节点维护的系统通道，还未创建应用通道。客户端需要发送请求给 Orderer 创建应用通道，以让 Peer 节点加入使用。默认情况下，只有联盟中成员组织的管理员身份才可以创建应用通道。

例如，使用 Org1 的管理员身份来创建新的应用通道，需要指定 msp 的 ID、msp 文件所在路径、排序服务地址、应用通道名称和新建通道交易文件，如果启用了 TLS，还需要指定排序服务的 TLSCA 的证书位置，示例代码如下：

```
$ APP_CHANNEL=businesschannel
$ TIMEOUT=30
$ CORE_PEER_LOCALMSPID="Org1MSP" \
    CORE_PEER_MSPCONFIGPATH=/etc/hyperledger/fabric/crypto-config/peerOrganizations/
org1.example.com/users/Admin@org1.example.com/msp \
    peer channel create \
    -o orderer0.example.com:7050 \
    -c ${APP_CHANNEL} \
    -f ./$APP_CHANNEL.tx \
    --timeout "${TIMEOUT}s" \
    --tls \
    --cafile /etc/hyperledger/fabric/crypto-config/ordererOrganizations/example.
com/orderers/orderer0.example.com/msp/tlscacerts/tlsca.example.com-cert.pem
```

通道创建成功后，会在本地生成其初始区块文件（businesschannel.block），其中带有通道的初始配置信息和排序服务信息等。只有拥有该文件的 Peer 节点才可能加入对应的通道中。

9.4.6　加入通道

应用通道的成员组织的 Peer 都可以加入通道中。在客户端使用管理员身份依次让组织 Org1 和 Org2 中的所有节点都加入新的应用通道。操作需要指定所操作的 Peer 的地址，以及通道的初始区块。

以 Org1 中的 Peer0 节点为例，可以执行如下操作：

```
$ CORE_PEER_LOCALMSPID="Org1MSP" \
    CORE_PEER_MSPCONFIGPATH=/etc/hyperledger/fabric/crypto-config/peerOrganizations/
org1.example.com/users/Admin@org1.example.com/msp \
```

```
CORE_PEER_ADDRESS=peer0.org1.example.com:7051 \
peer channel join \
-b ${APP_CHANNEL}.block
```

```
Peer joined the channel!
```

此时，所操作的 Peer（如果成为组织的 Gossip Leader）会自动连接到应用通道指定的排序服务，开始接收区块。

9.4.7　更新锚节点配置

锚节点（作为组织内成员代表）负责与其他组织节点进行信息交换。通道配置内会记录各组织的锚节点列表信息，Peer 通过访问其他组织的锚节点来获取其他组织内的 Peer 信息。

使用通道配置更新文件，组织管理员可以更新通道指定配置。例如，在客户端使用 Org1 的管理员身份来更新锚节点，如下所示：

```
$ CORE_PEER_LOCALMSPID="Org1MSP" \
    CORE_PEER_MSPCONFIGPATH=/etc/hyperledger/fabric/crypto-config/peerOrganizations/
        org1.example.com/users/Admin@org1.example.com/msp \
    peer channel update \
    -o orderer0.example.com:7050 \
    -c ${APP_CHANNEL} \
    -f ${UPDATE_ANCHOR_ORG1_TX} \
    --tls \
    --cafile /etc/hyperledger/fabric/crypto-config/ordererOrganizations/example.
        com/orderers/orderer0.example.com/msp/tlscacerts/tlsca.example.com-cert.pem
```

锚节点配置更新后，同一通道内不同组织之间的 Peer 也可以进行 Gossip 通信，共同维护通道账本。后续，用户可以通过智能合约使用通道账本。

9.5　用容器方式启动 Fabric 网络

除了上面讲解的手动部署的方式，读者还可以基于容器方式来快速部署 Fabric 网络。

首先，按照如下命令下载 Docker-Compose 模板文件，并进入 hyperledger_fabric 目录，可以看到有对应多个 Fabric 版本的项目，用户可以根据需求选用特定版本：

```
$ git clone https://github.com/yeasy/docker-compose-files
$ cd docker-compose-files/hyperledger_fabric
```

以 Fabric 2.0.0 版本为例，进入对应目录下，下载所需镜像文件：

```
$ cd v2.0.0
$ make download
```

查看目录下的内容，主要包括若干 Docker-Compose 模板文件，如下：

- docker-compose-2orgs-4peer-raft.yaml，包括 4 个 Peer 节点（属于两个组织）、3 个排序节点（Raft 模式）、2 个 CA 节点、1 个客户端节点。
- docker-compose-1orgs-1peers-dev.yaml，包括 1 个 Peer 节点、1 个排序节点、1 个 CA 节点、1 个客户端节点。本地 Fabric 源码被挂载到客户端节点中，方便进行调试。
- docker-compose-2orgs-4peer-kafka.yaml，包括 4 个 Peer 节点（属于两个组织）、3 个排序节点（Kafka 模式）、2 个 CA 节点、1 个客户端节点。

- docker-compose-2orgs-4peer-couchdb.yaml，包括 4 个 Peer 节点（属于两个组织，启用 couchDB 作为状态数据库）、2 个排序节点、1 个 CA 节点、1 个客户端节点。

使用 make 命令进行操作。例如，使用 HLF_MODE 指定排序服务为 Raft 模式，快速启动网络并执行一系列测试：

```
$ HLF_MODE=raft make test
```

make test 实际上自动执行了一系列指令：

- make gen_config_crypto，生成网络需要的身份文件。
- make gen_config_channel，生成网络需要的配置文件。
- make start，启动网络。
- make channel_test，执行通道创建和加入通道。
- make update_anchors，更新锚节点信息。
- make cc_test，执行链码相关测试，包括安装、实例化和调用。
- make test_lscc，测试系统链码 LSCC 调用（若使用 2.0 中新的链码生命周期则不支持）。
- make test_qscc，测试系统链码 QSCC 调用。
- make test_cscc，测试系统链码 CSCC 调用。
- make test_fetch_blocks，获取通道内的区块。
- make test_config_update，生成新版本配置。
- make test_channel_update，测试更新通道配置。
- make test_configtxlator，测试 configtxlator 转换。
- make test_channel_list，测试列出 Peer 加入的通道。
- make test_channel_getinfo，测试获取通道信息。
- make stop，停止网络。

运行过程中会自动创建网络并逐个完成通道和链码的相关测试，注意查看输出日志中有无错误信息。

网络启动后，可以通过 docker ps 命令查看本地系统中运行的容器信息：

```
$ docker ps
CONTAINER ID   IMAGE                                    COMMAND              CREATED          STATUS
               PORTS                                    NAMES
1ee7db027b3f   yeasy/hyperledger-fabric-peer:2.0.0      "peer node start"    27 seconds ago   Up 22 seconds
               9443/tcp, 0.0.0.0:8051->7051/tcp         peer1.org1.example.com
8f7bffcd14b3   yeasy/hyperledger-fabric-peer:2.0.0      "peer node start"    27 seconds ago   Up 22 seconds
               9443/tcp, 0.0.0.0:10051->7051/tcp        peer1.org2.example.com
8a4e9aaec7ba   yeasy/hyperledger-fabric-peer:2.0.0      "peer node start"    27 seconds ago   Up 22 seconds
               9443/tcp, 0.0.0.0:9051->7051/tcp         peer0.org2.example.com
7b9d394f26c0   yeasy/hyperledger-fabric-peer:2.0.0      "peer node start"    27 seconds ago   Up 23 seconds
               0.0.0.0:7051->7051/tcp, 9443/tcp         peer0.org1.example.com
ce9ca6c7b672   yeasy/hyperledger-fabric-orderer:2.0.0   "orderer start"      30 seconds ago   Up 27 seconds
               8443/tcp, 0.0.0.0:8050->7050/tcp         orderer1.example.com
2646b7f0e462   yeasy/hyperledger-fabric:2.0.0           "bash -c 'cd /tmp; s…"  30 seconds ago   Up 15 seconds
               7050-7054/tcp                            fabric-cli
c35e8694c634   yeasy/hyperledger-fabric-orderer:2.0.0   "orderer start"      30 seconds ago   Up 27 seconds
               8443/tcp, 0.0.0.0:9050->7050/tcp         orderer2.example.com
1d6dd5009141   yeasy/hyperledger-fabric-orderer:2.0.0   "orderer start"      30 seconds ago   Up 27 seconds
               0.0.0.0:7050->7050/tcp, 8443/tcp         orderer0.example.com
```

用户如果希望在客户端、Peer 或 Orderer 容器内执行命令，可以通过 make cli|peer|orderer 命令进入容器中。

例如，如下命令可以让用户登录到客户端节点，在其中以指定身份发送网络请求：

```
$ make cli
```

用户也可以通过如下命令来查看日志输出：

```
$ make logs
```

更多操作命令用户可以参考 Makefile 内容，在此不再赘述。

9.6　本章小结

本章详细讲解了 Fabric 网络生成和启动的主要步骤，包括如何本地编译、安装并进行各种组件的配置，以及如何启动 Fabric 网络。同时，还介绍了如何对通道进行操作并让 Peer 加入通道。

通过本章内容的学习和实践，相信读者可以掌握部署 Fabric 网络的步骤，同时也对 Fabric 网络的主要功能特别是通道有了初步了解，以为后续更多网络操作（包括智能合约和资源管理等）的学习打下基础。

第 10 章
管理 Fabric 网络

万事万物皆系统。可观，然后可控。

本章将讲解 Fabric 网络的常见管理操作，包括管理通道、节点和链码等重要资源，以及利用事件监听和网络发现来自动化管理流程。此外，还介绍了运维和升级网络的操作，以及使用 SDK 工具进行编程等。最后，探讨了在生产环境中部署和管理 Fabric 网络的注意事项。

10.1　简介

Fabric 网络启动后，可以对网络中资源进行管理。根据资源类型的不同，目前主要包括 3 类操作：

- 通道操作，包括对通道进行创建、加入通道、查询信息、更新配置等操作。
- 节点管理，包括对 Peer 节点进行启动、重置、回滚、暂停、继续、重建 DB 和升级 DB 等操作。
- 链码操作，包括链码的生命周期管理，如打包、安装、批准、提交、升级和调用链码等。

另外，为了提高使用网络的效率，Fabric 提供了事件通知机制（可以确认交易是否最终提交）和网络信息自动发现功能，并支持对网络进行在线升级。这些都为使用网络提供了便利。下面将具体进行介绍。

10.2　使用通道

1. 通道操作命令

命令行下可以使用 peer channel 命令（实现位于 internal/peer/channel）进行通道操作，包括 create、fetch、join、list、update、getinfo、signconfigtx 等子命令。其中，create、fetch、update 命令主要与排序服务打交道；join、list、getinfo 与 Peer 节点打交道，signconfigtx 则为本地处理。

各通道操作命令的功能如表 10-1 所示。

表 10-1　通道操作命令

命令	发往组件	功能
create	排序服务	创建一个新的应用通道
fetch	排序服务	从排序服务获取指定区块
getinfo	Peer 节点	获取通道的基本信息，包括高度、当前 Hash、前导区块 Hash
join	Peer 节点	将 Peer 节点加入某个应用通道中
list	Peer 节点	列出 Peer 已经加入的所有的应用通道
signconfigtx	本地操作	为本地的通道配置更新添加签名
update	排序服务	更新通道的配置信息，如组织、锚节点配置等

可以通过 peer channel <subcommand> --help 来查看具体的命令使用说明。

2. 命令选项

peer channel 命令支持的全局选项如表 10-2 所示。

表 10-2　peer channel 命令的全局选项及说明

全局选项	类型	说明
--cafile	string	信任的排序服务的 TLS CA 证书，PEM 编码格式
--certfile	string	与排序服务双向 TLS 认证时使用的证书文件
--clientauth	bool	与排序服务通信时是否启用双向 TLS 认证
--connTimeout	int	客户端连接超时，默认为 3 秒
--keyfile	string	与排序服务双向 TLS 认证时使用的私钥文件
-o, --orderer	string	Orderer 服务地址
--ordererTLSHostnameOverride	string	验证 Orderer TLS 时覆盖所校验的主机名
--tls	bool	连接到 Orderer 服务时是否启用 TLS

客户端支持从环境变量中读取操作的默认 Peer 地址和身份信息，可以提前通过环境变量来
指定：

```
# 目标 Peer
CORE_PEER_ADDRESS=<peer endpoint>
# 连接目标 Peer 时信任的 TLS 根证书
CORE_PEER_TLS_ROOTCERT_FILE=<peer tls ca path>
# 使用的客户端用户的 MSP ID
CORE_PEER_LOCALMSPID=<user msp id>
# 使用的客户端用户 MSP 路径
CORE_PEER_MSPCONFIGPATH=<user msp path>
```

例如，下面的命令指定了对组织 org1.example.com 的 peer0.org1.example.com 节点执行相关
操作，身份为组织的管理员 Admin。代码如下：

```
$ CORE_PEER_ADDRESS=peer0.org1.example.com:7051 \

    CORE_PEER_TLS_ROOTCERT_FILE=/etc/hyperledger/fabric/crypto/peerOrganizations/
org1.example.com/peers/peer0.org1.example.com/tls/ca.crt \
    CORE_PEER_LOCALMSPID="Org1MSP" \

    CORE_PEER_MSPCONFIGPATH=/etc/hyperledger/fabric/crypto/peerOrganizations/
org1.example.com/users/Admin@org1.example.com/msp \
    peer channel <subcommand>
```

3. 创建通道

create 子命令由拥有创建通道权限组织管理员身份来调用，在指定的排序服务上创建新的应用通道，需要提供排序服务地址。

该子命令支持的选项包括：

- -c, --channelID string，创建通道的名称。
- -f, --file string，指定创建通道所用的交易文件。
- --outputBlock string，创建通道成功后，将初始区块写到本地指定文件，默认为 ./.block。
- -t, --timeout duration，创建超时，默认为 10 秒。

一般情况下，通过提前创建的通道配置交易文件来指定配置信息。如果不指定通道配置文件，则默认采用 SampleConsortium 配置和本地的 MSP 组织来构造配置交易结构。

例如，利用事先创建的配置交易文件 channel.tx 来创建新的应用通道 businesschannel，命令代码如下：

```
$ APP_CHANNEL="businesschannel"
$ peer channel create \
  -o orderer:7050 \
  -c ${APP_CHANNEL} \
  -f ./channel.tx \
  --timeout 30s
```

加入成功后，本地会产生该应用通道的初始区块文件 businesschannel.block。

创建应用通道的主要过程如图 10-1 所示，需要与排序服务交互两次：发起创建通道请求到系统通道，然后获取所创建应用通道的初始区块。

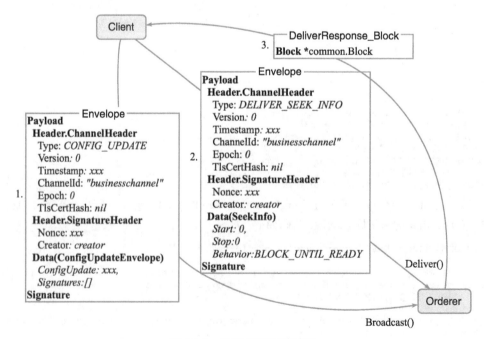

图 10-1 创建应用通道过程

创建应用通道的实现流程如图 10-2 所示。

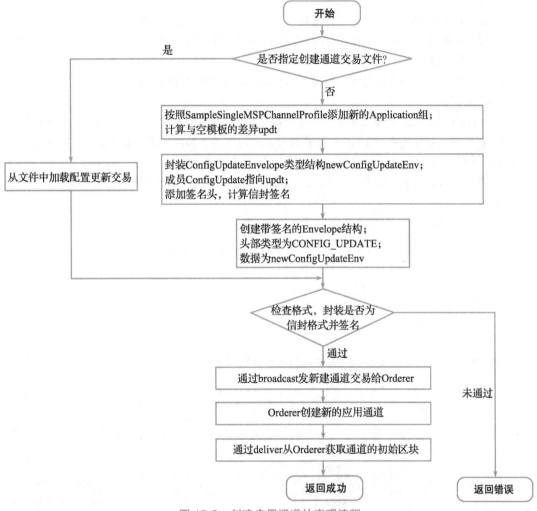

图 10-2　创建应用通道的实现流程

主要步骤包括：

1）客户端调用 sendCreateChainTransaction()，读取指定的配置交易文件（或利用默认配置），构造一个创建应用通道的配置交易结构，添加签名，封装为 Envelope 结构。其中指定通道头部类型为 CONFIG_UPDATE，核心的数据为 ConfigUpdateEnvelope 结构。

2）客户端发送配置交易到排序服务。

3）Orderer 收到 CONFIG_UPDATE 消息后，检查指定的通道是否存在，若不存在，则创建通道，并构造该应用通道的初始区块。

● Orderer 首先检查通道应用（Application）配置中的组织都在创建的联盟（Consortium），配置到组织中。

- 之后从系统通道中获取 Orderer 相关的配置，并创建应用通道配置。应用配置对应 mod_ policy 为 Admins。
- 根据 ChannelCreationPolicy 指定策略，利用新创建应用通道的成员，进行权限校验。
- 接下来根据 CONFIG_UPDATE 消息的内容更新获取到的配置信息。所有配置发生变更后版本号都要更新。
- 创建签名 Proposal 消息（头部类型为 ORDERER_TRANSACTION），进行共识，指定目标为系统通道。
- Orderer 共识完成后提交交易，初始化对应本地账本结构，完成应用通道的创建过程。

4）客户端从排序服务的 Deliver 服务获取应用通道的初始区块（具体过程类似 fetch 命令），请求类型为 DELIVER_SEEK_INFO，核心的数据为 SeekInfo 结构。

5）客户端将收到的区块写入本地的 chainID + ".block" 文件。这个文件后续会加入通道的节点中备用。

其中，发往排序服务的 Envelope 消息结构定义如下：

```
// github.com/hyperledger/fabric-protos-go/common/common.pb.go

type Envelope struct {
    // 序列化的载荷数据，可以为任意内容
    Payload []byte
    // 载荷头部中的消息创建者对载荷的签名
    Signature []byte
}
```

Envelope 的结构通常如图 10-3 所示，其中载荷包括头部和数据两部分。

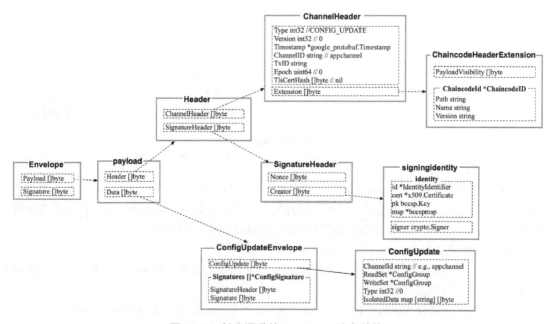

图 10-3 创建通道的 Envelope 消息结构

4. 加入通道

join 子命令会将指定的 Peer 节点加入指定的应用通道中。需要提前拥有所加入应用通道的初始区块文件,并且只有属于通道的某个组织的管理员身份才可以成功执行该操作。加入通道命令主要通过调用 Peer 的配置系统链码进行处理。

例如,通过如下命令可将本地 Peer 节点加入应用通道 businesschannel 中。该子命令支持 -b, --blockpath string 选项,用来指定通道初始区块文件路径。代码如下:

```
$ peer channel join \
  -b ${APP_CHANNEL}.block
```

```
Peer joined the channel!
```

加入应用通道的主要过程如图 10-4 所示,只与 Peer 节点打交道。

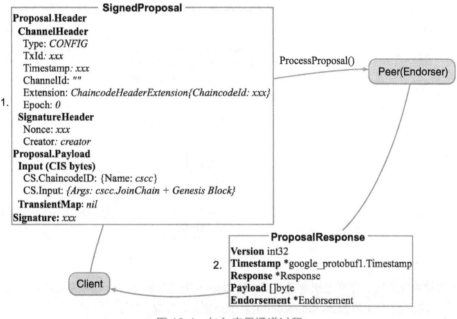

图 10-4　加入应用通道过程

加入应用通道的实现流程如图 10-5 所示。

主要步骤包括:

1)客户端首先创建一个 ChaincodeSpec 结构,其 input 中的 Args 第一个参数是 cscc.JoinChain (指定调用配置链码的操作),第二个参数为所加入通道的配置区块。

2)利用 ChaincodeSpec 构造一个 ChaincodeInvocationSpec 结构。

3)利用 ChaincodeInvocationSpec,创建 Proposal 结构并进行签名,channel 头部类型为 CONFIG。

4)客户端通过 gRPC 将 Proposal 签名后发给 Endorser (所操作的 Peer),调用 Process-Proposal(ctx context.Context, in *SignedProposal, opts ...grpc.CallOption) (*ProposalResponse, error)

方法进行处理。主要通过配置系统链码从配置区块中读取通道内已有成员的 TLS CA 根证书，加入本地的根证书信任结构中，并进行本地链结构的初始化工作。

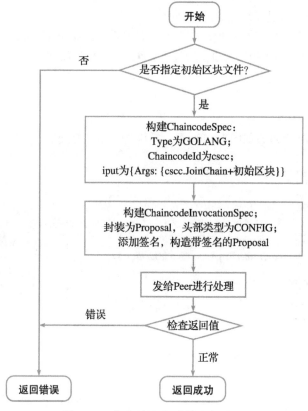

图 10-5　加入应用通道的实现流程

5）初始化完成后，即可收到来自通道内的 Gossip 消息等。

其中，发送给 Peer 的 SignedProposal 消息十分常见，定义如下：

```
type SignedProposal struct {
    // 字节码格式的提案内容
    ProposalBytes []byte `protobuf:"bytes,1,opt,name=proposal_bytes,json=proposa
lBytes,proto3" json:"proposal_bytes,omitempty"`
    // 对提案内容的签名，签名人需要为提案发起者（身份信息包括在提案头部中）
    Signature             []byte  `protobuf:"bytes,2,opt,name=signature,proto3"
json:"signature,omitempty"`
}
```

消息结构通常如图 10-6 所示，包括提案和签名两部分。

Peer 返回的 ProposalResponse 消息定义如下：

```
type ProposalResponse struct {
    // 消息协议版本
    Version int32 `protobuf:"varint,1,opt,name=version" json:"version,omitempty"`
    // 消息创建时的时间戳
```

```
        Timestamp *google_protobuf1.Timestamp `protobuf:"bytes,2,opt,name=timestamp"
json:"timestamp,omitempty"`
        //返回消息，包括状态、消息、元数据载荷等
        Response *Response `protobuf:"bytes,4,opt,name=response" json:"response,omitempty"`
        //数据载荷，包括提案的 Hash 值，和扩展的行动等
        Payload []byte `protobuf:"bytes,5,opt,name=payload,proto3" json:"payload,omitempty"`
        //背书信息列表，包括背书者的证书，以及其对 " 载荷 + 背书者证书 " 的签名
        Endorsement *Endorsement `protobuf:"bytes,6,opt,name=endorsement" json:"endorsement,
omitempty"`
    }
```

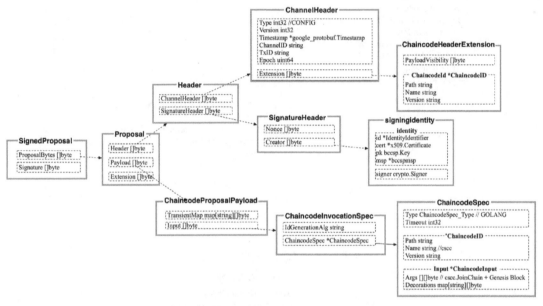

图 10-6　加入通道时的 SignedProposal 消息结构

> **注意**　执行加入通道命令成功返回，并不确保 Peer 最终能加入通道。

---

5. 列出所加入的通道

list 子命令会列出指定的 Peer 节点已经加入的所有应用通道的列表。列出通道命令主要通过调用 Peer 的配置系统链码进行处理。

例如通过如下命令，可以列出本地 Peer 节点已经加入的所有应用通道。

```
$ peer channel list
Channels peers has joined to:
    businesschannel
    businesschannel2
```

列出所加入的应用通道的主要过程如图 10-7 所示，与加入过程类似，向 Peer 发送请求，注意类型是 ENDORSER_TRANSACTION。

列出所加入应用通道的实现流程如图 10-8 所示。

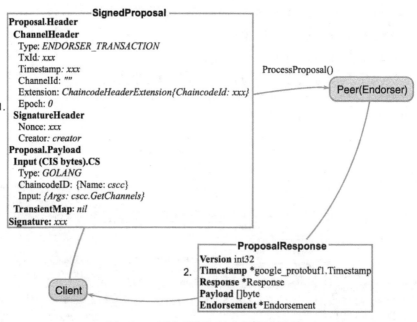

图 10-7　列出所加入的应用通道过程

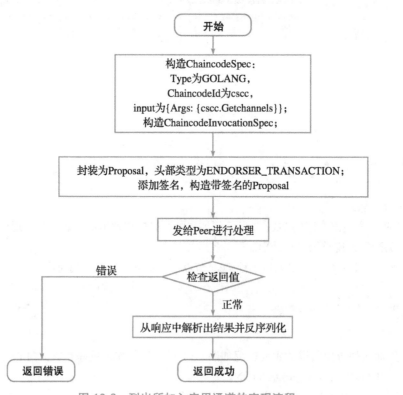

图 10-8　列出所加入应用通道的实现流程

主要步骤包括：

1）客户端首先创建一个 ChaincodeSpec 结构，其 input 中的 Args 第一个参数是 cscc.GetChannels （指定调用配置链码的操作）。

2）利用 ChaincodeSpec 构造一个 ChaincodeInvocationSpec 结构。

3）利用 ChaincodeInvocationSpec 创建 Proposal 结构并进行签名，channel 头部类型为 ENDORSER_TRANSACTION。

4）客户端通过 gRPC 将 Proposal 发给 Endorser（所操作的 Peer），调用 ProcessProposal(ctx context.Context, in *SignedProposal, opts ...grpc.CallOption) (*ProposalResponse, error) 方法进行处理。主要是通过配置系统链码查询本地链信息并返回。

5）命令执行成功后，客户端会受到来自 Peer 端的回复消息，从其中提取出应用通道列表信息并输出。

其中，比较重要的数据结构同样也包括 ChaincodeSpec、ChaincodeInvocationSpec、Proposal 等，注意 channel 头部类型以及 ChaincodeSpec 结构中的数据与加入通道的消息中的略有差异，如图 10-9 所示。

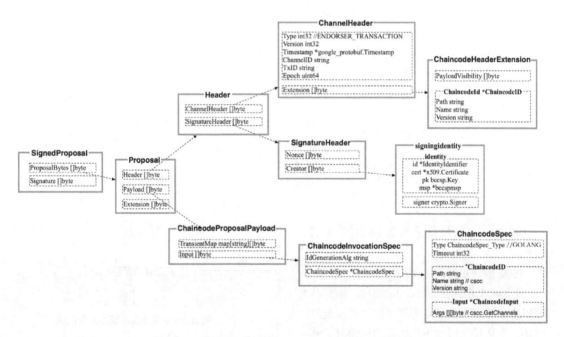

图 10-9 列出通道时的 SignedProposal 消息结构

6. 获取某区块

fetch 子命令会面向排序服务进行查询，获取通道的指定区块，并写入本地文件。命令格式为：

```
peer channel fetch <newest|oldest|config|number> [outputfile] [flags]。
```

该子命令支持的选项包括：

- --bestEffort，忽略遇到的错误，尽最大努力继续获取区块。
- -c, --channelID string，所获取的通道的名称。

例如，通过如下命令，可以获取已存在的 businesschannel 应用通道的初始区块，并保存到本地的 businesschannel.block 文件：

```
$ peer channel fetch oldest businesschannel_0.block \
  -c ${APP_CHANNEL} \
  -o orderer:7050

$ peer channel fetch 1 businesschannel_1.block \
  -c ${APP_CHANNEL} \
  -o orderer:7050
```

获取区块的主要过程如图 10-10 所示（以指定区块号为例），从排序服务获取指定的区块。

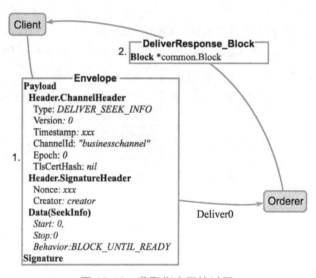

图 10-10　获取指定区块过程

获取指定区块的实现流程如图 10-11 所示。

主要步骤包括：

1）客户端构造 SeekInfo 结构，该结构可以指定要获取的区块范围（如果获取配置区块，先从最新区块中解析配置区块号，然后通过区块号指定）。这里 Start、Stop 指定为目标区块。

2）客户端利用 SeekInfo 结构，构造 Envelope 并进行签名，通过 deliverClient 经 gRPC 通道发给排序服务的 Deliver() 接口。

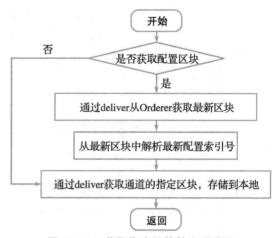

图 10-11　获取指定区块的实现流程

3）从排序服务获取指定通道的区块后，写到本地文件中。

其中，发往排序服务的 SignedEnvelope 结构如图 10-12 所示。

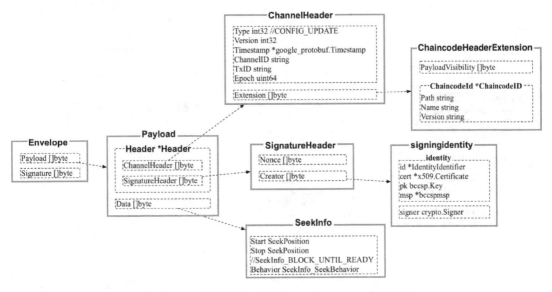

图 10-12　获取区块时的 SignedEnvelope 消息结构

7. 更新通道配置

update 子命令的执行过程与 create 命令类似，会向排序服务发起更新的配置交易请求。需要提前创建的通道更新配置交易文件来指定配置信息，才可执行该命令。该子命令支持选项包括：

- -c, --channelID string，所更新通道的名称。
- -f, --file string，指定更新通道所用的交易文件。

例如，通过如下操作来更新通道中的锚节点配置，首先利用 configtxgen 来创建锚节点配置更新文件，之后使用该更新文件对通道进行配置更新操作：

```
$ configtxgen \
    -profile APP_CHANNEL_PROFILE \
    -outputAnchorPeersUpdate ./update_anchors.tx \
    -channelID ${APP_CHANNEL} \
    -asOrg Org1MSP
$ peer channel update \
    -c ${APP_CHANNEL} \
    -o orderer:7050 \
    -f ./update_anchors.tx
```

更新应用通道的过程如图 10-13 所示，与创建应用通道过程类似，直接发送交易更新请求给排序服务。

更新应用通道的实现流程如图 10-14 所示。

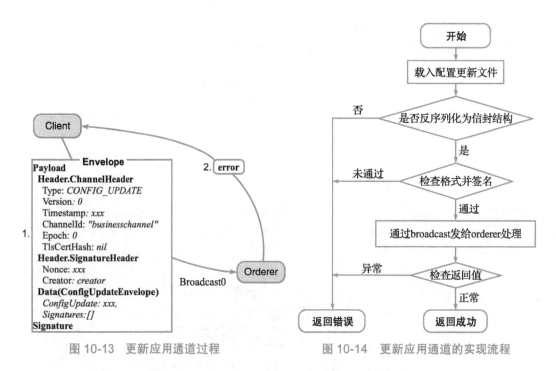

图 10-13　更新应用通道过程　　　　　　图 10-14　更新应用通道的实现流程

主要步骤包括：

1）客户端读取指定的配置交易文件，构造一个更新应用通道的配置交易信封结构，确认通道头部类型为 CONFIG_UPDATE，通道 ID 存在且与命令行参数一致。

2）客户端对更新信封结构进行签名，最终构造签名信封结构，通道头部类型为 CONFIG_UPDATE。

3）客户端通过 gRPC 发送配置交易到排序服务的 Broadcast 接口。

4）排序服务收到 CONFIG_UPDATE 消息后，判断是配置消息后，进行配置相关处理。

- 调用 ProcessConfigUpdateMsg() 尝试接受配置，计算新配置结构（封装为 CONFIG 类型的信封结构）和对应的序号；
- 排序服务将新的配置信封结构发送给后端队列（如 Raft 或 Kafka）进行排序，并响应客户端答复；
- 排序完成后，排序服务将新的配置交易存放到账本结构中等待 Peer 节点获取。

5）客户端在发出请求后会接收到响应，但实际请求仍在排序服务异步进行。

8. 获取通道基本信息

getinfo 命令可以向指定的 Peer 节点获取某个通道的基本信息，包括高度、当前 Hash、前导区块 Hash 等。该子命令支持选项 -c, --channelID string，即所获取信息的通道的名称。

例如，查询默认 Peer 节点上 businesschannel 通道的信息，代码如下：

```
$ peer channel getinfo -c ${APP_CHANNEL}
Blockchain info: {"height":7,"currentBlockHash":"bHlVT/swOzeJ8JaTXyhStu40QL4JBx
```

ZBD695FISJf2o=","previousBlockHash":"ViDfGewz/GRg3wDz68dtg4s9NNojtq3ciBB4VcpGBuk="}

获取通道基本信息的主要过程如图 10-15 所示，与列出所加入通道命令类似，通过调用 Peer 的 CSCC 来查询。

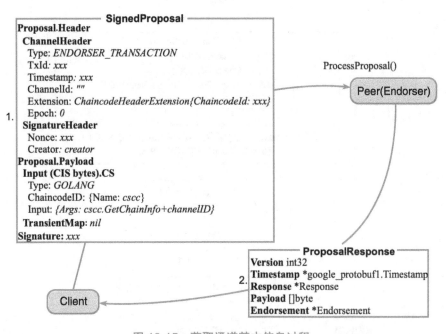

图 10-15　获取通道基本信息过程

获取通道基本信息的实现流程如图 10-16 所示。

主要步骤包括：

1）客户端首先创建一个 ChaincodeSpec 结构，其 input 中的 Args 第一个参数是 CSCC. Getchannels（指定调用配置链码的操作），第二个参数为所加入通道的配置区块。

2）利用 ChaincodeSpec 构造一个 ChaincodeInvocationSpec 结构。

3）利用 ChaincodeInvocationSpec，创建 Proposal 结构并进行签名，channel 头部类型为 ENDORSER_TRANSACTION。

4）客户端通过 gRPC 将 Proposal 签名后发给 Endorser（所操作的 Peer），调用 ProcessProposal (ctx context.Context, in *SignedProposal, opts ...grpc.CallOption) (*ProposalResponse, error) 方法进行处理，主要通过配置系统链码获取对应账本的基本信息并返回客户端。

9. 对通道配置更新添加签名

signconfigtx 可以对本地的通道更新交易进行签名，属于客户端本地操作，不与 Peer 或 Orderer 打交道。该子命令支持选项 -f, --file string，即指定所签名的通道配置更新交易文件。

例如，对本地的通道配置更新添加签名，代码如下：

```
$ peer channel signconfigtx -f config_delta_env.pb
```

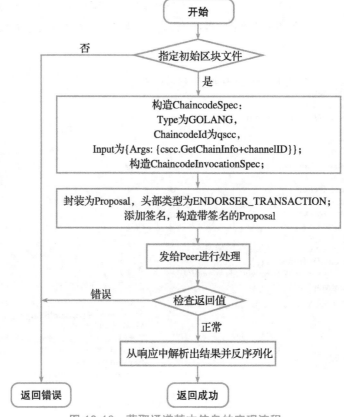

图 10-16　获取通道基本信息的实现流程

10.3　管理节点

1. 节点管理命令

命令行下可以使用 peer node 命令（实现位于 internal/peer/node）进行通道操作，包括 start、reset、rollback、pause、resume、rebuild-dbs、upgrade-dbs 等子命令。其中，start、reset、rollback、pause、resume 会影响 Peer 节点的运行状态，rebuild-dbs、upgrade-dbs 则与本地数据库相关。

这些命令都需要在 Peer 服务处于停止状态时执行。各个命令的功能如下所示：

- start，启动 Peer 服务。
- reset，重置 Peer 本地所有账本到初始区块。
- rollback，回滚指定账本到指定的高度。
- pause，暂停参与指定通道内的处理。
- resume，继续参与指定通道内的处理。
- rebuild-dbs，重建数据库。
- upgrade-dbs，升级数据库。

可以通过 peer node <subcommand> --help 来查看具体的命令使用说明。

2. 启动服务

start 子命令将启动本地 Peer 节点服务。该子命令支持选项 --peer-chaincodedev，即是否进入链码开发模式（无须启动链码容器，而是本地模式）。

例如，通过如下命令启动 Peer 节点：

```
$ peer node start
Resetting all channel ledgers to genesis block
Ledger data folder from config = /var/hyperledger/production
All channel ledgers have been successfully reset to the genesis block
```

启动成功后，Peer 节点可以加入通道并支持链码安装部署。

3. 重置账本

reset 子命令会重置本地所有的账本。具体来说将删除本地的所有数据库，包括状态数据库（StateLevelDB）、配置历史数据库（ConfigHistoryDB）、私密数据超时数据库（BookkeeperDB）和历史数据库（HistoryDB），并且重置各条链到初始区块。当本地账本结构出现数据异常时可以尝试该操作。

例如，通过如下命令重置 Peer 节点。

```
$ peer node reset
```

之后，启动 Peer 节点，会重新从网络内拉取相关区块。

4. 回滚账本

rollback 命令会回滚本地账本状态到指定的区块高度。

支持的子命令选项包括：

- -b, --blockNumber uint，回滚到指定高度。
- -c, --channelID string，所指定的通道的名称。

例如，通过如下命令，重置本地的 businesschannel 应用通道到初始区块：

```
$ peer node peer node rollback \
  -c businesschannel \
  -b 0
```

5. 暂停通道活动

pause 命令可以暂停本地 Peer 在指定通道内的活动，即 Peer 启动后将不再接收给定通道内的数据。该子命令支持选项包括 -c, --channelID string，即所指定的通道的名称。例如，冻结本地通道的命令如下：

```
$ peer node pause -c <CHANNEL_NAME>
```

6. 恢复通道活动

resume 命令可以让 Peer 对指定的处于冻结状态的通道活动恢复。Peer 启动后将继续参与该通道的处理。该子命令支持选项包括 -c, --channelID string，即所指定的通道的名称。例如，恢复本地通道的命令如下：

```
$ peer node resume -c <CHANNEL_NAME>
```

7. 重建数据库

rebuild-dbs 命令可以删除本地的 Index 数据，启动后触发对本地所有数据库进行重建。当本地出现数据库异常时可以尝试该操作。可以按照如下格式执行命令：

```
$ peer node rebuild-dbs
```

8. 升级数据库

upgrade-dbs 命令可以升级本地的通道 ID 数据库格式，并删除其他所有数据库（状态数据库、配置历史数据库、私密数据超时数据库和历史数据库）。Peer 重启后将自动重建对应数据库。可以按照如下格式执行命令：

```
$ peer node upgrade-dbs
```

10.4 管理链上代码

链上代码（Chaincode）简称链码，包括系统链码和用户链码。系统链码（System Chaincode）指的是 Fabric Peer 中负责系统配置、查询、背书、验证等平台功能的代码逻辑，运行在 Peer 进程内，将在第 14 章介绍。用户链码指的是用户编写的用来实现智能合约的应用代码。如无特殊说明，链码一般指的就是用户链码。

链码被部署在 Peer 节点上，运行在独立的沙盒（目前为 Docker 容器）中，并通过 gRPC 协议与相应的 Peer 节点进行交互。用户可以通过命令行或 SDK 调用链码方法，链码被调用时，会按照链码内预定逻辑来计算账本状态的更新集合（读写集合）。

1. 链码操作命令

最简单的操作链码的方式是使用命令行。Fabric 自 2.0 版本开始正式启用新的生命周期系统链码（位于 core/chaincode/lifecycle）来管理链码（需开启应用能力 V2_0），客户端通过新的 peer lifecycle chaincode 子命令（位于 internal/peer/lifecycle）对链码进行打包、安装、批注和提交等生命周期管理，取代 1.x 中的 peer chaincode 命令。

相对 1.x 版本中的模式，新的链码管理从单个组织升级为通道范畴。例如，链码的背书策略可由通道内多个组织来商定，部署和升级也作为通道层面的操作，这些都提高了链码生命周期的安全性。

如果要对链码进行调用或查询，仍可以使用原有的 peer chaincode invoke 和 peer chaincode query 命令。常见子命令的功能总结如表 10-3 所示，可以通过 peer lifecycle chaincode <subcommand> --help 或 peer chaincode <subcommand> --help 来查看具体的使用说明。

表 10-3 链码操作命令

命令	发往组件	功能
peer lifecycle chaincode package	本地操作	打包链码，将链码的元数据信息和源码信息打包为 .tar.gz 文件
peer lifecycle chaincode install	Peer 节点	将打好的链码包发送给需要运行链码的所有 Peer 进行存储

（续）

命令	发往组件	功能
peer lifecycle chaincode approve-formyorg	Peer 节点和排序服务	批准链码定义，组织管理员将链码定义发送给 Peer 进行检查并保存
peer lifecycle chaincode commit	Peer 节点和排序服务	提交链码定义，组织管理员提交被足够人数批准的链码定义
peer lifecycle chaincode queryinstalled	Peer 节点	查询节点上已安装的链码
peer lifecycle chaincode getinstalledpackage	Peer 节点	获取已安装的链码
peer lifecycle chaincode checkcommitreadiness	Peer 节点	查询批准的状态，获取哪些组织已经批准了链码定义
peer lifecycle chaincode querycommitted	Peer 节点	查询已提交的链码定义
peer chaincode invoke	Peer 节点和排序服务	调用链码中方法，对其键值状态进行修改
peer chaincode query	Peer 节点	查询链码中的键值状态

注意　如果要使用 1.x 版本中的链码生命周期管理（peer chaincode install/instantaite/upgrade/list 等命令），需要将通道的应用能力版本设置为兼容的低版本，如 V1_4_2。当通道启用了应用能力 V2_0 后，将无法再部署或升级原有模式下的链码。

一些操作可以管理链码的整个生命周期，如图 10-17 所示。

图 10-17　链码生命周期

2. 命令选项

链码操作支持全局命令选项，对应的功能如表 10-4 所示。

表 10-4　链码操作命令选项

全局选项	类型	含义
--cafile	string	信任的排序服务的 TLS CA 的证书（PEM 编码格式）路径

（续）

全局选项	类型	含义
--certfile	string	与排序服务进行双向 TLS 认证时使用的本地证书文件路径
--clientauth	bool	与排序服务通信时是否启用双向 TLS 认证
--connTimeout	duration	客户端连接超时，默认为 3 秒
--keyfile	string	与排序服务双向 TLS 认证时使用的本地私钥文件路径
-o, --orderer	string	Orderer 服务地址
--ordererTLSHostnameOverride	string	验证 Orderer TLS 时覆盖所校验的主机名
--tls	bool	连接到 Orderer 服务时是否启用 TLS
--transient	string	调用链码时传递临时信息，其他 Peer 将无法获取该信息

此外，不同子命令还可以支持一些子选项。

除了命令行参数外，还可以通过环境变量指定命令所面向的 Peer 和本地用户的默认值。示例代码如下：

```
$ CORE_PEER_ADDRESS=peer0.org1.example.com:7051 \
    CORE_PEER_TLS_ROOTCERT_FILE=/etc/hyperledger/fabric/crypto/peerOrganizations/
org1.example.com/peers/peer0.org1.example.com/tls/ca.crt \
    CORE_PEER_LOCALMSPID="Org1MSP" \

    CORE_PEER_MSPCONFIGPATH=/etc/hyperledger/fabric/crypto/peerOrganizations/org1.
example.com/users/Admin@org1.example.com/msp \
    peer lifecycle chaincode <subcommand>
```

3. 打包链码

package 子命令可以封装链码相关的数据，将其打包为 .tar.gz 安装包，供安装使用。该命令支持如下参数：

- --label string，链码包的标签。
- -l, --lang string，链码语言类型，默认为 Golang。
- -p, --path string，要安装的链码包的路径。

例如，通过如下命令创建一个本地的链码打包文件 testcc.tar.gz（例如 integration/chaincode/simple 链码）：

```
$ peer lifecycle chaincode package testcc.tar.gz \
    -p <chaincode-package-path> \
    -l golang \
    --label testcc_v1.0
```

其中，生成的打包文件中包括 Chaincode-Package-Metadata.json、Code-Package.tar.gz 两个文件。Chaincode-Package-Metadata.json 内容包括链码路径、类型、标签等信息，例如：

```
{
    "Path":"<chaincode package path>",
    "Type":"golang",
    "Label":"testcc_v1.0"
}
```

Code-Package.tar.gz 内容包括链码的源码包结构，如 src/examples/chaincode/go/testcc/ 路径

以及内容，但不能包括对目录以外路径的引用。

如果使用 CouchDB 作为状态数据库，还可以在安装包内通过 META-INF/statedb/couchdb/ indexes 和 META-INF/statedb/couchdb/collections//indexes 为链码或特定私密集合指定使用的索引文件目录。例如，可以为某 car 表指定 car.json 索引文件，代码如下：

```
// META-INF/statedb/couchdb/indexes/car.json

{"index":{"fields":["docType","car"]},"ddoc":"carDoc", "name":"Car",
"type":"json"}
```

> **注意**　自 2.0 版本起，编译链码的 ccenv 镜像不再包括 shim 层。链码需要自行包括 github.com/ hyperledger/fabric-chaincode-go/shim 和其他所需要的依赖包。

4. 安装链码

打包后的链码安装包文件，可以使用 install 命令安装到运行链码的各个 Peer。

install 子命令支持三个参数：

- --connectionProfile string，网络访问信息文件路径，目前仅支持 Peer 连接信息；
- --peerAddresses stringArray，请求所发往的 Peer 地址列表。
- --tlsRootCertFiles stringArray，所连接的 Peer 的信任的 TLS 根证书。

例如，通过如下命令将链码包安装到指定的 Peer 节点：

```
$ peer lifecycle chaincode install \
        --peerAddresses ${peer_url} \
        --tlsRootCertFiles ${peer_tls_root_cert} \
        testcc.tar.gz

[UTC] [cli.lifecycle.chaincode] submitInstallProposal -> INFO Installed
remotely: response:<status:200 payload:"\nJtestcc_1.0:1f060a1d05b057d98ed98ca8fd57
e3a6542d8dfe383aeff64e289718ab851e2b\022\ttestcc_1.0" >
[UTC] [cli.lifecycle.chaincode] submitInstallProposal -> INFO Chaincode code
package identifier: testcc_1.0:1f060a1d05b057d98ed98ca8fd57e3a6542d8dfe383aeff64e2
89718ab851e2b
```

安装成功后会返回链码的包 Id（不同组织可能不同），如 "testcc_1.0:1f060a1d05b057d98ed98 ca8fd57e3a6542d8dfe383aeff64e289718ab851e2b"。

Peer 会尝试编译链码，如果编译成功，则将安装包以二进制的形式储存到指定路径的 chaincodes 子目录下，并利用元数据标签和安装包生成的 SHA256 值作为文件名。示例代码如下：

```
$ ls /var/hyperledger/production/chaincodes
testcc_1.0:1f060a1d05b057d98ed98ca8fd57e3a6542d8dfe383aeff64e289718ab851e2b.bin
```

注意，安装操作需要是 Peer 认可的组织管理员身份（证书在 Peer 的 admincerts 目录下存在）。

整个过程如图 10-18 所示，作为对 _lifecycle 链码 InstallChaincode 方法的调用，通过背书接口发送给 Peer。

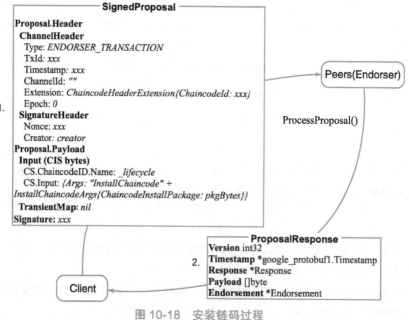

图 10-18 安装链码过程

安装链码的实现流程如图 10-19 所示，检查参数后构建签名的提案结构，并发送给 Peer。

5. 查询和批准链码

通道内组织在部署链码前需要足够多的组织管理员对链码定义进行投票批准。

链码定义包括链码名称、版本、序列号、背书和验证参数、是否需要初始化、链码包 Id，以及可能带有的私密数据集合配置等。操作涉及 queryinstalled、getinstalled-package、approveformyorg、checkcommitrea-diness 四个链码生命周期子命令。

queryinstalled 子命令可以查询目标 Peer 上已经安装的链码信息。支持的参数包括：

- --connectionProfile string，网络访问信息文件路径，目前仅支持 Peer 连接信息。
- -O, --output string，结果输出的格式，目前支持格式化为 json 格式。
- --peerAddresses stringArray，请求所发

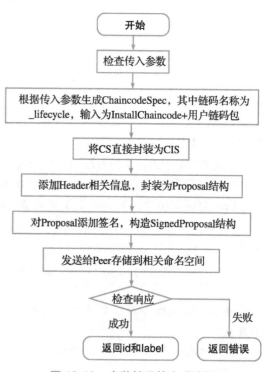

图 10-19 安装链码的实现流程

往的 Peer 地址列表。

- --tlsRootCertFiles stringArray，所连接的 Peer 的信任的 TLS 根证书。

getinstalledpackage 子命令可以获取指定的链码安装包（与发送给 Peer 的安装包内容相同）。支持参数包括：

- --connectionProfile string，网络访问信息文件路径，目前仅支持 Peer 连接信息。
- --output-directory string，将获取到的链码安装包保存到指定路径，默认为当前路径。
- --package-id string，所要获取的链码安装包的 ID。
- --peerAddresses stringArray，请求所发往的 Peer 地址列表。
- --tlsRootCertFiles stringArray，所连接的 Peer 的信任的 TLS 根证书。

approveformyorg 子命令允许用户将链码的定义发送给 Peer 进行背书，通过后发给 Orderer 进行排序和确认。所有需要执行链码的组织都需要完成此步骤。默认情况下，只有通道内大多数组织（通道内的 Channel/Application/LifecycleEndorsement 策略指定，默认为通道内大多数成员）都批准了链码定义，对应链码才能在通道内部署运行。支持的参数包括：

- --channel-config-policy string，指定链码的背书策略名称，该策略名称需要提前存储在通道策略配置中，默认为 Channel/Application/Endorsement 策略（默认为通道内大多数成员组织背书）。
- -C, --channelID string，执行命令面向的通道名称。
- --collections-config string，启用私密数据功能时，指定集合文件的路径。
- --connectionProfile string，网络访问信息文件路径，目前仅支持 Peer 连接信息。
- -E, --endorsement-plugin string，链码所使用的背书插件的名称。
- --init-required，是否需要调用 Init 方法对链码进行初始化。
- -n, --name string，链码名称。
- --package-id string，链码安装包的名称。
- --peerAddresses stringArray，所连接的 Peer 节点列表。
- --sequence int，通道内对链码进行定义的序列号（默认为 1），每次更新链码定义则需要递增。
- --signature-policy string，指定链码的（基于签名的）背书策略，默认采用 Channel/Application/Endorsement 指定的策略（默认为通道内大多数成员组织背书），不能与 --channel-config-policy 同时使用。
- --tlsRootCertFiles stringArray，连接 Peer 启用 TLS 时，所信任的 TLS 根证书列表（注意与 Peer 地址顺序匹配）。
- -V, --validation-plugin string，链码所使用的校验系统插件名称。
- --waitForEvent，是否等待事件以确认交易在各个 Peer 提交（默认开启）。
- --waitForEventTimeout duration，等待事件的时间（默认为 30s）。

checkcommitreadiness 子命令可以获取指定的链码安装包当前的批准状态，调用 _lifecycle 链码 CheckCommitReadiness 方法（位于 core/chaincode/lifecycle/scc.go）。支持参数与 approveformyorg 子命令类似。

例如，使用 queryinstalled 子命令查询当前安装的链码定义，示例如下：

```
$ peer lifecycle chaincode queryinstalled
Installed chaincodes on peer:
Package ID: testcc_1.0:1f060a1d05b057d98ed98ca8fd57e3a6542d8dfe383aeff64e28971
8ab851e2b, Label: testcc_1.0
$ package-id="testcc_1.0:1f060a1d05b057d98ed98ca8fd57e3a6542d8dfe383aeff64e289
718ab851e2b"
```

使用 getinstalledpackage 子命令获取指定的链码安装包，并进行检查：

```
$ peer lifecycle chaincode getinstalledpackage \
    --peerAddresses ${peer_url} \
  --tlsRootCertFiles ${peer_tls_root_cert} \
  --package-id ${package_id} \
  --output-directory ./ \
    --connTimeout "3s" \
    --output json

{
    "installed_chaincodes": [
      {
        "package_id": "testcc_1.0:1f060a1d05b057d98ed98ca8fd57e3a6542d8dfe38
3aeff64e289718ab851e2b",
        "label": "testcc_1.0",
        "references": {
          "mychannel": {
            "chaincodes": [
              {
                "name": "testcc",
                "version": "1.0"
              }
            ]
          }
        }
      }
    ]
  }
```

命令执行结束后会在指定的当前目录下生成 testcc_1.0:1f060a1d05b057d98ed98ca8fd57e3a65
42d8dfe383aeff64e289718ab851e2b.tar.gz 文件。

然后，使用 approveformyorg 子命令批准指定的已安装的链码：

```
$ policy="OR('Org1.member', 'Org2.member')"
$ peer lifecycle chaincode approveformyorg \
    --orderer ${ORDERER_URL} \
    --channelID ${channel} \
    --name ${name} \
    --signature-policy ${policy} \
    # 也可使用通道策略，例如 --channel-config-policy Channel/Application/Admins
    --version ${version} \
    --init-required \
    --package-id ${package_id} \
    --sequence 1 \
    --waitForEvent \
    --tls true \
    --cafile ${ORDERER_TLS_CA}
```

最后，使用 checkcommitreadiness 子命令检查所批准链码的状态：

```
$ peer lifecycle chaincode checkcommitreadiness \
```

```
--channelID ${channel} \
--name ${name} \
--version ${version} \
--tls true \
--output json \
--cafile ${ORDERER_TLS_CA}

{
    "approvals": {
        "Org1MSP": true,
        "Org2MSP": false
    }
}
```

整个批准链码过程如图 10-20 所示，作为对 _lifecycle 链码 ApproveChaincodeDefinitionFor MyOrg 方法的调用，通过背书接口发送给 Peer，之后构造交易结构发送给排序服务。

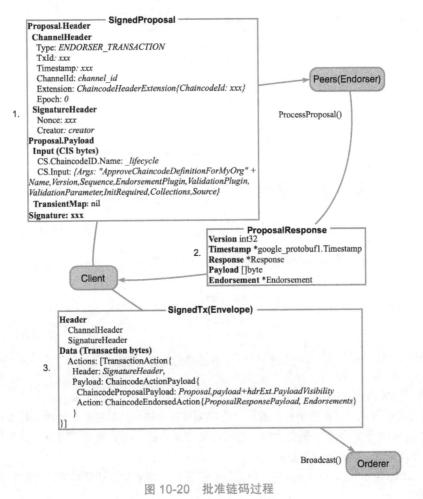

图 10-20　批准链码过程

批准链码的实现流程如图 10-21 所示，提案交由 Peer 处理进行背书，客户端利用背书创建交易消息发给排序服务。

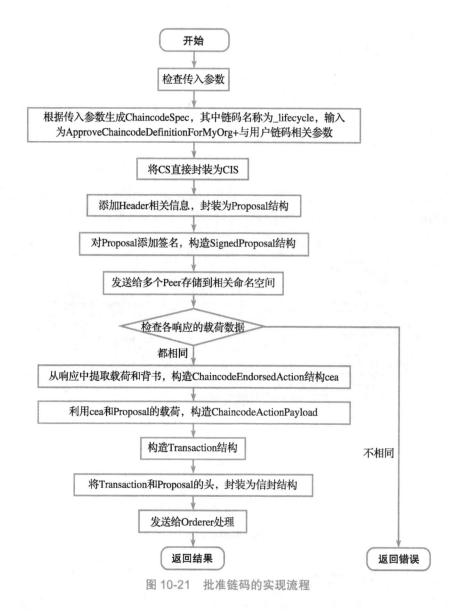

图 10-21　批准链码的实现流程

6. 提交链码并查询状态

通道内链码得到足够多的组织批准后，将成为可以合法运行的链码。此时，任意通道内组织可以使用 commit 子命令发起提交操作。链码定义被成功提交到通道后，通道内成员可以使用链码（如进行调用）。支持的参数包括：

- --channel-config-policy string，指定链码的背书策略名称，该策略需要存储在通道策略配置中。
- -C, --channelID string，执行命令的通道名称。
- --collections-config string，启用私密数据功能时所需集合 JSON 文件的路径。

- --connectionProfile string，网络访问信息文件路径，目前仅支持 Peer 连接信息。
- -E, --endorsement-plugin string，链码所使用的背书插件的名称。
- --init-required，是否需要调用 Init 方法对链码进行初始化。
- -n, --name string，链码名称。
- --peerAddresses stringArray，所连接的 Peer 地址列表。
- --sequence int，通道内对链码进行定义的序列号（默认为 1），每次更新链码定义则需要递增。
- --signature-policy string，指定链码绑定的（基于签名的）背书策略，默认采用 Channel/Application/Endorsement 指定的策略（通道内大多数成员组织背书）。
- --tlsRootCertFiles stringArray，连接 Peer 启用 TLS 时，所信任的 TLS 根证书列表（注意与 Peer 地址顺序匹配）。
- -V, --validation-plugin string，链码所使用的校验系统插件名称。
- --waitForEvent，是否等待事件以确认交易在各个 Peer 提交（默认开启）。
- --waitForEventTimeout duration，等待事件的时间（默认为 30s）。

querycommitted 子命令可以查询通道内当前已经提交的链码。支持参数包括：

- -C, --channelID string，执行命令的通道名称。
- --connectionProfile string，网络访问信息文件路径，目前仅支持 Peer 连接信息。
- -n, --name string，链码名称。
- -O, --output string，结果输出的格式，目前支持 json 格式。
- --peerAddresses stringArray，所连接的 Peer 地址列表。
- --tlsRootCertFiles stringArray，连接 Peer 启用 TLS 时，所信任的 TLS 根证书列表（注意与 Peer 地址顺序匹配）。

例如，首先使用 commit 子命令提交已经得到批准的链码定义，然后使用 querycommitted 子命令查询提交状态，示例如下：

```
$ peer lifecycle chaincode commit \
    -o ${orderer} \
    --channelID ${channel} \
    --name ${name} \
    --version ${version} \
    --init-required \
    --sequence 1 \
    --peerAddresses ${ORG1_PEER0_URL} \
    --tlsRootCertFiles ${ORG1_PEER0_TLS_ROOTCERT} \
    --peerAddresses ${ORG2_PEER0_URL} \
    --tlsRootCertFiles ${ORG2_PEER0_TLS_ROOTCERT} \
    --waitForEvent \
    --collections-config "${collection_config}" \
    --signature-policy "${policy}" \
    --tls true \
    --cafile ${ORDERER_TLS_CA}

$ peer lifecycle chaincode querycommitted \
    --peerAddresses ${ORG1_PEER0_URL} \
    --tlsRootCertFiles ${ORG1_PEER0_TLS_ROOTCERT} \
    --channelID ${channel} \
```

```
  --output json \
    --name ${name}

{
  "sequence": 1,
  "version": "1.0",
  "endorsement_plugin": "escc",
  "validation_plugin": "vscc",
  "validation_parameter": "CigSDBIKCAESAggAEgIIARoLEgkKB09yZzFNU1AaCxIJCgdPcmcyTVNQ",
  "collections": {},
  "init_required": true,
  "approvals": {
    "Org1MSP": true,
    "Org2MSP": true
  }
}
```

整个提交链码过程如图 10-22 所示，作为对 _lifecycle 链码 CommitChaincodeDefinition 方法的调用，通过背书接口发送给 Peer，之后构造交易结构发送给排序服务。

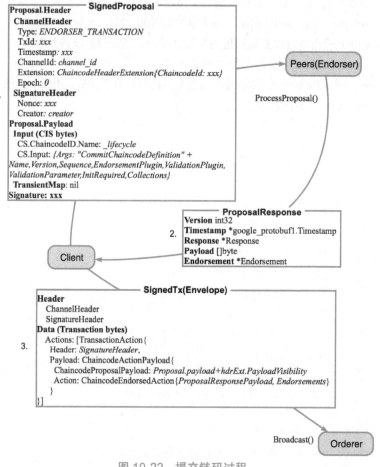

图 10-22　提交链码过程

提交链码的实现流程如图 10-23 所示，与批准过程类似。

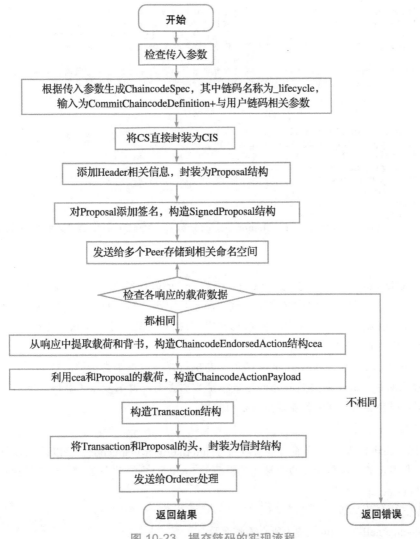

图 10-23　提交链码的实现流程

7. 使用私密数据

在批准和提交链码定义时，可以通过 --collections-config collection.json 来指定与私密数据相关的集合配置（Fabric v1.1.0 开始支持），可以实现在同一通道内私密数据的调用只有部分成员共享。如果不指定该参数则默认不启用该特性，意味着通道内所有成员都可以看到链码调用结果。

集合配置文件的示例如下：

```
[
  {
    "name": "collection1",  // 集合名称
    "policy": "OR('Org1MSP.member', 'Org2MSP.member')",  // 集合成员
    "requiredPeerCount": 1,  // 背书之前至少扩散私密数据到的节点数
```

```
    "maxPeerCount": 3,        // 背书之前尝试扩散最多节点个数, 不能小于 requiredPeerCount
    "blockToLive":99999,      // 私密数据保存时长。0 意味着永不过期
    "memberOnlyRead": true,   // 是否只允许集合成员 (如客户端) 来读取私密数据, v1.4 开始支持
    "memberOnlyWrite": true,  // 是否只允许集合成员 (如客户端) 来发起对私密数据的写交易, v2.0
                              // 开始支持
    "endorsementPolicy": {    // 指定对私密数据进行写操作时的背书策略, 会取代链码的背书策略
    "signaturePolicy": "OR('Org1MSP.member')"  // 指定使用签名策略
    }
},
{
    "name": "collection2",
    "policy": "OR('Org1MSP.member')",
    "requiredPeerCount": 1,
    "maxPeerCount": 3,
    "blockToLive":3,
    "memberOnlyRead": true,
    "memberOnlyWrite": true,
    "endorsementPolicy": {
    "channelConfigPolicy": "Channel/Application/Writers"  // 指定使用通道配置内已有的策略
    }
}
]
```

其中, collection.json 中定义了 collection1 和 collection2 两个集合, 其成员分别为 Org1、Org2 两个组织。当在链码逻辑中指定某个键值属于特定集合时, 只有集合内成员能看到明文的读写集合, 非集合成员即使在同一通道内也无法获取私密数据。对应 policy 只支持 OR 语法, 指定哪些组织可以看到私密数据集合。

requiredPeerCount 和 maxPeerCount 指定了在执行背书过程中尝试扩散数据到其他合法节点的个数, 避免因背书节点的突然故障而导致私密数据丢失。背书阶段未获取私密数据的合法节点, 在提交阶段会尝试从其他节点来拉取私密数据。

8. 调用链码

通过 peer chaincode invoke 命令 (实现位于 internal/peer/chaincode) 可以调用运行中链码定义的方法, 所指定的函数名和参数会被传到链码的 Invoke() 方法进行处理。调用链码操作需要同时与 Peer 和 Orderer 打交道。

该命令支持参数包括:

- -C, --channelID string, 链码所在通道名称。
- --connectionProfile string, 网络连接信息文件的路径。
- -c, --ctor string, 传递给链码 Invoke 方法的参数。
- -I, --isInit, 是否调用 Init 方法对链码进行初始化。
- -n, --name string, 链码名称。
- --peerAddresses stringArray, 所连接的 Peer 节点列表。
- --tlsRootCertFiles stringArray, 连接 Peer 启用 TLS 时, 所信任的 TLS 根证书列表 (注意与 Peer 地址顺序匹配)。
- --waitForEvent, 是否等待事件以确认交易在各个 Peer 提交 (默认开启)。
- --waitForEventTimeout duration, 等待事件的时间 (默认为 30s)。

例如, 对部署成功的链码执行调用操作, 由 a 向 b 转账 10 元。

在 peer0 容器中执行如下操作，注意验证最终结果状态正常 response:<status:200 message: "OK" >：

```
$ peer chaincode invoke \
   -o orderer0:7050 \
   -C ${APP_CHANNEL} \
   -n testcc \
   --peerAddresses ${peer_url} \
   --tlsRootCertFiles ${peer_org_tlsca} \
   -c '{"Args":["invoke","a","b","10"]}' \
   --tls \
   --cafile ${ORDERER_TLS_CA}
```

这一命令会调用最新版本的 testcc 链码，将参数 '{"Args":["invoke","a","b","10"]}' 传入链码中的 Invoke() 方法执行。命令会生成一笔交易，需指定排序者地址。

整个调用链码过程如图 10-24 所示，封装为对指定链码的调用消息，通过背书接口发送给 Peer，之后构造交易结构发送给排序服务。

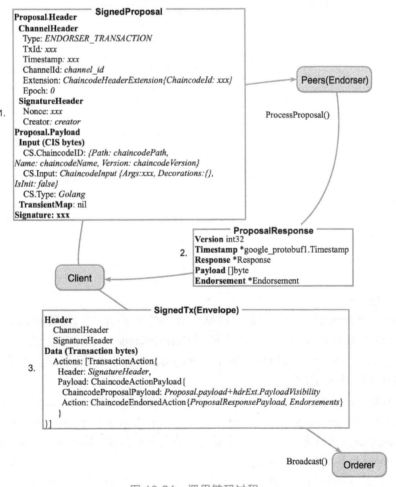

图 10-24　调用链码过程

调用链码的实现流程如图 10-25 所示。

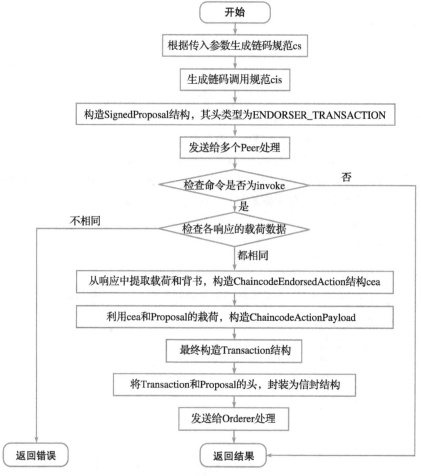

图 10-25　调用链码的实现流程

主要步骤包括：

1）创建一个 SignedProposal 消息。根据传入的各种参数，生成 ChaincodeSpec 结构（其中，Input 为传入的调用参数）；然后，根据 ChaincodeSpec、chainID、签名实体等，生成 ChaincodeInvocationSpec 结构；进而封装生成 Proposal 结构（通道头部中类型为 ENDORSER_TRANSACTION），并进行签名。

2）调用 EndorserClient，发送 gRPC 消息，将签名后的 Proposal 发给指定的 Peer 节点（Endorser），调用 ProcessProposal(ctx context.Context, in *SignedProposal, opts ...grpc.CallOption) (*ProposalResponse, error) 方法，进行背书处理。节点会模拟运行链码调用交易，成功后会返回 ProposalResponse 消息（带有背书签名）。

3）根据 Peer 返回的 ProposalResponse 消息，创建一个 SignedTX（Envelop 结构的交易，带

有签名）。

4）调用 BroadcastClient 将交易消息通过 gRPC 通道发给 Orderer，全网排序并广播给 Peer 进行确认提交。

注意，invoke 是异步操作，invoke 成功只能保证交易已经进入 Orderer 进行排序，但无法保证最终写到账本中（例如交易未通过 Committer 验证而被拒绝）。需要通过事件监听或主动查询等方式来进行确认交易是否最终写到账本上。

9. 查询链码

查询链码可以通过 peer chaincode query 子命令。

该子命令实际上是 invoke 操作与 Peer 打交道的部分，即将签名后的 Proposal 发给指定的 Peer 节点的 ProcessProposal() gRPC 接口。最终将 -c 指定的命令参数发送给了链码中的 Invoke() 方法执行。

query 操作与 invoke 操作的区别在于，query 操作用来查询 Peer 上账本状态（需要链码支持查询逻辑），不生成交易，也不需要与 Orderer 打交道。同时，query 命令默认只返回第一个 Peer 的查询结果。

支持参数包括：

- -C, --channelID string，链码所在的通道名称。
- --connectionProfile string，网络连接信息文件的路径。
- -c, --ctor string，传递给链码 Invoke 方法的参数。
- -x, --hex，采用十六进制输出查询结果。
- -n, --name string，链码名称。
- --peerAddresses stringArray，所连接的 Peer 节点列表。
- -r, --raw，输出结果的原始字节，默认为格式化打印方式。
- --tlsRootCertFiles stringArray，连接 Peer 启用 TLS 时，所信任的 TLS 根证书列表（注意与 Peer 地址顺序匹配）。

例如，执行如下命令会向 Peer 查询状态 a 的值，并返回查询结果：

```
$ peer chaincode query \
    -C ${APP_CHANNEL} \
    -n testcc \
    --peerAddresses ${peer_url} \
    --tlsRootCertFiles ${peer_org_tlsca} \
    -c '{"Args":["query","a"]}'
```

在实例化链码容器后，可以在 peer0 容器中执行如下命令：

```
$ peer chaincode query \
    -n testcc \
    -C ${APP_CHANNEL} \
    -c '{"Args":["query","a"]}'
Query Result: 100
[main] main -> INFO 001 Exiting.....
```

注意输出无错误信息，最后的结果为初始值 Query Result: 100。

类似地，查询 b 的余额可执行如下命令，注意，最终返回结果为初始值 Query Result: 200：

```
$ peer chaincode query \
    -n testcc \
    -C ${APP_CHANNEL} \
    -c '{"Args":["query","b"]}'
Query Result: 200
[main] main -> INFO 001 Exiting.....
```

在执行完 a 向 b 转账 10 元的交易后，再次查询 a 和 b 的余额，发现发生变化。

a 的新余额为 90，如下所示：

```
$ peer chaincode query \
    -n testcc \
    -C ${APP_CHANNEL} \
    -c '{"Args":["query","a"]}'
Query Result: 90
[main] main -> INFO 001 Exiting.....
```

b 的新余额为 210，如下所示：

```
$ peer chaincode query \
    -n testcc \
    -C ${APP_CHANNEL} \
    -c '{"Args":["query","b"]}'
Query Result: 210
[main] main -> INFO 001 Exiting.....
```

query 子命令的实现过程与 invoke 子命令类似，但不创建 SignedTx 发送到 Orderer，而是直接返回从 Peer 的查询结果。

10. 升级链码

链码升级过程需要重复 peer lifecycle chaincode 相关命令，来执行完整的生命周期，具体步骤如下：

1）更新旧版本链码的源代码，并重新打包链码包。

2）将新的链码包再次安装到 Peer，获取新的包 Id。注意，相对旧版本要递增版本号。

3）按照策略，通道内足够多组织都要重新对新版本的链码定义进行批准。注意，序列号要递增。

4）通道内足够多组织批准定义后，可以提交新版本链码定义到通道。

5）再次调用链码，确保链码已经自动更新为新的版本。

10.5　监听网络事件

交易发送给排序服务后，处理模式是异步，这意味着客户端无法获知所提交交易是否最终被接受。为了方便查询交易提交情况，Fabric Peer 节点提供了区块事件服务（实现位于 core/peer/deliverevents.go），客户端可以通过 gRPC 接口来监听指定通道内的区块事件（客户端需要满足权限要求，默认为通道成员）。

目前，Peer 提供了两种返回类型：Block 和 Block_Filtered。前者返回完整的区块内容，会占用更多的网络带宽；后者只返回区块内统计信息（交易的 ID、类型、状态、链码行动的链码 ID、事件名称），推荐生产环境使用。

下面，通过官方提供的事件客户端 eventsclient 工具来监听网络中的事件。首先，通过如下命令从 release-1.4 分支中安装 eventsclient 工具（2.x 版本中已经移除该工具）：

```
$ cd $GOPATH/src/hyperledger/fabric/
$ git checkout release-1.4
$ cd examples/events/eventsclient && go install && go clean
```

该工具展示了如何调用事件 API。支持的命令行选项主要包括：

- -channelID string，监听指定通道信息，默认为 testchainid。
- -server "localhost:7053"，监听服务地址，一般指定为 Peer 节点的 7053 端口。
- -seek int，指定从哪个区块开始监听。–2 代表从初始区块（默认），–1 代表从当前最新区块。
- -filtered=true，只获取统计信息，不显示区块完整内容。
- -quiet，不打印区块内容，只显示区块号。
- -tls，是否启用 TLS，默认关闭。
- -rootCert string，启用 TLS 时指定信任的根 CA 证书路径。
- -mTls，是否开启双向验证（即服务端也同时验证客户端身份），默认关闭。
- -clientCert string，启用 TLS 时客户端证书路径。
- -clientKey string，启用 TLS 时客户端私钥路径。

启动后，该工具会持续监听来自指定通道的事件，并打印出来。--filtered 参数十分有用，会只获取每个交易的 ID、类型、是否合法，以及与之相关的链码事件（如链码名称、事件名称和载荷信息等），并不包括完整的区块内容（如区块头、签名、交易背书、交易提案、读写集等），这样可以节约网络带宽。

例如，监听 businesschannel 通道内的过滤后信息，命令和结果如下所示：

```
$ CORE_PEER_LOCALMSPID=Org1MSP \
CORE_PEER_MSPCONFIGPATH=/etc/hyperledger/fabric/crypto-config/
peerOrganizations/org1.example.com/users/Admin@org1.example.com/msp \
  eventsclient
    -server=peer0.org1.example.com:7051 \
    -channelID=businesschannel \
    -filtered=true \
    -tls=true \
    -clientKey=/etc/hyperledger/fabric/crypto-config/peerOrganizations/org1.example.
com/users/Admin@org1.example.com/tls/client.key \
    -clientCert=/etc/hyperledger/fabric/crypto-config/peerOrganizations/org1.example.
com/users/Admin@Org1.example.com/tls/client.crt \
    -rootCert=/etc/hyperledger/fabric/crypto-config/peerOrganizations/org1.example.
com/users/Admin@Org1.example.com/tls/ca.crt

UTC [eventsclient] readEventsStream -> INFO 001 Received filtered block:
{
  "channel_id": "businesschannel",
  "filtered_transactions": [
    {
      "tx_validation_code": "VALID",
      "txid": "",
      "type": "CONFIG"
    }
  ],
  "number": "0"
}
```

```
UTC [eventsclient] readEventsStream -> INFO 002 Received filtered block:
{
  "channel_id": "businesschannel",
  "filtered_transactions": [
    {
      "tx_validation_code": "VALID",
      "txid": "",
      "type": "CONFIG"
    }
  ],
  "number": "1"
}
UTC [eventsclient] readEventsStream -> INFO 003 Received filtered block:
{
  "channel_id": "businesschannel",
  "filtered_transactions": [
    {
      "tx_validation_code": "VALID",
      "txid": "",
      "type": "CONFIG"
    }
  ],
  "number": "2"
}
UTC [eventsclient] readEventsStream -> INFO 004 Received filtered block:
{
  "channel_id": "businesschannel",
  "filtered_transactions": [
    {
      "transaction_actions": {
        "chaincode_actions": []
      },
      "tx_validation_code": "VALID",
      "txid": "2832892094f612237b06950b77a6afc13ca9226176e99c2a8577cf4be2074c0a",
      "type": "ENDORSER_TRANSACTION"
    }
  ],
  "number": "3"
}
UTC [eventsclient] readEventsStream -> INFO 005 Received filtered block:
{
  "channel_id": "businesschannel",
  "filtered_transactions": [
    {
      "transaction_actions": {
        "chaincode_actions": []
      },
      "tx_validation_code": "VALID",
      "txid": "fec547335060bb324e8e4a08067c7fa24092e1295cb62dffb14a93bc77b2fbcf",
      "type": "ENDORSER_TRANSACTION"
    }
  ],
  "number": "4"
}
...
```

由于事件通知服务由 Peer 节点提供，当大量客户端注册到事件监听服务时，会对 Peer 侧造成较大的压力。此时可在 Peer 侧进行限流或者通过事件监听，将网络内交易情况导出到外部数据库进行分析，以缓解 Peer 侧的计算压力。

10.6 自动发现网络信息

客户端要往 Fabric 网络中发送请求，首先需要知道网络的相关信息，如网络中成员组织信息、背书节点的地址、链码安装信息等。

在 Fabric v1.2.0 版本之前，这些信息需要调用者手动指定，容易出错；另外，当网络中信息变更后（如节点上下线）还需要再次更新。

为了解决这些问题，社区自 v1.2.0 版本开始在 Peer 节点上提供 Discovery gRPC 服务，并编写了 discover 客户端工具（入口位于 discovery/cmd），查询 Discovery 服务获取指定信息（如通道内的邻居节点、可对某链码进行背书的节点组）。

10.6.1 主要功能

discover 工具目前提供如下查询功能：

- 节点信息，使用 peers 子命令查询通道内各节点的 MSP ID、服务地址和证书等信息。
- 通道配置，使用 config 子命令查询通道的配置信息，包括通道内成员组织的身份信息、排序服务信息等。
- 链码背书信息，使用 endorsers 子命令查询对某个链码可以进行背书的节点信息。

命令使用格式为：discover [全局参数] < 子命令 > [子命令参数列表]。

注意，节点信息和链码背书信息查询功能在默认情况下只支持组织管理员，如果希望普通成员也可以查询，需要开启 Peer 配置 peer.discovery.orgMembersAllowedAccess=true。

10.6.2 全局参数

discover 支持的全局参数和相关说明如下：

- --help，输出帮助信息。
- --configFile=CONFIGFILE，指定从配置文件中载入参数配置，无须从命令行指定参数。
- --peerTLSCA=PEERTLSCA，指定校验 Peer 端 TLS 的 CA 证书。
- --tlsCert=TLSCERT，指定客户端使用的 TLS 证书（可选，当 Peer 校验客户端 TLS 时）。
- --tlsKey=TLSKEY，指定客户端使用的 TLS 私钥（可选，当 Peer 校验客户端 TLS 时）。
- --userKey=USERKEY，客户端签名私钥。
- --userCert=USERCERT，客户端签名证书。
- --MSP=MSP，指定客户端的 MSP ID。

10.6.3 子命令

discover 目前支持四个子命令：peers、config、endorsers 和 saveConfig，可以通过 help < 子命令 > 来查看各子命令的功能和使用方法。

1. peers 子命令

显示通道中的 Peer 节点信息，包括它们的 MSP ID、gRPC 服务监听地址和身份证书。

命令格式为：peers [参数列表]。支持参数如下：

- --server=SERVER，指定命令连接的 Peer 节点地址。
- --channel=CHANNEL，指定查询某个特定通道内的节点信息。

例如，通过 peer0.org1.example.com 节点查询 businesschannel 通道内的 Peer 节点信息，可以执行如下命令：

```
$ discover \
    --peerTLSCA tls/ca.crt \
    --userKey msp/keystore/f76cf3c92dac81103c82d5490c417ac0123c279f93213f65947
d8cc69e11fbc5_sk \
    --userCert msp/signcerts/Admin\@org1.example.com-cert.pem \
    --MSP Org1MSP \
    --tlsCert tls/client.crt \
    --tlsKey tls/client.key \
    peers \
    --server peer0.org1.example.com:7051 \
    --channel businesschannel

    [
        {
            "MSPID": "Org2MSP",
            "Endpoint": "peer1.org2.example.com:7051",
            "Identity": "-----BEGIN CERTIFICATE-----\nMIICKD...pVTw==\n-----END
CERTIFICATE-----\n"
        },
        {
            "MSPID": "Org2MSP",
            "Endpoint": "peer0.org2.example.com:7051",
             "Identity": "-----BEGIN CERTIFICATE-----\nMIICKT...cGaA=\n-----END
                            CERTIFICATE-----\n"
        },
        {
            "MSPID": "Org1MSP",
            "Endpoint": "peer0.org1.example.com:7051",
            "Identity": "-----BEGIN CERTIFICATE-----\nMIICKD...mgaA==\n-----END
CERTIFICATE-----\n"
        },
        {
            "MSPID": "Org1MSP",
            "Endpoint": "peer1.org1.example.com:7051",
            "Identity": "-----BEGIN CERTIFICATE-----\nMIICKD...UO+g==\n-----END
CERTIFICATE-----\n"
        }
    ]
```

结果显示 businesschannel 通道内目前包括属于 2 个组织的 4 个 Peer 节点成员：

- Org1MSP。
  - peer0.org1.example.com
  - peer1.org1.example.com
- Org2MSP。
  - peer0.org2.example.com
  - peer1.org2.example.com

2. config 子命令

显示网络中的通道配置信息，包括各个组织的 MSP 信息和排序节点信息。

命令格式为：config [< 参数 >]。支持参数如下：

- --channel=CHANNEL，指定查询某个特定通道内的配置信息。
- --server=SERVER，指定命令连接的 Peer 节点地址。

例如，通过 peer0.org1.example.com 节点查询 businesschannel 通道内的配置信息，可以执行如下命令：

```
$ discover \
    --peerTLSCA tls/ca.crt \
    --userKey msp/keystore/f76cf3c92dac81103c82d5490c417ac0123c279f93213f65947
d8cc69e11fbc5_sk \
    --userCert msp/signcerts/Admin\@org1.example.com-cert.pem \
    --MSP Org1MSP \
    --tlsCert tls/client.crt \
    --tlsKey tls/client.key \
    config \
    --server peer0.org1.example.com:7051 \
    --channel businesschannel

{
    "msps": {
        "OrdererMSP": {
            "name": "OrdererMSP",
            "root_certs": [
                "LS0tLS...tLQo="
            ],
            "admins": [
                "LS0tLS...LS0K"
            ],
            "crypto_config": {
                "signature_hash_family": "SHA2",
                "identity_identifier_hash_function": "SHA256"
            },
            "tls_root_certs": [
                "LS0tLS...0tCg=="
            ]
        },
        "Org1MSP": {
            "name": "Org1MSP",
            "root_certs": [
                "LS0tLS...0tCg=="
            ],
            "admins": [
                "LS0tLS...LS0K"
            ],
            "crypto_config": {
                "signature_hash_family": "SHA2",
                "identity_identifier_hash_function": "SHA256"
            },
            "tls_root_certs": [
                "LS0tLS...LS0K"
            ],
            "fabric_node_ous": {
                "enable": true,
                "client_ou_identifier": {
                    "certificate": "LS0tLS...0tCg==",
                    "organizational_unit_identifier": "client"
                },
                "peer_ou_identifier": {
                    "certificate": "LS0tLS...0tCg==",
                    "organizational_unit_identifier": "peer"
                }
            }
        },
        "Org2MSP": {
```

```
                "name": "Org2MSP",
                "root_certs": [
                    "LS0tLS...LS0K"
                ],
                "admins": [
                    "LS0tLS...0tCg=="
                ],
                "crypto_config": {
                    "signature_hash_family": "SHA2",
                    "identity_identifier_hash_function": "SHA256"
                },
                "tls_root_certs": [
                    "LS0tLS...LS0K"
                ],
                "fabric_node_ous": {
                    "enable": true,
                    "client_ou_identifier": {
                        "certificate": "LS0tLS...LS0K",
                        "organizational_unit_identifier": "client"
                    },
                    "peer_ou_identifier": {
                        "certificate": "LS0tLS...LS0K",
                        "organizational_unit_identifier": "peer"
                    }
                }
            }
        },
        "orderers": {
            "OrdererMSP": {
                "endpoint": [
                    {
                        "host": "orderer.example.com",
                        "port": 7050
                    }
                ]
            }
        }
    }
}
```

结果将显示通道内的各个 MSP 的信息和排序服务信息。

3. endorsers 子命令

显示网络中的背书节点信息，包括它们的 MSP ID、账本高度、服务地址和身份证书等。

命令格式为：endorsers [参数列表]。支持参数如下：

- --chaincode=CHAINCODE，指定链码名称列表。
- --channel=CHANNEL，指定查询某个特定通道内的节点信息。
- --collection=CC:C1,C2...，指定链码中私密集合信息。
- --noPrivateReads，指定不读取私密集合信息。
- --server=SERVER，指定命令连接的 Peer 节点地址。

例如，查询可以对链码 marblesp 的 collectionMarbles 集合进行背书的节点，可以执行如下命令：

```
$ discover \
    --peerTLSCA tls/ca.crt \
    --userKey msp/keystore/f76cf3c92dac81103c82d5490c417ac0123c279f93213f65947
d8cc69e11fbc5_sk \
```

```
        --userCert msp/signcerts/Admin\@org1.example.com-cert.pem \
        --MSP Org1MSP \
        --tlsCert tls/client.crt \
        --tlsKey tls/client.key \
        endorsers \
        --server peer0.org1.example.com:7051 \
        --channel businesschannel \
        --chaincode marblesp \
        --collection=marblesp:collectionMarbles
```

```
[
    {
        "Chaincode": "marblesp",
        "EndorsersByGroups": {
            "G0": [
                {
                    "MSPID": "Org1MSP",
                    "LedgerHeight": 10,
                    "Endpoint": "peer1.org1.example.com:7051",
                    "Identity": "-----BEGIN CERTIFICATE-----\nMIICKD...UO+g==\
n-----END CERTIFICATE-----\n"
                },
                {
                    "MSPID": "Org1MSP",
                    "LedgerHeight": 10,
                    "Endpoint": "peer0.org1.example.com:7051",
                    "Identity": "-----BEGIN CERTIFICATE-----\nMIICKD...mgaA==\
n-----END CERTIFICATE-----\n"
                }
            ],
            "G1": [
                {
                    "MSPID": "Org2MSP",
                    "LedgerHeight": 10,
                    "Endpoint": "peer0.org2.example.com:7051",
                    "Identity": "-----BEGIN CERTIFICATE-----\nMIICKT...cGaA=\
n-----END CERTIFICATE-----\n"
                },
                {
                    "MSPID": "Org2MSP",
                    "LedgerHeight": 10,
                    "Endpoint": "peer1.org2.example.com:7051",
                    "Identity": "-----BEGIN CERTIFICATE-----\nMIICKD...pVTw==\
n-----END CERTIFICATE-----\n"
                }
            ]
        },
        "Layouts": [
            {
                "quantities_by_group": {
                    "G0": 1
                }
            },
            {
                "quantities_by_group": {
                    "G1": 1
                }
            }
        ]
    }
]
```

结果将按组展示符合要求的背书节点的信息。

4. saveConfig 子命令

该命令并不与 Peer 节点打交道，它将由参数指定的变量信息保存为本地文件。这样用户在执行后续命令时可以指定该文件，而无须再指定各个参数值。

需要通过 --configFile=CONFIGFILE 来指定所存放的参数信息文件路径。

例如，保存指定的参数信息到本地的 discover_config.yaml 文件，可以执行如下命令：

```
$ discover \
    --peerTLSCA tls/ca.crt \
    --userKey msp/keystore/f76cf3c92dac81103c82d5490c417ac0123c279f93213f65947
d8cc69e11fbc5_sk \
    --userCert msp/signcerts/Admin\@org1.example.com-cert.pem \
    --MSP Org1MSP \
    --tlsCert tls/client.crt \
    --tlsKey tls/client.key \
    --configFile discover_config.yaml \
    saveConfig
```

命令执行完成后，查看本地的 discover_config.yaml 文件内容如下：

```
version: 0
tlsconfig:
  certpath: /etc/hyperledger/fabric/crypto-config/peerOrganizations/org1.example.
com/users/Admin@org1.example.com/tls/client.crt
    keypath: /etc/hyperledger/fabric/crypto-config/peerOrganizations/org1.example.
com/users/Admin@org1.example.com/tls/client.key
     peercacertpath: /etc/hyperledger/fabric/crypto-config/peerOrganizations/
org1.example.com/users/Admin@org1.example.com/tls/ca.crt
    timeout: 0s
signerconfig:
  mspid: Org1MSP
   identitypath: /etc/hyperledger/fabric/crypto-config/peerOrganizations/org1.
example.com/users/Admin@org1.example.com/msp/signcerts/Admin@org1.example.com-cert.pem
    keypath: /etc/hyperledger/fabric/crypto-config/peerOrganizations/org1.example.
com/users/Admin@org1.example.com/msp/keystore/f76cf3c92dac81103c82d5490c417ac0123c
279f93213f65947d8cc69e11fbc5_sk
```

有了这个参数文件，当再使用同样的参数时就无须手动指定，直接使用 --configFile discover_config.yaml 即可。

当然，用户也可以手动编写参数文件，但直接使用 saveConfig 命令自动生成将更加方便、高效。

10.7 使用运维服务

Fabric 自 v1.4.0 版本开始，加强了对运维操作的支持，在 Peer、Orderer 和 CA 节点上提供了一系列的 RESTful API 来协助监控服务状态。这些 API 主要分为如下四类：

- 获取和配置日志级别，资源为 /logspec（目前仅 Peer、Orderer 支持）。
- 监控系统组件的健康状态，资源为 /healthz。
- 获取系统统计信息，支持外部 Prometheus 拉取，或推送给 StatsD。资源为 /metrics。
- 获取版本信息，资源为 /version。

它们可以通过配置文件中的 operations 字段进行开启和配置。Orderer 的默认监听端口为

8443，Peer 和 CA 的默认监听端口为 9443。下面分别进行讲解。

1. 获取和配置日志级别

日志资源为 /logspec。获取日志级别可以发送 GET 请求，返回 JSON 格式对象。例如，使用如下命令获取 Peer 或 Orderer 的当前日志级别：

```
$ curl http://orderer:8443/logspec
{"spec":"info"}
$ curl http://peer:9443/logspec
{"spec":"info"}
```

修改日志级别可以发送 PUT 请求，消息内容为字典结构：{"spec": "[[,...]=][:[[,...]=]...]"}。例如，修改 Gossip 模块日志级别为 DEBUG，全局默认级别仍为 INFO，代码如下：

```
$ curl -XPUT \
    -d '{"spec":"gossip=debug:info"}' \
    http://peer:9443/logspec
```

2. 监控系统组件的健康状态

资源为 /healthz。可以发送 GET 请求，返回带有健康信息的 JSON 格式对象。例如，获取健康状况，可以使用如下命令：

```
$ curl http://orderer:8443/healthz
{"status":"OK","time":"XXXX-YY-ZZT01:02:03.567890Z"}
$ curl http://peer:9443/healthz
{"status":"OK","time":"XXXX-YY-ZZT01:02:03.567890Z"}
$ curl http://ca:9443/healthz
{"status":"OK","time":"XXXX-YY-ZZT01:02:03.567890Z"}
```

目前，Peer 健康状况主要支持检测链码容器运行的 Docker 服务的状态，如果开启 CouchDB 还会检测数据库连接。未来会扩展支持更多组件健康状态。

3. 获取系统统计信息

统计信息资源地址为 /metrics。可以发送 GET 请求，返回各个指标的统计信息。例如，获取排序节点的当前统计信息，可以使用如下命令：

```
$ curl http://orderer:8443/metrics
# TYPE broadcast_enqueue_duration histogram
broadcast_enqueue_duration_bucket{channel="businesschannel",status="SUCCESS",t
ype="CONFIG_UPDATE",le="0.005"} 3
    broadcast_enqueue_duration_bucket{channel="businesschannel",status="SUCCESS",t
ype="CONFIG_UPDATE",le="0.01"} 3
    broadcast_enqueue_duration_bucket{channel="businesschannel",status="SUCCESS",t
ype="CONFIG_UPDATE",le="0.025"} 3
    ...
    # HELP promhttp_metric_handler_requests_total Total number of scrapes by HTTP
status code.
    # TYPE promhttp_metric_handler_requests_total counter
    promhttp_metric_handler_requests_total{code="200"} 0
    promhttp_metric_handler_requests_total{code="500"} 0
    promhttp_metric_handler_requests_total{code="503"} 0

$ curl http://peer:9443/metrics
# TYPE chaincode_launch_duration histogram
chaincode_launch_duration_bucket{chaincode="test_cc:8ab94dad0adadb281bfea8aff1
5a0acc746fa55404260974a4c200ebc5c715f1",success="true",le="0.005"} 0
```

```
    chaincode_launch_duration_bucket{chaincode="test_cc:8ab94dad0adadb281bfea8aff1
5a0acc746fa55404260974a4c200ebc5c715f1",success="true",le="0.01"} 0
    chaincode_launch_duration_bucket{chaincode="test_cc:8ab94dad0adadb281bfea8aff1
5a0acc746fa55404260974a4c200ebc5c715f1",success="true",le="0.025"} 0
    ...
    # HELP promhttp_metric_handler_requests_total Total number of scrapes by HTTP
status code.
    # TYPE promhttp_metric_handler_requests_total counter
    promhttp_metric_handler_requests_total{code="200"} 0
    promhttp_metric_handler_requests_total{code="500"} 0
    promhttp_metric_handler_requests_total{code="503"} 0
```

Orderer 的统计信息包括切块时间、广播队列、校验时间、发送块数量、Go 进程信息、gRPC 请求、系统资源等。这些信息可以帮助我们了解 Orderer 资源使用和工作情况。

Peer 的统计信息包括链码执行情况、Go 进程信息、gRPC 请求、区块处理、账本提交、数据库更新、系统资源等多个指标，这些信息可以帮助我们实时了解 Peer 资源使用和工作情况。

当然，直接阅读这些统计指标并不高效，更方便的做法是利用外部监控工具。如果使用 StatsD 来分析数据，需要在 Peer 和 Orderer 配置文件中指定 StatsD 服务器地址（StatsD 是推送方式）；如果使用 Prometheus，直接在其配置中指定 Peer 和 Orderer 的服务地址即可（Prometheus 是推送方式）。

以 Prometheus 为例，在配置中指定 Peer 和 Orderer 地址后，Prometheus 会主动从 /metrics API 获取统计信息。此时通过 Prometheus 的图形界面（默认监听在 9090 端口）可以查看到这些指标的数据和统计图。图 10-26 展示了链码 shim 层请求的执行延迟统计。

图 10-26　使用 Prometheus 监控 Fabric 网络

用户也可以集成使用更多第三方系统来监控和分析 Fabric 系统的数据，实现自动化的运维管理。

4. 获取版本信息

通过访问 /version 资源，可以获取版本信息，代码如下：

```
$ curl http://orderer:8443/version
{"CommitSHA":"xxxx","Version":"2.0.0"}
$ curl http://peer:9443/version
{"CommitSHA":"xxxx","Version":"2.0.0"}
```

10.8　如何升级网络版本

　　Fabric 保持了较好的向后兼容性，同一个大版本之内可以无缝进行升级（如 v1.0.0 版本升级到 v1.4.2 版本）。网络升级主要包括对如下资源进行升级：

- 核心组件，包括 Peer、Orderer、CA 等核心程序。
- 能力配置，更新通道配置中支持的能力集合版本号，以启动新的特性。
- 第三方资源，包括依赖的 CouchDB、Kafka 等第三方组件。

10.8.1　能力类型

　　为了避免网络多个节点运行不同版本组件时出现分叉风险，自 1.1.0 版本起，在通道配置中引入了能力（capability），标记节点应当支持和启用的特性。如果某节点程序版本低于能力要求，则无法加入或自动退出；同时通道内高版本的节点程序在提交校验时只启用指定的特性集合检查（可参考 core/handlers/validation/builtin）。

　　目前能力分为三种类型，分别管理不同范围，如表 10-5 所示。

表 10-5　能力类型

类型	功能	配置路径
通道（Channel）能力	通道整体相关能力，排序和 Peer 节点都得满足	/Channel/Capabilities
排序（Orderer）能力	排序服务能力，只与排序节点有关	/Channel/Orderer/Capabilities
应用（Application）能力	应用相关能力，只与 Peer 节点有关	/Channel/Application/Capabilities

　　如果要启用相应的能力，需要修改通道配置中的对应配置。例如，用户可以指定通道能力为 v1.1.0，排序能力为 v1.1.0 模式，而应用能力为 v1.3.0。此时，只有不低于 v1.1.0 版本（满足通道和排序能力的较大者）的排序节点，以及不低于 v1.3.0 版本（满足通道和应用能力的较大者）的 Peer 节点可以支持该通道。同时，即使排序节点和 Peer 节点程序版本更新（如 v2.x），仍然只会启用指定集合中的功能。

　　需要注意，能力配置只能调整到新版本而不应回退。例如，可以将能力模式 v1.3.0 更新为更高版本的 v1.4.0，反之无意义。这是因为旧版本的节点即便加入通道内，仍然无法正常处理其中新版本启用阶段的交易。另外，新建通道时排序节点并不检查指定应用能力是否合法，需要用户确保指定能力版本的正确性。

　　各能力集合的版本和内容（可参考 common/capabilities）如表 10-6 所示，注意并不完全与程序版本一致。

表 10-6 能力版本

能力版本	起始程序版本	类型	能力内容
ChannelV1_1	v1.1.0	通道	仅供标记，程序版本为 1.1.0+
ChannelV1_3	v1.3.0	通道	支持 idemix；支持获取 MSP 支持的版本
ChannelV1_4_2	v1.4.2	通道	开始支持升级共识类型（Kafka 到 Raft）；支持在通道配置的每个排序组织指定其排序节点的外部地址
ChannelV1_4_3	v1.4.3	通道	支持通过 OU 来识别身份为 admin 或 orderer 的角色
ChannelV2_0	v2.0.0	通道	无新功能
OrdererV1_1	v1.1.0	排序	重新提交交易；身份超时检查
OrdererV1_4_2	v1.4.2	排序	允许升级共识类型（Kafka 到 Raft）
OrdererV2_0	v2.0.0	排序	使用 Admins 策略作为创建通道策略（1.x 版本中由 Channel CreationPolicy 指定）
ApplicationV1_1	v1.1.0	应用	禁止区块内重复交易 ID
ApplicationV1_2	v1.2.0	应用	正式支持私密数据；支持升级私密数据成员组配置；细粒度的通道资源访问控制（ACL）
ApplicationV1_3	v1.3.0	应用	支持基于键值的背书策略
ApplicationV1_4_2	v1.4.2	应用	支持回滚本地的账本到指定的高度
ApplicationV2_0	v2.0.0	应用	新的链码生命周期管理，lifecycle 系统链码取代 LSCC

10.8.2 推荐升级步骤

推荐每次只升级一个小版本号，如 v1.3.0 到 v1.4.0。这样可以方便检验并确认每次升级后的更新。

1. 升级排序服务

在不改变排序模式的情况下，升级较为简单。逐个停止排序节点，并备份本地数据，包括身份文件、账本数据、配置文件等。升级排序服务程序，重新启动并检查是否工作正常，如获取区块、发送交易等。

自 v.1.4.2 版本开始，支持在运行时将共识算法类型从 Kafka 升级为 Raft。主要步骤如图 10-27 所示。

主要步骤包括：

1）检查配置。排序节点为 1.4.2 版本或更高，而且一致；通道能力和排序能力的版本配置为 V1_4_2 或更高。

2）停止 Peer 和客户端访问。暂停 Peer 节点和客户端对排序服务的访问。

3）进入维护模式。此模式下所有正常交易都会被拒绝，只有排序服务管理员有权更改通道配置，通过修改 .channel_group.groups.Orderer.values.ConsensusType.

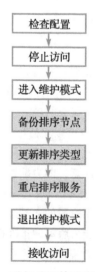

图 10-27 升级共识算法类型为 Raft

State 为 STATE_MAINTENANCE 来实现。

4）备份数据。停止排序服务，备份相关数据，包括排序节点本地账本文件、身份文件、Kafka 配置和数据等，之后启动排序服务。

5）更新配置。更新 .channel_group.groups.Orderer.values.ConsensusType.TYPE 为 etcdraft，并且添加 Metadata 配置（包括 hostname、port、server certificate、client certificate 等）。

6）重启节点。重启排序节点，检查每个通道内的排序节点彼此联通，并且选举出了新的主节点。

7）退出维护模式。检验通过后，修改 .channel_group.groups.Orderer.values.ConsensusType.State 为 STATE_NORMAL，退出维护模式。此时可以继续正常接收 Peer 和客户端请求。

> 注意 Raft 模式下推荐每个共识组中节点个数至少为 3，如果需要高可用，则至少配置 5 个。在升级过程中如果出现故障，则可以停止排序服务，使用备份数据进行恢复。

2. 升级 Peer 节点

逐个停止 Peer 节点，并备份本地数据，包括身份文件、账本数据、链码包、配置文件等。

升级 Peer 程序。重新启动并检查是否工作正常，如查询信息、发送交易提案等。

对于链码包，如果之前引入了旧的第三方库或者 Shim 包，或者需要启用新的 API，则还要执行链码升级操作。

此外，对于大版本的升级（如 1.4 到 2.0），还需要通过 peer node upgrade-dbs 命令来重建状态和历史数据库。

3. 升级 CA 服务

停止 Fabric-CA 服务，备份数据库。

升级 fabric-ca 程序，重新启动并检查是否工作正常，如获取根证书进行校验，代码如下：

```
$ fabric-ca-client getcacert -u https://<fabric-ca-server>:7054 --tls.certfiles
tls-cert.pem
```

4. 升级通道配置

按照新的格式发送通道更新请求，特别是修改对应能力域值为新的版本。

首先，升级系统通道，更新通道和排序能力值；之后，升级应用通道，更新应用相关能力。

更新后测试网络功能，如能否正常获取新的区块。

5. 升级第三方组件

包括 CouchDB、Kafka 等第三方组件，升级之前最好备份数据文件。

CouchDB 自 1.x 版本开始可以很容易升级到高版本，具体操作可以参考项目文档 http://docs.couchdb.org/en/stable/install/upgrading.html。

如果仍然使用 Kafka 模式的排序服务，则可以对其进行升级。Kafka 自 0.10.0.x 版本开始保持了较好的兼容性，可以较为容易地升级到更高版本。之前版本也可执行滚动升级，可参考项目文档 http://docs.couchdb.org/en/stable/install/upgrading.html。Kafka 版本更新后，需要更新

orderer.yaml 中的 Kafka.Version 域并重启 Orderer。

10.9　使用 SDK

除了基于命令行的客户端之外，超级账本 Fabric 提供了多种语言的 SDK，包括 Node.js、Python、Java、Go 等。它们封装了 Fabric 网络中节点提供的 gRPC 服务接口，可以实现更方便的调用。

这些客户端 SDK 允许用户和应用与 Fabric 网络进行交互，还可以实现更为复杂的操作，实现节点的启停、通道的创建和加入、链码的生命周期管理等操作。

基本使用步骤包括：

1）加载本地配置文件，并尝试发现网络中的资源。

2）加载或获取用户身份。

3）对网络内通道进行操作或获取已有通道。

4）注册并监听指定通道内的事件信息。

5）对通道内链码进行操作。

几个 SDK 项目目前已经初步成熟，更多特性仍在开发中，读者可以下载 SDK 的源码进行尝试。

1. 基于 Node.js 实现的 SDK

作为早期创建的 SDK 项目之一，Node.js 实现的 SDK 目前已经支持了对 Fabric 链码的主要操作，包括安装链码、实例化并进行调用等，以及访问 Fabric CA 服务。内带了不少操作的例子可供参考。

源码仓库地址：github.com/hyperledger/fabric-sdk-node。源码的 test/integration/e2e 目录下包括了大量应用的示例代码，可供参考。

目前，Node.js SDK 是最成熟的实现，带有最新的特性，推荐优先考虑使用。

2. 基于 Python 实现的 SDK

早期创建的 SDK 项目之一。Python 实现的 SDK 目前已经完成了对 Fabric 链码的主要操作，包括安装链码、实例化并进行调用等，以及使用 Fabric CA 的基础功能。

源码仓库地址：github.com/hyperledger/fabric-sdk-py。

官方文档（可以参考 docs/tutorial.md）中提供了详细的使用说明和示例代码，另外，test/integration 目录下也包括了大量测试代码，可供参考。

3. 基于 Java 实现的 SDK

属于较新的 SDK 项目。Java SDK 目前支持对 Fabric 中链码的主要操作，以及访问 Fabric CA 服务。

源码仓库地址：github.com/hyperledger/fabric-sdk-java。

4. 基于 Go 实现的 SDK

属于较新的 SDK 项目。Go SDK 提取了原先 Fabric 中的相关代码，目前支持对 Fabric 中链码的主要操作。将来，Fabric 中的命令行客户端将可能基于该 SDK 重新实现。

源码仓库地址：github.com/hyperledger/fabric-sdk-go。

10.10　注意事项与最佳实践

区块链分布式结构的特点，使得其在管理上相对单点系统要复杂得多，需要从多个角度进行仔细考量和论证。这里总结一些在生产环境中使用 Fabric 网络需要注意的地方和最佳实践。

1. 节点角色差异

Fabric 网络中各个节点可以拥有不同的角色。不同角色的众多节点负责整个网络功能中不同环节的工作负载，呈现出了差异化的处理特性。

Ordering 服务需要对整个网络中所有的交易消息进行排序，是全网的关键组件。Orderer 维护网络中所有通道的区块链结构，往往大量吞吐区块文件。因此，对于排序节点来讲，需要加强网络（至少千兆网络）、存储和内存方面的配置。特别是网络和存储的读写稳定性，会对交易的延迟抖动产生较大影响。

Peer 节点除了处理区块和背书交易（Endorser）之外，还需要对账本状态进行更新（Committer），对身份进行验证。同时，对于每个通道来说，加入通道的节点都需要维护一个针对该通道的账本结构（存放在数据库中）和区块链结构（存放在文件系统）。因此，Peer 节点需要加强 CPU、内存、存储等资源配置，Endorser 需要分配较多的 CPU 资源。对于打开文件句柄较多的节点（如配置使用 CouchDB 作为状态数据库时），可能还需要对系统的 ulimit 等参数进行调整。

而对于链码容器来说，通常自身无须太多内存。如果逻辑复杂，需要执行大量计算，则需要考虑分配较多计算资源。

一般来讲，链码容器常常和 Peer 节点在同一服务器上，建议为 Peer 服务预留 2 GB 以上的空闲内存和 4 CPU 以上资源，并且每个链码容器至少分配 512 MB 运行内存和 1/10 的 CPU 核资源（根据链码逻辑进行调整）。

2. 日志级别

日志级别越低，输出日志内容越详细，出现问题后方便进行调试。但输出过多日志会拖慢系统的吞吐性能，严重时甚至能降低几个数量级。

因此，在生产环境中必须仔细调整日志级别。对于关键路径上的系统，通常配置不低于 Warning 级别的日志输出；对于非关键路径上的系统，则可以采用不低于 Info 级别的日志输出。

Fabric 在日志级别上，支持针对不同组件提供不同的级别。对于输出日志较少的组件可以配置为 Info 级别，对于可能输出大量消息的组件（如 gRPC 等）可以配置为更高的 Error 级别。

另外，如果要追踪区块链网络中的状态变化，可以通过过滤的事件监听等方式，降低对网络处理的压力。

3. 链码升级

Fabric 升级链码时会调用链码中的 Init 方法。通过合适地设计链码，对其进行升级操作可以保护旧版本链码所关联的状态数据不被破坏。

但是要注意，在 1.x 版本中升级操作并不需要整个网络的共识，因此对部分节点上链码版本升级后，未被升级的节点上仍然会运行旧版本的链码。自 2.x 版本开始新的链码生命周期需要通道内组织的共识，实现更一致的升级过程。

从数据一致性上考虑，在对某链码进行升级前，推荐先将所有该链码的容器停止，并从 Peer 上备份并移除旧链码部署文件。之后先在个别 Peer 节点上部署新链码，对原有数据进行测试，成功后再在其他节点上进行升级操作。

另外，在一开始编写链码时，就需要考虑链码升级操作，通过传入 Init 参数指定特定的升级方法来保护原有数据。

4. 组织结构

组织代表了维护网络的独立成员身份。一般来说，组成联盟链的各个成员，每个都拥有代表自己身份的组织。组织可以进一步包括多个资源实体，这些资源实体彼此具有较强的信任度，并且对外都呈现为同一组织身份。

由于 Gossip 协议目前默认在 MSP 范围内进行传播（无锚定节点时），因此，一般建议将组织与 MSP 对应，即每个组织拥有自己专属的 MSP。当一个组织拥有多个 MSP 时，不同成员之间的交互可能会出现障碍；当多个组织同属于一个 MSP 时，可能会发生不希望的跨组织的数据泄露。

另外，一个组织可以包括多个成员身份，包括多个 Peer，实现高可用性。

5. 证书管理

Fabric 网络中，CA 负责证书的管理。用户虽然可以通过 cryptogen 工具提前分配好各组织的身份证书，但对于加入网络中的用户，以及未来支持的交易证书，都需要 Fabric CA 进行统一管理。

Fabric CA 占据网络中安全和隐私的最核心位置，因此需要加强安全方面的防护。CA 不应该暴露在公共网络域中，并且只能由有限个具备权限的用户访问。

另外，根证书往往要进行离线保护处理，减少接触和泄露的可能性。通常使用中间层证书来完成实体证书的签发。同时，绝对不能直接用根证书作为组织管理员的身份证书。

6. 账本备份和容灾

目前，Fabric 自身并未考虑对账本结构的备份和裁剪操作。在生产环境中，需要用户自己进行处理。对于排序节点来说，需要备份身份文件（证书和密钥）、节点配置、Raft 日志、区块文件。索引数据库可以自动重建而无须备份；Peer 节点需要备份身份文件（证书和密钥）、节点配置、链码安装包、LedgerProviderDB、区块文件、私密数据库；CA 节点需要备份身份文件（证书和密钥）、节点配置和数据库。

用户需要根据业务需求和吞吐量来预留磁盘的大小。一般情况下，在平均每秒百次 TPS、交易消息不太大（3 KB）的情况下，每年大约产生 10 TB 左右区块数据。

节点的账本文件一般位于默认的 /var/hyperledger/production 目录下，包括区块链结构（文件存储）和相关状态（数据库存储）。大部分操作只与数据库存储相关，因此，对于旧的区块链文件，可以考虑从本地移除或备份到容量更大的持久化存储中。当需要时，再从大容量存储中查找或恢复。在使用 Kafka 共识机制的情况下，还需要对 Kafka 集群（KAFKA_LOG_DIRS 指定）和 Zookeeper 数据进行备份；另外，需要关闭对旧日志的自动清理（KAFKA_LOG_RETENTION_ MS=-1）操作。

从容灾角度考虑，同一通道内的不同节点最好位于不同区域的数据中心。

7. 系统优化

区块链作为分布式系统，对系统的计算、网络、存储等资源都有所要求，优化的系统配置可以有效提高特定场景下的资源效率。这不仅包括网络结构的优化，还包括单个节点上的系统优化。

例如，可以调整操作系统缓存策略和允许打开的文件句柄数，还可以调整 TCP 连接超时时间等网络参数。如果使用容器，还要调整容器的资源限额和访问权限等。

Fabric 自身提供了运行时状态统计信息和 Profile 功能，用户可以对特定场景下性能瓶颈进行具体剖析。

此外，对于第三方软件也应该根据对应文档进行调整和优化。例如，使用 Kafka 共识机制，Kafka 默认会删除 7 日之前的旧日志，应当予以关闭。共识服务会保留网络中的完整交易历史，注意预留足够的存储空间。

10.11　本章小结

本章详细讲解了使用 Fabric 网络的常见操作，包括管理通道、管理 Peer 节点、使用链码的相关命令，以及如何监听网络事件、发现网络信息、运维服务和升级网络、使用 SDK 工具等。最后，对生产环境中部署 Fabric 网络的注意事项和最佳实践进行了讨论。

通过本章内容的学习和实践，读者可以学习管理 Fabric 网络的常见技巧。要想真正掌握这些技巧，还需要积极动手实践，不断总结提高。

第 11 章

智能合约的开发

代码即合约（Code is law）。

智能合约丰富了区块链技术的适用范围，让分布式账本支持大规模的商业应用成为可能。

区块链应用开发者不仅需要理解业务逻辑，还要能够开发智能合约和用户应用。超级账本 Fabric 的链码支持主流编程语言（如 Go、Java、Node），并提供了链码开发框架，简化了分布式应用的开发过程。

本章将介绍 Fabric 链码的基本概念、结构和核心 API，并通过案例演示如何实现典型区块链应用，最后还介绍了外部链码机制，讨论了应用开发的最佳实践。通过本章学习，读者将掌握设计和开发链码的实践技巧。

11.1 简介

区块链应用，一般由若干部署在区块链网络中的智能合约以及调用这些智能合约的用户应用程序组成。典型结构如图 11-1 所示。

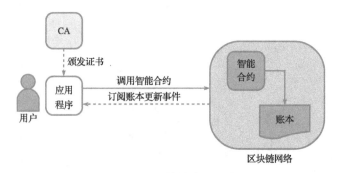

图 11-1　区块链应用程序

图 11-1 中，用户访问与业务相关的上层应用程序，应用程序调用智能合约，智能合约与账本直接交互。

开发者除了需要开发传统的上层业务应用，还需要编写区块链智能合约代码。

典型的智能合约是无状态的、事件驱动的代码，被调用时自动执行合约内逻辑。智能合约可以创建和操作账本状态，这些链上状态记录与业务相关的重要数据（如资产信息和所有权）。区块链网络中可以部署多个智能合约，应用程序通过名称、版本号等来指定调用特定智能合约。

在支持访问控制的场景下，应用程序还需提前从 CA 处申请证书，得到访问许可。

1. 智能合约开发

智能合约直接与账本结构打交道，同时支持上层业务逻辑，作用十分关键。设计得当的智能合约可以简化应用开发；反之则可能导致各种问题。

为了合理设计智能合约，开发者需要了解区块链平台的智能合约结构、语言特性、状态存储方式等。例如，比特币网络不支持高级语言，所支持的处理逻辑存在限制；超级账本 Fabric 项目支持多种高级语言，支持图灵完备的处理逻辑，可以开发复杂的逻辑。

此外，开发者还需要考虑智能合约的生命周期管理，包括代码的编写、版本管理、提交验证、升级等，都需要遵循标准规范。

本章后续内容会以超级账本 Fabric 为例，讲解其智能合约的开发过程。

2. 应用程序开发

应用程序通常以 Web、移动端 App 等形式呈现，通过调用智能合约提供的方法接口来实现业务逻辑。应用程序既可以运行在区块链网络的节点上，也可以运行在外部服务器上，但必须可以访问到区块链网络服务。

为方便进行身份管理、网络监听、调用智能合约等，应用程序开发通常需要集成区块链SDK。以超级账本 Fabric 为例，社区提供的 SDK 封装了一系列与区块链网络打交道的基本方法，包括发送交易、监听网络事件、查询区块和交易信息等，能够提高对智能合约的使用效率。

例如，利用 SDK 可以自动化对智能合约的调用和确认过程：

1）客户端从 CA 获取合法的身份证书。

2）构造合法的交易提案，发送给 Endorser 节点进行背书。

3）收集到足够多背书支持后，构造合法的交易请求，发给排序节点进行排序。

4）监听网络事件，确保交易已经写入账本。

Fabric 目前提供了 Node.js、Python、Java、Go 等语言的 SDK，开发者可以根据需求自行选择。

11.2　链码的概念与结构

超级账本 Fabric 中的链码延伸自智能合约的概念，负责对应用程序发送的请求做出响应，执行代码逻辑，实现与账本进行交互。

　　区块链网络中成员协商好业务逻辑后,可将其编程到链码中,所有业务流程将遵循合约代码自动执行。链码执行过程中可以创建状态并写入账本。状态绑定到链码的命名空间,仅限该链码访问。在合适许可下,链码可以调用另一个链码,间接访问其状态。在一些场景下,不仅需要访问状态当前值,还需要查询状态的历史值。

　　原生链码默认在 Docker 容器中执行,2.0 版本中开始支持外部链码。链码通过 gRPC 协议与 Peer 节点进行交互,包括读写账本、返回响应结果等。Fabric 支持多种语言实现的链码,包括 Go、JavaScript、Java 等。下面以 Go 语言为例介绍链码接口和相关结构。

11.2.1　Chaincode 接口

　　每个链码都需要实现以下 Chaincode 接口:

```
type Chaincode interface {
    Init(stub ChaincodeStubInterface) pb.Response
    Invoke(stub ChaincodeStubInterface) pb.Response
}
```

　　其中,包括 Init 和 Invoke 两个方法:

- Init,当链码收到初始化指令时,Init 方法会被调用。
- Invoke,当链码收到调用(invoke)或查询(query)调用时,Invoke 方法会被调用。

11.2.2　链码结构

　　一个链码的必要结构如下所示:

```
package main

// 引入必要的包
import (
    "github.com/hyperledger/fabric-chaincode-go/shim"
    pb "github.com/hyperledger/fabric-protos-go/peer"
)

// 声明一个结构体
type SimpleChaincode struct {}

// 为结构体添加 Init 方法
func (t *SimpleChaincode) Init(stub shim.ChaincodeStubInterface) pb.Response {
    // 在该方法中实现链码初始化或升级时的处理逻辑
    // 编写时可灵活使用 stub 中的 API
}

// 为结构体添加 Invoke 方法
func (t *SimpleChaincode) Invoke(stub shim.ChaincodeStubInterface) pb.Response {
    // 在该方法中实现链码运行中被调用或查询时的处理逻辑
    // 编写时可灵活使用 stub 中的 API
}

// 主函数,需要调用 shim.Start() 方法
func main() {
    err := shim.Start(new(SimpleChaincode))
    if err != nil {
        fmt.Printf("Error starting Simple chaincode: %s", err)
    }
}
```

1. 依赖包

从 import 代码段可以看到，链码需要引入如下的依赖包：

- "github.com/hyperledger/fabric-chaincode-go/shim"，shim 包提供了链码与账本交互的中间层。链码通过 shim.ChaincodeStub 提供的方法来读取和修改账本状态。
- pb "github.com/hyperledger/fabric-protos-go/peer"，Init 和 Invoke 方法需要返回 pb.Response 类型。

2.Init 和 Invoke 方法

编写链码的关键是要实现 Init 和 Invoke 这两个方法。

当初始化链码时，Init 方法会被调用。顾名思义，该方法用来完成一些初始化的工作。当调用链码时，Invoke 方法被调用，主要业务逻辑都需要在该方法中实现。

Init 或 Invoke 方法以 stub shim.ChaincodeStubInterface 作为传入参数，以 pb.Response 作为返回类型。其中，stub 封装了丰富的 API，功能包括对账本进行操作、读取交易参数、调用其他链码等。

11.3　链码开发 API

工欲善其事，必先利其器。作为链码开发的最常用结构，shim.ChaincodeSubInterface 封装了一系列 API，供开发者使用。

这些 API 可分为五类：账本状态交互 API、交易信息 API、参数读取 API、私密数据 API 和其他 API。

11.3.1　账本状态交互 API

状态是链码记录到账本的数据，以键值对的形式存储。账本状态 API 可以对账本进行读写操作，十分重要。调用 API 会更新交易提案的读写集合（Read-Write Set），在提交阶段进行验证。

（1）GetState

方法格式为：GetState(key string) ([]byte, error)。负责查询账本，返回指定键对应的值。

（2）PutState

方法格式为：PutState(key string, value []byte) error。尝试在账本中添加或更新一对键值。这一对键值会被添加到写集合中，等待 Committer 进一步的验证，验证通过后会真正写入账本。

（3）DelState

方法格式为：DelState(key string) error。在账本中删除一对键值。同样，将对键值的删除记录添加到交易提案的写集合中，等待 Committer 进一步的验证，验证通过后会更新到账本。

（4）GetStateByRange

方法格式为：GetStateByRange(startKey, endKey string) (StateQueryIteratorInterface, error)。

查询指定范围内的键值，startKey、endKey 分别指定起始（包括）和终止（不包括），当为空时默认是最大范围。返回结果是一个迭代器 StateQueryIteratorInterface 结构，可以按照字典序迭代每个键值对，最后需调用 Close() 方法关闭查询。

（5）GetStateByPartialCompositeKey

方法格式为：GetStateByPartialCompositeKey(objectType string, keys []string) (StateQueryIterator-Interface, error)。

根据局部的复合键（前缀）返回所有匹配的键值。返回结果也是一个迭代器 StateQuery-IteratorInterface 结构，可以按照字典序迭代每个键值对，最后需调用 Close() 方法关闭。

（6）GetHistoryForKey

方法格式为：GetHistoryForKey(key string) (HistoryQueryIteratorInterface, error)。

返回某个键的所有历史值。需要在节点配置中打开历史数据库特性（ledger.history.enable-HistoryDatabase = true）。

（7）GetQueryResult

方法格式为：GetQueryResult(query string) (StateQueryIteratorInterface, error)。

对（支持富查询功能的）状态数据库进行富查询（rich query）。返回结果为迭代器结构 StateQueryIteratorInterface。注意，该方法不会被 Committer 重新执行进行验证，因此，不应该用于更新账本状态的交易中。目前仅有 CouchDB 类型的状态数据库支持富查询。

> 注意 每个链码有自己的命名空间，所以不用担心自己设定的键与账本中其他链码的键冲突。

（8）SetStateValidationParameter

方法格式为：SetStateValidationParameter(key string, ep []byte) error。

给指定键对应的值设置关键字级别的背书策略。以前链码级别的背书策略只能在链码实例化或升级的时候设置或修改，关键字级别的背书策略可以在链码中设置和修改。

（9）GetStateValidationParameter

方法格式为：GetStateValidationParameter(key string) ([]byte, error)。返回给指定键设置的关键字级别的背书策略。

（10）GetStateByRangeWithPagination

方法格式为：GetStateByRangeWithPagination(startKey, endKey string, pageSize int32, bookmark string) (StateQueryIteratorInterface, *pb.QueryResponseMetadata, error)。分页查询指定范围内的键值，startKey、endKey 分别指定起始（包括）和终止（不包括），pageSize 表示每页的数据量，当 bookmark 为空时，返回 startKey 与 endKey 之间的键值；当 bookmark 非空时，返回 bookmark 与 endKey 之间的键值。

（11）GetStateByPartialCompositeKeyWithPagination

方法格式为：GetStateByPartialCompositeKeyWithPagination(objectType string, keys []string, pageSize int32, bookmark string) (StateQueryIteratorInterface, *pb.QueryResponseMetadata, error)。分页返回根据局部复合键（前缀）查询到的所有匹配的键值。pageSize 表示每页的数据量，当 bookmark 为空时，返回所有匹配的键值；当 bookmark 非空时，返回从 bookmark 开始匹配到最后匹配索引之间的键值。

（12）GetQueryResultWithPagination

方法格式为：GetQueryResultWithPagination(query string, pageSize int32, bookmark string) (StateQueryIteratorInterface, *pb.QueryResponseMetadata, error)。分页返回满足查询条件的富查询结果。pageSize 表示每页的数据量，当 bookmark 为空时，返回所有匹配的键值；当 bookmark 非空时，返回从 bookmark 开始匹配到最后匹配索引之间的键值。

11.3.2　交易信息 API

这一组 API 可以获取与交易自身相关的数据。用户对链码的调用（初始化和升级时调用 Init() 方法，运行时调用 Invoke() 方法）过程中会产生交易提案。这些 API 支持查询当前交易提案结构的一些属性。

（1）GetTxID

方法格式为：GetTxID() string。该方法返回交易提案中指定的交易 ID。一般情况下，交易 ID 是在客户端生成提案时产生的数字摘要，由 Nonce 随机串和签名者身份信息，一起进行 SHA256 哈希运算生成。

（2）GetTxTimestamp

方法格式为：GetTxTimestamp() (*timestamp.Timestamp, error)。返回交易被创建时的客户端打上的时间戳。这个时间戳是直接从交易 ChannelHeader 中提取的，所以在所有背书节点处看到的值都相同。

（3）GetBinding

方法格式为：GetBinding() ([]byte, error)。返回交易的 binding 信息。

注意　交易的 binding 信息是将交易提案的 nonse、Creator、epoch 等信息组合起来，再进行哈希得到的数字摘要。

（4）GetSignedProposal

方法格式为：GetSignedProposal() (*pb.SignedProposal, error)。返回该 stub 的 SignedProposal 结构，包括与交易提案相关的所有数据。

（5）GetCreator

方法格式为：GetCreator() ([]byte, error)。返回该交易的提交者的身份信息，从 signedProposal 中的 SignatureHeader.Creator 提取。

（6）GetTransient

方法格式为：GetTransient() (map[string][]byte, error)。返回交易中带有的一些临时信息，从 ChaincodeProposalPayload.transient 域提取，可以存放一些应用相关的保密信息，这些信息不会被写到账本中。

（7）GetChannelID

方法格式为：GetChannelID() string。返回处理交易所在的通道 ID，通常是交易 Proposal 中

ChannelHeader.channel_id，但在链码中调用另一通道的链码的情况下除外，后者返回的是另一通道 ID。

11.3.3 参数读取 API

调用链码时支持传入若干参数。参数可通过 API 读取。

（1）GetArgs

方法格式为：GetArgs() [][]byte。提取调用链码时交易 Proposal 中指定的参数，以字节串（Byte Array）数组形式返回。可以在 Init 或 Invoke 方法中使用。这些参数从 ChaincodeSpec 结构中的 Input 域直接提取。

（2）GetArgsSlice

方法格式为：GetArgsSlice() ([]byte, error)。提取调用链码时交易 Proposal 中指定的参数，以字节串形式返回。

（3）GetFunctionAndParameters

方法格式为：GetFunctionAndParameters() (string, []string)。提取调用链码时交易 Proposal 中指定的参数，其中第一个参数作为被调用的函数名称，剩下的参数作为函数的执行参数。

这是链码开发者和用户约定俗成的习惯，即在 Init 或 Invoke 方法中编写实现若干子函数，用户调用时以第一个参数作为函数名，链码中代码根据函数名称可以仅执行对应的分支处理逻辑。

（4）GetStringArgs

方法格式为：GetStringArgs() []string。提取调用链码时交易 Proposal 中指定的参数，以字符串（String）数组形式返回。

（5）GetDecorations

方法格式为：GetDecorations() map[string][]byte。返回来自节点与交易相关的额外数据。额外数据是由节点设置 CORE_PEER_HANDLERS_DECORATORS，附加到链码 input 数据结构中发送给链码。

11.3.4 私密数据 API

Fabric v1.2 新增私密数据特性，并提供了丰富的 API 与私密数据交互。

（1）GetPrivateData

方法格式为：GetPrivateData(collection, key string) ([]byte, error)。查询私密数据，返回指定 collection 与 key 对应的值。

（2）GetPrivateDataHash

方法格式为：GetPrivateDataHash(collection, key string) ([]byte, error)。返回指定 collection 与 key 对应的值的 Hash 值。

（3）PutPrivateData

方法格式为：PutPrivateData(collection string, key string, value []byte) error。将在账本中添加或更新一对键值到指定 collection。这一对键值会被添加到私密写集中，注意只有私密写集的 Hash 值通过交易传递，等待 Committer 进一步的验证，验证通过后会真正写入私密账本。

（4）DelPrivateData

方法格式为：DelPrivateData(collection, key string) error。删除 collection 的指定键对应的私密数据。

（5）SetPrivateDataValidationParameter

方法格式为：SetPrivateDataValidationParameter(collection, key string, ep []byte) error。给 collection 的指定键设置关键字级别的背书策略。以前的链码级别的背书策略只能在链码实例化或升级的时候设置或修改，关键字级别的背书策略可以在链码中设置和修改。

（6）GetPrivateDataValidationParameter

方法格式为：GetPrivateDataValidationParameter(collection, key string) ([]byte, error)。返回指定 collection 与 key 对应的私密数据的关键字级别的背书策略。

（7）GetPrivateDataByRange

方法格式为：GetPrivateDataByRange(collection, startKey, endKey string) (StateQueryIterator-Interface, error)。查询 collection 指定范围内的键值，startKey、endKey 分别指定起始（包括）和终止（不包括），当为空时默认是最大范围。返回结果是一个迭代器 StateQueryIteratorInterface 结构，可以按照字典序迭代每个键值对，最后需调用 Close() 方法关闭。

（8）GetPrivateDataByPartialCompositeKey

方法格式为：GetPrivateDataByPartialCompositeKey(collection, objectType string, keys []string) (StateQueryIteratorInterface, error)。根据局部的复合键（前缀）返回 collection 所有匹配的键值。返回结果也是一个迭代器 StateQueryIteratorInterface 结构，可以按照字典序迭代每个键值对，最后需调用 Close() 方法关闭。

（9）GetPrivateDataQueryResult

方法格式为：GetPrivateDataQueryResult(collection, query string) (StateQueryIteratorInterface, error)。对私密数据进行富查询。返回结果为迭代器结构 StateQueryIteratorInterface。

11.3.5 其他 API

除了上面的几类 API 外，还有一些辅助 API。

（1）CreateCompositeKey

方法格式为：CreateCompositeKey(objectType string, attributes []string) (string, error)。给定一组属性（attributes），该 API 将这些属性组合起来构造返回一个复合键。返回的复合键可以被 PutState 等方法使用。objectType 和 attributes 只允许合法的 UTF-8 字符串，并且不能包含 U+0000 和 U+10FFFF。

（2）SplitCompositeKey

方法格式为：SplitCompositeKey(compositeKey string) (string, []string, error)。

该方法与 CreateCompositeKey 方法互逆，给定一个复合键，将其拆分为构造复合键时所用的属性。

（3）InvokeChaincode

方法格式为：InvokeChaincode(chaincodeName string, args [][]byte, channel string) pb.Response。调用另一个链码中的 Invoke 方法，如果被调用链码在同一个通道内，则允许更新状态（添加其读写集合信息到调用交易）；否则被调用链码仅支持读操作（不影响写集合信息）。如果 channel 为空，则默认为当前通道。这样限制是避免出现两个链码彼此调用的情况。在同一通道内，链码会通过检查交易号避免被重复调用。

（4）SetEvent

方法格式为：SetEvent(name string, payload []byte) error。设定当这个交易在 Committer 处被认证通过时，写入区块时发送的事件（event）。

后面将通过具体的应用开发案例来介绍上述 API 的使用。

11.4 应用开发案例一：转账

本节将以 1.4 版本中自带（位于 examples/chaincode/go/example02）的链码 chaincode_example02.go 为例讲解一个简单的转账合约。该链码简单实现了两方的转账功能，很适合初学者上手。

1. 链码结构

如前文所述，链码的必要结构包括引入必要的包、声明链码结构体、实现 Init 和 Inovoke 方法、主函数等。链码结构示例如下：

```
package main

//引入必要的包
import (
    ......
)

//声明链码结构体
type SimpleChaincode struct {
}

//实现 Init 方法
func (t *SimpleChaincode) Init(stub shim.ChaincodeStubInterface) pb.Response {
    ......
}

//实现 Invoke 方法
func (t *SimpleChaincode) Invoke(stub shim.ChaincodeStubInterface) pb.Response {
    ......
}

//主函数
func main() {
    ......
}
```

链码实现了 Init 方法和 Invoke 方法，其中，Invoke 方法包括：invoke、delete、query 三个分支。Invoke 被调用时，会根据交易参数定位到不同的分支处理逻辑。各分支方法总结见表 11-1。

表 11-1　案例一的链码实现的 Invoke 分支方法

方法	分支	功能	参数示例
Init	无	添加两个实体和初始余额	["init","a","100","b","200"]
Invoke	invoke	一个实体向另一实体转账	["invoke","a","b","50"]
Invoke	delete	删除一个实体	["delete","b"]
Invoke	query	查询一个实体的余额	["query","a"]

2. Init 方法

Init 方法中，首先通过 stub 的 GetFunctionAndParameters() 方法提取本次调用的交易中所指定的参数。代码如下：

```
_, args := stub.GetFunctionAndParameters()
```

注意，GetFunctionAndParameters() 的返回值类型为 (function string, params []string)。其中 function string 是交易参数中的第一个参数，params []string 是交易参数中从第二个参数起的所有参数的列表（若交易只有一个参数，则为空列表）。

例如，如果实例化链码时指定参数 {"Args":["init","a","100","b","200"]}，则 GetFunction-AndParameters() 的返回值中，function 等于 "init"，params 等于 ["a","100","b","200"]。

本例中，用下划线忽略了返回的 function 值，用 args 变量记录其他参数。

接下来检查 args 参数数量，必须为 4，否则通过 shim.Error() 函数创建并返回一个状态为 ERROR 的 Response 消息。代码如下：

```
if len(args) != 4 {
    return shim.Error("Incorrect number of arguments. Expecting 4")
}
```

分别读取 4 个参数。设用该链码实现转账的两个实体分别为 a 和 b，则 A、Aval、B、Bval 的值分别表示 a 的名称、a 的初始余额、b 的名称、b 的初始余额。代码示例如下：

```
A = args[0]
Aval, err = strconv.Atoi(args[1])
if err != nil {
    return shim.Error("Expecting integer value for asset holding")
}
B = args[2]
Bval, err = strconv.Atoi(args[3])
if err != nil {
    return shim.Error("Expecting integer value for asset holding")
}
```

之后，最为关键的是将必要的状态值记录到分布式账本中。stub 的 PutState() 函数可以尝试在账本中添加或更新一对键值（需要等待 Committer 节点验证通过，才能真正写入账本得到确认）。

Putstate() 方法格式为：PutState(key string, value []byte) error。其中，key 为键，类型是 string；value 为值，类型是字节数组。

以下代码向账本中存入了两对键值，分别记录了 a 和 b 的余额：

```
err = stub.PutState(A, []byte(strconv.Itoa(Aval)))
if err != nil {
    return shim.Error(err.Error())
}

err = stub.PutState(B, []byte(strconv.Itoa(Bval)))
if err != nil {
    return shim.Error(err.Error())
}
```

最后，通过 shim.Success(nil) 创建并返回状态为 OK 的 Response 消息。

3.Invoke 方法

Invoke 方法中，同样通过 stub 的 GetFunctionAndParameters() 方法提取本次调用的交易中所指定的参数。代码如下：

```
function, args := stub.GetFunctionAndParameters()
```

之后根据 function 值的不同，执行不同的分支处理逻辑。

本例在 Invoke 中实现了三个分支处理逻辑：query、invoke 和 delete。由代码可见，为每个分支的处理逻辑都编写了一个方法：

```
if function == "invoke" {
    return t.invoke(stub, args)
} else if function == "delete" {
    return t.delete(stub, args)
} else if function == "query" {
    return t.query(stub, args)
}
```

（1）query 分支方法

query 分支实现了一个实体的余额查询。

query 方法需要传入一个参数，即实体的名称。例如，调用链码时指定参数 {"Args": ["query","a"]}，则功能为查询实体 a 的余额。具体来说，就是通过 stub 的 GetState() 函数查询余额。该函数格式为：GetState(key string) ([]byte, error)。传入键为功能，返回键为对应的值。

如果成功查询到余额，则返回 shim.Success(Avalbytes)，即返回状态为 OK 的 Response 消息，并将余额 Avalbytes 写入 Response 的 Payload 字段中。

（2）invoke 分支方法

invoke 分支实现了两个实体之间的转账。

invoke 方法需要传入三个参数：付款方名称、收款方名称、转账数额。例如，调用链码时指定参数 {"Args":["invoke","a","b","50"]}，则功能为 a 向 b 转账 50。具体来说，就是先用 GetState() 函数得到双方余额，之后计算转账后的余额，再通过 PutState() 函数更新键值写入账本。

（3）delete 分支方法

delete 分支实现了删除一个实体。

delete 方法需要传入一个参数，即实体的名称。例如，调用链码时指定参数 {"Args": ["delete","b"]}，则功能为删除实体 b。具体来说，就是通过 sub 的 DelState() 函数删除实体。该函数格式为：DelState(key string) error。传入键为功能，从账本中删除键对应的键值。注意，虽然键值从账本中删除，但删除操作的交易记录会保存在区块中。

11.5 应用开发案例二：资产权属管理

资产权属管理是常见的区块链应用场景。本节以大理石的权属管理为例，介绍如何在链码中定义资产，以及资产的创建、查询、转移所有权等操作。

链码代码可参考 fabric-samples 项目 chaincode/marbles02/go/marbles_chaincode.go。该案例链码使用了 shim.ChaincodeSubInterface 中更为丰富的 API。

1. 链码结构

与案例一类似，该链码的主要结构如下所示：

```go
package main

// 引入必要的包
import (
    "bytes"
    "encoding/json"
    "fmt"
    "strconv"
    "strings"
    "time"

    "github.com/hyperledger/fabric-chaincode-go/shim/"
    pb "github.com/hyperledger/fabric-protos-go/peer"
)

// 声明名为 SimpleChaincode 的结构体
type SimpleChaincode struct {
}

// 声明大理石 (marble) 结构体
type marble struct {
    ObjectType string `json:"docType"`
    Name       string `json:"name"`
    Color      string `json:"color"`
    Size       int    `json:"size"`
    Owner      string `json:"owner"`
}

// 主函数，需要调用 shim.Start 方法
func main() {
    err := shim.Start(new(SimpleChaincode))
    if err != nil {
        fmt.Printf("Error starting Simple chaincode: %s", err)
    }
}

// 为 SimpleChaincode 添加 Init 方法
func (t *SimpleChaincode) Init(stub shim.ChaincodeStubInterface) pb.Response {
    // 不做具体处理
    return shim.Success(nil)
}

// 为 SimpleChaincode 添加 Invoke 方法
func (t *SimpleChaincode) Invoke(stub shim.ChaincodeStubInterface) pb.Response {
    function, args := stub.GetFunctionAndParameters()
    fmt.Println("invoke is running " + function)

    // 定位到不同的分支处理逻辑
```

```
    if function == "initMarble" {
        return t.initMarble(stub, args)
    } else if function == "transferMarble" {
        return t.transferMarble(stub, args)
    } else if function == "transferMarblesBasedOnColor" {
        return t.transferMarblesBasedOnColor(stub, args)
    } else if function == "delete" {
        return t.delete(stub, args)
    } else if function == "readMarble" {
        return t.readMarble(stub, args)
    } else if function == "queryMarblesByOwner" {
        return t.queryMarblesByOwner(stub, args)
    } else if function == "queryMarbles" {
        return t.queryMarbles(stub, args)
    } else if function == "getHistoryForMarble" {
        return t.getHistoryForMarble(stub, args)
    } else if function == "getMarblesByRange" {
        return t.getMarblesByRange(stub, args)
    } else if function == "getMarblesByRangeWithPagination" {
        return t.getMarblesByRangeWithPagination(stub, args)
    } else if function == "queryMarblesWithPagination" {
        return t.queryMarblesWithPagination(stub, args)
    }

    fmt.Println("invoke did not find func: " + function) // error
    return shim.Error("Received unknown function invocation")
}
```

在链码中，可以自定义结构体类型来表示一种资产，并设定资产的各种属性。本例中定义了大理石（marble）资产，其 5 个属性分别为类型、名称、颜色、尺寸、拥有者。具体映射到代码中，对 marble 类型的声明如下：

```
type marble struct {
    ObjectType string `json:"docType"`
    Name       string `json:"name"`
    Color      string `json:"color"`
    Size       int    `json:"size"`
    Owner      string `json:"owner"`
}
```

可以看到，marble 包含 5 个成员，分别对应 5 个属性。注意，这里为每一个成员变量设定了标签（如 json:"docType"），用于指定将结构体序列化成特定格式（如 JSON）时该字段的键的名称。

2.Invoke 方法

链码的 Init 方法中未进行任何处理，Invoke 方法中则包含了 11 个分支方法。各方法的功能和参数示例如表 11-2 所示。

表 11-2　案例二的链码实现的 Invoke 分支方法

方法	分支	功能	参数示例
Init	无	无	[]
Invoke	initMarble	创建一个大理石信息并写入账本	["initMarble","marble1","blue","35","tom"]

（续）

方法	分支	功能	参数示例
Invoke	readMarble	从账本中读取一个大理石信息	["readMarble","marble1"]
Invoke	delete	删除一个大理石信息	["delete","marble1"]
Invoke	transferMarble	更改一个大理石的拥有者	["transferMarble","marble2","jerry"]
Invoke	getMarblesByRange	分页返回所有名称在指定字典序范围内的大理石的信息	["getMarblesByRangeWithPagination", "marble1","marble3","10","1"]
Invoke	transferMarblesBasedOnColor	返回所有名称在指定字典序范围内的大理石的信息	["getMarblesByRange","marble1", "marble3"]
Invoke	queryMarbles	更改指定颜色的所有大理石的拥有者	["transferMarblesBasedOnColor","blue", "jerry"]
Invoke	getHistoryForMarble	富查询（rich query）大理石信息	["queryMarbles","{\"selector\":{\"owner\" :\"tom\"}}"]
Invoke	queryMarblesByOwner	分页返回富查询（rich query）大理石信息	["queryMarblesWithPagination"," {\"selector\":{\"owner\":\"tom\"}}","10","1"]
Invoke	getMarblesByRangeWithPagination	返回指定拥有者拥有的所有大理石的信息	["queryMarblesByOwner","tom"]
Invoke	queryMarblesWithPagination	返回一个大理石的所有历史信息	["getHistoryForMarble","marble1"]

下面逐一进行介绍。

（1）initMarble 分支方法

initMarble 分支方法根据输入参数创建一个大理石，并写入账本。该方法接受 4 个参数：大理石名称、颜色、尺寸、拥有者名称。例如，如果调用链码时指定参数 {"Args":["initMarble", "marble1","blue","35","tom"]}，则功能为创建并记录一个名称为 marble1、蓝色、尺寸为 35 的大理石，拥有者为 tom。

读取参数后，首先使用 stub.GetState() 进行查重。如果同样名称的大理石在账本中已经存在，则返回 error 的 Response。查看代码如下：

```
// 检查大理石是否已经存在
marbleAsBytes, err := stub.GetState(marbleName)
if err != nil {
    return shim.Error("Failed to get marble: " + err.Error())
} else if marbleAsBytes != nil {
    fmt.Println("This marble already exists: " + marbleName)
    return shim.Error("This marble already exists: " + marbleName)
}
```

创建相应的 marble 类型变量，并用 json.Marshal() 方法将其序列化到 JSON 对象中。自定义类型的变量序列化之后才可以写入账本。同理，对于从账本中读取出的信息需要反序列化后才便于进行操作。序列化代码如下：

```
// 创建 marble,并序列化为 JSON 对象
objectType := "marble"
marble := &marble{objectType, marbleName, color, size, owner}
marbleJSONasBytes, err := json.Marshal(marble)
if err != nil {
    return shim.Error(err.Error())
}
```

之后,用 stub.PutState() 将序列化后的内容写入账本,以大理石名称 marbleName 为键。代码如下:

```
// 将 marbleJSONasBytes 存入状态
err = stub.PutState(marbleName, marbleJSONasBytes)
if err != nil {
    return shim.Error(err.Error())
}
```

代码中同时加入了与复合键(composite key)、范围查找相关的功能,读者可以继续观察学习代码中调用的相应 stub 方法。

在 initMarble 中,为了支持之后针对某一特定颜色的大理石进行范围查找,需要将该大理石的颜色与名称这两个属性组合起来创建一个复合键,并记录在账本中。这里,复合键的意义是将一部分属性也构造为索引的一部分,使得针对这部分属性做查询时,可以直接根据索引返回查询结果,而不需要具体提取完整信息来进行比对。代码如下:

```
indexName := "color~name"
colorNameIndexKey, err := stub.CreateCompositeKey(indexName, []string{marble.
Color, marble.Name})
if err != nil {
    return shim.Error(err.Error())
}
```

这里调用了 stub 的 CreateCompositeKey 方法来创建复合键。该方法格式为: CreateComposite-Key(objectType string, attributes []string) (string, error)。具体来讲,是将 objectType 和 attributes 中的每个 string 串联起来,中间用 U+0000 分隔;同时在开头加上 \x00,标明该键为复合键。

最后,以复合键为键,以 0x00 为值,将复合键记录入账本中:

```
value := []byte{0x00}
stub.PutState(colorNameIndexKey, value)
```

(2) readMarble 分支方法

根据大理石名称,readMarble 分支方法在账本中查询并返回大理石信息。

方法接受 1 个参数,即大理石名称。例如,调用链码时指定参数 {"Args":["readMarble", "marble1"]},则功能为查找名称为 marble1 的大理石,如果找到,返回其信息:

```
valAsbytes, err := stub.GetState(name)
if err != nil {
    jsonResp = "{\"Error\":\"Failed to get state for " + name + "\"}"
    return shim.Error(jsonResp)
} else if valAsbytes == nil {
    jsonResp = "{\"Error\":\"Marble does not exist: " + name + "\"}"
    return shim.Error(jsonResp)
}

return shim.Success(valAsbytes)
```

（3）delete 分支方法

根据大理石名称，delete 分支方法在账本中删除大理石信息。方法接受一个参数，即大理石名称。例如，调用链码时指定参数 {"Args":["delete","marble1"]}，则功能为删除名称为 marble1 的大理石的信息。

除了删除以大理石名称为键的状态，还需要删除该大理石的颜色与名称的复合键。所以方法中第一步需要读取该大理石的颜色。代码如下：

```
var marbleJSON marble

valAsbytes, err := stub.GetState(marbleName)
if err != nil {
    jsonResp = "{\"Error\":\"Failed to get state for " + marbleName + "\"}"
    return shim.Error(jsonResp)
} else if valAsbytes == nil {
    jsonResp = "{\"Error\":\"Marble does not exist: " + marbleName + "\"}"
    return shim.Error(jsonResp)
}

err = json.Unmarshal([]byte(valAsbytes), &marbleJSON)
if err != nil {
    jsonResp = "{\"Error\":\"Failed to decode JSON of: " + marbleName + "\"}"
    return shim.Error(jsonResp)
}
```

其中用 json.Unmarshal 方法将从账本中读取到的值反序列化为 marble 类型变量 marbleJSON，则大理石颜色为 marbleJSON.Color。

删除以大理石名称为键的状态，代码如下：

```
err = stub.DelState(marbleName)
if err != nil {
    return shim.Error("Failed to delete state:" + err.Error())
}
```

删除以大理石的颜色与名称复合键为键的状态，代码如下：

```
indexName := "color~name"
colorNameIndexKey, err := stub.CreateCompositeKey(indexName, []string{marbleJSON.
Color, marbleJSON.Name})
if err != nil {
    return shim.Error(err.Error())
}

err = stub.DelState(colorNameIndexKey)
if err != nil {
    return shim.Error("Failed to delete state:" + err.Error())
}
```

（4）transferMarble 分支方法

transferMarble 分支方法用于更改一个大理石的拥有者。

方法接受两个参数，依次为大理石名称和新拥有者名称。例如，如果调用链码时指定参数 {"Args":["transferMarble","marble2","jerry"]}，则功能是将名称为 marble2 的大理石的拥有者改为 jerry。

首先用 stub.GetState() 方法从账本中取得信息，再用 json.Unmarshal() 方法将其反序列化为

marble 类型。代码如下：

```
marbleAsBytes, err := stub.GetState(marbleName)
if err != nil {
    return shim.Error("Failed to get marble:" + err.Error())
} else if marbleAsBytes == nil {
    return shim.Error("Marble does not exist")
}

marbleToTransfer := marble{}
err = json.Unmarshal(marbleAsBytes, &marbleToTransfer)
if err != nil {
    return shim.Error(err.Error())
}
```

更改大理石的拥有者：

```
marbleToTransfer.Owner = newOwner
```

最后将更改后的状态写入账本：

```
marbleJSONasBytes, _ := json.Marshal(marbleToTransfer)
err = stub.PutState(marbleName, marbleJSONasBytes)
if err != nil {
    return shim.Error(err.Error())
}
```

（5）getMarblesByRange 分支方法

给定大理石名称的起始和终止，getMarblesByRange 可以进行范围查询，返回所有名称在指定范围内的大理石信息。

方法接受两个参数，依次为字典序范围的起始（包括）和终止（不包括）。例如，调用链码时可以指定参数 {"Args":["getMarblesByRange","marble1","marble3"]} 进行范围查询，返回查找到的结果的键值。

方法中调用了 stub.GetStateByRange(startKey, endKey) 进行范围查询，其返回结果是一个迭代器 StateQueryIteratorInterface 结构，可以按照字典序迭代每个键值对，最后需调用 Close() 方法关闭。示例代码如下：

```
resultsIterator, err := stub.GetStateByRange(startKey, endKey)
if err != nil {
    return shim.Error(err.Error())
}
defer resultsIterator.Close()
```

通过迭代器的迭代，构造出查询结果的 JSON 数组，最后通过 shim.Success() 方法来返回结果，代码如下：

```
var buffer bytes.Buffer
buffer.WriteString("[")

bArrayMemberAlreadyWritten := false
for resultsIterator.HasNext() {
    queryResponse, err := resultsIterator.Next()
    if err != nil {
        return shim.Error(err.Error())
    }
    if bArrayMemberAlreadyWritten == true {
```

```
        buffer.WriteString(",")
    }
    buffer.WriteString("{\"Key\":")
    buffer.WriteString("\"")
    buffer.WriteString(queryResponse.Key)
    buffer.WriteString("\"")

    buffer.WriteString(", \"Record\":")
    // 记录本身就是一个 JSON 对象
    buffer.WriteString(string(queryResponse.Value))
    buffer.WriteString("}")
    bArrayMemberAlreadyWritten = true
}
buffer.WriteString("]")

fmt.Printf("- getMarblesByRange queryResult:\n%s\n", buffer.String())

return shim.Success(buffer.Bytes())
```

（6）getMarblesByRangeWithPagination 分支方法

getMarblesByRangeWithPagination 分支方法类似 getMarblesByRange 方法，但是实现了分页查询的功能。输入参数增加了分页相关参数 pageSize 和 bookmark，结果集只返回从 bookmark 开始、不大于 pageSize 条满足查询条件的记录。

（7）transferMarblesBasedOnColor 分支方法

transferMarblesBasedOnColor 用于将指定颜色大理石的所有权全部更新为指定用户。方法接受 2 个参数，依次为大理石颜色、目标拥有者名称。例如，调用链码时可以指定参数 {"Args": ["transferMarblesBasedOnColor","blue","jerry"]}，将所有蓝色大理石的拥有者都改为 jerry。

该方法的重点在于查找到所有蓝色大理石，这里便用到了之前创建的复合键。给定复合键的前缀，stub.GetStateByPartialCompositeKey 方法可以返回所有满足条件的键值对。其返回结果也是一个迭代器 StateQueryIteratorInterface 结构，可以按照字典序迭代每个键值对。示例代码如下：

```
coloredMarbleResultsIterator, err := stub.GetStateByPartialCompositeKey("color
~name", []string{color})
if err != nil {
    return shim.Error(err.Error())
}
defer coloredMarbleResultsIterator.Close()
```

观察 GetStateByPartialCompositeKey 的参数，回忆之前创建复合键的过程，这里指定了前缀为当时设定的 objectType ("color~name") 加上 attributes 的第一个 string（color 的值）。事实上，GetStateByPartialCompositeKey 在实现上是以复合键前缀为起始，前缀加 utf8.MaxRune 为终止，通过调用范围查找返回的匹配结果。

接下来迭代所有匹配的大理石，更新拥有者，代码如下：

```
var i int
for i = 0; coloredMarbleResultsIterator.HasNext(); i++ {
    responseRange, err := coloredMarbleResultsIterator.Next()
    if err != nil {
        return shim.Error(err.Error())
    }
```

```
// 得到 color~name 复合键中的颜色和名称的值
objectType, compositeKeyParts, err := stub.SplitCompositeKey(responseRange.Key)
if err != nil {
    return shim.Error(err.Error())
}
returnedColor := compositeKeyParts[0]
returnedMarbleName := compositeKeyParts[1]
fmt.Printf("- found a marble from index:%s color:%s name:%s\n", objectType,
returnedColor, returnedMarbleName)

    response := t.transferMarble(stub, []string{returnedMarbleName, newOwner})
    if response.Status != shim.OK {
        return shim.Error("Transfer failed: " + response.Message)
    }
}

responsePayload := fmt.Sprintf("Transferred %d %s marbles to %s", i, color,
newOwner)
fmt.Println("- end transferMarblesBasedOnColor: " + responsePayload)
return shim.Success([]byte(responsePayload))
```

注意，对于每一次迭代，这里使用 stub.SplitCompositeKey() 方法拆分了复合键，得到构造复合键时所用的各个 attributes，即大理石的颜色和名称。得到名称后，通过内部调用 transferMarble() 方法更新拥有者。

（8）queryMarbles 分支方法

如果使用支持富查询的数据库（如 CouchDB）作为状态数据库，则可以进行规则更为复杂的富查询（rich query）。

这里需要使用的 stub 方法是 stub.GetQueryResult，格式为：GetQueryResult(query string) (StateQueryIteratorInterface, error)。传入的参数为富查询指令字符串，具体语法与使用的数据库有关；返回结果为迭代器结构 StateQueryIteratorInterface。

以目前支持的 CouchDB 为例，富查询的语法可以参考 CouchDB 官方文档关于 Selector 语法部分的介绍：http://docs.couchdb.org/en/2.0.0/api/database/find.html#find-selectors。

例如，对于 GetQueryResult 方法，如果传入参数为 "{"selector":{"owner":"tom"}}"，则表示查询拥有者为 tom 的所有大理石；如果传入参数为 "{"selector":{"$and":[{"size":{"$gte":2}}, {"size":{"$lte":10}},{"$nor":[{"size":3},{"size":5},{"size":7}]}]}}"，则表示查询所有满足 size >= 2 且 size <= 10 且 size 不等于 3、5、7 的大理石。

注意，stub.GetQueryResult 方法不会被 Committer 重新执行进行验证，因此，不应该用于更新账本状态的交易中，建议只用于查询状态。

本例的 queryMarbles 方法对 stub.GetQueryResult 做了封装，将所有通过富查询查询到的结果组合为一个 JSON 数组，最后返回。核心代码如下：

```
resultsIterator, err := stub.GetQueryResult(queryString)
if err != nil {
    return nil, err
}
defer resultsIterator.Close()

var buffer bytes.Buffer
buffer.WriteString("[")
```

```
bArrayMemberAlreadyWritten := false
for resultsIterator.HasNext() {
    queryResponse, err := resultsIterator.Next()
    if err != nil {
        return nil, err
    }
    if bArrayMemberAlreadyWritten == true {
        buffer.WriteString(",")
    }
    buffer.WriteString("{\"Key\":")
    buffer.WriteString("\"")
    buffer.WriteString(queryResponse.Key)
    buffer.WriteString("\"")

    buffer.WriteString(", \"Record\":")
    // 记录本身就是一个 JSON 对象
    buffer.WriteString(string(queryResponse.Value))
    buffer.WriteString("}")
    bArrayMemberAlreadyWritten = true
}
buffer.WriteString("]")

fmt.Printf("- getQueryResultForQueryString queryResult:\n%s\n", buffer.String())

return buffer.Bytes(), nil
```

（9）queryMarblesWithPagination 分支方法

queryMarblesWithPagination 分支方法类似 queryMarbles 分支方法，但是实现了分页查询的功能。输入参数增加了分页相关参数 pageSize 和 bookmark，结果集只返回从 bookmark 开始，不大于 pageSize 条满足查询条件的记录。

（10）queryMarblesByOwner 分支方法

queryMarblesByOwner 分支方法使用富查询，返回所有属于指定用户的大理石信息。具体来说，就是根据传入的拥有者参数 owner，构造富查询指令字符串如下：

```
queryString := fmt.Sprintf("{\"selector\":{\"docType\":\"marble\",\"owner\":\"
%s\"}}", owner)
```

之后进行富查询，返回值的构造格式同上。

（11）getHistoryForMarble 分支方法

getHistoryForMarble 用于对一个大理石的历史信息进行查询。这里使用了 stub 的 stub.GetHistoryForKey 方法，能够返回某个键的所有历史值。格式为：GetHistoryForKey(key string)(HistoryQueryIteratorInterface, error)。输入参数为键，返回结果是一个迭代器 HistoryQueryIteratorInterface 结构，可以迭代该状态的每个历史值，还包括每个历史值的交易 ID 和时间戳信息。示例代码如下：

```
resultsIterator, err := stub.GetHistoryForKey(marbleName)
if err != nil {
    return shim.Error(err.Error())
}
defer resultsIterator.Close()
```

之后通过历史值的迭代，构造出包含完整历史值、更新时对应的交易 ID 和时间戳的 JSON

数组，最后返回结果。代码如下：

```go
var buffer bytes.Buffer
buffer.WriteString("[")

bArrayMemberAlreadyWritten := false
for resultsIterator.HasNext() {
    response, err := resultsIterator.Next()
    if err != nil {
        return shim.Error(err.Error())
    }

    if bArrayMemberAlreadyWritten == true {
        buffer.WriteString(",")
    }
    buffer.WriteString("{\"TxId\":")
    buffer.WriteString("\"")
    buffer.WriteString(response.TxId)
    buffer.WriteString("\"")

    buffer.WriteString(", \"Value\":")
    // 如果是删除操作，则将对应的历史值记为 null
    if response.IsDelete {
        buffer.WriteString("null")
    } else {
        buffer.WriteString(string(response.Value))
    }
    buffer.WriteString(", \"Timestamp\":")
    buffer.WriteString("\"")
    buffer.WriteString(time.Unix(response.Timestamp.Seconds, int64(response.Timestamp.Nanos)).String())
    buffer.WriteString("\"")

    buffer.WriteString(", \"IsDelete\":")
    buffer.WriteString("\"")
    buffer.WriteString(strconv.FormatBool(response.IsDelete))
    buffer.WriteString("\"")

    buffer.WriteString("}")
    bArrayMemberAlreadyWritten = true
}
buffer.WriteString("]")

fmt.Printf("- getHistoryForMarble returning:\n%s\n", buffer.String())

return shim.Success(buffer.Bytes())
```

11.6　应用开发案例三：调用其他链码

将应用拆分为多个链码，通过相互调用有机组合，这种方式可将智能合约模块化，为应用开发带来更多灵活性。

本例将展示如何在链码中调用其他链码，参考 1.4 版本中的 examples/chaincode/go/passthru 链码。该链码实现了一个简单的链码"网关"，其对外暴露的 Invoke 接口允许用户调用其他链码（指定 ID、方法和参数），并将调用结果返回用户。

这里对最核心的 Invoke 方法进行分析，其核心实现代码如下：

```go
func (p *PassthruChaincode) iq(stub shim.ChaincodeStubInterface, function string, args []string) pb.Response {
```

```
    if function == "" {
        return shim.Error("Chaincode ID not provided")
    }
    chaincodeID := function

    return stub.InvokeChaincode(chaincodeID, util.ToChaincodeArgs(args...), "")
}

func (p *PassthruChaincode) Invoke(stub shim.ChaincodeStubInterface) pb.Response {
    function, args := stub.GetFunctionAndParameters()
    return p.iq(stub, function, args)
}
```

调用其他链码需要使用 stub.InvokeChaincode 方法。该方法用于调用另一个链码中的 Invoke 方法，格式为：InvokeChaincode(chaincodeName string, args [][]byte, channel string) pb.Response。其中，chaincodeName 为链码 ID；args 为调用参数；channel 为调用的链码所在通道。如果 channel 为空，则默认为当前通道。

需要注意，stub.InvokeChaincode 方法目前仅限于读操作，同时不会生成新的交易。

示例中，将 Invoke 的参数原封不动传递给 iq 方法，其中 function 的值表示想要调用的链码的 ID。

iq 方法以链码 ID、调用参数（需要用 "common/util/utils.go#ToChaincodeArgs(args ...string) [][]byte 方法将 []string 类型转换为 [][]byte 类型）、默认当前通道为参数，通过 InvokeChaincode 来完成对另一个链码的调用，并返回结果。

11.7　应用开发案例四：发送事件

本例将展示如何在链码中发送事件通知，以进行交易确认或审计，参考 1.4 版本中的 examples/chaincode/go/eventsender 链码。

发送事件需要使用 stub.SetEvent 方法。方法格式为：SetEvent(name string, payload []byte) error。其中，name 表示事件名称；payload 为事件内容。通过该方法，可以设定当这个交易在 Committer 认证通过，写入区块时所发送的事件。

示例链码的 invoke 分支方法被调用时，会将记录在账本中的递增序列和 Invoke 传入的参数串联起来作为事件内容，以 evtsender 为事件名称，调用 stub.SetEvent 方法。关键代码如下所示：

```
func (t *EventSender) invoke(stub shim.ChaincodeStubInterface, args []string)
pb.Response {
    b, err := stub.GetState("noevents")
    if err != nil {
        return shim.Error("Failed to get state")
    }
    noevts, _ := strconv.Atoi(string(b))

    tosend := "Event " + string(b)
    for _, s := range args {
        tosend = tosend + "," + s
    }

    err = stub.PutState("noevents", []byte(strconv.Itoa(noevts+1)))
    if err != nil {
```

```
        return shim.Error(err.Error())
    }

    err = stub.SetEvent("evtsender", []byte(tosend))
    if err != nil {
        return shim.Error(err.Error())
    }
    return shim.Success(nil)
}
```

应用开发者可以使用 SDK 中封装的方法监听链码发出的事件，并据此得出处理逻辑。

事件客户端处理的核心代码如下所示：

```
func (r *eventsClient) readEventsStream() {
    for {
        msg, err := r.client.Recv()
        if err != nil {
            logger.Info("Error receiving:", err)
            return
        }

        switch t := msg.Type.(type) {
        case *peer.DeliverResponse_Status:
            logger.Info("Got status ", t)
            return
        case *peer.DeliverResponse_Block:
            if !quiet {
                logger.Info("Received block: ")
                err := protolator.DeepMarshalJSON(os.Stdout, t.Block)
                if err != nil {
                    fmt.Printf("  Error pretty printing block: %s", err)
                }
            } else {
                logger.Info("Received block: ", t.Block.Header.Number)
            }
        case *peer.DeliverResponse_FilteredBlock:
            if !quiet {
                logger.Info("Received filtered block: ")
                err := protolator.DeepMarshalJSON(os.Stdout, t.FilteredBlock)
                if err != nil {
                    fmt.Printf("  Error pretty printing filtered block: %s", err)
                }
            } else {
                logger.Info("Received filtered block: ", t.FilteredBlock.Number)
            }
        }
    }
}
```

11.8　应用开发案例五：基于属性的权限控制

Fabric 应用程序可以使用基于属性的方式，对访问权限进行细粒度控制。

本例将展示如何在链码中利用证书属性对访问权限进行细粒度控制。参考 fabric-samples 项目中 chaincode/abac/go/abac.go。

链码中进行权限控制需要通过客户端身份库 github.com/hyperledger/fabric-chaincode-go/pkg/cid。该库提供了获取调用者的 MSP ID 和身份属性的相关方法。关键代码如下所示：

```
func (t *SimpleChaincode) Init(stub shim.ChaincodeStubInterface) pb.Response {
```

```
fmt.Println("abac Init")

// Demonstrate the use of Attribute-Based Access Control (ABAC) by checking
// to see if the caller has the "abac.init" attribute with a value of true;
// if not, return an error.

err := cid.AssertAttributeValue(stub, "abac.init", "true")
if err != nil {
    return shim.Error(err.Error())
}

_, args := stub.GetFunctionAndParameters()
var A, B string    // Entities
var Aval, Bval int // Asset holdings

if len(args) != 4 {
    return shim.Error("Incorrect number of arguments. Expecting 4")
}

// Initialize the chaincode
A = args[0]
Aval, err = strconv.Atoi(args[1])
if err != nil {
    return shim.Error("Expecting integer value for asset holding")
}
B = args[2]
Bval, err = strconv.Atoi(args[3])
if err != nil {
    return shim.Error("Expecting integer value for asset holding")
}
fmt.Printf("Aval = %d, Bval = %d\n", Aval, Bval)

// Write the state to the ledger
err = stub.PutState(A, []byte(strconv.Itoa(Aval)))
if err != nil {
    return shim.Error(err.Error())
}

err = stub.PutState(B, []byte(strconv.Itoa(Bval)))
if err != nil {
    return shim.Error(err.Error())
}

return shim.Success(nil)
}
```

在 Init 方法中，通过调用 cid.AssertAttributeValue 方法，确定调用者是否有 abac.init 属性。调用者的属性是通过 Fabric CA 进行添加的。

如下所示，在用户注册时，给 user1 添加了 app1Admin 和 email 两个属性。

```
fabric-ca-client register --id.name user1 --id.secret user1pw --id.type user
--id.affiliation org1 --id.attrs 'app1Admin=true:ecert,email=user1@gmail.com'
```

11.9　应用开发案例六：私密数据

Fabric 1.2 版本引入了私密数据功能，允许通道内指定若干组织访问特定私密数据。

本节通过示例介绍如何在链码中使用私密数据，详细代码参考 fabric-samples 项目中的

chaincode/marbles02_private 链码。

1. 定义私密数据 Collection

Collection 定义包含了一个或多个 collections，每个都有一个策略定义，以及用于在背书时控制私密数据分发的属性和是否清除数据（可选）的属性。Collection 定义有以下几个属性：

- name，Collection 的名称。
- policy，私密数据分发策略，定义了允许哪些组织拥有存储私密数据的权限。要特别注意的是，私密数据策略定义必须比链码背书策略更广泛。例如，一个通道内有 10 个组织，私密数据分发策略包含 5 个组织，背书节点要求 3 个组织背书，这样才能保证交易的正常执行。
- requiredPeerCount，背书节点在返回背书交易之前，必须分发私密数据到其他节点的最小节点数量。当 requiredPeerCount 为 0 时，表示不需要分发到其他节点。通常不建议将 requiredPeerCount 设置为 0，因为如果背书节点变得不可用，没有分发到其他节点，可能导致网络中的私密数据丢失。
- maxPeerCount，背书节点在返回背书交易之前，必须分发私密数据到其他节点的最大节点数量。如果将此值设置为 0，则在背书时不会分发私密数据，而在确认阶段所有授权节点将强制从背书节点拉取私密数据。
- blockToLive，以块为单位，表示数据在私密数据库上应保留的时间。数据将在私密数据库上保留到指定的区块高度，此后将被清除，从而使该数据从网络中删除，无法从链码中查询它。若要无限期保留私密数据，即从不清除私密数据，可将 blockToLive 属性设置为 0。
- memberOnlyRead，仅允许属于 Collection 组织成员的客户端读取私密数据。如果来自非组织成员的客户端尝试读私密数据的链码功能，则链码调用会因错误而终止。如果想在单个 chaincode 函数中对更细粒度的访问控制进行编码，则设为 false。
- memberOnlyWrite，仅允许属于 Collection 组织成员的客户端修改私密数据。
- endorsementPolicy，对私密数据指定专门的背书策略。

以下为一个 Collection 定义的样例，包含两个 collections：

```
[
  {
    "name": "collectionMarbles",
    "policy": "OR('Org1MSP.member', 'Org2MSP.member')",
    "requiredPeerCount": 0,
    "maxPeerCount": 3,
    "blockToLive":1000000,
    "memberOnlyRead": true,
    "memberOnlyWrite": true,
    "endorsementPolicy": {
      "signaturePolicy": "OR('Org1MSP.member','Org2MSP.member')"
    }
  },
  {
    "name": "collectionMarblePrivateDetails",
    "policy": "OR('Org1MSP.member')",
    "requiredPeerCount": 0,
```

```
      "maxPeerCount": 3,
      "blockToLive":3,
      "memberOnlyRead": true,
      "memberOnlyWrite": true,
      "endorsementPolicy": {
        "signaturePolicy": "OR('Org1MSP.member')"
      }
  }
]
```

2. 写入私密数据

获取客户端发来的 transient 数据，然后通过 stub.PutPrivateData 方法更新到账本。示例代码将大理石的名称、颜色、尺寸、拥有者信息存入名称为 collectionMarbles 的 collection 中，将大理石的名称和价格信息存入名称为 collectionMarblePrivateDetails 的 collection 中。代码如下所示：

```
    func (t *SimpleChaincode) initMarble(stub shim.ChaincodeStubInterface, args []
string) pb.Response {
        var err error

        type marbleTransientInput struct {
            Name   string `json:"name"` //the fieldtags are needed to keep case from
bouncing around
            Color string `json:"color"`
            Size  int    `json:"size"`
            Owner string `json:"owner"`
            Price int    `json:"price"`
        }

        // ==== Input sanitation ====
        fmt.Println("- start init marble")

        if len(args) != 0 {
            return shim.Error("Incorrect number of arguments. Private marble data
must be passed in transient map.")
        }

        transMap, err := stub.GetTransient()
        if err != nil {
            return shim.Error("Error getting transient: " + err.Error())
        }

        if _, ok := transMap["marble"]; !ok {
            return shim.Error("marble must be a key in the transient map")
        }

        if len(transMap["marble"]) == 0 {
            return shim.Error("marble value in the transient map must be a non-empty
JSON string")
        }

        var marbleInput marbleTransientInput
        err = json.Unmarshal(transMap["marble"], &marbleInput)
        if err != nil {
            return shim.Error("Failed to decode JSON of: " + string(transMap["marble"]))
        }

        if len(marbleInput.Name) == 0 {
            return shim.Error("name field must be a non-empty string")
```

```
    }
    if len(marbleInput.Color) == 0 {
        return shim.Error("color field must be a non-empty string")
    }
    if marbleInput.Size <= 0 {
        return shim.Error("size field must be a positive integer")
    }
    if len(marbleInput.Owner) == 0 {
        return shim.Error("owner field must be a non-empty string")
    }
    if marbleInput.Price <= 0 {
        return shim.Error("price field must be a positive integer")
    }

    // ==== Check if marble already exists ====
    marbleAsBytes, err := stub.GetPrivateData("collectionMarbles", marbleInput.
Name)
    if err != nil {
        return shim.Error("Failed to get marble: " + err.Error())
    } else if marbleAsBytes != nil {
        fmt.Println("This marble already exists: " + marbleInput.Name)
        return shim.Error("This marble already exists: " + marbleInput.Name)
    }

    // ==== Create marble object, marshal to JSON, and save to state ====
    marble := &marble{
        ObjectType: "marble",
        Name:       marbleInput.Name,
        Color:      marbleInput.Color,
        Size:       marbleInput.Size,
        Owner:      marbleInput.Owner,
    }
    marbleJSONasBytes, err := json.Marshal(marble)
    if err != nil {
        return shim.Error(err.Error())
    }

    // === Save marble to state ===
    err = stub.PutPrivateData("collectionMarbles", marbleInput.Name, marbleJSONasBytes)
    if err != nil {
        return shim.Error(err.Error())
    }

    // ==== Create marble private details object with price, marshal to JSON, and
save to state ====
    marblePrivateDetails := &marblePrivateDetails{
        ObjectType: "marblePrivateDetails",
        Name:       marbleInput.Name,
        Price:      marbleInput.Price,
    }
    marblePrivateDetailsBytes, err := json.Marshal(marblePrivateDetails)
    if err != nil {
        return shim.Error(err.Error())
    }
    err = stub.PutPrivateData("collectionMarblePrivateDetails", marbleInput.Name,
marblePrivateDetailsBytes)
    if err != nil {
        return shim.Error(err.Error())
    }

    // ==== Index the marble to enable color-based range queries, e.g. return all
```

```
blue marbles ====
        //An 'index' is a normal key/value entry in state.
        //The key is a composite key, with the elements that you want to range
query on listed first.
        //In our case, the composite key is based on indexName~color~name.
        //This will enable very efficient state range queries based on composite keys
matching indexName~color~*
        indexName := "color~name"
        colorNameIndexKey, err := stub.CreateCompositeKey(indexName, []string{marble.
Color, marble.Name})
        if err != nil {
            return shim.Error(err.Error())
        }
        //Save index entry to state. Only the key name is needed, no need to store
a duplicate copy of the marble.
        //Note - passing a 'nil' value will effectively delete the key from state,
therefore we pass null character as value
        value := []byte{0x00}
        stub.PutPrivateData("collectionMarbles", colorNameIndexKey, value)

        //==== Marble saved and indexed. Return success ====
        fmt.Println("- end init marble")
        return shim.Success(nil)
    }
```

> 注意 结构体中的 ObjectType 字段是使用 Couchdb 富查询所需的索引信息，用于区分不同数据对象的类型。

3. 读取私密数据

从名称为 collectionMarbles 的 collection 中读取指定大理石名称的状态信息，包含大理石的名称、颜色、尺寸、拥有者。主要通过 stub.GetPrivateData 方法读取私密数据。示例代码如下：

```
    func (t *SimpleChaincode) readMarble(stub shim.ChaincodeStubInterface, args []
string) pb.Response {
        var name, jsonResp string
        var err error

        if len(args) != 1 {
            return shim.Error("Incorrect number of arguments. Expecting name of the
marble to query")
        }

        name = args[0]
        valAsbytes, err := stub.GetPrivateData("collectionMarbles", name) //get the
marble from chaincode state
        if err != nil {
            jsonResp = "{\"Error\":\"Failed to get state for " + name + "\"}"
            return shim.Error(jsonResp)
        } else if valAsbytes == nil {
            jsonResp = "{\"Error\":\"Marble does not exist: " + name + "\"}"
            return shim.Error(jsonResp)
        }

        return shim.Success(valAsbytes)
    }
```

11.10　使用外部链码

默认情况下，Fabric 使用 Docker 容器作为链码原生运行环境。Peer 节点负责管理原生链码的生命周期。

为了允许外部平台（如 Kubernetes）管理链码生命周期，提高部署灵活性，Fabric 2.0 版本引入了外部链码服务。Peer 节点可在配置中指定本地路径下的外部链码构建器（externalBuilders），该构建器负责检查、编译、发布和启动链码包。如果链码安装时未指定为外部类型，或者外部构建器编译失败，则仍会调用原生的 Docker 机制编译和运行链码。

11.10.1　外部链码构建器结构

外部链码构建器用来指定链码编译和启动机制，构建器基于 Heroku 的编译包语法。一般每个外部构建器可包括如下脚本文件：

- bin/detect（必需），检查是否应该通过外部构建器来构建链码。
- bin/build（必需），指定如何编译链码或提取元数据信息。
- bin/release（可选），提取向 Peer 节点提供链码的元数据信息（包括 CouchDB 数据库索引、链码服务连接信息）。
- bin/run（可选），如果需要 Peer 来启动链码，则指定启动机制。

可见，外部构建器功能十分灵活。即可以允许 Peer 节点控制链码的完整生命周期，也可以允许链码服务在外部自行启动，此时构建器只需要进行必要的检查和元数据处理，之后让 Peer 节点成功连接到链码服务即可。

1. bin/detect 脚本

bin/detect 脚本负责检查链码安装包是否合法，合法则返回 0。通常的做法是检查 metadata.json 文件中的 type 字段。

Peer 节点会将链码的源码路径和元数据路径作为参数发送给 detect 脚本，示例如下：

```
// core/container/externalbuilder/externalbuilder.go

func (b *Builder) Detect(buildContext *BuildContext) bool {
  detect := filepath.Join(b.Location, "bin", "detect")
  cmd := b.NewCommand(detect, buildContext.SourceDir, buildContext.MetadataDir)

  err := b.runCommand(cmd)
  if err != nil {
    logger.Debugf("builder '%s' detect failed: %s", b.Name, err)
    return false
  }

  return true
}
```

用户可以自定义 detect 脚本内容，注意不能修改链码源码或元数据信息。示例如下：

```
#!/bin/bash

set -euo pipefail

METADIR=$2
```

```
#check if the "type" field is set to "external"
if [ "$(jq -r .type "$METADIR/metadata.json")" == "external" ]; then
    exit 0
fi

exit 1
```

2. bin/build 脚本

bin/build 脚本负责编译构建链码，输出结果到指定路径下，编译成功则返回 0。

Peer 节点会将链码的源码路径、元数据路径和编译输出路径作为参数发送给 build 脚本，编译成功后 Peer 将编译结果转存到本地的 $CORE_PEER_FILESYSTEMPATH/externalbuilder/builds/$(ccid)/bld/ 路径下，示例如下：

```
// core/container/externalbuilder/externalbuilder.go

func (b *Builder) Build(buildContext *BuildContext) error {
    build := filepath.Join(b.Location, "bin", "build")
    cmd := b.NewCommand(build, buildContext.SourceDir, buildContext.MetadataDir,
buildContext.BldDir)

    err := b.runCommand(cmd)
    if err != nil {
        return errors.Wrapf(err, "external builder '%s' failed", b.Name)
    }

    return nil
}
```

用户可以自定义 build 脚本内容，注意不能修改链码源码或元数据信息，示例如下：

```
#!/bin/bash

CHAINCODE_SOURCE_DIR="$1"
CHAINCODE_METADATA_DIR="$2"
BUILD_OUTPUT_DIR="$3"

# extract package path from metadata.json
GO_PACKAGE_PATH="$(jq -r .path "$CHAINCODE_METADATA_DIR/metadata.json")"
if [ -f "$CHAINCODE_SOURCE_DIR/src/go.mod" ]; then
    cd "$CHAINCODE_SOURCE_DIR/src"
    go build -v -mod=readonly -o "$BUILD_OUTPUT_DIR/chaincode" "$GO_PACKAGE_PATH"
else
    GO111MODULE=off go build -v  -o "$BUILD_OUTPUT_DIR/chaincode" "$GO_PACKAGE_PATH"
fi

# save statedb index metadata to provide at release
if [ -d "$CHAINCODE_SOURCE_DIR/META-INF" ]; then
    cp -a "$CHAINCODE_SOURCE_DIR/META-INF" "$BUILD_OUTPUT_DIR/"
fi
```

3.bin/release 脚本

bin/release 脚本负责获取链码元数据（包括 CouchDB 数据库索引、链码服务连接信息文件 chaincode/server/connection.json）发送给 Peer。通常的做法是从编译结果中解析元数据，复制到发布输出路径下。发布成功后 Peer 将编译结果转存到本地的 $CORE_PEER_FILESYSTEMPATH/externalbuilder/builds/$(ccid)/release/ 路径下。

Peer 节点会将链码编译输出路径和发布输出路径作为参数发送给 release 脚本，示例如下：

```
// core/container/externalbuilder/externalbuilder.go

func (b *Builder) Release(buildContext *BuildContext) error {
    release := filepath.Join(b.Location, "bin", "release")

    _, err := os.Stat(release)
    if os.IsNotExist(err) {
        b.Logger.Debugf("Skipping release step for '%s' as no release binary found",
buildContext.CCID)
        return nil
    }
    if err != nil {
        return errors.WithMessagef(err, "could not stat release binary '%s'", release)
    }

    cmd := b.NewCommand(release, buildContext.BldDir, buildContext.ReleaseDir)
    err = b.runCommand(cmd)
    if err != nil {
        return errors.Wrapf(err, "builder '%s' release failed", b.Name)
    }

    return nil
}
```

用户可以自定义 release 脚本内容，注意不能修改编译输出路径下信息，示例如下：

```
#!/bin/bash

BUILD_OUTPUT_DIR="$1"
RELEASE_OUTPUT_DIR="$2"

# copy indexes from META-INF/* to the output directory
if [ -d "$BUILD_OUTPUT_DIR/META-INF" ] ; then
    cp -a "$BUILD_OUTPUT_DIR/META-INF/"* "$RELEASE_OUTPUT_DIR/"
fi
```

4. bin/run 脚本

bin/run 脚本负责启动链码。如果链码已经自行启动，则可在安装包中存放连接信息文件，
而无须 /bin/run 脚本。

Peer 节点会将链码的编译输出路径和运行时元数据路径作为参数发送给 run 脚本，示例如下：

```
// core/container/externalbuilder/externalbuilder.go

func (b *Builder) Run(ccid, bldDir string, peerConnection *ccintf.PeerConnection)
(*Session, error) {
    launchDir, err := ioutil.TempDir("", "fabric-run")
    if err != nil {
        return nil, errors.WithMessage(err, "could not create temp run dir")
    }

    rc := newRunConfig(ccid, peerConnection, b.MSPID)
    marshaledRC, err := json.Marshal(rc)
    if err != nil {
        return nil, errors.WithMessage(err, "could not marshal run config")
    }

    if err := ioutil.WriteFile(filepath.Join(launchDir, "chaincode.json"), marshaledRC,
0600); err != nil {
        return nil, errors.WithMessage(err, "could not write root cert")
```

```
}

run := filepath.Join(b.Location, "bin", "run")
cmd := b.NewCommand(run, bldDir, launchDir)
sess, err := Start(b.Logger, cmd)
if err != nil {
  os.RemoveAll(launchDir)
  return nil, errors.Wrapf(err, "builder '%s' run failed to start", b.Name)
}

go func() {
  defer os.RemoveAll(launchDir)
  sess.Wait()
}()

return sess, nil
}
```

用户可以自定义 run 脚本内容，注意不能修改编译输出路径和运行时元数据路径下的内容，示例如下：

```bash
#!/bin/bash

BUILD_OUTPUT_DIR="$1"
RUN_METADATA_DIR="$2"

# 获取 chaincode shim 库需要的环境变量
export CORE_CHAINCODE_ID_NAME="$(jq -r .chaincode_id "$RUN_METADATA_DIR/chaincode.json")"
export CORE_PEER_TLS_ENABLED="true"
export CORE_TLS_CLIENT_CERT_FILE="$RUN_METADATA_DIR/client.crt"
export CORE_TLS_CLIENT_KEY_FILE="$RUN_METADATA_DIR/client.key"
export CORE_PEER_TLS_ROOTCERT_FILE="$RUN_METADATA_DIR/root.crt"
export CORE_PEER_LOCALMSPID="$(jq -r .mspid "$RUN_METADATA_DIR/chaincode.json")"

# 提取 chaincode shim 库所需要的 TLS 私钥和证书
jq -r .client_cert "$RUN_METADATA_DIR/chaincode.json" > "$CORE_TLS_CLIENT_CERT_FILE"
jq -r .client_key  "$RUN_METADATA_DIR/chaincode.json" > "$CORE_TLS_CLIENT_KEY_FILE"
jq -r .root_cert   "$RUN_METADATA_DIR/chaincode.json" > "$CORE_PEER_TLS_ROOTCERT_FILE"
if [ -z "$(jq -r .client_cert "$RUN_METADATA_DIR/chaincode.json")" ]; then
    export CORE_PEER_TLS_ENABLED="false"
fi

# 启动链码，连接到 Peer
exec "$BUILD_OUTPUT_DIR/chaincode" -peer.address="$(jq -r .peer_address "$ARTIFACTS/chaincode.json")"
```

11.10.2　链码安装包结构

外部链码仍然需要遵循新的链码生命周期，通过 peer lifecycle chaincode package 命令打包为结构化的压缩包（.tar.gz）文件，包括如下内容：

- metadata.json，指定元数据信息，包括路径、类型和标签。
- code.tar.gz，通常包括连接文件（connection.json），也可包括可执行链码文件或相关数据等。

metadata.json 为打包期间生成，示例如下：

```
{"path":"","type":"external","label":"testcc"}
```

connection.json 中需要指定链码服务的连接信息，示例如下：

```
{
  "address": "your.chaincode.host.com:9999",
  "dial_timeout": "10s",
  "tls_required": true,
  "client_auth_required": "true",
  "client_key": "-----BEGIN EC PRIVATE KEY----- ... -----END EC PRIVATE KEY-----",
  "client_cert": "-----BEGIN CERTIFICATE----- ... -----END CERTIFICATE-----",
  "root_cert": "-----BEGIN CERTIFICATE---- ... -----END CERTIFICATE-----"
}
```

其中，各条目含义如下：

- address，Peer 可以访问的链码服务地址。
- dial_timeout，建立连接超时。
- tls_required，是否启用 TLS。若不启用，则无须设定 client_auth_required、client_key、client_cert 和 root_cert。
- client_auth_required，是否启动 TLS 客户端认证。若为 true，需要设置 key_path 和 cert_path。
- client_key，作为客户端（链码侧）的 TLS 私钥文件路径。
- client_cert，作为客户端（链码侧）的 TLS 证书文件路径。
- root_cert，用于认证 Peer 端的 TLS 根证书路径。

11.10.3 配置 Peer 节点调用外部链码

通过设置 core.yaml 中的 chaincode.externalBuilders 字段来指定外部编译器信息，示例如下：

```
chaincode:
  externalBuilders:
  - name: my-builder
    path: /builders/golang # 路径下存放 bin/*
    environmentWhitelist:
    - GOPROXY
    - GONOPROXY
    - GOSUMDB
    - GONOSUMDB
  - name: another-builder
    path: /builders/binary
```

11.10.4 外部链码编写示例

目前外部链码服务只支持 Go 语言，Go shim API 中增加了一种 ChaincodeServer 类型，开发者需要使用它来创建和启动链码服务，示例如下：

```
package main

import (
        "fmt"

        "github.com/hyperledger/fabric-chaincode-go/shim"
        pb "github.com/hyperledger/fabric-protos-go/peer"
```

```
)

type SimpleChaincode struct {
}

func (s *SimpleChaincode) Init(stub shim.ChaincodeStubInterface) pb.Response {
        //初始化代码
}

func (s *SimpleChaincode) Invoke(stub shim.ChaincodeStubInterface) pb.Response {
        //调用代码
}

func main() {
        //需要匹配 peer lifecycle chaincode install <package> 命令生成的链码 ID
        ccid := "testcc:fcbf8724572d42e859a7dd9a7cd8e2efb84058292017df6e3d89178b64e6c831"

        server := &shim.ChaincodeServer{
                        CCID: ccid,                              //链码 ID
                        Address: "chaincode-server:8088"         //链码服务监听地址
                        CC: new(SimpleChaincode),
                        TLSProps: shim.TLSProperties{            //指定连接的 TLS 配置
                                Disabled: true,
                        },
                }
        err := server.Start()
        if err != nil {
                fmt.Printf("Error starting Simple chaincode: %s", err)
        }
}
```

链码编写完成后，通过如下步骤启动链码：

1）使用链码生命周期打包和部署链码（Peer 节点无须再安装链码）。

2）运行可执行链码文件作为外部链码服务启动。

3）提交链码定义到通道。

4）Peer 通过 connection.json 中指定信息连接到外部链码服务。

最后，用户可以调用链码，而无须关注该链码如何管理。

11.11　最佳开发实践

链码作为一种新型的应用逻辑，由于天然运行在分布式系统中，且被封装在容器内，与现有的应用场景往往存在较大差异。在开发链码过程中，需要始终注意其独特的运行特点，设计合理的代码逻辑。

1. 重视资源限制

由于链码运行在容器内，这意味着单个链码所能使用的资源不能超过容器限额，因此在链码中不建议编写资源消耗型的应用。例如复杂计算或者大量读写数据，造成 Peer 侧使用资源过多。更严重的情况是，如果链码存在资源泄露，可能导致容器响应缓慢或者崩溃，甚至影响外部系统。

另外，容器往往无法保证提供稳定的文件系统或网络支持。现代容器引擎（如 Kubernetes）往往假设容器随时被重建，链码中应该尽量避免过多地访问外部文件系统和网络资源。

2. 采取无状态设计

链码在设计上是典型的无状态（stateless）设计，链码逻辑中读操作结果来自账本快照，写操作在提交环节才能更新到账本，所有的本地变量并不保留。因此，链码的方法最好都设计为类似"函数式"风格。

在链码之前，无状态设计被广泛应用到 Web 服务等诸多领域。从这个角度看，应用和链码层类似于 Web 中的服务应用，提供多种交互；而账本层则类似于 Web 后端的数据存储，只记录最终状态。

在某些特定场景下，用户可能需要支持有状态的需求，例如对出错进行重试处理等。这种情况下，应该将每次调用状态都保存到账本中。

另外，不能试图在 Init() 方法中声明全局变量，该方法只有在实例化或升级时被调用，重启或发生交易时并不会执行。

3. 避免并发更新

与数据库类似，当同一区块中多个交易试图对同一键值同时进行更新时，会造成处理冲突。

例如 A 向 B 转账的场景，A 的账户余额为 100，两个应用同时发起两笔 60 元的转账交易 A➔B。从单笔交易看，都没有出现账户透支的情况，然而如果允许两笔交易都通过，则会出现记账错误的情况。

为了处理并发更新的问题，可以采用"悲观锁"和"乐观锁"两种处理思路。

- 悲观锁。顾名思义，对某个键值更新前，先对其进行锁定（根据锁定范围，可以是库、表或行；根据锁定行为，可以是读、写或读写），避免他人的访问。悲观锁本质上是不允许并发，串行化多个操作，因此性能往往较差。
- 乐观锁。则更宽松一些，允许多个操作同时执行，但是仍然要规避同一键值更新冲突的情况。例如，为键值添加额外的版本号信息，在最终提交时检查键值的版本号与提案时是否相同，如果不同，则拒绝该交易。Fabric 在设计上采用了类似的多版本并发控制（Multi Version Concurrency Control，MVCC）的设计，以试图在冲突较少的情况下获取较好的性能。

由此可见，在智能合约的使用中需要尽量避免对同一键值的并发更新操作。如果有实际需求，可以从下面几个方面来尝试优化：

- 应用层保护。对涉及同一键值更新的交易操作，隔离为不同批次来提交，即避免放到同一区块。
- 智能合约处理。接收对同一键值的多个修改请求，使用合约逻辑，合并为一个最终修改。
- 键值层隔离。物联网等场景下往往会高并发地采集某一指标。此时，可设计多个辅助键来表示，例如，使用复合键，或在键名称中带有时间戳或设备号等信息。另外可以定期从提交后的记录中整理这些辅助键值，最终更新为所需要的指标值。

另外，在同一个交易中如果多次更新某个键值，实际上最终形成的读写集中只会记录最后一次写的结果。例如，多次读取某个账户余额，然后对它进行额度增加操作，最终结果只相当于执行了最后一次额度增加。

4. 避免不确定性逻辑

当链码部署运行后，区块链网络中的多个节点上都会启动链码容器并执行其内部指定的逻辑。当多个相同链码的实例对同一调用得到彼此不相同的结果时，无法收集足够的背书，网络中也将无法完成共识。此时，与此链码相关联的交易实际上将无法完成。因此，合格的链码必须保证内部不能出现非确定性的逻辑。

容易导致不确定性逻辑的情况包括：

- 使用非确定的结构或方法。例如，Go 语言中的字典结构遍历时并不保证顺序；获取随机数或者当前时间等。
- 使用多线程或异步机制，无法确保执行的顺序。例如 Go 语言中使用 Go routine。
- 使用不确定的外部依赖。需要动态地从外部加载依赖时，未指定版本信息导致不同节点上的链码使用了不同的实现。

但是在某些情况下，可能针对业务需求必须采用一些非确定性设计，比如类似于抽奖之类的操作，需要采用随机数生成；再比如查询外部数据源（如天气预报或股票）的值，可能出现不同节点由于查询时间或所处位置的不同而导致结果不同。

对于这样的情况，一种方法是避免将这部分非确定性的代码在链码中实现，而是放在外部通过代理服务来完成。所有的节点需要使用数据时向该代理进行查询即可，从而避免出现不一致。另外一种思路是，将这些非确定的查询改为确定性查询，例如在调用时通过传入足够多的参数或进行平滑处理（如指定查询范围或者取最值），让返回的结果在一定情况下是确定的，也可以避免此类问题。

5. 设计合理链码结构

上层应用和链码在某种程度上共同完成了业务逻辑。不同的是，链码封装了对区块链账本的操作，上层应用通过直接调用链码接口来使用，而不会意识到底层区块链结构的存在。因此，在某些情况下，部分功能或逻辑既可以贴近链码侧，又可以贴近上层应用侧。实际上，从应用架构的角度看，上层应用的逻辑和链码逻辑是完全有机的结合，并不存在明显的界限。

实践中，有人愿意把大部分逻辑都放进链码侧实现，只保留简单、少量的应用接口。这样对上层应用的要求很轻，可以更好地支持现有业务系统，但当业务逻辑发生变化时，需要对链码进行升级；也有人倾向只将与账本打交道的核心逻辑封装到链码里，链码实际上是一个轻量级的接入层。这意味着上层应用要实现更多的业务逻辑，同时底层链码可以尽可能地保持稳定。

两种模式从设计上各有利弊。一般而言，与信任相关的逻辑因为要通过区块链系统的共识和验证，必须要放到链码中实现。容易发生变动的业务逻辑代码则更应该放到应用侧实现。目前，以 Fabric 为代表的区块链账本平台对链码的支持越来越完善，所能支持的逻辑代码功能可以越来越复杂。

6. 链码的生命周期管理

链码作为与应用密切相关的逻辑代码，是企业十分核心的数字资产。从开发者编写链码、调试链码，到部署到区块链中进行调用，整个生命周期都必须严格把控。

链码与其他应用代码一样，一旦丢失将无法从运行实例中恢复，因此应该采用可靠的代码管理机制进行保存。在测试环节推荐采用单独的区块链网络，测试通过上到生产链后也需要先在部分节点上进行安装验证，通过之后再进行大规模部署。

由于无状态的设计，链码可以随时停止或卸载。只要保留了链码，都可以重新进行部署。原生链码容器生成所依赖的基础镜像必须安全可靠，内容尽量简单，不要包含无关应用，需要通过安全仓库或者提前分发形式安装到链码服务器。

链码所需要的依赖和配置文件要提前和源码打包在一起进行维护。在多个组织之间分发链码要用安装包的方式，避免被篡改。

另外，调用过程也需要进行必要的监控，可以通过事件方式进行监听，对事件进行实时审计，对异常情况制定响应流程。

7. 避免幻读

幻读（phantom read）意味着在交易执行过程中出现了被其他人添加或删除的记录，而导致读取结果不一致。

部分富查询接口在提交时并不进行再次校验，无法避免幻读，包括 GetHistoryForKey() 和 GetQueryResult()。

它们在链码执行过程中获取的结果在提交时可能已经发生改变，因此其返回值不应该用来更新账本（写操作）。

而 GetStateByRange() 接口是幻读安全的，因此推荐当存在写操作时使用。

8. 检查输入参数

链码方法被调用时支持提供输入参数，这些参数在使用前需要进行合法性检查。

GetStringArgs() 和 GetFunctionAndParams() 方法会假定输入参数是可解析的字符串格式。否则应该使用 GetArgs() 方法，可以获取任意格式的输入参数。

另外，为了支持后向兼容性，参数在设计上可以考虑结构化，避免在升级时对参数进行过多调整。

9. 使用 CouchDB 的技巧

Fabric 支持多种数据库存储账本键值状态，包括 LevelDB、CouchDB 等。

使用 CouchDB 支持富查询（rich query），但要注意如下几点：

- 使用 CouchDB 的索引（index）功能，可以大幅提升查询性能。
- 避免使用对大量数据范围进行复杂查询的操作，在大数据量时可能导致超时，如使用 $or、$in 和 $regex 等操作时。
- 返回结果可能较多时应使用分页（page）功能，避免直接返回大量数据。

10. 合理保护隐私

链码无须安装在所有的节点上，对链码的调用请求也无须发给所有安装了链码的节点。只有接收到链码调用请求的节点才能看到原始输入内容，包括利用 transient 域传递的数据。通道内其他节点以及排序节点将只能看到链码的执行结果，而无法获知 transient 域中数据。

如果希望在通道内对读写集合也进行保护，还可以使用私密数据。但要注意使用 transient 域传递私密数据。

11. 调试链码

链码开发过程中，不可避免地要对链码逻辑进行调整。如果每次改动后都需要链码升级操作会比较浪费时间。

Fabric 提供了链码的模拟结构 MockStub，可以在不依赖 Fabric 网络的情况下模拟执行链码逻辑。自 2.0 版本起位于 github.com/hyperledger/fabric-chaincode-go/shimtest/mockstub.go，1.4 系列版本中位于 core/chaincode/shim/mockstub.go。另外，可以通过链码日志和事件来追踪链码执行过程。

12. 合理选用高级 API

直接使用 Shim 层 API 十分灵活，但也存在一些问题，例如：

- 若业务逻辑复杂，往往需要开发多个链码来实现，对链码的版本维护和升级带来较大挑战。
- 当链码的公开方法较多时，需要在 Invoke 中维护方法路由，开发体验较差。

常见链码多是查询账本状态，然后处理业务逻辑，最后更新账本状态。如果可以把这个过程抽象出来，则可以简化链码开发过程。

社区发布了 fabric-contract-api-go 项目，对链码底层处理 API 进行了更高层级的封装，更适用于开发复杂的链码。项目地址位于 https://github.com/hyperledger/fabric-contract-api-go。读者可以自行查看各个高级方法的使用，并参考 fabric-samples 项目中的示例链码 chaincode/fabcar。

11.12　本章小结

本章介绍了区块链应用的开发，并以 Fabric 链码为例讲解了智能合约的概念和开发接口，结合实际案例讲解开发面向不同场景的链码。最后还介绍了 Fabric 2.0 版本中新引入的外部链码机制，总结了链码开发实践中的注意事项。

链码在整个区块链技术栈中处于十分核心的位置，相比于传统应用，更加重视可靠性、安全性和运行效率。通过本章的学习，读者可以掌握区块链应用开发技巧，并在实践中深入体会。

第 12 章
Fabric 配置解析

错误源自复杂，简单臻于优雅。

Fabric 网络的部署和运行时管理都依赖网络中的各种配置，包括节点配置文件、身份文件、通道配置等。部分配置还依赖特定工具的创建和管理。

本章将对这些配置以及对应工具的功能和使用进行详细介绍，让读者更加深入地理解配置应用的场景、配置自身的结构和语义，并掌握其管理技巧。

通过本章内容的学习，读者将掌握 Peer 节点和排序节点配置文件的具体作用，以及如何利用三大配置管理工具（cryptogen、configtxgen、configtxlator）对网络内配置进行更新和管理。

12.1　简介

在 Fabric 网络中，用户可以设定 Peer 节点、排序节点、CA 节点的行为，以及管理通道、组织身份等多种资源，这都涉及网络内配置。

1. 节点配置文件

Fabric 节点在启动时可通过加载本地配置文件或环境变量等方式获取配置信息，同时结合少量命令行参数。

通常用户需要提前编写配置文件，供服务启动时使用；也可以仅在配置文件中指定部分默认值，使用环境变量动态指定可以实现更灵活的配置加载。

默认情况下，Fabric 节点的主配置路径为 FABRIC_CFG_PATH 环境变量所指向路径（默认为 /etc/hyperledger/fabric）。在不显式指定配置路径时，会尝试从主配置路径下查找相关的配置文件。

Fabric 各节点的默认配置文件路径和主要功能等，总结如表 12-1 所示。

表 12-1　节点配置文件

节点	默认配置文件路径	主要功能
Peer 节点	$FABRIC_CFG_PATH/core.yaml	指定 Peer 节点运行时的参数
排序节点	$FABRIC_CFG_PATH/orderer.yaml	指定 Orderer 运行时的参数
CA 节点	$FABRIC_CA_SERVER_HOME/fabric-ca-server-config.yaml	指定 CA 节点运行时的参数

2. 通道配置和管理工具

除了各节点配置文件，Fabric 还在每个通道内通过配置区块来维护通道范围的配置信息，通道配置可由 configtx.yaml 文件设定。

这些配置需要使用特定工具进行管理，这些工具包括 cryptogen、configtxgen 和 configtxlator，对应的主要功能总结如表 12-2 所示。

表 12-2　通道配置和管理工具

工具	默认配置文件路径	主要功能
cryptogen	通过命令行参数 --config 指定	负责生成网络中组织结构和身份文件
configtxgen	通过命令行参数 -configPath 指定	利用 configtx.yaml 文件生成通道初始配置；创建配置更新交易
configtxlator	N/A	将通道配置在二进制和 JSON 格式之间进行转换，并计算配置更新量

后面第 12 章将对这些配置内容和工具操作进行具体讲解。

12.2　Peer 配置剖析

当 Peer 节点启动时，会按照优先级从高到低的顺序依次尝试从命令行参数、环境变量和配置文件中读取配置信息。

当从环境变量中读入配置信息时候，除了日志使用单独的 FABRIC_LOGGING_SPEC 环境变量进行指定，其他都需要以 CORE_ 前缀开头。例如，配置文件中的 peer.id 项，对应环境变量 CORE_PEER_ID。

Peer 节点默认的配置文件读取路径为 $FABRIC_CFG_PATH/core.yaml；如果没找到，则尝试查找当前目录下的 ./core.yaml 文件；如果还没有找到，则尝试查找默认的 /etc/hyperledger/fabric/core.yaml 文件。

Fabric 代码中提供了一些示例的 core.yaml 配置文件（如 sampleconfig/core.yaml），可以作为参考。

在结构上，core.yaml 文件中包括 peer、vm、chaincode、ledger、operations、metrics 六大部分，内容较多，下面分别予以讲解。

12.2.1　peer 部分

peer 部分包括与服务直接相关的核心配置，内容比较多。除了一些常规配置，还包括 keepalive、Gossip、TLS、BCCSP、handler、discover 等多个配置部分。

1. 常规配置

这里包括一些比较常规的配置信息：

- Id，Peer 在网络中的 ID 信息，用于辨识不同的节点。
- networkId，网络自身的 ID，逻辑上可以通过 ID 指定多个隔离的网络。
- listenAddress，服务监听的本地地址，本地有多个网络接口时可指定仅监听某个接口。默认在本地所有的网络接口（0.0.0.0）上进行监听，服务端口为 7051。
- address，对同组织内其他节点的监听连接地址。当服务在 NAT 设备上运行时，该配置可以指定服务对外宣称的可访问地址。如果是客户端，则作为其连接的 Peer 服务地址。
- addressAutoDetect，是否自动探测服务地址。当 Peer 服务运行环境的地址是动态时，该配置可以进行自动探测，探测将内部地址作为服务地址。默认情况下关闭。注意启用 TLS 时候最好关闭，以免与指定的域名冲突造成认证失败。
- fileSystemPath，本地数据存放路径，包括账本、链码等，一般指定为 /var/hyperledger/production。
- mspConfigPath，MSP 目录所在的路径，可以为绝对路径，或相对配置目录的路径，一般建议为 /etc/hyperledger/fabric/msp。
- localMspId，Peer 所关联的 MSP ID，一般为所属组织名称，需要与通道配置内名称一致。
- deliveryclient，到排序服务连接的配置。值得注意的是 addressOverrides 域。当 Peer 加入通道时会从初始区块提取排序服务信息，此时排序节点地址或证书可能已经发生变化。使用此处配置可以映射到新版本排序服务，避免出现无法加入通道的情况。
- limits，对访问频率进行限制，目前可以限定 endorser 和 deliver 服务处理的并发数。

各个配置项的作用也可以参考下面示例的注释部分：

```
peer:
    id: peer0                        # 节点 ID
    networkId: business              # 网络的 ID
    listenAddress: 0.0.0.0:7051 # 节点在监听的本地网络接口的地址
    chaincodeListenAddress: 0.0.0.0:7052 #链码容器连接时的监听地址
    address: 0.0.0.0:7051            # 同组织内节点对外的服务地址
    addressAutoDetect: false         # 是否自动探测对外服务地址
    authentication:                  # 认证相关
        timewindow: 15m # 客户端消息时间戳和 Peer 时钟允许的差值，过大则拒绝消息
    fileSystemPath: /var/hyperledger/production # 本地数据存放路径

    mspConfigPath: msp               # MSP 的本地路径
    localMspId: SampleOrg            # Peer 所关联的 MSP 的 ID
    client:                          # 作为 CLI 客户端时的相关配置
        connTimeout: 3s              # 客户端连接超时时间
    deliveryclient:                  # 到排序服务连接的配置
        reconnectTotalTimeThreshold: 3600s # 尝试重连排序服务的总等待时间，超过则放弃
                                     # 重连并报错
        connTimeout: 3s              # 连接的超时时间
        reConnectBackoffThreshold: 3600s # 最大的重连尝试时间间隔
        addressOverrides: #通道配置中找到排序节点地址后，使用此处指定内容进行替换，适用
                          #于排序服务发生变更的情况
        #  - from:
        #    to:
        #    caCertsFile:
        #  - from:
```

```
#       to:
#       caCertsFile:

localMspType: bccsp # MSP 类型，目前支持 bccsp 或 idemix
profile:              # 是否启用 Go 自带的 profiling，支持通过网页查看运行时资源信息
    enabled:      false
    listenAddress: 0.0.0.0:6060
validatorPoolSize:    # 并行进行验证处理的 Go 协程个数，默认为 CPU 数
limits:               # 对资源进行限制
    concurrency:      # 允许同时执行的请求数
        endorserService: 2500 # 限定并发执行的 endorser 服务调用，包括部署、交易调
                             # 用和查询等
        deliverService: 2500 # 限定并发执行的 deliver 服务调用，主要为注册到 Peer 的
                             # 事件监听客户端
```

2. keepalive 配置

keepalive 配置主要包括与保活消息相关的配置。

- interval，如果服务端发现客户端在指定时间内未有任何消息，则主动发送 gRPC Ping 进行探测。
- timeout，服务端发送 Ping 消息后，如果客户端在指定时间内未响应，则断开连接。
- minInterval，允许其他人发送保活消息的最小时间间隔，太快的消息会导致连接中断，以避免 DoS 攻击。
- client，作为客户端连接其他 Peer 节点时发送消息的间隔和超时时间。
- deliveryClient，作为客户端连接排序节点时发送消息的间隔和超时时间。

完整的 peer.keepalive 配置如下所示：

```
peer:
    keepalive:                   # 保活消息配置
        interval: 7200s          # 服务端主动探测客户端是否存活的空闲等待
        timeout: 20s             # 服务端发送 Ping 消息后的断开连接等待
        minInterval: 60s         # 允许其他客户端 Ping 消息的最小间隔，超过则断开连接
        client:                  # 与其他节点的保活连接设置
            interval: 60s        # Ping 其他节点的消息间隔
            timeout: 20s         # 关闭连接前等待响应的时间
        deliveryClient:          # 到排序服务的保活连接设置
            interval: 60s        # Ping 排序节点的消息间隔
            timeout: 20s         # 关闭连接前等待响应的时间
```

3.Gossip 配置

Gossip 配置主要负责节点之间通过 Gossip 消息进行 P2P 通信。包括如下几类配置项。

（1）启动和连接参数

启动和连接行为控制参数，位于 peer.gossip 字段下，主要包括：

- bootstrap，节点启动后向组织内指定节点发起 Gossip 连接，以加入网络。bootstrap 节点会答复自己所知的邻居信息。
- endpoint，本节点在同一组织内的 gossip id，默认为 peer.address。
- maxBlockCountToStore，保存到内存中的区块个数上限，超过则丢弃。
- skipBlockVerification，是否对区块消息进行校验，默认为 false。
- dialTimeout，gRPC 连接拨号的超时。
- connTimeout，建立连接的超时。

- aliveTimeInterval，定期发送 Alive 心跳消息的时间间隔。
- aliveExpirationTimeout，Alive 心跳消息的超时时间。
- reconnectInterval，断线后重连的时间间隔。
- externalEndpoint，节点向组织外节点公开的服务地址，默认为空，代表不被其他组织所感知。

（2）邻居发现相关

主要包括与 Gossip 过程相关的配置，位于 peer.gossip 字段下。

- membershipTrackerInterval，定期探测当前邻居状态是否变更的时间间隔。
- maxPropagationBurstLatency，保存消息的最大时间，超过则转发给其他节点。
- maxPropagationBurstSize，保存的最大消息个数，超过则转发给其他节点。
- propagateIterations，消息转发的次数。
- propagatePeerNum，推送消息给指定个数的节点。
- pullInterval，触发拉取消息的时间间隔，发送 Hello 消息收到对方摘要，更新摘要字典后发送拉取请求等待对方响应，应该比 digestWaitTime + requestWaitTime 长。
- pullPeerNum，从指定个数的节点拉取消息。
- requestStateInfoInterval，从节点拉取状态信息（StateInfo）消息的时间间隔。
- publishStateInfoInterval，向其他节点推动状态信息消息的时间间隔。
- stateInfoRetentionInterval，状态信息消息的超时时间。
- publishCertPeriod，启动后在心跳消息中包括证书的等待时间。
- recvBuffSize，收取消息的缓冲大小。
- sendBuffSize，发送消息的缓冲大小。
- digestWaitTime，拉取消息方发送 Hello 消息后等待对方返回摘要（开始更新摘要字典）的时间，之后发送 Req 消息。
- requestWaitTime，被拉取方收到 Hello 消息，发送摘要，等待接收拉取请求的超时。
- responseWaitTime，拉取方发送拉取请求后等待收到响应的超时。
- nonBlockingCommitMode，是否启用非阻塞模式提交区块到本地，默认关闭。是隐藏参数。

（3）选举相关

主要包括与 Leader 节点选举相关的配置，大部分位于 peer.gossip.election 字段下：

- gossip.useLeaderElection，是否允许节点之间动态进行组织的代表（leader）节点选举，通常情况下推荐开启。
- gossip.orgLeader，本节点是否指定为组织的代表节点。与 useLeaderElection 不能同时指定为 true。
- election.startupGracePeriod，代表成员选举等待的时间。
- election.membershipSampleInterval，检查成员稳定性的采样间隔。
- election.leaderAliveThreshold，Peer 尝试进行选举的等待超时。
- election.leaderElectionDuration，Peer 宣布自己为代表节点的等待时间。

（4）私密数据相关

主要包括与分发私密数据相关的配置，大部分位于 peer.gossip.pvtData 字段下：

- pullRetryThreshold，拉取区块相关私密数据的最长等待时间，超过则忽略而直接提交区块。
- transientstoreMaxBlockRetention，私密数据临时保存在本地临时数据库，在清除前等待的最大新区块个数。超过则会被从本地临时数据库删除。默认为 1000，意味着每当 1000 的整数倍区块提交时，与当前区块差异超过 1000 的旧区块关联的私密数据将从临时数据库删除。
- pushAckTimeout，背书环节中推送消息到其他 Peer 的等待响应时间。
- btlPullMargin，只获取在给定的区块数内不超时的私密数据。
- reconcileBatchSize，协同时单次拉取的最多私密数据个数。
- reconcileSleepInterval，协同的间隔。
- reconciliationEnabled: true，启用协同，默认开启。
- skipPullingInvalidTransactionsDuringCommit: false，在本地提交时，跳过对非法交易私密数据的获取。

（5）状态转移相关

主要包括与状态转移相关的配置，大部分位于 peer.gossip.state 字段下：

- enabled，是否开启允许通过状态传递（state transfer）快速追踪到最新区块，默认开启。
- checkInterval，检查是否触发状态传递的时间间隔，默认 10s。
- responseTimeout，回复的等待超时，默认 3s。
- batchSize，通过状态传递获得的区块数，默认 10。
- blockBufferSize，Peer 缓存收到的待排序区块的个数，最大不超过配置的两倍，默认 100。
- maxRetries，状态传递请求的重试次数，默认 3。
- channelSize，为每个通道缓冲的状态请求消息个数，超过指定阈值则忽略，是隐藏参数。

（6）完整的 peer.gossip 配置

完整的 peer.gossip 配置如下所示：

```
peer:
    gossip:
        bootstrap: 127.0.0.1:7051      # 启动进行 gossip 连接的初始节点
        useLeaderElection: true # 是否自动动态选举代表节点，不能与 orgLeader 同时设置为 true
        orgLeader: false               # 是否指定本节点为组织的代表节点
        membershipTrackerInterval: 5s  # 对通道内成员变更情况的探测间隔
        endpoint:                      # 本节点在组织内的 gossip 服务地址

        maxBlockCountToStore: 100 # 内存中保存的最大区块个数
        maxPropagationBurstLatency: 10ms # 保存消息的最大间隔，超时则触发转发给其他节点
        maxPropagationBurstSize: 10      # 保存的最大消息个数，超过则触发转发给其他节点

        propagateIterations: 1 # 对外广播消息的次数
        propagatePeerNum: 3 # 每次广播消息发给指定个数的节点
        pullInterval: 4s # 拉取对方身份信息等数据的时间间隔，需要大于 digestWaitTime +
                         #responseWaitTime
```

```
pullPeerNum: 3                            # 从指定个数的节点拉取区块数据
requestStateInfoInterval: 4s              # 从节点拉取状态信息（StateInfo）消息的间隔
publishStateInfoInterval: 4s              # 向其他节点推动状态信息消息的间隔
stateInfoRetentionInterval:               # 状态信息消息的超时时间（已废弃）
publishCertPeriod: 10s                    # 启动后在心跳消息中包括证书的等待时间
skipBlockVerification: false              # 是否忽略对区块的校验，默认为 false
dialTimeout: 3s                           # gRPC 连接拨号的超时
connTimeout: 2s                           # 建立连接的超时
recvBuffSize: 20                          # 收取消息的缓冲大小
sendBuffSize: 200                         # 发送消息的缓冲大小
digestWaitTime: 1s                        # 处理摘要数据的等待时间
requestWaitTime: 1500ms                   # 处理 nonce 数据的等待时间
responseWaitTime: 2s                      # 终止拉取数据处理的等待时间
aliveTimeInterval: 5s                     # 定期发送 Alive 心跳消息的时间间隔
aliveExpirationTimeout: 25s               # Alive 心跳消息的超时时间
reconnectInterval: 25s                    # 断线后重连的时间间隔
externalEndpoint:                         # 对组织外节点公布的连接地址，不设置则对其他组织不可见
nonBlockingCommitMode: false              # 默认是阻塞模式。收到一个区块后，等待发送到缓冲
                                          # 区，之后再接收下一个。是隐藏参数

election:  # 选举相关配置
    startupGracePeriod: 15s               # 代表成员选举等待的时间
    membershipSampleInterval: 1s          # 检查成员稳定性的采样间隔
    leaderAliveThreshold: 10s             # Peer 尝试进行选举的等待超时
    leaderElectionDuration: 5s            # Peer 宣布自己为代表节点的等待时间

pvtData:  # 私密数据相关配置
    pullRetryThreshold: 60s               # 某区块缺失对应私密数据的最大等待提交时间
    transientstoreMaxBlockRetention: 1000 # 私密数据在临时仓库的最大清理间隔
                                          # 区块数
    pushAckTimeout: 3s                    # 等待区块对私密数据推送的响应超时
    btlPullMargin: 10                     # 只获取给定的区块数内不超时的私密数据
    reconcileBatchSize: 10                # 单次协同消息包括的私密数据个数
    reconcileSleepInterval: 1m            # 协同过程的间隔
    reconciliationEnabled: true           # 默认开启协同过程（不断跟其他节点同步缺失的私
                                          # 密数据）
    skipPullingInvalidTransactionsDuringCommit: false # 提交过程中忽略非法
                                          # 交易的私密数据获取
    implicitCollectionDisseminationPolicy:        # 指定隐式集合的数据分发策略，
                                          # 默认最多为一个节点
    requiredPeerCount: 0
    maxPeerCount: 1
state:  # 状态同步配置
    enabled: true                         # 是否开启允许通过状态传递请求快速追踪到最新区块
    checkInterval: 10s                    # 检查是否进行状态同步（从其他 Peer 同步新区块）的间隔
    responseTimeout: 3s                   # 回复的等待超时
    batchSize: 10                         # 通过状态传递获得的区块数
    blockBufferSize: 100                  # 缓存收到的待提交区块的个数，最大不超过配置值的两倍
    maxRetries: 3                         # 状态传递请求的重试次数
    channelSize: 100                      # 为每个通道缓冲的状态请求消息个数，超过指定阈值则忽略，
                                          # 是隐藏参数
```

4. TLS 配置

这部分配置相对简单，当 TLS 检查启用时，需要指定 TLS 证书、私钥，以及信任的根 CA 证书。如果开启双向校验，还需要指定客户端对应配置。

具体各个配置项的功能可参考示例中的注释部分。TLS 配置示例代码如下：

```
peer:
```

```
tls:
    enabled:  false # 默认不开启 TLS
    clientAuthRequired: false # 默认不校验客户端的身份
    cert:
        file: tls/server.crt     # 服务使用的 TLS 证书
    key:
        file: tls/server.key     # 服务使用的 TLS 私钥
    rootcert:
        file: tls/ca.crt         # 服务端使用的根 CA 的证书，签发服务端的 TLS 证书
    clientRootCAs:               # 用于校验客户端身份时，所使用（信任）的根 CA 证书列表
        files:
        - tls/ca.crt
    clientKey:  # 作为客户端连接其他服务时所用的 TLS 私钥，如果不指定，默认使用 tls.key
        file:
    clientCert: # 作为客户端连接其他服务时所用的 TLS 证书，如果不指定，默认使用 tls.cert
        file:
```

5.BCCSP 相关配置

BCCSP 负责抽象密码库相关处理，配置算法类型、文件路径等。主要配置含义如下：

```
peer:
    BCCSP:                       # 加密服务库的配置
        Default: SW
        SW:                      # 软件实现配置
            Hash: SHA2           # Hash 算法类型，目前仅支持 SHA2
            Security: 256
            FileKeyStore:        # 本地私钥文件路径，默认指向 <mspConfigPath>/keystore
                KeyStore:
        PKCS11:                  # PKCS#11 相关配置
            Library:             # PKCS11 模块库路径
            Label:               # 标签
            Pin:                 # 用户 PIN 码
            Hash:                # Hash 算法类型
            Security:
```

6. handlers 配置

　　handlers 规定处理句柄的相关配置，包括认证过滤器（auth filter）、修饰器（decorator）、背书器（endorser）、验证器（validator）四种类型。用户可以通过指定自定义的句柄插件来实现自定义的处理。各配置项的含义如下：

```
peer:
    handlers: # 处理句柄的相关配置，系统中已有的句柄定义在 core/handlers/library/library.go
        authFilters: # 自定义的权限过滤插件，对消息权限进行校验
            -
              name: DefaultAuth # 默认认证
            -
              name: ExpirationCheck # 检查证书过期
        decorators:    # 自定义修饰插件，对发给链码的数据添加额外的处理
            -
              name: DefaultDecorator
        endorsers:     # 自定义的背书插件，负责背书过程处理
            escc:      # 指定覆盖系统默认的 escc
                name: DefaultEndorsement
                library: # 插件文件的路径，如 /etc/hyperledger/fabric/plugin/escc.so
        validators:    # 自定义的验证插件，提交前进行验证
            vscc:      # 指定覆盖系统默认的 escc
                name: DefaultValidation
                library: # 插件文件的路径
```

7.discovery 配置

服务发现功能为客户端提供了快速查询网络中拓扑、节点相关信息的功能。各配置项的含义如下：

```
peer:
    discovery:
        enabled: true                               # 是否启用
        authCacheEnabled: true                      # 是否启用对认证的缓存机制
        authCacheMaxSize: 1000                      # 最大缓存个数
        authCachePurgeRetentionRatio: 0.75          # 缓存清理后保留的比例
        orgMembersAllowedAccess: false              # 是否允许普通成员进行通道范围之外的信息查
                                                    # 询，默认仅限 Admin
```

12.2.2　vm 部分

对链码运行环境的配置，目前仅支持 Docker 容器服务。各个配置项的功能如下：

```
vm:
    endpoint: unix:///var/run/docker.sock # Docker Daemon 地址

    docker:
        tls: # Docker Daemon 启用 TLS 时相关证书和密钥文件配置
            enabled: false
            ca:
                file: docker/ca.crt
            cert:
                file: docker/tls.crt
            key:
                file: docker/tls.key

        attachStdout: false    # 是否启用连接到标准输出

        hostConfig:            # 运行链码的 Docker 容器的相关配置，包括网络配置、日志、内存等
            NetworkMode: host  # host 意味着链码容器直接使用所在主机的网络命名空间
            CapAdd:
                - SYS_NICE
            CapDrop:
                - CHOWN
            CpuShares: 1024    # 容器使用 CPU 的权重，1~1024。API 1.25+ 支持
            Cpuset: 0-3        # 限制使用某个特定的 CPU 的编号
            CpusetCPUs: 0-2    # 限制使用某个特定的 CPU 的编号。API 1.25+ 支持
            CpusetMEMs: 0,1    # 限制使用的 CPU 内存
            CpuQuota: 50000    # 代表分配多少 (CpuQuota/CpuPeriod) 个 CPU 计算资源
            CpuPeriod: 100000  # 代表一个完整 CPU 的计算资源
            BlkioWeight: 100   # 读写块文件的权重，10~1000
            Dns:
                # - 192.168.0.1
            DnsSearch:
                - xxx.com
            ExtraHosts:
                -
            IpcMode:
            LogConfig:         # 日志配置
                Type: json-file
                Config:
                    max-size: "50m"
                    max-file: "5"
            Memory: 2147483648 # 内存限制大小，-1 表示无限制
            MemorySwap: 2147483648 # Swap 限制大小
            MemorySwappiness: 10   # Swap 倾向度
            OomKillDisable: false # 禁用内存耗尽后停止进程
            PidMode:
```

```
        UTSMode:
        ReadonlyRootfs: false # 是否配置文件系统只读
        SecurityOpt:
            -
```

12.2.3　chaincode 部分

与链码相关的配置，各配置项的功能如下：

```
chaincode:
    id: # 动态标记链码的信息，该信息会以环境变量标签形式传给链码容器，
        path:
        name:

    # 通用的本地编译环境，是一个 Docker 镜像
    builder: $(DOCKER_NS)/fabric-ccenv:$(TWO_DIGIT_VERSION)

    pull: false # 实例化链码时候是否从仓库拉取基础镜像
    golang:                # Go 语言的链码部署生成镜像的基础 Docker 镜像
        runtime: $(DOCKER_NS)/fabric-baseos:$(TWO_DIGIT_VERSION)
        dynamicLink: false # 链码编译过程是否进行动态链接
    java: # Java 链码的运行容器镜像，基于 adoptopenjdk/openjdk11:jdk-11.0.4_11-alpine 生成
        runtime: $(DOCKER_NS)/fabric-javaenv:$(TWO_DIGIT_VERSION)
    node: # Node 链码的运行容器
        runtime: $(DOCKER_NS)/fabric-nodeenv:$(TWO_DIGIT_VERSION)
    externalBuilders:       # 指定外部的链码编译和运行插件的路径列表，可选
        - name:             # 自定义的编译器名称
          path:             # 到编译器的路径
          environmentWhitelist: # 从 Peer 节点传递给编译器的环境变量，注意 LD_LIBRARY_
PATH、LIBPATH、PATH、TMPDIR 变量总会被传递
              - GOPROXY
              - GOSUMDB
        - name:             # 另一个外部编译器的名称
          ...
    installTimeout: 300s # 等待链码编译和安装完成的超时时间
    startuptimeout: 300s # 启动链码容器的超时
    executetimeout: 30s   # 调用链码命令执行超时

    mode: net             # 执行链码的模式
    keepalive: 0 # Peer 和链码之间的心跳超时，小于或等于 0 意味着关闭

    system:               # 系统链码的配置，所有启用的链码必须都在这里注册
        _lifecycle: enable # 启用最新的链码生命周期管理
        cscc: enable
        lscc: enable
        escc: enable
        vscc: enable
        qscc: enable
        mycc: enable       # 用户可以添加自定义的系统链码

    logging:              # 链码容器日志相关配置
        level:   warning  # 除非调试信息，否则建议至少为 warning 级别
        shim:    warning  # shim 相关的日志级别
        format: '%{color}%{time:2006-01-02 15:04:05.000 MST} [%{module}] %{shortfunc}
-> %{level:.4s} %{id:03x}%{color:reset} %{message}'
```

12.2.4　ledger 部分

与账本相关的配置，各配置项的功能如下：

```
ledger:
    blockchain:                    # 未使用
```

```
    state:                          # 状态数据库配置
        stateDatabase: goleveldb    # 状态数据库类型
        totalQueryLimit: 100000     # 每次链码查询最大返回记录数
        couchDBConfig:              # 如果启用 couchdb 数据库，配置连接信息
            couchDBAddress: 127.0.0.1:5984
            username:               # couchDB 用户名
            password:               # couchDB 密码
            maxRetries: 3           # 出错后重试次数
            maxRetriesOnStartup: 12 # 启动出错的重试次数
            requestTimeout: 35s     # 请求超时
            internalQueryLimit: 1000 # 链码内单个逻辑查询的最大返回记录数
            maxBatchUpdateSize: 1000 # 批量更新的最大记录数
            warmIndexesAfterNBlocks: 1 # 每隔几个区块就刷新索引，有助于加速查询，但影响
                                       # 写数据性能
            createGlobalChangesDB: false # 是否创建 _global_changes 系统库，会追踪全
                                         # 局修改
            cacheSize: 64 # 最大分配的缓存大小，单位是 MB，需要为 32 MB 的整数倍
    history:
        enableHistoryDatabase: true # 是否启用历史数据库
    pvtdataStore:
        collElgProcMaxDbBatchSize: 5000     // 提交一批私密数据的最大个数
        collElgProcDbBatchesInterval: 1000  // 提交一批私密数据的最短时间间隔，单位是毫秒
```

12.2.5　operations 部分

operations 部分主要设置运行时对外的 RESTful 管理服务，包括监听的地址和 TLS 安全配置。各配置项的功能可参考下面示例：

```
operations:
    # RESTful 管理服务的监听地址，需要指定为特定网口地址
    listenAddress: 127.0.0.1:9443

    # 如果采用 TLS 对接口进行保护，则需要修改下面配置
    tls:
        enabled: false # 是否启用 TLS 保护，默认关闭
        cert:
            file: # 服务端使用的证书文件路径
        key:
            file: # 服务端使用的私钥文件路径

        # 是否开启客户端验证以限定访问的客户端。默认关闭，推荐开启
        clientAuthRequired: false
        # 开启客户端验证时，信任的客户端根证书路径列表
        clientRootCAs:
            files: []
```

12.2.6　metrics 部分

metrics 部分负责配置统计服务，各配置项的含义如下：

```
metrics:
    provider: disabled # 统计服务类型，可以为 statsd (推送模式)、prometheus (拉取模式) 或
                       # disabled (禁用)

    statsd: # 如果使用 statsd 类型，则可以进行相关配置
        network: udp # 网络协议类型，可以为 tcp (更稳定) 或 udp (性能好)
        address: 127.0.0.1:8125 # 修改为外部 statsd 的服务地址
        writeInterval: 10s      # 推动统计汇报到 statsd 的时间间隔
        prefix:                 # 为所有统计推送添加前缀
```

> 🔍 注意 statsd 和 prometheus 都是流行的开源监控数据收集软件。

12.3 Orderer 配置剖析

排序节点在 Fabric 网络中为 Peer 提供排序服务。与 Peer 节点类似，排序节点支持从命令行参数、环境变量或配置文件中读取配置信息。环境变量中配置需要以 ORDERER_ 前缀开头，例如，配置文件中的 general.ListenAddress 项，对应到环境变量 ORDERER_GENERAL_LISTENADDRESS。

启动时可以通过如下方式指定日志输出级别，其他配置默认从配置文件中读取：

```
$ FABRIC_LOGGING_SPEC="info:orderer.common.blockcutter,orderer.operations=warning:
orderer.common.cluster=debug" orderer start
```

排序节点默认的配置文件读取路径为 $FABRIC_CFG_PATH 中定义的路径；如果没找到，则尝试查找当前目录；如果还没有找到，则尝试查找默认的 /etc/hyperledger/fabric 路径。

Fabric 代码中提供了示例的 orderer.yaml 配置文件（如 sampleconfig/orderer.yaml），可以作为参考。

在结构上，orderer.yaml 文件中一般包括 General、FileLedger、RAMLedger、Kafka 、Debug、Operations、Metrics 和 Consensus 八大部分，下面分别讲解。

1. General 部分

这一部分主要是一些通用配置，如账本类型、服务信息、配置路径等。这些配置影响到服务的主要功能，十分重要，包括如下配置项目：

- LedgerType，账本类型，2.x 版本中只支持 file 类型。
- ListenAddress，服务绑定的监听地址，一般需要指定为所服务的特定网络接口的地址或全网（0.0.0.0）。
- ListenPort，服务绑定的监听端口，一般为 7050。
- TLS，启用 TLS 时的相关配置。相关文件路径可以是绝对路径，或者是相对配置目录（$FABRIC_CFG_PATH 或当前目录，或 /etc/hyperledger/fabric/）的相对路径。
- Cluster，Raft 模式下的集群相关配置。
- LocalMSPDir，MSP 目录所在的路径，可以为绝对路径，或相对配置目录的路径，一般建议为 $FABRIC_CFG_PATH/msp。
- localMspId，Orderer 所关联的 MSP ID，应与联盟配置中的组织的 MSP 名称一致。
- Authentication，与客户端消息认证相关的配置，目前主要用来定义最大时钟窗口。

具体各个配置项的功能如下：

```
General:
    LedgerType: file #账本类型。2.x 版本中已丢弃，只支持 file 类型
    ListenAddress: 127.0.0.1 #服务绑定的监听地址
    ListenPort: 7050 #服务绑定的监听端口

    TLS: #启用 TLS 时的相关配置
```

```
        Enabled: true
        PrivateKey: tls/server.key    # Orderer 签名私钥
        Certificate: tls/server.crt   # Orderer 身份证书
        RootCAs:                       # 信任的根证书
          - tls/ca.crt
        ClientAuthEnabled: false       # 是否对客户端也进行认证
        ClientRootCAs:                 # 信任的客户端根证书列表
    Keepalive:                         # 保活配置
        ServerMinInterval: 60s   # 允许其他客户端 Ping 消息的最小间隔，超过则断开连接
        ServerInterval: 7200s    # 到客户端的 Ping 消息的间隔
        ServerTimeout: 20s       # 关闭连接前等待响应的时间
    Cluster:                     # Raft 模式下的集群配置信息
        SendBufferSize: 10       # 发送缓冲区的最大长度
        ClientCertificate:       # 双向 TLS 认证时，作为客户端证书的文件路径
        ClientPrivateKey:        # 双向 TLS 认证时，作为客户端私钥的文件路径
        ListenPort:              # 监听端口，默认使用 gRPC 相同的端口
        ListenAddress:           # 监听端口，默认使用 gRPC 相同的地址
        ServerCertificate:       # 双向 TLS 认证时，作为服务端证书的文件路径
        ServerPrivateKey:        # 双向 TLS 认证时，作为服务端私钥的文件路径
        DialTimeout: 5s          # 创建连接的等待时间，是隐藏参数
        RPCTimeout: 7s           # 创建流的等待时间，是隐藏参数
        ReplicationBufferSize: 20971520 # 内存中为每个通道分配的从其他节点复制的最大缓
                                        # 冲区字节数，是隐藏参数
        PullTimeout: 5s          # 从其他节点拉取一个区块的等待超时时间，是隐藏参数
        ReplicationRetryTimeout: 5s # 获取通道数据失败后，进行重试最长等待时间，是隐
                                    # 藏参数。实现上从 10s 开始，翻倍增加
        ReplicationBackgroundRefreshInterval: 5m # 获取所加入通道数据失败后，进行重
                                                 # 试的默认等待时间，是隐藏参数
        TLSHandshakeTimeShift: # 所能容忍的 TLS 证书过期时间，需要配置为单独的服务地址和
                               # 端口，是隐藏参数

BootstrapMethod: file # 2.x 版本中仅支持 file 或 none
BootstrapFile: genesisblock       # 系统通道初始区块或最新配置区块文件路径

LocalMSPDir: msp              # 本地 MSP 文件的路径
LocalMSPID: DEFAULT          # MSP 的 ID

Profile:                     # 是否启用 Go profiling，开启会影响性能
    Enabled: false           # 默认关闭
    Address: 0.0.0.0:6060    # 服务开启后访问地址

BCCSP: # 密码库机制等，可以为 SW（软件实现）或 PKCS11（硬件安全模块）
    Default: SW
    SW:
        Hash: SHA2           # Hash 算法类型
        Security: 256
        FileKeyStore:        # 本地私钥文件路径，默认指向 <mspConfigPath>/keystore
            KeyStore:
    PKCS11:                  # PKCS11 相关配置
        Library:             # PKCS11 模块库路径
        Label:               # 标签
        Pin:                 # 用户 PIN 码
        Hash:                # Hash 算法类型
        Security:
            FileKeyStore:
            KeyStore:
Authentication:             # 与客户端消息认证相关的配置
    TimeWindow: 15m         # 如果客户端和服务端时钟差异超过窗口指定值，则拒绝消息
```

2. FileLedger 部分

FileLedger 部分的配置项相对简单，主要是指定使用基于文件的账本类型时的相关配置，

包括：

- Location，指定存放区块文件的位置，一般为 /var/hyperledger/production/orderer。该目录下面包括 chains 子目录，存放各个 chain 的区块；index 目录，存放索引文件。
- Prefix，如果不指定 Location，则在临时目录下创建账本文件，采用 Prefix 作为目录的名称。

3.RAMLedger 部分

RAMLedger 部分的配置项也很简单，仅在 1.x 版本中支持，主要是指定使用基于内存的账本类型时最多保留的区块个数：

```
RAMLedger:
    HistorySize: 1000 # 保留的区块历史个数，超过该数字，则旧的块会被丢弃
```

4.Kafka 部分

当 Orderer 使用 Kafka 集群作为共识后端时的相关配置。具体功能如下：

```
Kafka:
    Retry:                      # Kafka 未就绪时 Orderer 的重试配置
        ShortInterval: 5s       # 操作失败后的快速重试阶段的间隔
        ShortTotal: 10m         # 快速重试阶段最多重试多长时间
        LongInterval: 5m        # 快速重试阶段仍然失败后进入慢重试阶段，慢重试阶段的时间间隔
        LongTotal: 12h          # 慢重试阶段最多重试多长时间
        # https://godoc.org/github.com/Shopify/sarama#Config
        NetworkTimeouts:        # sarama 网络超时时间
            DialTimeout: 10s
            ReadTimeout: 10s
            WriteTimeout: 10s
        Metadata:               # Kafka 集群 leader 选举中的 metadata 请求参数
            RetryBackoff: 250ms
            RetryMax: 3
        Producer:               # 发送消息到 Kafka 集群时的超时
            RetryBackoff: 100ms
            RetryMax: 3
        Consumer:               # 从 Kafka 集群读取消息时的超时
            RetryBackoff: 2s
    Topic:
        ReplicationFactor: 3    # 默认备份个数

    Verbose: false              # 连接到 Kafka 的客户端的日志配置

    TLS:                        # 与 Kafka 集群的连接启用 TLS 时的相关配置
        Enabled: false          # 是否启用 TLS，默认不开启
        PrivateKey:             # Orderer 证明身份用的签名私钥
            File:               # 私钥文件路径

        Certificate:            # Kafka 身份证书
            File:               # 证书文件路径

        RootCAs:                # 验证 Kafka 侧证书时的根 CA 证书
            File:               # 根证书文件路径
    SASLPlain:                  # 采用 SASL/Plain 协议进行认证的相关配置
        Enabled: false
        User:
        Password:
    Version:                    # Kafka 版本号，默认为 0.10.2.0
```

5. Debug 部分

Debug 部分主要用于对排序节点进行调试和差错时的追踪配置。示例配置如下：

```
Debug:
    BroadcastTraceDir: # 广播请求的追踪路径
    DeliverTraceDir:   # 交付请求的追踪路径
```

6. Operations 部分

Operations 部分与 Peer 相关配置类似，主要设置运行时对外的 RESTful 管理服务，包括监听的地址和 TLS 安全配置。各配置项的功能如下：

```
Operations:
    # RESTful 管理服务的监听地址，需要指定为特定网口地址
    ListenAddress: 127.0.0.1:8443

    # 如果采用 TLS 对接口进行保护，则需要修改下面的配置
    Tls:
        Enabled: false # 是否启用 TLS 保护，默认关闭
        Certificate:   # 服务端使用的证书文件路径
        PrivateKey:    # 服务端使用的私钥文件路径

        # 是否开启客户端验证以限定访问的客户端。默认关闭，推荐开启
        ClientAuthRequired: false
        # 开启客户端验证时，信任的客户端根证书路径列表
        ClientRootCAs: []
```

7. Metrics 部分

Metrics 部分与 Peer 相关配置类似，负责配置统计服务，各配置项的含义如下：

```
Metrics:
    Provider: disabled # 统计服务类型，可以为 statsd (推送模式)、prometheus (拉取模式)
                       # 或 disabled (禁用)

    Statsd:                         # 如果使用 statsd 类型，则可以进行相关配置
        Network: udp                # 网络协议类型，可以为 tcp (更稳定) 或 udp (性能好)
        Address: 127.0.0.1:8125     # 修改为外部 statsd 的服务地址
        WriteInterval: 30s          # 推动统计汇报到 statsd 的时间间隔
        Prefix:                     # 为所有统计推送添加前缀
```

8. Consensus

共识为 Raft 模式时的日志存储配置，各配置项的含义如下：

```
Consensus:
    # 预写日志的存储位置，每个通道独占一个同名的子目录
    WALDir: /var/hyperledger/production/orderer/etcdraft/wal
    # 快照文件的存储位置，每个通道独占一个同名的子目录
    SnapDir: /var/hyperledger/production/orderer/etcdraft/snapshot
    # 节点怀疑被从通道移除，触发从其他节点获取区块来确认的等待时间。隐藏参数。
    EvictionSuspicion: 10m
```

12.4 生成组织身份

Fabric 网络通过证书和密钥来管理和认证成员身份，经常需要生成证书文件。通常这些操作可以使用 PKI 服务（如 Fabric-CA）或者 OpenSSL 工具来实现（针对单个证书的签发）。

为了方便批量管理组织证书，Fabric 基于 Go 语言的标准 crypto 库提供了 cryptogen（crypto generator）工具。

cryptogen 可以根据指定配置批量生成所需要的密钥和证书文件，或查看配置模板信息。入口代码在 cmd/cryptogen 包下。

1. 配置文件

cryptogen 工具支持从配置文件（通过 -config 参数指定，通常为 crypto-config.yaml）中读入 YAML 格式的配置信息。

一般情况下，配置文件中会指定网络的拓扑结构，还可以指定两类组织的信息：

- OrdererOrgs，构成 Orderer 集群的节点所属组织。
- PeerOrgs，构成 Peer 集群的节点所属组织。

每个组织都拥有如下资源：

- 名称（name），组织的名称。
- 组织域（domain），组织的命名域。
- 是否启用 NodeOU，指定是否根据证书中的 OU 域来判断持有者角色。
- CA，组织的 CA 地址，包括 Hostname 域。
- 若干节点，一个节点包括 Hostname、CommonName、SANS 等域。可以通过 Specs 字段指定一组节点，或者通过 Template 字段指定自动生成节点的个数。
- 用户模板，自动生成除 admin 外的用户个数。

每个主机的配置一般可以通过 Specs 来指定，或者通过 Template 来自动顺序生成，默认通用名为：主机名 . 组织域。例如，域 org1.example.com 中 Peer 节点的名称可能为 peer0.org1.example.com、peer1.org1.example.com 等。

一个典型的 crypto-config.yaml 配置文件如下：

```
OrdererOrgs:
    - Name: Orderer
      Domain: example.com
      EnableNodeOUs: true        # 是否启用 NodeOU。开启后会在 msp 目录下生成 config.yaml
                                 # 文件，其中指定节点依靠证书中对应 OU 参数来判断为 Client、
                                 #Admin、Peer、Orderer 等角色
      CA:
          Country: US
          Province: California
          Locality: San Francisco
      Specs:
          - Hostname: orderer # 可以直接用 Hostname 多次指定若干排序节点
            CommonName: orderer.example.com
            SANS:                     # 除了主机名、通用名外的主题别名
              - "orderer.{{.Domain}}"
              - "orderer_service.{{.Domain}}"
PeerOrgs:
    - Name: Org1
      Domain: org1.example.com
      EnableNodeOUs: true        # 是否启用 NodeOU
      CA:
          Country: US
          Province: California
          Locality: San Francisco
      Template:
          Count: 2
      Users:
```

```
            Count: 1
    - Name: Org2
        Domain: org2.example.com
        EnableNodeOUs: true
        CA:
            Country: US
            Province: California
            Locality: San Francisco
        Template:
            Count: 2
        Users:
            Count: 1
```

其中，Orderer 组织通过 Specs 字段指定了一个主机 order.example.com ；两个 Peer 组织则采用 Template 来自动生成了 Count 个数的主机。

同样，Users 字段下的 Count 字段值会让 cryptogen 工具自动顺序生成指定个数的普通用户（除默认的 Admin 用户外）。

2. 子命令和参数

cryptogen 支持的子命令主要包括：

- generate [flags]，生成密钥和证书文件。
- showtemplate，查看配置模板的信息。
- extend [flag]，扩展当前密钥和证书文件。
- version，查看版本信息。

3. 生成密钥和证书文件

可以利用 generate 子命令生成密钥和证书文件，主要支持如下参数：

- --output，指定存放生成密钥和证书文件的路径，默认为当前目录下的 crypto-config 目录。
- --config，指定所采用的配置模板文件的路径。

例如，根据指定的配置文件，生成相应的密钥和证书文件，代码如下：

```
$ cryptogen generate \
    --config $GOPATH/src/github.com/hyperledger/fabric/examples/e2e_cli/crypto-config.yaml \
    --output crypto-config
```

查看当前目录下的 crypto-config 目录，生成 ordererOrganizations 和 peerOrganizations 两棵组织树。每棵组织树下都包括 ca、tlsca、msp、orderers（或 peers）、users 等子目录。以 peerOrganizations 组织树为例，每个目录和文件对应的功能如下：

- org1：第一个组织的相关材料，每个组织会生成单独的根证书。
  - ca：存放组织的 CA 根证书和对应的私钥文件，默认采用 ECDSA 算法，证书为自签名。组织内的实体将该根证书作为证书根。
  - msp：存放代表该组织的身份信息，有时还存放中间层证书和运维证书。
    - admincerts：组织管理员的身份验证证书，被根证书签名。
    - cacerts：组织信任的 CA 根证书，同 ca 目录下文件。
    - tlscacerts：用于 TLS 验证的信任的 CA 证书，自签名。
    - config.yaml：指定是否开启 OU（Organizational Unit），以及存放组织根证书路径和

OU 识别关键字。

○ peers：存放属于该组织的所有 Peer 节点。

　　■ peer0：第一个 Peer 的信息，包括其 MSP 证书和 TLS 证书。

　　　　□ msp：存放代表身份的相关证书和私钥文件。

　　　　　　△ admincerts：该 Peer 认可的管理员的身份证书。Peer 将基于这里的证书来认证交易签署者是否为管理员身份。这里默认存放有组织 Admin 用户的身份证书。

　　　　　　△ cacerts：存放组织的 CA 根证书。

　　　　　　△ keystore：节点的身份私钥，用来签名。

　　　　　　△ signcerts：验证本节点签名的证书，被组织根证书签名。

　　　　　　△ tlscacerts：TLS 连接用的 CA 证书，默认只有组织 TLS CA 证书。

　　　　　　△ config.yaml：指定是否开启 OU，以及存放组织根证书路径和 OU 识别关键字。

　　　　□ tls：存放与 tls 相关的证书和私钥。

　　　　　　△ ca.crt：组织的 TLS CA 证书。

　　　　　　△ server.crt：验证本节点签名的证书，被组织根证书签名。

　　　　　　△ server.key：本节点的 TLS 私钥，用来签名。

　　■ peer1：第二个 Peer 节点的信息，结构类似。

　　　　□ …

○ tlsca：存放属于该组织的 TLS 证书和对应私钥。

○ users：存放属于该组织的用户的实体。

　　■ Admin：管理员用户的信息，包括其 MSP 证书和 TLS 证书。

　　　　□ msp：存放代表身份的相关证书和私钥文件。

　　　　　　△ admincerts：Admin 用户的管理身份证书，被组织根证书签名，默认存放了用户身份证书。

　　　　　　△ cacerts：存放组织的根证书。

　　　　　　△ keystore：本用户的身份私钥，用来签名。

　　　　　　△ signcerts：管理员用户的身份验证证书，被组织根证书签名。若要被某个 Peer 认可，则必须放到该 Peer 的 msp/admincerts 下。

　　　　　　△ tlscacerts：验证 TLS 连接用的 CA 证书，即组织 TLS CA 证书。

　　　　　　△ config.yaml：指定是否开启 OU，以及存放组织根证书路径和 OU 识别关键字。

　　　　■ tls：存放与 tls 相关的证书和私钥。

　　　　　　□ ca.crt：组织的 TLS CA 证书。

　　　　　　　　△ server.crt：管理员的用户身份验证证书，被组织根证书签名。

　　　　　　　　△ server.key：管理员用户的身份私钥，用来签名。

　　　■ User1：第一个用户的信息，包括 MSP 证书和 TLS 证书两类。

　　　　□ msp：存放代码身份的相关证书和私钥文件。

　　　　　　△ admincerts：User1 用户的管理身份证书，被组织根证书签名，默认存放了用户身份证书。

△ cacerts：存放组织的根证书。

△ keystore：本用户的身份私钥，用来签名。

△ signcerts：验证本用户签名的身份证书，被组织根证书签名。

△ tlscacerts：验证 TLS 连接用的 CA 证书，即组织 TLS CA 证书。

△ config.yaml：指定是否开启 OU，以及存放组织根证书路径和 OU 识别关键字。

▫ tls：存放与 tls 相关的证书和私钥。

△ ca.crt：组织的 TLS CA 证书。

△ server.crt：验证用户签名的身份证书，被组织根证书签名。

△ server.key：用户的身份私钥，用来签名。

▪ User2：第二个用户的信息，结构类似。

▫ ...

● org2：第二个组织的信息，结构类似。

...

通常，cryptogen 按照配置文件中指定的结构生成对应的组织和密钥、证书文件。

其中，最关键的是各个资源下的 msp 目录内容，存储了生成的代表 MSP 实体身份的各种证书文件，一般包括：

● admincerts，认为是管理员角色的身份证书文件。

● cacerts，信任的 CA 根证书文件。

● keystore，本实体的签名私钥文件。

● signcerts，本实体的签名身份证书文件。

● tlscacerts，TLS 连接信任的 CA 证书。

● intermediatecerts（可选），信任的中间 CA 证书。

● crls（可选），证书撤销列表。

● config.yaml（可选），记录是否开启节点 OU（Organizational Unit），根证书的位置和各个 OU 的 OrganizationalUnitIdentifier 信息等。

这些身份文件随后可以分发到对应的排序节点和 Peer 节点上，存放到对应的 MSP 路径下，用于签名使用。

4. 查看配置模板信息

通过 showtemplate 命令可以查看 cryptogen 内嵌默认的配置模板信息。例如，通过命令查看 Fabric 自带的默认配置，包括一个 Orderer 组织以及两个 Peer 组织：Org1、Org2。命令代码如下。

```
$ cryptogen showtemplate

OrdererOrgs:
    - Name: Orderer
        Domain: example.com
        EnableNodeOUs: false
        Specs:
            - Hostname: orderer
PeerOrgs:
    - Name: Org1
```

```
        Domain: org1.example.com
        EnableNodeOUs: false
        Template:
            Count: 1
        Users:
            Count: 1
    - Name: Org2
        Domain: org2.example.com
        EnableNodeOUs: false
        Template:
            Count: 1
        Users:
            Count: 1
```

5. 扩展证书文件

可以用 extend 子命令扩展已有的密钥和证书文件，主要支持如下参数：

- --input，当前已存在的密钥和证书文件的路径，默认为当前目录下的 crypto-config 目录。
- --config，指定所采用的配置模板文件的路径。

例如，修改配置文件 config.yaml，添加新的组织 org3，扩展已有的密钥和证书文件。示例代码如下：

```
$ cryptogen extend \
    --config ./crypto-config.yaml \
    --input crypto-config
```

12.5　通道配置文件

Fabric 网络是分布式系统，采用通道配置（Channel Configuration）来定义共享账本的各项行为。通道配置的管理对于网络功能至关重要。

通道配置一般包括通道全局配置、排序配置和应用配置等多个层级，这些配置都存放在通道的配置区块内。通道全局配置定义该通道内全局的默认配置，排序配置和应用配置分别管理与排序服务相关配置和与应用组织相关配置。

用户可采用 configtx.yaml 配置文件初始化通道配置，使用配置更新交易更新通道配置。

代码中提供了一些示例配置文件可以作为参考，如 fabric 项目中的 sampleconfig/configtx.yaml，以及 fabric-sample 项目中的 basic-network/configtx.yaml。

configtx.yaml 配置文件一般包括若干字段：Organizations、Capabilities、Channel、Orderer、Application 和 Profiles。用户可指定直接使用其中某个 Profile，自动引用其他字段中的定义。

- Organizations，一系列组织的结构定义，包括名称、MSP 路径、读写和管理权限、锚节点等，可被 Profiles 等部分引用。
- Capabilities，一系列能力定义，如通道、排序服务、应用等的能力，可被 Channel 等部分引用。
- Channel，定义通道相关的默认配置，包括读写和管理权限、能力等，可被 Profiles 等部分引用。
- Orderer，与排序服务相关的配置，包括排序服务类型、地址、切块时间和大小、参与排序服务的组织、权限和能力，可被 Profiles 等部分引用。
- Application，与应用通道相关的配置，主要包括默认访问控制权限、参与应用网络的组织、权限和能力，可被 Profiles 等部分引用。

- Profiles，一系列的配置定义，包括指定排序服务配置、应用配置和联盟配置等，直接被 configtxgen 工具指定使用。

下面对各个字段进行示例讲解。

1.Organizations

Organizations 字段主要定义一系列的组织结构，根据服务对象类型的不同，分为排序类型组织和普通的应用类型组织。

排序类型组织包括名称、ID、MSP 文件路径、读写和管理权限等；应用类型组织包括配置锚点 Peer 信息。这些组织都会被 Profiles 部分引用使用。

示例配置文件内容如下，注意 & 所在字段可以在其他位置使用 << 指针引用：

```
Organizations:
    - &OrdererOrg # 排序类型组织
        Name: OrdererOrg
        SkipAsForeign: false # 指定在创建新通道时是否从系统通道内继承该组织，configtxgen
                             # 会忽略从本地读取
        ID: OrdererOrg      # MSP 的 ID
        MSPDir: msp         # MSP 文件本地路径
        Policies:           # 权限
            Readers:        # 读角色
                Type: Signature
                Rule: "OR('OrdererMSP.member')"
            Writers:        # 写角色
                Type: Signature
                Rule: "OR('OrdererMSP.member')"
            Admins:         # 管理角色
                Type: Signature
                Rule: "OR('OrdererMSP.admin')"
        OrdererEndpoints: # 排序节点的地址列表
            - "orderer0.example.com:7050"
            - "orderer1.example.com:7050"
            - "orderer2.example.com:7050"

    - &Org1 # 应用类型组织
        Name: Org1MSP
        SkipAsForeign: false
        ID: Org1MSP         # MSP 的 ID
        MSPDir: msp         # MSP 文件本地路径
        Policies:           # 权限
            Readers:        # 读角色
                Type: Signature
                Rule: "OR('Org1MSP.admin', 'Org1MSP.peer', 'Org1MSP.client')"
            Writers:        # 写角色
                Type: Signature
                Rule: "OR('Org1MSP.admin', 'Org1MSP.client')"
            Admins:         # 管理角色
                Type: Signature
                Rule: "OR('Org1MSP.admin')"
            Endorsement: # 背书策略
                Type: Signature
                Rule: "OR('Org1MSP.member')"
        AnchorPeers:        # 锚节点地址，用于跨组织的 Gossip 信息交换
            - Host: peer0.org1.example.com
              Port: 7051

    - &Org2             # 应用类型组织
```

```
        Name: Org2MSP
        ID: Org2MSP          # MSP 的 ID
        SkipAsForeign: false
        MSPDir: msp          # MSP 文件本地路径
        Policies:            # 权限
            Readers:         # 读角色
                Type: Signature
                Rule: "OR('Org2MSP.admin', 'Org2MSP.peer', 'Org2MSP.client')"
            Writers:         # 写角色
                Type: Signature
                Rule: "OR('Org2MSP.admin', 'Org2MSP.client')"
            Admins:          # 管理角色
                Type: Signature
                Rule: "OR('Org2MSP.admin')"
            Endorsement:     # 背书策略
                Type: Signature
                Rule: "OR('Org2MSP.member')"
        AnchorPeers:         # 锚节点地址，用于跨组织的 Gossip 信息交换
            - Host: peer0.org2.example.com
              Port: 7051
```

代表一个组织的相关配置的数据结构定义如下，包括名称、ID、MSP 文件目录、管理员身份规则、锚节点等：

```
// internal/configtxgen/genesisconfig/config.go

type Organization struct {
    Name       string                `yaml:"Name"`
    ID         string                `yaml:"ID"`
    MSPDir     string                `yaml:"MSPDir"`
    MSPType    string                `yaml:"MSPType"`
    Policies map[string]*Policy `yaml:"Policies"`

    AnchorPeers []*AnchorPeer `yaml:"AnchorPeers"` // Peer 组织包括的节点地址列表
    OrdererEndpoints []string    `yaml:"OrdererEndpoints"` // 排序组织包括的节点地址列表
    AdminPrincipal string `yaml:"AdminPrincipal"` // 管理策略，已作废
    SkipAsForeign bool // 是否忽略本地指定的组织参数
}
```

2. Capabilities

Capabilities 字段主要定义一系列能力模板，分为通道能力、排序服务能力和应用能力三种类型，可被其他部分引用。示例配置文件内容如下：

```
Capabilities:
    Channel: &ChannelCapabilities # 通道范围（/Channel）能力版本
        V2_0: true
    Orderer: &OrdererCapabilities # 排序服务（/Channel/Orderer）能力版本
        V2_0: true
    Application: &ApplicationCapabilities # 应用范围（/Channel/Application）能力版本
        V2_0: true
        V1_4_2: false
        V1_3: false
        V1_2: false
```

能力数据结构定义相对简单，采用字典结构来代表不同能力。

3. Channel

默认的通道配置模板，包括读写和管理权限、能力等。主要被其他部分引用。完整的通道配置应该还包括应用和排序字段。示例配置文件内容如下：

```
Channel: &ChannelDefaults
    Policies:
        Readers: # 通道读角色权限，可获取通道内信息和数据
            Type: ImplicitMeta
            Rule: "ANY Readers"
        Writers: # 通道写角色权限，可向通道内发送交易
            Type: ImplicitMeta
            Rule: "ANY Writers"
        Admins:  # 通道管理角色权限，可修改配置
            Type: ImplicitMeta
            Rule: "MAJORITY Admins"
    Capabilities: # 引用通道默认的能力集合
        <<: *ChannelCapabilities
```

4.Orderer

Orderer 字段定义与排序服务相关的配置，包括排序服务类型、地址、切块时间和大小、最大通道数、参与排序服务的组织、权限和能力。示例配置文件内容如下：

```
Orderer: &OrdererDefaults
    OrdererType: etcdraft # orderer 类型，包括 kafka 和 etcdraft
    Addresses: # 服务地址，在 1.x 版本中使用，2.x 版本起各个排序组织有自己的排序服务地址列表
        - orderer0.example.com:7050
        - orderer1.example.com:7050
        - orderer2.example.com:7050
    BatchTimeout: 2s            # 切块最大超时
    BatchSize:                  # 控制写入区块内交易的个数
        MaxMessageCount: 500    # 一批消息最大个数
        AbsoluteMaxBytes: 10 MB # batch 最大字节数，任何时候不能超过
        PreferredMaxBytes: 2 KB # 通常情况下切块大小；极端情况下（如单个消息就超过）允许超过

    MaxChannels: 0              # 最大支持的应用通道数，默认为 0，表示无限制

    Kafka:                      # 采用 Kafka 类型共识时相关配置，仅在 1.x 版本中使用
        Brokers: # Kafka brokers 作为 orderer 后端
            - kafka0.example.com:9092
            - kafka1.example.com:9092
            - kafka2.example.com:9092
            - kafka3.example.com:9092

    EtcdRaft:                   # 采用 Raft 类型共识时相关配置，推荐在 2.0 版本中使用
        Consenters:            # 共识节点地址
            - Host: raft0.example.com
              Port: 7050
              ClientTLSCert: path/to/ClientTLSCert0 # 开启 TLS 认证时作为客户端时使用的证书
              ServerTLSCert: path/to/ServerTLSCert0 # 开启 TLS 认证时作为服务端时使用的证书
            - Host: raft1.example.com
              Port: 7050
              ClientTLSCert: path/to/ClientTLSCert1
              ServerTLSCert: path/to/ServerTLSCert1
            - Host: raft2.example.com
              Port: 7050
              ClientTLSCert: path/to/ClientTLSCert2
              ServerTLSCert: path/to/ServerTLSCert2
        Options:
            TickInterval: 500ms # Etcd 集群当作一次 Tick 的时间，心跳或选举都以 Tick 为基本单位
            ElectionTick: 10 # Follower 长时间收不到 Leader 消息后，开始新一轮选举的时间间隔
            HeartbeatTick: 1    # 两次心跳之间的间隔，必须短于选举间隔
            MaxInflightBlocks: 5 # 复制过程中最大的传输中的区块消息个数
            SnapshotIntervalSize: 16 MB # 每次快照间隔的大小
    Organizations:             # 维护排序服务组织，默认为空，可在 Profile 中自行定义
    Policies:
```

```
        Readers:
            Type: ImplicitMeta
            Rule: "ANY Readers"
        Writers:
            Type: ImplicitMeta
            Rule: "ANY Writers"
        Admins:
            Type: ImplicitMeta
            Rule: "MAJORITY Admins"
        BlockValidation:
            Type: ImplicitMeta
            Rule: "ANY Writers"

    Capabilities: # 引用排序服务默认的能力集合
        <<: *OrdererCapabilities
```

代表 Orderer 相关配置的数据结构定义如下所示，包括类型、地址、块超时和限制、Kafka信息，支持的最大通道数、关联的组织信息等：

```
// internal/configtxgen/genesisconfig/config.go

type Orderer struct {
    OrdererType    string              `yaml:"OrdererType"`
    Addresses      []string            `yaml:"Addresses"`
    BatchTimeout   time.Duration       `yaml:"BatchTimeout"`
    BatchSize      BatchSize           `yaml:"BatchSize"`
    Kafka          Kafka               `yaml:"Kafka"`
    EtcdRaft       *etcdraft.Metadata  `yaml:"EtcdRaft"`
    Organizations  []*Organization     `yaml:"Organizations"`
    MaxChannels    uint64              `yaml:"MaxChannels"`
    Capabilities   map[string]bool     `yaml:"Capabilities"`
    Policies       map[string]*Policy  `yaml:"Policies"`
}
```

5.Application

Application 字段定义了与应用通道相关的配置，包括默认访问控制权限、参与应用网络的组织、权限和能力。可被 Profiles 部分引用。示例配置文件内容如下，每种行为必须具有对应角色才可以操作：

```
Application: &ApplicationDefaults
    ACLs: &ACLsDefault
        # 指定新的 _lifecycle 系统链码的提交、查询方法的默认策略
        # Lifecycle 方法调用权限：CheckCommitReadiness()、CommitChaincodeDefinition()、
QueryChaincodeDefinition()、QueryChaincodeDefinitions()
        _lifecycle/CheckCommitReadiness: /Channel/Application/Writers
        _lifecycle/CommitChaincodeDefinition: /Channel/Application/Writers
        _lifecycle/QueryChaincodeDefinition: /Channel/Application/Readers
        _lifecycle/QueryChaincodeDefinitions: /Channel/Application/Readers

        # LSCC 方法调用权限：getid()、getdepspec()、getccdata()、getchaincodes()
        lscc/ChaincodeExists: /Channel/Application/Readers
        lscc/GetDeploymentSpec: /Channel/Application/Readers
        lscc/GetChaincodeData: /Channel/Application/Readers
        lscc/GetInstantiatedChaincodes: /Channel/Application/Readers

        # QSCC 方法调用权限：GetChainInfo()、GetBlockByNumber()、GetBlockByHash()、
GetTransactionByID()、GetBlockByTxID()
        qscc/GetChainInfo: /Channel/Application/Readers
        qscc/GetBlockByNumber: /Channel/Application/Readers
```

```
qscc/GetBlockByHash: /Channel/Application/Readers
qscc/GetTransactionByID: /Channel/Application/Readers
qscc/GetBlockByTxID: /Channel/Application/Readers

# CSCC 方法调用权限：GetConfigBlock()
cscc/GetConfigBlock: /Channel/Application/Readers

# 通道内链码调用权限（向 Peer 发送背书请求）
peer/Propose: /Channel/Application/Writers
# 通道内跨链码调用权限
peer/ChaincodeToChaincode: /Channel/Application/Readers

# 接收完整区块事件权限
event/Block: /Channel/Application/Readers
# 接收过滤区块事件权限
event/FilteredBlock: /Channel/Application/Readers

# 默认应用通道内组织成员为空
Organizations:

# 通道内相关的策略，可被 ACL 中引用，用户也可以自定义全局策略
Policies: &ApplicationDefaultPolicies
    LifecycleEndorsement:
        Type: ImplicitMeta
        Rule: "MAJORITY Endorsement"
    Endorsement:
        Type: ImplicitMeta
        Rule: "MAJORITY Endorsement"
    Readers:
        Type: ImplicitMeta
        Rule: "ANY Readers"
    Writers:
        Type: ImplicitMeta
        Rule: "ANY Writers"
    Admins:
        Type: ImplicitMeta
        Rule: "MAJORITY Admins"

# 引用应用通道默认的能力集合
Capabilities:
    <<: *ApplicationCapabilities
```

代表 Application 相关配置的数据结构定义如下，记录所关联的组织：

```
// internal/configtxgen/genesisconfig/config.go

type Application struct {
    Organizations []*Organization    `yaml:"Organizations"`
    Capabilities  map[string]bool    `yaml:"Capabilities"`
    Resources     *Resources         `yaml:"Resources"`
    Policies      map[string]*Policy `yaml:"Policies"`
    ACLs          map[string]string  `yaml:"ACLs"`
}
```

6.Profiles

Profiles 字段定义了一系列的配置模板，每个模板代表了特定应用场景下的自定义的通道配置，可以用来创建系统通道或应用通道。配置模板中可以包括 Application、Capabilities、Consortium、Consortiums、Policies、Orderer 等配置字段，根据使用目的不同，一般只包括部分字段。

除了通道默认的配置，创建系统通道初始区块的模板一般需要包括 Orderer、Consortiums 字段信息（也可以包括 Applicaion 字段定义初始应用通道配置）：

- Orderer，指定 Orderer 系统通道自身的配置信息。包括排序服务配置（类型、地址、批处理限制、Kafka 信息、最大应用通道数目等），参与此 Orderer 的组织信息。网络启动时，必须首先创建 Orderer 系统通道。
- Consortiums，Orderer 所服务的联盟列表。每个联盟中组织彼此使用相同的通道创建策略，可以彼此创建应用通道。

应用通道模板中一般至少包括 Application、Consortium 字段信息（Orderer 信息从系统通道自动复制）：

- Application，指定属于应用通道的配置信息。主要包括属于通道的组织、能力、ACL 和策略信息。
- Consortium，该应用通道所关联的联盟信息，可以包括一系列组织。

一般建议将 Profile 分为 Orderer 系统通道配置（至少包括指定 Orderers 和 Consortiums）和应用通道配置（至少包括指定 Applications 和 Consortium）两种，分别进行编写，如下所示：

```
Profiles:

    TwoOrgsOrdererGenesis: # Orderer 系统通道配置。通道为默认配置，添加一个 OrdererOrg
                           # 组织；联盟为默认的 SampleConsortium 联盟，添加了两个组织
        <<: *ChannelDefaults
        Capabilities:
            <<: *ChannelCapabilities
        Orderer:
            <<: *OrdererDefaults
            Organizations: # 属于 Orderer 通道的组织
                - *OrdererOrg
            Capabilities:
                <<: *OrdererCapabilities
        Consortiums:
            SampleConsortium: # 创建更多应用通道时的联盟
                Organizations:
                    - *Org1
                    - *Org2

    TwoOrgsChannel: # 示例应用通道配置。在应用通道默认配置基础上添加了两个组织和自定义 ACL
                    # 策略。联盟为 SampleConsortium 联盟
        Consortium: SampleConsortium
        <<: *ChannelDefaults
        Capabilities:
            <<: *ChannelCapabilities
        Application:
            <<: *ApplicationDefaults
            Organizations: # 初始加入应用通道的组织
                - *Org1
                - *Org2
            Capabilities:
                <<: *ApplicationCapabilities
            ACLs:
                <<: *ACLsDefault
                peer/Propose: /Channel/Application/MyPolicy
            Policies:
                <<: *ApplicationDefaultPolicies
                MyPolicy:
```

```
             Type: Signature
             Rule: "OR('Org1.admin')"
Consortium: SampleConsortium # 联盟名称
```

代码中代表一个 Profile 相关配置的数据结构定义如下，同时支持 Orderer 系统通道和应用通道的配置数据：

```
// internal/configtxgen/genesisconfig/config.go

type Profile struct {
    // 应用通道相关
    Consortium   string                    `yaml:"Consortium"`
    Application *Application                `yaml:"Application"`

    // Orderer 系统通道相关
    Orderer     *Orderer                    `yaml:"Orderer"`
    Consortiums map[string]*Consortium `yaml:"Consortiums"`

    Capabilities map[string]bool       `yaml:"Capabilities"`
    Policies     map[string]*Policy      `yaml:"Policies"`
}
```

> 🔔 **注意** 在 YAML 文件中，&KEY 所定位的字段信息，可以通过 `<<: KEY` 语法来引用，相当于导入定位部分的内容。

12.6　管理通道配置

Fabric 采用配置树结构来管理通道配置。系统通道配置树负责管理整个网络范围（如新建通道）的配置，应用通道配置树负责该通道范围（如加入组织到通道内）的配置。

1. 通道配置树结构

配置树由节点组成，每个节点均为 ConfigGroup 结构体，包括 Policies、Values、Groups、Version、ModPolicy 5 种属性。位于 hyperledger/fabric-protos-go 项目中，相关结构定义如下：

```
// hyperledger/fabric-protos-go 项目下的 common/configtx.pb.go

type ConfigGroup struct {
    Version uint64                          // 版本信息
    Groups map[string]*ConfigGroup          // 子树结构
    Values map[string]*ConfigValue          // 本节点绑定的值
    Policies map[string]*ConfigPolicy       // 本节点绑定的策略
    ModPolicy string                        // 修改本节点需要满足的策略
}

type ConfigValue struct {
    Version uint64                          // 配置项版本信息
    Value []byte                            // 配置的值信息
    ModPolicy string                        // 修改本配置项需要满足的策略
}

type ConfigPolicy struct {
    Version uint64                          // 配置策略版本信息
    Policy *Policy                          // 配置策略信息
    ModPolicy string                        // 修改本配置策略需要满足的策略
}
```

其中，各属性的含义如下：

- Policies，定义操作角色，默认有读（Readers）、写（Writers）、管理员（Admins）等，用户也可以自行定义。默认情况下，管理员角色定义为子树的多数管理员同意；读和写角色则定义为子树的任意读和写角色。
- Values，存放本节点中定义的配置项。
- Groups，如果是非叶子节点，即节点还有后继子树，则指向子树结构。
- Version，记录节点数据版本信息，配置值每次变更则版本号加一。
- ModPolicy，对节点数据进行修改时必须具备的权限角色。例如，通道配置中对 BatchSize 配置修改必须是 Orderer 子树管理员身份；对 ACLs 或 Capabilities 配置修改则必须是 Application 子树管理员身份。

系统通道配置树通常包括 Consortiums 和 Orderer 两个子树的配置，不推荐带有 Application 子树；应用通道配置树一般只包括 Application 和 Orderer 两个子树。通道配置树结构如图 12-1 所示。

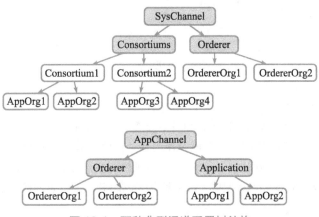

图 12-1　两种典型通道配置树结构

图 12-1 中，各节点和子树配置的功能如下：

- Channel 树根配置。规定了通道全局配置，包括 Hash 算法类型、数据块 Hash 结构、能力要求、排序服务地址等。
- Consortiums 子树配置。只在系统通道存在，负责定义若干联盟，每个联盟中包括若干可以创建应用通道的应用组织，共享同样的通道创建策略。联盟配置只能默认由系统通道内 Orderer 子树的 Admins 角色修改。
- Orderer 子树配置。包括与排序服务相关的配置（切块大小和超时、能力要求、共识类型和共识节点地址、证书等）和合法的排序组织。新建应用通道时会默认从系统通道内复制该子树，然后合并交易请求中的 Orderer 子树（要求共识组必须为系统共识组的子集）。其默认 mod_policy 指定该子树由通道内的大多数的排序组织管理员进行维护。
- Application 子树配置。一般只应在应用通道存在，负责应用通道各个应用组织的信息、能力要求和相关应用通道资源权限策略。其 mod_policy 默认指定应用通道中大多数应用组织的管理员进行维护。

2. configtxgen 工具

Fabric 使用配置交易（Configuration Transaction, ConfigTX）来管理网络中配置。配置交易就像普通交易一样发送到通道内，经过节点共识后完成对通道配置的更新。

配置交易可由 configtxgen（Configuration Transaction Generator）工具生成和管理。它配合组织身份文件，生成与通道有关的配置信息（包括初始区块和配置交易），源码入口在 cmd/configtxgen 包下。

configtxgen 主要功能包括：

- 生成启动网络需要的系统通道初始区块，并支持检查区块内容；
- 生成创建应用通道需要的配置交易，并支持检查交易内容；
- 生成对锚点 Peer 的更新配置交易。

默认情况下，configtxgen 工具会依次尝试从 -configPath 参数、$FABRIC_CFG_PATH 环境变量、当前路径、/etc/hyperledger/fabric 路径下查找 configtx.yaml 配置文件并读入，作为默认的配置。环境变量中以 CONFIGTX_ 前缀开头的变量也会作为配置项。关键的命令选项可分为通用选项、生成操作选项和查看操作选项三类。

通用选项包括：

- -channelID string，指定操作通道的名称，默认是 testchainid。
- -configPath string，指定载入配置文件的路径。
- -version，显示版本信息。

生成操作相关选项包括：

- -profile string，指定从 configtx.yaml 中生成配置的 Profile 的名称。
- -channelCreateTxBaseProfile，生成新建通道交易时，如果想修改非应用配置，需指定作为基准的系统通道 Profile，否则默认从系统通道内继承。1.4.1 版本开始支持，需要配合 -outputCreateChannelTx 使用。注意这需要发起者同时具备修改非应用配置和新建应用通道的权限。
- -outputBlock，将初始区块写入指定文件。
- -outputCreateChannelTx string，将通道创建交易写入指定文件。
- -outputAnchorPeersUpdate string，创建更新锚点 Peer 的配置更新请求，需要同时使用 -asOrg 来指定组织身份。在 2.0 版本中被废弃。
- -asOrg string，以指定的组织身份执行更新配置交易（如更新锚节点）的操作，意味着在写集合中只包括了该组织有权限操作的键值。

查看操作相关选项包括：

- -printOrg string，JSON 格式打印指定的组织的定义结构。
- -inspectBlock string，打印指定区块文件中的配置信息。
- -inspectChannelCreateTx，打印通道创建交易文件中的配置更新信息。

3. 生成系统通道初始区块

将编写好的 configtx.yaml 文件以及提前生成的 crypto-config 目录都放到默认的 $FABRIC_CFG_PATH/ 路径下。

通过如下命令，指定 TwoOrgsOrdererGenesis profile 来生成系统通道的初始区块文件 orderer.

genesis.block：

```
$ configtxgen \
    -configPath $FABRIC_CFG_PATH/configtx.yaml \
    -profile TwoOrgsOrdererGenesis \
    -outputBlock orderer.genesis.block
[common/configtx/tool] main -> INFO 001 Loading configuration
[common/configtx/tool] doOutputBlock -> INFO 002 Generating genesis block
[common/configtx/tool] doOutputBlock -> INFO 003 Writing genesis block
```

该区块是一个典型的配置区块，整体结构如图 12-2 所示。Config.channel_group 中是一棵典型的通道配置树，包括 Consortiums 和 Orderer 两个子配置树。

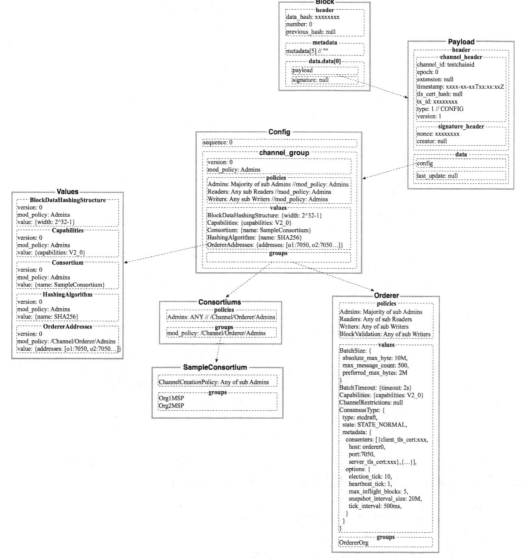

图 12-2　系统通道初始区块结构

其中，每个组织结构（Org1MSP、Org2MSP、OrdererOrg）中记录了相关的身份证书等配置信息，以 Org1 为例，如图 12-3 所示。

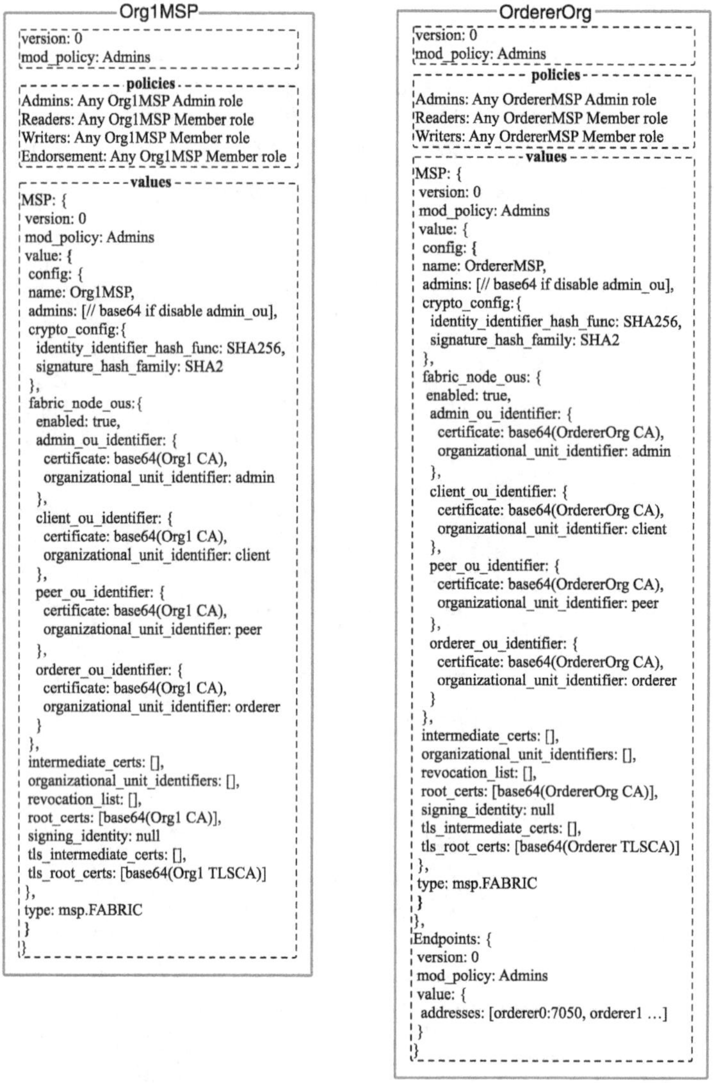

图 12-3　应用组织和排序组织的典型配置结构

可以通过如下命令来查看该区块内的通道配置部分（即区块内 data.payload.data.config.channel_group 部分）内容，系统通道名称采用默认的 testchainid：

```
$ configtxgen \
    -configPath $FABRIC_CFG_PATH/configtx.yaml \
    -profile TwoOrgsOrdererGenesis \
    -inspectBlock orderer.genesis.block
Config for channel: testchainid at sequence 0
{
```

```
        "Channel": {
            ...
        }
}
```

4. 生成新建通道交易文件

通过如下命令来指定生成新建应用通道的交易文件：

```
$ configtxgen \
    -configPath $FABRIC_CFG_PATH/configtx.yaml \
    -profile ${APP_CHANNEL_PROFILE} \
    -channelID ${APP_CHANNEL} \
    -outputCreateChannelTx ${APP_CHANNEL}.tx
```

该配置交易是个 Envelope 结构，如图 12-4 所示。其中，ConfigUpdateEnvelope 信封结构通过读写集来记录变更的内容。

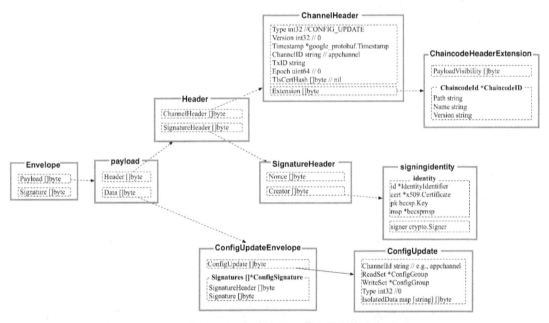

图 12-4　新建应用通道交易结构

通过如下命令查看该文件配置内容，包括读集合和写集合等信息。读集合中主要记录当前配置的版本号；写集合中主要记录对配置的修改和新的版本号信息（必须为当前版本号加一）。代码如下：

```
$ configtxgen \
    -configPath $FABRIC_CFG_PATH/configtx.yaml \
    -profile ${APP_CHANNEL_PROFILE} \
    -inspectChannelCreateTx ${APP_CHANNEL}.tx

Channel creation for channel: ${APP_CHANNEL}

Read Set:
```

```
{
    "Channel": {
        "Values": {
            "Consortium": {
                "Version": "0",
                "ModPolicy": "",
                "Value": {
                    "name": "SampleConsortium"
                }
            }
        },
        "Policies": {},
        "Groups": {
            "Application": {
                "Values": {},
                "Policies": {},
                "Groups": {
                    "Org1MSP": {
                        "Values": {},
                        "Policies": {},
                        "Groups": {}
                    },
                    "Org2MSP": {
                        "Values": {},
                        "Policies": {},
                        "Groups": {}
                    }
                }
            }
        }
    }
}

Write Set:
{
    "Channel": {
        "Values": {
            "Consortium": {
                "Version": "0",
                "ModPolicy": "",
                "Value": {
                    "name": "SampleConsortium"
                }
            }
        },
        "Policies": {},
        "Groups": {
            "Application": {
                "Values": {},
                "Policies": {
                    "Admins": {
                        "Version": "0",
                        "ModPolicy": "",
                        "Policy": {
                            "PolicyType": "3",
                            "Policy": {
                                "subPolicy": "Admins",
                                "rule": "MAJORITY"
                            }
                        }
                    },
```

```json
        "Writers": {
            "Version": "0",
            "ModPolicy": "",
            "Policy": {
                "PolicyType": "3",
                "Policy": {
                    "subPolicy": "Writers",
                    "rule": "ANY"
                }
            }
        },
        "Readers": {
            "Version": "0",
            "ModPolicy": "",
            "Policy": {
                "PolicyType": "3",
                "Policy": {
                    "subPolicy": "Readers",
                    "rule": "ANY"
                }
            }
        },
        "Endorsement": {
            "Version": "0",
            "ModPolicy": "",
            "Policy": {
                "PolicyType": "3",
                "Policy": {
                    "subPolicy": "Endorsement",
                    "rule": "MAJORITY"
                }
            }
        },
        "LifecycleEndorsement": {
            "Version": "0",
            "ModPolicy": "",
            "Policy": {
                "PolicyType": "3",
                "Policy": {
                    "subPolicy": "LifecycleEndorsement",
                    "rule": "MAJORITY"
                }
            }
        }
    },
    "Groups": {
        "Org1MSP": {
            "Values": {},
            "Policies": {},
            "Groups": {}
        },
        "Org2MSP": {
            "Values": {},
            "Policies": {},
            "Groups": {}
        }
    }
}
}
}
}
}
```

```
Delta Set:
[Groups] /Channel/Application
[Policy] /Channel/Application/Admins
[Policy] /Channel/Application/Writers
[Policy] /Channel/Application/Readers
[Policy] /Channel/Application/Endorsement
[Policy] /Channel/Application/LifecycleEndorsement
```

使用之前介绍的 peer channel update 命令将交易发送给排序节点交给系统通道处理，在最新配置上添加对应新建通道的 Application 子树（临时存在，不影响权限计算），如图 12-5 所示。

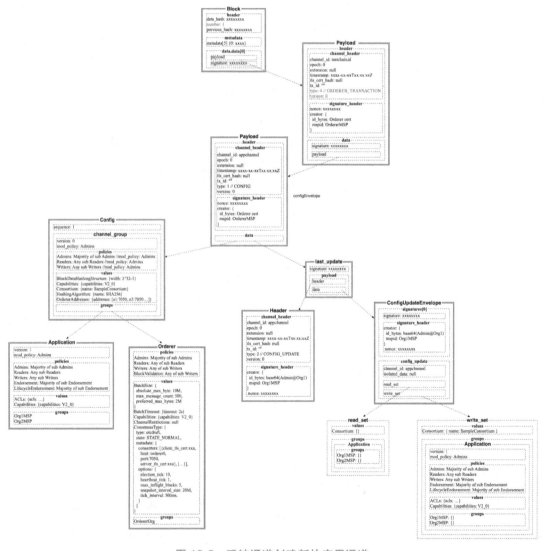

图 12-5　系统通道创建新的应用通道

新的应用通道会在排序节点上被创建出来。初始区块会从系统通道继承 Orderer 子树和 Application 子树，如图 12-6 所示。此时，新建通道内的成员可以访问该通道内容。

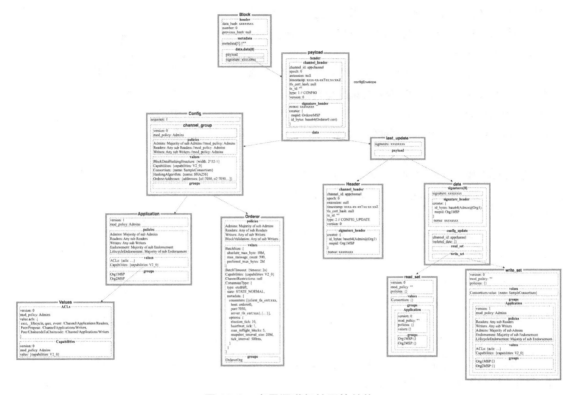

图 12-6　应用通道初始区块结构

5. 生成锚节点更新交易文件

对任意配置项的修改都需通过配置更新交易。例如，可以采用如下命令生成锚节点配置更新交易文件，注意需要同时使用 -asOrg 来指定组织身份：

```
$ configtxgen \
    -configPath $FABRIC_CFG_PATH/configtx.yaml \
    -profile ${APP_CHANNEL_PROFILE} \
    -outputAnchorPeersUpdate Org1MSPanchors.tx \
    -channelID ${APP_CHANNEL} \
    -asOrg Org1MSP
$ configtxgen \
    -configPath $FABRIC_CFG_PATH/configtx.yaml \
    -profile ${APP_CHANNEL_PROFILE} \
    -outputAnchorPeersUpdate Org2MSPanchors.tx \
    -channelID ${APP_CHANNEL} \
    -asOrg Org2MSP
```

该配置更新交易被通道接受后，会更新对应组织结构内的锚节点信息，以 Org1MSP 为例，会添加新的 AnchorPeers 配置信息，如图 12-7 所示。

12.7 转换网络配置

configtxgen 工具可以生成配置更新文件。但是如果想修改配置文件，就比较困难了，因为配置文件和区块文件都是二进制格式（严格来说，是 Protobuf 消息数据结构），无法直接进行编辑。

configtxlator 工具可以将这些配置文件在二进制格式和方便阅读编辑的 JSON 格式之间进行转换，方便用户更新通道的配置。

configtxlator 工具提供了两种使用方式，通过 RESTful 接口或子命令。

RESTful 服务程序启动后，默认监听在 7059 端口。支持通过 --hostname=<addr> 来指定服务监听地址，通过 --port int 来指定服务端口。

例如，采用如下命令启动 configtxlator 服务，并且监听在 7059 端口：

```
$ configtxlator start --hostname="0.0.0.0"
--port 7059
  [configtxlator] main -> INFO 001 Serving
HTTP requests on 0.0.0.0:7059
```

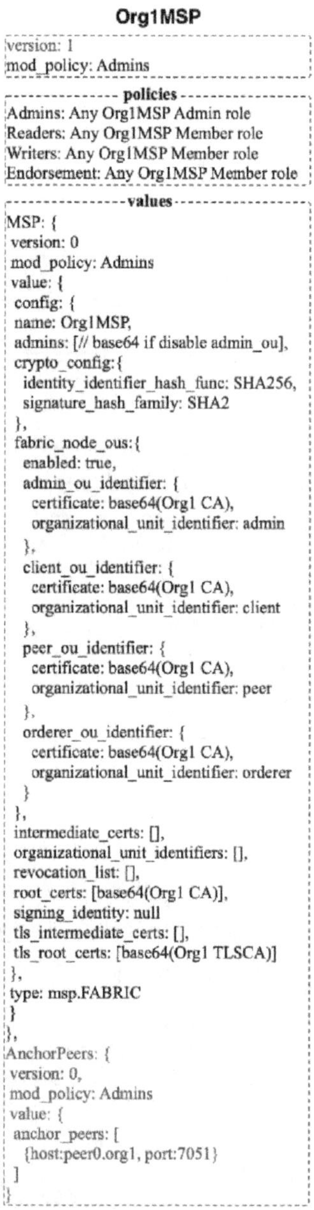

1. 子命令

子命令除了启动 RESTful 服务外，还包括解码、编码或者计算配置更新量，如下所示：

- proto_decode，将二进制格式数据解码为 JSON 格式。支持 --type 参数指定 Protobuf 消息类型，--input 参数指定输入文件，--output 参数指定输出文件。
- proto_encode，将 JSON 格式的数据编码为二进制格式。支持 --type 参数指定 Protobuf 消息类型，--input 参数指定输入文件，--output 参数指定输出文件。
- compute_update，计算两个配置（common.Config 消息结构）之间的二进制格式更新。支持 --original 参数指定原始配置，--updated 参数指定更新后配置，--channel_id 参数指定通道名称，--output 参数指定输出文件。

2.RESTful 接口

与子命令类似，目前支持三个功能接口，分别进行解码、编码或者计算配置更新量，如下所示：

Org1MSP

version: 1
mod_policy: Admins
-------- policies --------
Admins: Any Org1MSP Admin role
Readers: Any Org1MSP Member role
Writers: Any Org1MSP Member role
Endorsement: Any Org1MSP Member role
-------- values --------
MSP: {
version: 0
mod_policy: Admins
value: {
config: {
name: Org1MSP,
admins: [// base64 if disable admin_ou],
crypto_config:{
 identity_identifier_hash_func: SHA256,
 signature_hash_family: SHA2
},
fabric_node_ous:{
 enabled: true,
 admin_ou_identifier: {
  certificate: base64(Org1 CA),
  organizational_unit_identifier: admin
 },
 client_ou_identifier: {
  certificate: base64(Org1 CA),
  organizational_unit_identifier: client
 },
 peer_ou_identifier: {
  certificate: base64(Org1 CA),
  organizational_unit_identifier: peer
 },
 orderer_ou_identifier: {
  certificate: base64(Org1 CA),
  organizational_unit_identifier: orderer
 }
},
intermediate_certs: [],
organizational_unit_identifiers: [],
revocation_list: [],
root_certs: [base64(Org1 CA)],
signing_identity: null
tls_intermediate_certs: [],
tls_root_certs: [base64(Org1 TLSCA)]
},
type: msp.FABRIC
}
},
AnchorPeers: {
version: 0,
mod_policy: Admins
value: {
anchor_peers: [
 {host:peer0.org1, port:7051}
]
}
}

图 12-7 组织 Org1 增加锚节点信息

- 解码，接口地址为 /protolator/decode/{msgName}。支持 POST 操作，将二进制格式数据解码为 JSON 格式。其中，{msgName} 需要指定 Fabric 中定义的对应 Protobuf 消息结构的名称。
- 编码，接口地址为 /protolator/encode/{msgName}。支持 POST 操作，将 JSON 格式的数据编码为二进制格式。其中，{msgName} 需要设置为 Protobuf 消息类型。
- 计算配置更新量，接口地址为 /configtxlator/compute/update-from-configs，支持 POST 操作，计算两个配置（common.Config 消息结构）之间的二进制格式更新量。

3. 解码为 JSON 格式

支持将二进制格式的文件转换为 JSON 格式，方便用户使用。

例如，下面命令将本地使用 configtxgen 生成的系统通道初始区块，转换为 JSON 格式。注意区块为 common.Block 消息结构。

```
$ curl -X POST \
    --data-binary @orderer_genesis.block \
    http://127.0.0.1:7059/protolator/decode/common.Block \
    > ./orderer_genesis.json
  % Total    % Received % Xferd  Average Speed   Time    Time     Time  Current
                                 Dload  Upload   Total   Spent    Left  Speed
100 25862    0 19117  100  6745  1075k   379k --:--:-- --:--:-- --:--:-- 1098k
```

或

```
$ configtxlator proto_decode \
    --type=common.Block \
    --input=orderer_genesis.block \
    --output=./orderer_genesis.json
```

此时，用户可以很方便地查看其内容，结构如图 12-8 所示。

注意，JSON.data.data[0].payload.data.config 域内数据代表了完整的通道配置信息，为 common.Config 结构，用户可以对这些配置内容进行修改。

修改后保存为 orderer_genesis_new.json 文件。

读者也可以尝试对新建通道配置交易文件进行转换和查看，注意消息类型指定为对应的 common.Envelope。代码如下：

```
$ curl -X POST \
    --data-binary @channel.tx \
    http://127.0.0.1:7059/protolator/decode/common.Envelope \
    > channel.json
```

或

```
$ configtxlator proto_decode \
    --type=common.Envelope \
    --input=channel.tx \
    --output=./channel.json
```

4. 编码为二进制格式

反之，利用修改后的 orderer_genesis_new.json 文件，用户也可以将其转换为二进制格式的初始区块文件。代码如下：

```
$ curl -X POST \
```

```
    --data-binary @./orderer_genesis.json \
    http://127.0.0.1:7059/protolator/encode/common.Block \
    > orderer_genesis_new.block
```

% Total		% Received	% Xferd	Average Speed		Time Total	Time Spent	Time Left	Current Speed
				Dload	Upload				
100 25862	0	6745	100 19117	630k	1786k	--:--:--	--:--:--	--:--:--	1866k

或

```
$ configtxlator proto_encode \
    --type=common.Block \
    --input=orderer_genesis.json \
    --output=./orderer_genesis_new.block
```

图 12-8　Orderer 初始区块转换为 JSON 结构

生成的 orderer_genesis_new.block 文件即为更新配置后的二进制格式的初始区块文件。

5. 计算配置更新量

对于给定的两个配置（common.Config 结构），configtxlater 还可以比对它们的不同，计算出更新到新的配置时的更新量（common.ConfigUpdate 结构）。

首先，通过如下命令获取已创建的应用通道 ${APP_CHANNEL} 的配置区块：

```
$ peer channel fetch config ${APP_CHANNEL}.block \
  -c ${APP_CHANNEL} \
  -o orderer:7050
```

按照之前所述命令，将其转化为 JSON 格式：

```
$ curl -X POST \
    --data-binary @${APP_CHANNEL}.block \
    http://127.0.0.1:7059/protolator/decode/common.Block \
    > ./${APP_CHANNEL}.json
```

提取出 .data.data[0].payload.data.config 域，保存为 ${APP_CHANNEL}_config 文件，该文件中只包括了 common.Config 结构相关数据。代码如下：

```
$ jq .data.data[0].payload.data.config ${APP_CHANNEL}.json > ${APP_CHANNEL}_config.json
```

对 ${APP_CHANNEL}_config.json 文件中的配置项（如区块最大交易消息数 Orderer.values.BatchSize.value.max_message_count 或调整通道中组织等）进行修改，另存为 ${APP_CHANNEL}_config_new.json。利用两个配置文件编码成为二进制格式。代码如下：

```
$ curl -X POST \
    --data-binary @${APP_CHANNEL}_config.json \
    http://127.0.0.1:7059/protolator/encode/common.Config \
    > ${APP_CHANNEL}_config.config
```

```
$ curl -X POST \
    --data-binary @${APP_CHANNEL}_config_new.json \
    http://127.0.0.1:7059/protolator/encode/common.Config \
    > ${APP_CHANNEL}_config_new.config
```

利用这两个配置文件，通过 configtxlator 提供的接口，计算出更新配置时的更新量信息，编码为 common.ConfigUpdate 结构的二进制文件。代码如下：

```
$ curl -X POST \
    -F original=@${APP_CHANNEL}_config.config \
    -F updated=@${APP_CHANNEL}_config_new.config \
    http://127.0.0.1:7059/configtxlator/compute/update-from-configs \
    -F channel=${APP_CHANNEL} \
    > config_update.config
```

或

```
$ configtxlator compute_update \
    --original=${APP_CHANNEL}_config.config \
    --updated=${APP_CHANNEL}_config_new.config \
    --channel_id=${APP_CHANNEL} \
    --output=config_update.config
```

根据二进制文件，生成更新量的 JSON 格式文件，代码如下：

```
$ curl -X POST \
    --data-binary @config_update.config \
    http://127.0.0.1:7059/protolator/decode/common.ConfigUpdate \
    > config_update.json
```

6. 更新通道配置

通过计算更新量，可以得到 common.ConfigUpdate 结构的更新信息。而对通道配置进行更新时，还需要封装为 common.Envelope 结构的配置更新交易。因此需要将 common.ConfigUpdate 结构数据补全，补全后的文件命名为 config_update_envelope.json。可以通过如下命令进行补全：

```
echo '{"payload":{"header":{"channel_header":{"channel_id":"${APP_CHANNEL}",
"type":2}},"data":{"config_update":'$(cat config_update.json)'}}}' > config_update_envelope.json
```

补全后的 common.Envelope 结构的 config_update_envelope.json 文件内容结构如下：

```
{
    "payload":{
        "header":{
            "channel_header":{
            "channel_id":"${APP_CHANNEL}",
            "type":2
            }
        },
        "data":{
            "config_update": {
                ...
            }
        }
    }
}
```

利用该 common.Envelope 结构编码为二进制交易配置文件，并用它对应用通道进行更新。需要注意，更新配置需要指定相应的权限（OrderMSP 的 Admin 身份）。代码如下：

```
$ curl -X POST \
    --data-binary @config_update_envelope.json \
    http://127.0.0.1:7059/protolator/encode/common.Envelope \
    > config_update_envelope.tx
$ CORE_PEER_LOCALMSPID=OrderMSP
$ CORE_PEER_MSPCONFIGPATH=crypto-config/ordererOrganizations/example.com/
users/Admin@example.com/msp
$ peer channel update \
    -o orderer:7050 \
    -f config_update_envelope.tx \
    -c ${APP_CHANNEL}
```

12.8　本章小结

本章剖析了 Fabric 的网络配置，包括 Peer 节点、排序节点配置和通道配置等，并对其中的关键配置项进行了详细讲解。还介绍了如何使用 cryptogen 来生成网络中需要的身份文件，最后讲解如何使用 configtxgen、configtxlator 等工具来管理网络中的配置。

通过本章内容的学习，读者可深入理解 Fabric 网络配置的基本概念和工作原理，并掌握管理网络配置的工具和技巧。

第 13 章
身份证书管理

身份即一切。

身份证书是企业联盟链的信任基础，也是区块链网络中的唯一身份标识。Fabric 网络使用 Fabric CA 实现遵循 PKI 的身份证书管理服务。基于身份证书，用户可以在网络中实现灵活的权限控制和审计功能。

本章介绍如何安装 Fabric CA，并讲解服务端和客户端的常见命令、参数和配置、最后探讨了在生产环境中对 Fabric CA 服务进行部署时需要考量的一些问题。

13.1 简介

Fabric CA 项目原为超级账本 Fabric 项目中的 MemberService 组件，负责对网络中实体的身份证书进行管理。鉴于其功能十分重要，2017 年 2 月正式剥离为 Fabric CA 独立子项目，负责相关代码的维护。

与 Fabric 项目类似，Fabric CA 也采用 Go 语言编写，主要实现了如下几个功能：

- 负责 Fabric 网络内所有实体（identity）的身份管理，包括注册、撤销等。
- 负责证书管理，包括各种公钥证书的签发和撤销。
- 服务端支持 RESTful API，同时提供命令行客户端。

Fabric CA 在实现上基于开源的 CFSSL 项目框架开发，代码托管在 https:// github.com/ hyperledger/fabric-ca。

🌐 注
意　CFSSL 是提供 PKI 和 TLS 证书管理的工具集，由 Cloudflare 开源，项目地址为 https:// github.com/cloudflare/cfssl。

基本组件

Fabric CA 采用了典型的"客户端 – 服务端（Client-Server，CS）"架构，目前包括两个基本组件，分别实现服务端功能和客户端功能。入口在 cmd 目录下，功能实现主要位于 lib 目录下。

- 服务端（server）：fabric-ca-server 实现核心的 PKI 服务和证书管理功能，支持多种数据库后台（包括 MySQL、PostgreSQL 等），并支持集成 LDAP 作为用户注册后端。服务端可以进行横向扩展。
- 客户端（client）：fabric-ca-client 封装了服务端的 RESTful API，提供访问服务端的命令行操作，供用户与服务端进行交互。Fabric SDK 项目中也继承了对 Fabric CA 的访问支持。

典型情况下，用户使用客户端从 Fabric CA 服务端获取合法的证书文件后，即可参与 Fabric 网络并发起交易。在处理交易的过程中，无须再依赖 Fabric CA。

同时，服务端本身是一个可扩展的 Web 服务，可以很容易地采用集群部署的方式进行负载均衡。这些服务端可以使用同一个数据库集群后端，提高可靠性。

13.2　安装服务端和客户端

服务端和客户端都是基于 Go 语言实现的，采用本地编译（需要本地 Go 语言环境支持）或 Docker 镜像的方式容易安装使用。

13.2.1　本地编译

1. 配置编译环境

在本地编译环境下推荐安装如下基本工具：

- Go 1.12+。配置 GOPATH 环境变量，并添加 $GOPATH/bin 目录到系统路径中。
- libtool 和 libltdl-dev 依赖库。

Go 语言环境的安装步骤与第 9 章中介绍的相似。用户可以访问 golang.org 网站下载稳定版本的二进制压缩包进行安装。注意，不推荐通过系统包管理器方式进行安装，这种方式下默认安装的版本往往比较旧。

安装后配置 GOPATH 环境变量，并添加 $GOPATH/bin 目录到系统路径中：

```
export GOPATH=YOUR_LOCAL_GO_PATH/Go
export PATH=$PATH:/usr/local/go/bin:$GOPATH/bin
```

libtool 和 libltdl-dev 依赖库可以通过系统软件库快速获取，以 Ubuntu 系统为例，可以使用如下命令：

```
$ sudo apt install libtool libltdl-dev
```

2. 编译二进制文件

通过如下命令来安装最新版的服务端和客户端到 $GOPATH/bin 目录下：

```
$ go get -u -ldflags "-X github.com/hyperledger/fabric-ca/lib/metadata.Version=
$PROJECT_VERSION -linkmode external -extldflags '-static -lpthread'" github.com/hyper
ledger/fabric-ca/cmd/...
```

也可以通过如下命令，分别单独编译服务端和客户端：

```
$ go get -u -ldflags "-X github.com/hyperledger/fabric-ca/lib/metadata.Version=
$PROJECT_VERSION -linkmode external -extldflags '-static -lpthread'" github.com/hyper
ledger/fabric-ca/cmd/fabric-ca-server
$ go get -u -ldflags "-X github.com/hyperledger/fabric-ca/lib/metadata.Version=
```

```
$PROJECT_VERSION -linkmode external -extldflags '-static -lpthread'" github.com/hyperl
edger/fabric-ca/cmd/fabric-ca-client
```

编译成功之后，就可以随时使用服务端和客户端命令了。示例代码如下：

```
$ fabric-ca-server -h
Hyperledger Fabric Certificate Authority Server

Usage:
    fabric-ca-server [command]

Available Commands:
    init        Initialize the fabric-ca server
    start       Start the fabric-ca server
    version     Prints Fabric CA Server version

Flags:
...

$ fabric-ca-client -h
Hyperledger Fabric Certificate Authority Client

Usage:
    fabric-ca-client [command]

Available Commands:
    affiliation Manage affiliations
    certificate Manage certificates
    enroll      Enroll an identity
    gencrl      Generate a CRL
    gencsr      Generate a CSR
    getcainfo   Get CA certificate chain and Idemix public key
    identity    Manage identities
    reenroll    Reenroll an identity
    register    Register an identity
    revoke      Revoke an identity
    version     Prints Fabric CA Client version

Flags:
...
```

除了本地编译方式外，也可以使用 Docker 镜像的方式来快速安装、使用服务端和客户端，节约编译等待时间。

13.2.2　获取和使用 Docker 镜像

官方在 DockerHub 上的镜像名称为 hyperledger/fabric-ca，可以通过如下命令直接拉取所需要的版本：

```
$ docker pull hyperledger/fabric-ca:<version>
```

可用的版本在 https:// hub.docker.com/r/hyperledger/fabric-ca/tags/ 中列出。也可以使用笔者维护的带有完整 Dockerfile 的镜像。访问 https:// hub.docker.com/r/yeasy/hyperledger-fabric-ca/tags/ 查看可用的镜像标签，并获取对应镜像。例如，采用如下命令拉取最新版的 fabric-ca 镜像，并替换官方镜像：

```
$ docker pull yeasy/hyperledger-fabric-ca:latest
$ docker tag yeasy/hyperledger-fabric-ca:latest hyperledger/fabric-ca:latest
```

获取镜像后，可以通过如下命令快速进入容器，执行服务端或客户端命令。例如，采用默认配置快速初始化并启动服务：

```
$ docker run -it hyperledger/fabric-ca:latest bash
# fabric-ca-server start -b admin:adminpw
```

1. 挂载本地配置文件

镜像中已经将配置目录（$FABRIC_CA_SERVER_HOME 和 $FABRIC_CA_CLIENT_HOME）指定为 Volume 资源。用户在启动容器时，可以将本地存放配置文件的目录挂载到容器中，以方便对证书文件和数据库进行备份和管理，代码如下：

```
$ docker run -it \
    -e FABRIC_CA_HOME=/etc/hyperledger/fabric-ca-server \
    -v <LOCAL_PATH>:/etc/hyperledger/fabric-ca-server \
    hyperledger/fabric-ca bash
```

2. 暴露 RESTful 服务

此外，容器作为 CA 服务使用时，默认暴露的服务端口为 7054，为了让其他物理机能访问容器内的服务，可以将该端口映射到本地宿主机。

例如，如下命令将本地的 7054 端口与容器端口映射关联：

```
$ docker run -it \
    -e FABRIC_CA_HOME=/etc/hyperledger/fabric-ca-server \
    -v <LOCAL_PATH>:/etc/hyperledger/fabric-ca-server \
    -p 7054:7054 \
    hyperledger/fabric-ca bash
```

关联后其他物理机可以通过访问本地宿主机的 7054 端口来访问容器内的服务。

13.3 启动 CA 服务

服务端提供完整的证书管理功能，启动后生成 CA 服务，可以作为根 CA 来服务其他中间 CA，也可以负责签发用户证书（默认情况下）。签发用户证书时，支持用户通过客户端命令或 RESTful API 方式进行操作。

1. 配置读取

需要注意的是，fabric-ca-server 服务所需要的相关配置项会依次尝试从命令行参数、环境变量（命名需要带有 FABRIC_CA_SERVER 前缀）或主配置目录（未指定配置文件路径时）下的本地配置文件中读取。因此，使用时可以根据需求采用不同方式来指定配置信息。

例如，指定启用 TLS 可以通过如下三种方式来进行配置，优先级由高到低：

- 命令行参数，如 --tls-enabled=true。
- 环境变量，如 FABRIC_CA_SERVER_TLS_ENABLED=true。
- 配置文件，如 tls.enabled=true。

如果三种方式都未指定，则采用内置的默认值（此时，tls.enabled=false）。

2. 主配置目录

本地配置文件默认都是从所谓主配置目录（Home Dir）下进行查找，默认名称为 fabric-ca-server-conf.yaml。

那么，主配置目录的具体路径是如何获取的呢？首先从命令行选项 --home 查找。如果没有被指定，则会依次尝试从环境变量 FABRIC_CA_SERVER_HOME、FABRIC_CA_HOME、CA_CFG_PATH 等中读取。当这些环境变量均未存在时，fabric-ca-server 服务会使用当前目录作为主配置目录来搜索相关的配置文件。

一般推荐使用默认的 /etc/hyperledger/fabric-ca-server 路径作为主配置目录环境变量的指向路径，用户也可以根据需求自行设定。

3. 初始化 fabric-ca-server

在首次使用 fabric-ca-server 服务的情况下，可以通过 init 命令来完成初始化。

当主目录下配置文件不存在时，需要指定一个 -b <USER_NAME>:<PASSWORD> 附加参数来指定 Fabric-CA 启动后默认的管理员用户名和密码，该用户可以进行进一步的操作；当配置文件存在时或指定启用了 LDAP 功能，则不需要指定启动的用户名和密码。

例如，通过如下命令，成功完成初始化，生成配置文件 fabric-ca-server-config.yam 到主配置目录：

```
$ fabric-ca-server init -b admin:adminpw
[INFO] Created default configuration file at /etc/hyperledger/fabric-ca-server/
fabric-ca-server-config.yaml
......
[INFO] Home directory for default CA: /etc/hyperledger/fabric-ca-server
[INFO] Initialization was successful
```

此时检查主配置目录，会发现生成了若干文件（未事先存在的情况下）：

- ca-cert.pem，PEM 格式的 CA 证书文件，自签名。
- fabric-ca-server-config.yaml，默认配置文件。
- fabric-ca-server.db，存放数据的 sqlite 数据库。
- msp/keystore，msp/keystore/ 路径下存放签名证书对应的私钥文件（_sk 文件）。
- IssuerPublicKey，idemix 中使用的签发者的公钥。
- IssuerRevocationPublicKey，idemix 中使用的已撤销的公钥。

如果主配置目录下已经存在 ca-key.pem，则默认使用它作为私钥文件来生成证书和其他缺失的文件。

默认情况下，fabric-ca-server-config.yaml 配置文件中并未启用 TLS。

如果需要启用 TLS，则需要修改 tls.enabled 为 true，同时修改 csr.cn 匹配实际的主机名，之后可以删掉证书和私钥文件，再重新生成对应文件。

csr 段中还有一些字段对应证书中的域。

- cn：Common Name，通用名。
- names.C：Country，国家名称。
- names.ST：State，州县名称。
- names.L：Location，具体的城市名称。
- names.O：Organization，机构名称。
- names.OU：Organization Unit，机构中具体部门的名称。

4. 启动 fabric-ca-server

fabric-ca-server 服务也可以通过 start 命令来快速启动，默认会查找本地主配置目录路径下的证书文件和配置文件。

类似地，如果没有指定使用 LDAP 服务并且当本地配置文件不存在时，至少需要通过 -b <USER_NAME>:<PASSWORD> 参数来指定 Fabric-CA 服务默认的管理用户名和密码。

例如，如下命令会快速启动一个 `fabric-ca-server` 服务：

```
$ fabric-ca-server start -b admin:adminpw
Created default configuration file at /etc/hyperledger/fabric-
ca-server/fabric-ca-server-config.yaml
Starting server in home directory: /etc/hyperledger/fabric-ca-server
...
[INFO] Listening on http://0.0.0.0:7054
```

所启动的 fabric-ca-server 服务按照指定参数配置管理员账户，账号和密码分别为 admin 和 adminpw。如果之前没有执行初始化，则启动过程中会先进行初始化，生成相关证书和配置文件。如果用户希望指定使用某个主目录，可以通过 --home <PATH> 参数来指定。

13.4　服务端命令剖析

fabric-ca-server 命令主要负责启动一个 CA 服务，主要包括 init 和 start 两个子命令。可以通过 fabric-ca-server [command] --help 命令来查看各个子命令的含义和选项。

13.4.1　全局命令参数

全局命令参数同时可以被 init 和 start 子命令支持，主要包括如下七类参数。这些参数可以通过命令行参数的方式传入，也支持通过环境变量或配置文件的方式传入。

1. 通用参数

通用参数包括服务地址、个数、CA 文件路径等，参数的具体类型及说明如表 13-1 所示。

表 13-1　服务端通用参数

参数	类型	说明
--address	string	服务监听的地址，默认为全部地址 "0.0.0.0"
-b, --boot	admin:pass	服务的启动用户名和密码
--ca.certfile	string	PEM 格式的 CA 证书文件，默认为 "ca-cert.pem"
--ca.chainfile	string	PEM 格式的 CA 证书链文件，默认为 "ca-chain.pem"
--ca.keyfile	string	PEM 格式的 CA 私钥文件，默认为 "ca-key.pem"
-n, --ca.name	string	CA 的名称，默认 CA 名称为空
--cacount	int	非默认 CA 的实例个数
--cafiles	stringSlice	CA 配置文件的（多个）路径
--cfg.affiliations.allowremove	—	是否允许删除部门信息
--cfg.identities.allowremove	—	是否允许删除成员
--cfg.identities.passwordattempts	—	输入错误密码后允许尝试的次数，默认为 10 次
--cors.enabled	—	启用跨域资源共享（Cross-Origin Resource Sharing），允许其他域调用该服务
--cors.origins	stringSlice	允许的来源域的名单

（续）

参数	类型	说明
--crl.expiry	duration	证书撤销文件的有效期，默认为 24 小时
--crlsizelimit	int	证书撤销文件的大小，默认为 512 KB
-H, --home	string	主配置目录的路径，默认为 /etc/hyperledger/fabric-ca-server
-p, --port	int	本地 fabric-ca-server 服务的监听地址，默认为 7054
--registry.maxenrollments	int	同一个用户身份允许进行 enrollment 的次数，仅当 LDAP 不启用时生效
--loglevel	string	日志级别，包括 info、warning、debug、error、fatal、critical

2. 证书签名请求参数

证书签名请求参数应用于需要从上层 CA 申请颁发证书的场景，参数的具体类型及说明如表 13-2 所示。

表 13-2　服务端证书签名请求参数

参数	类型	说明
--csr.cn	string	CA 签名请求文件中的通用名（common name）域
--csr.hosts	stringSlice	CA 签名请求文件中的主机名称（hosts）域
--csr.keyrequest.algo	string	指定密钥算法
--csr.keyrequest.size	int	指定密钥长度
--csr.serialnumber	string	指定证书序列号

3. 数据库相关参数

目前支持包括 sqlite3、postgre、mysql 三种类型的数据库，参数的具体类型及说明如表 13-3 所示。

表 13-3　数据库相关参数

参数	类型	说明
--db.datasource	string	数据库数据来源，默认为 fabric-ca-server.db
--db.type	string	支持的数据库类型，可以为 sqlite3（默认）、postgres 或 mysql
--db.tls.certfiles	stringSlice	数据库服务 TLS 连接的证书文件，PEM 格式
--db.tls.client.certfile	string	数据库 TLS 连接的客户端一侧证书文件（当 TLS 需要双向校验时候），PEM 格式
--db.tls.client.keyfile	string	数据库 TLS 连接的客户端一侧私钥文件（当 TLS 需要双向校验时候），PEM 格式

4. Idemix 相关配置

当本 CA 支持 Idemix 的证书时，使用与 Idemix 相关的配置，参数的具体类型及说明如表 13-4 所示。

表 13-4　Idemix 相关配置

参数	类型	说明
--idemix.nonceexpiration	string	nonce 过期的时间，默认为 15 秒
--idemix.noncesweepinterval	string	过期 nonce 的删除间隔，默认为 15 分钟
--idemix.rhpoolsize	int	撤销处理池的大小，默认为 100

5. 中间证书配置

当本 CA 作为中间证书服务时使用中间证书配置，参数的具体类型及说明如表 13-5 所示。

表 13-5　中间证书配置

参数	类型	说明
--intermediate.enrollment.label	string	HSM 使用的标签信息
--intermediate.enrollment.profile	string	签发证书时所用签名配置的名称
--intermediate.parentserver.caname	string	所连接的父 CA 的实例名称
-u, --intermediate.parentserver.url	string	父 CA 的服务地址，例如 http:// user:<password>@host:port
--intermediate.tls.certfiles	stringSlice	多个被信任的 TLS 证书文件
--intermediate.tls.client.certfile	string	双向 TLS 启用时，客户端的证书文件
--intermediate.tls.client.keyfile	string	双向 TLS 启用时，客户端的私钥文件

6.LDAP 相关参数

LDAP 可用来支持 ECert 和 TCert 的申请管理，提供实体信息的查询和验证，参数的具体类型及说明如表 13-6 所示。

表 13-6　LDAP 相关参数

参数	类型	说明
--ldap.attribute.names	stringSlice	LDAP 查找时请求属性的名称
--ldap.enabled	—	启用 LDAP 进行用户验证和属性管理
--ldap.groupfilter	string	LDAP 进行组部门过滤的模式，默认为 (memberUid=%s)
--ldap.tls.certfiles	stringSlice	PEM 格式编码的可信任的 TLS 证书文件列表
--ldap.tls.client.certfile	string	PEM 格式编码的客户端 TLS 证书文件，只在双向验证的情况下需要
--ldap.tls.client.keyfile	string	PEM 格式编码的客户端 TLS 私钥文件，只在双向验证的情况下需要
--ldap.url	string	外部的 LDAP 服务地址，格式为 ldap:// adminDN:adminPassword@host[:port]/base
--ldap.userfilter	string	LDAP 进行用户搜索时的过滤模式，默认为 (uid=%s)

7.TLS 相关参数

TLS 通过证书来识别通信对端的身份。通常情况下服务端需要开启 TLS 认证，以防止有人假冒服务端。在更为严格的情况下，还需要对客户端身份也进行 TLS 验证，只允许指定的客户端连接，参数的具体类型及说明如表 13-7 所示。

表 13-7　服务端 TLS 相关参数

参数	类型	说明
--tls.certfile	string	本地服务的 TLS 证书，PEM 格式，默认为 ca-cert.pem
--tls.clientauth.certfiles	stringSlice	可信任的客户端 TLS 证书文件，可有多个
--tls.clientauth.type	string	本地服务进行 TLS 客户端验证的策略，默认为 noclientcert，即不检查客户端证书
--tls.enabled	—	开启 TLS 认证，默认为否
--tls.keyfile	string	本地服务的 TLS 私钥文件，PEM 格式，默认为 ca-key.pem

13.4.2　init 命令

init 命令的格式为：fabric-ca-server init [flags]。用于初始化一个 fabric-ca-server 服务，包括生成密钥相关的证书文件（文件如果已存在，则跳过生成环节）以及配置文件等。

13.4.3　start 命令

start 命令的格式为：fabric-ca-server start [flags]。用于启动一个 fabric-ca-server 服务，接收 RESTful 请求。如果之前经过初始化，则直接使用本地相关配置和身份文件，否则需要指定 -b admin_user:admin_pass 参数来启动，此时会先执行初始化操作。

13.5　服务端 RESTful API

用户使用 Fabric CA，除了其提供的客户端命令外，还可以直接通过其提供的 RESTful 接口进行操作。

默认的 RESTful 服务监听在 0.0.0.0:7054 地址上。接口的定义可以参考项目代码中的 swagger/swagger-fabric-ca.json 文件。这些 API 的地址前缀为 /api/v1，包括服务、单位、个体和 Idemix 四类。服务相关 API 提供了完整的证书生命周期管理，具体功能如表 13-8 所示。

表 13-8　服务相关 API

服务 API	动作	功能
/cainfo	GET	获取某个 CA 服务的基本信息，请求中可指定 CA 名称
/certificates	GET	已登录者查看它所拥有或有权限查看的证书信息
/enroll	POST	用户登记，body 中可带有 host、request、profile、label、caname 等信息
/reenroll	POST	用户重新登记，body 中可带有 host、request、profile、label、caname 等信息
/register	POST	用户注册功能，body 中可带有 id、type、secret、max_enrollments、affiliation_path、attrs、caname 等信息
/revoke	POST	撤销某个证书，body 中可带有 id、aki、serial、reason、caname 等信息
/gencrl	POST	生成撤销证书列表，请求中可带有 caname、认证信息、撤销区间和过期区间等信息

单位相关 API 主要用于操作单位资源，调用者必须拥有 hf.AffiliationMgr 权限，具体功能如表 13-9 所示。

表 13-9　单位相关 API

单位 API	动作	功能
/affiliations	GET	获取请求者所有同级或下属单位信息
/affiliations	POST	创建一个新的单位
/affiliations/{affiliation}	GET	获取指定的单位信息
/affiliations/{affiliation}	PUT	更新指定的单位信息
/affiliations/{affiliation}	DELETE	删除指定的单位

个体相关 API 主要用于操作个体身份，调用者必须拥有 hf.Registrar 权限，具体功能如

表 13-10 所示。

表 13-10　个体相关 API

个体 API	动作	功能
/identities	GET	获取所有调用者可见的身份
/identities	POST	创建新的身份，返回登记的 ID 和密码
/identities/{id}	GET	获取指定的身份
/identities/{id}	PUT	更新指定的身份
/identities/{id}	DELETE	删除指定的身份

Idemix 相关 API 主要用于操作启用 Idemix 功能的证书，具体功能如表 13-11 所示。

表 13-11　Idemix 相关 API

Idemix 证书 API	动作	功能
idemix/credential	POST	获取 Idemix 证书
idemix/cri	POST	获取证书撤销信息（Credential Revocation Information）

下面具体讲解各个接口的使用示例。假定已通过 fabric-ca-server start -b admin:adminpw -n test_ca 命令启动了本地的 Fabric CA 服务，监听在 7054 端口。更多接口的使用可以参考 swagger/swagger-fabric-ca.json 文件。

1. 获取 CA 信息

发送 GET 请求到 /cainfo 接口，支持通过 ca=name 来指定请求参数。例如，查询名称为 "test_ca" 的 CA 服务，可以使用如下命令：

```
$ curl -X GET http://localhost:7054/cainfo?ca=test_ca
```

若执行成功，返回结果类似于：

```
{
    "errors" : [],
    "result" : {
        "Version" : "2.0.0",
        "IssuerPublicKey" : "CgJPVQoEUm9sZQoMRW5yb2xsbWVudElEChBSZXZvY2F0aW9u
SGFuZGxlEkQKIM9AJn5TjW4q9fexZKyOy1dsiRPUOiZ3qjIYyxM6M+n9EiARmUntBBZkt99J7MErYD+nV
gT5K3YKAwkPEXYtanQHoRpECiDAVVHAuaiihBtoTqLfhP83QIUKhmfQHctknyCQr2XlaxIgVG7/U4bTOZ
bQ5uOBP+55WMZHKJlHaHNloz2OncKLULsiRAog1Tx4a02nxQgy/uya63FjH0SwmMklg7emj+/Fy6Dhz9M
SILAYXjl9l8YSZjYWIO4kZ9SG5+Bkpt9WPHUFnCbqr5lsIkQKIJWvgoNsLyUvROrtV+Kp//e72b7I2kSI
dc2lOzMdyTN0EiAuof091cBEb2RB9cdqmphL1alcXXbp7o8fKQjQgHB3uiJECiDrO8YUe62BiSCLhPasn
hnM5hW8mwQksJPSoAejHe8YpBIg5YdDE7yIWi/aQ7QrlRLZUe5EM5psz+K5R3QeArlVjQ4iRAogdKvALd
bvhWG+ocqt49CfrdJXdfZfPPPQxTCVCU3K5ysSIAVrMwq4XAwPhIQ/TyqZrBp1fyAVXkizHT2dgomTG8/
AKogBCiBmPrrSC9Xc28BsV2CDqT+6Z3/vsJlGYcuYb1JyG4bLGhIgFffxHFsN3xoAW4+V3vtBGrHiV2ryx
qv7miOZvuBPq0oaIKlRqWAEgrQ4PtzMHifEojR8IJuN75HkGN6tGcbxFq3kIiCF4xMDJvWV3ZZYcjx2ix
sYpua3sVupJmEtQ9ZYJTufijJECiAWw+37Z/97TZ3fDyp8LdD6WUtcGSdviBJulaVb1Sro2RIgTdqHsai
rEjcS5PD9CX6jAr0f6XR/39L7F13Za5vISNI6RAogZzlvUkY6iwI1buracX6OSLPeBhZl3vX2C2wBvYjc
DkMSIH0QkveOU6mB1Gtv1qDjSlK6h/jdJsLaapBq7+u/Hx9dQiA6IerY7encVruJD+VJg0fam+FToxzzqB
F4xaAn+kja20ogCaQrTh6DF9vIM5LjP92JFD8xyFZYUrvV4zIGO7mykTVSIBn0qEGcazJDBUn3lLof2uEd
peh9Ri/FroA5EEy3pEDt",
        "CAChain" : "LS0tLS1CRUdJTiBDRVJUSUZJQ0FURS0tLS0tCk1JSUNGekNDQWIyZ0F3S
```

UJBZ01VYit1SW1wUUxjMHJVTWFydnV3bU1IaWNjalBZd0NnWU1Lb1pJemowRUF3SXcKYURFTE1Ba0dBMVV
FQmhNQ1ZWTWhGekFWQmdOVkJBZ1REazV2Y25Sb01FTmhjbT1zYVc1aE1SUXdFZ11EV1FSRSwpFd3RJZVhCb
GNteGxaR2RsY2pFUE1BMEdBMVVFQ3hNR1JtljbWxqTVJrd0Z3WURWUVFERXhCbV1XSn1hV010ClkyRXR
jM1Z5ZG1WeU1CNFhEVEU1TVRFeU1qRTR0VF13TUZvWERUTTBNVEV4T0RFNE5UWXdWdZRm93YURFTE1Ba0cKQ
TFVRUJoTUNWWk14RnpBVkJnT1ZCQWdURGs1dmNuUm9JRU5oY205c2FXNWhNU1F3RWdZRFZRUUtFd3d3RZJZVh
CbApjbXhhWkdkbGNnqRVBNQTBHQTFVRUN4TUdSbUzpY2lsak1Sa3dGd1lEV1FREV4Qm1ZV0p5YVVkNFFyaR
XRjM1Z5Q2mRtV1nlNRmt3RXdZZSEtvWk16ajBEQVZSUtvWk16ajBEQVFvVjFRRFnQUVwdkd1VD1nTG5XdDU4Z2Z
CK1U3SWw4N2gKeF11NT10bUUrSjcrZi91e1pJckz2RTg4aDc4a28vbmxkdnVLSmZGb1FPbC8veG1FdD16c
kV2MUJBBTERWRWVTZORgpNRU13RGdZRFZSMFBBBUUgvQkFRREFnRUdNQk1HQTFVZEV3RUJd1FKTUFFQkFmOEN
BUUV3SFFZRFZSSME9CQllFCkZQLzVOMzMvZDBPZDNreFZBBcXd5bzZmMMWJabSNQW9HQ0NxR1NNNNDlCQU1DDQ
TBnQU1FVUNJUURIOUxQT3ZtNGgKbkxkkUHBocUdiNU15TWVZZVed5QmxoNGNtL3B1Tm9VdkpFZ01nQTJyNyt
FRG5jTUtwwbG5G5DdXprOTRDWk5paE11SwpsMEFHdWpaaDsOHBkRUE9Ci0tLS0tRU5EIENFUlRJRklDQVRFL
S0tLS0K",
        "IssuerRevocationPublicKey" : "LS0tLS1CRUdJTiBQVUJMSUMgS0VZLS0tLS0KTUhZd0
VBWUhLb1pJemowQ0FRWUZLNEVFQUNJRF1nUUVCUmRQK0Q0htVk84SGZzbTRpRENxaVNCWbTRpUENxaVNCWjhiUl1neVJHdHdaQpmQm9
1eFdmdmdGxY5Y2dGdcHY3WGpBQ1JueW5W5oajlBUC9aTC9acyt4WC9BQk5jjYmdDSFVldXhNUUhyOG1NKz1CcFdtCng3
OEw3VmBlU0NTZ0JPRzzBoR0IzcEg4NmVUUFlicUYxCi0tLS0tRU5EIFBVQkxJQyBLRVktLS0tLQo=",
        "CAName" : "test_ca"
    },
    "success" : true,
    "messages" : []
}

其中，比较关键的是 result.CAChain 字段，其值是 CA 的证书（ca-cert.pem）进行 Base64 编码后的内容。

2. 登记用户

发送 POST 请求到 /enroll 接口，支持通过 ca=name 来指定请求参数。请求头部需要包括基本验证信息（请求者的用户名和密码）。请求体中通过 JSON 格式指定如下内容：

- request，证书签名请求数据，字符串，PEM 格式。
- profile，签发所使用的配置。
- label，HSM 操作中指定的标签。
- caname，CA 名称。
- attr_reqs，签发证书中括的属性列表。

请求体示例代码如下：

```
{
    "request": "string",
    "profile": "string",
    "label": "string",
    "caname": "string",
    "attr_reqs": [
        {
            "name": "string",
            "optional": true
        }
    ]
}
```

例如，查询名称为 test_ca 的 CA 服务，可以使用如下命令：

```
$ curl -X GET http://localhost:7054/cainfo?ca=test_ca -d body.json
```

若执行成功，返回结果类似于：

```
{
```

```
    "Success": true,
    "Result": {
        "Cert": "string",
        "ServerInfo": {
            "CAName": "test_ca",
            "CAChain": "LS0tLS1CRUdJTiBDRVJUSUZJQ0FURS0t...LS0tLQo=",
            "IssuerPublicKey": "",
            "IssuerRevocationPublicKey": "",
            "Version": "2.0.0"
        }
    },
    "Errors": [
        {
            "code": 0,
            "message": ""
        }
    ],
    "Messages": [
        {
            "code": 0,
            "message": ""
        }
    ]
}
```

其中，比较关键的是 Result.ServerInfo.CAChain 字段，其值是 CA 的证书（ca-cert.pem）进行 Base64 编码后的内容。

13.6 服务端配置文件解析

服务端配置文件默认所在路径为 /etc/hyperledger/fabric-ca-server/fabric-ca-server-config.yaml，包括通用配置、TLS 配置、CA 配置、CRL 配置、注册管理配置、数据库配置、LDAP 配置、组织结构配置、签发证书相关配置、证书申请请求配置等。服务器启动或初始化时，如果配置文件不存在，则会利用默认模板自动创建。

Fabric CA 服务既可以作为根 CA，也可以作为中间层 CA，同时也支持运行多个 CA 实例（需要为不同名称）。

1. 通用配置

通用配置包括服务版本、监听的端口号、是否启用 DEBUG 模式等：

- version: 2.0.0，服务版本。
- port: 7054，指定服务的监听端口。
- cors: enabled: false，是否允许跨域资源访问。
- debug: false，是否启用 DEBUG 模式，输出更多的调试信息。
- crlsizelimit: 512000，可以接受的证书撤销列表大小，默认为 512 KB。

2.TLS 配置

TLS 配置主要包括服务端 TLS 配置和客户端 TLS 验证配置。客户端进行 TLS 验证的模式可以有如下几种：

- NoClientCert，不启用对客户端的身份验证，为默认值。
- RequestClientCert，请求客户端提供证书。

- RequireAnyClientCert，要求客户端提供合法格式的证书。
- VerifyClientCertIfGiven，如果客户端提供证书，则进行验证。
- RequireAndVerifyClientCert，要求并且验证客户端的证书。

具体各个配置项的功能可以参考下面示例代码的注释部分：

```
tls:
    # 是否启用服务端 TLS，默认为否
    enabled: false
    # 服务端 TLS 证书和密钥文件
    certfile: ca-cert.pem
    keyfile: ca-key.pem
    clientauth:      # 对客户端身份进行验证时的配置
        type: noclientcert # 默认不进行身份验证
        certfiles: # 对客户端身份验证时，信任的 CA 的证书文件列表
```

3.CA 配置

CA 配置包括实例的名称、签名私钥文件、身份验证证书和证书链文件（未加密的 PEM 格式）等。如果这些文件不存在，则在执行 start 或 init 命令时会自动生成。这些私钥和证书文件会作为生成 ECert、TCert 的根证书。具体各个配置项的功能可以参考下面示例的注释部分：

```
ca:
    # CA 服务实例名称，网络中唯一
    name:
    # 密钥文件（默认：ca-key.pem)
    keyfile: ca-key.pem
    # 证书文件（默认：ca-cert.pem)
    certfile: ca-cert.pem
    # 本 CA 信任的证书链文件，其中首个元素必须为根 CA 证书（默认为 chain-cert.pem）
    chainfile: ca-chain.pem
```

4.CRL 配置

配置与 CA 提供的证书撤销列表（CRL）文件相关的信息，示例代码如下：

```
crl:
    expiry: 24h # 有效期限为 24 小时
```

5. 注册管理配置

当 fabric-ca-server 自身提供用户的注册管理时，使用注册管理配置，这种情况下需要禁用 LDAP 功能，否则 fabric-ca-server 将会把注册管理数据转发到 LDAP 进行查询。该部分主要包括两方面的配置：

- 对 enrollment 过程的用户名、密码进行验证。
- 获取某个认证实体的用户属性信息。

用户属性可以附加到给用户分发的 TCerts 中，用于实现对链码的访问权限控制。具体各个配置项的功能可以参考下面示例的注释部分：

```
registry:
    # 允许同一个用户名密码进行 enrollment 的最大次数。特别地，-1 表示无限制，0 表示不支持登记
    maxenrollments: -1

    # 已注册的实体信息，可以进行登记操作。只有当 LDAP 未启用时起作用
    identities: # 可以指定多个
        - name: admin
```

```
        pass: adminpw
        type: client
        affiliation: ""                    # 单位信息
        attrs:
            hf.Registrar.Roles: "client,user,peer,validator,auditor"
            hf.Registrar.DelegateRoles: "peer,orderer,client,user"
            hf.Revoker: true
            hf.IntermediateCA: true        # 该 id 是否是一个中间层的 CA
            hf.GenCRL: true
            hf.Registrar.Attributes: "*"
            hf.AffiliationMgr: true
```

6. 数据库配置

目前，数据库支持 sqlite3、postgres、mysql 类型，可以在本段中进行配置。默认为 sqlite3 类型的本地数据库，位于配置目录下的 fabric-ca-server.db 文件中。如果要配置集群，则需要选用 postgres（9.5.5+ 版本）或 mysql（5.7+ 版本）远端数据库方式，并在前端部署负载均衡器（如 Nginx 或 HAProxy）。具体各个配置项的功能可以参考下面示例的注释部分：

```
db:
    type: sqlite3
    datasource: fabric-ca-server.db       # sqlite3 文件路径
    tls:
        enabled: false                    # 是否启用 TLS 来连接到数据库
        certfiles: db-server-cert.pem     # PEM 格式的数据库服务器的 TLS 根证书，可以
                                          # 指定多个，用逗号隔开
        client:
            certfile: db-client-cert.pem  # PEM 格式的客户端证书文件
            keyfile: db-client-key.pem    # PEM 格式的客户端证书私钥文件
```

例如，采用 postgres 类型时，可以使用如下示例配置：

```
db:
    type: postgres
    datasource: host=postgres_server port=5432 user=admin password=pass
dbname=fabric-ca-server sslmode=verify-full
```

其中，sslmode 可以为：

- disable，不启用 SSL。
- require，启用 SSL，但不进行证书校验。
- verify-ca，启用 SSL，同时校验 SSL 证书是否由可信 CA 签发。
- verify-full，启用 SSL，同时校验 SSL 证书是否由可信 CA 签发，以及校验服务器主机名匹配证书中名称。

如果采用 mysql 类型，则可以使用如下的示例配置：

```
db:
    type: mysql
    datasource: root:rootpw@tcp(sql_server:3306)/fabric-ca?parseTime=true&tls=
custom
```

7.LDAP 配置

配置使用远端的 LDAP 来进行注册管理，认证 enrollment 的用户名和密码，并获取用户属性信息。此时，服务端将按照指定的属性从 LDAP 获取对应的用户，并对 LDAP 中该用户实体的属性进行相应转换。当 LDAP 功能启用时，registry 中的配置将被忽略。

具体各个配置项的功能可以参考下面示例的注释部分：

```
ldap:
    enabled: false # 是否启用 LDAP，默认不启用
    url: ldap://<adminDN>:<adminPassword>@<host>:<port>/<base> # LDAP 的服务地址
    tls:
        certfiles:
            - ldap-server-cert.pem # PEM 格式的 LDAP 服务器的 TLS 根证书，可以放多个，
                                    # 用逗号隔开
        client:
            certfile: ldap-client-cert.pem    # PEM 格式的客户端证书文件
            keyfile: ldap-client-key.pem      # PEM 格式的客户端证书私钥文件
    attribute:                                # 从 LDAP 属性到 CA 属性的映射配置
        names: ['uid','member'] # LDAP 中匹配实体的属性
        converters: # 定义 LDAP 中实体转换为 CA 中使用的属性
            - name: hf.Registrar.Roles        # 映射目标
                value: map(attr("member"),"groups") # 映射规则，将实体在 LDAP 中的
                                                     # member 属性进行映射
        maps:
            groups:
                - name: dn1                   # member 属性中包括 dn1
                    value: peer               # 则替换为 peer
```

> **注意** 轻量级目录访问协议（LDAP），是一种为查询、搜索业务而设计的分布式数据库协议，一般具有优秀的读性能，但写性能往往较差。

8. 组织结构配置

每个组织可以包括若干个部门，组织结构配置的示例代码如下：

```
# 机构信息
affiliations:
    org1:
        - department1
        - department2
    org2:
        - department1
```

9. 签发证书相关配置

签发证书相关的配置包括签名方法、证书超时时间等。fabric-ca-server 可以作为用户证书的签发 CA（默认情况下）；还可以作为根 CA 进一步服务支持其他中间 CA。具体各配置项的功能可以参考下面示例的注释部分：

```
signing:
    default:                   # 默认情况下，用于签署 Ecert
        usage:                 # 所签发证书的 KeyUsage extension 域
            - digital signature
        expiry: 8760h
    profiles:                  # 不同的签发配置
        ca:                    # 签署中间层 CA 证书时的配置模板
            usage:             # 所签发证书的 KeyUsage extension 域
                - cert sign
                - crl sign
            expiry: 43800h     # 有效期为 5 年
            caconstraint:
                isca: true
                maxpathlen: 0 # 限制该中间层 CA 无法进一步签署中间层 CA，但可以签署实体证书
```

```
tls:                        # 签署 TLS 证书时的配置
   usage:
      - signing
      - key encipherment
      - server auth
      - client auth
      - key agreement
   expiry: 8760h      # 有效期为 1 年
```

10. 证书申请请求配置

当 CA 作为根证书服务时，将基于请求生成一个自签名的证书；当 CA 作为中间证书服务时，将请求发送给上层的根证书进行签署。CA 自身证书的申请请求配置的各配置项的功能，可以参考下面示例的注释部分：

```
csr:
   cn: fabric-ca-server # 这里建议跟服务器名一致
   keyrequest:
      algo: ecdsa
      size: 256
   names: # 证书通用名信息
      - C: US
         ST: "North Carolina"
         L:
         O: Hyperledger
         OU: Fabric
   hosts:
      - fabric-ca-server         # 主机名称
      - localhost
      - ca.example.com
   ca:                          # 配置后会加入证书的扩展字段
      expiry: 131400h           # 超时时间
      pathlength: 1             # 允许产生的中间证书的深度，1 意味着可以生成一级中间证书
```

11. Idemix 配置

使用 Idemix 时的配置功能如下所示：

```
idemix:
   rhpoolsize: 1000             # 撤销句柄池的大小。每个颁发证书都会绑定一个撤销句柄
   nonceexpiration: 15s         # nonce 的过期时间。nonce 用于创建 csr 发送给证书颁发者
   noncesweepinterval: 15m      # 过期 nonce 的清除等待时间
```

12. BCCSP 配置

区块链加密服务提供者（BCCSP）配置主要是对所选择的加密库进行操作，功能如下所示：

```
bccsp:
   default: SW
   sw:
      hash: SHA2
      security: 256
      filekeystore: # 存放密钥文件的路径
         keystore: msp/keystore
```

13. 多 CA 支持配置

多 CA 支持配置主要包括如下两种操作：

- cacount，自动创建除了默认 CA 外的多个 CA 实例，如 ca1、ca2 等。
- cafiles，指定多个 CA 配置文件路径，每个配置文件会启动一个 CA 服务，注意不同

配置文件之间需要避免出现冲突（如服务端口、TLS 证书等）。

14. 中间层 CA 配置

当 CA 作为中间层 CA 服务时的相关配置，包括父 CA 的地址和名称、登记信息、TLS 配置等。注意，当 intermediate.parentserver.url 非空时，意味着本 CA 是中间层 CA 服务，否则为根 CA 服务。具体各个配置项的功能可以参考下面示例的注释部分：

```
intermediate:
    parentserver:    # 父 CA 相关信息
        url:
        caname:

    enrollment:      # 在父 CA 侧的登记信息
        hosts:       # 证书主机名列表
        profile:     # 签发所用的 profile
        label:       # HSM 操作中的标签信息

    tls:             # TLS 相关配置
        certfiles:   # 信任的根 CA 证书
        client:      # 客户端验证启用时的相关文件
            certfile:
            keyfile:
```

15. CA 配置信息

该部分主要包括配置允许输错密码的重试次数，默认为 10。示例代码如下：

```
cfg:
    identities:
        passwordattempts: 10
```

16. operations 部分

该部分主要设置运行时对外的 RESTful 管理服务，包括监听的地址和 TLS 安全配置。各个配置项的功能可参考下面的示例，与 Peer 节点配置相同：

```
operations:
    # RESTful 管理服务的监听地址，需要指定为特定网口地址
    listenAddress: 127.0.0.1:9443

    # 如果采用 TLS 对接口进行保护，则需要修改下面的配置
    tls:
        enabled: false    # 是否启用 TLS 保护，默认关闭
        cert:
            file:         # 服务端使用的证书文件路径
        key:
            file:         # 服务端使用的私钥文件路径

        # 是否开启客户端验证以限定访问的客户端。默认关闭，推荐开启
        clientAuthRequired: false
        # 开启客户端验证时，信任的客户端根证书路径列表
        clientRootCAs:
            files: []
```

17. metrics 部分

metrics 部分负责配置统计服务，各配置项的含义如下所示，与 Peer 节点配置相同：

```
metrics:
```

```
provider: disabled # 统计服务类型，可以为 statsd（推送模式）、prometheus（拉取模式）
                   # 或 disabled（禁用）

statsd: # 如果使用 statsd 类型，则可以进行相关配置
    network: udp                    # 网络协议类型，可以为 TCP（更稳定）或 UDP（性能好）
    address: 127.0.0.1:8125         # 修改为外部 statsd 的服务地址
    writeInterval: 10s              # 推动统计汇报到 statsd 的时间间隔
    prefix:                         # 为所有统计推送添加前缀
```

13.7　与服务端进行交互

用户可以采用包括 RESTful API 在内的多种方式与 Fabric CA 服务端进行交互。其中最简便的是通过客户端工具 fabric-ca-client 进行交互。

1. 配置读取

与 fabric-ca-server 类似，fabric-ca-client 所需要的相关配置会依次尝试从命令行参数、环境变量（命名需要带有 FABRIC_CA_CLIENT_ 前缀）或主配置目录（未指定配置文件路径时）下的本地配置文件中读取，默认配置文件名为 fabric-ca-client-conf.yaml。

主配置目录会首先从命令行选项 -home 查找。如果不存在，会依次尝试从环境变量 FABRIC_CA_CLIENT_HOME、FABRIC_CA_HOME、CA_CFG_PATH 中读取。当这些环境变量均未存在时，fabric-ca-client 服务会使用默认的 $HOME/.fabric-ca-client 作为主目录来搜索相关的配置文件。

下面展示包括登记用户、登记节点和注册用户等常见操作。

2. 登记用户

通过 enroll 命令可以对注册到 fabric-ca-server 中的实体进行登记，获取其证书信息。例如通过如下命令访问本地的 Fabric CA 服务，采用默认的 admin 用户进行登记：

```
$ fabric-ca-client enroll -u http://admin:adminpw@localhost:7054
User provided config file: .fabric-ca-client/fabric-ca-client-config.yaml
[INFO] Created a default configuration file at /root/.fabric-ca-client/fabric-
ca-client-config.yaml
[INFO] generating key: &{A:ecdsa S:256}
[INFO] encoded CSR
[INFO] Stored client certificate at /root/.fabric-ca-client/msp/signcerts/cert.pem
[INFO] Stored root CA certificate at /root/.fabric-ca-client/msp/cacerts/local
host-7054.pem
[INFO] Stored Issuer public key at /root/.fabric-ca-client/msp/IssuerPublicKey
[INFO] Stored Issuer revocation public key at /root/.fabric-ca-client/msp/Issuer
RevocationPublicKey

$ tree /root/.fabric-ca-client
/root/.fabric-ca-client
|-- fabric-ca-client-config.yaml
`-- msp
    |-- IssuerPublicKey
    |-- IssuerRevocationPublicKey
    |-- cacerts
    |   `-- localhost-7054.pem
    |-- keystore
    |   `-- e08cbc12c26628e0b6f2cf23fd6d5768c54e281160ba57bbb67e1c470c2c56b3_sk
    |-- signcerts
```

```
|   `-- cert.pem
`-- user
```

```
5 directories, 6 files
```

默认情况下，会在主目录下创建默认的配置文件 fabric-ca-client-config.yaml 和 msp 子目录（包括签发的证书文件）。

3. 登记节点

登记 Peer 或排序节点的操作与登记用户身份操作类似。还可以通过 --mspdir 指定本地 MSP 的根路径来存放证书文件，示例代码如下：

```
$ fabric-ca-client enroll -u http://peer0:peer0pw@localhost:7054 --mspdir <MSP_PATH>
```

4. 注册用户

登记后的用户可以采用如下命令来注册新的用户，返回新用户的登记口令：

```
$ fabric-ca-client register \
    --id.name user1 \
    --id.type client \
    --id.affiliation org1.department1 \
    --id.attrs '"hf.Registrar.Roles=peer,client"' \
    --id.attrs 'hf.Revoker=true,user_feature=value'
[INFO] Configuration file location: /root/.fabric-ca-client/fabric-ca-client-config.yaml
    Password: vOJQYRwxVJUR
```

13.8　客户端命令剖析

fabric-ca-client 命令行可以与服务端进行交互，包括 affiliation、certificate、enroll、gencrl、gencsr、getcainfo、identity、reenroll、register、revoke、version 等子命令，这些命令通过访问服务端的 RESTful API 来实现。

- affiliation：管理部门信息。
- certificate：管理证书。
- enroll：登记成员，获取为其签发的身份证书。
- gencrl：获取证书撤销文件。
- gencsr：生成证书签名请求文件。
- getcainfo：获取 CA 服务的证书链。
- identity：管理成员实体。
- reenroll：再次登记成员。
- register：注册成员实体到数据库，之后可以通过登记得到证书。
- revoke：吊销签发的实体证书。
- version：打印版本信息。

这些子命令在实现上都是通过调用服务端提供的 RESTful 接口来进行操作的，并且都支持一系列全局命令参数。

13.8.1　全局命令参数

全局命令参数包括通用参数、证书签名请求参数、登记相关参数、身份实体相关参数、吊销证书相关参数、TLS 等多个类型。

1. 通用参数

通用参数都比较简单，所有命令都可以使用，如表 13-12 所示。

表 13-12　客户端通用参数

参数	类型	说明
--caname	string	指定所连接 CA 服务实例名称
-d, --debug	—	Debug 模式，输出更多日志内容
-H, --home	string	配置文件所在路径，默认为 /.fabric-ca-client
--loglevel	string	日志级别，包括 info、warning、debug、error、fatal、critical
-M, --mspdir	string	指定所生成证书的存放路径，默认为主配置目录下的 msp 子目录
-u, --url	string	进行连接的 fabric-ca-server 服务地址，默认为 http:// localhost:7054

2. 证书签名请求参数

证书签名请求（certificate signing request）文件十分重要，在 enroll 和 reenroll 相关过程中需要提供给服务端，参数总结如表 13-13 所示。

表 13-13　客户端证书签名请求参数

参数	类型	说明
--csr.cn	string	CA 证书通用名（common name）域
--csr.hosts	stringSlice	主机（host）名称域
--csr.keyrequest.algo	string	签名密钥算法
--csr.keyrequest.size	int	密钥的长度
--csr.names	stringSlice	指定证书中的属性，如 C=CA,O=Org1
--csr.serialnumber	string	序列号（serial number）域，会成为 DN（Distinquished Name）的一部分
-m, --myhost	string	CA 签名请求文件中所添加的主机名，默认为本地主机名称

3. 登记相关参数

登记相关参数包括登记证书代表的属性、硬件安全模块操作标签、颁发证书的配置等，参数的具体类型及说明如表 13-14 所示。

表 13-14　登记相关参数

参数	类型	说明
--enrollment.attrs	stringSlice	指定登记的属性列表
--enrollment.label	string	HSM（硬件安全模块）操作相关的标签
--enrollment.profile	string	指定服务端签发证书时所使用的配置
--enrollment.type	string	签发证书的类型，为 x509（默认值）或 idemix

4. 身份实体相关参数

身份实体相关参数主要应用到注册和登记环节，如表 13-15 所示。

表 13-15　身份实体相关参数

参数	类型	说明
--id.affiliation	string	注册实体的结构
--id.attrs	string	身份实体的属性列表
--id.maxenrollments	int	重复 enroll 的允许次数，默认为无限次
--id.name	string	注册实体的名称
--id.secret	string	注册实体的密码
--id.type	string	注册实体的类型，包括 client（默认值）、peer、app、user 等

5. 吊销证书相关参数

吊销证书相关参数用于吊销证书操作环节，如表 13-16 所示。

表 13-16　吊销证书相关参数

参数	类型	说明
-a, --revoke.aki	string	所吊销证书的颁发者的公钥标识（Authority Key Identifier，AKI）
-e, --revoke.name	string	所吊销证书所属的实体名称
-r, --revoke.reason	string	吊销证书的原因
-s, --revoke.serial	string	所吊销证书的序列号

其中，证书颁发者的公钥标识号代表了对该证书进行签发机构的身份，一般为上级证书的证书使用者密钥标识符（Subject Key Identifier）。序列号信息则由 CA 维护，用来追踪该证书，当该证书被撤销时，序列号会被放入证书撤销列表中。AKI 和序列号可以通过如下命令（查看证书内容）来获得：

```
$ openssl x509 -in msp/signcerts/cert.pem -text -noout
Certificate:
    Data:
        Version: 3 (0x2)
        Serial Number: // 下面的字符串就是序列号
            0e:ff:93:d8:eb:9f:03:d6:39:63:d7:50:e9:ed:27:60:69:5d:35:e1
    ...
        X509v3 extensions:
            ...
            X509v3 Authority Key Identifier: // keyid 后的字符串就是 AKI
                keyid:07:25:7E:6E:99:71:1C:40:32:1E:2C:E4:EE:E7:18:14:03:F3:3B:62
        Signature Algorithm: ecdsa-with-SHA256
            ...
```

也可以通过如下命令来快速提取 AKI 和序列号：

```
$ openssl x509 -in msp/signcerts/cert.pem -text -noout | awk '/keyid/ {gsub(/ *keyid:
|:/,"",$1);print tolower($0)}'
07257e6e99711c40321e2ce4eee7181403f33b62
$ openssl x509 -in msp/signcerts/cert.pem -serial -noout | cut -d "=" -f 2
0EFF93D8EB9F03D63963D750E9ED2760695D35E1
```

6.TLS 相关参数

TLS 接相关配置参数如表 13-17 所示。

表 13-17 客户端 TLS 相关参数

参数	类型	说明
--tls.certfiles	stringSlice	被信任的若干证书文件，PEM 编码格式
--tls.client.certfile	string	双向 TLS 时，客户端的身份验证证书文件
--tls.client.keyfile	string	双向 TLS 时，客户端的签名私钥文件

13.8.2　affiliation 命令

affiliation 命令用于对机构信息进行管理。命令格式为：fabric-ca-client affiliation [command]。支持添加（add）、列出（list）、修改名称（modify）和删除（remove）等子命令。其中，add、modify、remove 支持 --force 参数，指定强制执行。

13.8.3　enroll 命令

enroll 命令用于登记成员，向服务端申请签发 ECert 证书。命令格式为 fabric-ca-client enroll -u http:// user:userpw@serverAddr:serverPort [flags]。例如，采用下面命令获取证书文件并保存到本地：

```
$ fabric-ca-client enroll -u http:// admin:adminpw@localhost:7054
User provided config file: .fabric-ca-client/fabric-ca-client-config.yaml
[INFO] Created a default configuration file at /root/.fabric-ca-client/fabric-
ca-client-config.yaml
[INFO] generating key: &{A:ecdsa S:256}
[INFO] encoded CSR
[INFO] Stored client certificate at /root/.fabric-ca-client/msp/signcerts/cert.pem
[INFO] Stored root CA certificate at /root/.fabric-ca-client/msp/cacerts/local
host-7054.pem
[INFO] Stored Issuer public key at /root/.fabric-ca-client/msp/IssuerPublicKey
[INFO] Stored Issuer revocation public key at /root/.fabric-ca-client/msp/Issuer
RevocationPublicKey
```

该命令会在默认的主配置目录下创建 msp 目录，并存放与证书相关的文件。示例代码如下：

```
`-- msp
    |-- IssuerPublicKey
    |-- IssuerRevocationPublicKey
    |-- cacerts
    |   `-- localhost-7054.pem
    |-- keystore
    |   `-- e08cbc12c26628e0b6f2cf23fd6d5768c54e281160ba57bbb67e1c470c2c56b3_sk
    |-- signcerts
    |   `-- cert.pem
    `-- user
```

其中，各目录内容如下：

- IssuerPublicKey，idemix 中使用，签发者的公钥。
- IssuerRevocationPublicKey，Idemix 中使用，已撤销的公钥。
- cacerts，存放有 CA 服务端的证书。
- keystore，对应客户端签名证书的私钥文件。
- signcerts，存放服务端签发的代表客户端身份的证书。
- user，Idemix 中使用，存放用户相关身份文件。

实现过程也十分简单。首先利用本地配置信息（主要是 csr 字段下信息）以及生成的私钥和证书请求结构，构建 EnrollmentRequestNet 结构，之后通过 RESTful 接口 /enroll 发送给服务端。

EnrollmentRequestNet 结构中将包括如下信息。

- CAName：服务的实例名称。
- SignRequest 信息。
  - Hosts：代表的主机列表。
  - Request：CSR 请求内容，包括通用名、名称、主机、生成私钥算法和大小、CA 配置和序列号等信息。
  - Subject：所签发对象的主体。
  - Profile：服务端签发时采用的 Profile。
  - CRLOverride：覆盖撤销列表。
  - Label：HSM 操作中的标签。
  - Serial：序列号信息，会出现在证书的 DN 字段中。
  - Extensions：证书扩展域。
  - NotBefore：在某时间之前不可用。
  - NotAfter：在某时间之后不可用。
- AttributeRequest 列表信息。
  - Name：属性名称。
  - Optional：是否可选。

服务器返回消息包含有如下 EnrollmentResponse 结构信息。

- Identity：代表所签发的 ECert 证书等信息。
  - name：名称。
  - client：客户端信息，包括主目录、配置、各文件路径等。
  - creds：身份文件列表，包括证书、私钥等。
- GetCAInfoResponse：服务器的信息。
  - CAName：CA 服务名称。
  - CAChain：证书链信息。
  - IssuerPublicKey：Idemix 签发者的公钥。
  - IssuerRevocationPublicKey：Idemix 签发者撤销的公钥。
  - Version：CA 服务版本号。

客户端利用收到的 EnrollmentResponse 结构解析出相关的文件内容，并保存到本地。注意，再次执行 enroll 命令会生成新的证书和密钥文件。

13.8.4　gencrl 命令

gencrl 命令用来获取吊销的证书列表文件。命令格式为 fabric-ca-client gencrl [flags]。支持的选项如下：

- --expireafter string，包括在指定时间戳（RFC3339 格式）之后失效的证书。
- --expirebefore string，包括在指定时间戳（RFC3339 格式）之前无效的证书。
- --revokedafter string，包括在指定时间戳（RFC3339 格式）之后吊销的证书。
- --revokedbefore string，包括在指定时间戳（RFC3339 格式）之前吊销的证书。

13.8.5 gencsr 命令

gencsr 命令用来生成证书签名请求文件。命令格式为 fabric-ca-client gencsr [flags]。支持 --csr.cn string 参数，来指定证书签名请求文件中的通用名。

13.8.6 getcacert 和 getcainfo 命令

getcacert 和 gecainfo 命令用来获取 CA 服务端的证书链信息。命令格式为 fabric-ca-client getcacert -u http:// serverAddr:serverPort -M <MSP-directory> [flags]。例如，采用下面的命令获取服务端证书文件，保存到本地主配置目录的 msp/cacerts 路径下：

```
$ fabric-ca-client getcacert -u http:// admin:adminpw@localhost:7054
[INFO] Configuration file location: /.fabric-ca-client/fabric-ca-client-config.yaml
[INFO] Stored root CA certificate at /.fabric-ca-client/msp/cacerts/localhost-7054.pem
[INFO] Stored intermediate CA certificates at /.fabric-ca-client/msp/intermediatecerts/
localhost-7054.pem
```

实现上，客户端封装了 GetCAInfoRequest 结构，其中包括 CAName 信息，发送到服务端的 /cainfo 接口。服务端收到请求后返回 GetServerInfoResponse 结构，其中包括 CAName 和 CAChain 数据。客户端将收到的证书链（CAChain）的第一个证书写到 msp/cacerts 路径下，命名为 "服务器主机名 – CA 实例名 .pem"，并将所有证书写到 msp/intermediatecerts 路径下。

13.8.7 identity 命令

identity 命令用于对成员进行管理。命令格式为 fabric-ca-client identity [command]。支持添加（add）、列出（list）、修改名称（modify）和删除（remove）等子命令。其中，add、modify 支持如下参数：

- --affiliation string，指定成员的机构。
- --attrs stringSlice，属性列表，如 a=1，b=2。
- --json string，用 JSON 格式指定的成员信息。
- --maxenrollments int，可以被重复登记的次数，不指定则使用 CA 服务端的配置。
- --secret string，所添加成员的口令。
- --type string，成员的类型，如 peer、orderer 等，默认为 user。

list 子命令支持 --id string 参数，列出指定的成员。

remove 子命令支持 --force 参数，强制删除成员。

13.8.8 reenroll 命令

reenroll 命令会利用本地配置信息，再次执行 enroll 过程，生成新的签名证书材料。命令格式为 fabric-ca-client reenroll [flags]。执行过程如下所示，与 enroll 过程类似，用来获取新的证书文件：

```
$ fabric-ca-client reenroll
[INFO] Configuration file location: /.fabric-ca-client/fabric-ca-client-config.yaml
[INFO] generating key: &{A:ecdsa S:256}
[INFO] encoded CSR
[INFO] Stored client certificate at /.fabric-ca-client/msp/signcerts/cert.pem
[INFO] Stored root CA certificate at /.fabric-ca-client/msp/cacerts/localhost-
7054.pem
[INFO] Stored intermediate CA certificates at /.fabric-ca-client/msp/intermediatecerts/
localhost-7054.pem
```

实现上，客户端首先要构造 ReenrollmentRequest 结构。其中包括：

- Label，HSM 过程相关的标签。
- Profile，服务端签发采用的 Profile。
- CSR，证书申请请求相关信息，包括通用名、名称、主机、生成私钥算法和大小、CA 配置和序列号等信息。
- CAName，CA 服务实例名称。

请求发送到服务端的 /reenroll 接口，服务端处理后返回 EnrollmentResponse 结构信息。客户端利用收到的 EnrollmentResponse 结构解析出相关的证书文件内容，并保存到本地。

13.8.9　register 命令

register 命令用于注册新的成员。命令格式为 fabric-ca-client register [flags]。执行注册新用户实体的客户端必须已经通过了登记认证，并且拥有足够的权限（所注册用户的 hf.Registrar.Roles 和 affiliation 都不能超出调用者属性）来进行注册。

例如，通过如下命令来注册新的用户 new_user：

```
$ fabric-ca-client register --id.name new_user --id.type user --id.affiliation
org1.department1 --id.attr hf.Revoker=true
User provided config file: /.fabric-ca-client/fabric-ca-client-config.yaml
Configuration file location: /.fabric-ca-client/fabric-ca-client-config.yaml
Password: MzklQbeynSqa
```

注册成功后系统会返回用来登记的密码。

当然，也可以通过 --id.secret new_user_password 来指定登记的密码，实现过程如下。

客户端构造 RegistrationRequest 结构发送到服务器 /register 接口。RegistrationRequest 结构包括：

- Name，实体名称。
- Type，实体类型，包括 peer、app、user 等。
- Secret，实体的登记密码，如果不提供，则服务端会自行生成随机密码。
- MaxEnrollment，该实体最多重复登记的次数。
- Affiliation，实体所属机构。
- Attributes，实体的属性信息。
- CAName，CA 服务实例名称。

服务端处理通过后，返回 RegistrationResponse 结构，其中只包括 Secret 信息。

13.8.10　revoke 命令

revoke 命令用于吊销指定的证书或者指定实体相关的所有证书。命令格式为 fabric-ca-client revoke [flags]。支持 --gencrl 参数，获取证书吊销列表文件。

执行 revoke 命令的客户端的身份必须拥有足够的权限——hf.Revoker 为 true，并且被吊销者机构不能超出吊销者机构的范围，如 a.b 机构拥有者可以吊销 a.b.c，反之则不行。例如，通过如下命令吊销用户 new_user，并通过 -r 指定原因：

```
$ fabric-ca-client revoke -e "new_user" -r "affiliationchange"
```

```
[INFO] User provided config file: /.fabric-ca-client/fabric-ca-client-config.yaml
[INFO] Configuration file location: /.fabric-ca-client/fabric-ca-client-config.yaml
Revocation was successful
```

实现上，客户端构造 RevocationRequest 结构发送到服务器 /revoke 接口。

RevocationRequest 结构包括：

- Name，所吊销实体名称，如不提供，则通过序列号和 AKI 来指定吊销某个证书。
- Serial，所吊销证书的序列号。
- AKI，所吊销证书的颁发者的公钥标识符。
- Reason，吊销的原因。
- CAName，CA 服务实例名称。

服务端进行吊销，不返回内容。其中，吊销原因是枚举类型，遵循 rfc5280 规范 "Internet X.509 Public Key Infrastructure Certificate and Certificate Revocation List (CRL) Profile"。具体类型在 https:// godoc.org/golang.org/x/crypto/ocsp 中定义，包括如下合法取值：

```
const (
    Unspecified         = iota
    KeyCompromise       = iota
    CACompromise        = iota
    AffiliationChanged  = iota
    Superseded          = iota
    CessationOfOperation = iota
    CertificateHold     = iota

    RemoveFromCRL       = iota
    PrivilegeWithdrawn  = iota
    AACompromise        = iota
)
```

13.9 客户端配置文件解析

整体分为通用配置、TLS 配置、证书签名申请配置、注册实体信息管理配置、登记配置、BCCSP 配置等部分。

1. 通用配置

主要包括指定所访问的服务端的地址、本地身份的 MSP 路径等，示例代码如下：

```
# 要连接的 Fabric CA 服务的监听地址，默认为 http:// localhost:7054
url: http:// localhost:7054

# 客户端帮助 Peer 或 Orderer 执行 enroll 命令时，指定希望存放证书文件的 MSP 路径。如果是相
# 对路径，则默认是相对于主配置路径
mspdir: # 默认为 msp
```

2.TLS 配置

当客户端和服务端之间采用 TLS 连接时，需要进行配置，主要包括根证书文件位置、TLS 证书和密钥等。具体各配置项的功能可以参考下面示例的注释部分：

```
tls:
    certfiles:      # 信任的若干根证书文件
    client:
        certfile: # 客户端的 TLS 认证证书文件，PEM 格式
        keyfile:  # 客户端的 TLS 认证私钥文件，PEM 格式
```

3. 证书签名申请配置

客户端想要申请一个 ECert 时，需要提供与证书签名申请文件（CSR）相关的信息。具体各配置项的功能可以参考下面示例的注释部分：

```
csr:
    cn: admin              # 进行签名的实体的通用名
    keyrequest:            # 指定签名的算法和密钥长度
        algo: ecdsa
        size: 256
    serialnumber:          # 会被附加到生成证书的 Distinquished Name 域，作为鉴别信息的一部分
    names:
        - C: US            # 国家名称
            ST: "North Carolina" # 州名称
            L:             # 位置，一般为城市名称
            O: Hyperledger # 组织名称
            OU: Fabric   # 组织下的单位名称
    hosts:                 # 所代表的主机名称列表
        - peer1
```

4. 注册实体信息管理配置

新注册一个实体的信息，包括名称、类型、最大 enroll 次数、机构和属性等。具体各配置项的功能可以参考下面示例的注释部分：

```
id:
    name: test_user       # 实体名称
    type: user            # 实体类型，包括 peer、orderer、app、user 等
    affiliation: org1.department1 # 机构。一般地，上级机构拥有比下级机构更大的权限，如
                                   # a.b > a.b.c
    maxenrollments: -1 # 最大 enroll 重试次数。特别地，-1 表示无限制，0 表示不支持登记。
    attributes:           # 实体的属性，如 hf.Registrar.Roles 可以确定注册身份和权限
        - name: hf.Revoker
            value: true
```

5. 登记配置

与登记相关的配置，主要包括签发证书所使用的 profile 和 HSM 操作 label 等。具体各配置项的功能可以参考下面示例的注释部分：

```
enrollment:
    profile:              # 服务端签发证书时所使用的 profile
    label:                # HSM（硬件安全模块）操作相关的标签
```

6.BCCSP 配置

BCCSP 配置用于指定加密的安全库和私钥文件路径等，默认采用 ECDSA 签名算法。具体各配置项的功能可以参考下面示例的注释部分：

```
bccsp:
    default: SW
    sw:
        hash: SHA2
        security: 256
        filekeystore:
            # 私钥文件路径
            keystore: msp/keystore
```

13.10　生产环境部署

Fabric CA 在整个证书管理环节中处于十分核心的位置。在生产环境中部署时，必须从多个

方面进行考虑,以充分确保安全性、可靠性、规范性等指标。

1. 根证书的生成

根证书目前可以从权威机构(包括 GolbalSign、VeriSign)申请,也可以采用自行签名的方式生成。从技术上来讲,两者都可以完成部署过程,并且都能保证同样的安全。但不同场景下两者各有利弊,具体如表 13-18 所示。

表 13-18　根证书生成方式的比较

指标	权威机构颁发	自行签名
适用场景	公开、私有	私有
安全性	经过验证	取决于证书管理人员操作
易用性	易分发,系统往往自带根证书	手动分发
可管理性	第三方管理	本地管理

因此,如果应用场景中不仅包括私有网络,还需要可靠的证书机制,推荐采用权威机构颁发的根证书;如果仅面向私有网络场景,并且技术团队有较丰富的证书管理经验,则可以采用自行签名的方法进行部署。

2. 分层部署结构

在实际部署中,PKI 推荐采用分层的结构,即不由根 CA 直接签发证书,而是通过由根 CA 签发的中间 CA 甚至更下层 CA(统称为 Intermediate CA)来实现对服务器实体和用户证书的管理,如图 13-1 所示。Fabric CA 很好地支持了该功能。

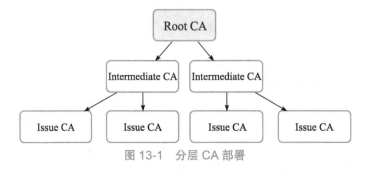

图 13-1　分层 CA 部署

之所以采用分层结构,是因为在 CA 颁发证书的过程中都需要 CA 的私钥进行签名,而一旦 CA 私钥发生泄露或所颁发证书被破坏,则该 CA 的信任性就遭到了破坏,需要对该 CA 以及依赖它的所有安全机制进行重建(可以想象,更换一个根 CA 将带来大量变更和挑战)。

因此,通过分层结构,可以隔离破坏的风险,即便发生私钥泄露,也只是影响到某个中间 CA。并且,该 CA 一旦出现问题,其自身的证书可以很容易被上层 CA 撤销。同时,在采用分层结构的情况下,根证书私钥可以处于离线状态,可以进行最强等级的保护(如采用基于硬件的机制),以保障安全。

3. 身份证书与 TLS 证书

身份证书可以用于识别网络中的身份,并进一步基于身份实现权限管控。

TLS 证书则从另一个维度来保护网络中进行的通信。在通信双方建立安全连接时，TLS 证书同样采用证书机制来进行身份识别。最常见的情况是在服务端启用 TLS 机制。这种情况下客户端会事先获取服务端的证书，并请求服务端发送带有签名的消息，用可信的服务端证书进行认证。反过来，也可以对客户端进行 TLS 认证，这样就能确保连接到服务端的用户都是预先许可的用户。

Fabric 中的身份证书和 TLS 证书是两个层面：前者进行网络中的身份管理（包括权限、消息签名等），后者确保安全连接。为了达到更安全的级别，需要同时启用这两种机制。如果使用 Fabric CA 来签署两种证书，建议分别使用专门的 CA 服务进行管理。

4. 负载均衡和高可用

由于 Fabric CA 的服务端是典型的提供 RESTful 请求的 Web 服务，因此很容易采用用传统 Web 服务器进行扩展的方式进行负载均衡，并实现高可用，包括开源的 Nginx、HAProxy，或商用的 F5 等。

这里给出基于 HAProxy 1.7.0+ 的配置例子，负载均衡到四个本地 fabric-ca 服务上。新建一个配置文件 haproxy.cfg，内容为：

```
global # 全局属性
    daemon                        # 是否在后台运行
    maxconn 4096                  # 最大支持的并发连接数

defaults                          # 默认的参数，对其他段都起作用
    mode tcp                      # TCP 转发模式，也可以为 HTTP 模式
    timeout connect 5000ms        # 连接到后端 server 的超时
    timeout client 15000ms        # 来自客户端的超时时间
    timeout server 15000ms        # 后端服务器的超时时间

frontend http-in                  # 前端服务 http-in，接收来自客户端的请求
    bind *:7054                   # 监听在对外的 7054 端口
    default_backend fabric-ca     # 转发的后端服务名称

backend  fabric-ca                # 后端服务，转发的目标，一共有 4 个服务
    balance roundrobin
    server server1 127.0.0.1:8001 maxconn 1024
    server server2 127.0.0.1:8002 maxconn 1024
    server server3 127.0.0.1:8003 maxconn 1024
    server server4 127.0.0.1:8004 maxconn 1024
```

启动 4 个 fabric-ca-server 服务，分别监听到本地的 8001、8002、8003、8004 端口上。注意这些 CA 服务后端都连接到同一个数据库集群。之后采用如下命令启动 HAProxy 服务即可：

```
$ haproxy -f haproxy.cfg
```

13.11　本章小结

本章讲解了 Fabric CA 项目提供的诸多功能，包括如何安装、配置，以及提供 Fabric 网络中的身份证书。最后还探讨了生产环境部署的注意事项。

Fabric CA 项目提供了用户的注册、证书的分发和撤销等核心功能，并且支持分层的部署模型、TLS、负载均衡等特性，可替代传统 CA，满足不同的复杂应用场景。

Fabric CA 项目遵循了 PKI 体系。因此，使用 Fabric CA 的过程应当遵从传统 CA 的一些最佳实践，以确保安全。另外，在规章制度、操作流程上也要严格管理，并进行充分验证。

进 阶 篇

第 14 章
Fabric 架构与设计

架构之道，在于权衡。

超级账本 Fabric 项目自诞生起就吸引了全球众多企业的密切关注。作为首次引入权限管理机制的重要尝试，Fabric 可扩展的架构设计、开放的接口风格、可拔插的组件化实现……都为面向企业的分布式账本平台设计和实现提供了重要参考。

本章将着重剖析超级账本 Fabric 项目的核心架构与创新设计，包括核心的功能组件、底层通信协议、权限管理机制，以及用户链码和系统链码组件。最后，还介绍了网络共识组件——排序服务的设计和实现。

通过本章学习，读者可以从架构的角度认识企业级分布式账本平台的设计思路和逻辑，了解 Fabric 在功能、性能、安全、隐私等各方面的权衡技巧。

14.1　整体架构概览

超级账本 Fabric 自诞生以来已经发布了两个主要版本：1.0 系列版本（2017 年 7 月）和 2.0 系列版本（2020 年 1 月）。

2016 年 9 月，Fabric 发布了 v0.6.0 预览版本，通过这一版本社区收集了大量来自实践的反馈和建议，主要集中在性能、安全、可扩展性等方面。2017 年 7 月推出 1.0 系列版本，这一版本重新设计了整体架构，改善了可扩展性和安全性，消除了性能瓶颈，首次实现每秒数千次的吞吐性能。最新的 2.0 系列版本则进一步提高了可扩展性和安全性。重新设计了链码生命周期管理，支持外部链码来解耦 Peer 和链码；同时扩展了共识机制，能够更好地支持 Raft 等扩展性更优的共识算法。

1. 核心特性

目前，为了实现安全、可扩展、易管理的企业级分布式账本，Fabric 在架构设计上主要包括了如下特性：

- 采用"背书（Endorse）-> 排序（Order）-> 提交（Commit）"模型，解耦排序处理与其他逻辑，消除网络整体瓶颈。
- 交易节点逻辑上分为背书节点（Endorser）、记账节点（Committer）等角色，允许根据负载情况调整部署。
- 支持多通道特性，不同通道之间的账本数据彼此完全隔离。配合私密数据库和权限管理，实现细粒度的隐私保护。
- 支持可拔插的架构，包括共识、权限管理、加解密、账本机制、链码执行等模块，支持多种实现和多种合约语言。
- 支持运行时的管理接口，可以在线查询健康状态和系统的各项运行指标，实时变更日志级别等，方便运维管理。
- 集成了身份证书管理服务，通过 Fabric CA 项目提供完整的证书签发和撤销等管理功能。

2. 整体架构

超级账本 Fabric 的整体架构如图 14-1 所示，包括应用、账本、链码、区块链结构、数据库、共识、权限管理、数字证书、网络层等多个组件。

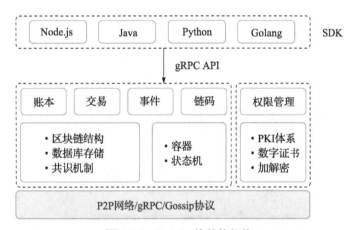

图 14-1　Fabric 的整体架构

其中，账本是最核心的资源，记录合约和交易数据，应用通过发起交易调用合约来向账本中记录数据。合约执行的逻辑通过链码来实现。多个节点共同组成网络，网络运行中发生的事件可以通过事件机制通知给应用甚至其他系统。权限管理则负责在整个过程中进行合适的访问控制。

账本实现依赖于核心的区块链结构、数据库存储、共识机制等技术；链码实现则依赖容器、状态机等技术；权限管理利用了已有的 PKI 体系、数字身份证书、加解密算法等诸多安全技术。

最底层由多个节点组成 P2P 网络，彼此通过 gRPC 通道进行交互，利用 Gossip 协议进行数据同步。层次化结构提高了架构的可扩展和可插拔性，底层开发者在二次开发时仅需修改相关的模块单元。

另外，为了方便应用开发者，Fabric 还提供了 gRPC API 和 SDK（封装 gRPC API）。通常情况下，应用开发者只需要操作 SDK 即可访问网络中的资源（包括账本、交易、链码、事件等），无须关心底层网络实现。

3. 典型工作流程

根据交易生命周期各个阶段工作负载侧重不同的特点，Fabric 将网络内节点分为 CA 节点、Orderer（排序）节点和 Peer 节点三大类。Peer 节点在逻辑上全部对应通道内的记账节点，部分 Peer 节点还可兼任背书节点（Endorser）角色。这种角色分工，可以让不同类型节点专注处理自己所擅长的业务。

典型的交易处理核心过程如图 14-2 所示，包括 5 个主要环节。

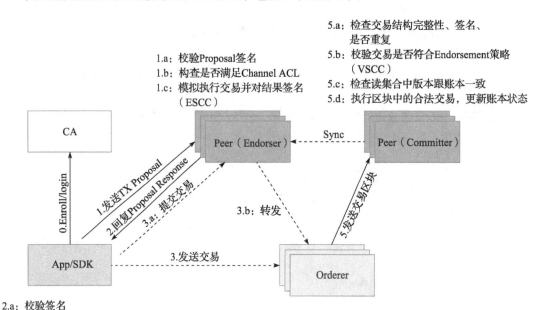

图 14-2　交易处理核心过程示例

在整个交易过程中，各个组件执行不同的功能。

- **客户端创建请求**：客户端应用使用 SDK 与 Fabric 网络打交道。首先，客户端从 CA 获取合法的身份证书以便加入网络内的应用通道。发起正式交易前，需要先构造交易提案（Proposal）提交给 Endorser 进行背书（通过 EndorserClient 提供的 ProcessProposal(ctx context.Context, signedProp *pb.SignedProposal) (*pb.ProposalResponse, error) 接口）。客户端收集到足够（背书策略决定）的背书支持后，可以利用背书构造一个合法的交易请求，发给 Orderer 进行排序（通过 BroadcastClient 提供的 Send(env *cb.Envelope) error 接口）处理。客户端还可以通过事件机制来监听网络中消息，获知交易是否被成功接收。

自带的命令行客户端实现位于 internal/peer/chaincode/ 目录下。

- Endorser 节点进行背书：主要提供 ProcessProposal(ctx context.Context, signedProp *pb. SignedProposal) (*pb.ProposalResponse, error) 方法（代码在 core/endorser/endorser.go 文件）供客户端调用，完成对交易提案的背书（目前主要是签名）处理。收到来自客户端的交易提案后，首先进行合法性和 ACL 权限检查，检查通过则模拟运行交易，对交易导致的状态变化（以读写集形式记录，包括所读状态的键和版本，所写状态的键值）进行背书，并返回结果给客户端。注意通道内可以只选择部分节点担任 Endorser 角色。主要代码在 core/endorser 目录下。

- Committer 节点更新账本：负责维护区块链结构和数据库（包括状态数据库、历史数据库、索引数据库等）。该节点定期地从 Orderer 或领导节点获取排序后的批量交易区块结构，对这些交易进行落盘前的最终检查（包括交易消息结构、签名完整性、是否重复、读写集合版本是否匹配等）。检查通过后，将合法交易的执行结果写入账本，同时构造新的区块，更新区块中 BlockMetadata[2]（TRANSACTIONS_FILTER）元数据，添加合法性标记。所有 Peer 都担任 Committer 角色。主要实现代码在 core/committer 目录下。

- 排序节点进行排序：Orderer 为网络中所有合法交易进行全局排序，并将排序后的一批交易组合生成区块结构。Orderer 不需要与交易内容打交道。主要实现代码在 orderer 目录下。对外主要提供 Broadcast(srv ab.AtomicBroadcast_BroadcastServer) error 和 Deliver(srv ab.AtomicBroadcast_DeliverServer) error 两个 gRPC 方法（代码在 orderer/common/server/ 目录下）。

- CA 管理身份证书：参照 PKI 架构，负责网络中所有证书的管理（签发的、撤销等）。实现位于单独的 fabric-ca 项目中。CA 在签发证书后，自身并不参与网络中的交易过程。

经过这些步骤，网络中的交易得到共识并记录到账本中，任何节点都无法推翻或篡改交易历史。

14.2　核心概念与组件

要理解超级账本 Fabric 的设计，首先要掌握其最基本的核心概念与组件，如节点、交易、排序、共识、通道等。

弄清楚这些核心组件的功能，就可以准确把握 Fabric 的底层运行原理，深入理解其在架构上的设计初衷。知其然，进而可以知其所以然。超级账本 Fabric 采用了模块化设计，如图 14-3 所示。

总体来看，超级账本 Fabric 面向不同角色的用户提供不同模块功能，这些模块自下而上可以分为三层。

- 网络层模块：面向系统管理人员。实现 P2P 网络，提供底层构建区块链网络的基本能力，包括代表不同角色的节点和服务。

- 共识机制和权限管理模块：面向联盟和组织的管理人员。基于网络层的连通，实现共识机制和权限管理，提供分布式账本的基础。

- 业务层模块：面向业务应用开发人员。基于分布式账本，支持链码、交易等与业务相关的功能模块，提供更高一层的应用开发支持。

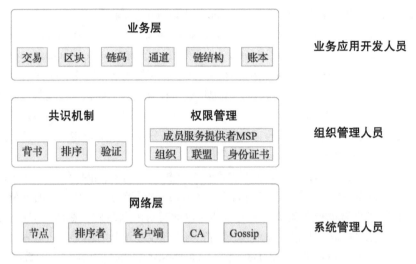

图 14-3　Fabric 的模块化设计

下面介绍各模块中的概念及组件功能。

14.2.1　网络层相关组件

网络层通过软、硬件设备，实现了对分布式账本结构的连通支持，包括 Peer 节点、排序节点、客户端等参与角色，还包括成员身份管理、Gossip 协议等支持组件。

1.Peer 节点

节点的概念最早来自 P2P 分布式网络，意味着在网络中担任一定职能的服务或软件。节点功能可能是对等一致的，也可能是分工合作的。

Peer 节点是 Fabric 网络的基本单元，在网络中负责对交易提案进行背书，并接受排序后的交易来维护账本的一致性。这些实例可能运行在裸机、虚拟机甚至容器中。节点之间通过 gRPC 消息进行通信。

目前按照功能角色，Peer 可以分为两种类型：

- Endorser（背书节点），负责对来自客户端的交易提案进行检查和背书。只有部署了链码的 Peer 可以对交易进行背书。
- Committer（记账节点），负责检查交易请求，执行交易并维护区块链和账本结构。所有 Peer 都是记账节点。

这些角色是逻辑功能上的划分，彼此并不相互排斥。一般情况下，网络中所有节点都具备 Committer 功能；部分节点具备 Endorser 功能。

Peer 与客户端之间交互主要通过提供的 ProcessProposal(ctx context.Context, signedProp *pb. SignedProposal) (*pb.ProposalResponse, error) 方法。典型的客户端需要实现 EndorserClient 接口，代码如下：

```
// github.com/hyperledger/fabric-protos-go/peer/peer.pb.go

type EndorserClient interface {
```

```
        ProcessProposal(ctx context.Context, in *SignedProposal, opts ...grpc.
CallOption) (*ProposalResponse, error)
    }

    type endorserClient struct {
        cc *grpc.ClientConn
    }

    func NewEndorserClient(cc *grpc.ClientConn) EndorserClient {
        return &endorserClient{cc}
    }

    func (c *endorserClient) ProcessProposal(ctx context.Context, in *SignedProposal,
opts ...grpc.CallOption) (*ProposalResponse, error) {
        out := new(ProposalResponse)
        err := c.cc.Invoke(ctx, "/protos.Endorser/ProcessProposal", in, out, opts...)
        if err != nil {
            return nil, err
        }
        return out, nil
    }
```

2. 排序节点

排序节点负责在网络中对所收到的交易进行全局排序。

排序节点主要提供了 Broadcast(srv ab.AtomicBroadcast_BroadcastServer) error 和 Deliver(srv ab.AtomicBroadcast_DeliverServer) error 两个接口。前者代表客户端将数据（交易）发给排序节点，后者代表从排序节点获取到排序后构造的区块结构。客户端可以使用实现了 AtomicBroadcastClient 接口的 atomicBroadcastClient 结构访问这两个接口，相关代码如下：

```
// github.com/hyperledger/fabric-protos-go/orderer/ab.pb.go

    type AtomicBroadcastClient interface {
        Broadcast(ctx context.Context, opts ...grpc.CallOption) (AtomicBroadcast_
BroadcastClient, error)
        Deliver(ctx context.Context, opts ...grpc.CallOption) (AtomicBroadcast_Deliver
Client, error)
    }

    type atomicBroadcastClient struct {
        cc *grpc.ClientConn
    }

    func NewAtomicBroadcastClient(cc *grpc.ClientConn) AtomicBroadcastClient {
        return &atomicBroadcastClient{cc}
    }

    func (c *atomicBroadcastClient) Broadcast(ctx context.Context, opts ...grpc.CallOption)
(AtomicBroadcast_BroadcastClient, error) {
        stream, err := c.cc.NewStream(ctx, &_AtomicBroadcast_serviceDesc.Streams[0], "/
orderer.AtomicBroadcast/Broadcast", opts...)
        if err != nil {
            return nil, err
        }
        x := &atomicBroadcastBroadcastClient{stream}
        return x, nil
    }

    func (c *atomicBroadcastClient) Deliver(ctx context.Context, opts ...grpc.CallOption)
```

```
(AtomicBroadcast_DeliverClient, error) {
    stream, err := c.cc.NewStream(ctx, &_AtomicBroadcast_serviceDesc.Streams[1],
 "/orderer.AtomicBroadcast/Deliver", opts...)
    if err != nil {
        return nil, err
    }
    x := &atomicBroadcastDeliverClient{stream}
    return x, nil
}
```

排序节点可以支持多通道。不同通道之间彼此隔离，通道内与交易相关的信息将仅发往加入通道内的排序节点和 Peer 节点，从而提高隐私性和安全性。

从功能上看，排序节点的目的是对网络中的交易分配全局唯一的序号，实际上并不需要与交易相关的具体数据内容。因此为了进一步提高隐私性，发往排序节点的可以不是完整的交易数据，而是部分信息，比如交易加密处理后的结果，或者仅仅是交易的 Hash 值、ID 信息等。这些私密数据机制（参考 FAB-1151）会提高网络的隐私性保护。

3. 客户端

客户端是用户和应用与区块链网络打交道的桥梁。客户端主要包括两大职能：

- 操作 Fabric 网络，包括更新网络配置、启停节点等。
- 操作运行在网络中的链码，包括部署链码、发起交易调用链码等。

这些操作需要与 Peer 节点和排序节点打交道。特别是链码实例化、交易等涉及共识的操作，都需要发送交易到排序节点。

网络中的 Peer 和排序节点对应提供了 gRPC 远程服务访问接口，供客户端进行调用。

目前，除了基于命令行的客户端之外，超级账本 Fabric 已经拥有了多种语言的 SDK。这些 SDK 封装了对底层 gRPC 接口的调用，可以提供更完善的客户端和开发支持，包括 Node.js、Python、Java、Go 等多种实现。

4. 成员身份管理

CA 节点（Fabric-CA）负责对 Fabric 网络中的成员身份进行管理。

Fabric 网络目前采用数字证书机制来实现对身份的鉴别和权限控制，CA 节点则实现了 PKI 服务，主要负责对身份证书进行管理，包括生成、撤销等。

需要注意的是，CA 节点可以提前签发身份证书，发送给对应的成员实体，这些实体在部署证书后即可访问网络中的各项资源。后续访问过程中，实体无须再向 CA 节点进行请求。因此，CA 节点与网络中交易的处理过程是完全解耦的，不会造成性能瓶颈。

5.Gossip 协议

Fabric 网络中的节点之间通过 Gossip 协议来进行状态同步和数据分发。

Gossip 协议是 P2P 领域的常见协议，用于进行网络内多个节点之间的数据分发或信息交换。由于其设计简单，容易实现，同时容错性比较高，而被广泛应用到许多分布式系统，例如，Cassandra 采用 Gossip 协议来实现集群失败检测和负载均衡。

Gossip 协议的基本思想十分简单，数据发送方从网络中随机选取若干节点，将数据发送过去；接收方重复这一过程（往往只选择发送之外节点进行传播）。这一过程持续下去，网络中所有节点最终（时间复杂度为节点总个数的对数）都会达到一致。数据传输的方向可以是发送方发送或获取方拉取。

在 Fabric 网络中，节点会定期地利用 Gossip 协议发送它看到的账本的最新的数据，并对发送消息进行签名认证。通过使用该协议，主要实现如下功能：

- 通道内成员的探测。新加入通道的节点可以获知其他节点的信息，并发送 Alive 信息宣布在线；离线节点经过一段时间后可以被其他节点感知。
- 节点之间同步数据。多个节点之间彼此同步数据，保持一致性。另外，Leader 节点从排序节点拉取区块数据后，也可以通过 Gossip 传播给通道内其他节点。

> 注意　Cassandra 是 Apache 旗下的开源分布式结构化数据存储方案，由 Facebook 在 2008 年贡献到开源社区。

14.2.2　共识机制相关组件

共识（consensus）概念来自分布式系统领域。在 Fabric 中，共识过程意味着区块链网络成员对于某一批交易的发生顺序、合法性以及它们对账本状态的更新结果，达成一致的观点。满足共识则意味着多个节点可以始终保证相同的状态，对于以同样顺序到达的交易可以进行一致的处理。

具体来看，Fabric 中的共识包括背书、排序和验证三个环节的保障。

1. 背书过程

背书（endorsement）是指背书节点对收到的来自客户端的请求（交易提案）按照自身的逻辑进行检查，以决策是否予以支持的过程。

通常情况下，背书过程意味着背书节点对请求提案和造成的状态变更（读写集）添加数字签名。

对于调用某个链码的交易来讲，它需要获得一定条件的背书才被认为合法。例如，必须是来自某些特定身份成员的一致同意；或者某个组织中超过一定数目的成员的支持；或者指定的某个成员个体的支持。这些规则由链码的背书策略来指定。背书策略内容是比较灵活的，可以使用多种规则进行自由组合，并在链码进行实例化（instantiate）的时候指定。

2. 排序过程

排序（ordering）意味着对一段时间内的一批交易达成一个网络内全局一致的顺序，通常是由排序节点组成的集群来提供。

目前，排序服务采用了可拔插的架构，2.0 版本中使用 etcdRaft 类型的非拜占庭容错共识机制。另外，也有第三方实现了拜占庭容错共识。

排序服务除了负责达成一致顺序外，并不执行其他操作，这就避免其成为整个网络的处理瓶颈。同时，每个通道可以选择排序节点组，使得整个网络很容易进行横向扩展，提高整体的吞吐率。

3. 验证过程

验证（validation）是对排序后的一批交易进行提交到账本之前最终检查的过程。

验证过程包括：检查交易结构自身完整性，检查交易所带背书签名是否满足预设的背书策略，检查交易的读写集是否满足多版本并发控制（Multi-Version Concurrency Control，MVCC）

的相关要求等。

交易在验证环节如果包括状态写操作，则对应读集合中所有状态的当前版本必须与执行背书时一致。否则该交易会被标记为不合法（invalid），对应交易不会被执行，也不会影响到世界状态。

确认前的验证过程是十分有必要的，可以避免交易并发时的状态更新冲突，确保交易发生后所有节点看到的结果都是一致的。

14.2.3 权限管理相关组件

权限管理是超级账本 Fabric 项目对区块链领域的一大贡献。Fabric 中提出了成员服务提供者（Membership Service Provider，MSP）的概念，抽象代表了一个身份验证的实体。基于 MSP 可以实现对不同资源进行基于身份证书的权限验证。

1. 成员身份服务

身份是实现权限管理的基础。Fabric 中在访问任何资源实体（成员、节点、组织等）时都会通过签名进行身份验证，确保系统的安全性。身份基于成员服务提供者实现。

一个资源实体（用户、组织、Peer、Orderer 等）的 MSP 结构中往往包括签名和验证算法，以及一组符合 X.509 格式的证书（信任相同的根证书）。典型 MSP 结构包括：

- 一组信任的根证书，是整个组织证书信任的基础，根证书可以签发中间层证书。
- MSP 的管理员身份证书，管理员可以对 MSP 中证书进行管理。
- 一组信任的中间证书（可选），中间证书由根证书签发。
- 一组信任的 TLS 根证书和中间层证书（可选），启用 TLS 时候作为其验证基础。
- 证书撤销列表（可选），被吊销的证书名单。

Fabric 中 MSP 相关实现代码都在 msp 目录下，目前采用了 bccspmsp 结构来代表一个成员的身份结构，并且采用了 MSP Config（主要是其成员 FabricMSPConfig）结构来代表跟该实体相关的证书信息。其主要数据结构定义位于 fabric-protos-go 项目的 msp/msp_config.pb.go 文件中，如图 14-4 所示。

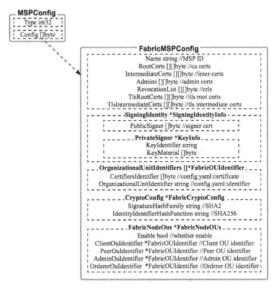

图 14-4　MSPConfig 数据结构

注意　MSP 中各实体资源的证书必须被证书信任树上的叶子节点签名。中间层签名的证书会被认为是非法实体证书。

---

2. 组织

组织（organization）代表一组拥有共同根证书（可以为根 CA 证书或中间 CA 证书）的成员，可以对应到业务逻辑中的同一个企业、部门或团队。

这些成员由于共享同样的信任根，彼此之间信任度很高，可以相互交换比较敏感的内容。同一个组织的成员节点在网络中可以认为是同一个组织身份，代表组织进行签名。组织中成员可以分为普通成员角色或者管理员角色，后者拥有更高的权限，可以对组织配置进行修改。

组织在网络中一般包括名称、ID、MSP 信息、管理策略、认证采用的密码库类型、锚点节点位置等信息。

不同组织之间为了进行业务沟通和数据共享，可以加入同一个应用通道。

以图 14-5 为例，三家银行，每家银行在网络中就是一个组织，两两加入同一个通道中进行相关数据交互，而无须担心被其他人看到。

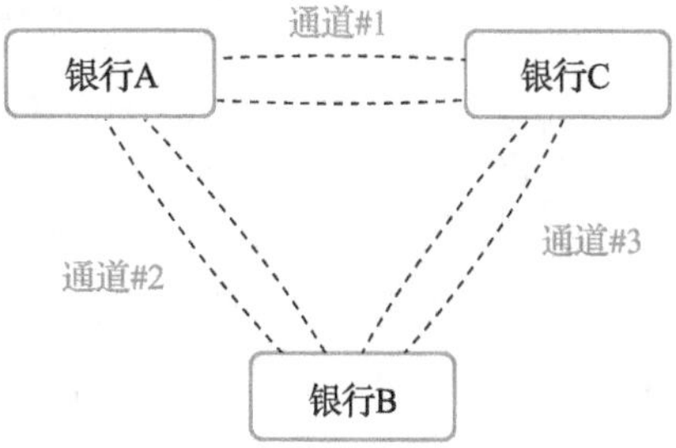

图 14-5　组织示例

3. 联盟

联盟（consortium）是由若干组织构成的集合，是联盟链场景所独有的结构形式。联盟一般用于多个组织相互合作的场景，例如，某联盟中指定需要所有参与方同时对交易背书，才允许在网络中进行交易。

联盟中的组织成员使用同一个系统通道，并且遵循相同的通道创建策略（channel creation policy）。通道在创建时也必须指定所绑定的联盟信息。例如，某个联盟内可能定义必须所有成员都同意才能创建新的通道；或者任何成员都可以自行创建新的通道。

在设置联盟时候，每个组织都需要指定自己的 ID 信息，该信息必须与该组织所关联的 MSP ID 一致。此外，通道之间是独立的，应用通道创建之后，可以邀请联盟外的成员加入通道。

4. 证书机制

证书（certificate）是 Fabric 中权限管理的基础。目前采用了基于 ECDSA 算法的非对称加密算法来生成公钥和私钥，证书格式则采用了 X.509 的标准规范。

Fabric 中采用单独的 Fabric CA 项目来管理证书的生成。每一个实体、组织都可以拥有自己的身份证书，并且证书也遵循了组织结构，方便基于组织实现灵活的权限管理。

14.2.4　业务层相关组件

对于应用开发人员来说，很多时候无须了解底层网络的实现细节，但十分有必要学习和掌握业务层的相关概念。交易、区块、链码、通道、链结构、账本等概念，体现了基于区块链技术的分布式账本平台的特点，支撑了上层的分布式应用。

1. 交易

交易（transaction）是超级账本 Fabric 项目中的一个基础概念。交易意味着通过调用链码对账本状态进行一次改变。客户端可以通过发送交易请求来让分布式账本记录信息。

通常来说，要构造一次交易，首先要创建交易提案（transaction proposal）。当一个交易提案获得足够的背书支持时，可以构造出合法的交易请求，进而可以发给排序节点进行排序。

交易消息经过排序节点的排序后，会广播到网络中的各个节点进行确认。如果节点对交易进行本地验证通过，则对应接受该交易指定的状态变更，最终更新本地账本。

一个典型交易的结构如图 14-6 所示，除了签名头部和背书结构（执行交易的结果读写集合和签名）外，核心载荷数据在 ChaincodeInvocationSpec 结构中，封装了与该交易相关的类型、时间戳、链码信息和调用参数等信息。

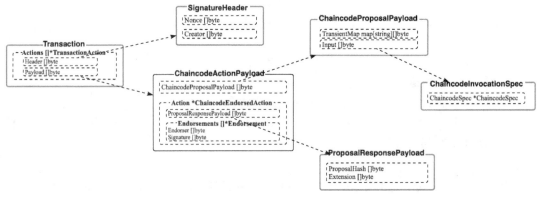

图 14-6　交易结构

交易定义可参见 fabric-protos-go 项目的 peer/transaction.pb.go 文件，包括交易行动列表（目前一个交易仅包括一个行动），代码如下：

```
// github.com/hyperledger/fabric-protos-go/peer/transaction.pb.go

type Transaction struct {
    Actions []*TransactionAction
}
```

2. 区块

区块（Block）意味着一组进行排序后的交易的集合。区块链以区块为单位对多个交易组进行共识，并将其历史进行链接。通过调整区块大小可以取得吞吐量和延迟之间的平衡。

超级账本 Fabric 中的区块结构如图 14-7 所示。

区块包括区块头（Header）、数据（Data）、元数据（Metadata）三部分，在 fabric-protos-go 项目的 common/common.pb.go 文件中定义：

```
// github.com/hyperledger/fabric-protos-go/common/common.pb.go

type Block struct {
    Header *BlockHeader        // 区块头
    Data *BlockData            // 区块数据
    Metadata *BlockMetadata    // 区块元数据
}
```

其中，Header 用于构建链式结构，包括 Number、PreviousHash、DataHash 三个域，共 72 字节。

● Number：记录了区块的序号，8 字节。初始区块的编号为 0。

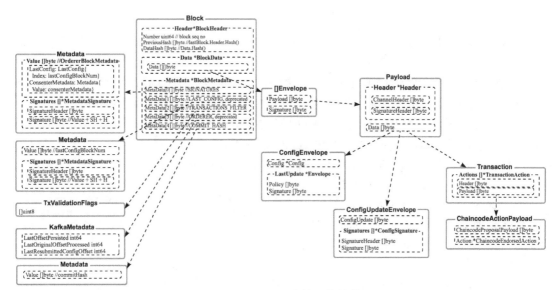

图 14-7　Fabric 中的区块结构

- PreviousHash：记录前一个区块头结构（Header）的 SHA256 Hash 值，32 字节。初始区块中设为空值（nil）。
- DataHash：区块 Data 域的 Hash 值，32 字节。

注意区块头结构的 Hash 值为 SHA256(Number + PreviousHash + DataHash)，可以唯一确定区块内容（包括头结构和数据，但不包括元数据）。

Data 结构中以 Envelope 结构记录区块内的多个交易信息。这些交易可以采用默尔克树结构进行组织。在目前的实现中，Fabric 采用了单层（宽度为 math.MaxUint32）的默尔克树结构，实际上已退化为线性数组结构。

Metadata 结构中记录了一些辅助信息。

- BlockMetadataIndex_SIGNATURES=0：签名信息。目前对最新配置块索引和共识元数据（BlockMetadata，包括 OSN 和 Raft Id 之间的映射列表、下一个加入集群的节点的 Raft ID、当前区块的 Raft 索引）进行签名。被排序节点添加。
- BlockMetadataIndex_LAST_CONFIG=1：通道最新配置区块的序号。被排序节点添加，在 Raft 共识中弃用。
- BlockMetadataIndex_TRANSACTIONS_FILTER=2：交易状态标记。包括合法状态和一系列错误状态，在 protos/peer/transaction.pb.go 中定义。被 Peer 节点本地提交时添加。
- BlockMetadataIndex_ORDERER=3：通道的排序服务信息，被排序节点添加。Kakfa 模式下包括已处理的最后一条 Kafka 消息的 offset 等信息；Raft 共识中记录节点的 Raft ID 和下一个加入共识的序号。
- BlockMetadataIndex_COMMIT_HASH=4：2.0 版本中引入，包括对提交区块（txValidationCode 长度、txValidationCode 列表、所有写操作的排序字节组、上个区块的提交 Hash 值）的 SHA256 Hash 值。在 Peer 节点提交时候添加。

3. 链码

链码即链上代码，是 Fabric 中十分关键的一个概念。链码源自智能合约的思想，并进行了进一步扩展，支持多种高级编程语言。

目前 Fabric 中支持两种类型的链码：用户链码和系统链码。前者运行在单独的容器中或由外部运行，提供对上层应用的支持，后者则嵌入在系统内，支持对系统进行配置和管理。

一般所说的链码为用户链码，通过提供可编程能力提供了对上层应用的支持。用户通过链码相关的 API 编写用户链码，即可对账本中状态进行更新操作。

链码最核心的结构为 ChaincodeSpec，对链码的部署和调用都基于该结构进行进一步封装。1.x 版本中，安装操作会使用 Chaincode-DeploymentSpec 结构；2.x 版本中，打包操作会使用 ChaincodeDeployment-Spec，其他操作会使用 ChaincodeInvo-cationSpec 结构。

链码的相关结构如图 14-8 所示。链码信息中至少需要指定名称、版本号和实例化策略。

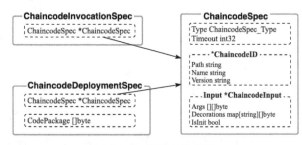

图 14-8　链码相关结构

链码经过部署操作后，即可被调用。在安装时，需要指定具体安装到哪个 Peer 节点（Endorser），安装包最终存放到 $CORE_PEER_FILESYSTEMPATH/chaincodes/ 路径下；启用链码时还需要指定通道名称。链码之间还可以通过互相调用来创建更灵活的应用逻辑。

Fabric 目前主要支持基于 Go、Java 和 Node.JS 语言的链码。

🔲 注意　在跨通道调用情况下，被调用链码暂时仅支持读操作。

---

4. 通道

通道是网络中彼此隔离的数据共享渠道。每个通道拥有独立的账本，不同的 Peer 节点和排序节点可以加入不同的通道内。

通道与绑定到该通道上的配置和数据（包括交易、账本、链码实例、成员身份等），一起构成了一条完整的区块链。这些数据只会被加入通道内的组织成员所感知和访问，通道外的成员无法访问通道内数据。由于通道与账本（链结构＋状态数据）是一一对应的，有时候两者概念可以混用。

目前，通道包括应用通道（application channel）和系统通道（system channel）两种类型。前者供用户应用使用，负责承载各种交易，同一个网络可以有多条应用通道，各条应用通道彼此完全独立；后者由排序节点维护，负责对网络层面的配置和应用通道进行管理。

通道在创建时，会指定所关联的访问策略、初始所包括的组织身份（证书范围等，通过 MSP 检验）、锚节点、排序节点信息等。通道创建后会构成一条区块链结构，初始区块中包含初始配置相关的信息。通道的配置信息可以由更新配置区块（reconfiguration block）进行更新。

　　加入应用通道内的节点需要指定或选举出代表节点（leading peer），负责代表组织从排序节点处拉取排序后的区块信息，然后通过 Gossip 协议传播给组织（准确地说，同一个 MSP）内其他节点。同时，每个组织可以指定锚节点（anchor peer），负责代表组织与其他组织的成员进行数据交换。Raft 共识机制下，应用通道可以指定进行排序的排序节点集合（共识组），每个共识组在该通道上会动态选举出 Raft Leader。

　　特别地，所有排序节点都会加入系统通道内。该通道负责网络层面的配置管理（如联盟成员、排序参数）和应用通道的创建，并且是 Fabric 网络中启动时所创建的首个通道，如图 14-9 所示。

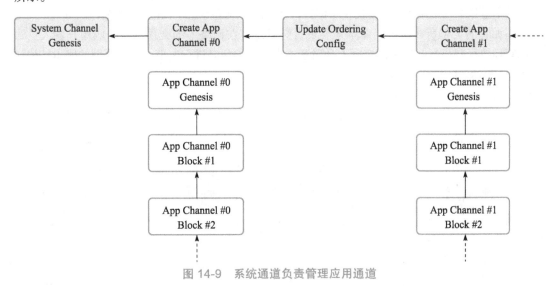

图 14-9　系统通道负责管理应用通道

　　当用户需要创建新的应用通道时，需要向这个系统通道发送配置交易（configuration transaction）。配置交易中的应用子树整合系统通道的排序配置子树和通道配置子树，构成新建应用通道的初始区块。

 注意　通道与消息队列（message queue）中主题（topic）的概念十分类似，只有加入后的成员才能访问和使用其中的消息。

5. 链结构

链结构与通道一一对应，主要负责维护节点本地的交易历史数据。

理解了通道，理解链结构就比较简单了。一条链结构将包括如下内容：

- 所绑定的通道内的所有交易信息，这些交易以读写集合形式进行存放。
- 通道内与链码生命周期管理相关的交易信息。
- 对链进行操作的权限管理，以及参与到链上的组织成员。

一条典型链结构如图 14-10 所示，包括了各个区块依次串联而成的线性结构。

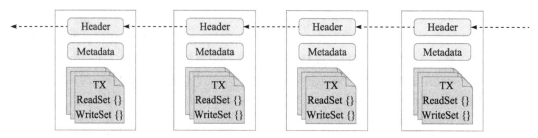

图 14-10 典型链结构

6. 账本

账本也是 Fabric 中十分关键的一个结构，基于区块链结构进行了进一步的延伸。

正如它的名字所暗示的，账本主要负责记录发生在网络中的交易信息。应用开发人员通过编写和执行链码发起交易，实际上是对账本中记录的状态进行变更。一个典型的账本结构如图 14-11 所示。

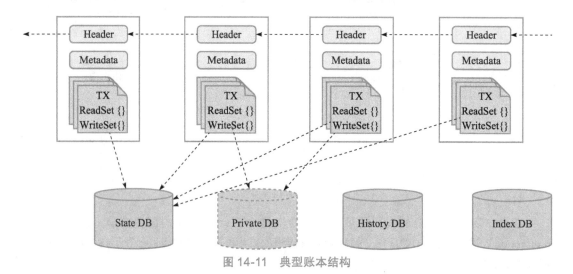

图 14-11 典型账本结构

从结构上看，账本包括区块链结构，以及如下多个数据库结构。

- State Database，状态数据库，由区块链结构中交易执行推演而成，记录最新的世界状态。
- Private Database，私密状态数据库，存放私密交易的状态信息，仅限指定的 Peer 之间同步。
- History Database，历史数据库，存放各个状态的历史变更记录。
- Index Database，索引数据库，存放索引信息，例如从 Hash、编号索引到区块，从 ID 索引到交易等。

区块链结构一般通过文件系统进行存储；状态数据库支持 LevelDB、CouchDB 两种实现；历史数据库和索引数据库则主要支持 LevelDB 实现。

从数据库的角度看，区块链结构记录的是状态变更的历史，状态数据库记录的是变更的最终结果。每一次对账本状态的变更都是通过交易导致的读写集合来表达。因此，发生交易实际上就是对一个读写集合进行接受的过程。由于通道隔离了交易，因此，每个通道都拥有对应的隔离的账本结构。

14.3　消息协议

Fabric 中大量采用了 gRPC 消息在不同组件之间进行通信交互，主要包括如下几种情况：客户端访问 Peer 节点，客户端和 Peer 节点访问排序节点，链码容器与 Peer 节点交互，以及多个 Peer 节点之间的 Gossip 交互。

14.3.1　消息结构

除了 Peer 节点之间的 Gossip 通信外，大多都采用了信封（Envelope）结构来对消息进行封装，并定义在 fabric-protos-go 项目的 common/common.pb.go 文件中，代码如下：

```
// github.com/hyperledger/fabric-protos-go/common/common.pb.go

type Envelope struct {
    Payload   []byte  // 载荷域
    Signature []byte  // 签名域
}
```

普通信封结构如图 14-12 所示。

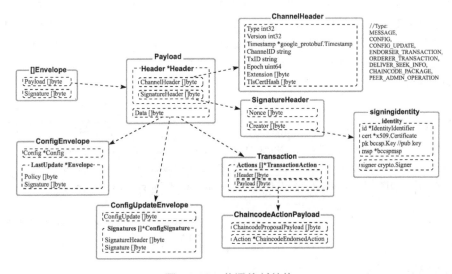

图 14-12　普通信封结构

普通信封结构并不复杂，包括一个载荷（Payload）域存放数据，以及对载荷域中内容进行签名的签名（Signature）域。载荷域中又包括头部（Header）域记录类型、版本、签名者信息等元数据，以及数据（Data）域，记录消息内容。

头部域是一个通用的结构。包括两种头部：通道头（ChannelHeader）和签名头（Signature-

Header）。通道头中记录了如下与通道和交易相关的很多信息。

- Type：int32 类型，代表了结构体（如 Envelope）的类型。结构体消息根据类型不同，其 Payload 可以解码为不同的结构。类型可以为 MESSAGE、CONFIG、CONFIG_UPDATE、ENDORSER_TRANSACTION、ORDERER_TRANSACTION、DELIVER_SEEK_INFO、CHAINCODE_PACKAGE、PEER_ADMIN_OPERATION 等。
- Version：int32 类型，版本号记录了消息协议的版本，一般为 0。
- Timestamp：*google_protobuf.Timestamp 类型，消息创建的时间。
- ChannelID：string 类型，消息所关联的通道 ID。
- TxID：string 类型，交易的 ID，由交易发起者创建。
- Epoch：uint64 类型，所属的世代，目前指定为所属区块的高度。
- Extension：[]byte 类型，扩展域。
- TlsCertHash：[]byte 类型。如果启用了双向 TLS 认证，则此处为客户端 TLS 证书的 Hash 值。

签名头中主要记录签名者的身份信息。

14.3.2 客户端访问 Peer 节点

客户端通过 SDK 和 Endorser Peer 进行交互，执行链码相关操作（安装、实例化、升级链码以及调用），加入、列出应用通道和监听事件操作等。

除监听事件外，大部分消息都采用了 SignedProposal 结构（定义在 fabric-protos-go 项目的 peer/chaincode.pb.go 文件），消息中 ChannelHeader.Type 为 ENDORSER_TRANSACTION 或 CONFIG，发往的 gRPC 服务地址为 /protos.Endorser/ProcessProposal。监听事件则通过 DeliverClient 接口类型来实现，包括 Deliver、DeliverFiltered、DeliverWithPrivateData 三种方法。这些操作消息总结如表 14-1 所示。

表 14-1　客户端访问 Peer 节点的操作消息

操作	ChannelHeader.Type	调用路径
链码相关操作	ENDORSER_TRANSACTION	/protos.Endorser/ProcessProposal
加入应用通道	CONFIG	/protos.Endorser/ProcessProposal
列出所加入的应用通道	ENDORSER_TRANSACTION	/protos.Endorser/ProcessProposal
监听事件	N/A	/protos.Deliver/Deliver, /protos.Deliver/DeliverFiltered, /protos.Deliver/DeliverWithPrivateData

典型的 SignedProposal 消息结构如图 14-13 所示。

SignedProposal 消息结构中包括 Proposal 和对其的签名。Proposal 消息结构中同样包括 Header 域、Payload 域，以及扩展域。其中，Payload 域和扩展域如何解码都取决于 ChannelHeader 中的 Type 指定的类型。

以背书过程为例，Endorser Peer 返回的消息则为 ProposalResponse 结构（定义在 fabric-protos-go 中的 peer/proposal.pb.go 文件），如图 14-14 所示。

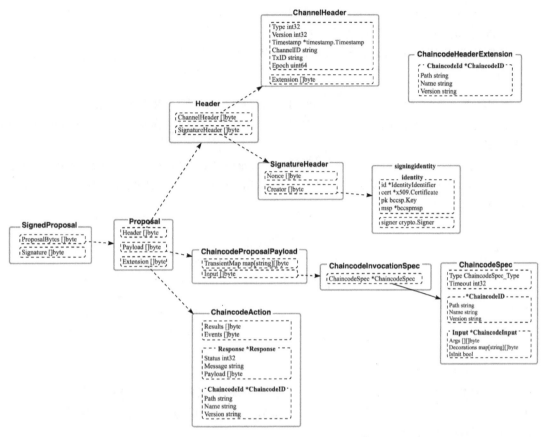

图 14-13　SignedProposal 消息结构

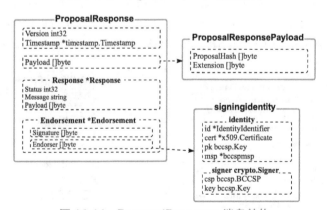

图 14-14　ProposalResponse 消息结构

ProposalResponse 消息结构包括如下数据。

● Version：int32 类型，记录消息协议的版本号信息。

● Timestamp：*timestamp.Timestamp 类型，记录消息创建的时间。

- Response：*Response 类型，记录背书操作是否成功。
- Payload：[]byte 类型，记录背书提案的 Hash 值等。
- Endorsement：*Endorsement 类型，记录背书信息，主要是各背书者对提案的签名信息。

14.3.3 客户端、Peer 节点访问 Orderer

客户端通过 SDK 和 Orderer 进行交互，执行链码实例化、调用和升级，应用通道创建和更新，以及区块结构获取等操作。Peer 节点可以直接向 Orderer 请求获取区块结构。两者采用了同样的获取接口。

请求消息都采用了 Envelope 结构，并且都发往 /orderer.AtomicBroadcast/Broadcast gRPC 服务地址。从 Orderer 获取信息时，则发往 /orderer.AtomicBroadcast/Deliver gRPC 服务地址。相关消息总结如表 14-2 所示。

表 14-2　客户端、Peer 节点访问排序节点的操作消息

操作	ChannelHeader.Type	调用路径
实例化、调用和升级链码	ENDORSER_TRANSACTION	/orderer.AtomicBroadcast/Broadcast
创建和更新应用通道	CONFIG_UPDATE	/orderer.AtomicBroadcast/Broadcast， /orderer.AtomicBroadcast/Deliver
获取通道的区块数据	N/A	/orderer.AtomicBroadcast/Deliver

14.3.4 链码和 Peer 节点交互

对于原生链码，在链码容器启动后，会向 Peer 节点进行注册，gRPC 地址为 /protos.ChaincodeSupport/Register。对于外部链码，在其启动后，Peer 节点会主动发起连接请求，gRPC 地址为 /protos.Chaincode/Connect。

链码和 Peer 之间的交互消息为 ChaincodeMessage 结构（定义在 fabric-protos-go 中的 peer/chaincode_shim.proto 文件），如图 14-15 所示。其中，Payload 域中可以包括各种 Chaincode 操作消息，如 GetHistoryForKey、GetQueryResult、PutStateInfo、GetStateByRange 等。

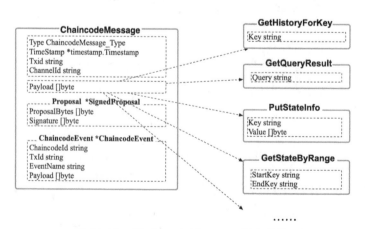

图 14-15　ChaincodeMessage 消息结构

注册完成后，双方建立起双工通道，通过更多消息类型实现多种交互，将在 14.6 节用户链码中介绍。

14.3.5　Peer 节点之间 Gossip 交互

Peer 之间可以通过 Gossip 协议来完成邻居探测、Leader 选举、区块分发、私密数据同步等过程，主要原理为通过 GossipClient 客户端的 GossipStream 双向流进行通信，发送 Signed-GossipMessage 消息结构，gRPC 服务地址主要为 /gossip.Gossip/GossipStream。

此外，Peer 可通过单独的 Ping 服务对远端节点在线状态进行探测，gRPC 服务地址为 /gossip.Gossip/Ping。

1. Gossip 交互过程

总结 Gossip 交互过程如图 14-16 所示。利用不同的消息体，完成 Peer 之间的信息同步。

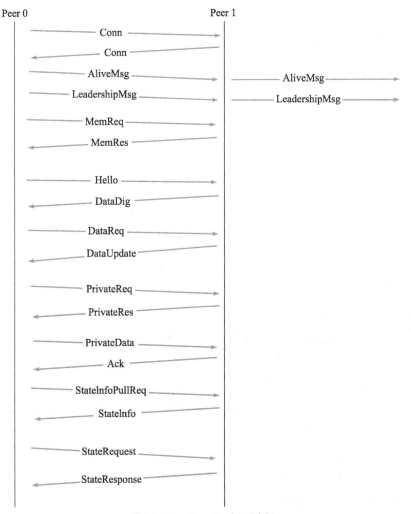

图 14-16　Gossip 交互过程

2. Gossip 消息结构

Gossip 采用签名信封结构（SignedGossipMessage）用来封装 Gossip 消息（GossipMessage）和对应的信封结构（Envelope），如图 14-17 所示。

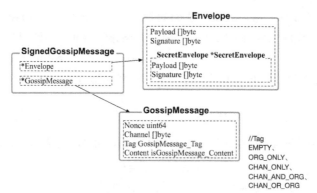

图 14-17　SignedGossipMessage 消息结构

SignedGossipMessage 消息结构定义在 gossip/protoext/signing.go 文件中，gossip.Envelope 和 gossip.GossipMessage 消息结构定义在 fabric-protos-go 项目的 gossip/message.pb.go 文件中。示例代码如下：

```
// gossip/protoext/signing.go

type SignedGossipMessage struct {
    *gossip.Envelope
    *gossip.GossipMessage
}

// github.com/hyperledger/fabric-protos-go/gossip/message.pb.go

type Envelope struct {
    Payload []byte                      // 载荷域
    Signature []byte                    // 签名域
    SecretEnvelope *SecretEnvelope      // 秘密信封域
}

type SecretEnvelope struct {
    Payload []byte                      // 载荷域
    Signature []byte                    // 签名域
}

type GossipMessage struct {
    Nonce uint64                        // 用于辅助确认消息，目前仅供测试
    Channel []byte                      // 如果指定，则消息只会发往指定通道
    Tag GossipMessage_Tag // 消息标签，标记消息范围（可以被发往哪些 Peer），如指定组织或通道
    Content isGossipMessage_Content     // 存储消息内容
}
```

3. Gossip 消息标签

GossipMessage 为核心的数据结构。其可能的标签值（GossipMessage_Tag）如下所示，这些标签默认带有 GossipMessage 前缀。

- UNDEFINED：标签未定义，当标签为空时返回该值。

- EMPTY：空标签，用于建立连接、心跳、请求和响应成员消息。
- ORG_ONLY：仅限组织内消息，如私密数据。
- CHAN_ONLY：仅限通道内消息。
- CHAN_AND_ORG：限通道内同一组织内，如获取区块数据。
- CHAN_OR_ORG：限通道内或限组织内，如状态信息。

4.Gossip 消息内容结构

GossipMessage 通过消息内容类型来应用到不同场景。合法的消息内容结构（isGossip Message_Content）下面详细介绍，这些结构默认带有 GossipMessage 前缀。

（1）成员消息

适用于邻居发现场景，定期维护存活的邻居信息，不局限在通道内，主要由 gossip/discovery 模块实现。

具体包括的消息见表 14-3。

表 14-3　Gossip 的成员消息

消息结构	标签	描述	收到消息后处理
AliveMsg	EMPTY	心跳通知是否在线	刷新本地活跃节点信息，并转发给其他节点
MemReq	EMPTY	请求已知成员信息	返回本节点已知成员信息（包括活跃和离线的节点列表）
MemRes	EMPTY	包括成员信息	提取活跃和离线节点列表，更新本地信息

（2）拉取消息

适用于从远程节点拉取身份或区块数据，主要数据结构为：gossip/gossip/pull/pullstore. go#Mediator 和 gossip/gossip/algo/pull.go# PullEngine。包括如下两种消息类型：

- PullMsgType_IDENTITY_MSG，获取对方的身份信息，消息标签为 EMPTY，不局限在通道内。
- PullMsgType_BLOCK_MSG，获取区块数据。消息标签为 CHAN_AND_ORG，局限在通道内的同一组织内。

具体包括的消息如表 14-4 所示。

表 14-4　Gossip 的拉取消息

消息结构	标签	描述	收到消息后处理
Hello	EMPTY 或 CHAN_AND_ORG	初始化请求，询问对方已知摘要	添加收到 nonce 值；返回 DataDig 消息，包括本地的 state（已知邻居节点的 PkiId）
DataDig	EMPTY 或 CHAN_AND_ORG	包括状态摘要信息	更新到本地 item2owners
DataReq	EMPTY 或 CHAN_AND_ORG	请求摘要代表的 Peer 所发出的消息	将 itemID2Msg 中对应消息封装为 DataUpdate 消息列表返回
DataUpdate	EMPTY 或 CHAN_AND_ORG	响应请求消息数据	更新到 itemID2Msg（PkiId 到消息）
PeerIdentity	EMPTY	封装证书和 PkiId	更新到 certStore.idMapper（PkiId 到证书）

其中，Peer 的 PkiId 为对 MSPID 和证书进行 Hash 计算的摘要结果。

（3）数据消息

适用于从远程节点同步区块或私密数据。具体包括的消息如表 14-5 所示。

表 14-5　Gossip 的数据消息

消息结构	标签	描述	收到消息后处理
DataMsg	CHAN_AND_ORG	Leader Peer 用于封装区块数据发给其他节点	添加到本地消息列表，准备提交处理
PrivateReq	CHAN_ONLY	请求私密数据	响应私密数据请求
PrivateRes	CHAN_ONLY	响应私密数据请求	通知本地收到私密数据响应
PrivateData	CHAN_ONLY	分发私密数据消息	提取私密数据更新到本地，返回 Ack 消息
Ack	UNDEFINED	确认收到私密数据消息	收到确认或通知存储失败

（4）状态消息

适用于与远程节点同步账本状态。具体包括的消息如表 14-6 所示。

表 14-6　Gossip 的状态消息

消息结构	标签	描述	收到消息后处理
StateInfo	CHAN_OR_ORG	封装状态信息，包括时间戳、PkiId、校验码、账本高度、是否离开通道和链码信息	更新本地状态信息仓库
StateSnapshot	CHAN_OR_ORG	封装本地状态仓库快照	更新本地状态信息仓库
StateInfoPullReq	CHAN_OR_ORG	请求获取状态信息	返回 StateInfo 消息
StateRequest	CHAN_OR_ORG	请求指定范围的区块数据	读取本地账本，返回 StateResponse 消息
StateResponse	CHAN_OR_ORG	响应指定范围的区块和私密数据	提取区块，更新本地账本

（5）其他消息

其他消息包括连接消息、选举 Leader 消息和空消息。具体包括的消息如表 14-7 所示。

表 14-7　Gossip 的其他消息

消息结构	标签	描述	收到消息后处理
Conn	EMPTY	主动获取对方身份信息，消息中带有自己证书和 PkiId	返回 Conn 消息
LeadershipMsg	CHAN_AND_ORG	宣布或申请成为组织 Leader 节点，消息包括 PkiId、是否宣告、时间戳	添加到本地的消息仓库，并分发
EMPTY	UNDEFINED	空消息	未使用

14.4　权限策略和访问控制

访问控制是区块链网络十分重要的功能，负责控制某个身份在某个场景下是否允许采取某个操作（如读写某个资源）。

常见的访问控制模型包括强制访问控制（Mandatory Access Control）、自主访问控制（Discretionary Access Control）、基于角色的访问控制（Role Based Access Control）和基于属性的访问控制（Attribute Based Access Control）。功能越强大的模型，实现起来往往越复杂。

Fabric 通过权限策略和访问控制列表（ACL）机制实现了基于角色的访问控制模型，可以满足通道内资源访问、背书控制或链码调用控制等多个场景下的需求。

14.4.1　应用场景

访问场景包括采用不同策略（如通道策略、节点策略、背书策略等），按照访问控制列表（如要求身份为 Admins、Writers 等）对某资源的特定操作进行限制。

默认支持的典型场景如表 14-8 所示。

表 14-8　Fabric 默认支持的访问控制和权限策略场景

操作场景	策略检查	实现位置
新建应用通道	Orderer 会检查发起者是否满足系统通道的 Writers 策略，且满足 Channel CreationPolicy；另外，新建通道成员需要为对应联盟成员	orderer/common/multichannel/chainsupport.go#newChainSupport(...)，orderer/common/msgprocessor/systemchannel.go#SystemChannel.ProcessConfigUpdateMsg(...)
修改通道配置	Orderer 会检查所有的修改项是否满足对应的 modPolicy 策略，默认为 Admins	orderer/common/msgprocessor/systemchannel.go#SystemChannel.ProcessConfigUpdateMsg(...)
Peer 加入应用通道	配置管理系统链码（CSCC）会检查发起者是否具备某个 MSP 的管理员身份	core/scc/cscc/configure.go#PeerConfiger.InvokeNoShim(...)
Peer 获取所加入通道列表	配置管理系统链码（CSCC）会检查发起者是否具备某个 MSP 的成员身份	core/scc/cscc/configure.go#PeerConfiger.InvokeNoShim(...)
获取通道配置区块	配置管理系统链码（CSCC）会检查是否满足通道的 Readers 策略	core/scc/cscc/configure.go#PeerConfiger.InvokeNoShim(...)
安装链码	链码生命周期管理系统链码会检查安装提案是否被通道内批准，且发起者是否为 Admin 身份	core/chaincode/lifecycle/scc.go#SCC.Invoke(...)
提交链码定义	链码生命周期管理系统链码会检查安装提案是否被通道内批准	core/chaincode/lifecycle/scc.go#SCC.Invoke(...)
初始化链码	链码生命周期管理系统链码默认会检查提案者是否为通道内成员	core/committer/txvalidator/v20/plugindispatcher/dispatcher.go#dispatcherImpl.Dispatch(...)
调用链码	背书节点在背书过程中会检查链码是否满足通道配置中 peer/Propose 指定策略（默认为通道 Writers）；提交时也会检查交易是否满足链码的背书策略	core/endorser/endorser.go#Endorser.preProcess(...) 和 core/handlers/validation/builtin/default_validation.go
监听事件	Peer 会检查是否满足应用通道的 Readers 策略	core/peer/deliverevents.go
调用 Broadcast() 接口向 Orderer 发送交易信息	Orderer 会检查是否满足通道的 Writers 策略	orderer/common/msgprocessor 包中 SystemChannel.ProcessNormalMsg(...) 和 Standard-Channel.ProcessNormalMsg(...)

（续）

操作场景	策略检查	实现位置
调用 Deliver() 接口从 Orderer 获取区块数据	Orderer 会检查是否满足通道的 Readers 策略	orderer/common/deliver/deliver.go#Handler. deliverBlocks(...)
Peer 通过 Gossip 协议获取区块	对区块进行校验，检查是否满足 BlockValidation 策略	peer/gossip/mcs.go

 注意 Readers、Writers、Admins、Members 等策略都代表了通道内一组定义的身份。

14.4.2 身份证书

实现权限策略的基础是身份，身份的实现依赖证书机制。通过基于 PKI 的成员身份管理，Fabric 网络可以对网络内的资源和接入用户的各种能力进行限制。

Fabric 最初设计中考虑了三种类型的证书：登记证书（Enrollment Certificate）、交易证书（Transaction Certificate），以及保障通信链路安全的 TLS 证书。证书的默认签名算法为 ECDSA，Hash 算法为 SHA-256。

- 登记证书（ECert）：颁发给提供了注册凭证的用户或节点等实体，代表网络中身份。可以长期有效。
- 交易证书（TCert）：颁发给用户，控制每个交易的权限，不同交易可以不同，实现匿名性，短期有效。暂未实现。
- 通信证书（TLSCert）：控制对网络层的接入访问，可以对远端实体身份进行校验，防止窃听。可以长期有效。

目前，在实现上，主要通过 ECert 来对实体身份进行检验，通过检查签名来实现权限管理。TCert 功能暂未实现，用户可以使用 idemix 机制来实现部分匿名性。

14.4.3 身份集合

基于证书机制，Fabric 设计了身份集合（MSPPrincipal）来灵活标记一组拥有特定身份的个体，如图 14-18 所示。

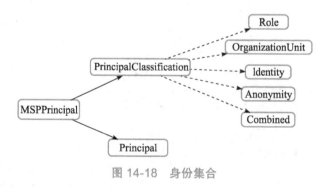

图 14-18 身份集合

对应的 MSPPrincipal 的数据结构如图 4-19 所示。

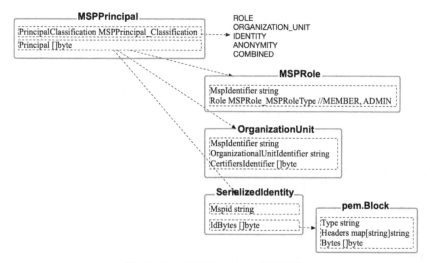

图 14-19　MSPPrincipal 数据结构

身份集合支持从以下不同维度对身份进行分类。

- Role：根据证书角色来区分，如 Member、Admin、Client、Peer、Orderer 等。
- OrganizationUnit：根据身份证书中指定的 OU 信息来区分。
- Identity：具体指定某个个体的证书，只有完全匹配才认为合法。
- Anonymity：证书是否是匿名的，用于 idemix 类型的 MSP。
- Combined：由其他多个子身份集合组成，需要符合所有的子集合才认为合法。

基于不同维度可以灵活指定符合某个身份的个体，例如，某个 MSP 的特定角色（如成员或管理员），或某个 MSP 的特定单位（OrganizationUnit），当然也可以指定为某个特定个体。

注意，目前对不同角色的认可采取不同方法。对于管理员角色，会认可本地 msp/admincerts 路径下的证书列表或证书带有代表管理员角色的 OU 信息；Client、Peer、Orderer 等角色则需要查看证书是否带有对应的 OU 域；对于成员角色，则需要证书是由对应组织根证书签发。具体实现可参考 msp/mspimpl.go 文件中各个版本的 satisfiesPrincipalInternal 方法。

14.4.4　权限策略的实现

权限策略指定了可以执行某项操作的身份集合。以通道相关的策略为例，一般包括对读操作（例如获取通道的交易、区块等数据）、写操作（例如向通道发起交易）、管理操作（例如加入通道、修改通道的配置信息）等进行权限限制。对策略配置自身的修改是通过额外指定的修改策略（mod_policy）来实现的。

操作者在发起操作时，其请求中签名组合只有满足策略指定的身份规则，才允许执行。实现上，每种策略结构都要实现 Policy 接口。对于给定的一组签名数据或身份，按照给定规则进行检验，看是否符合约定的条件。符合则说明满足了该策略；反之则拒绝。Policy 接口定义和常见的实现结构如下所示：

```
// common/policies/policy.go
```

```
type Policy interface {
    // 检测签名合法，且符合本策略
    EvaluateSignedData(signatureSet []*protoutil.SignedData) error

    // 检测一组身份可以符合策略
    EvaluateIdentities(identities []mspi.Identity) error
}

// common/cauthdsl/policy.go

type policy struct {
    signaturePolicyEnvelope *cb.SignaturePolicyEnvelope
    evaluator               func([]msp.Identity, []bool) bool
    deserializer            msp.IdentityDeserializer
}

// common/policies/implicitmeta.go
type ImplicitMetaPolicy struct {
    Threshold    int
    SubPolicies []Policy
    managers         map[string]*ManagerImpl
    SubPolicyName string
}
```

1. 数据结构

策略相关的数据结构定义在 fabric-protos-go 项目的 common/policies.pb.go 文件中，其中主要包括 Policy、SignaturePolicyEnvelope（内嵌 SignaturePolicy 结构）和 ImplicitMetaPolicy 三种数据结构，如图 14-20 所示。

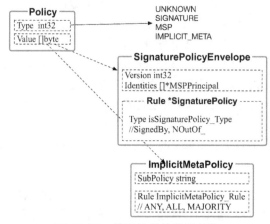

图 14-20　策略相关的数据结构

Policy 消息的定义如下：

```
// github.com/hyperledger/fabric-protos-go/common/policies.pb.go

type Policy struct {
    Type int32    // 类型：SIGNATURE、MSP 或 IMPLICIT_META
    Value []byte // 具体的策略内容
}
```

其中，Type 的数值代表策略的类型，具体含义为：

- UNKNOWN，保留值，用于初始化。
- SIGNATURE，通过匹配基于签名的组合，如某个 MSP 中至少有三个签名。
- MSP，代表策略必须匹配某 MSP 下的指定身份，如 MSP 的管理员身份。
- IMPLICIT_META，隐式类型，包括若干子策略，并通过 Rule 来指定具体的规则，包括 ANY、ALL、MAJORITY 三种，仅用于通道配置内标记通道规则。
  - ANY，满足任意子组的对应策略。
  - ALL，满足所有子组的对应策略。
  - MAJORITY，满足大多数（过半）子组的对应策略。

目前已经实现支持的策略类型主要包括 SIGNATURE 策略和 IMPLICIT_META 策略两种。

2.SIGNATURE 策略

SIGNATURE 策略指定通过签名来对数据进行认证，例如，必须满足给定身份的签名组合，结构如图 14-21 所示。

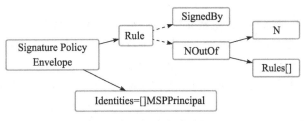

图 14-21　基于签名的策略

相关数据结构主要包括 SignaturePolicy 消息体和封装后使用的 SignaturePolicyEnvelope，两者定义如下：

```
// github.com/hyperledger/fabric-protos-go/common/policies.pb.go

type SignaturePolicy struct {
    Type isSignaturePolicy_Type // 类型: SignaturePolicy_SignedBy 或 SignaturePolicy_
                                //NOutOf_
}

type SignaturePolicyEnvelope struct {
    Version int32
    Rule *SignaturePolicy        // 策略规则: 指定身份集合某个签名, 或者某一组规则中至少几个
    Identities []*msp.MSPPrincipal // 供策略使用的身份集合
}
```

其中，SignaturePolicy 结构体代表了一个策略规则（rule）。支持指定某个特定签名，或者满足给定策略集合中的若干个（NOutOf）即可。NOutOf 用法十分灵活，基于它可以递归地构建任意复杂的策略语义，指定多个签名规则的与、或组合关系。

SignaturePolicyEnvelope 结构体代表了一个完整的策略，包括版本号（version）、策略规则（rule）和策略关联的身份集合（identities）。

例如，某个策略要求满足 MP1 身份集合签名，或者 MP2 集合和 MP3 集合同时签名，则可以表达为 MP1 || (MP2 && MP3)。对应的策略结构如下：

```
SignaturePolicyEnvelope{
    version: 0,
    rule: SignaturePolicy{
        n_out_of: NOutOf{
            N: 1,
            rules: [
                SignaturePolicy{ signed_by: 0 },
                SignaturePolicy{
                    n_out_of: NOutOf{
                        N: 2,
                        rules: [
                            SignaturePolicy{ signed_by: 1 },
                            SignaturePolicy{ signed_by: 2 },
                        ],
                    },
                },
            ],
        },
    },
    identities: [MP1, MP2, MP3] //身份集合列表
}
```

需要注意，对签名策略的匹配过程是顺序敏感的（参考 FAB-4749）。进行策略检查时，给定的多个签名会按照策略顺序依次与身份集合进行匹配，签名一旦匹配则会被消耗掉，再检查下一个签名。例如上述例子中，假如 MP1 代表组织 A 的管理员，MP2 代表组织 B 的成员，MP3 代表组织 B 的管理员，那么对于签名组合 [S1={ 组织 B 的管理员 }，S2={ 组织 B 的成员 }]，并不会匹配成功。因为，S1 在匹配 MP2 后会被消耗掉，剩下的 S2 在匹配 MP3 时会失败。为了避免这种情况，进行签名时要将优先级较低的签名放到前面，比如代表成员身份的签名应当放到管理员身份前。同时，对于策略的身份集合列表，则应该将高优先级的放到前面。

对于策略的检查主要实现在 msp/mspimpl.go#bccspmsp.SatisfiesPrincipal(id Identity, principal *m.MSPPrincipal) error 方法中。

3.IMPLICIT_META 策略

IMPLICIT_META 策略用于通道配置，它并不直接进行签名检查，而是通过引用其他子策略（最终还是通过 SIGNATURE 策略）来实现。检查结果通过策略规则进行约束，如图 14-22 所示。

相关的结构体主要为 ImplicitMetaPolicy（位于 fabric-protos-go 中的 common/policies.proto），定义如下：

图 14-22　隐式策略

```
//github.com/hyperledger/fabric-protos-go/common/policies.pb.go

type ImplicitMetaPolicy struct {
    SubPolicy string //子策略类型名称，如 Readers、Writers、Admins
    Rule ImplicitMetaPolicy_Rule //子策略的匹配条件，可以为 ANY、ALL、MAJORITY
}
```

其中，sub_policy 指定查找的子策略类型（Readers、Writers、Admins 或自定义）；rule 指定约束的规则类型。

例如，对于应用通道，如果包括两个组织 Org1 和 Org2，那么如下的通道读策略（/Channel/Application/Reader）实际上意味着，Org1 和 Org2 中任意读权限的拥有者都拥有通道读权限：

```
ImplicitMetaPolicy{
    sub_policy: "Readers",
    rule: ANY,
}
```

Org1 和 Org2 可以在各自结构中具体规定 Readers 策略的具体内容，如默认的为任意合法成员即可。

14.4.5　通道策略

权限策略的主要应用场景之一便是通道策略。通道策略采用了层级化树形结构，最上层为 /Channel 组，下面是各级子组。在每一级别都可以指定策略，作为本层级的默认策略。

通道配置可以包括联盟组（仅当系统通道，包括联盟组织信息）、应用组（一般仅当应用通道，包含使用通道的组织信息）和排序组（包括排序组织信息）等不同的元素。

一个典型的应用通道的例子如图 14-23 所示，包括一个排序组和一个应用组。

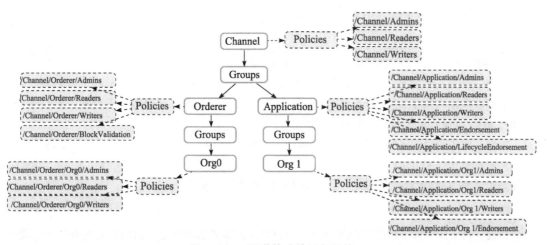

图 14-23　通道策略的层级结构

默认情况下，通道内的策略使用的角色定义如下：

```
# 通道全局策略
/Channel/Readers: ImplicitMetaPolicy-ANY Readers
/Channel/Writers: ImplicitMetaPolicy-ANY Writers
/Channel/Admins : ImplicitMetaPolicy-MAJORITY Admins

# 通道内应用组默认策略（仅当应用通道），需要从应用组织中推断
/Channel/Application/Readers: ImplicitMetaPolicy-ANY Readers
/Channel/Application/Writers: ImplicitMetaPolicy-ANY Writers
/Channel/Application/Admins : ImplicitMetaPolicy-MAJORITY Admins
/Channel/Application/Endorsement: ImplicitMetaPolicy-MAJORITY Endorsement
```

```
/Channel/Application/LifecycleEndorsement: ImplicitMetaPolicy-MAJORITY
LifecycleEndorsement

    # 通道内应用组各组织的默认策略（仅当应用通道）
    /Channel/Application/Org/Readers: SignaturePolicy for 1 of Org Member
    /Channel/Application/Org/Writers: SignaturePolicy for 1 of Org Member
    /Channel/Application/Org/Admins : SignaturePolicy for 1 of Org Admin
    /Channel/Application/Org/Endorsement: SignaturePolicy for 1 of Org Member

    # 通道内排序组的默认策略，需要从排序组织中推断
    /Channel/Orderer/Readers: ImplicitMetaPolicy-ANY Readers
    /Channel/Orderer/Writers: ImplicitMetaPolicy-ANY Writers
    /Channel/Orderer/Admins : ImplicitMetaPolicy-MAJORITY Admins
    /Channel/Orderer/BlockValidation: ImplicitMetaPolicy-ANY Writers

    # 通道内排序组中各组织的默认策略
    /Channel/Orderer/Org/Readers: SignaturePolicy for 1 of Org Member
    /Channel/Orderer/Org/Writers: SignaturePolicy for 1 of Org Member
    /Channel/Orderer/Org/Admins : SignaturePolicy for 1 of Org Admin

    # 通道内联盟组的默认策略（仅当系统通道）
    /Channel/Consortiums/Admins: SignaturePolicy for ANY

    # 通道内联盟组中某联盟的默认通道创建策略（仅当系统通道）
    /Channel/Consortiums/Consortium/ChannelCreationPolicy: ImplicitMetaPolicy-ANY
for Admin

    # 通道内联盟组中某联盟组织的默认策略（仅当系统通道）
    /Channel/Consortiums/Consortium/Org/Readers: SignaturePolicy for 1 of Org Member:
ImplicitMetaPolicy-ANY for Admin
    /Channel/Consortiums/Consortium/Org/Writers: SignaturePolicy for 1 of Org Member
    /Channel/Consortiums/Consortium/Org/Admins : SignaturePolicy for 1 of Org Admin
```

其中，通道内的元素，默认对其进行修改的策略（mod_policy）为 Admins；与排序相关的配置的修改策略则指定为 /Channel/Orderer/Admins，主要包括系统通道内相关配置，如 Orderer-Addresses、Consortiums 和具体的联盟配置。

另外，应用通道的策略会考虑最新配置中的 Orderer 组和 Application 组；系统通道的策略会考虑最新配置中的 Orderer 组和 Consortiums 组。新建应用通道时，用户需要指定 Application 组配置，如果不指定 Orderer 组配置，会自动从系统通道中继承过来。

14.4.6 通道访问控制

目前，Fabric 中大多数的访问权限通过通道访问控制列表来指定。访问控制列表位于通道配置中，被通道内所有成员认可。可以在新建通道时利用 configtx.yaml 指定，也可以后期通过配置更新进行变更。访问控制列表配置示例如下，包括访问控制列表和其引用的策略：

```
Application: &ApplicationDefaults
    ACLs: &ACLsDefault
        # Lifecycle 方法调用权限：CheckCommitReadiness()、CommitChaincodeDefinition()、
QueryChaincodeDefinition()、QueryChaincodeDefinitions()
        _lifecycle/CheckCommitReadiness: /Channel/Application/Writers
        _lifecycle/CommitChaincodeDefinition: /Channel/Application/Writers
        _lifecycle/QueryChaincodeDefinition: /Channel/Application/Readers
        _lifecycle/QueryChaincodeDefinitions: /Channel/Application/Readers

        # LSCC 方法调用权限：getid()、getdepspec()、getccdata()、getchaincodes()
        lscc/ChaincodeExists: /Channel/Application/Readers
```

```
        lscc/GetDeploymentSpec: /Channel/Application/Readers
        lscc/GetChaincodeData: /Channel/Application/Readers
        lscc/GetInstantiatedChaincodes: /Channel/Application/Readers

        # QSCC 方法调用权限: GetChainInfo()、GetBlockByNumber()、GetBlockByHash()、
GetTransactionByID()、GetBlockByTxID()
        qscc/GetChainInfo: /Channel/Application/Readers
        qscc/GetBlockByNumber: /Channel/Application/Readers
        qscc/GetBlockByHash: /Channel/Application/Readers
        qscc/GetTransactionByID: /Channel/Application/Readers
        qscc/GetBlockByTxID: /Channel/Application/Readers

        # CSCC 方法调用权限: GetConfigBlock()
        cscc/GetConfigBlock: /Channel/Application/Readers

        # 通道内链码调用权限 ( 向 Peer 发送背书请求 )
        peer/Propose: /Channel/Application/Writers
        # 通道内跨链码调用权限
        peer/ChaincodeToChaincode: /Channel/Application/Readers

        # 接收区块事件权限
        event/Block: /Channel/Application/Readers
        # 接收过滤区块事件权限
        event/FilteredBlock: /Channel/Application/Readers

    # 默认应用通道内组织成员为空
    Organizations:

    # 通道内相关的策略, 可被 ACL 中引用, 用户也可以自定义全局策略
    Policies: &ApplicationDefaultPolicies
        Readers:
            Type: ImplicitMeta
            Rule: "ANY Readers"
        Writers:
            Type: ImplicitMeta
            Rule: "ANY Writers"
        Admins:
            Type: ImplicitMeta
            Rule: "MAJORITY Admins"

    # 引用应用通道默认的能力集合
    Capabilities:
        <<: *ApplicationCapabilities
```

目前通道配置支持的资源访问权限总结如表 14-9 所示。

表 14-9　通道配置支持的资源访问权限

资源访问	权限	功能
Lifecycle/InstallChaincode	本 MSP Admins	安装链码
Lifecycle/QueryInstalledChaincode	本 MSP Admins	查询已安装链码信息
Lifecycle/GetInstalledChaincodePackage	本 MSP Admins	获取链码安装包
Lifecycle/QueryInstalledChaincodes	本 MSP Admins	查询所有已安装链码列表
Lifecycle/ApproveChaincodeDefinitionForMyOrg	本 MSP Admins	批准链码定义
Lifecycle/CommitChaincodeDefinition	通道 Writers	提交链码定义
Lifecycle/QueryChaincodeDefinition	通道 Writers	查询指定的已提交链码定义

（续）

资源访问	权限	功能
Lifecycle/QueryChaincodeDefinitions	通道 Writers	查询所有已提交链码定义
Lifecycle/CheckCommitReadiness	通道 Writers	检查链码定义提交状态
Lscc/Install	本 MSP Admins	传统安装链码
Lscc/GetInstalledChaincodes	本 MSP Admins	传统获取安装链码列表
Lscc/Deploy	通道 Writers	传统实例化链码
Lscc/Upgrade	通道 Writers	传统升级链码
Lscc/ChaincodeExists	通道 Readers	检查链码是否已安装
Lscc/GetDeploymentSpec	通道 Readers	获取安装包
Lscc/GetChaincodeData	通道 Readers	获取链码完整数据包
Lscc/GetInstantiatedChaincodes	通道 Readers	获取已实例化链码列表
Lscc/GetCollectionsConfig	通道 Readers	获取私密数据集合配置
Qscc/GetChainInfo	通道 Readers	查询通道信息
Qscc/GetBlockByNumber	通道 Readers	获取指定序号区块
Qscc/GetBlockByHash	通道 Readers	获取指定 Hash 值区块
Qscc/GetTransactionByID	通道 Readers	获取指定 ID 交易
Qscc/GetBlockByTxID	通道 Readers	获取包括指定交易的区块
Cscc/JoinChain	本 MSP Admins	加入通道
Cscc/GetChannels	本 MSP Members	获取已加入的通道列表
Cscc/GetConfigBlock	通道 Readers	获取配置区块
Peer/Propose	通道 Writers	调用链码
Peer/ChaincodeToChaincode	通道 Writers	跨链码调用
Event/Block	通道 Readers	监听完整区块事件
Event/FilteredBlock	通道 Readers	监听过滤区块事件

14.4.7　背书策略

1. 链码背书策略

用户在批准执行链码（2.0 版本之前为实例化链码）时，可以指定调用该链码需要满足的背书策略（Endorsement Policy）并存放到链码定义中。当对链码的调用交易被提交时，Peer 会检查是否交易携带了符合指定背书策略的签名信息。

背书策略可以采用 SignaturePolicy 或 ChannelConfigPolicy 两种方式进行指定，构建十分灵活的策略组合。SignaturePolicy 方式指定使用特定身份签名组合来进行背书。例如，指定某几个组织内的任意成员身份进行背书，或者至少有一个管理员身份进行背书等。

语法上，背书策略通过 -P 指定需要哪些 SignaturePolicy；通过 -T 指定所需要的 Signature-Policy 个数。目前，客户端已经实现了对背书策略的初步支持，通过 -P 来指定通过 AND、OR、OutOf 组合的身份角色（包括 admin、member、peer、client）集合。

下面的策略指定要么 Org1 的管理员进行背书，要么 Org2 和 Org3 的 peer 节点同时进行背书：

```
OR('Org1.admin', AND('Org2.peer', 'Org3.peer'))
```

下面的策略指定三个组织中至少两个组织的成员进行背书：

```
OutOf(2, 'Org1.member', 'Org2.member', 'Org3.member')
```

ChannelConfigPolicy 方式则引用通道配置内的已有策略名，使用对应的身份进行背书。

例如，如果不显式指定背书策略，则会使用通道配置中的 Channel/Application/Endorsement 策略，其默认为通道内的大多数成员。

2. 键值背书策略

除了面向链码（该链码的所有状态）的背书策略外，自 1.3.0 版本开始，Fabric 支持基于特定状态（键值）的更细粒度的背书策略。用户可以指定要修改某个指定状态时所需的背书策略。主要实现位于 github.com/hyperledger/fabric-chaincode-go/shim/ 包。

包括如下的 shim 层 API，可以在链码内使用。

- GetStateValidationParameter(collection, key string) ([]byte, error)：获取指定集合对指定键值的背书策略。
- SetStateValidationParameter(collection, key string, ep []byte) error：指定某个键值所绑定的背书策略。
- GetPrivateDataValidationParameter(collection, key string) ([]byte, error)：获取指定集合对指定私密键值的背书策略。
- SetPrivateDataValidationParameter(collection, key string, ep []byte) error：指定某个私密键值对应的背书策略。

键值背书策略目前支持基于组织的身份集合，可以进行添加、删除和获取操作，示例代码如下：

```
// KeyEndorsementPolicy 会采用 AND 逻辑，要求所有指定的组织成员都进行背书。
type KeyEndorsementPolicy interface {
    // 获取策略内容
    Policy() ([]byte, error)

    // 添加需要进行背书的组织
    AddOrgs(roleType RoleType, organizations ...string) error

    // 移除指定组织
    DelOrgs(organizations ...string)

    // 返回所有需要进行背书的组织
    ListOrgs() []string
}
```

Peer 在提交区块阶段会对背书策略进行检查，实现位于 core/committer/txvalidator/v20/plugindispatcher/dispatcher.go。

3. 私密数据集合背书策略

自 2.0 版本起，用户也可以为每个私密数据集合指定对应的背书策略。当用户对私密数据集合内的键值进行写或修改操作时，需要满足指定的背书策略。此时，链码的整体背书策略会被忽略。发起写请求的用户不必为私密数据集合的成员。使用私密数据集合背书策略，可以限制对私密数据的写操作，实现更为安全的链码访问保护。

类似于链码背书策略，私密数据集合背书策略支持 SignaturePolicy 或 ChannelConfigPolicy

两种方式。例如，可以在集合配置文件 collection.json 中指定 signaturePolicy 或 channelConfig-Policy 背书策略，示例代码如下：

```
[
  {
    "name": "collection1",                              // 集合名称
    "policy": "OR('Org1MSP.member', 'Org2MSP.member')", // 集合成员
    "requiredPeerCount": 1, // 背书之前至少扩散私密数据到的节点数
    "maxPeerCount": 3,          // 背书之前尝试扩散最多节点个数，不能小于 requiredPeerCount
    "blockToLive":99999,      // 私密数据保存时长。0 意味着永不过期
    "memberOnlyRead": true,   // 是否只允许集合成员（如客户端）来读取私密数据，v1.4 开始支持
    "memberOnlyWrite": true,  // 是否只允许集合成员（如客户端）来发起对私密数据的写交易，v2.0
                              // 开始支持
    "endorsementPolicy": {    // 指定对私密数据进行写操作时的背书策略，会取代链码的背书策略
      "signaturePolicy": "OR('Org1MSP.member')" // 指定使用签名策略
    }
  },
  {
    "name": "collection2",
    "policy": "OR('Org1MSP.member')",
    "requiredPeerCount": 1,
    "maxPeerCount": 3,
    "blockToLive":3,
    "memberOnlyRead": true,
    "memberOnlyWrite": true,
    "endorsementPolicy": {
      "channelConfigPolicy": "Channel/Application/Writers" // 指定使用通道配置内已
                                                           // 有策略
    }
  }
]
```

14.4.8　基于证书属性的链码访问控制

另外，用户也可以在自己的链码内通过基于证书属性的链码访问控制，实现自定义的控制逻辑。例如，可在方法入口处先检测调用者身份证书，过滤某些特定身份调用者，以实现基于键值或其他条件的细粒度的控制。

Fabric 提供了 github.com/hyperledger/fabric-chaincode-go/pkg/cid 库（在 1.4 版本中位于 github.com/hyperledger/fabric/core/chaincode/lib/cid），允许在链码中获取和检查调用者的身份属性（通过证书），主要方法如下：

```
// github.com/hyperledger/fabric-chaincode-go/pkg/cid/cid.go

// 获取根据证书主题生成的唯一标识
func GetID() (string, error)

// 获取 MSP ID
func GetMSPID() (string, error)

// 获取证书某个属性的值
func GetAttributeValue(attrName string) (value string, found bool, err error)

// 检查证书中某个属性是给定值
func AssertAttributeValue(attrName, attrValue string) error

// 获取调用者的 X509 证书
func GetX509Certificate() (*x509.Certificate, error)
```

```
// 判断调用者是否属于给定 OU
func HasOUValue(stub ChaincodeStubInterface, OUValue string) (bool, error)
```

用户可以使用这些方法在链码方法中对调用者身份进行访问控制。

例如，在证书的 extension 域中设置自定义的属性 "abac."+role，并在链码方法中判断只有证书带有该属性的用户才可以调用该方法，示例代码如下：

```
import "github.com/hyperledger/fabric-chaincode-go/pkg/cid"

func (t *TestChaincode) Access(stub shim.ChaincodeStubInterface, role string)
    pb.Response {
    // 根据属性值来判断是否允许访问方法
    err := cid.AssertAttributeValue(stub, "abac."+role, "true")
    if err != nil {
        return shim.Error("Not allowed with missed attribution"+err.Error())
    }
    ...
}
```

14.4.9　实例化策略

实例化策略（Instantiation Policy）仅在 2.0 版本之前生效，负责对链码的实例化情况进行控制。Committer 在确认阶段利用 VSCC 对网络中进行链码部署的操作进行权限检查。

目前，实例化策略同样采用了 SignaturePolicy 结构进行指定，可以基于身份集合结构构建复杂的签名校验组合。

默认情况下，会以当前 MSP 的管理员身份作为默认策略，即只有当前 MSP 管理员可以进行链码实例化操作。这可以避免链码被通道中其他组织成员私自在其他通道内进行实例化。

实例化策略的检查发生在 Peer 的背书阶段，位于 core/endorser/endorser.go。

14.5　隐私保护

分布式账本可以帮助多个成员进行数据共享和协作，因此，隐私保护（如哪些数据可以被谁读写）就成了十分关键的问题。

目前，Fabric 通过多种技术手段在不同层级上分别进行隐私保护，包括如下几种机制：

- 通道机制，网络内同时存在多个通道，各个通道之间数据彼此隔离。
- 私密数据库，在同一通道内实现对私密交易内容的保护。
- 数据加密保护，在数据上链之前进行客户端加密，实现对链上数据的保护。

14.5.1　通道机制

通道机制是 Fabric 中最基础的数据保护方案。

每个通道都拥有自己独有的账本、组织、Peer、Orderer、Gossip 域。不同通道内数据彼此隔离，实现隐私保护。

组织身份属于通道成员是该组织节点可以参与通道活动的前提。组织最新的根 CA 证书和根 TLS CA 证书都必须保存在通道配置内，以被其他组织认可。证书过期之前，需要进行证书的更新工作。

只有加入通道共识组的排序节点才可以参与通道内的共识过程，每个通道可以自行添加或删除合法的排序节点，这些排序节点构建内部的 Raft 集群来动态选举和分发数据。排序节点一旦从通道内删除后，会通过探测机制发现变更，该节点将不再主动参与通道内的活动。排序节点也会通过系统通道配置的变化来判断自己所负责的应用通道。

Peer 节点要加入通道中还必须拥有该通道的初始区块。Peer 节点会从中解析出维护该通道的排序服务地址（可通过选项覆盖），并从排序服务拉取完整的区块链结构，构建本地账本。构建完成后，Peer 会通过 Gossip 协议在通道范围内获取新的数据，并更新本地状态。通道目前无法单独移除特定 Peer 节点，但 Peer 节点自身可以选择不再处理某通道的业务。

需要注意的是，通道一旦创建后无法自动删除（可以通过删除所有组织证书和节点信息来禁用通道），会占据节点本地存储。同时，通道的共识过程会消耗排序节点计算资源，因此要避免同时存在过多通道。

14.5.2 私密数据库

私密数据库是自 1.1 版本开始引入的特性，在通道的隔离性基础上提供了更细粒度的控制。该特性允许在同一个通道内的若干成员组织构成一个集合（Collection），合法 Peer 只在集合策略指定的成员之间分发 Gossip 私密数据，并且可以指定私密数据的存活时间。通道内交易中的私密数据读写集在公共账本上只包括摘要内容，排序节点无法获知私密数据。

在背书阶段，用户将包括私密数据（通过 transient 域）的交易提案发给特定 Peer 节点，然后该 Peer 节点将私密数据分发给合法的 N 个 Peer 节点（requiredPeerCount ≤ N ≤ maxPeerCount），这些节点会将私密数据保存在本地的临时数据库。在提交阶段，Peer 节点会记录私密数据到本地的私密状态数据库中，并清理临时数据库中记录（CORE_PEER_GOSSIP_PVTDATA_TRANSIENTSTOREMAXBLOCKRETENTION 中指定）。这样，私密数据的原文只在规定组织内的 Peer 上存在，其他节点只能看到有交易被提交，但无法获知原文。

1. 私密数据集合配置

私密数据典型的应用场景为，在批准和提交链码定义时指定私密数据集合，之后在链码中将私密数据放到指定集合中，只有通过集合相关的 API 才能读写集合内的私密数据。示例代码如下：

```
$ peer chaincode instantiate \
    -o ${ORDERER_URL} \
    -C ${channel} \
    -n ${name} \
    -v ${version} \
    -c ${args} \
    -P "${policy}" \
    --collections-config "${collection_config_file}"
```

其中，在集合配置文件中可以指定哪些组织成员可以访问，还可以指定分发策略、存活时间、权限和背书策略等，示例代码如下：

```
[
  {
    "name": "collection1",
    "policy": "OR('Org1MSP.member', 'Org2MSP.member')",
    "requiredPeerCount": 1,
    "maxPeerCount": 3,
    "blockToLive":99999,
```

```
"memberOnlyRead": true,
"memberOnlyWrite": true,
"endorsementPolicy": {
 "signaturePolicy": "OR('Org1MSP.member')"
 // "channelConfigPolicy": "Channel/Application/Writers"
 }
}
```

集合配置文件中各个域的类型和功能见表 14-10。

表 14-10　集合配置文件中的域

域名称	类型	功能
name	字符串	集合名称
policy	字符串	集合成员策略
requiredPeerCount	正整数	背书时扩散私密数据到达的最少节点个数
maxPeerCount	正整数	背书之前尝试扩散最多节点个数，不能小于 requiredPeerCount
blockToLive	正整数	私密数据保存时长（超过高度则删除）。0 意味着永不过期。注意目前不支持更新
memberOnlyRead	布尔	是否只允许集合成员（如客户端）读取私密数据，v1.4 开始支持
memberOnlyWrite	布尔	是否只允许集合成员（如客户端）修改私密数据，v2.0 开始支持
endorsementPolicy	字符串	对私密数据进行写操作时的背书策略，会取代链码的背书策略。目前支持签名策略或通道策略

集合配置可以通过链码升级操作进行更新，但注意无法删除已定义的集合，并且集合的 blockToLive 域不支持更新。

另外，自 2.0 版本起，Fabric 默认为通道内组织定义了对应的隐式集合，名称为 "implicit_ org"。该集合限定组织成员才可以访问。例如，某私密数据只允许组织 Org1MSP 成员访问，则直接在链码 API 中使用隐式集合名称即可，而无须在集合配置文件中显式定义。

2. 私密数据相关链码 API

私密数据库相关的链码 API 位于 github.com/hyperledger/fabric-chaincode-go/shim/ 包内，由 ChaincodeStub 结构提供，主要包括如下内容。

- GetPrivateData(collection string, key string) ([]byte, error)：访问当前账本上某个集合内的私密键值。
- GetPrivateDataHash(collection, key string) ([]byte, error)：获取某个集合内私密键对应值的 Hash，适用于非集合成员访问。
- GetPrivateDataByPartialCompositeKey(collection, objectType string, keys []string) (StateQueryIteratorInterface, error)：查询某个集合内匹配指定前缀的复合键值。
- GetPrivateDataByRange(collection, startKey, endKey string) (StateQueryIteratorInterface, error)：查询某个集合内指定范围的键。
- GetPrivateDataHash(collection string, key string) ([]byte, error)：访问当前账本上某个键对应值的 Hash 值。
- GetPrivateDataQueryResult(collection, query string) (StateQueryIteratorInterface, error)：获取私密数据富查询结果。

- DelPrivateData(collection, key string) error：删除某个集合内键值。
- PutPrivateData(collection string, key string, value []byte) error：更新某个集合内键值。
- GetPrivateDataValidationParameter(collection, key string) ([]byte, error)：获取指定集合对指定私密键值的背书策略。
- SetPrivateDataValidationParameter(collection, key string, ep []byte) error：指定某个私密键值对应的背书策略。

另外，获取提案中的临时数据需要使用 GetTransient() (map[string][]byte, error) API。

注意，私密数据目前不直接提供访问历史记录功能（FAB-5094），并且集合配置在通道范围可见（FAB-7593）。

14.5.3 加密保护

用户可以在链码内通过加密机制来实现自定义的保护。由于 Fabric 支持图灵完备的链码，用户可以在链外将上链数据进行加密，读取数据后在链下进行解密。这种方式提供了较高的独立隐私性，因为只有线下用户可以看到数据原文。但要注意对加密密钥的保护。

如果用户希望链码可以自行完成加密和解密过程，则可在发送交易提案请求时使用 transient 域来提供键值明文和加密密钥，确保只有加密后的结果被记录到账本。

由于链码 shim 层中默认不提供加密库，需要用户在链码包中自行包括相关依赖。示例链码的核心逻辑如下所示：

```
func (t *TestCC) Invoke(stub shim.ChaincodeStubInterface) pb.Response {
    f, args := stub.GetFunctionAndParameters()
    tranMap, err := stub.GetTransient()
    if err != nil {
        return shim.Error(fmt.Sprintf("Could not retrieve transient, err %s", err))
    }

    switch f {
    case "SecretWrite":
        if _, in := tranMap["EncryptKey"]; !in {
            return shim.Error(fmt.Sprint("No EncryptKey in transient"))
        }
        if _, in := tranMap["Key"]; !in {
            return shim.Error(fmt.Sprint("No Key in transient"))
        }
        if _, in := tranMap["Value"]; !in {
            return shim.Error(fmt.Sprint("No Value in transient"))
        }
        return t.SecretWrite(stub, tranMap["EncryptKey"], tranMap["Key"], tranMap
            ["Value"])
    case "SecretRead":
        if _, in := tMap["DecryptKey"]; !in {
            return shim.Error(fmt.Sprint("No decryption key in transient"))
        }
        if _, in := tranMap["Key"]; !in {
            return shim.Error(fmt.Sprint("No Key in transient"))
        }
        return t.SecretRead(stub, tranMap["DecryptKey"], tranMap["Key"])
    default:
        return shim.Error(fmt.Sprintf("Unknown function %s", f))
    }
}
```

```
func (t *TestCC) SecretWrite(stub shim.ChaincodeStubInterface, encKey, key, value []
byte) pb.Response {
    err = encryptAndPutState(stub, encKey, key, value)
    if err != nil {
        return shim.Error(fmt.Sprintf("encryptAndPutState failed, err %+v", err))
    }
    return shim.Success(nil)
}

func (t *TestCC) SecretRead(stub shim.ChaincodeStubInterface, decKey, key []byte)
pb.Response {
    cleartextValue, err := getStateAndDecrypt(stub, decKey, key)
    if err != nil {
        return shim.Error(fmt.Sprintf("getStateAndDecrypt failed, err %+v", err))
    }

    // here we return the decrypted value as a result
    return shim.Success(cleartextValue)
}
```

此时，用户可以通过如下命令来调用存储和读取数据，链上其他用户将无法访问到数据明文：

```
$ peer chaincode invoke -n test_cc -C businesschannel -c '{"Args":["SecretWrite"]}'
--transient "{\"EncryptKey\":\"xxxxxxxx\", \"Key\":\"plain-key\", \"Value\":\"
plain-value\"}"

$ peer chaincode invoke -n test_cc -C businesschannel -c '{"Args":["SecretRead"]}'
--transient "{\"DecryptKey\":\"xxxxxxxx\", \"Key\":\"plain-key\"}"
```

14.6　用户链码

用户链码（User Chaincode）是应用开发者使用账本资源的主要途径。Fabric 支持链码中实现灵活的账本状态操作逻辑，满足不同复杂场景需求。

目前，用户可以使用 Go、Java、JavaScript 在内的多种高级语言来开发链码，未来还将支持更多语言类型。

用户链码相关的 Peer 侧代码都在 core/chaincode 路径下，Go 链码的 Shim 层单独存放于 github.com/hyperledger/fabric-chaincode-go/shim/ 包中（自 v2.0 版本开始）。

14.6.1　基本结构

Fabric 中定义链码，只需实现 Chaincode 接口的结构体，包括 Init 和 Invoke 两个方法，代码如下：

```
// shim/interfaces.go

type Chaincode interface {
    // 链码初始化方法
    Init(stub ChaincodeStubInterface) pb.Response

    // 链码调用方法
    Invoke(stub ChaincodeStubInterface) pb.Response
}
```

Init 和 Invoke 方法中都传入了 stub shim.ChaincodeStubInterface 变量，提供操作账本的大量 API。

完整的示例链码如下所示，用户只需要关注 Init() 和 Invoke() 方法内的用户逻辑实现，使用

stub 句柄实现与账本的交互逻辑：

```go
package main

import (
    "errors"
    "fmt"
    "github.com/hyperledger/fabric-chaincode-go/shim"
    pb "github.com/hyperledger/fabric-protos-go/peer"
)

type DemoChaincode struct { }

func (t *DemoChaincode) Init(stub shim.ChaincodeStubInterface) pb.Response {
    // 用户逻辑
    ......

    return stub.Success(nil)
}

func (t *DemoChaincode) Invoke(stub shim.ChaincodeStubInterface) pb.Response {
    // 用户逻辑
    ......

    return stub.Success(nil)
}

func main() {
    err := shim.Start(new(DemoChaincode))
    if err != nil {
        fmt.Printf("Error starting DemoChaincode: %s", err)
    }
}
```

可见，最关键的底层处理位于 shim.ChaincodeStubInterface 接口方法的实现上。该接口封装了与 Peer 进行交互的具体细节。

> **注意** 为了进一步封装链码操作 API，社区还提出了 github.com/hyperledger/fabric-contract-api-go 项目，目前已经发布了 1.0.0 版本，通过封装已有 shim 层 API 实现。

14.6.2 链码与 Peer 的交互过程

用户链码与 Peer 节点之间通过 gRPC 通道进行通信，使用 ChaincodeMessage 消息（github.com/hyperledger/fabric-protos-go/peer/chaincode_shim.pb.go 中定义）进行交互。

ChaincodeMessage 消息结构参考前面图 14-15，其中，Type 为消息的类型，TxId 为关联的交易的 ID，Payload 中则存储消息内容。

ChaincodeMessage 消息都带有 ChaincodeMessage_ 前缀，类型包括 REGISTER、REGISTERED、INIT、READY、TRANSACTION、COMPLETED、ERROR、GET_STATE、PUT_STATE、DEL_STATE、INVOKE_CHAINCODE、RESPONSE、GET_STATE_BY_RANGE、GET_QUERY_RESULT、QUERY_STATE_NEXT、QUERY_STATE_CLOSE、KEEPALIVE、GET_HISTORY_FOR_KEY、GET_STATE_METADATA、PUT_STATE_METADATA、GET_PRIVATE_DATA_HASH 等，覆盖了用户链码的完整生命周期。

Peer 节点和用户链码之间的主要交互过程如图 14-24 所示，分别主要由 core/chaincode/handler.go#Handler 和 github.com/hyperledger/fabric-chaincode-go/shim/handler.go#Handler 结构体负责。

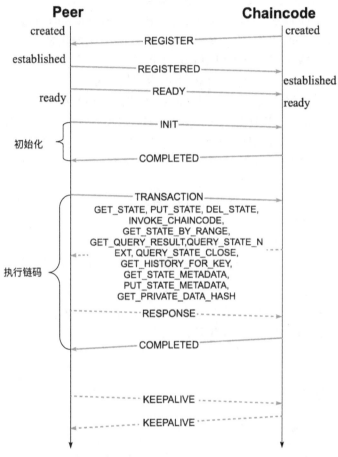

图 14-24　链码消息交互

典型情况下，链码从启动开始到被调用，主要步骤包括：

- 用户链码启动后，需要主动调用 shim 包中的 Start() 方法。
- Start() 方法首先读取本地配置，创建到 Peer /protos.ChaincodeSupport/Register 地址的 gRPC 连接；接着创建本地 Handler 结构，并初始化其状态为 created。
- 构造注册消息（REGISTER 消息，内容为 ChaincodeID），发送给 Peer 尝试进行注册。注册成功后开始消息处理循环，等待接收来自 Peer 的消息以及自身的状态迁移（nextState）消息。
- Peer 收到来自链码的注册消息，将其注册到本地的一个 Handler 结构，并返回 REGISTERED 消息给链码。之后更新状态为 established，并发送 READY 消息给链码侧，更新状态为 ready。

- 链码侧收到 REGISTERED 消息后，更新状态为 established。收到 READY 消息后更新状态为 ready。该状态下只接收 INIT、TRANSACTION、RESPONSE、ERROR 消息。
- Peer 侧需要启动链码时，发出 INIT 消息给链码。
- 链码侧收到 INIT 消息，启动 Go 协程通过 Handler.handleInit() 方法进行初始化。创建所需的 ChaincodeStub 结构；调用链码中的 Init() 方法。初始化成功后，返回 COMPLETED 消息。此时，链码进入可被调用（Invoke）状态。
- 链码被调用时，Peer 发出 TRANSACTION 消息给链码。
- 链码收到 TRANSACTION 消息，调用 Invoke() 方法，根据该方法中用户逻辑，使用 Chain codeStub 发出 GET_HISTORY_FOR_KEY、GET_QUERY_RESULT、GET_STATE、GET_STATE_BY_RANGE、QUERY_STATE_CLOSE、QUERY_STATE_NEXT、INVOKE_CHAINCODE、GET_STATE_METADATA、PUT_STATE_METADATA、GET_PRIVATE_DATA_HASH 等状态消息给 Peer 侧。
- Peer 侧收到状态消息，模拟进行相应的读写处理，并回复 RESPONSE 消息。
- 调用完成，链码侧回复 COMPLETE 给 Peer 侧。
- Peer 侧收集调用过程中的状态变更，创建读写集结构。

在上述过程中，Peer 和链码侧之间还定期互相发送 KEEPALIVE 消息，以确保在线。

14.6.3 Peer 侧处理

Peer 侧通过了一个 Handler 结构体来处理链码侧发送过来的各种消息。该结构体的定义在 core/chaincode/handler.go 文件中，定义代码如下：

```
// core/chaincode/handler.go

type Handler struct {
    // 发送心跳消息的间隔
    Keepalive time.Duration

    // 查询返回结果的最大个数
    TotalQueryLimit int

    // 链码调用结构
    Invoker Invoker

    // 跟踪已经注册的链码句柄
    Registry Registry

    // 检查链码调用权限
    ACLProvider ACLProvider

    // 跟交易相关的一组上下文，如世界状态模拟器结构
    TXContexts ContextRegistry

    // 跟踪处于被调用过程中的交易号
    ActiveTransactions TransactionRegistry

    // 记录内嵌的系统链码，确保用户链码名称不与之冲突
    BuiltinSCCs scc.BuiltinSCCs
```

```
    // 负责创建查询结果
    QueryResponseBuilder QueryResponseBuilder

    // 负责获取通道关联的账本
    LedgerGetter LedgerGetter

    // 负责初始化私密集合仓库
    DeployedCCInfoProvider ledger.DeployedChaincodeInfoProvider

    // 负责生成 UUID
    UUIDGenerator UUIDGenerator

    // 负责获取通道的应用配置
    AppConfig ApplicationConfigRetriever

    // 负责记录统计信息
    Metrics *HandlerMetrics

    // 记录当前的句柄结构状态，可以为 created、established 或 ready
    state State

    // 记录注册过来的 chaincodeID
    chaincodeID string

    // 确保 gRPC 消息依次发送
    serialLock sync.Mutex

    // 与链码交互的 gRPC 通道
    chatStream ccintf.ChaincodeStream

    // 发送消息时，传递连接错误以终止发送
    errChan chan error

    // 确保 streamDoneChan 操作线性化
    mutex sync.Mutex

    // 标识链码连接是否终止
    streamDoneChan chan struct{}
}
```

　　Peer 侧对链码消息处理的状态过程如图 14-25 所示，最主要的是在 ready 状态下处理来自链码侧的各种消息。

　　句柄结构对应方法包括：HandleDelState、HandleGetHistoryForKey、HandleGetPrivate-DataHash、HandleGetQueryResult、Handle-GetState、HandleGetStateByRange、HandleGet-StateMetadata、HandleInvokeChaincode、HandlePutState、HandlePutStateMetadata、HandleQueryStateClose、HandleQueryState-Next、HandleRegister、HandleTransaction。

14.6.4　链码侧处理

　　链码侧同样通过 Handler 结构体来处理消息，并通过各种 handleXXX 方法实现

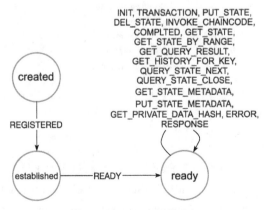

图 14-25　Peer 侧状态机

Chaincode 接口中定义的各种对账本的操作。

Handler 结构体实现代码在 fabric-chaincode-go 项目的 shim/handler.go 文件中，主要定义如下：

```
// github.com/hyperledger/fabric-chaincode-go/shim/handler.go

type Handler struct {
    // 保证来自 Peer 的调用顺序处理
    serialLock sync.Mutex
    // 与 Peer 侧连接的 gRPC 通道
    chatStream PeerChaincodeStream

    // 绑定到该句柄结构上的链码
    cc Chaincode
    // 保存当前状态
    state state

    // 保证链码到 Peer 侧的请求顺序发出
    responseChannelsMutex sync.Mutex
    responseChannels          map[string]chan pb.ChaincodeMessage
}
```

链码侧对链码消息处理的状态变化如图 14-26 所示，最关键的是在 ready 状态下处理来自 Peer 的各种消息。

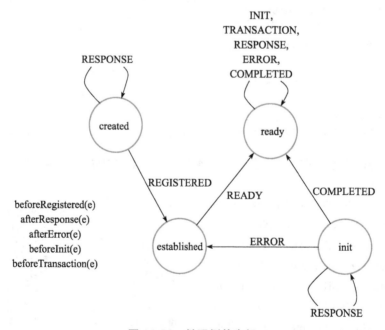

图 14-26 链码侧状态机

链码侧的 Handler 结构通过各种 handleXXX 方法处理消息和状态变化，包括：handle-Created、handleDelState、handleEstablished、handleGetHistoryForKey、handleGetPrivate-DataHash、handleGetQueryResult、handleGetState、handleGetStateByRange、handleGetState-

Metadata、handleInit、handleInvokeChaincode、handleMessage、handlePutState、handlePut-StateMetadataEntry、handleQueryStateClose、handleQueryStateNext、handleReady、handle-Response、handleStubInteraction。

14.7　系统链码

系统链码（System Chaincode）是 Fabric 中另外一种类型的链码。常见的用户链码由应用开发者来编写逻辑，通过 Fabric 提供的接口与账本进行交互，支持 Go、Java、JavaScript 等多种逻辑。

而系统链码则负责 Fabric 节点自身的处理逻辑，包括系统配置、背书、校验等工作，仅支持 Go 语言实现。这些系统链码在 Peer 节点启动时会自动完成注册和部署，以进程内逻辑形式与主进程进行交互，兼顾了逻辑实现和管理的灵活性，以及通信的性能。

Fabric 目前自带的系统链码如表 14-11 所示，版本都指定为 syscc。

表 14-11　Fabric 自带的系统链码

名称	功能	是否支持链外调用
Configuration System Chaincode（CSCC）	负责账本和链的配置管理	是
Query System Chaincode（QSCC）	负责提供账本和链的信息查询功能，包括区块和交易等	是
Endorsement System Chaincode（ESCC）	负责背书签名过程	否
Verification System Chaincode（VSCC）	交易提交前根据背书策略进行检查，并对读写集合的版本进行验证	否
Lifecycle System Chaincode（LSCC）	负责传统的（1.x 版本）用户链码生命周期管理	是
Lifecycle System Chaincode（Lifecycle SCC）	负责新的（2.x 版本）用户链码生命周期管理	是

除了自带的系统链码外，自 1.1.0 版本开始，Peer 还支持用户自定义的句柄插件，进行额外的认证检查、修改链码调用参数、指定背书处理和提交检查。这些插件需要在配置文件中指定（可参考 peer.handlers 字段，默认为使用系统自带），并且需要通过 go build -buildmode=plugin -o xxxx.so plugin.go 命令编译为 .so 文件放到指定路径下。

14.7.1　配置系统链码

配置系统链码（Configuration System Chaincode，CSCC），顾名思义，是负责配置管理的系统链码，支持从链外进行调用。

CSCC 的主要代码实现在 core/scc/cscc 路径下。支持的调用方法如表 14-12 所示。

表 14-12　配置系统链码支持的调用方法

方法名称	调用参数	功能介绍	默认权限
JoinChain	ChannelID	Peer 加入某通道（如 peer channel join）。Peer 根据初始区块参数加入通道，并完成账本等相关结构的初始化	本 MSP Admins
GetConfigBlock	ChannelID	获取 Peer 在指定通道内本地的最新配置区块	通道读权限
GetChannels	None	获取 Peer 加入的所有通道的信息（如 peer channel list）	本 MSP Members

例如，用户可以使用如下命令获取 Peer 所加入的所有通道的列表：

```
$ peer chaincode query -C "" -n cscc -c '{"Args":["GetChannels"]}'
```

实际上等价于：

```
$ peer channel list
```

14.7.2　查询系统链码

查询系统链码（Query System Chaincode，QSCC），负责提供一些账本和链信息的查询方法，包括链、区块和交易信息等。支持从链外进行调用，调用者需要拥有指定通道的读权限。

QSCC 主要代码实现在 core/scc/qscc 路径下。

支持的调用方法如表 14-13 所示。

表 14-13　查询系统链码支持的调用方法

方法名称	调用参数	功能介绍	默认权限
GetChainInfo	ChannelID	获取指定通道内区块链的信息，包括高度值、当前区块 Hash 值、上一个区块 Hash 值等	通道读权限
GetBlockByNumber	ChannelID, Number	根据序号，获取给定通道内指定区块数据	通道读权限
GetBlockByHash	ChannelID, Hash	根据给定的区块头 Hash 值，返回指定通道内对应区块数据	通道读权限
GetTransactionByID	ChannelID, TxId	根据给定的 TxID，返回指定通道内对应交易数据	通道读权限
GetBlockByTxID	ChannelID, TxId	根据给定的 TxID，返回指定通道内包含该交易的区块数据	通道读权限

例如，获取 appchannel 通道内序号为 10 的区块，命令如下：

```
$ peer chaincode query -C "" -n qscc -c '{"Args":["GetBlockByNumber", "appchannel",
"10"]}'
$ peer chaincode query -C "" -n qscc -c '{"Args":["GetTransactionByID", "appch
annel", "2361df2089384d27470f62327bdde3eced8c64cc9b21e4da2abf78b45aadbf6b"]}'
```

14.7.3　背书系统链码

背书系统链码（Endorsement System Chaincode，ESCC），负责背书（签名）过程，并支持对背书策略进行管理，不支持外部调用。

背书系统链码插件需要实现 core/handlers/endorsement/api/endorsement.go#Plugin 接口，包括 Init 和 Endorse 两个方法，示例代码如下：

```
// core/handlers/endorsement/api/endorsement.go

type Plugin interface {
    // 初始化
    Init(dependencies ...Dependency) error

    // 背书处理
    Endorse(payload []byte, sp *peer.SignedProposal) (*peer.Endorsement, []byte,
error)
}
```

默认的 ESCC 实现在 core/handlers/endorsement/builtin/default_endorsement.go 中，定义了

DefaultEndorsement 结构。其 Endorse 方法主要对传入的链码提案的返回结果进行签名。

另外，core/handlers/endorsement/plugin/plugin.go 中提供了示例的自定义插件实现。

14.7.4　验证系统链码

验证系统链码（Validation System Chaincode，VSCC）负责按照指定的背书策略，对排序后的交易进行合法性验证，不支持外部调用。

验证系统链码插件需要实现 core/handlers/validation/api/validation.go#Plugin 接口，包括 Init 和 Validate 两个方法，示例代码如下：

```
// core/handlers/validation/api/validation.go

type Plugin interface {
    // 初始化
    Init(dependencies ...Dependency) error

    // 验证区块中特定位置的交易是否合法
    Validate(block *common.Block, namespace string, txPosition int, actionPosition int, contextData ...ContextDatum) error
}
```

默认的 VSCC 主要实现代码在 core/handlers/validation/builtin/default_validation.go 中，定义了 DefaultValidation 结构。该链码的处理比较简单，会根据通道的能力版本，调用不同的交易验证实现。其 Validate 方法主要逻辑为：

1）解析出交易结构，并对交易结构格式进行校验。

2）获取交易可能依赖的交易，等待它们完成验证。

3）检查是否通过背书策略检查（目前主要是检查签名信息）。

4）通过则返回正确，否则返回错误消息。

14.7.5　传统生命周期系统链码

传统的生命周期系统链码（Lifecycle System Chaincode，LSCC），负责对 1.x 版本中用户链码的传统生命周期进行管理，支持从链外进行调用。

链码的生命周期包括安装、部署、升级、权限管理、获取信息等，都可以通过对 LSCC 进行调用来实现。LSCC 主要代码实现在 core/scc/lscc 路径下。

支持的调用方法如表 14-14 所示。

表 14-14　传统生命周期系统链码支持的调用方法

方法名称	调用参数	功能介绍	默认权限
install	depSpec	安装链码（如 peer chaincode install），将传入的链码部署规范打包，放置到 Peer 本地（默认为 /var/hyperledger/production/chaincodes/）	本 MSP Admins
deploy	ChannelID, depSpec, endorsementPolicy, escc, vscc, collection	实例化链码（peer chaincode instantiate）。获得链码部署规范，编译链码二进制文件，创建并启动链码容器。在此过程中会检查通道的 ACL，从本地拿到链码数据，检查 Instantiation Policy	通道写权限

（续）

方法名称	调用参数	功能介绍	默认权限
upgrade	ChannelID, depSpec, endorsementPolicy, escc, vscc, collection	升级链码。类似实例化过程，检查 Instantiation Policy，通过则对本地文件进行替换，并生成新的链码容器	通道写权限
getid 或 ChaincodeExists	ChannelID, Chaincode Name	获取链码名称。检查节点对该通道是否有读权限，通过则返回指定链码的名称	通道读权限
getdepspec 或 GetDeploymentSpec	ChannelID, Chaincode Name	获取部署规范。进行权限检查，通过后则从 Peer 获取实例化的链码部署规范并进行校验返回	通道读权限
getccdata 或 GetChaincodeData	ChannelID, Chaincode Name	获取链码数据。进行权限检查，通过则返回指定链码的完整数据（ChaincodeData 结构）	通道读权限
getchaincodes 或 GetChaincodes	None	获取 Peer 上在指定通道实例化过的链码信息。进行权限检查，通过则返回指定通道上实例化过的链码信息（包括名称、版本、路径、输入、Escc、Vscc）	通道读权限
getinstalledchaincodes 或 GetInstalledChaincodes	None	获取 Peer 上安装的链码信息。Peer 从本地文件系统获取所有安装过的链码信息并返回	本 MSP Admins

例如，查询某个安装链码的部署规范，命令代码如下：

```
$ peer chaincode query -C "appchannel" -n lscc -c '{"Args":["GetDeploymentSpec",
"appchannel", "chaincode123"]}'
```

查询在 appchannel 通道内实例化的链码的信息，命令代码如下：

```
$ peer chaincode query -C "appchannel" -n lscc -c '{"Args":["Getchaincodes"]}'
```

查询在安装的链码的信息，命令代码如下：

```
$ peer chaincode query -C "" -n lscc -c '{"Args":["GetInstalledChaincodes"]}'
```

14.7.6 新的生命周期系统链码

自 2.0 版本起引入新的生命周期系统链码，负责对用户链码的生命周期进行管理，支持从链外进行调用。

链码的生命周期包括安装、部署、升级、权限管理、获取信息等，都可以通过对 LSCC 进行调用来实现。LSCC 主要代码实现在 core/chaincode/lifecycle/ 路径下。

支持的调用方法如表 14-15 所示。

表 14-15　新的生命周期系统链码支持的调用方法

方法名称	调用参数	功能介绍	默认权限
ApproveChaincodeDefinitionForOrg	通道名称、链码名称、链码定义、链码安装包ID	记录链码定义到本组织的状态中	本 MSP Admins
CheckCommitReadiness	通道名称、链码名称、链码定义	检查链码定义是否可以提交	通道写权限

（续）

方法名称	调用参数	功能介绍	默认权限
CommitChaincodeDefinition	通道名称、链码名称、链码定义	检查序号和已批准组织，通过则记录到通道公共状态	通道写权限
GetInstalledChaincodePackage	链码安装包 ID	获取指定 ID 的链码安装包	本 MSP Admins
InstallChaincode	链码安装包	安装链码到 Peer 本地存储（默认为 /var/hyperledger/production/chaincodes/）	本 MSP Admins
QueryChaincodeDefinition	链码名称	查询某个已提交的链码的定义	通道写权限
QueryInstalledChaincode	链码包 ID	查询给定链码的元数据信息	本 MSP Admins
QueryInstalledChaincodes	无	查询已经安装的链码的列表	本 MSP Admins
QueryNamespaceDefinitions	无	查询通道内已经提交的所有链码列表	通道写权限

14.8　排序服务

排序服务在 Fabric 网络中十分重要。所有交易都需要经过排序服务进行全局排序。在目前架构中，排序服务的功能被抽取出来，作为单独的 fabric-orderer 模块来实现，代码主要在 fabric/orderer 目录下。排序服务主要由三部分功能组成：

- 服务组件对外提供 gRPC 服务接口。
- 账本组件维护网络内的账本结构。
- 不同类型的共识后端插件，负责完成排序。

Raft 共识类型下，不同排序节点彼此交互构建集群进行投票；Kafka 共识类型下，排序节点彼此之间无交互，但都需要连接到外部的 Kafka 集群。Orderer 主要结构如图 14-27 所示。

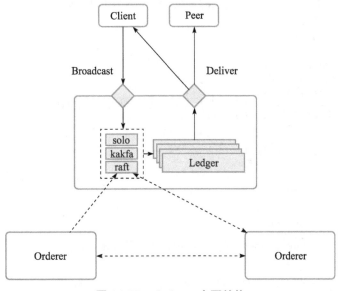

图 14-27　Orderer 主要结构

14.8.1 gRPC 服务接口

Orderer 通过 gRPC 接口提供了对外的调用服务，主要包括两个接口：Broadcast(srv ab.Atomic-Broadcast_BroadcastServer) error 和 Deliver(srv ab.AtomicBroadcast_DeliverServer) error。

两个接口的含义如下：

- Broadcast(srv ab.AtomicBroadcast_BroadcastServer) error，意味着客户端发送交易请求给排序服务进行排序处理。gRPC 服务接口地址是 /orderer.AtomicBroadcast/Broadcast。
- Deliver(srv ab.AtomicBroadcast_DeliverServer) error，意味着客户端或 Peer 从排序服务获取排序后的区块数据。gRPC 服务接口地址是 /orderer.AtomicBroadcast/Deliver。

实现上，Orderer 将 orderer/common/server/server.go#server 结构作为服务入口，封装了 bh、dh 两个句柄分别响应上面两种请求。这些结构和关键方法如下：

```
// orderer/common/server/server.go

type server struct {
    bh    *broadcast.Handler
    dh    *deliver.Handler
    debug *localconfig.Debug
    *multichannel.Registrar
}

func (s *server) Broadcast(srv ab.AtomicBroadcast_BroadcastServer) error {...}
func (s *server) Deliver(srv ab.AtomicBroadcast_DeliverServer) error {...}
```

14.8.2 账本管理

排序节点本地需要维护网络中的账本结构。服务启动后会默认从本地文件进行查找和加载。

2.0 版本中账本结构仅支持 file 类型，ram 和 json 格式已被废弃。默认存放在 $ORDERER_FILELEDGER_LOCATION/chains 路径下；如果未配置该路径，则存放在临时目录下的 $ORDERER_FILELEDGER_PREFIX/chains 路径下。排序节点中账本结构主要维护的是区块链结构，不包括状态数据库（Peer 节点维护）。

示例账本路径结构如下：

```
/var/hyperledger/production/orderer/
|-- chains // 保存区块文件
|   |-- businesschannel
|   |   `-- blockfile_000000
|   |   `-- blockfile_000001
|   `-- testchainid
|       `-- blockfile_000000
|       `-- blockfile_000002
|-- etcdraft // Raft 共识数据
|   |-- snapshot
|   |   |-- businesschannel
|   |   `-- testchainid
|   `-- wal
|       |-- businesschannel
|       |   |-- 0.tmp
|       |   `-- 0000000000000000-0000000000000000.wal
|       `-- testchainid
|           |-- 0.tmp
|           `-- 0000000000000000-0000000000000000.wal
`-- index // 索引数据库
```

```
|-- 000001.log
|-- CURRENT
|-- LOCK
|-- LOG
`-- MANIFEST-000000
```

其中，各个路径下保存的数据为：

- chains，保存排序节点所参与通道的区块链文件。
- etcdraft，保存 Raft 相关的共识数据，删除后无法恢复。
- index，索引数据库，保存区块序号（索引）、区块 Hash 值、文件指针、交易在区块文件中偏移量和大小、区块元数据。删除后重启排序节点，会自动从区块文件中恢复。

账本结构的维护主要通过 orderer/common/multichannel 模块下的 ChainSupport、Registrar、BlockWriter 结构来实现。其中，BlockWriter 结构负责生成区块和添加区块到本地链结构，示例代码如下：

```
// orderer/common/multichannel/blockwriter.go

type BlockWriter struct {
    support            blockWriterSupport    // 负责实际操作区块链
    registrar          *Registrar
    lastConfigBlockNum uint64                // 最新配置区块号
    lastConfigSeq      uint64                // 最新配置号
    lastBlock          *cb.Block             // 最新区块
    committingBlock    sync.Mutex
}

// 封装一个区块结构
CreateNextBlock(messages []*cb.Envelope) *cb.Block

// 将指定普通区块添加到本地链结构
WriteBlock(block *cb.Block, encodedMetadataValue []byte)

// 根据配置交易执行新建通道或配置更新操作，并将指定配置区块添加到本地链结构
WriteConfigBlock(block *cb.Block, encodedMetadataValue []byte)
```

ChainSupport 结构实现了 orderer/consensus/consensus.go#ConsenterSupport 接口，代表一个通道相关的资源，包括 BlockWriter、consensus.Chain 等结构。示例代码如下：

```
// orderer/common/multichannel/chainsupport.go

type ChainSupport struct {
    *ledgerResources
    msgprocessor.Processor
    *BlockWriter
    consensus.Chain
    cutter blockcutter.Receiver
    identity.SignerSerializer
    BCCSP bccsp.BCCSP
    consensus.MetadataValidator
}

// 添加区块到对应链结构
Append(block *cb.Block) error

// 获取指定序号的区块
Block(number uint64) *cb.Block
```

```
// 返回区块切割组件
BlockCutter() blockcutter.Receiver

// 返回本通道的 Id
ChannelID() string

// 返回本通道的配置结构
ConfigProto() *cb.Config

// 校验并接受配置更新交易，生成新的配置信封结构
ProposeConfigUpdate(configtx *cb.Envelope) (*cb.ConfigEnvelope, error)

// 返回对本地链结构的读句柄
Reader() blockledger.Reader

// 返回当前的配置序号
Sequence() uint64

// 返回签名结构
Signer() identity.SignerSerializer

// 对配置更新交易进行验证
Validate(configEnv *cb.ConfigEnvelope) error

// 校验区块签名
VerifyBlockSignature(sd []*protoutil.SignedData, envelope *cb.ConfigEnvelope)
error
```

Registrar 结构管理所有的通道和本地账本，为每一个通道都分配一个 **ChainSupport** 结构。示例代码如下：

```
// orderer/common/multichannel/registrar.go

type Registrar struct {
    config localconfig.TopLevel
    lock   sync.RWMutex
    chains map[string]*ChainSupport                        // 管理所有的应用通道


    consenters          map[string]consensus.Consenter
    ledgerFactory       blockledger.Factory                // 负责新建和获取本地账本
    signer              identity.SignerSerializer          // 签名结构
    blockcutterMetrics  *blockcutter.Metrics
    systemChannelID     string                             // 系统通道 ID
    systemChannel       *ChainSupport                      // 管理系统通道
    templator           msgprocessor.ChannelConfigTemplator
    callbacks           []channelconfig.BundleActor
    bccsp               bccsp.BCCSP
}

// 返回消息的通道头，检查是否配置交易
BroadcastChannelSupport(msg *cb.Envelope) (*cb.ChannelHeader, bool,
*ChainSupport, error)

// 返回当前的通道数
ChannelsCount() int

// 获取通道配置包
CreateBundle(channelID string, config *cb.Config) (channelconfig.Resources,
error)

// 新建一个通道和对应的账本
```

```
CreateChain(chainName string)

// 获取指定的链
GetChain(chainID string) *ChainSuppor

// 根据本地文件初始化所有的链管理结构
Initialize(consenters map[string]consensus.Consenter)

// 根据系统通道最新配置新建一个初始的通道配置
NewChannelConfig(envConfigUpdate *cb.Envelope) (channelconfig.Resources, error)

// 返回系统通道 ID
SystemChannelID() string
```

14.8.3　共识插件

Orderer 在共识上采用了可拔插的架构设计，将共识交给后端插件完成。对于共识插件来说，接收交易信息进行排序，然后决定何时（取决于超时时间配置和打包尺寸限制）对交易进行切割并打包，打包后返回批量交易。

目前，Orderer 模块中包括如下共识后端插件：

- Solo，单节点的排序功能。试验性质，不具备可扩展性和容错功能，不能在生产环境中使用。2.0 版本中已被废弃。
- Kafka，基于 Kafka 集群的排序实现。支持 CFT 容错，支持可持久化和一定的可扩展性。2.0 版本中已被废弃。
- Raft，基于 Raft 算法的排序实现。支持 CFT 容错，支持可持久化和更大规模的可扩展性，不依赖第三方队列，推荐在生产环境中使用。

共识插件需要分别实现 Consenter 接口和 Chain 接口。对应方法如下：

```
// orderer/consensus/consensus.go

type Consenter interface {
    // 返回负责共识处理的 Chain 结构
    HandleChain(support ConsenterSupport, metadata *cb.Metadata) (Chain, error)
}

type Chain interface {

    // 接收指定交易，检查是否需要切块
    Order(env *cb.Envelope, configSeq uint64) error

    // 接收配置更新交易，检查合法性后接受
    Configure(config *cb.Envelope, configSeq uint64) error

    // 暂停服务，如等待上个消息处理完成
    WaitReady() error

    // 标识处于错误状态，无法提供服务
    Errored() <-chan struct{}

    // 在排序节点启动过程中被调用，负责启动链服务，开始和通道同步数据，更新本地结构
    Start()

    // 释放链相关的资源
    Halt()
}
```

各个共识组件对 Consenter 接口和 Chain 接口的实现都在 orderer/consensus 下面对应子目录中。下面以 Raft 和 Kafka 共识为例介绍主要过程。

1.Raft 排序后端

排序节点启动后会创建一个 Registrar 结构，在其初始化过程中为每一个通道创建一个 ChainSupport 结构，并调用其 start 方法。该方法会调用 etcdraft.Chain.Start() 方法，其中创建一个 Go 协程来执行 Chain.run() 方法（位于 orderer/consensus/etcdraft/chain.go），不断循环接收消息。

etcdraft.Chain 结构实现了 consensus.Chain 接口，其定义如下：

```
// orderer/consensus/etcdraft/chain.go

type Chain struct {
    configurator Configurator

    rpc RPC

    raftID    uint64 // Raft 集群中的 Id
    channelID string // 所管理的通道 Id

    lastKnownLeader uint64
    ActiveNodes     atomic.Value

    submitC  chan *submit                    // 存放待提交的消息
    applyC   chan apply
    observeC chan<- raft.SoftState           // 通知发生 Leader 节点变更
    haltC    chan struct{}                   // 链结构终止处理
    doneC    chan struct{}                   // 通知链结构停止
    startC   chan struct{}                   // 通知启动成功
    snapC    chan *raftpb.Snapshot           // 通知道上快照状态
    gcC      chan *gc                        // 通知进行快照

    errorCLock sync.RWMutex
    errorC     chan struct{}                 // returned by Errored()

    raftMetadataLock     sync.RWMutex
    confChangeInProgress *raftpb.ConfChange
    justElected          bool                // 节点刚被选为 Leader
    configInflight       bool                // 正在处理配置更新交易中
    blockInflight        int                 // 正在处理的区块数

    clock clock.Clock

    support consensus.ConsenterSupport // 实现 ConsenterSupport 接口，代表通道相关的资源

    lastBlock    *common.Block         // 最新的已提交区块序号
    appliedIndex uint64                // 已接受的 Raft 消息序号

    sizeLimit        uint32            // 快照大小限制
    accDataSize      uint32            // 上次快照后积累的数据
    lastSnapBlockNum uint64
    confState        raftpb.ConfState  // Raft 配置状态

    createPuller CreateBlockPuller     // 指定拉取区块的方法

    fresh bool                         // 新起的 Raft 节点

    Node *node
```

```
    opts Options

    Metrics *Metrics
    logger  *flogging.FabricLogger

    periodicChecker *PeriodicCheck

    haltCallback func()

    CryptoProvider bccsp.BCCSP // 签名结构
}
```

新消息到达后检查当前节点是否为通道内的 Leader，若不是则转发给 Leader。Leader 排序节点进行本地切块处理，并分发给其他排序节点。

2.Kafka 排序后端

与 Raft 共识类似，排序节点启动后会为每一个通道都创建一个 ChainSupport 结构，并调用其 start 方法。该方法会调用 kafka.chainImpl#Start() 方法，创建一个 Go 协程来执行 startThread() 方法（位于 orderer/consensus/kafka/chain.go）。

Kafka 共识类型下，排序节点本身担任代理的角色，并不在本地进行排序，而是利用 github.com/Shopify/sarama 包来不断询问 Kafka 集群中是否有新的消息到达，或者是否超时（$CONFIGTX_ORDERER_BATCHTIMEOUT）。实际上排序在 Kafka 集群中实现。

kafka.chainImpl 结构实现了 consensus.Chain 接口，其定义如下：

```
// orderer/consensus/kafka/chain.go

type chainImpl struct {
    consenter commonConsenter                          // commonConsenter 接口
    consensus.ConsenterSupport                         // ConsenterSupport 接口

    channel                     channel                // 所关联的 Kafka 分区
    lastOffsetPersisted         int64                  // 所管理的通道
    lastOriginalOffsetProcessed int64                  // 最新的已处理消息的偏移量
    lastResubmittedConfigOffset int64                  // 最新的已提交的配置的偏移量
    lastCutBlockNumber          uint64                 // 切块序号

    producer         syncProducer                      // 负责往 Kafka 集群发送消息
    parentConsumer   sarama.Consumer                   // 管理各分区的 consumer
    channelConsumer  sarama.PartitionConsumer // 分区 consumer，从指定的 topic 的分区
                                                        // 获取数据

    // 对 doneReprocessingMsgInFlight 的修改锁
    doneReprocessingMutex sync.Mutex
    // 通知存在待处理消息
    doneReprocessingMsgInFlight chan struct{}

    // 出现 Kafka 错误
    errorChan chan struct{}
    // 关闭通道
    haltChan chan struct{}
    // 通知不再处理新的消息
    doneProcessingMessagesToBlocks chan struct{}
    // 通知启动完成
    startChan chan struct{}
    // 切分批量消息为区块的超时时间
    timer <-chan time.Time
```

```
    replicaIDs []int32
}
```

启动后，kafka.chainImpl 结构会调用其 processMessagesToBlocks() 方法，不断轮询获取来自 Kafka 集群的消息。核心消息包括 TimeToCut、Regular 两种。

收到 TimeToCut 消息意味着对交易进行切割，调用 processTimeToCut() 方法切割出新区块，并写入本地账本结构。

收到 Regular 消息则调用 processRegular() 方法进行排序，看是否满足生成区块的条件。满足则生成新的区块，写入本地账本结构。

14.9　本章小结

本章剖析了超级账本 Fabric 项目的架构与设计，包括核心的概念、组件功能、通信协议，以及关键的权限管理、链码设计、排序服务等。这些设计来自很多一线企业的区块链实现和应用经验，经过开源社区和学术界众多专家的论证。

从这些设计中，读者可以体会到，Fabric 项目针对联盟链的特定场景进行了诸多的优化。包括：利用基于数字证书的权限机制，可以满足现实世界中不同企业、组织、部门之间进行业务交互的需求，进行分层的权限管控；可扩展的共识机制，可以满足不同信任级别的交易场景，消除网络中性能瓶颈；解耦交易的背书和执行阶段，通过不同角色节点来支持不同负载下的灵活部署；以及为了更好地支持开发生态，遵循了诸多来自业界的实践规范，采用了来自开源界的标准化组件。

未来，Fabric 项目将在链码开发、数据隐私性保护、性能等方面进一步增强，打造更为安全、可靠、易用的分布式账本，以满足大规模商业场景下复杂多变的应用需求。

第 15 章

Fabric Peer 实现剖析

代码在前，并无秘密。

Peer 节点是区块链网络中最为基础的组件，大多数的网络操作都要与 Peer 节点打交道。要想深入理解其工作原理，阅读源代码是最有效的方式。

本章将剖析 Peer 节点启动、加入通道、Gossip 交互过程、链码启动和初始化、调用链码的背书处理、本地交易提交等核心过程，讲解对应的代码实现。

15.1 节点启动

Peer 组件的入口在 cmd/peer 目录，核心实现位于 internal/peer 目录。Peer 目前既可以作为服务端（node 命令）使用，也可以作为命令行客户端（支持 channel、chaincode、lifecycle 等子命令）使用。

作为服务端时，对外提供 gRPC API 和 RESTful API。前者包括主 gRPC 服务（处理客户端请求）、事件通知（复用主服务 gRPC）、Gossip（复用主服务 gRPC）、链码交互等。后者（自 v1.4.0 开始）支持以 RESTful 方式提供运行时的管理接口，包括检查健康状态、监控性能指标、管理日志级别等。

节点启动代码入口在 internal/peer/node/start.go 文件的 serve() 方法。整体流程如图 15-1 所示。

下面分别对各个步骤进行讲解。为更符合逻辑，部分代码顺序略有调整。

1. 初始化基本数据结构

读取配置并完成一些基本的数据结构初始化，主要包括：链码平台、运维管理服务、成员信息服务、链码本地安装路径（lifecycle 管理下）等。

核心代码如下所示：

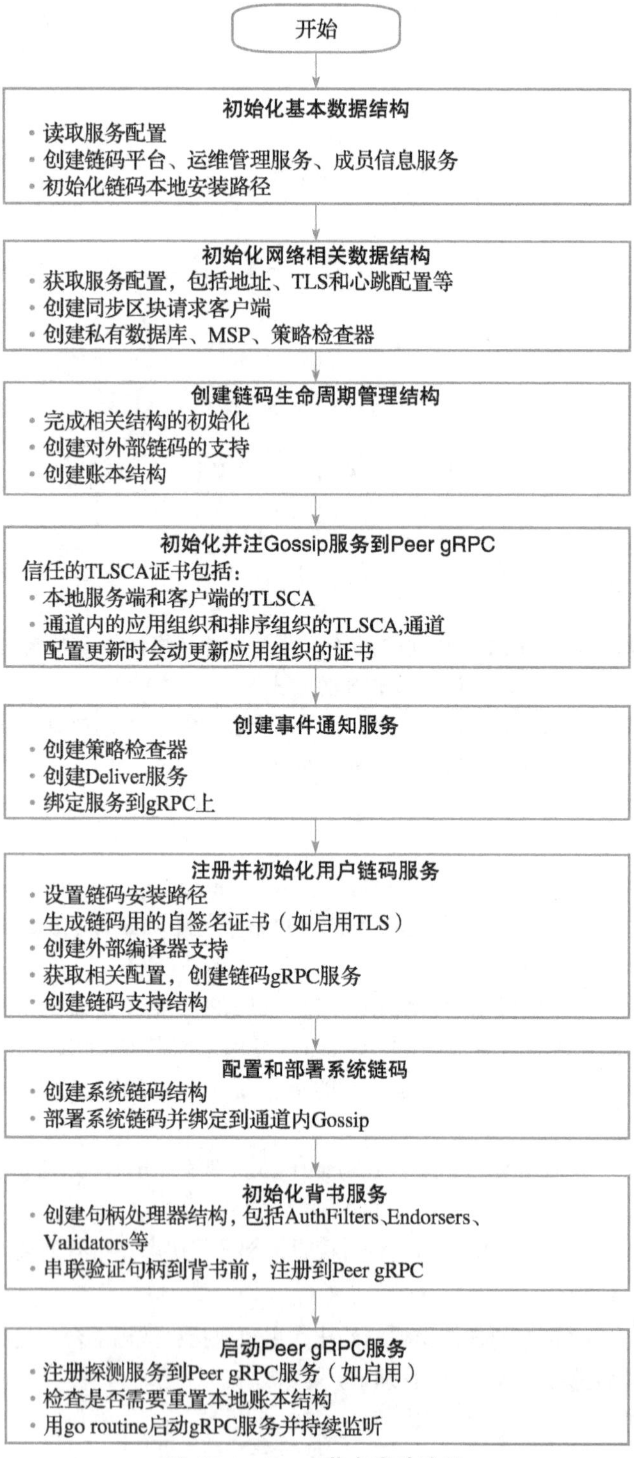

```
                              ┌──────────────┐
                              │     开始      │
                              └──────────────┘
                                     │
┌──────────────────────────────────────────────────────────┐
│                     初始化基本数据结构                        │
│ · 读取服务配置                                              │
│ · 创建链码平台、运维管理服务、成员信息服务                      │
│ · 初始化链码本地安装路径                                     │
└──────────────────────────────────────────────────────────┘
                                     │
┌──────────────────────────────────────────────────────────┐
│                    初始化网络相关数据结构                      │
│ · 获取服务配置，包括地址、TLS和心跳配置等                       │
│ · 创建同步区块请求客户端                                     │
│ · 创建私有数据库、MSP、策略检查器                              │
└──────────────────────────────────────────────────────────┘
                                     │
┌──────────────────────────────────────────────────────────┐
│                   创建链码生命周期管理结构                     │
│ · 完成相关结构的初始化                                       │
│ · 创建对外部链码的支持                                       │
│ · 创建账本结构                                              │
└──────────────────────────────────────────────────────────┘
                                     │
┌──────────────────────────────────────────────────────────┐
│             初始化并注Gossip服务到Peer gRPC                 │
│ 信任的TLSCA证书包括：                                       │
│ · 本地服务端和客户端的TLSCA                                  │
│ · 通道内的应用组织和排序组织的TLSCA,通道                      │
│   配置更新时会动更新应用组织的证书                            │
└──────────────────────────────────────────────────────────┘
                                     │
┌──────────────────────────────────────────────────────────┐
│                      创建事件通知服务                        │
│ · 创建策略检查器                                            │
│ · 创建Deliver服务                                          │
│ · 绑定服务到gRPC上                                          │
└──────────────────────────────────────────────────────────┘
                                     │
┌──────────────────────────────────────────────────────────┐
│                   注册并初始化用户链码服务                     │
│ · 设置链码安装路径                                          │
│ · 生成链码用的自签名证书（如启用TLS）                         │
│ · 创建外部编译器支持                                         │
│ · 获取相关配置，创建链码gRPC服务                             │
│ · 创建链码支持结构                                          │
└──────────────────────────────────────────────────────────┘
                                     │
┌──────────────────────────────────────────────────────────┐
│                    配置和部署系统链码                         │
│ · 创建系统链码结构                                          │
│ · 部署系统链码并绑定到通道内Gossip                           │
└──────────────────────────────────────────────────────────┘
                                     │
┌──────────────────────────────────────────────────────────┐
│                      初始化背书服务                          │
│ · 创建句柄处理器结构，包括AuthFilters、Endorsers、            │
│   Validators等                                             │
│ · 串联验证句柄到背书前，注册到Peer gRPC                       │
└──────────────────────────────────────────────────────────┘
                                     │
┌──────────────────────────────────────────────────────────┐
│                    启动Peer gRPC服务                        │
│ · 注册探测服务到Peer gRPC服务（如启用）                       │
│ · 检查是否需要重置本地账本结构                                 │
│ · 用go routine启动gRPC服务并持续监听                         │
└──────────────────────────────────────────────────────────┘
```

图 15-1　Peer 节点启动流程

```
// internal/peer/node/start.go#serve(args []string) error

// 目前仅支持 FABRIC 类型的 MSP
mspType := mgmt.GetLocalMSP(factory.GetDefault()).GetType()
if mspType != msp.FABRIC {
    panic("Unsupported msp type " + msp.ProviderTypeToString(mspType))
}

// 读取服务配置
coreConfig, err := peer.GlobalConfig()

// 链码平台处理器，目前支持 Go、Node、Java 等类型链码
platformRegistry := platforms.NewRegistry(platforms.SupportedPlatforms...)

// 启动运行时的 RESTful 管理服务
opsSystem := newOperationsSystem(coreConfig)
err = opsSystem.Start()

...

// 初始化成员信息管理组件
mspID := coreConfig.LocalMSPID
membershipInfoProvider := privdata.NewMembershipInfoProvider(mspID, createSelf
SignedData(), identityDeserializerFactory)

// 获取并配置 lifecycle 管理下链码的安装的路径
chaincodeInstallPath := filepath.Join(coreconfig.GetPath("peer.fileSystemPath"),
"lifecycle", "chaincodes")
// ccStore 会将链码包数据持久化到本地硬盘
ccStore := persistence.NewStore(chaincodeInstallPath)
ccPackageParser := &persistence.ChaincodePackageParser{
    MetadataProvider: ccprovider.PersistenceAdapter(ccprovider.MetadataAsTarEntries),
}
```

2. 初始化网络相关数据结构

首先计算 Peer gRPC 服务的监听地址，如果未指定则自动获取。之后从配置中读取 TLS 配置。接下来创建同步区块请求客户端、私密数据库、MSP、策略检查器等。

核心代码如下所示：

```
// internal/peer/node/start.go#serve(args []string) error

// 读取监听地址
listenAddr := coreConfig.ListenAddress

// 读取服务配置，包括 TLS 配置、心跳配置等
serverConfig, err := peer.GetServerConfig()

if serverConfig.SecOpts.UseTLS { // 配置启用 TLS
    cs = comm.NewCredentialSupport(serverConfig.SecOpts.ServerRootCAs...)

    // 配置通过 gRPC 连接其他节点时的本地证书
    clientCert, err := peer.GetClientCertificate()
    cs.SetClientCertificate(clientCert)
}

// 创建私密数据库
transientStoreProvider, err := transientstore.NewStoreProvider(
    filepath.Join(coreconfig.GetPath("peer.fileSystemPath"), "transientstore"),
)
```

```
// 与其他 Peer 的同步请求客户端配置
deliverServiceConfig := deliverservice.GlobalConfig()

// 创建 Peer 服务结构，用于负责管理通道和账本
peerInstance := &peer.Peer{
    ServerConfig:             serverConfig,
    CredentialSupport:        cs,
    StoreProvider:            transientStoreProvider,
    CryptoProvider:           factory.GetDefault(),
    OrdererEndpointOverrides: deliverServiceConfig.OrdererEndpointOverrides,
}

// 创建 MSP 和签名结构
localMSP := mgmt.GetLocalMSP(factory.GetDefault())
signingIdentity, err := localMSP.GetDefaultSigningIdentity()
signingIdentityBytes, err := signingIdentity.Serialize()

// 跟踪证书过期情况，提前一周进行打印警告
crypto.TrackExpiration(
    serverConfig.SecOpts.UseTLS,
    serverConfig.SecOpts.Certificate,
    cs.GetClientCertificate().Certificate,
    signingIdentityBytes,
    expirationLogger.Warnf,
    time.Now(),
    time.AfterFunc)

// 创建策略管理器
policyMgr := policies.PolicyManagerGetterFunc(peerInstance.GetPolicyManager)

// 创建从其他节点同步区块时用的 gRPC 客户端
deliverGRPCClient, err := comm.NewGRPCClient(comm.ClientConfig{
    Timeout: deliverServiceConfig.ConnectionTimeout,
    KaOpts:  deliverServiceConfig.KeepaliveOptions,
    SecOpts: deliverServiceConfig.SecOpts,
})

// 创建策略检查器，主要是在 LSCC 和 CSCC 中使用
policyChecker := policy.NewPolicyChecker(
    policies.PolicyManagerGetterFunc(peerInstance.GetPolicyManager),
    mgmt.GetLocalMSP(factory.GetDefault()),
    mgmt.NewLocalMSPPrincipalGetter(factory.GetDefault()),
)

// ACL 服务提供者，用于事件通知、LSCC、CSCC、QSCC、LifecycleSCC、链码容器服务、链码调用等
aclProvider := aclmgmt.NewACLProvider(
    aclmgmt.ResourceGetter(peer.GetStableChannelConfig),
    policyChecker,
)
```

3. 创建链码生命周期管理结构

在 2.0 版本中引入了新的链码生命周期管理机制 lifecycleSCC，这里完成相关结构的初始化，并创建对外部链码的支持和账本结构。

核心代码如下所示：

```
// internal/peer/node/start.go#serve(args []string) error

// 创建生命周期资源管理器
lifecycleResources := &lifecycle.Resources{
    Serializer:           &lifecycle.Serializer{},
```

```
        ChannelConfigSource: peerInstance,
        ChaincodeStore:      ccStore,
        PackageParser:       ccPackageParser,
    }

    // 创建生命周期提交验证器
    lifecycleValidatorCommitter := &lifecycle.ValidatorCommitter{
        CoreConfig:                 coreConfig,
        Resources:                  lifecycleResources,
        LegacyDeployedCCInfoProvider: &lscc.DeployedCCInfoProvider{},
    }

    ccInfoFSImpl := &ccprovider.CCInfoFSImpl{GetHasher: factory.GetDefault()}

    // 元数据管理器，协助 lscc 和 _lifecycle 系统链码将链码信息通过 Gossip 发出去。后期移除 lscc 后，
// lifecycleCache 中数据会直接发给 Gossip
    legacyMetadataManager, err := cclifecycle.NewMetadataManager(
        cclifecycle.EnumerateFunc(
            func() ([]ccdef.InstalledChaincode, error) {
                return ccInfoFSImpl.ListInstalledChaincodes(ccInfoFSImpl.GetChaincode
InstallPath(), ioutil.ReadDir, ccprovider.LoadPackage)
            },
        ),
    )
    metadataManager := lifecycle.NewMetadataManager()

    // 链码托管器
    chaincodeCustodian := lifecycle.NewChaincodeCustodian()

    // 创建外部编译器生成结果路径
    externalBuilderOutput := filepath.Join(coreconfig.GetPath("peer.fileSystemPath"),
"externalbuilder", "builds")
    if err := os.MkdirAll(externalBuilderOutput, 0700); err != nil {
        logger.Panicf("could not create externalbuilder build output dir: %s", err)
    }

    ebMetadataProvider := &externalbuilder.MetadataProvider{
        DurablePath: externalBuilderOutput,
    }

    lifecycleCache := lifecycle.NewCache(lifecycleResources, mspID, metadataManager,
chaincodeCustodian, ebMetadataProvider)

    // 绑定配置交易处理器
    txProcessors := map[common.HeaderType]ledger.CustomTxProcessor{
        common.HeaderType_CONFIG: &peer.ConfigTxProcessor{},
    }

    // 绑定账本管理器
    peerInstance.LedgerMgr = ledgermgmt.NewLedgerMgr(
        &ledgermgmt.Initializer{
            CustomTxProcessors:            txProcessors,
            DeployedChaincodeInfoProvider: lifecycleValidatorCommitter,
            MembershipInfoProvider:        membershipInfoProvider,
            ChaincodeLifecycleEventProvider: lifecycleCache,
            MetricsProvider:               metricsProvider,
            HealthCheckRegistry:           opsSystem,
            StateListeners:                []ledger.StateListener{lifecycleCache},
            Config:                        ledgerConfig(),
            Hasher:                        factory.GetDefault(),
            EbMetadataProvider:            ebMetadataProvider,
        },
    )
```

4. 初始化并注册 Gossip 服务

初始化 Gossip 支持结构，并注册到 Peer gRPC 连接。

核心代码如下所示：

```
// internal/peer/node/start.go#serve(args []string) error

// 创建 gPRC 连接服务
peerServer, err := comm.NewGRPCServer(listenAddr, serverConfig)

// 初始化 Gossip 服务结构，核心过程
gossipService, err := initGossipService(
    policyMgr,
    metricsProvider,
    peerServer,
    signingIdentity,
    cs,
    coreConfig.PeerAddress,
    deliverGRPCClient,
    deliverServiceConfig,
)
defer gossipService.Stop()

peerInstance.GossipService = gossipService
```

其中核心过程主要调用 initGossipService(...) 方法实现，其代码如下所示，包括检测 TLS 配置、创建安全认证结构、解析配置并创建 Gossip 服务结构。

```
// internal/peer/node/start.go

func initGossipService(
    policyMgr policies.ChannelPolicyManagerGetter,
    metricsProvider metrics.Provider,
    peerServer *comm.GRPCServer,
    signer msp.SigningIdentity,
    credSupport *comm.CredentialSupport,
    peerAddress string,
    deliverGRPCClient *comm.GRPCClient,
    deliverServiceConfig *deliverservice.DeliverServiceConfig,
) (*gossipservice.GossipService, error) {
    // 检测是否需要进行 TLS 配置
    if peerServer.TLSEnabled() {
        serverCert := peerServer.ServerCertificate()
        clientCert, err := peer.GetClientCertificate()
        if err != nil {
            return nil, errors.Wrap(err, "failed obtaining client certificates")
        }
        certs = &gossipcommon.TLSCertificates{}
        certs.TLSServerCert.Store(&serverCert)
        certs.TLSClientCert.Store(&clientCert)
    }
    // 负责 Gossip 相关安全认证
    messageCryptoService := peergossip.NewMCS(
        policyMgr,
        signer,
        mgmt.NewDeserializersManager(factory.GetDefault()),
        factory.GetDefault(),
    )

    secAdv := peergossip.NewSecurityAdvisor(mgmt.NewDeserializersManager(factory.
GetDefault()))
```

```
// 初始邻居地址
bootstrap := viper.GetStringSlice("peer.gossip.bootstrap")

// 创建 gossip 服务配置
serviceConfig := service.GlobalConfig()
gossipConfig, err := gossipgossip.GlobalConfig(peerAddress, certs, bootstrap...)

return gossipservice.New(
    signer,
    gossipmetrics.NewGossipMetrics(metricsProvider),
    peerAddress,
    peerServer.Server(),
    messageCryptoService,
    secAdv,
    secureDialOpts(credSupport),
    credSupport,
    deliverGRPCClient,
    gossipConfig,
    serviceConfig,
    deliverServiceConfig,
)
}
```

5. 创建事件通知服务

Peer 使用 Deliver 服务向客户端提供事件通知。主要创建策略检查器、Deliver 服务，然后完成注册到 gRPC 上。

核心代码如下所示：

```
// internal/peer/node/start.go#serve(args []string) error

// 创建 Deliver 服务的策略检查器
mutualTLS := serverConfig.SecOpts.UseTLS && serverConfig.SecOpts.RequireClientCert
policyCheckerProvider := func(resourceName string) deliver.PolicyCheckerFunc {
    return func(env *cb.Envelope, channelID string) error {
        return aclProvider.CheckACL(resourceName, channelID, env)
    }
}

// Metric 采集
metrics := deliver.NewMetrics(metricsProvider)

// 创建 Deliver 服务器并进行注册，主要用于事件通知
abServer := &peer.DeliverServer{
    DeliverHandler: deliver.NewHandler(
        &peer.DeliverChainManager{Peer: peerInstance},
        coreConfig.AuthenticationTimeWindow,
        mutualTLS,
        metrics,
        false,
    ),
    PolicyCheckerProvider: policyCheckerProvider,
}
pb.RegisterDeliverServer(peerServer.Server(), abServer)
```

6. 注册并初始化用户链码服务

链码 gRPC 服务响应来自链码容器的请求。这一步主要包括设置链码安装路径、创建自签名的 TLS 证书（如启用 TLS）、创建外部编译器、创建 gRPC 连接和链码支持结构。最后将链码支持结构注册到 gRPC 连接并启动。

核心代码如下所示：

```
// internal/peer/node/start.go#serve(args []string) error

// 初始化本地链码安装路径
lsccInstallPath := filepath.Join(coreconfig.GetPath("peer.fileSystemPath"), "chaincodes")
ccprovider.SetChaincodesPath(lsccInstallPath)

if err := lifecycleCache.InitializeLocalChaincodes(); err != nil {
    return errors.WithMessage(err, "could not initialize local chaincodes")
}

...

// 为链码服务创建自签名 CA
ca, err := tlsgen.NewCA()

// 创建链码的 gRPC 连接。如果启用 TLS，会先创建自签名证书
ccSrv, ccEndpoint, err := createChaincodeServer(coreConfig, ca, peerHost)

// 创建链码容器使用的 TLSCA、链码服务 Docker 客户端、启动环境
authenticator := accesscontrol.NewAuthenticator(ca)
chaincodeHandlerRegistry := chaincode.NewHandlerRegistry(userRunsCC)
lifecycleTxQueryExecutorGetter := &chaincode.TxQueryExecutorGetter{
    CCID:            scc.ChaincodeID(lifecycle.LifecycleNamespace),
    HandlerRegistry: chaincodeHandlerRegistry,
}
chaincodeConfig := chaincode.GlobalConfig()

if coreConfig.VMEndpoint != "" { // 如果指定了 Docker 服务地址，则创建对应的访问客户端，
                                 // 并探测其健康状态
    client, err = createDockerClient(coreConfig)
    dockerVM = &dockercontroller.DockerVM{...}
}

// 外部编译器
externalVM := &externalbuilder.Detector{
    Builders:     externalbuilder.CreateBuilders(coreConfig.ExternalBuilders),
    DurablePath:  externalBuilderOutput,
}
buildRegistry := &container.BuildRegistry{}
// 链码路由，分传统基于容器的链码和外部链码
containerRouter := &container.Router{
    DockerBuilder:   dockerVM,
    ExternalBuilder: externalVMAdapter{externalVM},
    PackageProvider: &persistence.FallbackPackageLocator{
        ChaincodePackageLocator: &persistence.ChaincodePackageLocator{
            ChaincodeDir: chaincodeInstallPath,
        },
        LegacyCCPackageLocator: &ccprovider.CCInfoFSImpl{GetHasher: factory.
GetDefault()},
    },
}

// 传统的生命周期管理链码
lsccInst := &lscc.SCC{
    BuiltinSCCs: builtinSCCs,
    Support: &lscc.SupportImpl{
        GetMSPIDs: peerInstance.GetMSPIDs,
    },
    SCCProvider:          &lscc.PeerShim{Peer: peerInstance},
```

```
    ACLProvider:          aclProvider,
    GetMSPIDs:            peerInstance.GetMSPIDs,
    PolicyChecker:        policyChecker,
    BCCSP:                factory.GetDefault(),
    BuildRegistry:        buildRegistry,
    ChaincodeBuilder:     containerRouter,
    EbMetadataProvider:   ebMetadataProvider,
}

// 负责链码调用请求，执行对应背书插件进行背书
chaincodeEndorsementInfo := &lifecycle.ChaincodeEndorsementInfoSource{
    LegacyImpl:  lsccInst,
    Resources:   lifecycleResources,
    Cache:       lifecycleCache,
    BuiltinSCCs: builtinSCCs,
}

// 创建链码容器运行时
containerRuntime := &chaincode.ContainerRuntime{
    BuildRegistry:    buildRegistry,
    ContainerRouter:  containerRouter,
}

...

// 链码启动结构，负责启动或停止链码
chaincodeLauncher := &chaincode.RuntimeLauncher{
    Metrics:            chaincode.NewLaunchMetrics(opsSystem.Provider),
    Registry:           chaincodeHandlerRegistry,
    Runtime:            containerRuntime,
    StartupTimeout:     chaincodeConfig.StartupTimeout,
    CertGenerator:      authenticator,
    CACert:             ca.CertBytes(),
    PeerAddress:        ccEndpoint,
    ConnectionHandler:  &extcc.ExternalChaincodeRuntime{},
}

// 创建链码支持结构
chaincodeSupport := &chaincode.ChaincodeSupport{
    ACLProvider:            aclProvider,
    AppConfig:              peerInstance,
    DeployedCCInfoProvider: lifecycleValidatorCommitter,
    ExecuteTimeout:         chaincodeConfig.ExecuteTimeout,
    InstallTimeout:         chaincodeConfig.InstallTimeout,
    HandlerRegistry:        chaincodeHandlerRegistry,
    HandlerMetrics:         chaincode.NewHandlerMetrics(opsSystem.Provider),
    Keepalive:              chaincodeConfig.Keepalive,
    Launcher:               chaincodeLauncher,
    Lifecycle:              chaincodeEndorsementInfo,
    Peer:                   peerInstance,
    Runtime:                containerRuntime,
    BuiltinSCCs:            builtinSCCs,
    TotalQueryLimit:        chaincodeConfig.TotalQueryLimit,
    UserRunsCC:             userRunsCC,
}

// 链码托管执行器，为每个链码创建一个 Go 协程，循环处理其生命周期管理
custodianLauncher := custodianLauncherAdapter{
    launcher:       chaincodeLauncher,
    streamHandler:  chaincodeSupport,
}
go chaincodeCustodian.Work(buildRegistry, containerRouter, custodianLauncher)
```

```
// 初始化链码支持服务，与链码容器打交道
ccSupSrv := pb.ChaincodeSupportServer(chaincodeSupport)
if tlsEnabled {
    ccSupSrv = authenticator.Wrap(ccSupSrv)
}

...

// 注册用户链码支持服务
pb.RegisterChaincodeSupportServer(ccSrv.Server(), ccSupSrv)

// 为链码启动 gRPC 服务进行监听
go ccSrv.Start()
```

7. 配置和部署系统链码

创建传统的 LSCC、CSCC、QSCC 和新的 LifecycleSCC 相关结构，然后部署需要的系统链码，并绑定监听器到 Gossip，以维护通道内链码信息。

核心代码如下所示：

```
// internal/peer/node/start.go#serve(args []string) error

// 新的链码生命周期管理方法
lifecycleFunctions := &lifecycle.ExternalFunctions{
    Resources:                  lifecycleResources,
    InstallListener:            lifecycleCache,
    InstalledChaincodesLister:  lifecycleCache,
    ChaincodeBuilder:           containerRouter,
    BuildRegistry:              buildRegistry,
}

// 创建生命周期管理系统链码
lifecycleSCC := &lifecycle.SCC{
    Dispatcher: &dispatcher.Dispatcher{
        Protobuf: &dispatcher.ProtobufImpl{},
    },
    DeployedCCInfoProvider: lifecycleValidatorCommitter,
    QueryExecutorProvider:  lifecycleTxQueryExecutorGetter,
    Functions:              lifecycleFunctions,
    OrgMSPID:               mspID,
    ChannelConfigSource:    peerInstance,
    ACLProvider:            aclProvider,
}

...

// 创建配置和查询系统链码
csccInst := cscc.New(
    aclProvider,
    lifecycleValidatorCommitter,
    lsccInst,
    lifecycleValidatorCommitter,
    policyChecker,
    peerInstance,
    factory.GetDefault(),
)
qsccInst := scc.SelfDescribingSysCC(qscc.New(aclProvider, peerInstance))

...

// 部署系统链码
```

```
    for _, cc := range []scc.SelfDescribingSysCC{lsccInst, csccInst, qsccInst, lifecycle
SCC} {
        if enabled, ok := chaincodeConfig.SCCWhitelist[cc.Name()]; !ok || !enabled {
            continue
        }
        scc.DeploySysCC(cc, chaincodeSupport)
    }

    // 注册链码生命周期管理的元数据管理器
    legacyMetadataManager.AddListener(metadataManager)

    // 监听 Gossip 收到的消息，是否需要更新链码的生命周期元数据
    metadataManager.AddListener(lifecycle.HandleMetadataUpdateFunc(func(channel string,
chaincodes ccdef.MetadataSet) {
        gossipService.UpdateChaincodes(chaincodes.AsChaincodes(), gossipcommon.Channel
ID(channel))
    }))
```

8. 初始化背书服务

背书服务负责接收链码调用请求，支持插件化，主要从配置中读取各种插件（如果用户指定），并将验证插件串联到背书插件之前。默认情况下，加载系统自带的句柄模块，位于 core/ handlers/library/library.go。最终，将背书服务注册到 Peer 的 gRPC 上。

核心代码如下所示：

```
// internal/peer/node/start.go#serve(args []string) error

// 读取用户的插件配置
libConf, err := library.LoadConfig()

// reg 结构加载并管理所有的插件
reg := library.InitRegistry(libConf)

// 自定义的验证过滤器
authFilters := reg.Lookup(library.Auth).([]authHandler.Filter)

// 背书支持结构
endorserSupport := &endorser.SupportImpl{
    SignerSerializer:  signingIdentity,
    Peer:              peerInstance,
    ChaincodeSupport:  chaincodeSupport,
    ACLProvider:       aclProvider,
    BuiltinSCCs:       builtinSCCs,
}

// 从配置中获取背书插件信息
endorsementPluginsByName := reg.Lookup(library.Endorsement).(map[string]endor
sement2.PluginFactory)
// 从配置中获取验证插件信息
validationPluginsByName := reg.Lookup(library.Validation).(map[string]validation.
PluginFactory)
// 获取签名身份
signingIdentityFetcher := (endorsement3.SigningIdentityFetcher)(endorserSupport)
// 获取通道状态
channelStateRetriever := endorser.ChannelStateRetriever(endorserSupport)

// 创建插件化的背书处理器
pluginMapper := endorser.MapBasedPluginMapper(endorsementPluginsByName)
pluginEndorser := endorser.NewPluginEndorser(&endorser.PluginSupport{
    ChannelStateRetriever:   channelStateRetriever,
```

```
        TransientStoreRetriever: peerInstance,
        PluginMapper:            pluginMapper,
        SigningIdentityFetcher:  signingIdentityFetcher,
    })
    endorserSupport.PluginEndorser = pluginEndorser
    channelFetcher := endorserChannelAdapter{
        peer: peerInstance,
    }
    // 创建背书服务结构
    serverEndorser := &endorser.Endorser{
        PrivateDataDistributor: gossipService,
        ChannelFetcher:         channelFetcher,
        LocalMSP:               localMSP,
        Support:                endorserSupport,
        Metrics:                endorser.NewMetrics(metricsProvider),
    }
```

9. 启动 Peer gRPC 服务

最终，注册探测服务到 Peer gRPC 服务（如果已启用），检查账本结构是否被重置，并使用 go routine 来启动 Peer gRPC 服务，允许持续接受来自客户端的请求和 Gossip 消息。

核心代码如下所示：

```
// internal/peer/node/start.go#serve(args []string) error

// 启动本地所有的链服务，准备从通道接收数据
peerInstance.Initialize(
    func(cid string) {
        // 初始化通道的元数据（提取该通道内的链码信息）
        lifecycleCache.InitializeMetadata(cid)

        // 初始化通道的 legacyMetadataManager 结构，最终将链码信息传播出去。FAB-15061 会
        // 移除此处理
        sub, err := legacyMetadataManager.NewChannelSubscription(cid, cclifecycle.
QueryCreatorFunc(func() (cclifecycle.Query, error) {
            return peerInstance.GetLedger(cid).NewQueryExecutor()
        }))

        // 注册通道的 legacyMetadataManager 结构，自动从账本提取链码信息。FAB-15061 会移除
        // 此处理
        cceventmgmt.GetMgr().Register(cid, sub)
    },
    peerServer,
    plugin.MapBasedMapper(validationPluginsByName),
    lifecycleValidatorCommitter,
    lsccInst,
    lifecycleValidatorCommitter,
    coreConfig.ValidatorPoolSize,
)

// 如果启用探测服务，则进行注册
if coreConfig.DiscoveryEnabled {
    registerDiscoveryService(
        coreConfig,
        peerInstance,
        peerServer,
        policyMgr,
        lifecycle.NewMetadataProvider(
            lifecycleCache,
            legacyMetadataManager,
            peerInstance,
```

```
        ),
        gossipService,
    )
}

// 如果账本被重置，则需要重建到指定高度。相关信息存储在各通道目录下的 `__preResetHeight` 文件中
rootFSPath := filepath.Join(coreconfig.GetPath("peer.fileSystemPath"), "ledgersData")
preResetHeights, err := kvledger.LoadPreResetHeight(rootFSPath, ledgerIDs)
if len(preResetHeights) > 0 {
    resetFilter := &reset{
        reject: true,
    }
    authFilters = append(authFilters, resetFilter)
    go resetLoop(resetFilter, preResetHeights, ledgerIDs, peerInstance.GetLedger,
10*time.Second)
}

// 将验证过滤串联到背书之前
auth := authHandler.ChainFilters(serverEndorser, authFilters...)

// 注册背书服务
pb.RegisterEndorserServer(peerServer.Server(), auth)

// 在 go routine 中启动 Peer 的 gRPC 服务
go func() {
    var grpcErr error
    if grpcErr = peerServer.Start(); grpcErr != nil {
        grpcErr = fmt.Errorf("grpc server exited with error: %s", grpcErr)
    }
    serve <- grpcErr
}()
```

至此，一个 Peer 服务就启动了，可以接收客户端的请求和链码请求，并通过 Gossip 协议保持状态与通道的状态一致。

15.2　加入通道

Peer 节点加入通道后，才可以从通道接收数据，向通道发送交易。

客户端发送加入通道交易（包括通道的初始区块）的请求给 Peer 节点，Peer 收到请求后通过配置系统链码（CSCC）来实现加入。

整体流程如图 15-2 所示，包括解析和校验请求、创建本地账本结构、创建通道结构、启动 Gossip 服务等步骤。

实现代码入口在 core/scc/cscc/configure.go，下面分别剖析各个步骤的实现。

15.2.1　解析和校验请求

客户端请求抵达 PeerConfiger.Invoke(stub shim.ChaincodeStubInterface) pb.Response，该方法解析参数，提取签名提案结构，之后调用 PeerConfiger.InvokeNoShim(args [][]byte, sp *pb.SignedProposal) pb.Response 方法进行处理。目前支持 JoinChain（加入通道）、GetConfigBlock（获取配置区块）、GetChannels（列出已加入通道）三种方法。

首先，尝试从输入参数中提取初始区块和通道 ID；其次，尝试校验区块的合法性，检查请求提交者的权限是否充分；最后，开始本地加入通道过程。具体步骤如下所示：

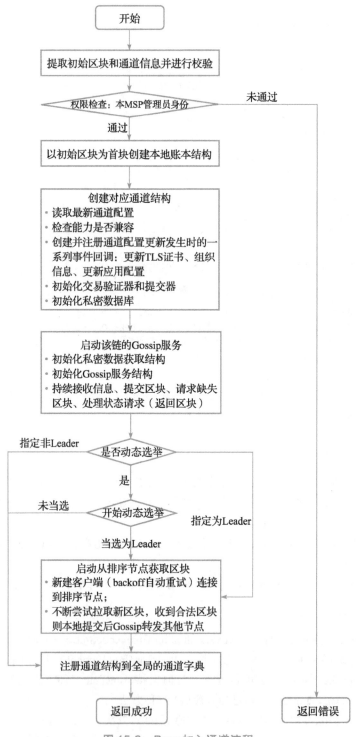

图 15-2 Peer 加入通道流程

```
// core/scc/cscc/configure.go

func (e *PeerConfiger) InvokeNoShim(args [][]byte, sp *pb.SignedProposal) pb.Response {

    switch fname {
    case JoinChain:
        // 从输入参数中提取初始区块
        block, err := protoutil.UnmarshalBlock(args[1])

        // 从区块中提取通道 ID
        cid, err := utils.GetChainIDFromBlock(block)

        // 校验初始区块结构
        if err := validateConfigBlock(block, e.bccsp); err != nil {
            return shim.Error(fmt.Sprintf("\"JoinChain\" for chainID = %s failed
                because of validation "+
                "of configuration block, because of %s", cid, err))
        }

        // 检查是否满足权限：成员 MSP 的管理员权限
        if err = e.aclProvider.CheckACL(resources.Cscc_JoinChain, "", sp); err != nil {
            return shim.Error(fmt.Sprintf("access denied for [%s][%s]: [%s]",
                fname, cid, err))
        }

        // 对初始区块添加交易合法标记
        txsFilter := util.TxValidationFlags(block.Metadata.Metadata[common.Block
            MetadataIndex_TRANSACTIONS_FILTER])
        if len(txsFilter) == 0 {
            txsFilter = util.NewTxValidationFlagsSetValue(len(block.Data.Data), pb.
                TxValidationCode_VALID)
            block.Metadata.Metadata[common.BlockMetadataIndex_TRANSACTIONS_FILTER] =
                txsFilter
        }

        // 开始本地加入通道的过程
        e.joinChain(cid, block, e.deployedCCInfoProvider, e.legacyLifecycle,
e.newLifecycle)

    ...
    }
```

joinChain(...) 方法调用 core/peer/peer.go#CreateChannel(cid string, cb *common.Block, ...) 方法，并进一步调用 core/ledger/ledgermgmt/ledger_mgmt.go#CreateLedger(genesisBlock *common. Block) (ledger.PeerLedger, error) 和 core/peer/peer.go#createChain(cid string, ledger ledger. PeerLedger, ...) error 两个方法。

前者创建本地账本，后者初始化本地链结构，并启动 Gossip 过程参与到通道中。

15.2.2　创建本地账本结构

使用 CreateLedger(genesisBlock *common.Block) (ledger.PeerLedger, error) 方法创建本地账本，主要逻辑如下所示：

```
// core/ledger/ledgermgmt/ledger_mgmt.go

func (m *LedgerMgr) CreateLedger(id string, genesisBlock *common.Block) (ledger.
PeerLedger, error) {
    // 利用初始区块创建本地账本结构
```

```
    l, err := m.ledgerProvider.Create(genesisBlock)
    m.openedLedgers[id] = l

    // 返回创建的账本结构
    return &closableLedger{
        ledgerMgr:  m,
        id:         id,
        PeerLedger: l,
    }, nil
}
```

m.ledgerProvider.Create(genesisBlock) 方法检查本地账本是否已经存在，如果不存在则初始化账本对应的状态数据库、私密数据库、历史数据库和区块仓库，并将初始区块提交到本地账本。

15.2.3　创建通道结构

接下来，使用 createChain(cid string, ledger ledger.PeerLedger, ...) error 方法创建通道内处理消息的相关结构，并启动 Gossip 过程。

创建通道结构部分的主要代码如下所示：

```
// core/peer/peer.go

func (p *Peer) createChain(cid string, l ledger.PeerLedger, cb *common.Block,
pluginMapper plugin.Mapper, deployedCCInfoProvider ledger.DeployedChaincodeInfo
Provider, legacyLifecycleValidation plugindispatcher.LifecycleResources, newLifecycle
Validation plugindispatcher.CollectionAndLifecycleResources) error {
    // 获取账本最新配置
    chanConf, err := retrievePersistedChannelConfig(l)
    bundle, err := channelconfig.NewBundle(cid, chanConf, p.CryptoProvider)

    // 检查能力版本是否满足：本地 Peer 版本必须满足通道和应用相关的能力版本要求
    capabilitiesSupportedOrPanic(bundle)

    // 接下来，定义一组 Gossip 消息回调方法，在通道配置发生变更时被自动触发
    gossipEventer := p.GossipService.NewConfigEventer()
    gossipCallbackWrapper := func(bundle *channelconfig.Bundle) {
        ac, ok := bundle.ApplicationConfig()
        gossipEventer.ProcessConfigUpdate(&gossipSupport{
            Validator:   bundle.ConfigtxValidator(),
            Application: ac,
            Channel:     bundle.ChannelConfig(),
        })
        service.GetGossipService().SuspectPeers(func(identity api.PeerIdentityType)
bool {
            return true
        })
    }
    // 从通道配置中更新信任的应用组织 TLS 根证书列表的回调方法。包括通道配置内所有应用组织的 TLS
    // 根和中间层证书、配置中指定的信任的客户端和服务端根证书
    trustedRootsCallbackWrapper := func(bundle *channelconfig.Bundle) {
        p.updateTrustedRoots(bundle)
    }

    // 从通道配置中更新 MSP 信息的回调方法
    mspCallback := func(bundle *channelconfig.Bundle) {
        mspmgmt.XXXSetMSPManager(cid, bundle.MSPManager())
    }
```

```
// 从通道配置中更新信任的排序组织 TLS 根证书列表的回调方法
ordererSource := orderers.NewConnectionSource(namedOSLogger, p.OrdererEndpoint
Overrides)
ordererSourceCallback := func(bundle *channelconfig.Bundle) {
    globalAddresses := bundle.ChannelConfig().OrdererAddresses()
    orgAddresses := map[string]orderers.OrdererOrg{}
    if ordererConfig, ok := bundle.OrdererConfig(); ok {
        for orgName, org := range ordererConfig.Organizations() {
            certs := [][]byte{}
            // 提取每个排序组织的 TLS 根证书
            for _, root := range org.MSP().GetTLSRootCerts() {
                certs = append(certs, root)
            }

            // 提取每个排序组织的 TLS 中间层证书
            for _, intermediate := range org.MSP().GetTLSIntermediateCerts() {
                certs = append(certs, intermediate)
            }

            orgAddresses[orgName] = orderers.OrdererOrg{
                Addresses: org.Endpoints(),
                RootCerts: certs,
            }
        }
    }
    ordererSource.Update(globalAddresses, orgAddresses)
}

// 注册所有回调方法到通道资源结构上
channel := &Channel{
    ledger:         l,
    resources:      bundle,
    cryptoProvider: p.CryptoProvider,
}
channel.bundleSource = channelconfig.NewBundleSource(
    bundle,
    ordererSourceCallback,
    gossipCallbackWrapper,
    trustedRootsCallbackWrapper,
    mspCallback,
    channel.bundleUpdate,
)

// 初始化提交处理结构，包括 1.4 版本和 2.0 版本
committer := committer.NewLedgerCommitter(l)
validator := &txvalidator.ValidationRouter{
    CapabilityProvider: channel,
    V14Validator: validatorv14.NewTxValidator(
        cid,
        p.validationWorkersSemaphore,
        channel,
        p.pluginMapper,
        p.CryptoProvider,
    ),
    V20Validator: validatorv20.NewTxValidator(
        cid,
        p.validationWorkersSemaphore,
        channel,
        channel.Ledger(),
        &vir.ValidationInfoRetrieveShim{
            New:    newLifecycleValidation,
            Legacy: legacyLifecycleValidation,
```

```
            },
            &CollectionInfoShim{
                CollectionAndLifecycleResources: newLifecycleValidation,
                ChannelID:
                bundle.ConfigtxValidator().ChannelID(),
            },
            p.pluginMapper,
            policies.PolicyManagerGetterFunc(p.GetPolicyManager),
            p.CryptoProvider,
        ),
    }

    // 为私密数据创建临时数据仓库
    store, err := p.openStore(bundle.ConfigtxValidator().ChannelID())
    if err != nil {
        return errors.Wrapf(err, "[channel %s] failed opening transient store",
bundle.ConfigtxValidator().ChannelID())
    }
    channel.store = store

    ...

}
```

15.2.4 启动 Gossip 服务

Peer 加入通道内后，将启动通道内的 Gossip 过程，参与通道内数据交换。主要代码如下所示：

```
// core/peer/peer.go

    func (p *Peer) createChain(cid string, l ledger.PeerLedger, cb *common.Block,
pluginMapper plugin.Mapper, deployedCCInfoProvider
    ledger.DeployedChaincodeInfoProvider, legacyLifecycleValidation
    plugindispatcher.LifecycleResources, newLifecycleValidation plugindispatcher.
CollectionAndLifecycleResources) error {

        ...

        // 启动 Gossip 过程
        simpleCollectionStore := privdata.NewSimpleCollectionStore(l, deployedCCInfo
Provider)
        p.GossipService.InitializeChannel(bundle.ConfigtxValidator().ChannelID(),
ordererSource, store, gossipservice.Support{
            Validator:       validator,
            Committer:       committer,
            CollectionStore: simpleCollectionStore,
            IdDeserializeFactory: gossipprivdata.IdentityDeserializerFactoryFunc
(func(chainID string)
        msp.IdentityDeserializer {
                return mspmgmt.GetManagerForChain(chainID)
            }),
            CapabilityProvider: channel,
        })

        ...

    }
```

主要实现位于 GossipService.InitializeChannel(channelID string, ordererSource *orderers.Connection Source, store *transientstore.Store, support Support) 方法，创建并启动 Gossip 服务，之后按照配置决定是否参与选举过程。主要代码如下所示：

```
// gossip/service/gossip_service.go
```

```
func (g *GossipService) InitializeChannel(channelID string, ordererSource
*orderers.ConnectionSource, store *transientstore.Store, support Support) {

    // 初始化私密数据获取器
    dataRetriever := gossipprivdata.NewDataRetriever(store, support.Committer)
    collectionAccessFactory := gossipprivdata.NewCollectionAccessFactory(support.
IdDeserializeFactory)
    fetcher := gossipprivdata.NewPuller(g.metrics.PrivdataMetrics, support.
    CollectionStore, g.gossipSvc, dataRetriever, collectionAccessFactory, channelID,
g.serviceConfig.BtlPullMargin)

    // 创建协调器结构，负责协调收到区块和对确实私密数据的补充
    coordinatorConfig := gossipprivdata.CoordinatorConfig{
        TransientBlockRetention:
        g.serviceConfig.TransientstoreMaxBlockRetention,
        PullRetryThreshold:
        g.serviceConfig.PvtDataPullRetryThreshold,
        SkipPullingInvalidTransactions:
        g.serviceConfig.SkipPullingInvalidTransactionsDuringCommit,
    }
    coordinator := gossipprivdata.NewCoordinator(mspID, gossipprivdata.Support{
        ChainID:            channelID,
        CollectionStore:    support.CollectionStore,
        Validator:          support.Validator,
        Committer:          support.Committer,
        Fetcher:            fetcher,
        CapabilityProvider: support.CapabilityProvider,
    }, store, g.createSelfSignedData(), g.metrics.PrivdataMetrics, coordinatorConfig,
        support.IdDeserializeFactory)

    privdataConfig := gossipprivdata.GlobalConfig()
    // 负责从其他节点获取提交过程中缺失的私密数据
    if privdataConfig.ReconciliationEnabled {
        reconciler = gossipprivdata.NewReconciler(channelID, g.metrics.PrivdataMetrics,
            support.Committer, fetcher, privdataConfig)
    } else {
        reconciler = &gossipprivdata.NoOpReconciler{}
    }

    // 私密数据处理器
    g.privateHandlers[channelID] = privateHandler{
        support:    support,
        coordinator: coordinator,
        distributor: gossipprivdata.NewDistributor(channelID, g, collectionAccess
Factory, g.metrics.PrivdataMetrics, pushAckTimeout),  // 分发私密数据给其他节点
        reconciler: reconciler,
    }
    g.privateHandlers[chainID].reconciler.Start() // 启动缺失私密数据获取过程


    // 创建并启动 Peer 之间的 Gossip 过程
    stateConfig := state.GlobalConfig()
    g.chains[channelID] = state.NewGossipStateProvider(
        channelID,
        servicesAdapter,
        coordinator,
        g.metrics.StateMetrics,
        blockingMode,
        stateConfig)
    if g.deliveryService[channelID] == nil {
        g.deliveryService[channelID] = g.deliveryFactory.Service(g, ordererSource,
g.mcs, g.serviceConfig.OrgLeader)
    }
```

```
            // 如果可以连接到排序服务, 则探测是否成为 Leader 节点角色
            if g.deliveryService[channelID] != nil {
                // 获取选举配置
                leaderElection := g.serviceConfig.UseLeaderElection
                isStaticOrgLeader := g.serviceConfig.OrgLeader
                ...
                if leaderElection { // 动态选举, 则注册角色变化回调函数
                    // 成为非 Leader 角色, 则停止与 Orderer 连接
                    // 成为 Leader, 则开始从 Orderer 获取区块。断连后会重试, 间隔从 0.1s 开始以 1.2
                    // 倍增加到 peer.deliveryclient.reConnectBackoffThreshold。总的重试时间超过 peer.
                    // deliveryclient.reconnectTotalTimeThreshold 后放弃 Leader 角色重新选举
                    g.leaderElection[channelID] = g.newLeaderElectionComponent(channelID,
    g.onStatusChangeFactory(channelID, support.Committer), g.metrics.ElectionMetrics)
                } else if isStaticOrgLeader { // 静态指定为 Leader, 则尝试从排序节点拉取区块
                    // 不断尝试从 Orderer 拉取新的区块
                    // 断连后会重试, 重试间隔从 0.1s 开始以 1.2 倍增加到 peer.deliveryclient.
                    // reConnectBackoffThreshold
                    g.deliveryService[channelID].StartDeliverForChannel(channelID,
    support.Committer, func() {})
                } else { // 非 Leader 角色, 则不连接到排序节点, 而是从组织的 Leader 节点获取区块
                    logger.Debug("This peer is not configured to connect to ordering
    service for blocks delivery, channel", chainID)
                }
            } else {
                logger.Warning("Delivery client is down won't be able to pull blocks
    for chain", channelID)
            }
        }
```

1. 创建并启动 Gossip 服务

Peer 之间的 Gossip 服务启动过程会进一步调用 gossip/state/state.go#NewGossipStateProvider (chainID string, services *ServicesMediator, ledger ledgerResources, stateMetrics *metrics.StateMetrics, blockingMode bool, config *StateConfig) GossipStateProvider 方法。该方法会利用 Go routine 不断监听 Gossip 消息并进行处理。主要代码如下所示:

```
    // gossip/state/state.go

    func NewGossipStateProvider(chainID string, services *ServicesMediator, ledger
    ledgerResources, stateMetrics *metrics.StateMetrics, blockingMode bool, config *Sta
    teConfig) GossipStateProvider {

        // 只接收本通道内的数据消息
        gossipChan, _ := services.Accept(func(message interface{}) bool {
            return protoext.IsDataMsg(message.(*proto.GossipMessage)) &&
                bytes.Equal(message.(*proto.GossipMessage).Channel, []byte(chainID))
        }, false)

        // 只接收合法的状态同步信息
        remoteStateMsgFilter := func(message interface{}) bool {
            receivedMsg := message.(protoext.ReceivedMessage)
            msg := receivedMsg.GetGossipMessage()
            // 非状态消息, 且不带有私密数据, 则拒绝
            if !(protoext.IsRemoteStateMessage(msg.GossipMessage) || msg.GetPrivateData()
    != nil) {
                return false
            }
            // 只接收本通道内消息
            if !bytes.Equal(msg.Channel, []byte(chainID)) {
```

```
                return false
            }
            // 检测消息：通道内的读权限，并且消息签名需要匹配
            connInfo := receivedMsg.GetConnectionInfo()
            authErr := services.VerifyByChannel(msg.Channel, connInfo.Identity,
        connInfo.Auth.Signature, connInfo.Auth.SignedData)
            if authErr != nil {
                return false
            }
            return true
        }
        _, commChan := services.Accept(remoteStateMsgFilter, true)

        // Gossip 状态维护结构
        s := &GossipStateProviderImpl{
            mediator: services,                       // 消息加密服务
            chainID: chainID,                         // 通道 ID
            payloads: &metricsBuffer{                 // 创建消息队列
                PayloadsBuffer: NewPayloadsBuffer(height),
                sizeMetrics:    stateMetrics.PayloadBufferSize,
                chainID:        chainID,
            },
            ledger:             ledger,               // 本地账本
            stateResponseCh:    make(chan protoext.ReceivedMessage, config.State
        ChannelSize),
            stateRequestCh:     make(chan protoext.ReceivedMessage, config.State
        ChannelSize),
            stopCh:             make(chan struct{}),
            stateTransferActive: 0,
            once:               sync.Once{},
            stateMetrics:       stateMetrics,         // 状态统计
            requestValidator:   &stateRequestValidator{},
            blockingMode:       blockingMode,
            config:             config,
        }

        // 更新账本高度
        services.UpdateLedgerHeight(height, common2.ChannelID(s.chainID))

        go s.receiveAndQueueGossipMessages(gossipChan) // 开始接收数据消息
        go s.receiveAndDispatchDirectMessages(commChan)// 开始接收状态消息

        go s.deliverPayloads()                        // 不断接收区块数据并提交到本地
        if s.config.StateEnabled {                    // 不断从其他节点同步新的区块
            go s.antiEntropy()
        }
        go s.processStateRequests() // 处理状态请求

        return s
    }
```

最终，Peer 本地的通道启动完成，通过 Gossip 不断与其他节点进行区块同步，并在获取新区块后更新本地账本信息。

2.Leader 节点从排序服务拉取区块

组织的 Leader 节点与排序节点之间的 Gossip 连接调用 core/deliverservice/deliveryclient.go# deliverServiceImpl.StartDeliverForChannel(chainID string, ledgerInfo blocksprovider.LedgerInfo, finalizer func()) error 方法，并进一步通过 Go 协程调用 internal/pkg/peer/blocksprovider/blocksprovider.go#Deliver.

DeliverBlocks() 方法，不断从排序节点拉取区块并分发给组织内其他节点。主要代码如下所示：

```go
// internal/pkg/peer/blocksprovider/blocksprovider.go

func (d *Deliverer) DeliverBlocks() {

    // 最多允许的重试失败次数
    maxFailures := int(math.Log(float64(d.MaxRetryDelay)/float64(d.InitialRetryDelay)) /
math.Log(backoffExponentBase))
    for {
        select {
        case <-d.DoneC: // 获取区块服务被停止
            return
        default:
        }

        if failureCounter > 0 {
            var sleepDuration time.Duration
            // 计算下次重试需要等待的时间，不超过配置的最大值（默认为 1 小时）
            if failureCounter-1 > maxFailures {
                sleepDuration = d.MaxRetryDelay
            } else {
                sleepDuration = time.Duration(math.Pow(1.2, float64(failureCounter-1))
*100) * time.Millisecond
            }
            totalDuration += sleepDuration
            if totalDuration > d.MaxRetryDuration { // 超过最大重试等待时间（默认为 1
                                                    // 小时），并且非静态配置的 Leader，
                                                    // 则放弃
                if d.YieldLeadership {
                    return
                }
            }
            d.sleeper.Sleep(sleepDuration, d.DoneC)
        }

        ledgerHeight, err := d.Ledger.LedgerHeight() // 获取本地账本高度，出错则退出
        if err != nil {
            return
        }

        // 尝试连接到排序节点，获取新的区块
        seekInfoEnv, err := d.createSeekInfo(ledgerHeight)
        if err != nil {
            return
        }
        deliverClient, endpoint, cancel, err := d.connect(seekInfoEnv)
        if err != nil {
            failureCounter++
            continue
        }

        recv := make(chan *orderer.DeliverResponse)
        go func() {
            for {
                resp, err := deliverClient.Recv() // 不断从 Orderer 获取新的区块
                if err != nil {
                    close(recv)
                    return
                }
                select {
                case recv <- resp:                        // 写入 recv chan，传递给后面的处理
```

```
                    case <-d.DoneC:                    // 获取区块服务被停止
                        close(recv)
                        return
                    }
                }
            }()
            Recvloop:
            for {
                select {
                case <-endpoint.Refreshed:             // 排序节点地址变化，需要先刷新
                    break RecvLoop
                case response, ok := <-recv:           // 收到消息
                    if !ok {
                        failureCounter++
                        break RecvLoop
                    }
                    err = d.processMsg(response)       // 处理消息
                    if err != nil {
                        failureCounter++
                        break RecvLoop
                    }
                    failureCounter = 0
                case <-d.DoneC:                        // 获取区块服务被停止
                    break RecvLoop
                }
            }

            // 等待获取区块循环退出
            cancel()
            <-recv
        }
    }
```

其中，processMsg(msg *orderer.DeliverResponse) 方法会根据消息类型进行对应的处理，实现如下所示：

```
// internal/pkg/peer/blocksprovider/blocksprovider.go

func (d *Deliverer) processMsg(msg *orderer.DeliverResponse) error {
    switch t := msg.Type.(type) {
    case *orderer.DeliverResponse_Status:              // 收到状态消息，说明出现异常
        if t.Status == common.Status_SUCCESS {        // 不应该收到状态消息
            return errors.Errorf("received success for a seek that should never
complete")
        }

        return errors.Errorf("received bad status %v from orderer", t.Status)
    case *orderer.DeliverResponse_Block:               // 成功获取预期的新的区块
        blockNum := t.Block.Header.Number

        // 校验区块
        if err := d.BlockVerifier.VerifyBlock(gossipcommon.ChannelID(d.ChannelID),
blockNum, t.Block); err != nil {
            return errors.WithMessage(err, "block from orderer could not be verified")
        }
        marshaledBlock, err := proto.Marshal(t.Block)
        if err != nil {
            return errors.WithMessage(err, "block from orderer could not be
remarshaled")
        }
```

```
// 解析负载
payload := &gossip.Payload{
    Data:    marshaledBlock,
    SeqNum: blockNum,
}

// 创建新的 Gossip 消息
gossipMsg := &gossip.GossipMessage{
    Nonce:   0,
    Tag:      gossip.GossipMessage_CHAN_AND_ORG,
    Channel: []byte(d.ChannelID),
    Content: &gossip.GossipMessage_DataMsg{
        DataMsg: &gossip.DataMessage{
            Payload: payload,
        },
    },
}

// 添加区块到本地缓存
if err := d.Gossip.AddPayload(d.ChannelID, payload); err != nil {
    return errors.WithMessage(err, "could not add block as payload")
}

// 将消息转发给其他节点
d.Gossip.Gossip(gossipMsg)
return nil
    default: // 忽略未知类型消息
    return errors.Errorf("unknown message type '%T'", msg.Type)
    }
}
```

通过这一过程，Leader 节点会不断从排序节点拉取新的区块。

出现错误或断开连接后会按照预定规则进行重试。重试时间间隔默认从 0.1s 开始以 1.2 倍速度增加，最大到 peer.deliveryclient.reConnectBackoffThreshold 或总的重试时间超过 peer.deliveryclient.reconnectTotalTimeThreshold 后停止。但当 Peer 为静态配置的组织 Leader 节点时，会一直尝试连接排序节点。

15.2.5　注册通道结构到全局字典

通道结构初始化完成，Gossip 过程也已经启动，此时，Peer 正式加入通道内，可将该通道注册到本地的通道字典结构中。实现代码如下所示：

```
// core/peer/peer.go

func (p *Peer) createChain(cid string, l ledger.PeerLedger, cb *common.Block,
pluginMapper plugin.Mapper, deployedCCInfoProvider ledger.DeployedChaincodeInfoProvider,
legacyLifecycleValidation plugindispatcher.LifecycleResources, newLifecycleValidation
plugindispatcher.CollectionAndLifecycleResources) error {
    ...

    // 注册通道结构到全局的通道字典
    if p.channels == nil {
        p.channels = map[string]*Channel{}
    }
    p.channels[cid] = channel

    return nil
}
```

15.3　Gossip 过程

Fabric 网络中节点通过 Gossip 协议完成彼此的发现和数据同步等操作。Peer 节点启动后，会初始化本地的 Gossip 结构和服务，开始处理对应消息。当 Peer 创建或加入某个通道内后（都会调用 core/peer/peer.go#Peer.createChannel(cid string, ..., newLifecycleValidation plugindispatcher. CollectionAndLifecycleResources) 方法），会通过启动 Gossip 服务来处理通道内的区块数据。

15.3.1　整体流程

Peer 启动后初始化 Gossip 服务的流程如图 15-3 所示，包括结构初始化配置、创建相关数据结构和依赖服务、启动状态探测、启动服务，以及连接到初始邻居节点等步骤。

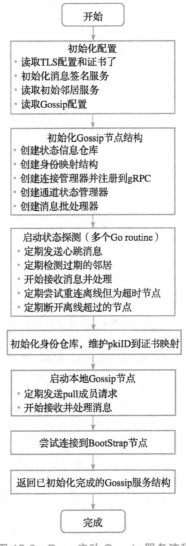

图 15-3　Peer 启动 Gossip 服务流程

下面分别对各个步骤进行剖析。

15.3.2 初始化配置

初始化 Gossip 服务的入口中在 internal/peer/node/start.go#initGossipService(policyMgr policies. ChannelPolicyManagerGetter, metricsProvider metrics.Provider, ...) 方法。该方法主要读取 TLS 配置和证书，初始化消息签名服务（MessageCryptoService）和读取初始邻居信息。最后调用 gossipservice.New(...) 方法完成 Gossip 服务的初始化过程。实现逻辑如下：

```
// internal/peer/node/start.go

func initGossipService(
    policyMgr policies.ChannelPolicyManagerGetter,
    metricsProvider metrics.Provider,
    peerServer *comm.GRPCServer,
    signer msp.SigningIdentity,
    credSupport *comm.CredentialSupport,
    peerAddress string,
    deliverGRPCClient *comm.GRPCClient,
    deliverServiceConfig *deliverservice.DeliverServiceConfig,
) (*gossipservice.GossipService, error) {

    // 如果启用 TLS，读取本地证书
    var certs *gossipcommon.TLSCertificates
    if peerServer.TLSEnabled() {
        serverCert := peerServer.ServerCertificate()
        clientCert, err := peer.GetClientCertificate()
        if err != nil {
            return nil, errors.Wrap(err, "failed obtaining client certificates")
        }
        certs = &gossipcommon.TLSCertificates{}
        certs.TLSServerCert.Store(&serverCert)
        certs.TLSClientCert.Store(&clientCert)
    }

    // 初始化消息签名服务
    messageCryptoService := peergossip.NewMCS(
        policyMgr,
        signer,
        mgmt.NewDeserializersManager(factory.GetDefault()),
        factory.GetDefault(),
    )
    secAdv := peergossip.NewSecurityAdvisor(mgmt.NewDeserializersManager(factory.
GetDefault()))

    // 读取初始邻居信息
    bootstrap := viper.GetStringSlice("peer.gossip.bootstrap")

    // 读取 Gossip 配置
    gossipConfig, err := gossipgossip.GlobalConfig(peerAddress, certs, bootstrap...)

    // 初始化 Gossip 服务
    return gossipservice.New(
        signer,
        gossipmetrics.NewGossipMetrics(metricsProvider),
        peerAddress,
        peerServer.Server(),
        messageCryptoService,
        secAdv,
```

```
            secureDialOpts(credSupport),
            credSupport,
            deliverGRPCClient,
            gossipConfig,
            serviceConfig,
            deliverServiceConfig,
        )
    }
```

15.3.3　初始化和启动 Gossip 服务

上面的 gossipservice.New(...) 方法完成 Gossip 服务的启动，并返回 Gossip 服务结构，主要代码如下所示：

```
// gossip/service/gossip_service.go

func New(
    peerIdentity identity.SignerSerializer,
    gossipMetrics *gossipmetrics.GossipMetrics,
    endpoint string,
    s *grpc.Server,
    mcs api.MessageCryptoService,
    secAdv api.SecurityAdvisor,
    secureDialOpts api.PeerSecureDialOpts,
    credSupport *corecomm.CredentialSupport,
    deliverGRPCClient *corecomm.GRPCClient,
    gossipConfig *gossip.Config,
    serviceConfig *ServiceConfig,
    deliverServiceConfig *deliverservice.DeliverServiceConfig,
) (*GossipService, error) {
    serializedIdentity, err := peerIdentity.Serialize()
    if err != nil {
        return nil, err
    }

    // 启动 Gossip 服务
    gossipComponent := gossip.New(
        gossipConfig,
        s,
        secAdv,
        mcs,
        serializedIdentity,
        secureDialOpts,
        gossipMetrics,
    )

    // 返回初始化完成的 Gossip 服务结构
    return &GossipService{
        gossipSvc:        gossipComponent,
        mcs:              mcs,
        privateHandlers:  make(map[string]privateHandler),
        chains:           make(map[string]state.GossipStateProvider),
        leaderElection:   make(map[string]election.LeaderElectionService),
        deliveryService:  make(map[string]deliverservice.DeliverService),
        deliveryFactory:  &deliveryFactoryImpl{
            signer:                peerIdentity,
            credentialSupport:     credSupport,
            deliverGRPCClient:     deliverGRPCClient,
            deliverServiceConfig:  deliverServiceConfig,
        },
        peerIdentity:     serializedIdentity,
```

```
        secAdv:         secAdv,
        metrics:        gossipMetrics,
        serviceConfig: serviceConfig,
    }, nil
}
```

其中，gossip.New(...) 方法创建一个 Gossip 本地节点，连接到网络内。并进一步调用 gossip/gossip/gossip_impl.go#NewGossipService(conf *Config, s *grpc.Server, sa api.SecurityAdvisor, mcs api.MessageCryptoService, selfIdentity api.PeerIdentityType, secureDialOpts api.PeerSecure-DialOpts) Gossip 方法，完成 Gossip 服务结构。主要代码如下所示：

```
// gossip/gossip/gossip_impl.go

func New(conf *Config, s *grpc.Server, sa api.SecurityAdvisor,
    mcs api.MessageCryptoService, selfIdentity api.PeerIdentityType,
    secureDialOpts api.PeerSecureDialOpts, gossipMetrics *metrics.GossipMetrics)
*Node {
    // 创建 Gossip 本地节点结构
    g := &Node{
        selfOrg:               sa.OrgByPeerIdentity(selfIdentity),
        secAdvisor:            sa,
        selfIdentity:          selfIdentity,
        presumedDead:          make(chan common.PKIidType, presumedDeadChanSize),
        disc:                  nil,
        mcs:                   mcs,
        conf:                  conf,
        ChannelDeMultiplexer:  comm.NewChannelDemultiplexer(),
        logger:                lgr,
        toDieChan:             make(chan struct{}),
        stopFlag:              int32(0),
        stopSignal:            &sync.WaitGroup{},
        includeIdentityPeriod: time.Now().Add(conf.PublishCertPeriod),
        gossipMetrics:         gossipMetrics,
    }

    // 维护状态信息
    g.stateInfoMsgStore = g.newStateInfoMsgStore()

    // 维护身份映射
    g.idMapper = identity.NewIdentityMapper(mcs, selfIdentity, func(pkiID common.P
KIidType, identity api.PeerIdentityType) {
        g.comm.CloseConn(&comm.RemotePeer{PKIID: pkiID})
        g.certPuller.Remove(string(pkiID))
    }, sa)

    // 创建连接服务
    commConfig := comm.CommConfig{
        DialTimeout:  conf.DialTimeout,
        ConnTimeout:  conf.ConnTimeout,
        RecvBuffSize: conf.RecvBuffSize,
        SendBuffSize: conf.SendBuffSize,
    }
    g.comm, err = comm.NewCommInstance(s, conf.TLSCerts, g.idMapper, selfIdentity,
secureDialOpts, sa, gossipMetrics.CommMetrics, commConfig)

    // 创建通道状态，包括所有加入的通道列表和是否停止标签
    g.chanState = newChannelState(g)

    // 定期转发消息，读取配置：同一消息转发次数、转发量、存储时间、回调函数等
```

```
    g.emitter = newBatchingEmitter(conf.PropagateIterations,
        conf.MaxPropagationBurstSize, conf.MaxPropagationBurstLatency,
        g.sendGossipBatch)

    // 创建状态探测服务
    g.discAdapter = g.newDiscoveryAdapter()
    g.disSecAdap = g.newDiscoverySecurityAdapter()
    discoveryConfig := discovery.DiscoveryConfig{
        AliveTimeInterval:          conf.AliveTimeInterval,
        AliveExpirationTimeout:     conf.AliveExpirationTimeout,
        AliveExpirationCheckInterval: conf.AliveExpirationCheckInterval,
        ReconnectInterval:          conf.ReconnectInterval,
        BootstrapPeers:             conf.BootstrapPeers,
    }
    g.disc = discovery.NewDiscoveryService(g.selfNetworkMember(), g.discAdapter,
g.disSecAdap, g.disclosurePolicy, discoveryConfig)

    // 拉取对方身份信息，更新本地已知的邻居 PKI-ID 到证书的映射信息
    g.certPuller = g.createCertStorePuller()
    g.certStore = newCertStore(g.certPuller, g.idMapper, selfIdentity, mcs)

    // 启动 Gossip 服务
    g.stopSignal.Add(2)
    go g.start()

    // 通过指定的初始邻居节点接入网络
    go g.connect2BootstrapPeers()

    return g
}
```

1. 创建 gRPC 连接服务

创建 gRPC 服务由 gossip/comm/comm_impl.go#NewCommInstance(s *grpc.Server, certs *common.TLSCertificates,..., dialOpts ...grpc.DialOption) (Comm, error) 方法完成。核心逻辑如下所示：

```
// gossip/comm/comm_impl.go#NewCommInstanceWithServer(port int, idMapper identity.
Mapper, peerIdentity api.PeerIdentityType, secureDialOpts api.PeerSecureDialOpts, sa
api.SecurityAdvisor, dialOpts ...grpc.DialOption) (Comm, error) {

    // 连接服务
    commInst := &commImpl{
        sa:              sa,
        pubSub:          util.NewPubSub(),
        PKIID:           idStore.GetPKIidOfCert(peerIdentity),
        idMapper:        idStore,
        logger:          util.GetLogger(util.CommLogger, ""),
        peerIdentity:    peerIdentity,
        opts:            dialOpts,
        secureDialOpts:  secureDialOpts,
        msgPublisher:    NewChannelDemultiplexer(),
        lock:            &sync.Mutex{},
        deadEndpoints:   make(chan common.PKIidType, 100),
        identityChanges: make(chan common.PKIidType, 1),
        stopping:        int32(0),
        exitChan:        make(chan struct{}),
        subscriptions:   make([]chan protoext.ReceivedMessage, 0),
        tlsCerts:        certs,
        metrics:         commMetrics,
        dialTimeout:     config.DialTimeout,
```

```
            connTimeout:        config.ConnTimeout,
            recvBuffSize:        config.RecvBuffSize,
            sendBuffSize:        config.SendBuffSize,
        }

        // 创建连接池
        commInst.connStore = newConnStore(commInst, commInst.logger, connConfig)

        // 注册到 gRPC 连接
        proto.RegisterGossipServer(s, commInst)

        return commInst, nil
    }
```

2. 启动状态探测

状态探测过程的启动代码位于 gossip/discovery/discovery_impl.go#NewDiscoveryService(self NetworkMember, comm CommService, crypt CryptoService, disPol DisclosurePolicy) Discovery 方法。核心逻辑如下所示：

```
// gossip/discovery/discovery_impl.go

    func NewDiscoveryService(self NetworkMember, comm CommService, crypt CryptoService,
    disPol DisclosurePolicy, config DiscoveryConfig) Discovery {

        // 探测服务数据结构
        d := &gossipDiscoveryImpl{
            self:               self,
            incTime:            uint64(time.Now().UnixNano()),
            seqNum:             uint64(0),
            deadLastTS:         make(map[string]*timestamp),
            aliveLastTS:        make(map[string]*timestamp),
            id2Member:          make(map[string]*NetworkMember),
            aliveMembership:    util.NewMembershipStore(),
            deadMembership:     util.NewMembershipStore(),
            crypt:              crypt,
            comm:               comm,
            lock:               &sync.RWMutex{},
            toDieChan:          make(chan struct{}),
            logger:             util.GetLogger(util.DiscoveryLogger, self.InternalEndpoint),
            disclosurePolicy:   disPol,
            pubsub:             util.NewPubSub(),

            aliveTimeInterval:           config.AliveTimeInterval,
            aliveExpirationTimeout:      config.AliveExpirationTimeout,
            aliveExpirationCheckInterval: config.AliveExpirationCheckInterval,
            reconnectInterval:          config.ReconnectInterval,

            bootstrapPeers: config.BootstrapPeers,
        }

        d.validateSelfConfig()
        d.msgStore = newAliveMsgStore(d)

        // 定期发送心跳消息
        go d.periodicalSendAlive()
        // 定期检查邻居节点的活跃情况
        go d.periodicalCheckAlive()
        // 处理收到的 Gossip 消息，包括成员请求、心跳等
        go d.handleMessages()
        // 定期尝试重连失效节点
```

```
    go d.periodicalReconnectToDead()
    // 1. 处理假定失效的节点，如果可以重连则激活，否则移除
    // 2. 处理有节点的 PKI-ID 更新情况（地址被复用），删除旧的 PKI-ID
    go d.handleEvents()
}
```

3. 启动服务

所有依赖服务和结构完成初始化后，启动 Gossip 服务，开始接收消息。实现位于 gossip/
gossip/gossip_impl.go#Node.start() 方法。核心逻辑如下所示：

```
// gossip/gossip/gossip_impl.go

func (g *Node) start() {
    // 刷新探测信息
    go g.syncDiscovery()
    go g.handlePresumedDead()

    // 消息过滤器，忽略处理连接消息、空消息和私密数据消息
    msgSelector := func(msg interface{}) bool {
        gMsg, isGossipMsg := msg.(protoext.ReceivedMessage)
        if !isGossipMsg {
            return false
        }

        isConn := gMsg.GetGossipMessage().GetConn() != nil
        isEmpty := gMsg.GetGossipMessage().GetEmpty() != nil
        isPrivateData := protoext.IsPrivateDataMsg(gMsg.GetGossipMessage().Gossip
Message)

        return !(isConn || isEmpty || isPrivateData)
    }

    incMsgs := g.comm.Accept(msgSelector)

    // 开始接收 Gossip 消息，并进行对应处理
    go g.acceptMessages(incMsgs)
}
```

其中，**g.acceptMessages(incMsgs)** 方法在后台是一个循环，对每个消息都调用 Node.handle
Message(m protoext.ReceivedMessage) 方法进行处理。核心逻辑如下所示：

```
// gossip/gossip/gossip_impl.go

func (g *Node) acceptMessages(incMsgs <-chan protoext.ReceivedMessage) {
    defer g.stopSignal.Done()
    for {
        select {
        case <-g.toDieChan:
            return
        case msg := <-incMsgs:
            g.handleMessage(msg) // 依次处理每条消息
        }
    }
}

func (g *Node) handleMessage(m protoext.ReceivedMessage) {

    // 处理指定通道内消息
    if protoext.IsChannelRestricted(msg.GossipMessage) {
        if gc := g.chanState.lookupChannelForMsg(m); gc == nil {
```

```
                    // 即使不在对应通道内，也转发自己组织内邻居
                    if g.IsInMyOrg(discovery.NetworkMember{PKIid: m.GetConnectionInfo().
ID}) && protoext.IsStateInfoMsg(msg.GossipMessage) { // 仅保存状态信息消息
                        if g.stateInfoMsgStore.Add(msg) {
                            g.emitter.Add(&emittedGossipMessage{
                                SignedGossipMessage: msg,
                                filter:              m.GetConnectionInfo().ID.IsNotSameFilter,
                            })
                        }
                    }
                } else { // 处理 Leadership 消息
                    if protoext.IsLeadershipMsg(m.GetGossipMessage().GossipMessage) {
                        if err := g.validateLeadershipMessage(m.GetGossipMessage()); err
!= nil {
                    return
                        }
                    }
                    // 核心方法: GossipChannel.HandleMessage(protoext.ReceivedMessage)
                    gc.HandleMessage(m)
                }
                return
        }

        // 如果是 Alive、MemRes、MemReq 等三种不局限在通道内的成员消息
        if selectOnlyDiscoveryMessages(m) {
            if m.GetGossipMessage().GetMemReq() != nil { // 处理 MemReq 消息
                sMsg, err := protoext.EnvelopeToGossipMessage(m.GetGossipMessage().
GetMemReq().SelfInformation)
                if !protoext.IsAliveMsg(sMsg.GossipMessage) { // 成员消息的 SelfInformation
                                                              // 为 Alive 消息
                    return
                }
                // 检查消息中 PkiId 是否匹配发送者身份
                if !bytes.Equal(sMsg.GetAliveMsg().Membership.PkiId, m.GetConne
ctionInfo().ID) {
                    return
                }
            }
            // 转发成员消息
            g.forwardDiscoveryMsg(m)
        }

        // 如果是拉取身份消息
        if protoext.IsPullMsg(msg.GossipMessage) && protoext.GetPullMsgType(msg.Gossip
Message) == pg.PullMsgType_IDENTITY_MSG {
            g.certStore.handleMessage(m)
        }
    }
```

4. 连接到初始邻居节点

要真正与其他节点连通，首先需要尝试连接到引导节点，通过它获取初始的网络信息（包括邻居节点列表等）。核心逻辑如下所示：

```
// gossip/gossip/gossip_impl.go#gossipServiceImpl.start()

// gossip/gossip/gossip_impl.go#gossipServiceImpl.connect2BootstrapPeers()
func (g *gossipServiceImpl) connect2BootstrapPeers() {
    // 逐个连接每个引导节点
    for _, endpoint := range g.conf.BootstrapPeers {
        endpoint := endpoint
```

```
            identifier := func() (*discovery.PeerIdentification, error) {
                remotePeerIdentity, err := g.comm.Handshake(&comm.RemotePeer{Endpoint:
endpoint})
                if err != nil {
                    return nil, errors.WithStack(err)
                }
                sameOrg := bytes.Equal(g.selfOrg, g.secAdvisor.OrgByPeerIdentity(r
emotePeerIdentity))
                if !sameOrg {                   // 引导节点必须为同一组织内
                    return nil, errors.Errorf("%s isn't in our organization, cannot be
a bootstrap peer", endpoint)
                }
                pkiID := g.mcs.GetPKIidOfCert(remotePeerIdentity)
                if len(pkiID) == 0 {  // 必须为合法的 pkiID
                    return nil, errors.Errorf("Wasn't able to extract PKI-ID of remote
peer with identity of %v", remotePeerIdentity)
                }
                return &discovery.PeerIdentification{ID: pkiID, SelfOrg: sameOrg}, nil
            }
            // 尝试连接到该节点，并获取其所知的成员名单
            g.disc.Connect(discovery.NetworkMember{
                InternalEndpoint: endpoint,
                Endpoint:         endpoint,
            }, identifier)
        }
    }
```

至此，Gossip 服务就正式启动了，不断获取网络拓扑和节点信息，并将自己所知的成员公布出去。

15.4　链码启动和初始化

Fabric 目前支持两种链码管理模式：内嵌的基于 Docker 容器的原生链码，以及外部链码。

原生链码在安装和批准后需要经过部署或调用操作，才能由 Peer 创建链码容器，并进入可被调用的就绪状态。

外部链码则需要在外部启动服务，然后 Peer 主动连接到链码进行初始化和调用。

15.4.1　整体流程

下面对链码初始化的整个过程进行讲解。整体流程如图 15-4 所示。

代码入口在 core/endorser/support.go#SupportImpl.ExecuteLegacyInit(txParams *ccprovider.TransactionParams, ... spec *pb.ChaincodeDeploymentSpec) (*pb.Response, *pb.ChaincodeEvent, error) 方法，主要逻辑如下所示：

```
// core/chaincode/chaincode_support.go

func (cs *ChaincodeSupport) ExecuteLegacyInit(txParams *ccprovider.Transaction
Params, ccName, ccVersion string, input *pb.ChaincodeInput) (*pb.Response, *pb.Chain
codeEvent, error) {

    ccid := ccName + ":" + ccVersion // 生成 ccid

    // 如果链码没有实例化，则先启动并等待完成
    h, err := cs.Launch(ccid)
    if err != nil {
        return nil, nil, err
```

```
}

// 发送 INIT 消息给已经启动的链码容器，完成初始化
resp, err := cs.execute(pb.ChaincodeMessage_INIT, txParams, ccName, input, h)

// 返回执行结果，完成或错误
return processChaincodeExecutionResult(txParams.TxID, ccName, resp, err)
}
```

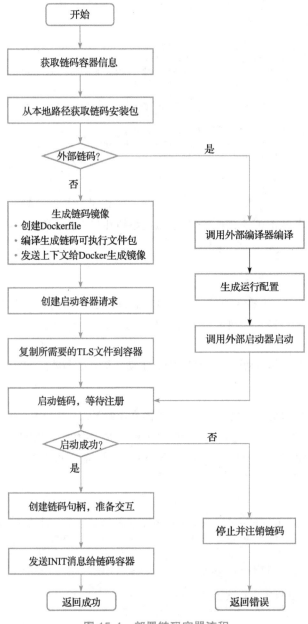

图 15-4 部署链码容器流程

15.4.2　编译和启动链码

启动链码首先调用 cs.Launch(ccid) 方法，该方法会执行链码的创建和启动，并添加链码句柄，准备与链码交互。主要代码如下所示：

```
// core/chaincode/chaincode_support.go

func (cs *ChaincodeSupport) Launch(ccid string) (*Handler, error) {
    if h := cs.HandlerRegistry.Handler(ccid); h != nil {
        return h, nil
    }

    // 创建并启动链码，核心过程
    if err := cs.Launcher.Launch(ccid, cs); err != nil {
        return nil, errors.Wrapf(err, "could not launch chaincode %s", ccid)
    }

    // 添加链码处理句柄
    h := cs.HandlerRegistry.Handler(ccid)
    if h == nil {
        return nil, errors.Errorf("claimed to start chaincode container for %s but could not find handler", ccid)
    }

    return h, nil
}
```

主要通过调用 cs.Launcher.Launch(ccid, cs) 方法来完成链码的编译和启动过程。逻辑如下所示：

```
// core/chaincode/runtime_launcher.go

func (r *RuntimeLauncher) Launch(ccid string, streamHandler extcc.StreamHandler) error {

    // 尝试判断链码容器是否已经启动
    launchState, alreadyStarted := r.Registry.Launching(ccid)

    // 若未启动则尝试启动
    if !alreadyStarted {
        startFailCh = make(chan error, 1)
        timeoutCh = time.NewTimer(r.StartupTimeout).C

        // 从本地路径下获取链码安装包数据
        codePackage, err := r.getCodePackage(ccci)
        if err != nil {
            return err
        }

        // Go routine 中编译并启动链码容器
        go func() {
            // 尝试编译链码并获取连接信息：先尝试调用外部编译器；否则从本地获取链码并执行原生编译
            ccservinfo, err := r.Runtime.Build(ccid)
            if err != nil {
                startFailCh <- errors.WithMessage(err, "error building chaincode")
                return
            }

            // 外部链码：尝试利用连接信息连接到链码，之后创建本地处理句柄，开始等待链码消息
            if ccservinfo != nil {
```

```
                                    if err = r.ConnectionHandler.Stream(ccid, ccservinfo, streamHandler);
err != nil {
                                        startFailCh <- errors.WithMessagef(err, "connection to %s
failed", ccid)
                                        return
                                    }

                                    launchState.Notify(errors.Errorf("connection to %s terminated", ccid))
                                    return
                                }

                                // 原生链码，计算链码连接信息
                                ccinfo, err := r.ChaincodeClientInfo(ccid)
                                if err != nil {
                                    startFailCh <- errors.WithMessage(err, "could not get connection info")
                                    return
                                }
                                if ccinfo == nil {
                                    startFailCh <- errors.New("could not get connection info")
                                    return
                                }
                                // 尝试创建链码容器，并启动它
                                if err = r.Runtime.Start(ccid, ccinfo); err != nil {
                                    startFailCh <- errors.WithMessage(err, "error starting container")
                                    return
                                }
                                // 等待链码编译后启动完成
                                exitCode, err := r.Runtime.Wait(ccid)
                                if err != nil {
                                    launchState.Notify(errors.Wrap(err, "failed to wait on container exit"))
                                }
                                launchState.Notify(errors.Errorf("container exited with %d", exitCode))
                            }()
                        }

                        // 等待启动后的返回状态
                        select {
                        case <-launchState.Done(): // 启动后未完成注册
                            err = errors.WithMessage(launchState.Err(), "chaincode registration failed")
                        case err = <-startFailCh: // 启动失败
                            launchState.Notify(err)
                            r.Metrics.LaunchFailures.With("chaincode", ccid).Add(1)
                        case <-timeoutCh: // 启动超时
                            err = errors.Errorf("timeout expired while starting chaincode %s for tran
saction", ccid)
                            launchState.Notify(err)
                            r.Metrics.LaunchTimeouts.With("chaincode", ccid).Add(1)
                        }
                        success := true
                        if err != nil && !alreadyStarted { // 启动失败则取消链码注册信息
                            success = false
                            defer r.Registry.Deregister(ccid)
                        }
                    }
```

1. 编译链码

r.Runtime.Build(ccid) 负责编译链码。对于外部链码，过程相对简单，直接调用指定的编译
器执行命令即可；对于原生链码，需要通过编译容器来执行。主要代码如下所示：

```
// core/container/container.go
```

```
func (r *Router) Build(ccid string) error {
    var instance Instance

    // 配置了外部编译器，尝试调用其指定的编译器进行处理
    if r.ExternalBuilder != nil {
        // 获取外部链码包
        _, mdBytes, codeStream, err := r.PackageProvider.GetChaincodePackage(ccid)
        ...
        // 利用外部编译器对链码进行探测，如果检查是外部链码，则尝试进行编译
        instance, err = r.ExternalBuilder.Build(ccid, mdBytes, codeStream)
        if err != nil {
            return errors.WithMessage(err, "external builder failed")
        }
    }

    // 原生链码，尝试利用 Docker 编译容器进行编译
    if instance == nil {
        if r.DockerBuilder == nil {
            return errors.New("no DockerBuilder, cannot build")
        }
        // 获取原生链码包
        metadata, _, codeStream, err := r.PackageProvider.GetChaincodePackage(ccid)
        ...
        // 执行编译
        instance, err = r.DockerBuilder.Build(ccid, metadata, codeStream)
        if err != nil {
            return errors.WithMessage(err, "docker build failed")
        }
    }

    r.mutex.Lock()
    defer r.mutex.Unlock()
    if r.containers == nil {
        r.containers = map[string]Instance{}
    }
    r.containers[ccid] = instance

    return nil
}
```

其中，原生链码的编译过程最终会调用 core/chaincode/platforms/platforms.go#Registry.Generate DockerBuild(ccType, path, name, version string, codePackage []byte) (io.Reader, error) 方法。该方法的核心逻辑如下所示：

```
// core/chaincode/platforms/platforms.go

func (r *Registry) GenerateDockerBuild(ccType, path string, codePackage io.Reader,
client *docker.Client) (io.Reader, error) {

    // 生成链码镜像所需的 Dockerfile，不同语言链码的结果不同
    // Dockerfile 主要内容为：把链码程序包 binpackage.tar (下一步编译生成)，复制到链码容器
    // 可执行路径下
    dockerFile, err := r.GenerateDockerfile(ccType)
    inputFiles["Dockerfile"] = []byte(dockerFile)

    // 生成上面 Dockerfile 中所需要的 binpackage.tar
    input, output := io.Pipe()
    go func() {
        gw := gzip.NewWriter(output)
        tw := tar.NewWriter(gw)
```

```
        err := r.StreamDockerBuild(ccType, path, codePackage, inputFiles, tw, client)

        tw.Close()
        gw.Close()
        output.CloseWithError(err)
    }()
}
```

不同语言的链码镜像对应不同的 Dockerfile，Go 语言链码的 Dockerfile 可能为：

```
FROM hyperledger/fabric-baseos:$(TWO_DIGIT_VERSION)
ADD binpackage.tar /usr/local/bin
LABEL org.hyperledger.fabric.chaincode.type=GOLANG
org.hyperledger.fabric.version=2.0.0
ENV CORE_CHAINCODE_BUILDLEVEL=2.0.0
```

Java 语言链码镜像的 Dockerfile 可能为：

```
FROM hyperledger/fabric-javaenv:$(TWO_DIGIT_VERSION)
ADD binpackage.tar /root/chaincode-java/chaincode
LABEL org.hyperledger.fabric.chaincode.type=GOLANG
org.hyperledger.fabric.version=2.0.0
ENV CORE_CHAINCODE_BUILDLEVEL=2.0.0
```

Node.js 语言链码镜像的 Dockerfile 可能为：

```
FROM hyperledger/fabric-nodeenv:$(TWO_DIGIT_VERSION)
ADD binpackage.tar /usr/local/src
LABEL org.hyperledger.fabric.chaincode.type=GOLANG
org.hyperledger.fabric.version=2.0.0
ENV CORE_CHAINCODE_BUILDLEVEL=2.0.0
```

不同语言的链码生成 binpackage.tar 的过程如下：

- 对于 Go 链码，利用 hyperledger/fabric-ccenv:$(TWO_DIGIT_VERSION) 镜像（chaincode. builder 指定），通过 core/chaincode/platforms/golang/platform.go 中的 go build 命令执行编译命令，生成可执行链码。
- 对于 Java 链码，利用 hyperledger/fabric-javaenv:$(TWO_DIGIT_VERSION) 镜像（chaincode. java.runtime 指定），通过 ./build.sh 生成可执行链码。
- 对于 Node.js 链码，利用 hyperledger/fabric-ccenv:$(TWO_DIGIT_VERSION) 镜像（chaincode. builder 指定），执行 core/chaincode/platforms/node/platform.go 中指定的脚本安装所需要的依赖，注意编译过程中会从 npm 仓库拉取指定版本的 fabric-shim 库。

2. 启动链码

对于原生链码，需要生成链码容器所需的镜像，并最终启动链码容器。实现上最终调用 core/container/dockercontroller/dockercontroller.go#DockerVM.Start(...) error 方法，主要逻辑如下所示：

```
// core/container/dockercontroller/dockercontroller.go

func (vm *DockerVM) Start(ccid string, ccType string, peerConnection *ccintf.
PeerConnection) error {

    // 获取之前创建的链码容器镜像信息
    imageName, err := vm.GetVMNameForDocker(ccid)
    containerName := vm.GetVMName(ccid)
```

```
    args, err := vm.GetArgs(ccType, peerConnection.Address)
    env := vm.GetEnv(ccid, peerConnection.TLSConfig)

    // 创建链码容器
    err = vm.createContainer(imageName, containerName, args, env)
    if err != nil {
        return err
    }

    // 将需要的 TLS 文件复制到链码容器内
    if peerConnection.TLSConfig != nil {
        payload := bytes.NewBuffer(nil)
        gw := gzip.NewWriter(payload)
        tw := tar.NewWriter(gw)

        err = addFiles(tw, map[string][]byte{
            TLSClientKeyPath:
[]byte(base64.StdEncoding.EncodeToString(peerConnection.TLSConfig.ClientKey)),
            TLSClientCertPath:
[]byte(base64.StdEncoding.EncodeToString(peerConnection.TLSConfig.ClientCert)),
            TLSClientKeyFile:      peerConnection.TLSConfig.ClientKey,
            TLSClientCertFile:     peerConnection.TLSConfig.ClientCert,
            TLSClientRootCertFile: peerConnection.TLSConfig.RootCert,
        })

        err := vm.Client.UploadToContainer(containerName, docker.UploadToConta
inerOptions{
            InputStream:            bytes.NewReader(payload.Bytes()),
            Path:                   "/",
            NoOverwriteDirNonDir: false,
        })
    }

    // 启动链码容器
    err = client.StartContainer(containerName, nil)
}
```

对于外部链码，启动过程相对简单，生成配置信息，并调用链码包中的 bin/run 文件即可。

实现上最终会调用 Builder.Run(ccid, bldDir string, peerConnection *ccintf.PeerConnection) (*Session, error) 方法，主要逻辑如下所示：

```
// core/container/externalbuilder/externalbuilder.go

func (b *Builder) Run(ccid, bldDir string, peerConnection *ccintf.PeerConnection)
(*Session, error) {

    // 临时运行时目录
    launchDir, err := ioutil.TempDir("", "fabric-run")
    if err != nil {
        return nil, errors.WithMessage(err, "could not create temp run dir")
    }

    // 运行配置信息，包括 Peer 地址、ccid、客户端证书和密钥、服务端证书、MSPID
    rc := newRunConfig(ccid, peerConnection, b.MSPID)
    marshaledRC, err := json.Marshal(rc)
    if err != nil {
        return nil, errors.WithMessage(err, "could not marshal run config")
    }

    // 将运行配置信息写入临时运行时目录下的 chaincode.json 文件
```

```
    if err := ioutil.WriteFile(filepath.Join(launchDir, "chaincode.json"), marshale
dRC, 0600); err != nil {
        return nil, errors.WithMessage(err, "could not write root cert")
    }

    // 执行链码包中的 bin/run 脚本，启动链码
    run := filepath.Join(b.Location, "bin", "run")
    cmd := b.NewCommand(run, bldDir, launchDir)
    sess, err := Start(b.Logger, cmd)
    if err != nil {
        os.RemoveAll(launchDir)
        return nil, errors.Wrapf(err, "builder '%s' run failed to start", b.Name)
    }

    go func() {
        defer os.RemoveAll(launchDir)
        sess.Wait()
    }()

    return sess, nil
}
```

15.4.3 初始化链码

链码容器启动后，会自动注册到 Peer 节点。注册成功后，用户执行链码初始化命令，Peer 会发送 ChaincodeMessage_INIT 消息给链码容器，调用其初始化方法，并创建本地句柄结构，开始接收链码调用。主要代码逻辑如下：

```
// core/chaincode/chaincode_support.go

func (cs *ChaincodeSupport) execute(cctyp pb.ChaincodeMessage_Type, txParams *ccp
rovider.TransactionParams, namespace string, input *pb.ChaincodeInput, h *Handler)
(*pb.ChaincodeMessage, error) {
    input.Decorations = txParams.ProposalDecorations

    payload, err := proto.Marshal(input)
    if err != nil {
        return nil, errors.WithMessage(err, "failed to create chaincode message")
    }

    // 构建指定的消息
    ccMsg := &pb.ChaincodeMessage{
        Type:       cctyp,
        Payload:    payload,
        Txid:       txParams.TxID,
        ChannelId:  txParams.ChannelID,
    }

    // 发送 INIT 消息给已经启动的链码容器，完成初始化
    timeout := cs.executeTimeout(namespace, input)
    ccresp, err := h.Execute(txParams, namespace, ccMsg, timeout)
    if err != nil {
        return nil, errors.WithMessage(err, "error sending")
    }

    return ccresp, nil
}
```

15.4.4 处理链码消息

无论是外部链码还是本地链码，Peer 侧都需要创建 Handler 结构，负责响应来自链码的各种

消息。主要通过 ChaincodeSupport.HandleChaincodeStream(stream ccintf.ChaincodeStream) error
方法实现。主要代码如下所示：

```
// core/chaincode/chaincode_support.go

func (cs *ChaincodeSupport) HandleChaincodeStream(stream ccintf.ChaincodeStream)
error {
    handler := &Handler{
        Invoker:                cs,
        Keepalive:              cs.Keepalive,
        Registry:               cs.HandlerRegistry,
        ACLProvider:            cs.ACLProvider,
        TXContexts:             NewTransactionContexts(),
        ActiveTransactions:     NewActiveTransactions(),
        BuiltinSCCs:            cs.BuiltinSCCs,
        QueryResponseBuilder:   &QueryResponseGenerator{MaxResultLimit: 100},
        UUIDGenerator:          UUIDGeneratorFunc(util.GenerateUUID),
        LedgerGetter:           cs.Peer,
        DeployedCCInfoProvider: cs.DeployedCCInfoProvider,
        AppConfig:              cs.AppConfig,
        Metrics:                cs.HandlerMetrics,
        TotalQueryLimit:        cs.TotalQueryLimit,
    }

    return handler.ProcessStream(stream)
}
```

其中，handler.ProcessStream(stream) 方法会创建一个循环，接收链码侧消息，并不断调用
Handler 的 handleMessage(...) 方法，对消息进行处理，主要实现逻辑如下：

```
// core/chaincode/handler.go

func (h *Handler) ProcessStream(stream ccintf.ChaincodeStream) error {
    defer h.deregister()

    ...

    // 定期向链码发送心跳消息
    var keepaliveCh <-chan time.Time
    if h.Keepalive != 0 {
        ticker := time.NewTicker(h.Keepalive)
        defer ticker.Stop()
        keepaliveCh = ticker.C
    }

    // 从链码连接中获取消息结构
    msgAvail := make(chan *recvMsg, 1)
    receiveMessage := func() {
        in, err := h.chatStream.Recv()
        msgAvail <- &recvMsg{in, err}
    }

    go receiveMessage()
    for {
        select {
        case rmsg := <-msgAvail:        // 收到消息
            switch {
            case rmsg.err == io.EOF: // 连接终止
                chaincodeLogger.Debugf("received EOF, ending chaincode support
stream: %s", rmsg.err)
```

```
                    return rmsg.err
          case rmsg.err != nil: // 连接错误
                    err := errors.Wrap(rmsg.err, "receive from chaincode support
stream failed")
                    chaincodeLogger.Debugf("%+v", err)
                    return err
          case rmsg.msg == nil: // 空消息
                    err := errors.New("received nil message, ending chaincode support
stream")
                    chaincodeLogger.Debugf("%+v", err)
                    return err
          default: // 正常消息，则进行处理
                    err := h.handleMessage(rmsg.msg)
                    if err != nil {
                             err = errors.WithMessage(err, "error handling message, ending
stream")
                        chaincodeLogger.Errorf("[%s] %+v", shorttxid(rmsg.msg.Txid), err)
                             return err
                    }

                    go receiveMessage()
             }
      case sendErr := <-h.errChan: // 发送消息时收到错误，则终止发送
             err := errors.Wrapf(sendErr, "received error while sending message, ending
chaincode support stream")
             chaincodeLogger.Errorf("%s", err)
             return err
      case <-keepaliveCh:              // 定期发送心跳消息
             h.serialSendAsync(&pb.ChaincodeMessage{Type: pb.ChaincodeMessage_
KEEPALIVE})
             continue
        }
     }
   }
```

具体链码的处理在 Handler 结构的各种 Handle 方法中，包括：

```
// core/chaincode/handler.go

type Handler struct {
    // 发送心跳消息的间隔
    Keepalive time.Duration

    // 查询返回结果的最大个数
    TotalQueryLimit int

    // 链码调用结构
    Invoker Invoker

    // 跟踪已经注册的链码句柄
    Registry Registry

    // 检查链码调用权限
    ACLProvider ACLProvider

    // 跟交易相关的一组上下文，如世界状态模拟器结构
    TXContexts ContextRegistry

    // 跟踪处于被调用过程中的交易号
    ActiveTransactions TransactionRegistry

    // 记录内嵌的系统链码，确保用户链码名称不与之冲突
```

```
    BuiltinSCCs scc.BuiltinSCCs

    // 负责创建查询结果
    QueryResponseBuilder QueryResponseBuilder

    // 负责获取通道关联的账本
    LedgerGetter LedgerGetter

    // 负责初始化私密集合仓库
    DeployedCCInfoProvider ledger.DeployedChaincodeInfoProvider

    // 负责生成 UUID
    UUIDGenerator UUIDGenerator

    // 负责获取通道的应用配置
    AppConfig ApplicationConfigRetriever

    // 负责记录统计信息
    Metrics *HandlerMetrics

    // 记录当前的句柄结构状态，可以为 created、established 或 ready
    state State

    // 记录注册过的 chaincodeID
    chaincodeID string

    // 确保 gRPC 消息依次发送
    serialLock sync.Mutex

    // 与链码交互的 gRPC 通道
    chatStream ccintf.ChaincodeStream

    // 发送消息时，传递连接错误以终止发送
    errChan chan error

    // 确保 streamDoneChan 操作线性化
    mutex sync.Mutex

    // 标识链码连接是否终止
    streamDoneChan chan struct{}
}
```

```
    * HandleDelState(msg *pb.ChaincodeMessage, txContext *TransactionContext) (*pb.Chain
codeMessage, error)
    * HandleGetHistoryForKey(msg *pb.ChaincodeMessage, txContext *TransactionContext)
(*pb.ChaincodeMessage, error)
    * HandleGetPrivateDataHash(msg *pb.ChaincodeMessage, txContext *TransactionContext)
(*pb.ChaincodeMessage, error)
    * HandleGetQueryResult(msg *pb.ChaincodeMessage, txContext *TransactionContext)
(*pb.ChaincodeMessage, error)
    * HandleGetState(msg *pb.ChaincodeMessage, txContext *TransactionContext) (*pb.C
haincodeMessage, error)
    * HandleGetStateByRange(msg *pb.ChaincodeMessage, txContext *TransactionContext)
(*pb.ChaincodeMessage, error)
    * HandleGetStateMetadata(msg *pb.ChaincodeMessage, txContext *TransactionContext)
(*pb.ChaincodeMessage, error)
    * HandleInvokeChaincode(msg *pb.ChaincodeMessage, txContext *TransactionContext)
(*pb.ChaincodeMessage, error)
    * HandlePutState(msg *pb.ChaincodeMessage, txContext *TransactionContext) (*pb.
ChaincodeMessage, error)
    * HandlePutStateMetadata(msg *pb.ChaincodeMessage, txContext *TransactionContext)
```

```
(*pb.ChaincodeMessage, error)
    * HandleQueryStateClose(msg *pb.ChaincodeMessage, txContext *TransactionContext)
(*pb.ChaincodeMessage, error)
    * HandleQueryStateNext(msg *pb.ChaincodeMessage, txContext *TransactionContext)
(*pb.ChaincodeMessage, error)
    * HandleRegister(msg *pb.ChaincodeMessage)
    * HandleTransaction(msg *pb.ChaincodeMessage, delegate handleFunc)
```

15.5 背书处理

背书处理代码入口在 core/endorser/endorser.go#Endorser.ProcessProposal(ctx context.Context, signedProp *pb.SignedProposal) (*pb.ProposalResponse, error) 方法。

整体流程如图 15-5 所示，分为检查和校验提案、模拟执行链码调用和对结果背书并返回结果三大步骤。

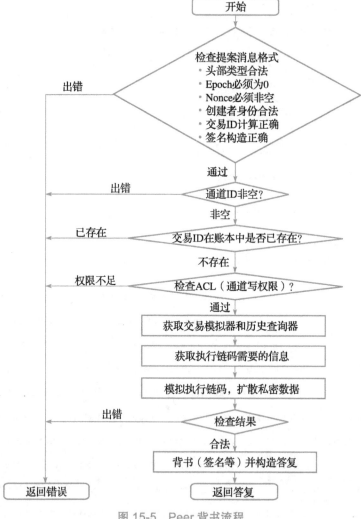

图 15-5　Peer 背书流程

下面分别对各个步骤进行讲解。

15.5.1　检查和校验提案

首先对收到的带签名的提案请求进行检查和校验，检查内容包括：

- 提案格式，包括头部类型、Epoch、nonce、创建者身份、交易 ID、签名等。
- 存在正常的通道头且 ID 非空。
- 指定的交易 ID 在指定通道内是否已经存在。
- 用户链码的调用权限为通道写权限。

这些检查在 Endorser.preProcess(signedProp *pb.SignedProposal) (*validateResult, error) 方法中实现，核心逻辑如下：

```
// core/endorser/endorser.go

func (e *Endorser) preProcess(up *UnpackedProposal, channel *Channel) error {

    // 检查提案消息的格式，包括：
    // 头部类型为 ENDORSER_TRANSACTION 或 CONFIG；
    // Epoch 为 0；
    // nonce 值非空；
    // 创建者身份非空；
    // 交易 ID 计算正确；
    // 签名构造正确
    err := up.Validate(channel.IdentityDeserializer)
    if err != nil {
        e.Metrics.ProposalValidationFailed.Add(1)
        return errors.WithMessage(err, "error validating proposal")
    }

    // 检查通道头中的通道 ID 非空
    if up.ChannelHeader.ChannelId == "" {
        return nil
    }

    // 检查指定的交易 ID 在指定通道内是否已经存在
    if _, err = e.Support.GetTransactionByID(up.ChannelHeader.ChannelId, up.Channel
Header.TxId); err == nil {
        e.Metrics.DuplicateTxsFailure.With(meterLabels...).Add(1)
        return errors.Errorf("duplicate transaction found [%s]. Creator [%x]",
up.ChannelHeader.TxId, up.SignatureHeader.Creator)
    }

    // 非系统链码，检查需要为通道的写权限
    if !e.Support.IsSysCC(up.ChaincodeName) {
        if err = e.Support.CheckACL(up.ChannelHeader.ChannelId, up.SignedProposal);
err != nil {
            e.Metrics.ProposalACLCheckFailed.With(meterLabels...).Add(1)
            return err
        }
    }

    return nil
}
```

15.5.2　模拟执行链码调用

检查确认所收到请求属于合法请求后，则准备模拟执行提案，获取生成的读写集。主要步骤

包括：

1）获取交易模拟器（TxSimulator）和历史查询器（HistoryQueryExecutor）。

2）从生命周期管理链码获取执行用户链码需要的相关数据。

3）模拟执行提案（私密数据还需要进行扩散），计算结果读写集合。

核心代码逻辑如下所示：

```
// core/endorser/endorser.go

func (e *Endorser) ProcessProposalSuccessfullyOrError(up *UnpackedProposal) (*pb.
ProposalResponse, error) {

    ...

    // 对于所有指定的通道名的交易，除了 qscc、cscc 调用，其他均需要获取模拟器结构
    if acquireTxSimulator(up.ChannelHeader.ChannelId, up.ChaincodeName) {
        // 获取模拟器，会记录交易执行时候所有对账本状态的可能改动。模拟器申请了提交读写锁的读
        // 操作锁，会暂停对账本的写操作
        txSim, err := e.Support.GetTxSimulator(up.ChannelID(), up.TxID())
        if err != nil {
            return nil, err
        }
        defer txsim.Done()

        // 历史查询模拟器
        hqe, err := e.Support.GetHistoryQueryExecutor(up.ChannelID())

        txParams.TXSimulator = txSim
        txParams.HistoryQueryExecutor = hqe
    }

    // 获取对链码进行背书所需要的信息，包括版本、是否初始化、背书插件、链码 ID 等
    cdLedger, err := e.Support.ChaincodeEndorsementInfo(up.ChannelID(), up.Chain
codeName, txParams.TXSimulator)

    // 模拟运行交易的核心逻辑
    res, simulationResult, ccevent, err := e.SimulateProposal(txParams, up.Chain
codeName, up.Input)

    ...

}
```

其中，最为重要的模拟执行过程位于 core/endorser/endorser.go#Endorser.SimulateProposal
(txParams *ccprovider.TransactionParams, chaincodeName string, chaincodeInput *pb.ChaincodeInput)
(*pb.Response, []byte, *pb.ChaincodeEvent, error) 方法，如下所示：

```
// core/endorser/endorser.go

func (e *Endorser) SimulateProposal(txParams *ccprovider.TransactionParams, chain
codeName string, chaincodeInput *pb.ChaincodeInput) (*pb.Response, []byte, *pb.Chain
codeEvent, error) {
    // 调用链码。如果是部署链码，还需要调用初始化
    res, ccevent, err := e.callChaincode(txParams, chaincodeInput, chaincodeName)

    // 提取结果
    simResult, err := txParams.TXSimulator.GetTxSimulationResults()

    if simResult.PvtSimulationResults != nil { // 如果该交易带有私密数据
```

```
// 构造结果读写集合和可能的私密数据信息
        pvtDataWithConfig, err := AssemblePvtRWSet(txParams.ChannelID, simResult.
PvtSimulationResults, txParams.TXSimulator, e.Support.GetDeployedCCInfoProvider())
        txParams.TXSimulator.Done()

        // 获取发生背书处理时的账本高度
        endorsedAt, err := e.Support.GetLedgerHeight(txParams.ChannelID)
        pvtDataWithConfig.EndorsedAt = endorsedAt

        // 尝试分发可能带有的私密数据
        if err := e.PrivateDataDistributor.DistributePrivateData(txParams.ChannelID,
txParams.TxID, pvtDataWithConfig, endorsedAt); err != nil {
                e.Metrics.SimulationFailure.Add(1)
                return nil, nil, nil, err
        }
    }

    // 获取非私密数据的执行结果字节
    pubSimResBytes, err := simResult.GetPubSimulationBytes()

    return res, pubSimResBytes, ccevent, nil
}
```

其中，对链码容器的调用最终会到达 core/chaincode/chaincode_support.go#ChaincodeSupport.
Invoke(txParams *ccprovider.TransactionParams, chaincodeName string, input *pb.ChaincodeInput)
(*pb.ChaincodeMessage, error) 方法。该方法的核心逻辑如下所示：

```
// core/chaincode/chaincode_support.go

func (cs *ChaincodeSupport) Invoke(txParams *ccprovider.TransactionParams, chaincode
Name string, input *pb.ChaincodeInput) (*pb.ChaincodeMessage, error) {

    // 检查调用是否合法
    ccid, cctype, err := cs.CheckInvocation(txParams, chaincodeName, input)

    // 确保链码容器已经处于就绪状态，此时链码容器和 Peer 之间建立了 gRPC 连接
    h, err := cs.Launch(ccid)

    // 创建并发送交易请求给链码容器
    return cs.execute(cctype, txParams, chaincodeName, input, h)
}
```

15.5.3　对结果背书并返回结果

链码模拟执行后，会计算出应该提交的读写集信息。Peer 节点对结果进行检查，对读写集进行背书，典型操作为添加签名。核心逻辑如下：

```
// core/endorser/endorser.go

func (e *Endorser) ProcessProposalSuccessfullyOrError(up *UnpackedProposal)
(*pb.ProposalResponse, error) {

    ...

    // 创建链码事件
    cceventBytes, err := CreateCCEventBytes(ccevent)

    // 获取执行后的结果
    prpBytes, err := protoutil.GetBytesProposalResponsePayload(up.ProposalHash,
res, simulationResult, cceventBytes, &pb.ChaincodeID{
```

```
            Name:      up.ChaincodeName,
            Version:  cdLedger.Version,
        })

        switch {                                          // 处理背书失败情况
        case res.Status >= shim.ERROR:                    // 发生错误
            return &pb.ProposalResponse{
                Response: res,
                Payload:  prpBytes,
            }, nil
        case up.ChannelID() == "":                        // 通道 ID 不应该为空
            return &pb.ProposalResponse{
                Response: res,
            }, nil
        case res.Status >= shim.ERRORTHRESHOLD: // 背书结果出错
            meterLabels = append(meterLabels, "chaincodeerror", strconv.FormatBool(true))
            e.Metrics.EndorsementsFailed.With(meterLabels...).Add(1)
            return &pb.ProposalResponse{
                Response: res,
            }, nil
        }

        // 执行背书插件，默认为系统的 ESCC
        escc := cdLedger.EndorsementPlugin

        // 利用指定的背书插件进行背书处理（添加签名），默认是系统的背书插件
        endorsement, mPrpBytes, err := e.Support.EndorseWithPlugin(escc, up.ChannelID(),
prpBytes, up.SignedProposal)

        // 返回背书结果给客户端
        return &pb.ProposalResponse{
            Version:       1,
            Endorsement: endorsement,
            Payload:       mPrpBytes,
            Response:      res,
        }, nil
    }
```

其中，EndorseWithPlugin(...) 方法首先根据指定插件名称获取背书插件，然后调用其 En-dorse() 方法进行背书处理。代码如下所示：

```
// core/endorser/plugin_endorser.go

func (pe *PluginEndorser) EndorseWithPlugin(pluginName, channelID string, prpBytes
[]byte, signedProposal *pb.SignedProposal) (*pb.Endorsement, []byte, error) {
    // 获取到指定名称的背书插件，默认为 escc
    plugin, err := pe.getOrCreatePlugin(PluginName(pluginName), channelID)
    if err != nil {
        return nil, nil, errors.WithMessagef(err, "plugin with name %s could
not be used", pluginName)
    }

    // 调用背书插件进行处理
    return plugin.Endorse(prpBytes, signedProposal)
}
```

15.6 提交交易结果

Peer 启动后会在后台执行 Gossip 服务，包括启动若干服务 Go 协程，实现位于 gossip/state/state.go#NewGossipStateProvider(chainID string, ..., config *StateConfig) GossipStateProvider 方

法。其中，协程 s.deliverPayloads()，负责处理接收到的区块，并将其中交易结果提交到本地账本。主要代码如下所示：

```
// gossip/state/state.go

func NewGossipStateProvider(
    chainID string,
    services *ServicesMediator,
    ledger ledgerResources,
    stateMetrics *metrics.StateMetrics,
    blockingMode bool,
    config *StateConfig,
) GossipStateProvider {
    ...
    // 接收 Gossip 消息
    go s.receiveAndQueueGossipMessages(gossipChan) // 开始接收数据消息
    go s.receiveAndDispatchDirectMessages(commChan)// 开始接收状态消息

    go s.deliverPayloads()                          // 不断接收区块数据并提交到本地
    if s.config.StateEnabled {
        go s.antiEntropy()                          // 不断从其他节点同步新的区块
    }
    go s.processStateRequests() // 处理状态请求

    return s
}
```

其中，deliverPayloads() 方法内是一个无限循环，不断从接收到的 Gossip 消息载荷缓冲区按序获取封装消息，解析后进行处理。核心代码逻辑如下：

```
// gossip/state/state.go

func (s *GossipStateProviderImpl) deliverPayloads() {
    for {
        select {
        case <-s.payloads.Ready(): // 等待消息
            // 依次处理收到的消息
            for payload := s.payloads.Pop(); payload != nil; payload = s.payloads.
Pop() {
                rawBlock := &common.Block{}
                // 从载荷数据中尝试解析区块结构，失败则尝试下个消息
                if err := pb.Unmarshal(payload.Data, rawBlock); err != nil {
                    continue
                }
                // 检查区块结构是否完整，失败则尝试下个消息
                if rawBlock.Data == nil || rawBlock.Header == nil {
                    continue
                }

                // 从载荷中解析私密数据，失败则尝试下个消息
                var p util.PvtDataCollections
                if payload.PrivateData != nil {
                    err := p.Unmarshal(payload.PrivateData)
                    if err != nil {
                        continue
                    }
                }
                // 核心部分：提交区块到本地账本
                if err := s.commitBlock(rawBlock, p); err != nil {
```

```
                          if executionErr, isExecutionErr := err.(*vsccErrors.VSCCExecu
tionFailureError); isExecutionErr {
                                return
                          }
                          //未知错误则 Panic
                            logger.Panicf("Cannot commit block to the ledger due to
%+v", errors.WithStack(err))
                          }
                      }
            case <-s.stopCh: //停止处理消息
                s.stopCh <- struct{}{}
                return
          }
      }
  }
```

15.6.1　整体流程

　　s.commitBlock(rawBlock, p) 是对区块进行处理和提交的核心过程，Peer 提交区块的流程如图 15-6 所示。

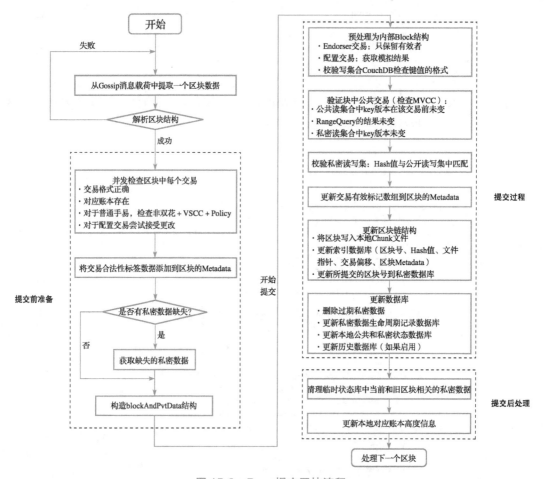

图 15-6　Peer 提交区块流程

其中，核心逻辑包括调用 s.ledger.StoreBlock(block, pvtData) 和 s.mediator.UpdateLedgerHeight (block.Header.Number+1, common2.ChannelID(s.chainID)) 两个方法，主要代码如下所示：

```
// gossip/state/state.go

func (s *GossipStateProviderImpl) commitBlock(block *common.Block, pvtData util.
PvtDataCollections) error {

    t1 := time.Now()

    // 提交区块到本地账本
    if err := s.ledger.StoreBlock(block, pvtData); err != nil {
        return err
    }

    sinceT1 := time.Since(t1)
    s.stateMetrics.CommitDuration.With("channel", s.chainID).Observe(sinceT1.
Seconds())

    // 更新本地账本高度
    s.mediator.UpdateLedgerHeight(block.Header.Number+1, common2.ChannelID(s.
chainID))

    s.stateMetrics.Height.With("channel", s.chainID).Set(float64(block.Header.
Number + 1))

    return nil
}
```

Peer 提交区块流程主要包括提交前准备、提交过程和提交后处理三部分，下面分别进行介绍。

15.6.2　提交前准备

主要完成对区块中交易格式的检查，并获取该区块缺失的私密数据，最后构建 block AndPvtData 结构。

1. 合法性检查

StoreBlock(...) 方法调用 core/committer/txvalidator/v20/validator.go#TxValidator.Validate(block * common.Block) error 方法来对区块进行格式检查，包括交易格式是否正确、对应账本是否存在、是否双花、是否满足 VSCC 和 Policy 等。核心逻辑如下：

```
// gossip/privdata/coordinator.go

func (c *coordinator) StoreBlock(block *common.Block, privateDataSets util.PvtData
Collections) error {

    ...
    err := c.Validator.Validate(block)
    ...
}

// core/committer/txvalidator/v20/validator.go

func (v *TxValidator) Validate(block *common.Block) error {

    // 并发验证交易有效性
```

```
    go func() {
        for tIdx, d := range block.Data.Data {
            v.Semaphore.Acquire(context.Background())

            go func(index int, data []byte) {
                defer v.Semaphore.Release()

                v.validateTx(&blockValidationRequest{// 格式检查、非双花、VSCC 检查、
                                                     // 权限检查
                    d:      data,
                    block:  block,
                    tIdx:   index,
                }, results)
            }(tIdx, d)
        }
    }()

    // 处理检查结果
    for i := 0; i < len(block.Data.Data); i++ {
        res := <-results

        if res.err != nil {
            if err == nil || res.tIdx < errPos {
                err = res.err
                errPos = res.tIdx
            }
        } else { // 设置有效标记，记录链码名称，更新链码信息
            txsfltr.SetFlag(res.tIdx, res.validationCode)

            if res.validationCode == peer.TxValidationCode_VALID {
                txidArray[res.tIdx] = res.txid
            }
        }
    }

    // 标记重复交易
    markTXIdDuplicates(txidArray, txsfltr)

    // 确认所有交易都完成检查
    err = v.allValidated(txsfltr, block)
    if err != nil {
        return err
    }

    // 更新交易有效标签到元数据
    utils.InitBlockMetadata(block)
    block.Metadata.Metadata[common.BlockMetadataIndex_TRANSACTIONS_FILTER] = txsfltr
}
```

其中，v.validateTx() 方法完成主要的合法性检查工作，会调用 VSCC 插件，代码如下：

```
// core/handlers/validation/builtin/default_validation.go

func (v *DefaultValidation) Validate(block *common.Block, namespace string, tx
Position int, actionPosition int, contextData ...validation.ContextDatum) error {
    ......

    var err error
    switch {
    case v.Capabilities.V2_0Validation(): // 2.0 VSCC 插件检查背书策略
        err = v.TxValidatorV2_0.Validate(block, namespace, txPosition, action
Position, serializedPolicy.Bytes())
```

```
    case v.Capabilities.V1_3Validation(): //1.3 VSCC 插件检查背书策略
        err = v.TxValidatorV1_3.Validate(block, namespace, txPosition, action
Position, serializedPolicy.Bytes())

    case v.Capabilities.V1_2Validation(): //1.2 VSCC 插件检查背书策略
        fallthrough

    default:
        err = v.TxValidatorV1_2.Validate(block, namespace, txPosition, actionPosition,
serializedPolicy.Bytes())
    }

    return convertErrorTypeOrPanic(err)
}
```

2. 获取缺失的私密数据

首先，检查是否存在私密数据缺失，如果缺失则尝试依次从缓存、本地私密数据库和其他节点获取。然后，构建可以进行提交的 ledger.BlockPvtdata 结构。在实现上，主要调用 gossip/privdata/pvtdataprovider.go#PvtdataProvider.RetrievePvtdata(pvtdataToRetrieve []*ledger. TxPvtdataInfo) 方法，主要代码如下：

```
// gossip/privdata/coordinator.go

func (c *coordinator) StoreBlock(block *common.Block, privateDataSets util.Pvt
DataCollections) error {

    ...
    exist, err := c.DoesPvtDataInfoExistInLedger(block.Header.Number)
    if exist { //如果私密数据已经存在，则直接提交
        commitOpts := &ledger.CommitOptions{FetchPvtDataFromLedger: true}
        return c.CommitLegacy(blockAndPvtData, commitOpts)
    }

    // 从区块中提取私密数据信息
    pvtdataToRetrieve, err := c.getTxPvtdataInfoFromBlock(block)
    if err != nil {
        return err
    }

    // 获取缺失的私密数据
    retrievedPvtdata, err := pdp.RetrievePvtdata(pvtdataToRetrieve)
    if err != nil {
        return err
    }

    // 填充私密数据和缺失信息
    blockAndPvtData.PvtData = retrievedPvtdata.blockPvtdata.PvtData
    blockAndPvtData.MissingPvtData = retrievedPvtdata.blockPvtdata.MissingPvtData
    ...
}

// gossip/privdata/pvtdataprovider.go
func (pdp *PvtdataProvider) RetrievePvtdata(pvtdataToRetrieve []*ledger.TxPvtdata
Info) (*RetrievedPvtdata, error) {

    // 尝试从本地 Cache 读取私密数据
    pdp.populateFromCache(pvtdata, pvtdataRetrievalInfo, pvtdataToRetrieve)
    if len(pvtdataRetrievalInfo.eligibleMissingKeys) == 0 {
        retrievedPvtdata.pvtdataRetrievalInfo = pvtdataRetrievalInfo
```

```
          retrievedPvtdata.blockPvtdata = pdp.prepareBlockPvtdata(pvtdata, pvtdataRe
trievalInfo)
          return retrievedPvtdata, nil
      }

      // 尝试从本地临时数据库中读取私密数据
      pdp.populateFromTransientStore(pvtdata, pvtdataRetrievalInfo)
      if len(pvtdataRetrievalInfo.eligibleMissingKeys) == 0 {
          retrievedPvtdata.pvtdataRetrievalInfo = pvtdataRetrievalInfo
          retrievedPvtdata.blockPvtdata = pdp.prepareBlockPvtdata(pvtdata, pvtdata
RetrievalInfo)
          return retrievedPvtdata, nil
      }

      // 获取缺失私密数据
      for len(pvtdataRetrievalInfo.eligibleMissingKeys) > 0 && time.Since(startPull)
< retryThresh {
          if needToRetry := pdp.populateFromRemotePeers(pvtdata, pvtdataRetrie
valInfo); !needToRetry {
              break
          }
          // 如果还有缺失的数据，则等待后重试
          pdp.sleeper.Sleep(pullRetrySleepInterval)
      }

      ...

      // 构造 ledger.BlockPvtdata 结构，包括相关的区块和私密数据
      retrievedPvtdata.pvtdataRetrievalInfo = pvtdataRetrievalInfo
      retrievedPvtdata.blockPvtdata = pdp.prepareBlockPvtdata(pvtdata, pvtdata
RetrievalInfo)
      return retrievedPvtdata, nil
  }
```

15.6.3 提交过程

提交过程是核心过程，StoreBlock(...) 方法通过 LedgerCommitter.CommitLegacy(blockAndPvt
Data *ledger.BlockAndPvtData, commitOpts *ledger.CommitOptions) error 方法，最终调用 kvLedger.Commit
Legacy(pvtdataAndBlock *ledger.BlockAndPvtData, commitOpts *ledger.CommitOptions) error 方法
进行处理。

提交过程主要包括校验和预处理、更新本地区块链结构、更新状态数据库和更新历史数据库
四个步骤。实现逻辑如下所示：

```
// core/ledger/kvledger/kv_ledger.go

func (l *kvLedger) CommitLegacy(pvtdataAndBlock *ledger.BlockAndPvtData, commitOpts
*ledger.CommitOptions) error {

    if commitOpts.FetchPvtDataFromLedger { // 私密数据库中包含相关数据，只需要获取即可
        txPvtData, err := l.blockStore.GetPvtDataByNum(blockNo, nil)
        if err != nil {
            return err
        }
        pvtdataAndBlock.PvtData = convertTxPvtDataArrayToMap(txPvtData)
    }

    // 校验和预处理
    txstatsInfo, updateBatchBytes, err := l.txtmgmt.ValidateAndPrepare(pvtdata
```

```
AndBlock, true)

        // 更新区块链结构
        if err = l.blockStore.CommitWithPvtData(pvtdataAndBlock); err != nil {
            return err
        }

        // 更新状态数据库
        if err = l.txtmgmt.Commit(); err != nil {
            panic(errors.WithMessage(err, "error during commit to txmgr"))
        }

        // 更新历史数据库
        if l.historyDB != nil {
            if err := l.historyDB.Commit(block); err != nil {
                panic(errors.WithMessage(err, "Error during commit to history db"))
            }
        }

        ...
    }
```

1. 校验和预处理

该阶段负责构造该区块提交所需的更新记录。包括：更新公共记录、更新私密数据的 Hash 值记录、更新私密数据记录，以及更新成交易有效标记列表。

核心实现代码如下所示，包括预处理为内部区块、验证交易、更新交易有效标记列表等步骤：

```
// core/ledger/kvledger/txmgmt/validator/valimpl/default_impl.go

func (impl *DefaultImpl) ValidateAndPrepareBatch(blockAndPvtdata *ledger.BlockAnd
PvtData,
    doMVCCValidation bool) (*privacyenabledstate.UpdateBatch, []*txmgr.TxStatInfo,
error) {

        // 预处理为内部区块结构
        if internalBlock, txsStatInfo, err = preprocessProtoBlock(
            impl.txmgr,
            impl.db.ValidateKeyValue,
            block,
            doMVCCValidation,
            impl.customTxProcessors,
        ); err != nil {
            return nil, nil, err
        }

        // 校验公共和 Hash 交易，添加到记录
        if pubAndHashUpdates, err = impl.internalValidator.ValidateAndPrepareBatch
(internalBlock, doMVCCValidation); err != nil {
            return nil, nil, err
        }

        // 校验私密交易，添加到记录
        if pvtUpdates, err = validateAndPreparePvtBatch(
            internalBlock,
            impl.db,
            pubAndHashUpdates,
            blockAndPvtdata.PvtData,
            impl.customTxProcessors,
```

```
    ); err != nil {
        return nil, nil, err
    }

    // 添加交易是否合法标记
    postprocessProtoBlock(block, internalBlock)

    // 读取交易是否合法标记到统计信息
    txsFilter := util.TxValidationFlags(block.Metadata.Metadata[common.BlockMeta
dataIndex_TRANSACTIONS_FILTER])
    for i := range txsFilter {
        txsStatInfo[i].ValidationCode = txsFilter.Flag(i)
    }
    return &privacyenabledstate.UpdateBatch{
        PubUpdates:  pubAndHashUpdates.PubUpdates,
        HashUpdates: pubAndHashUpdates.HashUpdates,
        PvtUpdates:  pvtUpdates,
    }, txsStatInfo, nil
}
```

（1）预处理为内部区块

首先，调用 preprocessProtoBlock(...) 方法构造一个有效的内部区块结构。包括：

- 处理 Endorser 交易，只保留有效的 Endorser 交易。
- 处理配置交易，获取配置更新的模拟结果，放入读写集。
- 校验写集合，如果状态数据库采用 CouchDB，要按照 CouchDB 约束检查键值的格式：Key 必须为非下划线开头的 UTF-8 字符串，Value 必须为合法的字典结构，且不包括下划线开头的键名。

核心实现逻辑如下所示：

```
// core/ledger/kvledger/txmgmt/validator/valimpl/helper.go

func preprocessProtoBlock(txMgr txmgr.TxMgr,
    validateKVFunc func(key string, value []byte) error,
    block *common.Block, doMVCCValidation bool,
    customTxProcessors map[common.HeaderType]ledger.CustomTxProcessor,
) (*internal.Block, []*txmgr.TxStatInfo, error) {

    txsFilter := util.TxValidationFlags(block.Metadata.Metadata[common.BlockMetada
taIndex_TRANSACTIONS_FILTER])
    for txIndex, envBytes := range block.Data.Data {

        // 尝试提取交易结构
        if env, err = protoutil.GetEnvelopeFromBlock(envBytes); err == nil {
            if payload, err = protoutil.UnmarshalPayload(env.Payload); err == nil {
                chdr, err = protoutil.UnmarshalChannelHeader(payload.Header.Channel
Header)
            }
        }
        // 检查如果该交易被标记为非法，则跳过
        if txsFilter.IsInvalid(txIndex) {
            continue
        }

        // 处理普通链码调用交易
        if txType == common.HeaderType_ENDORSER_TRANSACTION {
            respPayload, err := protoutil.GetActionFromEnvelope(envBytes)
            if err != nil { // 提取交易执行行动失败，则标记为空交易行动
```

```
                    txsFilter.SetFlag(txIndex, peer.TxValidationCode_NIL_TXACTION)
                    continue
                }
                txStatInfo.ChaincodeID = respPayload.ChaincodeId
                txRWSet = &rwsetutil.TxRwSet{}
                if err = txRWSet.FromProtoBytes(respPayload.Results); err != nil {
                    txsFilter.SetFlag(txIndex, peer.TxValidationCode_INVALID_OTHER_REASON)
                    continue
                }
            } else { // 处理配置更新交易
                rwsetProto, err := processNonEndorserTx(env, chdr.TxId, txType, txMgr,
!doMVCCValidation, customTxProcessors)
                if _, ok := err.(*ledger.InvalidTxError); ok {
                    txsFilter.SetFlag(txIndex, peer.TxValidationCode_INVALID_OTHER_REASON)
                    continue
                }
                if err != nil {
                    return nil, nil, err
                }
                if rwsetProto != nil {
                    if txRWSet, err = rwsetutil.TxRwSetFromProtoMsg(rwsetProto);
                    err != nil {
                        return nil, nil, err
                    }
                }
                containsPostOrderWrites = true
            }
            // 检查读写集是否符合数据库要求格式
            if txRWSet != nil {
                if err := validateWriteset(txRWSet, validateKVFunc); err != nil {
                    txsFilter.SetFlag(txIndex, peer.TxValidationCode_INVALID_WRITESET)
                    continue
                }
                b.Txs = append(b.Txs, &internal.Transaction{
                    IndexInBlock:            txIndex,
                    ID:                      chdr.TxId,
                    RWSet:                   txRWSet,
                    ContainsPostOrderWrites: containsPostOrderWrites,
                })
            }
        }
    }
    return b, txsStatInfo, nil
}
```

（2）验证交易

接下来，调用 ValidateAndPrepareBatch(...) 方法，对区块中公共和 Hash 交易进行 MVCC 检查；调用 validateAndPreparePvtBatch() 方法校验私密读写集。

MVCC 检查需要逐个验证块中的 Endorser 交易，满足下列条件者才认为有效：

- 公共读集合中 key 版本在该交易前未变。
- RangeQuery 的结果未变。
- 私密读集合中 key 版本未变。

主要实现逻辑如下：

```
// core/ledger/kvledger/txmgmt/validator/statebasedval/state_based_validator.

gofunc (v *Validator) ValidateAndPrepareBatch(block *internal.Block,
```

```
doMVCCValidation bool) (*internal.PubAndHashUpdates, error) {

    ...

    // 依次顺序检查每个交易
    for _, tx := range block.Txs {
        var validationCode peer.TxValidationCode
        var err error
        // 检查 Endorser 交易
        if validationCode, err = v.validateEndorserTX(tx.RWSet, doMVCCValidation,
updates); err != nil {
            return nil, err
        }

        tx.ValidationCode = validationCode
        // 有效交易则将其读写集放到更新集合中
        if validationCode == peer.TxValidationCode_VALID {
            committingTxHeight := version.NewHeight(block.Num, uint64(
tx.IndexInBlock))
            updates.ApplyWriteSet(tx.RWSet, committingTxHeight)
        } else {
            logger.Warningf("Block [%d] Transaction index [%d] TxId [%s] marked
as invalid by state validator. Reason code [%s]",
                block.Num, tx.IndexInBlock, tx.ID, validationCode.String())
        }
    }
    return updates, nil
}
```

对私密读写集的校验主要是再次检查 Hash 值是否匹配，实现在 validateAndPreparePvtBatch()
方法中，主要代码如下所示：

```
// core/ledger/kvledger/txmgmt/validator/valimpl/helper.go

func validateAndPreparePvtBatch(
    block *internal.Block,
    db privacyenabledstate.DB,
    pubAndHashUpdates *internal.PubAndHashUpdates,
    pvtdata map[uint64]*ledger.TxPvtData,
    customTxProcessors map[common.HeaderType]ledger.CustomTxProcessor,
) (*privacyenabledstate.PvtUpdateBatch, error) {

    for _, tx := range block.Txs {
        if tx.ValidationCode != peer.TxValidationCode_VALID { // 跳过非法交易
            continue
        }
        if !tx.ContainsPvtWrites() { // 跳过不包括私密读写集合更新的交易
            continue
        }
        txPvtdata := pvtdata[uint64(tx.IndexInBlock)]
        if txPvtdata == nil {
            continue
        }
        if requiresPvtdataValidation(txPvtdata) {
            // 目前，校验主要是重新计算私密数据 Hash 值，对比公共数据中的记录
            if err := validatePvtdata(tx, txPvtdata); err != nil {
                return nil, err
            }
        }
        var pvtRWSet *rwsetutil.TxPvtRwSet
        var err error
```

```
                if pvtRWSet, err = rwsetutil.TxPvtRwSetFromProtoMsg(txPvtdata.WriteSet);
err != nil {
                    return nil, err
            }
            // 添加私密读写集合到更新记录中
            addPvtRWSetToPvtUpdateBatch(pvtRWSet, pvtUpdates, version.NewHeight(block.
Num, uint64(tx.IndexInBlock)))
            addEntriesToMetadataUpdates(metadataUpdates, pvtRWSet)
        }
        // 检查是否需要调整键值的版本信息，以确保提交
        if err := incrementPvtdataVersionIfNeeded(metadataUpdates, pvtUpdates,
pubAndHashUpdates, db); err != nil {
            return nil, err
        }
        return pvtUpdates, nil
    }
```

（3）更新交易有效标记列表

更新区块元数据中的交易有效标记列表，实现位于 core/ledger/kvledger/txmgmt/validator/
valimpl/helper.go#postprocessProtoBlock(block *common.Block, validatedBlock *valinternal.Block)
方法，主要代码如下所示：

```
// core/ledger/kvledger/txmgmt/validator/valimpl/helper.go

func postprocessProtoBlock(block *common.Block, validatedBlock *internal.Block) {
    txsFilter := util.TxValidationFlags(block.Metadata.Metadata[common.Block
MetadataIndex_TRANSACTIONS_FILTER])
        for _, tx := range validatedBlock.Txs {
            txsFilter.SetFlag(tx.IndexInBlock, tx.ValidationCode)
        }
        block.Metadata.Metadata[common.BlockMetadataIndex_TRANSACTIONS_FILTER] =
txsFilter
    }
```

2. 更新本地区块链结构

区块验证通过后，执行提交动作，需要首先更新本地的区块链结构。主要调用 Store.Commit
WithPvtData(blockAndPvtdata *ledger.BlockAndPvtData) error 方法实现，代码如下所示：

```
// core/ledger/ledgerstorage/store.go

func (s *Store) CommitWithPvtData(blockAndPvtdata *ledger.BlockAndPvtData) error {

    if pvtBlkStoreHt < blockNum+1 { // 提交私密数据到私密数据库
        pvtData, missingPvtData := constructPvtDataAndMissingData(blockAndPvtdata)
        if err := s.pvtdataStore.Commit(blockAndPvtdata.Block.Header.Number,
pvtData, missingPvtData); err != nil {
            return err
        }
    } else {
        logger.Debugf("Skipping writing block [%d] to pvt block store as the store
height is [%d]", blockNum, pvtBlkStoreHt)
    }

    // 提交区块到区块链文件
    if err := s.AddBlock(blockAndPvtdata.Block); err != nil {
        return err
    }
```

```
    }

    // common/ledger/blkstorage/fsblkstorage/fs_blockstore.go

    func (store *fsBlockStore) AddBlock(block *common.Block) error {
        startBlockCommit := time.Now()

        // 添加区块，核心过程
        result := store.fileMgr.addBlock(block)
        elapsedBlockCommit := time.Since(startBlockCommit)

        // 更新区块链高度和提交时间
        store.updateBlockStats(block.Header.Number, elapsedBlockCommit)

        return result
    }
```

其中，**store.fileMgr.addBlock(block)** 方法是核心过程，主要完成如下操作：

- 将区块写入本地 Chunk 文件。
- 更新索引数据库（区块号、Hash 值、文件指针、交易偏移、区块元数据）。
- 更新 Checkpoint 信息和区块链信息（高度、Hash 值）。

主要逻辑如下所示：

```
    // common/ledger/blkstorage/fsblkstorage/blockfile_mgr.go

    func (mgr *blockfileMgr) addBlock(block *common.Block) error {

        // 检查 Hash 值是否匹配
        if !bytes.Equal(block.Header.PreviousHash, bcInfo.CurrentBlockHash) {
            return errors.Errorf(
                "unexpected Previous block hash. Expected PreviousHash = [%x], PreviousHash
referred in the latest block= [%x]",
                bcInfo.CurrentBlockHash, block.Header.PreviousHash,
            )
        }
        blockBytes, info, err := serializeBlock(block)
        if err != nil {
            return errors.WithMessage(err, "error serializing block")
        }
        blockHash := protoutil.BlockHeaderHash(block.Header)
        // 计算交易在区块中的位置偏移量
        txOffsets := info.txOffsets
        currentOffset := mgr.cpInfo.latestFileChunksize

        // 计算长度信息
        blockBytesLen := len(blockBytes)
        blockBytesEncodedLen := proto.EncodeVarint(uint64(blockBytesLen))
        totalBytesToAppend := blockBytesLen + len(blockBytesEncodedLen)

        // 添加长度信息到 Chunk 文件
        err = mgr.currentFileWriter.append(blockBytesEncodedLen, false)

        // 更新 checkpoint 信息
        newCPInfo := &checkpointInfo{
            latestFileChunkSuffixNum: currentCPInfo.latestFileChunkSuffixNum,
            latestFileChunksize:      currentCPInfo.latestFileChunksize +
totalBytesToAppend,
            isChainEmpty:             false,
            lastBlockNumber:          block.Header.Number}
```

```
    if err = mgr.saveCurrentInfo(newCPInfo, false); err != nil {
        ...
    }

    // 更新区块在文件中索引位置和交易偏移量
    blockFLP := &fileLocPointer{fileSuffixNum: newCPInfo.latestFileChunkSuffixNum}
    blockFLP.offset = currentOffset
    for _, txOffset := range txOffsets {
            txOffset.loc.offset += len(blockBytesEncodedLen)
    }

    // 更新索引数据库
    if err = mgr.index.indexBlock(&blockIdxInfo{
        blockNum: block.Header.Number, blockHash: blockHash,
        flp: blockFLP, txOffsets: txOffsets, metadata: block.Metadata}); err != nil {
        return err
    }

    // 更新 checkpoint 信息和区块链信息
    mgr.updateCheckpoint(newCPInfo)
    mgr.updateBlockchainInfo(blockHash, block)
    return nil
}
```

3. 更新状态数据库

区块链结构更新完成后，开始更新状态数据库，主要包括如下步骤：

1）删除过期私密数据。

2）更新私密数据生命周期记录数据库。

3）更新本地公共状态数据库和私密状态数据库。

4）检查提交是否成功。

实现代码在 LockBasedTxMgr.Commit() error 方法中，主要逻辑如下：

```
// core/ledger/kvledger/txmgmt/txmgr/lockbasedtxmgr/lockbased_txmgr.go

func (txmgr *LockBasedTxMgr) Commit() error {
    // 准备过期的私密键值清理
    if !txmgr.pvtdataPurgeMgr.usedOnce {
        txmgr.pvtdataPurgeMgr.PrepareForExpiringKeys(txmgr.current.blockNum())
        txmgr.pvtdataPurgeMgr.usedOnce = true
    }

    // 更新私密数据生命周期记录数据库，这里记录了每个私密键值的存活期限
    if err := txmgr.pvtdataPurgeMgr.DeleteExpiredAndUpdateBookkeeping(
        txmgr.current.batch.PvtUpdates, txmgr.current.batch.HashUpdates); err !=
nil {
        return err
    }

    // 更新本地公共状态数据库和私密状态数据库
    if err := txmgr.db.ApplyPrivacyAwareUpdates(txmgr.current.batch, commitHeight);
err != nil {
        txmgr.commitRWLock.Unlock()
        return err
    }

    // 检测提交数据库是否成功
    if err := txmgr.pvtdataPurgeMgr.BlockCommitDone(); err != nil {
        return err
```

```
    }
    txmgr.updateStateListeners()
    return nil
}
```

4. 更新历史数据库

最后，更新历史数据库，通过调用 DB.Commit(block *common.Block) 方法实现，核心逻辑如下：

```
// core/ledger/kvledger/history/db.go

func (d *DB) Commit(block *common.Block) error {

    ...

    // 依次更新每个交易的写集合到历史数据库
    for _, envBytes := range block.Data.Data {

        // 跳过非法交易
        if txsFilter.IsInvalid(int(tranNo)) {
            tranNo++
            continue
        }

        // 尝试从区块结构解析数据
        env, err := protoutil.GetEnvelopeFromBlock(envBytes)
        if err != nil {
            return err
        }
        payload, err := protoutil.UnmarshalPayload(env.Payload)
        if err != nil {
            return err
        }
        chdr, err := protoutil.UnmarshalChannelHeader(payload.Header.ChannelHeader)
        if err != nil {
            return err
        }

        // 只记录普通交易，构造批量记录，准备提交到数据库
        if common.HeaderType(chdr.Type) == common.HeaderType_ENDORSER_TRANSACTION {
            respPayload, err := protoutil.GetActionFromEnvelope(envBytes)
            if err != nil {
                return err
            }
            txRWSet := &rwsetutil.TxRwSet{}
            if err = txRWSet.FromProtoBytes(respPayload.Results); err != nil {
                return err
            }
            // 每个写操作都需要添加到历史数据库
            for _, nsRWSet := range txRWSet.NsRwSets {
                ns := nsRWSet.NameSpace

                for _, kvWrite := range nsRWSet.KvRwSet.Writes {
                    // 构造复合键：链码命名空间、键长度、键、区块号、交易号
                    // 注意这里只记录了每次写操作的索引信息
                    dataKey := constructDataKey(ns, kvWrite.Key, blockNo, tranNo)
                    dbBatch.Put(dataKey, emptyValue)
                }
            }
```

```
                } else {
                    logger.Debugf("Skipping transaction [%d] since it is not an endorsement
transaction\n", tranNo)
                }
                tranNo++
        }

        // 记录提交区块高度，备份点
        height := version.NewHeight(blockNo, tranNo)
        dbBatch.Put(savePointKey, height.ToBytes())

        // 将历史记录和备份点信息到历史数据库
        if err := d.levelDB.WriteBatch(dbBatch, true); err != nil {
            return err
        }

        return nil
}
```

15.6.4　提交后处理

提交后的处理比较简单，包括清理本地的临时状态数据（包括提交区块关联的临时私密数据和旧区块关联的临时私密数据）和更新账本高度信息。主要实现过程如下所示：

```
// gossip/privdata/pvtdataprovider.go

// 清除临时私密数据
func (r *RetrievedPvtdata) Purge() {
    purgeStart := time.Now()

    if len(r.blockPvtdata.PvtData) > 0 {
        if err := r.transientStore.PurgeByTxids(r.pvtdataRetrievalInfo.txns);
err != nil {
            r.logger.Errorf("Purging transactions %v failed: %s", r.pvtdataRetrieval
Info.txns, err)
        }
    }

    blockNum := r.blockNum
    if blockNum%r.transientBlockRetention == 0 && blockNum > r.transientBlockRetention {
        err := r.transientStore.PurgeBelowHeight(blockNum -
r.transientBlockRetention)
    }

    r.purgeDurationHistogram.Observe(time.Since(purgeStart).Seconds())
}

// gossip/gossip/gossip_impl.go

// 更新本地账本高度
func (g *Node) UpdateLedgerHeight(height uint64, channelID common.ChannelID) {
    gc := g.chanState.getGossipChannelByChainID(channelID)
    if gc == nil {
        return
    }
    gc.UpdateLedgerHeight(height)
}
```

15.6.5　总结本地账本结构

提交过程涉及的本地账本结构都默认保存在 /var/hyperledger/production 路径下，其下包括若干子目录。

- chaincodes：1.x 版本中存放安装到该 peer 上的链码打包文件，命名格式为 name.version，如 test_cc.1.0，表示 test_cc 链码的 1.0 版本。
- externalbuilder/builds：存放外部编译器编译生成的链码结果。
- ledgersData：存放账本相关的所有数据，包括若干个数据库路径。
- lifecycle/chaincodes/：2.x 版本中新的链码生命周期管理中用来存放安装的链码包，如 test_cc:ebce39cf43a3f7f948dc602d4a9f6998ea1cc7dfb750b18d63a58db4df9d93ce.tar.gz。
- transientStore：临时存放私密数据（包括写集合），目前由 levelDB 实现。

ledgersData 路径下包括 1 个存放区块文件的 chains 子目录和 7 个数据库子目录，共同维护了账本结构，如下所示：

```
ledgersData
    |-- bookkeeper # 存放私密数据超时信息，LevelDB
    |-- chains # 区块链结构根目录，存放区块文件和索引信息
    |    |-- chains # 区块 chunk 文件
    |    |    |-- businesschannel
    |    |    |    |-- blockfile_000000
    |    |    |    |-- ……
    |    |    |    |-- blockfile_xxxxxx
    |    |-- index # 存放索引数据
    |-- configHistory # 存放链码配置，LevelDB
    |-- fileLock # 文件锁，避免同时启动多个 Peer 服务，LevelDB
    |-- historyLeveldb # 存放历史记录索引，LevelDB
    |-- ledgerProvider # 存放账本的 Id，即通道名，LevelDB
    |-- pvtdataStore # 存放私密数据，LevelDB
    |-- stateLeveldb # 存放世界状态
```

各个路径下数据的用途为：

- chains，路径下包括两个子路径，其中 chains 存放各个账本对应的区块链 chunk 文件，以通道名来命名子目录。index 是索引数据库，记录了区块号、区块 Hash 值、存储文件位置指针、交易的偏移量、区块的元数据等，提供索引查询。可以利用区块文件自动重建。
- bookkeeper，私密数据超时数据库，记录私密读写集的生存周期，如提交发送的区块号，过期的区块号等。可以利用区块文件自动重建。
- configHistory，配置历史数据库，记录链码配置变更信息。可以利用区块文件自动重建。
- fileLock，文件锁，Peer 启动后通过开启文件锁，避免同时运行多个 Peer 服务。
- historyLeveldb，历史数据库，存储链码更新键值的历史记录的索引。可以利用区块文件自动重建。
- ledgerProvider，ID 数据库，存放各账本的 ID 信息，记录了节点所加入的通道信息。无法利用区块文件自动重建。
- pvtdataStore，私密状态数据库，记录私密交易完成后的世界状态，即 sideDB。无法利用区块文件自动重建。
- stateLeveldb，世界状态数据库，记录公共交易完成后的世界状态，即 StateDB。可以利用区块文件自动重建。

其中，数据库子目录多为 LevelDB 实现，路径下可能包括：

- xxxxxx.log，数字序号命名的日志文件，包括最近存储的乱序数据序列。log 文件超过一定大小（默认 4MB）后会转换为有序表文件（Sorted table）xxxxxx.ldb。
- xxxxxx.ldb，有序表文件，从日志文件转换而来，其中的数据按照 Key 大小进行排序。
- MANIFEST-xxxxxx，清单文件，存储有序表文件所属等级的元数据。
- CURRENT，当前元数据文件，保存当前清单文件的序号。
- LOCK，进程锁，访问数据库的进程需要获取该锁。
- LOG，数据库自身打印的日志消息。

15.7　本章小结

本章剖析了 Peer 相关核心过程的实现细节，包括节点启动、Gossip 过程、节点加入通道、背书处理、链码服务启动、本地交易提交等。这些核心过程覆盖了 Peer 节点的完整生命周期。

通过学习代码实现，可以更深入理解 Peer 节点的设计思想和行为特点，在遇到问题时也可以快速定位到相关组件和数据结构。

第 16 章

Fabric Orderer 实现剖析

共识，联盟之基。

排序节点是 Fabric 中最核心的组件，负责为分布式系统提供共识，有序协调多个联盟成员发往网络的交易。

Fabric 1.4 版本对 Kafka 共识机制的支持已经十分完善，2.0 版本中支持基于 Raft 的共识机制，同时社区也在探讨和设计高效的拜占庭共识算法。

本章将结合代码来剖析排序节点的工作流程，包括排序服务启动、Broadcast 和 Deliver 调用处理，以及在 Raft 共识模式下产生区块等核心过程，帮助读者快速掌握排序服务的核心实现。

16.1　核心工作过程

排序服务在 Fabric 网络十分关键，链码调用交易都要经过排序服务后再分发给 Peer 提交到本地账本。

排序服务对外提供了两个重要的 gRPC 接口：Broadcast 和 Deliver。前者负责接收来自客户端的交易消息，交给后端共识插件进行排序切块，逻辑相对复杂；后者负责处理客户端或 Peer 的获取区块请求，发送区块数据给对方，相对简单。

通过可插拔的架构，排序服务已经支持 Kafka（1.4 版本中使用）、Raft 等确定型的后端共识组件。更多类型的插件还在计划实现中。核心代码主要在 orderer 目录下。

16.1.1　工作原理

从逻辑上整体架构分为排序服务节点（Ordering Service Node，OSN）和共识组件两大部分。

前者在网络中起到代理作用，直接与客户端打交道，接收请求消息，并进行初步处理（包括格式检查、权限控制、分类等）；后者则负责完成核心的排序过程。对于 Kafka 共识，多个排序节点会连接到后端的 Kafka 集群，利用 Kafka 的队列功能，完成对网络中交易的排序，之后各排序节点再将从 Kafka 队列收到的已排序交易打包成区块。对于 Raft 共识，则各个节点利用 Raft 模块来直接参与共识过程，集群中的 Leader 节点负责排序和切块。由于 Raft 中无须外部队列，整体流程更为简化。

另外，为了支持多通道特性，保障排序服务节点上数据的一致性，排序服务对各个通道的消息进行了隔离。

对于 Kafka 共识，每个通道都映射到 Kafka 集群中的一个 Topic（其名称与通道名相同）上。排序节点目前并没有使用 Kafka Topic 的多分区负载均衡特性，默认每个 Topic 只创建了一个分区（0 号分区）。对于 Raft 共识，每个通道可以通过通道配置指定独立的共识组，可以指定网络中部分共识节点参与。

排序节点在本地为每个通道维护对应的区块链结构，存储排序后的区块内容。

16.1.2　核心共识过程

Kafka 与 Raft 的共识过程略有不同。Kafka 机制利用外部独立的 Kafka 集群作为排序队列；Raft 机制则需要排序节点自身也参与到共识过程。

1.Kafka 共识过程

Kafka 共识机制的核心过程如图 16-1 所示，除了多个排序节点外，还包括独立的 Kafka 集群。图中展示了对两个通道的共识过程。

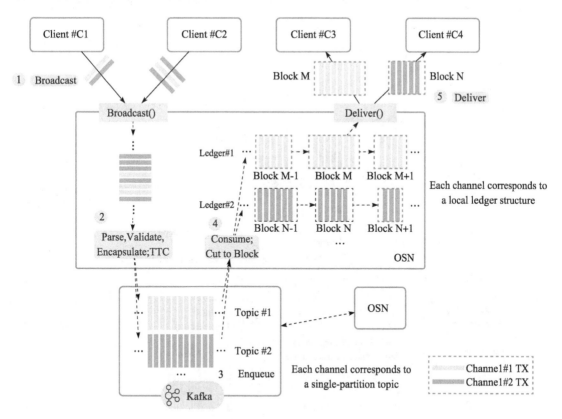

图 16-1　排序节点核心过程（Kafka 共识）

Kafka 共识机制核心步骤如下：

1）客户端通过 gRPC 连接发送交易信息到排序节点的 Broadcast() 接口。

2）排序节点收到请求后，提取消息进行解析、检查，通过检查后封装为 Kafka 消息，通过 Produce 接口发送到 Kafka 集群对应的 Topic 中。同时不断接收来自 Kafka 集群的消息。当收到消息数达到 BatchSize.MaxMessageCount 或消息尺寸过大，或超时时间达到 BatchTimeout，发送分块消息 TTC-X 到 Kafka。

3）Kafka 集群为每个通道维护一个对应的 Topic。Kafka 通过共识算法来确保写入分区后的消息的一致性。即一旦写入分区，所有排序节点视图都将保持一致。

4）排序节点不断监听 Kafka 分区数据，并拉取（consume）排序后交易消息到本地。在满足一定策略的情况下（收到 TTC-X 或配置消息），将消息打包为区块存储到账本。

在 Kafka 模式下，各个排序节点只与 Kafka 集群打交道，地位平等，彼此无关联也无须任何交互。

2.Raft 共识过程

自 2.0 版本起，在生产环境中推荐使用 Raft 共识，该机制不需要依赖外部队列，排序过程更为简洁。图 16-2 展示了对两个通道的共识过程，两个通道分别选举了不同的 Leader 排序节点。

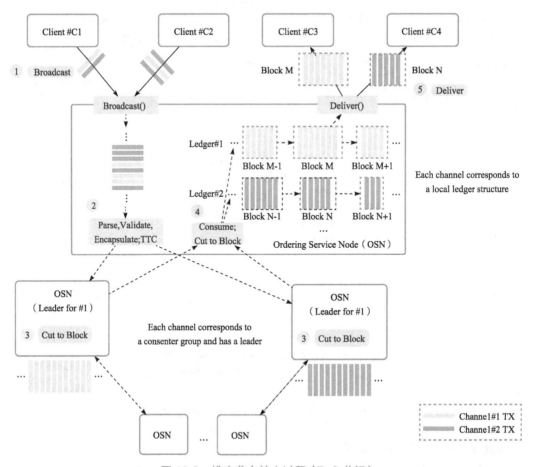

图 16-2　排序节点核心过程（Raft 共识）

每个通道对应一个 Raft 共识组，组中的排序节点会自动选举出对应的 Leader 排序节点。

任意排序节点在收到来自客户端的交易请求后会进行解析、检查，封装后发给对应通道的 Leader 排序节点。Leader 排序节点负责将接收到消息打包为区块，再通过 Raft 协议分发给其他排序节点进行确认。

在 Raft 模式下，各个排序节点之间通过 Raft 协议进行选举、同步等操作，会涉及较大的网络流量。

16.1.3　分块决策

排序节点需要按照配置决定何时对集齐的一组交易进行切块。分块越小，网络内对交易的提交延迟越小，但对排序节点的计算资源消耗越大。

Kafka 共识机制的分块策略相对复杂。由于任意排序节点都可以进行切块，为了确保不同排序节点构造的区块序列一致，Fabric 引入了特殊的分块消息（Time-To-Cut block X，TTC-X）来标记切分出的第 X 区块。

对于任意排序节点来说，只要某个通道满足以下任意切块条件，则发送切块指令 TTC-X 消息到 Kafka 队列。

- 缓存的消息数达到 Orderer.BatchSize.MaxMessageCount。
- 距离上次切块后等待时间达到 Orderer.BatchTimeout。
- 新到达消息为配置更新交易，则需要单独分块（为了保证配置更新的一致性）。
- 缓存中消息加上新到达消息的总大小超过 Orderer.BatchSize.PreferredMaxBytes，则将当前缓存中消息切块。
- 新到达消息大小超过 Orderer.BatchSize.PreferredMaxBytes，而没有超过 Orderer.BatchSize.AbsoluteMaxBytes（否则拒绝），单独切块。

当排序节点从 Kafka 队列中收到分块消息 TTC-X，则将此前积累的若干交易切分为区块 X，并记录到本地账本结构中。如果收到相同的 TTC-X 消息（其他节点发到队列），则默认只处理第一个。

Raft 共识的分块条件与 Kafka 类似。但由于只有 Leader 排序节点进行切块，因此不需要额外的 TTC-X 消息。

Raft 共识集群的 Leader 切块完成后，通过 Gossip 将区块发送给共识组内的其他排序节点进行确认。

16.2　排序服务启动

排序服务节点启动通过 cmd/orderer/main.go 的 main() 方法实现，该方法会进一步调用 orderer/common/server/main.go#Main() 方法。

排序服务整体启动流程如图 16-3 所示，读取配置并初始化数据结构，最后启动各个服务。

核心代码如下所示（根据功能调整部分代码顺序），包括加载本地配置、初始化日志模块、初始化运维支持、初始化账本工厂结构、共识服务结构和启动对外服务等：

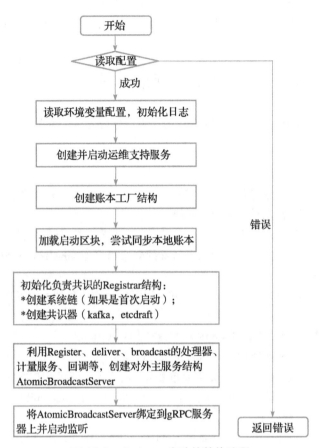

图 16-3 Orderer 启动的整体流程

```
// orderer/common/server/main.go

func Main() {
    // 加载本地配置
    conf, err := localconfig.Load()

    // 读取日志环境变量 FABRIC_LOGGING_SPEC 和 FABRIC_LOGGING_FORMAT, 初始化日志数据结构
    initializeLogging()

    // 初始化 BCCSP 和签名结构
    cryptoProvider := factory.GetDefault()
    signer, signErr := loadLocalMSP(conf).GetDefaultSigningIdentity()

    // 创建并启动运维支持服务, 支持 RESTful API 管理和计量信息
    opsSystem := newOperationsSystem(conf.Operations, conf.Metrics)
    defer opsSystem.Stop()
    metricsProvider := opsSystem.Provider

    // 初始化 gRPC 服务
    serverConfig := initializeServerConfig(conf, metricsProvider)
    grpcServer := initializeGrpcServer(conf, serverConfig)

    // 创建账本工厂结构, 负责管理本地账本结构
```

```
        lf, _, err := createLedgerFactory(conf, metricsProvider)

        // 如果指定了启动区块，则解析并进行必要的启动
        if conf.General.BootstrapMethod == "file" {
            bootstrapBlock := extractBootstrapBlock(conf)
            sysChanLastConfigBlock := extractSysChanLastConfig(lf, bootstrapBlock)
            clusterBootBlock = selectClusterBootBlock(bootstrapBlock,
    sysChanLastConfigBlock)

            typ := consensusType(bootstrapBlock, cryptoProvider)
            clusterType = isClusterType(clusterBootBlock, cryptoProvider)

            // 如果是 Raft 共识类型，创建同步器从其他节点同步区块
            if clusterType {
                clusterClientConfig := initializeClusterClientConfig(conf)
                r := createReplicator(lf, bootstrapBlock, conf, clusterClientConfig.
    SecOpts, signer, cryptoProvider)
                if conf.General.BootstrapMethod == "file" { // 同步本地账本
                    r.replicateIfNeeded(bootstrapBlock)
                }

                // 是否复用 gRPC 监听端口
                if reuseGrpcListener = reuseListener(conf, typ); !reuseGrpcListener {
                    clusterServerConfig, clusterGRPCServer = configureClusterListener
    (conf, serverConfig, ioutil.ReadFile)
                }
            }
            if len(lf.ChannelIDs()) == 0 {                    // 首次启动
                initializeBootstrapChannel(clusterBootBlock, lf)
            } else {                                          // 非首次启动
                logger.Info("Not bootstrapping because of existing channels")
            }
        }

        // 初始化通道管理器
        manager := initializeMultichannelRegistrar(bootstrapBlock, r, clusterDialer,
    clusterServerConfig, clusterGRPCServer, conf, signer, metricsProvider, opsSystem, lf,
    cryptoProvider, tlsCallback)

        // 创建主 gRPC 服务，包括通道管理器、计量组件等
        server := NewServer(manager, metricsProvider, &conf.Debug,
    conf.General.Authentication.TimeWindow, mutualTLS, conf.General.Authentication.
    NoExpirationChecks)

        // 非复用情况下，单独为 Raft 启动集群同步服务
        if !reuseGrpcListener && clusterType {
            go clusterGRPCServer.Start()
        }

        // 将服务绑定到 gRPC 服务
        ab.RegisterAtomicBroadcastServer(grpcServer.Server(), server)

        // 启动 gRPC 服务
        grpcServer.Start()
    }
```

下面将具体剖析各个核心步骤的实现。

1. 加载本地配置

从指定的配置文件（orderer.yaml）中读取配置项，构建一棵配置树结构，并将配置中的相对文件路径补全为绝对路径，填充未指定配置项为默认值。主要代码如下所示：

```
// orderer/common/localconfig/config.go

func Load() (*TopLevel, error) {
    // 设置 viper 自动读取环境变量中的配置, 如 ORDERER_FILELEDGER_LOCATION
    config := viper.New()
    coreconfig.InitViper(config, "orderer")
    config.SetEnvPrefix(Prefix)
    config.AutomaticEnv()
    replacer := strings.NewReplacer(".", "_")
    config.SetEnvKeyReplacer(replacer)

    // 从本地配置文件中读取配置
    if err := config.ReadInConfig(); err != nil {
        return nil, fmt.Errorf("Error reading configuration: %s", err)
    }

    // 将读取的数据加载为配置树数据结构
    var uconf TopLevel
    if err := viperutil.EnhancedExactUnmarshal(config, &uconf); err != nil {
        return nil, fmt.Errorf("Error unmarshaling config into struct: %s", err)
    }

    // 补全配置中的相对文件路径为绝对路径; 填充未指定配置项为默认值
    uconf.completeInitialization(filepath.Dir(config.ConfigFileUsed()))
    return &uconf, nil
}
```

2. 初始化日志模块

读取环境变量 FABRIC_LOGGING_SPEC 和 FABRIC_LOGGING_FORMAT, 初始化日志模块。注意配置文件中不再包括日志相关配置信息。主要代码如下所示:

```
// orderer/common/server/main.go

func initializeLogging() {
    loggingSpec := os.Getenv("FABRIC_LOGGING_SPEC")
    loggingFormat := os.Getenv("FABRIC_LOGGING_FORMAT")
    flogging.Init(flogging.Config{
        Format:  loggingFormat,
        Writer:  os.Stderr,
        LogSpec: loggingSpec,
    })
}
```

3. 创建并启动运维支持服务

运维支持服务允许管理员通过 RESTful API 来获取节点的运行时状态信息, 主要通过 operations.System 结构体来实现。主要代码如下所示:

```
// orderer/common/server/main.go

func newOperationsSystem(ops localconfig.Operations, metrics localconfig.Metrics)
*operations.System {
    return operations.NewSystem(operations.Options{
        Logger:         flogging.MustGetLogger("orderer.operations"),
        ListenAddress: ops.ListenAddress,
        Metrics: operations.MetricsOptions{
            Provider: metrics.Provider,
            Statsd: &operations.Statsd{
                Network:         metrics.Statsd.Network,
```

```
                    Address:          metrics.Statsd.Address,
                    WriteInterval:    metrics.Statsd.WriteInterval,
                    Prefix:           metrics.Statsd.Prefix,
                },
            },
            TLS: operations.TLS{
                Enabled:            ops.TLS.Enabled,
                CertFile:           ops.TLS.Certificate,
                KeyFile:            ops.TLS.PrivateKey,
                ClientCertRequired: ops.TLS.ClientAuthRequired,
                ClientCACertFiles:  ops.TLS.ClientRootCAs,
            },
            Version: metadata.Version,
        })
}
```

4. 初始化账本工厂结构

主要实现位于 orderer/common/server/util.go#createLedgerFactory(conf *config.TopLevel, metrics Provider metrics.Provider) (blockledger.Factory, string, error) 方法。该方法会按照配置中指定的账本类型创建对应结构。主要代码如下所示：

```
// orderer/common/server/util.go

func createLedgerFactory(conf *config.TopLevel, metricsProvider metrics.Provider)
(blockledger.Factory, string, error) {
    //获取账本结构存储位置
    ld := conf.FileLedger.Location
    var err error
    if ld == "" {
        if ld, err = ioutil.TempDir("", conf.FileLedger.Prefix); err != nil {
            logger.Panic("Error creating temp dir:", err)
        }
    }

    lf, err := fileledger.New(ld, metricsProvider) //创建文件类型的账本工厂结构
    if err != nil {
        return nil, "", errors.WithMessage(err, "Error in opening ledger factory")
    }
    return lf, ld, nil
}
```

目前仅支持文件类型账本工厂，主要调用 common/ledger/blockledger/fileledger/factory.go 包中对应的方法，生成工厂结构，包括对本地文件进行操作的结构和账本读写结构。另外，按照区块序号生成索引信息。主要代码如下所示：

```
// common/ledger/blockledger/file/factory.go

func New(directory string, metricsProvider metrics.Provider) (blockledger.Factory,
error) {
    p, err := fsblkstorage.NewProvider(
        fsblkstorage.NewConf(directory, -1),
        &blkstorage.IndexConfig{ // 以区块编号为索引
            AttrsToIndex: []blkstorage.IndexableAttr{blkstorage.IndexableAttr
BlockNum}},
        metricsProvider,
    )
    if err != nil {
        return nil, err
    }
```

```
    return &fileLedgerFactory{
        blkstorageProvider: p,
        ledgers:             make(map[string]blockledger.ReadWriter),
    }, nil
}
```

5. 加载启动区块并同步账本

Orderer 服务启动时，需要从启动区块中读取网络的相关配置并进行校验，例如是否包括联盟信息等，之后检查是否需要进行账本同步。主要逻辑如下所示：

```
// orderer/common/server/main.go

func Main() {
    ...
    if conf.General.BootstrapMethod == "file" { // 如果指定了启动区块文件 (需要为系统
                                                 // 配置区块)
        bootstrapBlock := extractBootstrapBlock(conf) // 提取启动区块文件
        sysChanLastConfigBlock := extractSysChanLastConfig(lf, bootstrapBlock)
        // 尝试利用启动区块得到最新的系统配置块
        // 比较两个区块高度，确保使用较新的系统配置区块进行启动
        clusterBootBlock = selectClusterBootBlock(bootstrapBlock, sysChanLast
ConfigBlock)

        typ := consensusType(bootstrapBlock, cryptoProvider)
        clusterType = isClusterType(clusterBootBlock, cryptoProvider)

        // 如果是 Raft 共识类型，创建同步器。如果启动区块非创世块，还从其他节点同步区块到最新高度
        if clusterType {
            clusterClientConfig := initializeClusterClientConfig(conf)
            // 初始化连接其他 Raft 节点的客户端
            r := createReplicator(lf, bootstrapBlock, conf, clusterClientConfig.
SecOpts, signer, cryptoProvider)
            if conf.General.BootstrapMethod == "file" { // 尝试同步本地账本到最新高度
                r.replicateIfNeeded(bootstrapBlock)
            }

            // 是否复用 gRPC 监听端口
            if reuseGrpcListener = reuseListener(conf, typ); !reuseGrpcListener {
                clusterServerConfig, clusterGRPCServer = configureClusterListener
(conf, serverConfig, ioutil.ReadFile)
            }
        }
        if len(lf.ChannelIDs()) == 0 { // 首次启动需要初始化系统通道
            initializeBootstrapChannel(clusterBootBlock, lf)
        } else { // 非首次启动
            logger.Info("Not bootstrapping because of existing channels")
        }
    }
    ...
}
```

首先，利用给定的启动辅助区块，获取本地系统通道的最新配置区块，比较两者，将较新者作为后续使用的启动辅助区块。解析启动区块和校验区块逻辑的主要实现如下：

```
// orderer/common/server/main.go

func extractBootstrapBlock(conf *localconfig.TopLevel) *cb.Block {
    var bootstrapBlock *cb.Block

    switch conf.General.BootstrapMethod {
    case "file":
```

```
            bootstrapBlock = file.New(conf.General.BootstrapFile).GenesisBlock()
        case "none": // simply honor the configuration value
            return nil
        default:
            logger.Panic("Unknown genesis method:", conf.General.BootstrapMethod)
        }

        return bootstrapBlock
    }

    // orderer/common/server/onboarding.go

    func ValidateBootstrapBlock(block *common.Block, bccsp bccsp.BCCSP) error {

        ...

        firstTransaction := &common.Envelope{}
        if err := proto.Unmarshal(block.Data.Data[0], firstTransaction); err != nil {
            return errors.Wrap(err, "failed extracting envelope from block")
        }

        bundle, err := channelconfig.NewBundleFromEnvelope(firstTransaction, bccsp)
        if err != nil {
            return err
        }

        _, exists := bundle.ConsortiumsConfig() // 通过 Consortiums 结构来监测区块是否为
                                                //  系统配置区块
        if !exists {
            return errors.New("the block isn't a system channel block because it
    lacks ConsortiumsConfig")
        }
        return nil
    }
```

之后，如果并非首次启动，则初始化与其他 Raft 节点的客户端。主要代码如下所示：

```
    // orderer/common/server/main.go

    func initializeClusterClientConfig(conf *localconfig.TopLevel) comm.ClientConfig {
        cc := comm.ClientConfig{
            AsyncConnect: true,
            KaOpts:       comm.DefaultKeepaliveOptions,
            Timeout:      conf.General.Cluster.DialTimeout,
            SecOpts:      comm.SecureOptions{},
        }

        if conf.General.Cluster.ClientCertificate == "" {
            return cc
        }

        // 如果为 Raft 连接单独指定了 TLS 配置，则读取相应的证书、私钥和根 CA 证书
        certFile := conf.General.Cluster.ClientCertificate
        certBytes, err := ioutil.ReadFile(certFile)
        keyFile := conf.General.Cluster.ClientPrivateKey
        keyBytes, err := ioutil.ReadFile(keyFile)
        var serverRootCAs [][]byte
        for _, serverRoot := range conf.General.Cluster.RootCAs {
            rootCACert, err := ioutil.ReadFile(serverRoot)
            serverRootCAs = append(serverRootCAs, rootCACert)
        }
```

```
cc.SecOpts = comm.SecureOptions{
    TimeShift:          conf.General.Cluster.TLSHandshakeTimeShift,
    RequireClientCert: true,
    CipherSuites:       comm.DefaultTLSCipherSuites,
    ServerRootCAs:      serverRootCAs,
    Certificate:        certBytes,
    Key:                keyBytes,
    UseTLS:             true,
}

return cc
}
```

最后，利用启动辅助区块解析到的排序配置，尝试从其他排序节点处同步允许进行同步的本地账本，主要通过 replicateIfNeeded() 方法实现。主要代码如下所示：

```
// orderer/common/server/onboarding.go

func (ri *replicationInitiator) replicateIfNeeded(bootstrapBlock *common.Block) {
    if bootstrapBlock.Header.Number == 0 { // 如果启动区块是创世块，无须同步
        return
    }

    // 启动区块非创世块，则需要同步所有通道到最新高度
    ri.replicateNeededChannels(bootstrapBlock)
}
```

6. 初始化通道服务结构

Orderer 通过 Registrar 结构来管理各个账本结构和完成共识过程。为了初始化该结构，调用 initializeMultichannelRegistrar(...) 方法，核心实现如下：

```
// orderer/common/server/main.go

func initializeMultichannelRegistrar(
    bootstrapBlock *cb.Block,
    ri *replicationInitiator,
    clusterDialer *cluster.PredicateDialer,
    callbacks ...channelconfig.BundleActor,
) *multichannel.Registrar {
    // 新建 Registrar 结构
    registrar := multichannel.NewRegistrar(*conf, lf, signer, metricsProvider,
bccsp, callbacks...)

    // 管理多种共识插件 (负责跟对应的后台队列组件打交道)
    consenters := map[string]consensus.Consenter{}

    // 初始化 Raft 插件
    var icr etcdraft.InactiveChainRegistry
    if conf.General.BootstrapMethod == "file" && isClusterType(bootstrapBlock,
bccsp) {
        etcdConsenter := initializeEtcdraftConsenter(consenters, conf, lf, cluster
Dialer, bootstrapBlock, ri, srvConf, srv, registrar, metricsProvider, bccsp)
        icr = etcdConsenter.InactiveChainRegistry
    }

    // 初始化 solo 和 Kafka 共识插件
    consenters["solo"] = solo.New()
    var kafkaMetrics *kafka.Metrics
    consenters["kafka"], kafkaMetrics = kafka.New(conf.Kafka, metricsProvider,
healthChecker, icr, registrar.CreateChain)
```

```
go kafkaMetrics.PollGoMetricsUntilStop(time.Minute, nil)

// 创建各个账本的管理器（Registrar）结构，并启动共识过程
registrar.Initialize(consenters)
return registrar
}
```

主要利用传入的参数完成如下步骤：

1）新建 Registrar 结构。

2）完成共识插件（包括 Kafka、Raft 等）的初始化。

3）初始化 Registrar 结构。调用 registrar.Initialize(consenters) 方法扫描本地账本数据（此时至少已存在系统通道）初始化 Registrar 结构，并为每个账本启动共识过程。

其中，Registrar 结构（位于 orderer/common/multichannel 包）是 Orderer 组件中最核心的结构，管理了 Orderer 中的账本和共识服务。

registrar.Initialize(consenters) 方法位于 orderer.common.multichannel 包，负责初始化链支持、消息处理器等重要数据结构，并为各个账本启动共识过程。核心代码如下：

```
// orderer/common/multichannel/registrar.go

func (r *Registrar) Initialize(consenters map[string]consensus.Consenter) {
    r.consenters = consenters
    existingChannels := r.ledgerFactory.ChannelIDs()  // 获取本地已经存在的通道列表

    for _, channelID := range existingChannels {        // 逐个处理本地所有的账本结构
        rl, err := r.ledgerFactory.GetOrCreate(channelID)
        configTx := configTx(rl)                         // 提取配置交易信息
        ledgerResources := r.newLedgerResources(configTx)
        channelID := ledgerResources.ConfigtxValidator().ChannelID()

        if _, ok := ledgerResources.ConsortiumsConfig(); ok {  // 如果是系统账本（默认在
                                                               // 首次启动时会自动创建）
            chain := newChainSupport(
                r,
                ledgerResources,
                r.consenters,
            )
            r.templator = msgprocessor.NewDefaultTemplator(chain, r.bccsp)
            // 创建消息处理器结构
            chain.Processor = msgprocessor.NewSystemChannel(
                chain,
                r.templator,
                msgprocessor.CreateSystemChannelFilters(r.config, r, chain, chain.
MetadataValidator),
                r.bccsp,
            )

            // 获取系统通道的初始区块并记录 Hash 值，防止出现出现两条不一致系统链情况（参考 FAB-5450）
            iter, pos := rl.Iterator(&ab.SeekPosition{Type: &ab.SeekPosition_
Oldest{Oldest: &ab.SeekOldest{}}})
            defer iter.Close()
            genesisBlock, status := iter.Next()

            r.chains[channelID] = chain
            r.systemChannelID = channelID
            r.systemChannel = chain
```

```
                    // 最后延迟启动链结构和共识过程
                    defer chain.start()
            } else { // 如果是应用账本，创建支持结构并启动共识过程
                    chain := newChainSupport(
                            r,
                            ledgerResources,
                            r.consenters,
                    )
                    r.chains[channelID] = chain
                    // 启动链结构和共识过程
                    chain.start()
            }

        }
}
```

其中，**chain.start()** 方法负责启动不同共识后端的共识过程。

对于 Kafka 共识类型，最终以协程方式调用 orderer.consensus.kafka 包中的 startThread() 方法，在后台持续运行。代码如下：

```
// orderer/consensus/kafka/chain.go

func (chain *chainImpl) Start() {
    go startThread(chain)
}
```

startThread() 方法将为指定的账本结构配置共识服务，并将其启动，核心过程包括：

```
// 创建 Producer 结构，往 Kafka 集群发送交易消息
chain.producer, err = setupProducerForChannel(chain.consenter.retryOptions(),
chain.haltChan, chain.SharedConfig().KafkaBrokers(), chain.consenter.brokerConfig(),
chain.channel)
// 发送 CONNECT 消息给 Kafka Broker，如果失败，则退出
sendConnectMessage(chain.consenter.retryOptions(), chain.haltChan, chain.producer,
chain.channel)

// 创建处理对应 Kafka topic 的 Consumer 结构
chain.parentConsumer, err = setupParentConsumerForChannel(chain.consenter.retry
Options(), chain.haltChan, chain.SharedConfig().KafkaBrokers(), chain.consenter.bro
kerConfig(), chain.channel)
// 配置从指定 partition 读取消息的 PartitionConsumer 结构
chain.channelConsumer, err = setupChannelConsumerForChannel(chain.consenter.retry
Options(), chain.haltChan, chain.parentConsumer, chain.channel, chain.lastOffsetPer
sisted+1)

// 从该链对应的 Kafka 分区不断读取排序后的消息，并进行包括切块等处理
chain.processMessagesToBlocks()
```

对于 Raft 共识类型，最终会调用 orderer/consensus/etcdraft 包中的 Chain.Start() 方法，核心过程如下所示：

```
// orderer/consensus/etcdraft/chain.go

func (c *Chain) Start() {

    // 检查配置到其他共识节点的通信链接
    if err := c.configureComm(); err != nil {
        close(c.doneC)
        return
    }
```

```
isJoin := c.support.Height() > 1
if isJoin && c.opts.MigrationInit { // 已加入某通道，处于对共识类型进行迁移的阶段
    isJoin = false
}

// 加入 Raft 集群，检查是否开启 Leader 竞选: ID == hash(channelID) % cluster_size + 1
c.Node.start(c.fresh, isJoin)

close(c.startC)
close(c.errorC)

go c.gc()    // 后台定期进行快照，删除旧数据
go c.run()   // 后台启动 Raft 共识核心处理过程，包括选举 leader、提案新区块等

es := c.newEvictionSuspector()

// 定期检查集群的 Leader 状态和自身是否离开
interval := DefaultLeaderlessCheckInterval
if c.opts.LeaderCheckInterval != 0 {
    interval = c.opts.LeaderCheckInterval
}

c.periodicChecker = &PeriodicCheck{
    Logger:        c.logger,
    Report:        es.confirmSuspicion,
    CheckInterval: interval,
    Condition:     c.suspectEviction,
}
c.periodicChecker.Run() // 定期刷新状态，包括确认是否离开通道
}
```

7. gRPC 服务启动

初始化 gRPC 服务结构，完成绑定并启动监听。主要逻辑如下：

```
// 创建主 gRPC 响应服务，包括通道管理器、计量组件等
server := NewServer(manager, metricsProvider, &conf.Debug, conf.General.Authentication.
TimeWindow, mutualTLS, conf.General.Authentication.NoExpirationChecks)

// 非复用情况下，单独为 Raft 启动集群同步服务
if !reuseGrpcListener && clusterType {
    go clusterGRPCServer.Start()
}

// 将响应服务绑定到 gRPC 链接
ab.RegisterAtomicBroadcastServer(grpcServer.Server(), server)

// 启动 gRPC 服务
grpcServer.Start()
```

其中，NewServer(manager, ...) 方法创建负责处理 gRPC 的响应服务结构；RegisterAtomicBr oadcastServer(...) 方法把创建的服务结构绑定到 gRPC 请求上，分别响应 Deliver() 和 Broadcast() 两个 gRPC 调用。主要代码如下所示：

```
// orderer/common/server/server.go

func NewServer(
    r *multichannel.Registrar,
    metricsProvider metrics.Provider,
    debug *localconfig.Debug,
```

```
) ab.AtomicBroadcastServer {
    s := &server{
        dh: deliver.NewHandler(deliverSupport{Registrar: r}, timeWindow, mutualTLS,
deliver.NewMetrics(metricsProvider), expirationCheckDisabled),
        bh: &broadcast.Handler{
            SupportRegistrar: broadcastSupport{Registrar: r},
            Metrics:          broadcast.NewMetrics(metricsProvider),
        },
        debug:     debug,
        Registrar: r,
    }
    return s
}

// github.com/hyperledger/fabric-protos-go/orderer/ab.pb.go

func _AtomicBroadcast_Broadcast_Handler(srv interface{}, stream grpc.ServerStream)
error {
    return
    srv.(AtomicBroadcastServer).Broadcast(&atomicBroadcastBroadcastServer{stream})
}
```

16.3　Broadcast 调用

Broadcast，意味着客户端将请求消息（例如完成背书后的交易）通过 gRPC 接口发送给排序服务。Orderer 对请求消息进行本地验证处理后，发送给后端共识模块（如 Kafka 或 Raft）进行排序。

所有提交给网络的交易都通过 Broadcast 请求实现，包括通道的创建和更新、链码的实例化和调用等。客户端请求会发往 /orderer.AtomicBroadcast/Broadcast gRPC 服务地址。

Orderer 启动后会进行注册，将 Broadcast 请求消息绑定到 _AtomicBroadcast_Broadcast_Handler 方法（位于 github.com/hyperledger/fabric-protos-go/orderer/ab.pb.go），该方法直接调用 orderer/common/server/server.go#server.Broadcast(srv ab.AtomicBroadcast_BroadcastServer) error 方法，又进一步调用到 orderer/common/broadcast/broadcast.go#Handler.Handle(srv ab.AtomicBroadcast_BroadcastServer)error 方法。

Handler 结构体十分重要，在整个请求处理过程中都会用到。其 Handle(...) 方法会循环处理来自客户端的流消息。示例代码如下：

```
// orderer/common/broadcast/broadcast.go

type Handler struct {
    SupportRegistrar ChannelSupportRegistrar
    Metrics          *Metrics
}

func (bh *Handler) Handle(srv ab.AtomicBroadcast_BroadcastServer) error {
    ...
}
```

16.3.1　整体流程

Broadcast 请求的整体处理流程如图 16-4 所示，通过循环接收请求，检查后提交给对应的共识后端进行处理。

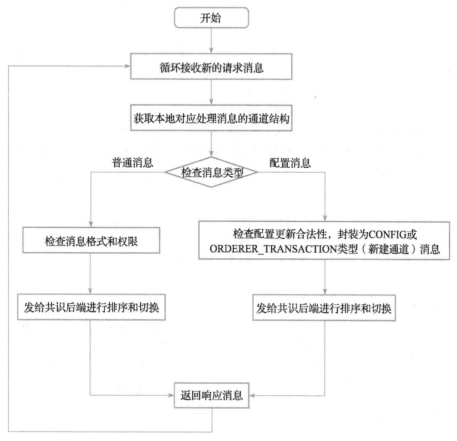

图 16-4　排序节点 Broadcast 处理流程

首先，Handler.Handle(srv ab.AtomicBroadcast_BroadcastServer) error 方法会开启一个循环来从 srv 中不断读取请求，并调用 ProcessMessage() 方法进行处理后响应，直到完成。核心代码如下所示：

```
// orderer/common/broadcast/broadcast.go

func (bh *Handler) Handle(srv ab.AtomicBroadcast_BroadcastServer) error {
    addr := util.ExtractRemoteAddress(srv.Context())
    for {
        // 从请求中提取一个 Envelope 消息。客户端调用 AtomicBroadcast_BroadcastClient.
        // Send(*common.Envelope)error 方法
        msg, err := srv.Recv()

        // 直到客户端停止消息
        if err == io.EOF {
            return nil
        }

        // 调用 ProcessMessage() 来处理每个请求消息
        resp := bh.ProcessMessage(msg, addr)
```

```
                   // 返回响应消息
                   err = srv.Send(resp)
             }
       }
```

核心的 ProcessMessage() 方法主要包括解析消息和处理消息（普通消息和配置消息）两个步骤。

- 解析消息，判断是否为配置消息，决定消息应由哪个通道结构进行处理，注意对于创建应用通道消息，处理器指定为系统的通道结构。
- 处理消息，选用对应的通道结构对消息进行处理，包括普通消息和配置消息两种类型。

核心代码如下所示：

```
// orderer/common/broadcast/broadcast.go

func (bh *Handler) ProcessMessage(msg *cb.Envelope, addr string) (resp *ab.Broa
dcastResponse) {
       // 解析消息：判断是否为配置消息；获取对应本地账本结构：由通道头部中指定的通道 ID 决定，本地
       // 对应账本结构不存在时（如新建应用通道）则由系统通道来处理
       chdr, isConfig, processor, err := bh.SupportRegistrar.BroadcastChannelSupport(msg)

       // 采用对应的通道结构对消息进行处理
       if !isConfig {                              // 普通交易消息，非配置消息
            configSeq, err := processor.ProcessNormalMsg(msg) // 检查消息格式和权限
            processor.WaitReady()                   // 检查是否被之前重新提交的消息阻塞
            processor.Order(msg, configSeq)        // 排序操作
       } else { // 配置消息，目前只支持 CONFIG_UPDATE 类型，如创建、更新通道
            config, configSeq, err := processor.ProcessConfigUpdateMsg(msg)
            // 检查配置更新是否合法，并重新封装
            processor.WaitReady()                   // 检查是否被之前重新提交的消息阻塞
            processor.Configure(config, configSeq) // 排序操作：相关处理后发给共识器
       }

       ...

       return &ab.BroadcastResponse{Status: cb.Status_SUCCESS}
}
```

下面分别对各个步骤进行剖析。

16.3.2 解析消息

首先，调用 bh.sm.BroadcastChannelSupport(msg) 方法来解析消息，获取消息通道头，判断是否为配置消息，并获取对应处理器结构（通道结构）。

该方法会调用 orderer/common/multichannel/registrar.go#Registrar.BroadcastChannelSupport (msg *cb.Envelope) (*cb.ChannelHeader, bool, *ChainSupport, error) 方法。主要代码如下所示：

```
// orderer/common/multichannel/registrar.go

func (r *Registrar) BroadcastChannelSupport(msg *cb.Envelope) (*cb.ChannelHeader,
bool, *ChainSupport, error) {
       chdr, err := utils.ChannelHeader(msg) // 提取通道头

       cs := r.GetChain(chdr.ChannelId)     // 应用通道或系统通道
       if cs == nil {                        // 为空，则默认以系统通道来处理。例如新建通道请求
            cs = r.systemChannel
```

```
    }

    isConfig := false
    switch cs.ClassifyMsg(chdr) { // 只有 CONFIG_UPDATE 会返回 ConfigUpdateMsg
    case msgprocessor.ConfigUpdateMsg: // CONFIG_UPDATE 消息，包括创建通道、更新通道配置
        isConfig = true
    case msgprocessor.ConfigMsg:          // 非法请求
        return chdr, false, nil, errors.New("message is of type that cannot be
processed directly")
    default:
    }

    return chdr, isConfig, cs, nil
}
```

首先，从消息信封结构中解析出通道头；根据消息头中通道类型判断是否为配置信息（是否为 cb.HeaderType_CONFIG_UPDATE）；获取到对应的 ChainSupport 结构（应用通道或系统通道）作为处理器。之后，根据解析后的结果，分别对不同类型的消息（普通消息、配置消息）进行不同处理。

下面以常见的应用通道场景为例进行分析。

16.3.3　处理普通交易消息

对于普通交易消息，主要执行两个操作：消息预处理和排序。示例代码如下：

```
// orderer/common/broadcast/broadcast.go

configSeq, err := processor.ProcessNormalMsg(msg) // 消息预处理
processor.Order(msg, configSeq)                    // 排序操作，发送给共识后端
```

1. 消息预处理

ProcessNormalMsg(...) 方法会映射到 orderer/common/msgprocessor 包中 SystemChannel（系统通道）或 StandardChannel（应用通道）结构体的 ProcessNormalMsg(env *cb.Envelope) (configSeq uint64, err error) 方法，主要包括格式和权限检查。以应用通道为例，核心逻辑如下：

```
// orderer/common/msgprocessor/systemchannel.go

func (s *SystemChannel) ProcessNormalMsg(msg *cb.Envelope) (configSeq uint64, err
error) {
    channelID, err := protoutil.ChannelID(msg)
    if err != nil {
        return 0, err
    }

    // 检查通道名称
    if channelID != s.support.ChannelID() {
        return 0, ErrChannelDoesNotExist
    }

    // 调用应用通道逻辑进行处理
    return s.StandardChannel.ProcessNormalMsg(msg)
}

// orderer/common/msgprocessor/standardchannel.go

func (s *StandardChannel) ProcessNormalMsg(env *cb.Envelope) (configSeq uint64,
err error) {
```

```
    oc, ok := s.support.OrdererConfig()              // 获取当前排序配置
    if oc.Capabilities().ConsensusTypeMigration() {  // 共识类型迁移过程（维护模式）中
                                                     // 不能提交交易
        if oc.ConsensusState() != orderer.ConsensusType_STATE_NORMAL {
            return 0, errors.WithMessage(
                ErrMaintenanceMode, "normal transactions are rejected")
        }
    }
    configSeq = s.support.Sequence() // 获取配置的序列号，映射到 common/configtx 包中 con
                                    // figManager 结构体的对应方法
    err = s.filters.Apply(env) // 进行过滤检查，实现为 orderer/common/msgprocessor 包中 Rule
                              // Set 结构体的对应方法
    return
}
```

其中，进行权限检查的过滤器结构在创建 ChainSupport 结构时候对应通道和系统通道进行初始化。

- 初始化应用通道，调用 orderer/common/msgprocessor 包中的 CreateStandardChannelFilters (filterSupport channelconfig.Resources, config localconfig.TopLevel) *RuleSet 方法，包括 expirationRejectRule、EmptyRejectRule、SizeFilter 和 SigFilter（正常模式下要求 Channel Writers 角色，维护模式下要求 ChannelOrdererWriters 角色）。

- 初始化系统通道，调用 orderer/common/msgprocessor 包中的 CreateSystemChannelFilters (config localconfig.TopLevel, chainCreator ChainCreator,ledgerResources channelconfig. Resources, validator MetadataValidator) *RuleSet 方法，包括 expirationRejectRule、Empty RejectRule、SizeFilter、SigFilter（正常模式下要求 ChannelWriters 角色，维护模式下要求 ChannelOrdererWriters 角色）和 SystemChannelFilter（检查格式、允许的最大通道数、当前状态等）。

2. 排序操作

排序操作会根据 consensus 类型的不同映射到不同包下 Order(...) 方法来实现，准备进行切块处理：

- solo，orderer/consensus/solo（2.0 版本中已被废弃）。
- kafka，orderer/consensus/kafka（2.0 版本中已被废弃）。
- raft，orderer/consensus/etcdraft。

下面以 Kafka 和 Raft 两种共识为例进行分析。

（1）Kafka 共识

Kafka 共识使用 chainImpl.Order(...) 方法，主要是将消息封装为 sarama.ProducerMessage 类型消息，通过 enqueue() 方法发给 Kafka 后端集群，示例代码如下：

```
// orderer/consensus/kafka/chain.go
func (chain *chainImpl) Order(env *cb.Envelope, configSeq uint64) error {
    return chain.order(env, configSeq, int64(0))
}

func (chain *chainImpl) order(env *cb.Envelope, configSeq uint64, originalOffset
int64) error {
    marshaledEnv, err := utils.Marshal(env)
```

```
    ...
    // 封装为 Kafka 消息, 发送给 Kafka 集群
    if !chain.enqueue(newNormalMessage(marshaledEnv, configSeq, originalOffset)) {
        return fmt.Errorf("cannot enqueue")
    }
    return nil
}
```

其中，封装为 Kafka 消息的过程十分简单：将交易请求放到载荷里，添加对应的配置序号、消息类型和消息偏移序号。示例代码如下：

```
// orderer/consensus/kafka/chain.go

func newNormalMessage(payload []byte, configSeq uint64, originalOffset int64)
*ab.KafkaMessage {
    return &ab.KafkaMessage{
        Type: &ab.KafkaMessage_Regular{
            Regular: &ab.KafkaMessageRegular{
                Payload:        payload,
                ConfigSeq:      configSeq,
                Class:          ab.KafkaMessageRegular_NORMAL,
                OriginalOffset: originalOffset,
            },
        },
    }
}
```

（2）Raft 共识

Raft 共识类型通过 Order() 方法进一步调用 Submit() 方法，将消息提交给 Raft 集群的 Leader 节点。

构造提交消息，提交给 c.submitC。共识协程会不断从 c.submitC 读取交易消息，然后进行处理。主要代码逻辑如下所示：

```
// orderer/consensus/etcdraft/chain.go

func (c *Chain) Order(env *common.Envelope, configSeq uint64) error {
    return c.Submit(&orderer.SubmitRequest{LastValidationSeq: configSeq, Payload:
env, Channel: c.channelID}, 0)
}

func (c *Chain) Submit(req *orderer.SubmitRequest, sender uint64) error {
    if err := c.isRunning(); err != nil {
        return err
    }

    leadC := make(chan uint64, 1)
    select {
    case c.submitC <- &submit{req, leadC}: // 提交交易消息给主循环进行处理
        lead := <-leadC                     // 获取当前 Leader 序号
        if lead == raft.None {              // 集群无主
            return errors.Errorf("no Raft leader")
        }

        if lead != c.raftID { // 集群 Leader 并非本节点, 本节点不进行处理, 需要发送给 Leader
            if err := c.rpc.SendSubmit(lead, req); err != nil {
                return err
```

```
        }
    }
    case <-c.doneC:
        return errors.Errorf("chain is stopped")
    }

    return nil
}
```

其中，SubmitRequest 封装了提交的数据，包括通道名称、校验时的配置序号和交易数据，示例代码如下：

```
// github.com/hyperledger/fabric-protos-go/orderer/cluster.pb.go

type SubmitRequest struct {
    Channel string              // 通道名称
    LastValidationSeq uint64    // 校验请求（构造请求）时候的配置序号
    Payload *common.Envelope    // 交易消息
}
```

16.3.4 处理配置交易消息

对于配置交易消息（CONFIG_UPDATE 类型消息，包括创建通道、更新通道配置等），处理过程与处理普通交易消息略有不同，包括合并配置更新消息和排序操作。

1. 合并配置更新

主要过程包括如下两个步骤：

```
// orderer/common/broadcast/broadcast.go

// 检查配置更新请求，尝试生成新的配置信封结构
config, configSeq, err := processor.ProcessConfigUpdateMsg(msg)

 // 排序操作，将生成的配置信封结构消息扔给共识后端
processor.Configure(config, configSeq)
```

其中，检查配置更新消息方法会映射到 orderer/common/msgprocessor 包中 StandardChannel 或 SystemChannel 结构体的 ProcessConfigUpdateMsg(env *cb.Envelope) (configSeq uint64, err error) 方法，计算应用更新后的新配置和编号。

以应用通道为例，实现如下：

```
// orderer/common/msgprocessor/standardchannel.go

func (s *StandardChannel) ProcessConfigUpdateMsg(env *cb.Envelope) (config *cb.
Envelope, configSeq uint64, err error) {
    seq := s.support.Sequence() // 获取当前配置的版本号
    err = s.filters.Apply(env) // 校验权限，是否可以更新配置

    // 根据输入的更新配置交易消息生成配置信封结构：Config 为更新后配置字典；LastUpdate 为输入
    // 的更新配置交易
    // 最终调用 `common/configtx` 包下 `ValidatorImpl.ProposeConfigUpdate()` 方法
    configEnvelope, err := s.support.ProposeConfigUpdate(env)

    // 生成签名的配置信封结构，通道头类型为 HeaderType_CONFIG。即排序后消息类型将由 CONFIG_
    // UPDATE 变更为 CONFIG
    config, err = utils.CreateSignedEnvelope(cb.HeaderType_CONFIG, s.support.
ChainID(), s.support.Signer(), configEnvelope, msgVersion, epoch)
```

```
    err = s.filters.Apply(config) // 校验生成的配置消息是否合法

    err = s.maintenanceFilter.Apply(config)
    // 更新配置需要进行额外的维护模式过滤器检查, 只允许 Kafka 升级到 Raft, 具体参考 orderer/
    // common/msgprocessor/maintenancefilter.go

    return config, seq, nil
}
```

对于系统通道, 包括更新通道配置 (调用普通通道结构的对应方法来处理) 和新建应用通道请求。实现如下：

```
// orderer/common/msgprocessor/systemchannel.go

func (s *SystemChannel) ProcessConfigUpdateMsg(envConfigUpdate *cb.Envelope)
(config *cb.Envelope, configSeq uint64, err error) {
    channelID, err := protoutils.ChannelID(envConfigUpdate)
    if channelID == s.support.ChainID() { // 更新系统通道的配置交易, 与普通通道相同处理
        return s.StandardChannel.ProcessConfigUpdateMsg(envConfigUpdate)
    }

    // 从系统通道中获取当前最新的配置
    // 查找到对应的联盟, 并且新建通道成员集合为联盟内成员集合子集
    // 应用通道的应用配置的 mod 策略为 Admins (2.0 之前为 ChannelCreationPolicy 指定)
    // 从系统通道复制通道层级的配置和排序组织配置
    // 添加应用组织配置为请求中信息
    // 调用 orderer/common/msgprocessor/systemchannel.go#DefaultTemplator.NewChannel
    // Config()
    bundle, err := s.templator.NewChannelConfig(envConfigUpdate)

    // 合并来自客户端的配置更新信封结构, 创建新的配置信封结构 ConfigEnvelope
    newChannelConfigEnv, err := bundle.ConfigtxValidator().ProposeConfigUpdate
(envConfigUpdate)

    // 封装新的签名信封结构, 其类型为 CONFIG, Payload.Data 是 newChannelConfigEnv
    newChannelEnvConfig, err := utils.CreateSignedEnvelope(cb.HeaderType_CONFIG,
channelID, s.support.Signer(), newChannelConfigEnv, msgVersion, epoch)

    // 处理新建应用通道请求, 封装为 ORDERER_TRANSACTION 类型消息
    wrappedOrdererTransaction, err := utils.CreateSignedEnvelope(cb.HeaderType_
ORDERER_TRANSACTION, s.support.ChainID(), s.support.Signer(), newChannelEnvConfig,
msgVersion, epoch)

    s.StandardChannel.filters.Apply(wrappedOrdererTransaction) // 再次校验配置

    // 返回封装后的签名信封结构
    return wrappedOrdererTransaction, s.support.Sequence(), nil
}
```

2. 排序操作

类似地, 排序操作会根据 consensus 类型的不同映射到 orderer/consensus 下不同共识包中的方法。下面分别以 Kafka 共识和 Raft 共识为例进行分析。

(1) Kafka 共识

如果共识类型为 Kafka, 会映射到 chainImpl.Configure(config *cb.Envelope, configSeq uint64) 方法。该方法会调用 configure(config *cb.Envelope, configSeq uint64, originalOffset int64) 方法, 将消息进一步封装为 KafkaMessage_Regular 类型消息, 通过 enqueue 方法发给 Kafka 后端。示

例代码如下：

```
// orderer/consensus/kafka/chain.go

func (chain *chainImpl) Configure(config *cb.Envelope, configSeq uint64) error {
    return chain.configure(config, configSeq, int64(0))
}

func (chain *chainImpl) configure(config *cb.Envelope, configSeq uint64,
originalOffset int64) error {
    marshaledConfig, err := utils.Marshal(config)
    if err != nil {
        return fmt.Errorf("cannot enqueue, unable to marshal config because %s", err)
    }

    // 封装为 `KafkaMessageRegular_CONFIG` 类型消息，并通过 producer 发给 Kafka
    if !chain.enqueue(newConfigMessage(marshaledConfig, configSeq, originalOff
set)) {
        return fmt.Errorf("cannot enqueue")
    }
    return nil
}
```

其中，封装为 Kafka 消息过程十分简单，将请求放到载荷里，添加对应的配置序号、消息类型和消息偏移序号。示例代码如下：

```
// orderer/consensus/kafka/chain.go

func newConfigMessage(config []byte, configSeq uint64, originalOffset int64) *ab.
KafkaMessage {
    return &ab.KafkaMessage{
        Type: &ab.KafkaMessage_Regular{
            Regular: &ab.KafkaMessageRegular{
                Payload:        config,
                ConfigSeq:      configSeq,
                Class:          ab.KafkaMessageRegular_CONFIG,
                OriginalOffset: originalOffset,
            },
        },
    }
}
```

之后 Orderer 将再次从 Kafka 接收到共识后的 KafkaMessageRegular_CONFIG 消息，进行解析处理，打包为区块。

（2）Raft 共识

如果是 Raft 共识类型，则会调用 orderer/consensus/etcdraft 包中的 Chain.Configure(env *common.Envelope, configSeq uint64) error 方法。

主要包括检查配置更新消息格式和提交给共识协程两个步骤，与处理普通交易消息过程类似，在此不再赘述。示例代码如下：

```
// orderer/consensus/etcdraft/chain.go

func (c *Chain) Configure(env *common.Envelope, configSeq uint64) error {
    c.Metrics.ConfigProposalsReceived.Add(1)

    // 提交消息给 Leader
```

```
        return c.Submit(&orderer.SubmitRequest{LastValidationSeq: configSeq, Payload:
env, Channel: c.channelID}, 0)
    }
```

16.4　构造本地区块

Raft 共识下构造本地区块的基本过程为：排序节点收到来自客户端的交易消息，如果非 Raft Leader 节点，则转发给 Leader 节点，由 Leader 节点完成排序和切块后再同步给其他节点。主要过程在 orderer/consensus/etcdraft/chain.go 文件中。

16.4.1　整体流程

整体流程包括两部分：排序节点在启动后创建共识协程，循环探测接收到的交易数据和集群状态变更，并进行对应处理（主要是转发给集群的 Leader 节点进行打包和分块处理）；同时用户调用 Broadcast gRPC 接口时，请求应答协程会接收交易数据，提交给共识协程进行处理。

共识协程处理的代码位于 orderer/consensus/etcdraft/chain.go#Chain.run() 方法。主要逻辑如图 16-5 所示，其中深色部分只有 Leader 节点才执行。

主要实现代码如下所示，包括一个主循环，处理各种请求和事件：

```
// orderer/consensus/etcdraft/chain.go#Chain.run()

func (c *Chain) run() {

    ...

    // 承担 Leader 角色，负责切块并提交到集群
    becomeLeader := func() (chan<- *common.Block, context.CancelFunc) {...}

    // 承担 Follower 角色，收到交易请求转发给 Leader
    becomeFollower := func() {...}

    ...

    // 主循环，处理各种请求
    for {
        select {
        case s := <-submitC:      // 收到请求应答协程传来的提交请求
            ...
        case app := <-c.applyC:   // 收到集群状态变更消息
            ...
        case <-timer.C():         // 切块计时器超时，应该触发尝试切块动作
            ...
        case sn := <-c.snapC:     // 收到集群快照消息
            ...
        case <-c.doneC:           // 通道关闭，清理并退出循环
            ...
        }
    }
}
```

下面分别对每个环节进行剖析。

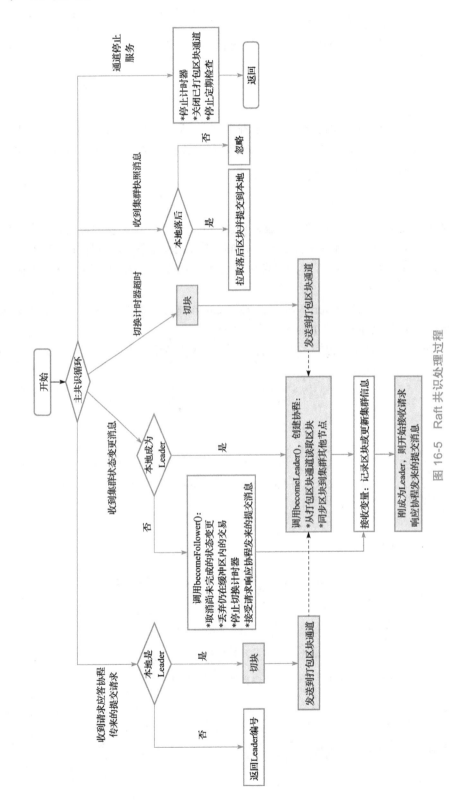

图 16-5　Raft 共识处理过程

16.4.2　成为 Leader 后的处理

成为集群中的 Leader，意味着要维护集群的状态变更，包括集群的配置更新，同时负责接收交易请求并打包为区块，然后将区块同步给集群中其他节点。具体会调用 orderer/consensus/etcdraft/chain.go#Chain.run() 中的局部方法进行处理。核心代码如下所示：

```
// orderer/consensus/etcdraft/chain.go

becomeLeader := func() (chan<- *common.Block, context.CancelFunc) {
    c.Metrics.IsLeader.Set(1)

    c.blockInflight = 0 // 记录打包后待处理的区块个数
    c.justElected = true
    submitC = nil
    ch := make(chan *common.Block, c.opts.MaxInflightBlocks) // 打包后的区块将放入该
                                                             // 通道

    // 如果有待处理的集群配置更新（新加节点或删除节点），后台发出请求提交更新，处理完成前暂停接受
    // 新的请求
    if cc := c.getInFlightConfChange(); cc != nil {
        go func() {
            if err := c.Node.ProposeConfChange(context.TODO(), *cc); err != nil {
                c.logger.Warnf("Failed to propose configuration update to Raft
node: %s", err)
            }
        }()

        c.confChangeInProgress = cc
        c.configInflight = true // 通过该标志暂停接受新的请求
    }

    // 后台不断从打包区块通道（chan）内读取区块，提交更新集群状态
    ctx, cancel := context.WithCancel(context.Background())
    go func(ctx context.Context, ch <-chan *common.Block) {
        for {
            select {
            case b := <-ch:
                data := protoutil.MarshalOrPanic(b)
                if err := c.Node.Propose(ctx, data); err != nil { // 将区块作为新数
                                                                  // 据提交给集群

                    return
                }

            case <-ctx.Done():
                return
            }
        }
    }(ctx, ch)

    return ch, cancel // 返回打包区块通道，以从外部写入
}
```

16.4.3　成为 Follower 后的处理

成为集群中的 Follower，意味着要放弃还未处理完成的交易数据，并重置相关结构。也是通过调用 orderer/consensus/etcdraft/chain.go#Chain.run() 中的局部方法进行处理。

这部分逻辑相对简单，核心代码如下所示：

```
// orderer/consensus/etcdraft/chain.go

becomeFollower := func() {
    cancelProp()                              // 发出取消上下文通知，取消尚未完成的集群状态变更
    c.blockInflight = 0
    _ = c.support.BlockCutter().Cut()         // 丢弃仍在缓冲区内的交易
    stopTimer()                               // 停止切块计时器
    submitC = c.submitC                       // 接受请求响应协程发来的提交消息
    bc = nil
    c.Metrics.IsLeader.Set(0)
}
```

16.4.4 主共识循环

主共识循环会在后台不断等待各种请求和事件，主要包括：

- 提交请求。来自请求应答协程，通常包括新的交易消息。Leader 节点接收后检查是否应当进行切块。
- 集群状态变更消息。状态变更可能是共识配置变化或者收到新的区块。
- 切块计时器超时事件。对于 Leader 节点，发生切块超时意味着要检查当前缓冲区内的交易进行切块处理。
- 集群快照消息。节点收到新的快照，需要检查当前状态是否落后。
- 通道关闭事件。清理相关数据结构，并退出循环。

主要结构如下：

```
// orderer/consensus/etcdraft/chain.go#Chain.run()

for {
    select {
    case s := <-submitC:                      // 收到请求应答协程传来的提交请求
        ...
    case app := <-c.applyC:                   // 收到集群状态变更消息
        ...
    case <-timer.C():                         // 切块计时器超时，应该触发尝试切块动作
        ...
    case sn := <-c.snapC:                     // 收到集群快照消息，确保本地不晚于快照
        ...
    case <-c.doneC:                           // 通道关闭，清理并退出循环
        ...
    }
}
```

下面将具体剖析对每种情况的处理。

1. 收到提交请求

提交请求来自应答协程。应答协程收到客户端发来的交易消息，检查后，尝试提交给本地节点进行处理。如果本地节点是 Leader，则接收；否则会告诉应答协程 Leader 节点的序号，让它转发过去。

主要代码逻辑如下所示：

```
// orderer/consensus/etcdraft/chain.go#Chain.run()

case s := <-submitC: // 收到了来自请求应答协程的一个提交消息（通常为交易消息），如果本地为 Leader，
```

```
                        //则进行切块
        if s == nil {
            continue
        }

        // 当前集群无主, 本节点正在参与选举, 则忽略
        if soft.RaftState == raft.StatePreCandidate || soft.RaftState == raft.State
Candidate {
            s.leader <- raft.None
            continue
        }

        // 返回当前节点所知的 Leader 编号
        s.leader <- soft.Lead
        if soft.Lead != c.raftID { // 当前节点并非 Leader, 则不进行处理。请求应答协程转发给
                                    // Leader
            continue
        }

        // 本地节点是集群 Leader, 需要进行排序和切块
        //c.ordered(s.req) 方法按照约定条件尝试切分当前缓冲交易, 调用方法与  Kafka 中相同
        batches, pending, err := c.ordered(s.req)
        if err != nil {
            continue
        }
        if pending {                 // 缓冲区仍有待切块的交易消息, 则开始切块计时
            startTimer()
        } else {                     // 无待切块消息, 停止计时
            stopTimer()
        }

        // 将 batches 中的一批交易打包为新区块, 打包后区块将发送到打包区块通道 propC, 后续会同步
        // 给其他节点
        c.propose(propC, bc, batches...)

        if c.configInflight {        // 如果刚打包的是配置区块, 等待其提交完成, 暂停处理新的交易
            submitC = nil
        } else if c.blockInflight >= c.opts.MaxInflightBlocks { // 待处理区块请求过多, 也
                                                      // 暂停处理新的交易
            submitC = nil
        }
```

其中，c.propose(propC, bc, batches...) 方法负责根据切割好的交易组构造区块结构，并写入指定的打包区块通道。Leader 节点在 becomeLeader() 方法中创建 Go 协程，不断从外部通道读取区块结构进行处理。主要代码如下所示：

```
// orderer/consensus/etcdraft/chain.go

func (c *Chain) propose(ch chan<- *common.Block, bc *blockCreator, batches ...[]*
common.Envelope) {
        for _, batch := range batches {       // 依次读取各个区块组
            b := bc.createNextBlock(batch) // 构造区块结构

            select {
            case ch <- b: // 写入打包区块通道。becomeLeader() 方法中的 Go 协程会不断从打包区块
                          // 通道读取区块结构进行处理
            default:
                c.logger.Panic("Programming error: limit of in-flight blocks does
not properly take effect or block is proposed by follower")
            }
```

```
        // 配置区块，则需要指定等待处理完成再接收新请求
        if protoutil.IsConfigBlock(b) {
            c.configInflight = true
        }

        c.blockInflight++
    }

    return
}
```

2. 收到集群状态更新消息

收到集群状态变更消息，说明集群中有新的提交，可能是 Leader 发生变化、加减了节点，或是提交了新的区块，需要进行对应处理。

如果本节点为 Leader，则创建后台切块协程（进行切块处理）；否则开始担任 Follower 角色。最后接受更新内容，记录区块到本地或更新共识配置，代码如下：

```
// orderer/consensus/etcdraft/chain.go#Chain.run()

case app := <-c.applyC: // 收到集群状态更新消息
    if app.soft != nil {
        newLeader := atomic.LoadUint64(&app.soft.Lead)
        if newLeader != soft.Lead { // 集群的 Leader 变更
            atomic.StoreUint64(&c.lastKnownLeader, newLeader)

            if newLeader == c.raftID { // 集群认可的新 Leader 为本节点
                propC, cancelProp = becomeLeader()
            }

            if soft.Lead == c.raftID { // 本节点曾经为 Leader，但集群认可其他 Leader，
                                       // 因此本节点成为 Follower
                becomeFollower()
            }
        }

        // 本次变更产生的是首届 Leader
        foundLeader := soft.Lead == raft.None && newLeader != raft.None
        // 是否该退出候选人状态：本节点是候选人状态，提交 Leader 更新消息的节点非候选人状态
        quitCandidate := isCandidate(soft.RaftState) && !isCandidate(app.soft.
RaftState)

        if foundLeader || quitCandidate {
            c.errorCLock.Lock()
            c.errorC = make(chan struct{})
            c.errorCLock.Unlock()
        }

        // 提交 Leader 更新消息的节点是候选人状态，变更并未选出新的 Leader
        if isCandidate(app.soft.RaftState) || newLeader == raft.None {
            atomic.StoreUint64(&c.lastKnownLeader, raft.None)
            select {
            case <-c.errorC:
            default:
                nodeCount := len(c.opts.BlockMetadata.ConsenterIds)
                if nodeCount > 2 { // 3 个或 3 个以上节点，则关闭错误通知通道
                    close(c.errorC)
                } else {
                    c.logger.Warningf("No leader is present, cluster size is %d",
nodeCount)
```

```
            }
        }
    }

    soft = raft.SoftState{Lead: newLeader, RaftState: app.soft.RaftState}

    select {
    case c.observeC <- soft:
    default:
    }
}

c.apply(app.entries)              // 本地接受集群状态变更请求：记录区块或更新集群信息

if c.justElected {                // 本节点刚被选为 Leader
    msgInflight := c.Node.lastIndex() > c.appliedIndex
    if msgInflight {              // 本地存在缓冲的请求，不能接受新的请求
        continue
    }

    if c.configInflight {  // 本地存在待处理的通道配置或状态配置更新，不能接受新的请求
        continue
    }

    // 作为集群 Leader，开始接受请求
    bc = &blockCreator{
        hash:    protoutil.BlockHeaderHash(c.lastBlock.Header),
        number:  c.lastBlock.Header.Number,
        logger:  c.logger,
    }
    submitC = c.submitC
    c.justElected = false
} else if c.configInflight {  // 本节点为 Follower
    // 本地存在待处理的通道配置或状态配置更新，不能接受新的请求
    submitC = nil
} else if c.blockInflight < c.opts.MaxInflightBlocks {  // 本节点为 Follower
    // 待处理区块请求不超过最大值，则继续接受请求
    submitC = c.submitC
}
```

3. 发生切块超时

当发生切块超时时，节点从本地缓冲区按照规则对交易进行切割，并生成新的区块，放入打包区块通道内等待进一步处理。核心逻辑代码如下所示：

```
// orderer/consensus/etcdraft/chain.go#Chain.run()

case <-timer.C():                           // 发生切块超时
    ticking = false                         // 停止计数

    batch := c.support.BlockCutter().Cut()  // 切割出缓冲的交易
    if len(batch) == 0 {                    // 本地无缓冲交易（正常不会发生）
        continue
    }

    // 将 batch 中的交易生成新的区块，并放入 propC
    c.propose(propC, bc, batch)
```

4. 收到状态快照消息

收到集群 Raft 状态快照的消息，需要对比检查当前状态，领先则忽略，否则需要追踪到新

的状态快照。核心逻辑代码如下所示：

```
// orderer/consensus/etcdraft/chain.go#Chain.run()

case sn := <-c.snapC:
    if sn.Metadata.Index != 0 {
        if sn.Metadata.Index <= c.appliedIndex { // 快照消息太旧，则忽略
            break
        }

        c.confState = sn.Metadata.ConfState
        c.appliedIndex = sn.Metadata.Index
    } else {
        c.logger.Infof("Received artificial snapshot to trigger catchup")
    }

    if err := c.catchUp(sn); err != nil {          // 本地状态太旧，需要追上最新状态
        c.logger.Panicf("Failed to recover from snapshot taken at Term %d and Index
%d: %s",
            sn.Metadata.Term, sn.Metadata.Index, err)
    }
```

其中 c.catchUp(sn) 方法负责处理追踪状态的逻辑，拉取落后的区块并写入本地，核心代码如下所示：

```
// orderer/consensus/etcdraft/chain.go#Chain.run()

func (c *Chain) catchUp(snap *raftpb.Snapshot) error {
    b, err := protoutil.UnmarshalBlock(snap.Data)
    if err != nil {
        return errors.Errorf("failed to unmarshal snapshot data to block: %s", err)
    }

    if c.lastBlock.Header.Number >= b.Header.Number { // 当前状态领先，无须同步
        return nil
    }

    puller, err := c.createPuller()
    defer puller.Close()
    next := c.lastBlock.Header.Number + 1
    // 拉取落后的区块
    for next <= b.Header.Number {
        block := puller.PullBlock(next)

        // 配置区块，检查是否需要更新 BlockMetadata 和 Consenters
        if protoutil.IsConfigBlock(block) {
            c.support.WriteConfigBlock(block, nil)

            configMembership := c.detectConfChange(block)

            if configMembership != nil && configMembership.Changed() {
                c.raftMetadataLock.Lock()
                c.opts.BlockMetadata = configMembership.NewBlockMetadata
                c.opts.Consenters = configMembership.NewConsenters
                c.raftMetadataLock.Unlock()

                if err := c.configureComm(); err != nil {
                    c.logger.Panicf("Failed to configure communication: %s", err)
                }
            }
        } else {                                        // 普通区块，写入本地
```

```
                c.support.WriteBlock(block, nil)
            }

            c.lastBlock = block
            next++
        }

        return nil
```

5. 通道停止服务

通道停止后需要清理相关数据结构，包括停止计时器、通知关闭打包区块通道、停止定期的检查等。

这块逻辑代码比较简单，如下所示：

```
// orderer/consensus/etcdraft/chain.go#Chain.run()

case <-c.doneC:
    stopTimer()
    cancelProp()

    select {
    case <-c.errorC: // avoid closing closed channel
    default:
        close(c.errorC)
    }

    c.periodicChecker.Stop()
    return
```

16.4.5　请求应答协程逻辑

排序节点收到了来自客户端的一个交易消息，构造一个提交消息，提交给 c.submitC。主循环会不断从 c.submitC 读取交易消息，然后进行处理。主要代码逻辑如下所示：

```
// orderer/consensus/etcdraft/chain.go

func (c *Chain) Submit(req *orderer.SubmitRequest, sender uint64) error {
    if err := c.isRunning(); err != nil {
        return err
    }

    leadC := make(chan uint64, 1)
    select {
    case c.submitC <- &submit{req, leadC}: // 提交交易消息给主循环进行处理
        lead := <-leadC                      // 获取当前 Leader 序号
        if lead == raft.None {               // 集群无主
            return errors.Errorf("no Raft leader")
        }

        if lead != c.raftID { // 集群 Leader 并非本节点，本节点不进行处理，需要发送给 Leader
            if err := c.rpc.SendSubmit(lead, req); err != nil {
                return err
            }
        }
    case <-c.doneC:
        return errors.Errorf("chain is stopped")
    }

    return nil
}
```

其中，SubmitRequest 封装了提交的数据，包括通道名称、校验时的配置序号和交易数据，如下所示：

```
// github.com/hyperledger/fabric-protos-go/orderer/cluster.pb.go

type SubmitRequest struct {
    Channel string            // 通道名称
    LastValidationSeq uint64  // 校验请求（构造请求）时候的配置序号
    Payload *common.Envelope  // 交易消息
}
```

16.5 Deliver 调用

Deliver，意味着客户端或 Peer 通过 gRPC 接口从排序服务获取区块数据。客户端请求发往 /orderer.AtomicBroadcast/Deliver gRPC 服务地址。

Orderer 启动后会注册对 Deliver 请求消息的处理到 _AtomicBroadcast_Deliver_Handler 方法（位于 github.com/hyperledger/fabric-protos-go/orderer/ab.pb.go），并进一步调用 orderer/common/server/server.go#server.Deliver(srv ab.AtomicBroadcast_DeliverServer) error 方法处理。

该方法在确认对应通道存在后，创建一个 Server 结构（位于 common/deliver/deliver.go），通过调用 common/deliver/deliver.go#Handler.Handle(ctx context.Context, srv *Server) error 方法进行处理。

核心代码逻辑如下所示：

```
// orderer/common/server/server.go

func (s *server) Deliver(srv ab.AtomicBroadcast_DeliverServer) error {
    defer func() {
        if r := recover(); r != nil {
            logger.Criticalf("Deliver client triggered panic: %s\n%s", r, debug.Stack())
        }
    }()

    // Deliver 策略：维护模式下为 /Channel/Orderer/Readers（仅限通道内排序节点）；普通模式
    // 下为 /Channel/Readers（允许通道内排序节点和 Peer 节点）
    policyChecker := func(env *cb.Envelope, channelID string) error {
        chain := s.GetChain(channelID)
        if chain == nil {
            return errors.Errorf("channel %s not found", channelID)
        }
        sf := msgprocessor.NewSigFilter(policies.ChannelReaders, policies.Channel
OrdererReaders, chain)
        return sf.Apply(env)
    }

    // Deliver 服务
    deliverServer := &deliver.Server{
        PolicyChecker: deliver.PolicyCheckerFunc(policyChecker),
        Receiver: &deliverMsgTracer{
            Receiver: srv,
            msgTracer: msgTracer{
                debug:    s.debug,
                function: "Deliver",
            },
        },
        ResponseSender: &responseSender{
            AtomicBroadcast_DeliverServer: srv,
        },
```

```
    }
        return s.dh.Handle(srv.Context(), deliverServer)
    }
```

Server 结构体十分重要,无论是 Peer 还是 Orderer 在 Deliver 区块请求时都会用结构体进行处理。示例代码如下:

```
// common/deliver/deliver.go

// Server 是主服务结构
type Server struct {
    Receiver
    PolicyChecker
    ResponseSender
}

// Handler 负责具体响应 Deliver 请求
type Handler struct {
    ExpirationCheckFunc func(identityBytes []byte) time.Time
    ChainManager        ChainManager
    TimeWindow          time.Duration
    BindingInspector    Inspector
    Metrics             *Metrics
}

func (h *Handler) Handle(ctx context.Context, srv *Server) error {
    ...
}
```

16.5.1　整体流程

对 Deliver 请求的整体处理流程如图 16-6 所示,通过循环处理每个提交请求并返回区块。

核心的 common/deliver/Handler.Handle(ctx context.Context, srv *Server) error 方法实现过程:通过一层循环从与客户端的链接中不断读取请求消息,调用 Handler.deliverBlocks(...) 方法(位于 common/deliver/deliver.go)答复所请求的若干区块,最后答复处理状态消息。主要代码如下所示:

```
// common/deliver/deliver.go

func (h *Handler) Handle(ctx context.Context, srv *Server) error {
    ...
    for {
        // 从请求中提取一个 Envelope 消息,直到结束
        envelope, err := srv.Recv()
        if err == io.EOF {
            return nil
        }

        // 答复所请求的若干区块
        status, err := h.deliverBlocks(ctx, srv, envelope)
        if err != nil {
            return err
        }

        // 答复状态消息给客户端
        err = srv.SendStatusResponse(status)
    }
}
```

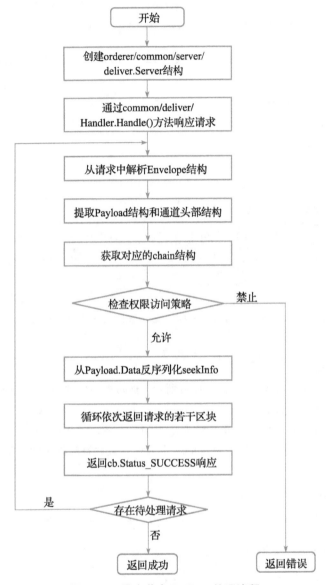

图 16-6 排序节点 Deliver 处理流程

其中，对单个请求的处理都在 Handler.deliverBlocks(...) 方法中。该方法的处理过程包括解析消息、检查访问权限、计算获取区块范围、发送区块以及返回响应等步骤。主要代码如下所示：

```
// common/deliver/deliver.go

func (h *Handler) deliverBlocks(ctx context.Context, srv *Server, envelope *cb.
Envelope) (status cb.Status, err error) {

    // 解析消息
```

```
addr := util.ExtractRemoteAddress(ctx)
payload, chdr, shdr, err := h.parseEnvelope(ctx, envelope)

chain := h.ChainManager.GetChain(chdr.ChannelId)
if chain == nil {
    return cb.Status_NOT_FOUND, nil
}

// 提取查找的位置信息
seekInfo := &ab.SeekInfo{}
if err = proto.Unmarshal(payload.Data, seekInfo); err != nil {
    return cb.Status_BAD_REQUEST, nil
}

erroredChan := chain.Errored()
if seekInfo.ErrorResponse == ab.SeekInfo_BEST_EFFORT {
    erroredChan = nil
}
select {
case <-erroredChan:
    return cb.Status_SERVICE_UNAVAILABLE, nil
default:
}

// 检查访问权限
accessControl, err := NewSessionAC(chain, envelope, srv.PolicyChecker, chdr.
ChannelId, h.ExpirationCheckFunc)
if err != nil {
    return cb.Status_BAD_REQUEST, nil
}

if err := accessControl.Evaluate(); err != nil {
    return cb.Status_FORBIDDEN, nil
}

// 计算所获取的区块范围
if seekInfo.Start == nil || seekInfo.Stop == nil {
    return cb.Status_BAD_REQUEST, nil
}
cursor, number := chain.Reader().Iterator(seekInfo.Start)
defer cursor.Close()
var stopNum uint64
switch stop := seekInfo.Stop.Type.(type) {
case *ab.SeekPosition_Oldest:
    stopNum = number
case *ab.SeekPosition_Newest:
    if proto.Equal(seekInfo.Start, seekInfo.Stop) {
        stopNum = number
        break
    }
    stopNum = chain.Reader().Height() - 1
case *ab.SeekPosition_Specified:
    stopNum = stop.Specified.Number
    if stopNum < number {
        return cb.Status_BAD_REQUEST, nil
    }
}

// 发送区块
for {
    if seekInfo.Behavior == ab.SeekInfo_FAIL_IF_NOT_READY {
```

```
        if number > chain.Reader().Height()-1 {
            return cb.Status_NOT_FOUND, nil
        }
    }

    var block *cb.Block
    var status cb.Status

    iterCh := make(chan struct{})
    go func() {
        block, status = cursor.Next()
        close(iterCh)
    }()

    select {
    case <-ctx.Done(): // 连接中断
        return cb.Status_INTERNAL_SERVER_ERROR, errors.Wrapf(ctx.Err(), "context
finished before block retrieved")
    case <-erroredChan: // 共识组件错误
        return cb.Status_SERVICE_UNAVAILABLE, nil
    case <-iterCh:
    }

    if status != cb.Status_SUCCESS { // 通道错误
        return status, nil
    }

    number++

    if err := accessControl.Evaluate(); err != nil { // 每个区块发送前再次检查客
                                                      // 户端权限
        return cb.Status_FORBIDDEN, nil
    }

    // 发送区块给客户端
    signedData := &protoutil.SignedData{Data: envelope.Payload, Identity: shdr.
Creator, Signature: envelope.Signature}
    if err := srv.SendBlockResponse(block, chdr.ChannelId, chain, signedData);
err != nil {
        return cb.Status_INTERNAL_SERVER_ERROR, err
    }

    if stopNum == block.Header.Number {
        break
    }
}

return cb.Status_SUCCESS, nil
}
```

下面对其进行具体分析。

16.5.2　解析消息

该部分逻辑在 Handler.parseEnvelope(...) 方法中实现。首先，从请求的 Envelope 结构中提取载荷（payload），进一步从载荷中提取通道头部信息。利用通道头部信息获取对应的本地链结构，并获取当前最新的配置序列号。主要实现代码如下所示：

```
// common/deliver/deliver.go
```

```
func (h *Handler) parseEnvelope(ctx context.Context, envelope *cb.Envelope) (*cb.
Payload, *cb.ChannelHeader, *cb.SignatureHeader, error) {

    // 提取载荷
    payload, err := utils.UnmarshalPayload(envelope.Payload)

    // 提取通道头
    chdr, err := utils.UnmarshalChannelHeader(payload.Header.ChannelHeader)

    // 提取校验头部
    shdr, err := protoutil.UnmarshalSignatureHeader(payload.Header.SignatureHeader)

    // 校验通道头：提取时间戳，与本地时间进行对比，超过 General.Authentication.TimeWindow
    // （默认 15 分钟）指定值则认为非法，拒绝请求
    err = h.validateChannelHeader(ctx, chdr)
}
```

16.5.3　检查访问权限

Orderer 服务在响应 Deliver 请求时会添加访问权限到 PolicyChecker。维护模式下策略为 /
Channel/Orderer/Readers（意味着仅通道内的排序组织）；普通模式下策略为 /Channel/Readers（意
味着所有通道内成员）。通过策略检查请求方是否对通道拥有对应的读权限。主要实现代码如下
所示：

```
// common/deliver/deliver.go#Handler.deliverBlocks(...)

accessControl, err := NewSessionAC(chain, envelope, srv.PolicyChecker, chdr.Chann
elId, h.ExpirationCheckFunc)

if err := accessControl.Evaluate(); err != nil {
    return cb.Status_FORBIDDEN, nil
}
```

16.5.4　计算区块范围

从 Envelope 结构的 payload.data 域中解析出 seekInfo 结构，并检查其合法性，主要实现代码
如下：

```
// common/deliver/deliver.go#Handler.deliverBlocks(...)

proto.Unmarshal(payload.Data, seekInfo)
if seekInfo.Start == nil || seekInfo.Stop == nil {
    return cb.Status_BAD_REQUEST, nil
}
// 获取区块范围的开始序号
cursor, number := chain.Reader().Iterator(seekInfo.Start)

// 检查 seekInfo 的合法性
cursor, number := chain.Reader().Iterator(seekInfo.Start)
switch stop := seekInfo.Stop.Type.(type) {
    case *ab.SeekPosition_Oldest:      // 结束区块为最早区块，则更新为开始区块序号
        stopNum = number
    case *ab.SeekPosition_Newest:      // 结束区块为最新的区块，则更新为当前最新的区块号
        if proto.Equal(seekInfo.Start, seekInfo.Stop) {
            stopNum = number
            break
        }
        stopNum = chain.Reader().Height() - 1
    case *ab.SeekPosition_Specified: // 结束区块为特定的区块
```

```
    stopNum = stop.Specified.Number
    if stopNum < number {
        return cb.Status_BAD_REQUEST, nil
    }
}
```

16.5.5 发送区块

在指定的起始和截止范围内，逐个从本地账本读取区块，并发送对应的区块数据，核心代码如下所示：

```
// common/deliver/deliver.go#Handler.deliverBlocks(...)

for {
    // 获取区块
    go func() {
        block, status = cursor.Next()
        close(iterCh)
    }()

    // 发送区块
    signedData := &protoutil.SignedData{Data: envelope.Payload, Identity: shdr.
Creator, Signature: envelope.Signature}
    srv.SendBlockResponse(block, chdr.ChannelId, chain, signedData)

    // 直到指定的结束区块序号
    if stopNum == block.Header.Number {
        break
    }
}
```

16.5.6 返回响应

如果处理成功，则返回成功响应消息：

```
// common/deliver/deliver.go#Handler.deliverBlocks(...)

err = srv.SendStatusResponse(status)
if status != cb.Status_SUCCESS {
    return err
}
```

16.6 本章小结

本章剖析了排序节点若干核心功能的实现，包括节点启动、对 Broadcast 和 Deliver gRPC 请求的处理、如何处理消息进行切块等。这些功能让排序节点可以响应提交到网络的并发交易请求，并完成全局排序共识。

通过本章学习，读者可以更加深刻地理解排序节点的工作原理。当需要了解某个模块代码时，可从本章介绍的关键路径入手，快速理解相应的实现逻辑。

第 17 章

区块链服务平台

规模是问题之源。

云计算已经成为当下流行的计算方式，为用户获取计算基础设施带来了极大的便捷，并节约运维管理成本。区块链作为典型的分布式系统，其部署和运维都比较复杂，给应用开发者带来挑战。

目前，业界已有不少企业开发了基于云计算技术的区块链服务平台，为开发者提供一站式的应用创建、使用和管理。开发者只需关注开发分布式应用，加快了开发过程，节约了维护成本。

本章首先介绍区块链服务平台的概念；之后以国内外部分先进的区块链服务为例讲解它们的特性和应用场景；最后，介绍开源的区块链管理平台——超级账本 Cello 项目。

17.1 简介

区块链服务平台（Blockchain as a Service，BaaS），通常部署在云计算基础设施之上，负责对区块链网络的生命周期和运行时服务进行管理。

通过使用运营商提供的区块链服务，开发者无须购买和维护计算资源，可以利用运营商提供的区块链资源快速部署和验证分布式应用。

除了区块链系统自身外，完整的服务方案还经常包括用户管理、访问控制、服务监控、审计计费等功能。

从 2016 年起，业界开始关注区块链服务平台，包括 IBM、甲骨文、腾讯、阿里、百度、纸贵科技等企业。此外，超级账本开源项目也发起了 Cello 项目，以提供一套允许定制的开源区块链管理平台。

1. 参考架构

典型的区块链服务平台多为分层结构。最上层面向应用开发者和平台管理员提供不同的操作能力；核心层负责完成资源编排、系统监控、数据分析和权限管理等重要功能；下层可以通过多种类型的驱动和代理组件来访问和管理多种物理资源。区块链服务平台参考架构如图 17-1 所示。

平台所提供的业务能力通常包括：

- 用户按需申请区块链网络，以及所需的计算、存储与网络资源。
- 用户通过可视化界面来管理和监控网络。
- 通过带认证的接口，用户可以访问区块链网络，安装智能合约并进行调用。
- 提供易用的智能合约开发与测试环境，方便用户对应用代码进行管理。
- 为管理员提供用户管理和资源管理操作。
- 允许管理员对系统各项健康状态进行实时监控。
- 提供对平台内各项资源和应用层的数据分析和安全响应能力。

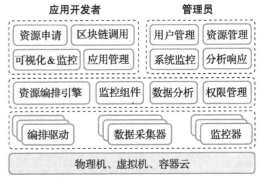

图 17-1　区块链服务参考架构

2. 企业场景评测指标

要衡量一个服务平台是否满足企业场景需求，主要依据如下几个衡量指标：

- 性能保障，包括区块链和应用的处理速度和长时间稳定性，以及监控实时性等。
- 可扩展性，支持大规模场景下部署和管理的能力，可以快速进行跨区域扩展。
- 资源调度，对于非均匀的资源请求可以智能调度，合理分配系统资源。
- 安全性，从多个层面保障系统的安全性，避免外部攻击和内部故障。
- 可感知性，深度感知数据行为，如可以评估链上应用状态，主动提示用户。
- 底层资源普适性，底层应当支持多种混合计算架构，可以导入多种物理资源。

要达到这些目标并不容易，需要服务商具备深厚的平台运维经验，以及对区块链技术深入的理解和较强的开发能力。

17.2　IBM 区块链服务

2016 年 5 月，IBM 面向开发者推出了基于超级账本 Fabric 的区块链服务，供全球的区块链爱好者使用。用户可以通过访问 https:// www-31.ibm.com/ibm/cn/blockchain/blockchain-as-a-service/ 使用该服务。

该服务依托 IBM 云计算技术，包含大量平台和软件服务，旨在帮助开发者实现一站式地应用开发与部署管理。

IBM 区块链服务为用户提供了在云上灵活管理超级账本 Fabric 区块链网络的能力，让开发者专注于快速创建、操作和监控区块链网络，而无须过多考虑底层硬件资源。同时，IBM 云平台本身也提供了安全、隐私性方面的保障，并对相关资源进行了性能优化。

目前，IBM 提供了几种不同类型的区块链网络部署方案，包括公有云和私有云方案。不同方案针对开发者的不同需求，在运行环境、占用资源、配置方式上都有所区别。另外，IBM 还推出区块链咨询服务，帮助客户更好地使用区块链。

1. 区块链公有云服务

基于公有云的区块链服务具有如下特点：

- 基于 Fabric v1.x 开源方案和 IBM PaaS 云平台。
- 实现区块链网络的快速搭建和应用合约部署。
- 自带平台安全特性，保护用户数据安全性。
- 提供自服务运维系统，包括共享存储、日志监控、DevOps 等，减小用户运维复杂度。

该服务适合开箱即用的场景，提供 SDK、CLI 样例，开发者可以专注于区块链业务代码本身，以提升开发和运维效率。

2. 区块链私有云服务

该区块链服务基于 OpenShift 实现，不仅提供了面向开发者的开发工具，还提供了网络管理员接口，允许用户对区块链资源实现完整的生命周期管理。主要面向如下用户：

- 开发者，开发应用程序和智能合约，无须关心区块链平台管理。
- 企业管理员，管理部署的节点和智能合约，管理企业成员，管理通道等资源。
- 网络管理员，邀请企业加入联盟，管理用户身份，扩展资源。

目前，IBM 区块链方案已经在沃尔玛食品追溯、北方信托自动化私募、SecureKey 身份数据交换等项目中得到应用。

17.3　甲骨文区块链服务

甲骨文公司于 2018 年 7 月起正式上线其区块链云服务，之后还推出了允许企业自主管理的本地版（On premise）区块链平台方案，成为最早支持多种模式的区块链服务商之一。

依托甲骨文数十年的企业方案开发经验和行业服务经验，甲骨文区块链被不同行业用户使用，包括全球供应链跟踪货物，阿拉伯约旦投资银行、东方海外货柜航运有限公司旗下货讯通、印度石油公司、尼日利亚海关等多家跨国知名企业或机构。

甲骨文区块链方案基于超级账本 Fabric 开源项目，遵循开放标准，方便用户自主控制其基于区块链的应用。

通过甲骨文云平台的免费试用方案，用户可以自由构建、测试和部署应用。只需一次注册，就能获得无限时 Always Free 云服务（包括数据库、计算、存储、网络等）和 300 美元储值或 30 天的免费试用资格。

1. 区块链云服务特性

区块链云服务具有如下特性：

- 基于云托管，支持快速创建和管理区块链资源，完全自动化的运维。
- 提供基于 REST 的开发和管理接口，提供可视化操作界面和智能合约案例。
- 支持接入外部区块链平台或组织，完全兼容超级账本 Fabric 开放标准和接口。
- 可以快速集成甲骨文其他云服务或第三方应用，包括数据库、存储等。
- 支持自适应的网络攻击和威胁管理，提供系统状态的全面监控。
- 支持业界全面的高可用性和安全性，为用户数据提供最高级别的保护。

同时，甲骨文依托其深厚的行业经验和广泛的合作伙伴资源，为用户提供专家咨询和协助服务，提供设计和实施相关的专业建议。

2.本地版区块链方案特性

为了满足企业本地部署和管理其数据资源的需求，甲骨文还推出了本地版区块链平台服务。该平台在具备区块链云服务大部分特性的同时，为使用者提供更大的灵活性。用户可以自己定制所需要的区块链资源，并集成本地的信息基础服务。

使用本地版区块链方案，所有的数据和应用都会存放在用户本地的数据中心内，可以实现更好的管控需求。用户可以通过访问 https:// www.oracle.com/cn/blockchain/ 了解更多信息。

17.4　腾讯云区块链服务平台

腾讯云，是腾讯集团倾力打造的云计算品牌，面向全世界各个国家和地区的政府机构、企业组织和个人开发者，提供全球领先的云计算、大数据、人工智能等技术产品与服务，以卓越的科技能力打造丰富的行业解决方案，构建开放共赢的云端生态，推动产业互联网建设，助力各行各业实现数字化升级。

为了进一步扩大区块链的应用场景，降低区块链的使用门槛，腾讯云依托开源社区与腾讯云计算平台，打造服务智慧产业和分布式商业的区块链基础设施——腾讯云区块链服务平台TBaaS。该平台于 2017 年 10 月上线，对外提供一站式区块链服务，提高个人和企业部署区块链效率，加快应用落地。

TBaaS 遵循标准的区块链底层协议搭建，如图 17-2 所示，可兼容网络协议一致的友商云平台。在多云融合的环境中，用户可以按照业务需求搭建真正的跨云平台联盟链，让用户解耦对底层技术平台的强依赖性，提升区块链平台自身的可信度。平台采用基于数字证书的 PKI 的身份管理、多链隔离、信息加密、智能合约控制等手段保护私密信息。

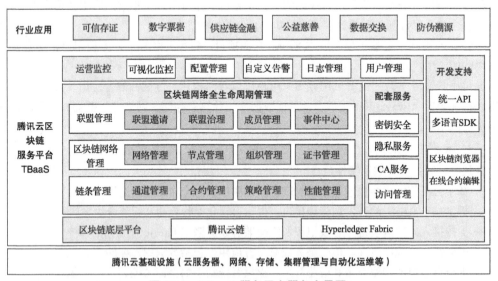

图 17-2　TBaaS 服务平台服务全景图

与此同时，腾讯云区块链与目前国内领先的证书服务提供商中国金融认证中心（CFCA）进行深度战略合作，支持在腾讯云区块链中使用 CFCA 签发企业所需的各类证书（例如电子签名、身份认证、

SSL 证书、交易监控、反欺诈），为客户带来全平台的证书可识别性和一体化的用户与证书管理服务。

TBaaS 平台提供完备的智能合约集成开发调试环境，缩短了用户开发周期，减轻了开发压力，以更便捷的方式辅助软件开发。与其他平台不同，腾讯 TBaaS 平台不仅可以对智能合约进行词法分析、语法检查，还专门提供了智能合约安全检查服务，对合规性和安全性进行校验。

作为企业级区块链开放平台，腾讯云区块链服务平台 TBaaS 集合了多个区块链底层技术，目前已支持 Hyperledger Fabric、Tencent TrustSQL 等区块链底层平台。目前 TBaaS 已在多个场景实现应用，包括保险直赔、资金结算、电子票据、供应链金融、智慧医疗、公益慈善等领域的解决方案落地。随着区块链市场需求逐步扩张，TBaaS 将不断打造创新场景应用能力，将优秀的区块链平台能力辐射到各行各业。

17.5　阿里云区块链服务平台

阿里云区块链服务是基于主流区块链技术的 PaaS 层服务，其定位是帮助用户快速构建更稳定、安全的生产级区块链环境，大幅降低在区块链部署、运维、管理、应用开发等方面的难度，让用户更专注于核心业务创新，并实现业务快速上链。

阿里云 BaaS 支持开源的 Hyperledger Fabric、Quorum，以及蚂蚁金服自研的金融级联盟链技术——蚂蚁区块链。阿里云 BaaS 于 2018 年 7 月上线，至今已在全球多个区域（包括中国、东南亚、日本、澳大利亚、欧洲、北美等）开通了商业化服务，架构图如图 17-3 所示。

1. 功能特点

阿里云 BaaS 为用户提供了一键式创建区块链网络实例的能力，包含了对底层所需云资源（如 ECS、存储、容器 Kubernetes 集群、负载均衡、域名等）的自动创建和管理。支持多家企业在不同区域分别购买和管理各自的区块链组织节点，通过邀请和审批机制共同组成一个联盟链网络，并且未来可动态扩展加入新的企业节点，以满足企业共同治理和业务动态扩展的需求。在部署方式上，除了公共云外，阿里云 BaaS 也支持专有云或私有化环境的部署，并可基于互操作性与线上 BaaS 实例组成混合云 / 多云的联盟链。

在安全性方面，阿里云 BaaS 结合了 TEE（如 Intel SGX）技术保护区块链的私钥安全，支持国密算法（SM2/SM3/SM4），内置 DDoS 攻击防护能力，支持子账号访问控制，并对产品管理运维中的高风险操作引入了风控验证和审计日志功能，满足企业级需求。

在应用开发方面，阿里云 BaaS 提供了 SDK、Open API 供业务应用调用智能合约、管理区块链示例，并提供了 Cloud IDE（蚂蚁区块链）、VS Code 插件（Fabric）以帮助开发者更高效地编写和发布智能合约，还提供了智能合约扫描功能以提升智能合约的安全性。

在阿里云 BaaS 控制台上，除了常用的联盟链、组织节点、智能合约、用户等管理功能外，也提供了图形化区块链浏览器以查看区块、交易、智能合约等方面的统计信息，同时也可以通过集成的云监控能力实现丰富的监控报表、自动监控报警等高级功能。

依托阿里云丰富的云服务资源，阿里云 BaaS 提供了云服务集成能力，将区块链服务与业务所需的云服务（如消息中间件、函数计算、数据库、内容安全等）实现内置的安全互通，让现有的企业应用更方便地对接区块链系统。阿里云 BaaS 还可结合蚂蚁金服的 ODATS 服务实现异构区块链技术的跨链，如 Hyperledger Fabric 与蚂蚁区块链之间的跨链。

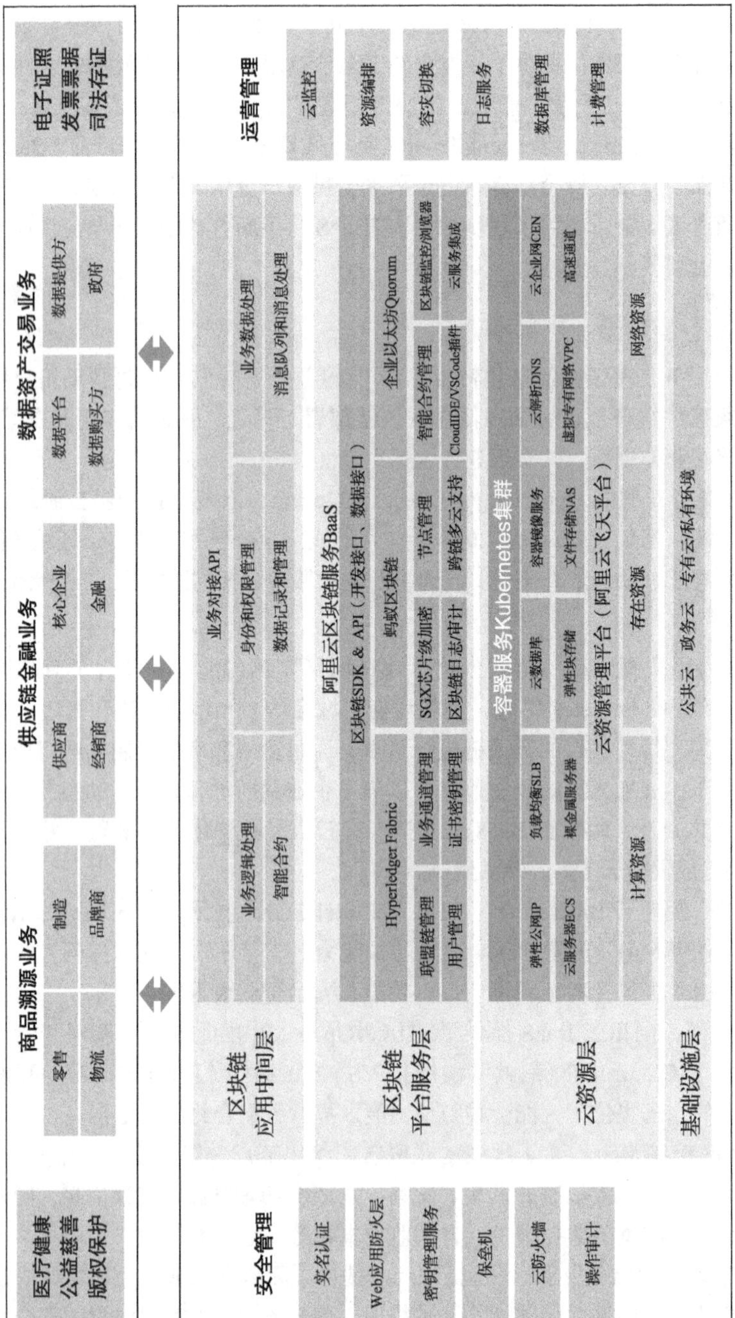

		商品溯源业务			供应链金融业务		数据资产交易业务		电子证照
医疗健康 公益慈善 版权保护		零售	制造	供应商	核心企业	数据平台	数据提供方		发票养据
		物流	品牌商	经销商	金融	数据购买方	政府		司法存证

图 17-3 阿里云区块链服务架构图

区块链
应用中间层

业务对接API

| 业务逻辑处理 | 身份和权限管理 | 业务数据处理 |
| 智能合约 | 数据记录和管理 | 消息队列和消息处理 |

区块链
平台服务层

阿里云区块链服务BaaS

区块链SDK & API（开发接口、数据接口）

Hyperledger Fabric	SGX芯片级加密	蚂蚁区块链	智能合约管理	企业以太坊Quorum
联盟链通道管理	业务通道管理	节点管理	CloudIDE/VSCode插件	区块链浏览器
用户管理	证书密钥审计	区块链日志/审计	跨链多云支持	云服务集成

容器服务Kubernetes集群

云资源层

云资源管理平台（阿里云飞天平台）

弹性公网IP	云数据库	容器镜像服务	云解析DNS	云企业网CEN
负载均衡SLB	弹性块存储	文件存储NAS	虚拟专有网络VPC	高速通道
云服务器ECS	裸金属服务器			

| 计算资源 | | 存在资源 | | 网络资源 |

基础设施层

公共云 政务云 专有云私有环境

安全管理

| 实名认证 |
| Web应用防火墙 |
| 密钥管理服务 |
| 保全机 |
| 云防火墙 |
| 操作审计 |

运营管理

| 云监控 |
| 资源编排 |
| 容灾切换 |
| 日志服务 |
| 数据库管理 |
| 计费管理 |

2. 应用场景

阿里云 BaaS 已在政府、电信、医疗、互联网、零售、交通等行业落地了如商品溯源、电子证照、处方流转、互助养老、公益捐款、供应链金融等业务应用场景。

读者可以通过访问 https:// cn.aliyun.com/product/baas 了解更多应用场景。

17.6　百度超级链服务平台

百度基于持续多年在区块链技术与应用领域的研究与探索，推出了完全自主知识产权的区块链底层技术——超级链（XuperChain），如图 17-4 所示。在核心技术层面，超级链以"自主可控""开源"为主要目标，响应国家政策，旨在打破国外技术在区块链技术领域的垄断；2019 年 5 月，超级链正式开源，现已成为国内对开发者极具影响力的区块链开源技术。

在产品层面，超级链陆续推出：符合用户多种需求的云端与本地化两套区块链部署方案，以提供区块链基础服务网络——超级链"开放网络"，兼具法律效力与使用便捷性的可信存证服务，基于超级链在司法、版权、政务、溯源、金融等落地成熟经验打造的 6 大行业 10 余个解决方案。

图 17-4　百度超级链服务平台

1. 技术优势

（1）自主可控

百度始终坚持区块链核心技术的自主研发和创新，已经拥有 200 余篇（截止到 2020 年 1 月份）基于核心、底层区块链技术的自主知识产权专利。在加密技术、共识算法、智能合约、权限账户等核心技术上具有技术独创性。超级链在安全性上具备显著优势，支持国密算法，满足"等保三级"等多项国家要求及安全标准。超级链支持国家监管，可实现多中心化监管，白名单机制设置监管账号，包括事务链上合规检查、合约封禁、数据可擦写、可屏蔽等功能。超级链具有创新的超级节点架构、链内并行技术、可回归侧链技术以及平行链管理等区块链底层技术，在技术和结构的设计上具备安全、可管、可控的特点，形成了完备的安全管理体系。

（2）性能卓越

百度超级链具有高性能、高扩展性、高兼容性和易用性强等特点，单链每秒处理交易数 8.7 万 TPS，整体网络可达到 20 万 TPS，达到世界一流水平。节点测试、性能测试、智能合约测试等多个测试项目均通过国家工业信息安全发展研究中心评测鉴定所的测评（其他权威机构测评持续增加中）。

（3）简单易用

百度超级链支持网络、链、智能合约完全线上化部署、管理和使用，提供丰富的管理运维功能，以及完备的开发者工具。如线上沙盒、完整的应用案例、开放的应用程序编程接口（OpenAPI）等，可以帮助开发者快速地部署区块链系统。同时，百度超级链还提供完整且可视化的运维工具和服务，帮助使用者了解区块链网络和服务的状态，也有助于及时发现并定位问题，从而保障区块链服务的稳定可靠。超级链具有优秀的开发亲和性，支持主流开发语言，如 C++、Go、Java、Solidity 等，并由专业辅助开发工具 XuperStudio 提供工程支持。

（4）独有跨链技术

超级链作为国内技术栈最完备团队，拥有联盟链、合规公链技术。同时，通过对区块链 + 的积极探索，超级链推出的可信计算（XuperData）、边缘计算（XuperEdge）、IoT（XuperLight）等三大区块链与前沿技术完美融合。另外，为解决复杂商业场景下链与链之间缺乏统一的互联互通机制这一难题，百度超级链推出独有的跨链技术。

（5）积极开源

2019 年 5 月百度超级链正式开源，把链内并行技术、可插拔共识机制、账号权限系统、一体化智能合约等四大核心专利技术开源，提供 Go、C#、Python、Java 等多语言的 SDK，易用性大幅提升，受到开发者的广泛追捧与好评。开源以来，超级链团队始终保持高频迭代，在知名技术社区 GitHub 上 star 数遥遥领先。超级链拥有上百人的稳定研发团队，并建立了 7×24 小时服务的开源服务社区，通过微信群、邮件组、直播间等方式第一时间解答用户面临的各种技术问题。

2. 应用场景

根据不同行业的场景和需求，超级链提供专业、可靠的区块链行业解决方案。包括：

- 版权保护。基于区块链技术，为原创作者和机构提供从版权保护到传播变现，再到监控维权的全链服务，帮助版权人维护版权资产价值。
- 司法存证。与北京、广州互联网法院共建司法区块链系统，实现数据从生成、存储、传输到最终提交的整个环节真实可信，并具有法律效力。
- 商品溯源。基于区块链技术，实现商品全流程信息记录，消费者可便捷地进行信息溯源查询。
- 去中心化游戏。让游戏内的资产所有权真正地归属于用户，同时游戏的运行规则上链，保证游戏运行机制公开透明。

- 公益。将钱款的来源和流向写入区块链，可以用提高公益事业的信息透明度，提升组织效率。
- 数字积分。利用区块链技术构建去中心化积分资产的发行、流通、管理体系，让发行更公开透明，提升用户积分消费兴趣，赋能积分生态构建。

17.7　纸贵科技 Z-BaaS 区块链服务平台

纸贵科技是中国较早开始建设区块链服务平台的企业，早在 2017 年 12 月就发布了其区块链服务平台产品——Z-BaaS（https://baas.zhigui.com），如图 17-5 所示。

图 17-5　纸贵科技 Z-BaaS 产品首页

纸贵科技 Z-BaaS 旨在帮助区块链使用者快速构建区块链基础设施，提供区块链应用开发、部署、测试和监控的整套解决方案。Z-BaaS 是一个开放型的企业级区块链云服务平台，已陆续支持多种主流的区块链底层网络和开发环境构建，包括纸贵科技研发的许可链底层 Z-Ledger、链网络 Zues，还包括 Hyperledger Fabric、以太坊、百度超级链等开源区块链网络环境。本节具体介绍其中 Hyperledger Fabric 网络环境的构建服务。

Z-BaaS 支持在几分钟内快速部署一个 Hyperledger Fabric 网络。支持用户选择版本和节点部署模式（云平台、外部节点或混合模式），支持配置共识策略、账本存储方式和底层资源配置等信息。在配置选择完成后，平台将自动进行资源的准备和网络的构建。

Fabric 网络构建完成后，用户可以在控制台进行网络的管理与维护。

Z-BaaS 控制台支持动态的区块链网络管理功能，包括区块链概览、组织管理、节点管理、通道管理、链码管理、日志查询等，如图 17-6 所示。用户可以通过 Z-BaaS 便捷地实现网络扩展和资源调配，开展链码的开发、部署和维护工作。

Z-BaaS 在构建底层区块链网络的基础上，为企业用户提供一系列高阶的技术解决方案，包括跨链互操作、分布式身份标识、区块链预言机、零知识证明等，使之能够满足区块链行业应用所提出的技术要求。与此同时，Z-BaaS 提供了一系列面向垂直行业的区块链解决方案和 SaaS 服务，包括版权存证、侵权取证、商品溯源、供应链金融、数据管理等，Z-BaaS 已帮助多家企业快速落地区块链行业应用。

图 17-6　Z-BaaS 的 Fabric 管理控制台

17.8　超级账本 Cello 项目

为了方便用户自行开发区块链操作系统，超级账本社区还推出了 Cello 项目，为本地搭建区块链管理平台提供了开源解决方案。该项目托管在 https:// github.com/hyperledger/cello 上。

Cello 目前支持管理超级账本 Fabric 区块链，可以在多种类型的物理资源上对区块链网络的生命周期进行管理，其典型应用场景如图 17-7 所示。

正如 Cello 的名字所蕴意，它就像一把精巧的大提琴，以区块链为弦，奏出流畅、动人的乐章。

Cello 项目于 2017 年 1 月正式被社区接收，主要基于 Python 和 Javascript 语言编写。该项目的定位为区块链管理平台，支持部署、运行时管理和数据分析等功能，可以实现一套完整的 BaaS 系统的快速搭建。其基本架构如图 17-8 所示。

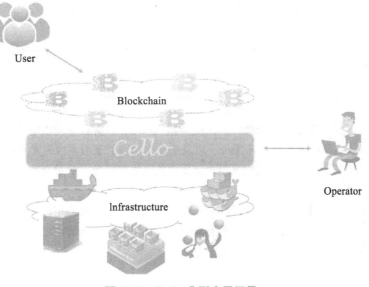

图 17-7　Cello 典型应用场景

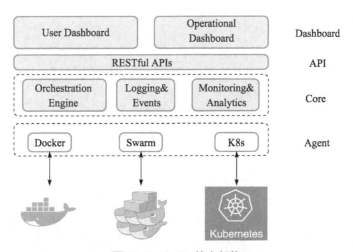

图 17-8　Cello 基本架构

　　在实现区块链环境快速部署的同时，Cello 也提供了不少对区块链平台进行运行时管理的特性，这些特性总结如下。

- 管理区块链的全生命周期，包括创建、配置、使用、健康检查、删除等。
- 支持多种基础架构作为底层资源池，包括裸机、虚拟机、容器云（Docker、Swarm、Kubernetes）等。
- 支持多种区块链平台及自定义配置（目前以支持超级账本 Fabric 为主）。
- 支持监控和分析功能，实现对区块链网络和智能合约的运行状况分析。

- 提供可插拔的框架设计，包括区块链平台、资源调度、监控、驱动代理等都很容易引入第三方实现。

目前，Cello 项目正在实现全新的去中心化管理，读者可以访问 https:// wiki.hyperledger.org/ display/cello 了解更多细节。

17.9 本章小结

本章介绍了区块链服务平台的概念。阐述了如何利用云计算技术为区块链部署和管理带来便捷，并提出了区块链服务平台的参考架构，以及企业应用场景下对平台的常见评测指标。

本章随后还介绍了业界领先的数家企业所提供的区块链服务，最后介绍了开源的区块链管理平台项目——超级账本 Cello。

区块链技术的普及离不开生态系统和相关工具的成熟，区块链应用的落地同样离不开完善的管理平台支持。本章的内容能够给予读者不同的视角，从系统管理的角度，思考如何在变革中快速应对复杂业务的管理挑战。

附　　录

附录 A
术　语

通用术语

Blockchain（区块链）：基于密码学的、可实现信任的信息存储和处理的结构和技术。通常由多个区块链接而构成链表结构，除了初始区块，每个区块头部都包括前继区块内容的 Hash 值。

Byzantine Failure（拜占庭错误）：指系统中存在除了消息延迟或不可送达故障以外的错误，包括消息被篡改、节点不按照协议进行处理等，潜在地会对系统造成针对性的破坏。

CDN：Content Delivery Network，内容分发网络。利用在多个地理位置预先配置的缓存服务器，自动从距离近的缓存服务器响应请求，以实现资源的快速分发。

Consensus（共识）：分布式系统中多个参与方对某个信息达成一致，多数情况下为对发生事件的顺序达成一致。

Decentralization（去中心化）：无须一个独立的第三方中心机构存在，有时候也叫多中心化。

Distributed（分布式）：非单个节点的实现，通常由多个个体通过某种组织形式联合在一起，对外呈现统一的服务形式。

Distributed Ledger（分布式账本）：由多家联合维护的去中心化（或多中心化）的账本记录平台。

DLT：Distributed Ledger Technology，分布式账本技术。包括区块链、权限管理等在内的实现分布式账本的技术。

DTCC：Depository Trust and Clearing Corporation，存托和结算公司，全球最大的金融交易后台服务机构。

Fintech：Financial Technology，与金融相关的（信息）技术。

Gossip：一种 P2P 网络中多个节点之间进行数据同步的协议，如随机选择邻居进行转发。

LDAP：Lightweight Directory Access Protocol，轻量级目录访问协议，是一种为查询、搜索业务而设计的分布式数据库协议，一般具有优秀的读性能，但写性能往往较差。

Market Depth（市场深度）：衡量市场承受大额交易后汇率的稳定能力，例如证券交易市场出现大额交易后价格不出现大幅波动。

MTBF：Mean Time Between Failures，平均故障间隔时间，即系统可以无故障运行的预期时间。

MTTR：Mean Time to Repair，平均修复时间，发生故障后，系统可以恢复到正常运行的预期时间。

MVCC：Multi-Version Concurrency Control，多版本并发控制。数据库领域的技术，通过引入版本来实现对并发更新请求的乐观处理，更新处理时，若数据版本与请求中注明的版本不一致，则拒绝更新。若更新成功，则将数据的版本递增。

Non-validating Peer（非验证节点）：不参与账本维护，仅作为交易代理响应客户端的请求，并对交易进行一些基本的有效性检查，之后转发给验证节点。

P2P：点到点的通信网络，网络中所有节点地位均等，不存在中心化的控制机制。

SLA/SLI/SLO：Service Level Agreement/Indicator/Objective，分别描述对用户在服务可用性方面的承诺、功能指标和目标值。

SWIFT：Society for Worldwide Interbank Financial Telecommunication，环球银行金融电信协会，运营世界金融电文网络，服务银行和金融机构。

Turing-complete（图灵完备）：指一个机器或装置能用来模拟图灵机（现代通用计算机的雏形）的功能，图灵完备的机器在可计算性上等价。

Validating Peer（验证节点）：维护账本的核心节点，参与一致性维护、对交易的验证和执行。更进一步可以划分为 Endorser、Committer 等多种角色。

密码学与安全相关术语

ASN.1：Abstract Syntax Notation One，定义了描述数据的表示、编码、传输、解码的一套标准，被广泛应用在计算机、通信和安全领域。

CA：Certificate Authority，负责证书的创建和颁发，是 PKI 体系中最为核心的角色。

CBDC：Central Bank Digital Currency，央行数字货币。由中央银行发行的数字货币，多与已有法币体系挂钩。

CRL：Certification Revocation List，证书吊销列表。包含所撤销的证书列表。

CSR：Certificate Signing Request，证书签名申请。包括通用名、名称、主机、生成私钥算法和大小、CA 配置和序列号等信息，用来发给 CA 服务以颁发签名的证书。

DER：Distinguished Encoding Rules，ASN.1 中定义的一种二进制编码格式，可以用来保存证书或密钥内容。

Genesis Block：创世区块，区块链的第一个区块，一般用于初始化，不带有交易信息。

Hash：Hash 算法，将任意长度的二进制值映射为较短的固定长度的二进制值的算法。

IES：Integrated Encryption Scheme，集成加密机制。一种混合加密机制，可以应对选择明文攻击（可以获知任意明文和对应密文）情况。包括 DLIES（基于离散对数）和 ECIES（基于椭圆曲线）两种实现。

Nonce：密码学术语，表示一个临时的值，多为随机字符串。

OCSP：Online Certificate Status Protocol，在线证书状态协议。通过查询服务来在线确认证书的状态（如是否撤销）。在 RFC 2560 中定义。

PKCS：Public-Key Cryptography Standards，公钥密码标准。由 RSA 实验室提出，定义了利用 RSA 算法和相关密码学技术来实现安全的系列规范，目前包括 15 个不同领域的规范。最早的版本于 1991 年提出，目前最新版本为 2012 年提出的 2.2 版本。

PEM：Privacy Enhanced Mail，用来保存证书和密钥的一种编码格式，在 RFC 1421-1424 中定义。

PKI：Public Key Infrastructure，基于公钥体系的安全基础架构。

SM：ShangMi，国家商用密码算法。2010 年以来陆续由国家密码管理局发布的相关标准和规范，主要包括：SM2（基于椭圆曲线密码的公钥密码算法标准）、SM3（Hash

算法标准）、SM4（基于分组加密的对称密码算法标准）、SM9（基于身份的数字证书体系）。2017 年 10 月 30 日，SM2 与 SM9 的数字签名算法在第 55 次 ISO/IEC 信息安全分技术委员会（SC27）上被正式接纳，成为国际标准之一。

ZKP：Zero-knowledge proof，零知识证明。在不泄露无关信息的前提下证实某个论断。

比特币、以太坊相关术语

Bitcoin（比特币）：最早由中本聪提出和实现的基于区块链思想的数字货币技术。

DAO：Decentralized Autonomous Organization，分布式自治组织。基于区块链的按照智能合约联系起来的松散自治群体。

DApp：Decentralized Application，去中心化应用。部署在区块链中的智能合约。

Lightning Network（闪电网络）：通过链外的微支付通道来增大交易吞吐量的技术。

Mining（挖矿）：通过暴力尝试找到一个字符串，使得它加上一组交易信息后的 Hash 值符合特定规则（例如前缀包括若干个 0），找到的人可以宣称新区块被发现，并获得系统奖励的数字货币。

Miner（矿工）：参与挖矿的人或组织。

Mining Machine（矿机）：专门为数字货币挖矿而设计的设备，包括基于软件、GPU、FPGA、专用芯片等多种实现。

Mining Pool（矿池）：采用团队协作方式集中算力进行挖矿，并对产出的数字货币进行分配。

PoS：Proof of Stake，股份持有证明。拥有代币或股权越多的用户，挖到矿的概率越大。

PoW：Proof of Work，工作量证明。在一定难题前提下求解一个 SHA256 的 Hash 问题。

Smart Contract（智能合约）：运行在区块链上的提前约定的合同。

Sybil Attack（女巫攻击）：少数节点通过伪造或盗用身份伪装成大量节点，进而对分布式系进行破坏。

超级账本相关术语

Anchor（锚定）：某个组织内的节点暴露出来给其他组织看到，作为协助沟通不同组织之间的节点组成 Gossip 的渠道。

Auditability（审计性）：在一定权限和许可下，可以对链上的交易进行审计和检查。

Block（区块）：代表一批得到确认的交易信息的整体，准备被共识加入区块链中。

Bootstrap（启动）：刚启动的节点可以连接到启动节点列表以获取网络中其他节点信息。启动节点必须为同一组织内节点。

Chaincode（链码）：区块链上的应用代码，扩展自 "智能合约" 概念，支持 Golang、Node.js 等语言，多为图灵完备。

Channel（通道）：Fabric 网络上的私有隔离机制。通道中的链码和交易只有加入该通道的节点可见。同一个节点可以加入多个通道，并为每个通道内容维护一个账本。

Committer（记账节点）：一种 Peer 节点角色，负责对排序后的交易进行检查，选择合法的交易执行并写入存储。

Commitment（记账）：记账节点完成对排序后交易的验证，将交易内容写到区块，并更新世界状态的过程。

Confidentiality（保密）：只有交易相关方可以看到交易内容，其他人未经授权则无法看到。

Consenter Set（共识组）：在 Raft 共识机制中，每个通道可以由指定的若干排序节点来进行维护，这些排序节点构成通道的共识组。特别地，系统通道的共识组包括所有的排序节点。

Endorser Peer（背书节点或推荐节点）：一种 Peer 节点角色，负责检验某个交易是否合法，是否愿意为之背书、签名。

Endorsement：背书过程，按照链码部署时的背书策略，相关 Peer 对交易提案进行模拟和检查，决策是否为之背书。如果交易提案获得了足够多的背书，则可以构造正式交易，进行进一步共识。

Invoke（调用）：一种交易类型，对链码中的某个方法进行调用，一般需要包括调用方法和调用参数。

Ledger（账本）：包括区块链结构（带有所有的交易信息）和当前的世界状态（world state）。

Member（成员）：代表某个具体的实体身份，在网络中拥有自己的根证书。节点和应用都必须属于某个成员身份。同一个成员可以在同一个通道中拥有多个 Peer 节点，其中一个为 Leader 节点，代表成员与排序节点进行交互，并分发排序后的区块给属于同一成员的其他节点。

MSP：Member Service Provider，成员服务提供者）。抽象的实现成员服务（身份验证，证书管理等）的组件，实现对不同类型的成员服务的可拔插支持。

Orderer（排序节点）：共识服务角色，负责对看到的交易进行排序，提供全局确认的顺序，有时又叫排序服务节点 Ordering Service Node（OSN）。

Permissioned Ledger（带权限的账本）：网络中所有节点必须是经过许可的，非许可节点无法加入网络。

Privacy（隐私保护）：交易员可以隐藏交易的身份，其他成员在无特殊权限的情况下，只能对交易进行验证，而无法获知身份信息。

Private Data（私密数据）：通道内只有部分成员组织可以看到原文的数据，可以避免交易数据泄露给其他无关组织或排序节点。

System Chain（系统链）：由对网络中配置进行变更的配置区块组成，一般可以用来作为组成网络成员们形成的联盟约定。

Transaction（交易）：执行账本上的某个函数调用或者部署、更新链码。调用的具体函数在链码中实现。

Transactor（交易者）：发起交易调用的客户端。

World State（世界状态）：即最新的全局账本状态。Fabric 用它来存储历史交易发生后产生的最新的状态，可以用键值或文档数据库实现。

附录 B
常 见 问 题

通用问题

问：区块链是谁发明的，有什么特点？

答：区块链相关的思想最早由比特币的发明者中本聪（化名）在白皮书中提出，将其作为比特币网络的核心支持技术。自那以后，区块链技术逐渐脱离比特币项目，成为一种通用的可以支持分布式记账能力的底层技术，具有非中心化和加密安全等特点。

问：区块链和比特币是什么关系？

答：比特币是基于区块链技术的一种数字现金（cash）应用；区块链技术最早在比特币网络中得到应用和验证。比特币系统在 2009 年上线后面向全球提供服务，在无中心化管理的情况下运转至今。

问：区块链和分布式数据库是什么关系？

答：两者定位完全不同。分布式数据库是解决高可用和可扩展场景下的数据管理问题；区块链则是在多方（无须中心化中介角色存在）之间提供一套可信的记账和合约履行机制。由此可见，两者完全可以配合使用。

问：区块链有哪些种类？

答：根据部署场景公开程度，可以分为公有链、联盟链和私有链；从功能上看，可以分为以支持数字货币为主的数字货币区块链（如比特币网络）、支持智能合约的通用区块链（如以太坊网络）、面向复杂商业应用场景的分布式账本平台（如超级账本）。

问：区块链是如何保证没有人作恶的？

答：恰恰相反，区块链并没有试图保证每一个人都不作恶。以比特币区块链为例，通过经济博弈手段来容忍部分参与者作恶。参与者默认在最长的链（唯一合法链）上进行扩展。当作恶者尝试延续一个非法链的时候，实际上在与所有的合作者进行投票竞争。因此，当作恶者占比不高（如不超过一半）时，概率意义上无法造成破坏。而作恶代价是所付出的资源（例如算力）都将被浪费掉。

问：区块链的智能合约应该怎么设计？

答：智能合约也是一种应用程序，在架构上既可以采取单体（monolithic）的方式（一个合约针对一个具体商业应用，功能完善而复杂），也可以采取微服务（microservice）的方式（每个合约功能单一，多个合约可相互调用共同构建应用）。选择哪种模式根本上取决于其上商业应用的特点。从灵活性角度，推荐适当对应用代码进行切分，划分到若干个智能合约，尽量保持智能合约的可复用性。

问：如何查看 PEM 格式证书内容？

答：可以通过如下命令转换证书内容进行输出：openssl x509 -noout -text -in <ca_file>。还可以通过如下命令来快速从证书文件中提取所证明的公钥内容：openssl x509 -noout -pubkey -in <ca_file>。

问：已知私钥，如何生成公钥？

答：取决于加密算法。对于椭圆曲线加密算法，可以通过如下命令生成公钥：openssl ec -pubout -outform PEM -in <private_key>。

问：如何校验某证书是否被根证书签名？

答：在已知根证书文件和待验证证书文件的情况下，可以使用如下命令进行验证：openssl verify -CAfile <root_cafile> <ca_to_verify>。

问：为何 Hash 函数将任意长的文本映射到定长的摘要，很少会发生冲突？

答：像 SHA-1 这样的 Hash 函数，可以将任意长的文本映射到相对很短的定长摘要。理论上讲，从大的集合映射到小的集合上必然会出现冲突。Hash 函数之所以很少出现冲突的原因在于，虽然输入的数据长度可以很大，但其实人类产生的数据并非全空间的，这些数据往往是相对有序（低熵值）的，实际上也是一个相对较小的集合。

比特币、以太坊相关问题

问：比特币区块链为何要设计为每 10 分钟才出来一个块，快一些不可以吗？

答：这个主要是从公平的角度考量的，当某一个新块被计算出来后，需要在全球比特币网络内公布。临近的矿工将最先拿到消息并开始新一轮的计算，较远的矿工则较晚得到通知。最坏情况下，可能造成数十秒的延迟。为尽量确保矿工们都处在同一起跑线上，这个时间不能太短。但出块时间太长又会导致交易的"最终"确认时间过长。目前看，10 分钟左右是一个相对合适的折中。另外，也是从存储代价的角度，让拥有不太大存储的普通节点可以参与对网络的维护。

问：比特币区块链每个区块大小为何是 1 MB，大一些不可以吗？

答：这也是折中的结果。区块产生的平均时间间隔是固定的 10 分钟，大一些，意味着发生交易的吞吐量可以增加，但节点进行验证的成本会提高（Hash 处理约为 100 MB/s），同时，存储整个区块链的成本会快速上升。区块大小为 1 MB，意味着每秒可以记录 1 MB/(10 × 60)=1.7 KB 的交易数据，而一般的交易数据大小在 0.2 ~ 1 KB。

实际上，之前比特币社区也曾多次讨论过改变区块大小的提案，但最终都未被接受。部分激进的设计者采取了分叉的手段。

问：以太坊网络与比特币网络有何关系？

答：以太坊网络所采用的区块链结构，源于比特币网络，基于同样设计原理。此外，以太坊提出了许多改善设计，包括支持更灵活的智能合约，支持除了 PoW 之外的更多共识机制（尚未实现）等。

超级账本项目相关问题

问：超级账本项目与传统公有区块链有何不同？

答：超级账本是目前全球最大的联盟链开源项目。在联盟场景下，参与多方容易达成一定的信任前提。另外，企业十分看重对接入账本各方的权限管理、审计功能、传输数据的安全可靠等特性。超级账本在考虑了商业网络的这些复杂需求后，提出了创新的架构和设计，成为首个在企业应用场景中得到大规模部署和验证的开源项目。

问：区块链最早是公有链形式，为何现在联盟链在很多场景下得到更多应用？

答：区块链技术出现以前，人们往往通过中心化的信任机制来实现协作，但是，一旦中心机制出现故障，则协作无法进行。区块链技术可以提供无中介情况下的信任保障。公有链情况下，任何人都可以参与监督，可以实现信任的最大化，但随之而来的是性能低下、可扩展性差等问题，特别是扩大到互联网尺度时，存在许多目前很难解决的技术难题。

联盟链在两者之间取得了平衡。多方共识模型中，系统整体可信任度随规模以指数增加；同时，联盟的信任前提，可以选用更高性能的共识机制，并支持权限管理。这些对企业场景来说都是迫切的需求。

问：采用 BFT 类共识算法时，节点掉线后重新加入网络，为何出现无法同步的情况？

答：这是某些算法设计导致的。掉线后的节点重新加入网络中，其视图（View）会领先于其他节点。其他节点正常情况下不会发生视图的变更，发生的交易和区块内容不会同步到掉线节点。出现这种情况，可采取两种解决方案：一个是强迫其他节点出现视图变更，例如也发生掉线或者在一段时间内强制变更；另一个是等待再次产生足够多的区块后触发状态追赶。

问：超级账本 Fabric 里的安全性和隐私性是如何保证的？

答：首先，Fabric 1.0 及以后的版本提供了对多通道的支持，不同通道之间的链码和交易是不可见的，即交易只会发送到该通道内的 Peer 节点。此外，在背书阶段，客户端可以根据背书策略选择性地发送交易到通道内的某些特定 Peer 节点。更进一步，用户可以对交易的内容进行加密（基于证书的权限管理）或使用私密数据，同时，只有得到授权的节点或用户才能访问私密数据。另外，排序节点无须访问到交易内容，因此，可以选择不将完整交易（对交易输入数据进行隐藏，或者干脆进行加密或 Hash 处理）发送到排序节点。最后，所有数据在传输过程中可以通过 TLS 来进行安全保护。许多层级的保护需要配合使用来获得不同层级的安全性。

实践过程中，也需要对节点自身进行安全保护，通过防火墙、IDS 等防护节点免受攻击；另外，可以通过审计和分析系统对可疑行为进行探测和响应。

附录C
参考资源链接

论文

- LAMPORT L. Time, Clocks, and the Ordering of Events in a Distributed System, Commun ［C］. ACM, 1978, 21(7): 558-565.
- PEASE M, SHOSTAK R, LAMPORT L. Reaching Agreement in the Presence of Faults ［J］. Journal of the ACM, 1980, 27(2): 228-234.
- FISCHER M J, LYNCH N A, PATERSON M S. Impossibility of Distributed Consensus with One Faulty Process ［C］. ACM, 374-382, 1985,32(2): 374-382.
- LAMPORT L.The Part-Time Parliament ［C］. ACM Trans. Comput. Systems, 1998, 16(2): 133-169.
- CASTRO M, LISKOV B. Practical Byzantine Fault Tolerance and Proactive Recovery ［J］. Acm Transactions on Computer Systems, 2002, 20(4): 398-461.
- NAKAMOTO S. Bitcoin: A Peer-to-Peer Electronic Cash System ［EB/OL］. https://bitcoin. org/bitcoin.pdf.
- BACK A, CORALLO M, DASHJR L, et al. Enabling Blockchain Innovations with Pegged Sidechains ［R］. 2014.
- JOSEPH P T D. The Bitcoin Lightning Network: Scalable Off-Chain Payments ［EB/OL］. http://lightning.network/lightning-network-paper.
- GENTRY C, HALEV S. Implementing Gentry's Fully-Homomorphic Encryption Scheme ［C］// Annual International Conference on the Theory and Applications of Cryptographic Techniques. Springer, Berlin, Heidelberg, 2011.
- DIJK M, GENTRY C. HALEVI S, et al. .Fully Homomorphic Encryption over the Integers ［C］// Annual International Conference on the Theory and Applications of Cryptographic Techniques. Springer, Berlin, Heidelberg, 2010.

- LóPEZ-ALT A, TROMER E, VAIKUNTANATHAN V. On-the-Fly Multiparty Computation on the Cloud via Multikey Fully Homomorphic Encryption［C］. Proceeding STOC '12 Proceedings of the forty-fourth annual ACM symposium on Theory of computing, 2014:1219-1234.
- MIERS I, GARMAN C, GREEN M, et al.Zerocoin: Anonymous distributed e-cash from bitcoin［C］// Security and Privacy (SP), 2013 IEEE Symposium on. IEEE, 2013.
- REID F, HARRIGAN M. An analysis of anonymity in the bitcoin system［C］// 2011 IEEE Third International Conference on Privacy, Security, Risk and Trust and 2011 IEEE Third International Conference on Social Computing. IEEE, 2012.
- BHARGAVAN K, DELIGNAT-LAVAUD A, FOURNET C, et al. Formal Verification of Smart Contracts : Short paper［C］. ACM, Workshop on Programming Languages and Analysis for Security, 2016.
- SOMPOLINSKY Y, ZOHAR A. Secure high-rate transaction processing in bitcoin［C］// FC'15. Springer Berlin Heidelberg, 2015.
- LI C, LI P, ZHOU D ,et al. Scaling Nakamoto Consensus to Thousands of Transactions per Second［J］. 2018.

开源项目

- 比特币项目：https:// bitcoin.org/
- blockchain.info：比特币信息统计网站
- bitcoin.it：比特币 wiki，相关知识介绍
- 以太坊项目：https:// www.ethereum.org
- 以太坊网络的状态统计：https:// etherchain.org/
- 超级账本项目：https:// hyperledger.org
- 超级账本 Docker 镜像：https:// hub.docker.com/r/hyperledger/

培训课程

- Bitcoin and Cryptocurrency Technologies : https:// www.coursera.org/course/bitcointech, Princeton University
- Blockchain: Understanding Its Uses and Implications : https:// www.edx.org/course/understanding-blockchain-and-its-implications, Linux Foundation

区块链服务平台

- IBM Blockchain：https:// www.ibm.com/blockchain
- Oracle Blockchain Platform：https:// www.oracle.com/cloud/blockchain
- 腾讯云区块链：https:// cloud.tencent.com/product/tbaas
- 阿里云区块链：https:// www.aliyun.com/product/baas
- 百度云区块链：https:// cloud.baidu.com/solution/blockchain.html
- 纸贵科技区块链：https:// baas.zhigui.com